JN441506

2025

제5판

TAXNET
세무/회계 전문 재경비즈니스 포털 서비스

꼭 필요한 실무내용만 짚어주는!

Point 포인트 연말정산 실무

김태원 · 장윤서 공저

조세통람

포인트
연말정산
실무

Preface

일반적인 경우의 소득세는 1년간의 소득을 합산하여 누진세율을 적용하여 세액을 계산한다. 그러나 근로소득의 경우 매월 급여 지급 시 원천징수를 하는데 이때에는 연간 총급여를 예상할 수 없으므로 1년간 납부하게 될 총세액을 정확히 알 수 없다. 따라서 간이세액표에 의하여 매월 급여액의 일정액을 원천징수하고, 1년간의 총근로소득이 확정되는 해당 과세기간의 다음 해 2월에 지금까지 원천징수된 세액과 실제 소득세 산출세액과의 차액을 정산하는 연말정산 절차가 필요하다. 연말정산 시 확정된 소득세 산출세액보다 기 원천징수된 세액이 크다면 환급세액이, 그 반대의 경우에는 납부세액이 발생한다. 연말정산을 통하여 소득세를 납부한 자는 다음 해 5월에 종합소득 신고를 하지 않아도 되므로, 납세자에게 편의를 제공하고 징세비용을 절감함으로써 국세행정의 효율화를 도모할 수 있다.

그런데 이러한 연말정산과정에서 의료비나 교육비와 같은 영수증을 확인해야 하고 부양가족을 파악하는 등 복잡한 절차를 가져야 하는 것일까? 소득세법 제1조에서는 "이 법은 개인의 소득에 대하여 소득의 성격과 납세자의 부담능력 등에 따라 적정하게 과세함으로써 조세부담의 형평을 도모하고 재정수입의 원활한 조달에 이바지함을 목적으로 한다."라고 규정하면서 시작한다. 즉, 소득세는 재정수입의 조달목적 외에도 국가의 경제적 부를 분배하여 국민의 생활을 고루 윤택하게 하는 재분배에도 그 목적이 있다. 따라서 소득세법에서는 납세의무자의 소득수준에 따라 차등적으로 과세하여 소득수준이 높은 사람에게는 더 높은 세율로 과세하는 누진 세율 제도를 취하고 있다. 그러나 진정한 공평과세를 위해서는 단순히 소득수준만을 고려하는 것이 아니라 납세의무자의 부양가족 유무나 필수적인 생계비도 고려하여야 하므로, 소득 공제제도와 세액공제제도를 두어 납세의무자 각자의 세부담 능력을 온전히 파악하여 과세하는 방식을 취하고 있다.

국세청의 발표에 따르면 연말정산 대상 근로소득자는 대략 1,700만 명 정도로 추산되는데, 이렇게 많은 납세의무자들의 소득세를 과세함에 있어서 각자의 생활수준과 필수생계비 등의 고려를 해야 하므로, 연말정산제도가 지금과 같은 복잡한 형태로 발전하게 되었다. 본서는 연말정산 실무자들이 연말정산을 체계적으로 접근할 수 있도록 꼭 필요한 내용을 위주로 간결하게 집필하였으며, 그 중에서도 주안점을 둔 부분은 다음과 같다.

1. **연말정산의 흐름을 이해할 수 있도록 계산과정과 동일한 목차체계로 서술하였다.**
   연말정산의 과정은 근로소득을 파악하고 소득공제와 세액감면 및 공제까지 세액을 계산하는 순서로 진행된다. 본서는 이러한 세액계산 순서에 따라 목차를 구성하여 실무자들이 직관적으로 필요한 내용을 손쉽게 찾아볼 수 있도록 하였다. 또한 이러한 세액계산 절차를 요약표로 책 앞부분에 배치하는 한편, 해당 내용에 대한 상세페이지를 기술함으로써 실무자들이 필요한 내용을 빠르게 찾아갈 수 있게 도움을 주고자 하였다.

2. **연말정산 간소화 자료를 기반으로 사례를 구성하였다.**
   연말정산 실무는 국세청에서 제공하는 연말정산 간소화 자료를 파악하여 공제요건 및 공제금액을 계산하는 경우가 대부분이다. 따라서 본서에서는 대부분의 소득공제 및 세액공제 항목에 대하여 내용을 설명한 후, 사례를 구성함에 있어서 국세청 연말정산 간소화 자료를 제시하였고, 이를 파악하여 공제금액을 계산하도록 하였다. 또한 연말정산 간소화 자료를 파악하여 근로소득지급명세서나 각종 부속서류에 반영되는 서식작성사례를 함께 수록하여 실무에 도움을 주고자 하였다.

3. **사업소득 연말정산 및 종교인 소득 연말정산에 대하여 내용을 기술하였다.**
   연말정산 실무라 하면 대부분이 근로소득에 대한 연말정산을 의미하나, 사업소득과 종교인 소득에서도 연말정산 제도가 있다. 최근 세법의 개정으로 종교인 소득에 대하여는 기타소득 또는 근로소득 중 유리한 방법을 선택하여 연말정산 또는 종합소득 신고를 하여야 한다. 본서에서는 제2편에서 종교인 소득에 대한 연말정산제도를 기술하면서 근로소득의 연말정산 제도와 차이점을 요약표로 정리하였고, 사업소득 연말정산 제도에 대하여도 간략히 기술하였다.

저자들은 본서를 출간함으로써 의무를 다하였다고 생각하지 않고, 강의현장과 유튜브로 독자들을 지속적으로 만날 예정이다. 본서에 대한 온라인 강의는 택스에듀넷(www.taxedunet.co.kr)과 이나우스아카데미(www.inausacademy.com)에서 제공될 예정이며, 중요한 이슈나 변경사항이 발생하면 저자의 유튜브 채널(김태원 세무사의 택스에듀TV)을 통해 알릴 예정이다.

2025.11.3.

저자 김태원, 장윤서

근로소득자의 과세표준 및 세액계산

연간 근로소득 고용관계 또는 이와 유사한 계약에 의하여 근로를 제공하고 지급받는 모든 대가 등(다만, 일용근로소득 제외)

※ 연간 근로소득은 비과세소득을 포함하며 일반적으로 '연봉'을 말함.

(−)비과세소득 (p.104)

- ▶ 실비변상적 급여
  - 자기차량운전보조금(월 20만원 이내), 연구보조비(월 20만원 이내), 회사지급규정에 의해 지급받는 여비 등
- ▶ 국외근로소득(월 100만원 또는 500만원 이내)
- ▶ 비과세 학자금, 근로장학금
- ▶ 생산 및 그 관련직에 종사하는 근로자의 연장근로 등으로 인하여 받는 급여(연 240만원 이내)
- ▶ 현물식사 또는 월 20만원 이하 식사대
- ▶ 출산지원금 또는 6세 이하의 자녀 보육수당(월 20만원 이내)
- ▶ 고용보험법에 따라 받는 육아휴직 급여 및 출산전후 휴가급여 등
- ▶ 연 700만원 이하의 직무발명보상금
- ▶ 임직원할인액

총급여액 (=연간 근로소득−비과세소득) ※ 총급여액은 의료비, 연금계좌, 월세액 세액공제 · 신용카드 등 소득공제 적용 시 활용

(−)근로소득공제 (p.87)

총급여액	공제액(2,000만원 한도)
500만원 이하	총급여액의 70%
500만원 초과 1,500만원 이하	350만원+500만원 초과액의 40%
1,500만원 초과 4,500만원 이하	750만원+1,500만원 초과액의 15%
4,500만원 초과 1억원 이하	1,200만원+4,500만원 초과액의 5%
1억원 초과	1,475만원+1억원 초과액의 2%

근로소득금액 (=총급여액−근로소득공제) ※ 근로소득금액은 기부금 · 중소기업창업투자조합, 소기업소상공인 소득공제 한도 적용 시 활용

(−)인 적 공 제

▶ 기본공제 (p.146)

근로자 본인, 연간 소득금액 100만원(근로소득만 있는 자는 총급여액 500만원) 이하인 배우자 및 생계를 같이하는 부양가족(나이요건 충족 필요, 장애인은 나이제한 없음)에 대해 1명당 연 150만원

부양가족	직계존속	직계비속	형제자매	위탁아동	수급자
나이요건	60세 이상 (1965.12.31. 이전)	20세 이하 (2005.1.1. 이후)	20세 이하 60세 이상	해당 과세기간 6개월 이상 직접 양육한 위탁아동	제한 없음

▶ 추가공제 (p.158)

기본공제대상자가 다음의 요건에 해당하는 경우 추가공제

요 건	경로우대(70세 이상) (1955.12.31. 이전)	장애인	부녀자(부양/기혼)	한부모*
공제금액	100만원	200만원	50만원	100만원

* 한부모 공제는 부녀자공제와 중복 적용 배제(중복 시 한부모 공제 적용)

(−)연금보험료공제

▶ 공적연금 (p.206)

공적연금(국민연금, 공무원연금, 군인연금, 사립학교교직원연금, 별정우체국연금, 국민연금과 직역연금의 연계에 관한 법률)의 근로자 부담금 : 전액 공제

(−)특별소득공제

▶ 보험료 (p.167)

국민건강보험료 · 고용보험료 · 노인장기요양보험료 : 전액 공제

▶ 주택자금공제 (p.171)

- 주택임차차입금 원리금상환액의 40% 공제 : 주택마련저축과 합하여 연 400만원 한도
- 장기주택저당차입금 이자상환액 공제 : 연 600만원~2,000만원 한도

* 주택자금공제와 주택마련저축공제를 합하여 한도금액 계산(2014.12.31. 이전 차입분 종전 한도 적용)

상환기간 15년 이상			상환기간 10년 이상
고정금리이고 비거치식	고정금리 또는 비거치식	기타	고정금리 또는 비거치식
2,000만원	1,800만원	800만원	600만원

(−)그 밖의 소득공제

▶ 개인연금저축 (p.205)	2000.12.31.까지 가입한 개인연금저축 납입액의 40% 공제(연 72만원 한도)
▶ 소기업 · 소상공인 공제부금 (p.231)	소기업 · 소상공인공제에 가입하여 해당 연도에 납입한 금액(근로소득금액 4천만원 이하 600만원, 4천만원 초과~6천만원 이하 500만원, 6천만원 초과~1억원 이하 400만원, 1억원 초과 200만원 한도)
▶ 주택마련저축공제 (p.200)	청약저축 · 주택청약종합저축에 납입한 금액의 40% 공제
▶ 벤처투자조합 출자 등 소득공제 (p.214)	출자 · 투자분에 대해 투자금액의 10%(벤처기업에 직접투자 3천만원 이하 100%, 5천만원 이하 70%, 5천만원 초과 30%) 공제(종합소득금액의 50% 한도로 하며, 벤처기업투자신탁에 대한 소득공제 금액은 300만원을 초과할 수 없음)
▶ 신용카드 등 사용금액 (p.236)	신용카드, 직불카드, 선불카드, 현금영수증 사용액의 합계액 중 총급여액의 25%를 초과하는 금액의 15~40%를 소득공제 * 공제한도 : 300만원(총급여 7천만원 초과자는 250만원). 다만, 공제한도 초과금액이 있는 경우 그 초과금액과 전통시장사용분, 대중교통이용분, 총급여 7천만원 이하자의 문화체육사용분의 합계액 중 작거나 같은 금액을 추가로 소득공제(연간 200만원 한도, 총급여 7천만원 이하 300만원 한도)
▶ 우리사주조합출연금 (p.223)	우리사주조합원이 우리사주를 취득하기 위해 우리사주조합에 출연한 금액(연 400만원 한도, 벤처기업 연 1,500만원 한도)
▶ 고용유지중소기업 근로자(p.223)	고용유지중소기업에 근무하는 상시근로자의 임금삭감액의 50%를 소득공제(연 1,000만원 한도)
▶ 장기집합투자증권저축 (p.226)	장기집합투자증권저축 납입액의 40% 소득공제(연 240만원 한도)

과 세 표 준 (=근로소득금액－인적공제－연금보험료공제－특별소득공제－그 밖의 소득공제+소득공제 종합한도초과액)

* 소득공제 종합한도초과액 : 특별소득공제 및 그 밖의 소득공제 중 종합한도대상 공제금액이 2,500만원을 초과하는 경우 과세표준에 합산

(×)기 본 세 율 (p.248)

과세표준	기본세율	기본세율(속산표)
1.400만원 이하	과세표준의 6%	과세표준×6%
1,400만원 초과 5,000만원 이하	72만원+(1,200만원 초과금액의 15%)	(과세표준×15%)－108만원
5,000만원 초과 8,800만원 이하	582만원+(4,600만원 초과금액의 24%)	(과세표준×24%)－522만원
8,800만원 초과 1억5천만원 이하	1,590만원+(8,800만원 초과금액의 35%)	(과세표준×35%)－1,490만원
1억5천만원 초과 3억원 이하	3,760만원+(1억5천만원 초과금액의 38%)	(과세표준×38%)－1,940만원
3억원 초과 5억원 이하	9,460만원+(3억원 초과금액의 40%)	(과세표준×40%)－2,540만원
5억원 초과 10억원 이하	17,460만원+(5억원 초과금액의 42%)	(과세표준×42%)－3,540만원
10억원 초과	38,460만원+(10억원 초과금액의 45%)	(과세표준×45%)－6,540만원

산 출 세 액 과세표준에 기본세율을 적용하여 계산

(－)세액감면 및 세액공제

▶ 중소기업 취업자 소득세 감면 (p.267)

15~34세 이하 청년, 60세 이상인 사람, 장애인, 경력단절근로자가 중소기업에 취업하는 경우 취업일로부터 3년간(청년 5년간) 근로소득세 70%(청년 90%, 200만원 한도) 감면

▶ 근로소득세액공제 (p.387)

산출세액 130만원 이하분 55%, 초과분 30% 공제(74만원, 66만원, 50만원 한도)

▶ 자녀세액공제 (p.379)

기본공제대상(8세 이상) 자녀 1명 25만원, 2명 55만원, 3명 이상(55만원+2명 초과 1명당 40만원)

출생 · 입양 : 첫째 30만원, 둘째 50만원, 셋째 이상 70만원

▶ 연금계좌세액공제 (p.381)

퇴직연금 · 연금저축 납입액의 12% 세액공제(총급여액 55백만원 이하는 15%)

- 연 900만원 한도(연금저축은 600만원)

▶ 특별세액공제

● 보험료 세액공제 (p.312)

세액공제율 : 12%, 장애인 전용 보장성 보험은 15%
- 기본공제대상자를 피보험자로 하는 보장성 보험료 : 연 100만원 공제대상 한도
- 기본공제대상자 중 장애인을 피보험자로 하는 장애인 전용 보장성 보험료 : 연 100만원 공제대상 한도

● 의료비 세액공제 (p.320)

세액공제율 : 15%, 미숙아 · 선천성이상아 의료비 20%, 난임시술비는 30%
- 기본공제대상자(소득 · 나이 제한 없음)를 위해 지출한 총급여액의 3%를 초과하는 의료비 : 연 700만원 공제대상 한도. 다만, 본인, 6세 이하인 자, 65세 이상자, 장애인, 건강보험산정특례자로 등록된 자를 위해 지출한 의료비, 난임시술비는 한도 없음

※ 산후조리원비용 : 출산 1회당 200만원 한도

● 교육비 세액공제 (p.335)

세액공제율 : 15%
- 근로자 본인을 위해 대학 · 대학원 1학기 이상의 교육과정 등에 지출한 교육비 : 전액 공제대상
- 직계존속을 제외한 기본공제대상자(나이 제한 없음)를 위해 교육기관(대학원 제외) 등에 지출한 교육비 : 취학전 아동 및 초 · 중 · 고생 1명당 연 300만원, 대학생 1명당 연 900만원 한도
- 기본공제대상자인 장애인(소득 제한 없음, 직계존속 포함)의 재활교육을 위하여 지출한 특수교육비 : 전액 공제대상

● 기부금 세액공제 대상한도 및 세액공제율 (p.352)

기부금 종류	소득공제·세액공제 대상금액 한도	세액공제율		이월 공제
① 정치자금기부금(조특법 제76조)	근로소득금액×100%	10만원 이하	100/110	-
② 고향사랑기부금(조특법 제58조)		10만원 초과	15%** (3천만원 초과분 25%)	
③ 특례기부금(소법 제34조 제2항)	(근로소득금액-①-②)×100%	특례기부금+일반기부금 +우리사주조합기부금 : 15%(1천만원 초과분 30%)		10년
④ 우리사주조합기부금 (조특법 제88조의 4 제13항)	(근로소득금액-①-②-③)×30%			-
⑤ 일반기부금(소법 제34조 제1항) (종교단체에 기부한 금액이 있는 경우)	[근로소득금액-①-②-③-④]×10%+[(근로소득금액-①-②-③-④)의 20%와 종교단체 외에 지급한 금액* 중 적은 금액] * 당해+이월 연도 종교단체 외 지정기부금			10년
⑥ 일반기부금(소법 제34조 제1항) (종교단체에 기부한 금액이 없는 경우)	(근로소득금액-①-②-③-④)×30%			

* 일반기부금(종교단체 및 비종교단체 포함)은 근로소득금액의 30%를 초과할 수 없음

** 특별재난지역에 선포일로부터 3개월 이내에 기부한 경우 30%

▶ 표준세액공제 (p.378)	특별소득공제 · 특별세액공제 · 월세액세액공제를 신청하지 아니한 경우 연 13만원을 세액공제
▶ 납세조합세액공제 (p.395)	납세조합에 의하여 원천징수된 근로소득에 대해 종합소득산출세액의 5%를 세액공제
▶ 주택자금차입금이자 세액공제(p.396)	(1995.11.1.~1997.12.31. 취득)주택자금차입금에 대한 이자상환액의 30% 세액공제
▶ 외국납부세액공제 (p.384)	거주자의 외국소득세액을 당해 연도의 종합소득산출세액에서 공제
▶ 월세액 세액공제 (p.388)	총급여액 8천만원 이하 무주택 세대주(일정요건을 충족한 세대원도 가능)가 지급한 월세액(연 1,000만원 한도)의 15% · 17% 세액공제

결정세액 (=산출세액 − 세액감면 · 세액공제)

(−)기납부세액 ▶ 주(현)근무지의 기납부세액과 종(전)근무지의 결정세액의 합계액

차감징수세액 (=결정세액 − 기납부세액)

※ 결정세액>기납부세액 : 차액을 납부, 결정세액<기납부세액 : 차액을 환급

CONTENTS

01 종업원 할인금액에 대한 근로소득 비과세 기준 마련

(소법 12 · 20, 소령 17의 5 · 38)

◎ **(신설)** 종업원 등에 대한 할인금액을 근로소득으로 규정

– **(종업원 등)** 자사 및 계열사의 종업원

– **(대상금액)** 종업원등이 자사 · 계열사의 재화 · 용역을 시가보다 할인하여 공급 받은 경우 할인받은 금액

| 할인유형 |

❶ 자사의 재화 · 용역을 임원등에게 할인판매 ❷ 임원등에게 자사의 재화 · 용역에 대한 구매지원금 지급 ❸ 임원등에게 계열사의 재화 · 용역에 대한 구매지원금 지급 ❹ 계열사의 재화 · 용역을 임원등에게 할인판매하고, 자사가 계열사에게 할인받은 금액을 지급

– 시가는 법인세법 시행령 제89조에 따르되, 일반소비자에게 판매가 불가한 경우 등은 할인 금액을 시가로 판단 가능

* (예) 파손 · 변질상품, 사용 유효기한이 임박하여 소비자에게 판매할 수 없는 숙박권 · 탑승권 등

– **(적용요건)** 일반소비자와 차별하여 종업원등에게만 적용되는 할인금액일 것

◎ 할인금액 중 비과세금액

– **(비과세대상 금액*)** Max(시가의 20%, 240만원)

* 연간 구입한 모든 재화 · 용역의 시가를 합산한 금액기준

– **(비과세대상 요건)**

❶ 종업원등이 직접 소비목적으로 구매

❷ 일정기간* 동안 재판매 금지

* 자동차 · 대형가전 · 고가재화 등 2년, 그 외 재화 1년

❸ 공통 지급기준에 따라 할인금액 적용

개정시기 2025.1.1. 이후 발생하는 소득분부터 적용

02 자녀세액공제 금액 확대

(소법 59의 2)

◎ **(공제금액 확대)**

- 첫째 : 15만원 → 25만원
- 둘째 : 20만원 → 30만원
- 셋째 : 이후 30만원/인 → 40만원/인

개정시기 2025.1.1. 이후 발생하는 소득분부터 적용

03 납세조합 세액공제 적용기한 연장 및 공제율 조정 등

(소법 150 ③ · 169, 소령 221 ①)

◎ **(근로자교부금 하한 축소)***

- 소득세액의 2~10% → 1~10%

* 조합원 1인당 30만원 한도 유지
(사업자) 교부금 폐지

◎ **(근로자 공제율 축소)** 소득세액의 5% → 3%

◎ **(적용기한 연장)** 근로자 2024.12.31. → 2027.12.31.
사업자 적용기한 종료

개정시기 (사업자 교부금 폐지 · 근로자 세액공제율 축소) 2025.1.1. 이후 발생하는 소득분부터 적용
(근로자 교부금 하한 축소) 2025.2.28. 이후 교부금 청구분부터 적용

04 국외근로소득 비과세 범위 확대

(소령 16 ①)

◎ **(비과세 적용대상 확대)** 중소벤처기업진흥공단

개정시기 2025.2.28.이 속하는 과세기간에 발생하는 소득분부터 적용

05 종교인 비과세 자가운전보조금 적용범위 확대

(소령 19 ③ 2)

◎ **(적용대상 차량 범위 확대)** 종교관련 종사자가 본인 명의로 임차

개정시기 2025.2.28.이 속하는 과세기간에 발생하는 소득분부터 적용

06 연금계좌 추가납입 대상 확대

(소법 59의 4)

◎ **(연금계좌 추가납입 항목 추가)**

❸ 기초연금수급자가 장기보유한 부동산을 양도한 경우 그 양도차익

구 분	내 용
대상자	아래 요건 모두 충족한 자 ❶ 부부합산 1주택 이하자 ❷ 기초연금수급자
대상 부동산	10년 이상 장기보유한 부동산(주택 · 토지 · 건물)
납입한도	Min(대상부동산 양도차익, 1억원)
납입기간	양도일부터 6개월 이내 납입
사후관리	납입 당시 요건 미충족 확인 시 연금보험료로 보지 않음

※ ❷ · ❸ 합산 납입한도 : 생애누적 최대 1억원

* ❷ 1주택 고령가구 주택(기준시가 12억원 이하) 다운사이징 차액

개정시기 2025.2.28.이 속하는 과세기간에 양도하여 납입하는 분부터 적용

07 퇴직자 노조회비 세액공제 적용기준 완화

(소령 80 ①)

◎ **(적용요건 완화)** 이전 연도 결산결과 공표 전 퇴직자의 경우 전전 연도의 결산결과가 공표된 경우 포함

개정시기 2025.2.28. 이후 퇴직하는 분부터 적용

08 장애인 추가공제 대상 명확화 및 증빙인정 범위 확대

(소령 107 ①·②)

◎ **(장애인 범위 추가)** ❸ 중증질환, 희귀난치성 질환 또는 이와 유사한 질병·부상으로 인해 중단 없이 주기적인 치료를 요하는 자로서 의료기관의 장이 취업·취학 등 일상적인 생활에 지장이 있다고 인정하는 자

◎ **(장애인에 대한 증빙 인정 서류 범위 확대)** 발달재활서비스 이용증명서*

* 「장애아동 복지지원법」 §21에 따른 발달재활 서비스를 지원받고 있는 6세 미만 장애아동에 한함

개정시기 2025.2.28.이 속하는 과세기간부터 적용

09 주택임차차입금 원리금 상환 공제요건 합리화

(소령 112 ④)

◎ **(주택임차차입금 소득공제 요건 추가)**

❷ 입주일·전입일 중 빠른 날부터 전후 3개월 이내에 차입한 자금일 것

– 대출기관을 통한 대환대출의 차입일은 대환 전차입금의 차입일로 봄

❸ 대출기관에서 임대인 계좌로 직접 입금될 것

– (추가) 대환대출의 경우 예외 인정*

* 대환대출의 경우 대출기관간 정산되므로 임대인 계좌에 입금 절차 불필요

개정시기 2025.1.1. 이전 대환대출한 차입분도 적용

10 비거치식 분할상환 방식 범위 명확화

(소령 112 ⑨)

◎ **(거치기간)** 없음 → 1년 이내

◎ **(매년 상환금액)**

$$\frac{\text{차입금의 }70\%}{\text{상환기간 연수}} \rightarrow \frac{\text{차입금의 }70\%}{\text{상환기간 연수}} \times \frac{\text{해당 과세기간의 차입금 상환월수}}{12}$$

11 간주임대료 계산 및 주택임차자금 차입금 기준 이자율 조정

(소칙 23 · 57)

◎ **(이자율 하향)** 연 3.5% → 3.1%

* 「국세기본법 시행규칙」상 국세환급가산금 이자율과 동일

개정시기 (주택임차자금 차입금) 2025.3.21. 이후 차입하는 분부터 적용

12 개인투자조합 출자 시 소득공제가 적용되는 투자액 계산방법 명확화

(조특령 14 ④)

◎ **(계산방법)** A × B → A × B - C

(A) 거주자의 개인투자조합 출자금액 누적액

(B) 해당 조합의 벤처기업등 누적투자 비율*

* 개인투자조합이 밴처기업등에 투자한 누적금액 ÷ 개인 투자조합 출자액 총액

(C) 소득공제 기 적용된 투자액

13 개인투자조합 출자 시 소득공제 추징 예외사유 확대

(조특령 14)

◎ (예외사유 추가)

– 최초 투자일로부터 1년 경과 및 투자한 모든 기업이 증권시장에 상장한 이후 개인투자조합 해산

– 최초 투자일로부터 1년 경과 및 투자한 기업이 증권시장에 상장한 이후 개인투자조합이 투자지분 이전 · 회수

(개정시기) 2025.2.28. 이후 해산 또는 투자지분 이전 · 회수하는 분부터 적용

14 벤처기업 스톡옵션 과세특례 적용기한 연장

(조특법 16의 2~16의 4)

◎ (적용기한 연장) 2024.12.31. → 2027.12.31.

15 우수 해외인재(K-tech Pass 보유자) 소득세 감면

(조특령 16 ①)

◎ (적용대상 확대) 「첨단산업 인재혁신 특별법」에 따른 우수 해외인재

(개정시기) 2025.2.28. 이후 우수 해외인재 인증 받은 분부터 적용

16 성과공유 중소기업 경영성과급에 대한 세액공제 등의 적용기한 연장 및 재설계

(조특법 19)

◎ **(적용기한 연장)** 2024.12.31. → 2027.12.31.

◎ **(공제율 인하)** 15% → 10%

개정시기 2025.1.1. 이후 개시하는 과세연도분에 지급하는 분부터 적용

17 핵심인력 성과보상기금 소득세 감면 적용기한 연장 및 요건 완화

(조특법 29의 6 ①, 조특령 26의 6 ①)

◎ **(감면대상)** 성과보상기금의 대통령령으로 정하는 공제 사업*에 가입한 중소·중견기업 근로자

* 내일채움공제, 중소기업 재직자 우대 저축 공제(고시에 위임)

◎ **(감면요건)** 성과보상기금에 5년 이상 가입 → 3년 이상

◎ **(예외 신설)** 폐업·해산 등 기업의 부득이한 사유로 중도해지한 경우에도 감면 적용

◎ **(적용기한 연장)** 2024.12.31.까지 가입한 경우 → 2027.12.31.

개정시기 2025.1.1. 이후 가입하는 분부터 적용

18 중소기업 취업자에 대한 소득세 감면 대상 업종 정비

(조특령 27)

◎ **(업종 제외)** – 「관세사법」에 따른 통관업
– 가상자산 매매 및 중개업
– 수의업
– 부동산 임대업

개정시기 2025.2.28. 이후 취업하는 자부터 적용

19 고향사랑기부금 세액공제 적용 한도 확대 및 특별재난지역에 대한 공제율 상향

(조특법 58 ①)

◎ **(공제율 상향)** 15% → 특별재난지역*의 경우 30%

* 특별재난지역 선포일부터 대통령령으로 정하는 기간(3개월) 내에 기부한 경우로 한정

◎ **(기부 · 공제한도)** 500만원 → 2,000만원

개정시기 2025.1.1. 이후 기부하는 경우부터 적용

20 소기업 · 소상공인 공제부금에 대한 소득공제 한도 상향 및 대상기준 완화

(조특법 86의 3)

◎ **(적용대상 확대)** 총급여 7천만원 → 8천만원 이하 법인대표자

◎ **(소득공제 한도 상향)**

사업(근로)소득금액	이전 공제한도	개정 공제한도
4천만원 이하	500만원	600만원
4천만원~6천만원	300만원	500만원
6천만원~1억원		400만원
1억원 초과	200만원	200만원

개정시기 2025.1.1. 이후 납부하는 공제부금부터 적용

21 주택청약종합저축 세제지원 적용대상 확대

(조특법 87)

◎ **(소득공제 적용대상 확대)**

근로소득자인 무주택 세대주 → 근로소득자인 무주택 세대주 및 배우자

◎ **(이자소득비과세 적용대상 확대)**

무주택 세대주 → 무주택 세대주 및 배우자

개정시기 (소득공제) 2025.1.1. 이후 납입하는 분부터 적용
(비 과 세) 2025.1.1. 이후 지급받는 이자소득분부터 적용

22 주택청약종합저축에 대한 추징요건 등 완화

(조특령 81 ⑥·⑪·⑬)

◎ **(세액추징 제외사유 추가)**

「주택법」에 따른 사업주체의 파산, 입주자 모집승인 취소, 사업주체의 사업계획 변경으로 인한 사전당첨자 선정 취소 등

◎ **(주택청약종합저축 소득공제 적용 대상인 중도 해지 사유 추가)**

- 천재지변, 저축자 퇴직, 사업장 폐업, 저축자의 상해·질병*, 저축취급기관의 영업정지·영업인 허가취소·해산결의·파산선고(해지 6개월 이내)

  * 3개월 이상의 입원치료 또는 요양 필요

- 「주택법」에 따른 사업주체의 파산, 입주자 모집승인 취소, 사업주체의 사업계획 변경으로 인한 사전당첨자 선정 취소 등

개정시기 2024.11.12. 이후 해지하는 분부터 적용

23 청년형 장기집합투자증권저축에 대한 특례 적용기간 현장

(조특법 91의 20 ①)

◎ **(적용기한 연장)** 2024.12.31.까지 가입분 → 2025.12.31.까지 가입분

24 혼인무효 시 혼인세액공제 가산세 및 이자상당액 등

(조특령 94)

◎ **(신설)**

– **(가산세)** 무효확인의 소 확정 후 3개월 내 신고 시 무신고·과소신고 가산세, 납부지연 가산세 면제

– **(이자상당액)** 50만원 × ❶ × ❷

❶ 종합소득산출세액 신고기한 다음날부터 수정 신고등을 한 날까지의 기간

❷ 「국기법 시행령」에 따른 이자율(1일 0.022%)

– **(제출서류)** 혼인관계증명서

– **(신청절차)**

❶ 과세표준확정신고 시에는 제출서류를 신고서에 첨부하여 세무서장에게 제출

❷ 근로소득이 있거나 연말정산되는 사업 소득이 있는 자는 제출서류를 원천징수 의무자에게 제출

(개정시기) 2025.1.1. 이후 과세표준을 신고하거나 연말정산하는 분부터 적용

25 수영장 · 체력단련장 이용료 신용카드 소득공제 적용

(조특법 126의 2)

◎ **(도서 · 공연 · 박물관 · 미술관 · 영화관람료 적용대상 확대)**

- 수영장 · 체력단련장 시설이용료

개정시기 2025.7.1. 이후 신용카드로 사용하는 수영장 및 체력단련장 시설이용료분부터 적용

26 수영장 · 체력단련장 시설이용료 소득공제 구체화

(조특령 121의 2, 조특칙 52의 3)

◎ **(신설)**

- **(대상시설)** 수영장, 체력단련장
  * 「체육시설의 설치 · 이용에 관한 법률 시행령」 별표1
- **(공제대상)** 수영장 및 체력단련장 시설이용료 : 운동 강습비 및 회원권 비용 등 시설이용료와 직접 관련이 없는 비용 제외
- **(계산기준)** 시설이용료과 시설이용 외 비용이 구분되지 않는 경우 공제대상 금액 계산기준 : 전체 금액의 50%를 체육시설이용분으로 계산

개정시기 2025.7.1. 이후 지출하는 분부터 적용

거주자 국내에 주소를 두거나 183일 이상의 거소(居所)를 둔 개인을 말한다(소법 1의 2 ①).

거치식 일정기간 동안 원금을 갚지 않고 이자만 납부하는 거치기간을 설정하여 상환하는 방법을 말한다.

경정청구 과세표준신고서를 법정신고기한까지 제출한 자 및 기한후과세표준신고서를 제출한 자가 과다납부 또는 과소환급에 해당할 때에는 최초신고 및 수정신고한 국세의 과세표준 및 세액의 결정 또는 경정을 법정신고기한이 지난 후 5년 이내에 관할 세무서장에게 청구할 수 있다(국기법 45의 2 ①).

고시원 다중생활시설(「다중이용업소의 안전관리에 관한 특별법」에 따른 다중이용업 중 고시원업의 시설로서 국토교통부장관이 고시하는 기준과 그 기준에 위배되지 않는 범위에서 적정한 주거환경을 조성하기 위하여 건축조례로 정하는 실별 최소 면적, 창문의 설치 및 크기 등의 기준에 적합한 것을 말한다)로서 같은 건축물에 해당 용도로 쓰는 바닥면적의 합계가 500제곱미터 미만인 것을 말한다(건축법시행령 별표1 4. 거).

국민주택 다음의 어느 하나에 해당하는 주택으로서 국민주택규모 이하인 주택을 말한다.

① 국가 · 지방자치단체, 「한국토지주택공사법」에 따른 한국토지주택공사 또는 「지방공기업법」 제49조에 따라 주택사업을 목적으로 설립된 지방공사가 건설하는 주택
② 국가 · 지방자치단체의 재정 또는 「주택도시기금법」에 따른 주택도시기금으로부터 자금을 지원받아 건설되거나 개량되는 주택

국민주택규모 국민주택규모란 주거전용면적(주거의 용도로만 쓰이는 면적)이 1호(戶) 또는 1세대당 다음의 규모 이하인 주택을 말한다(주택법 2 6.).

① 수도권을 제외한 도시 지역이 아닌 읍 또는 면 지역 : 100㎡ 이하인 주택
② 그 외 지역 : 85㎡ 이하인 주택

기준시가 「부동산 가격공시에 관한 법률」에 따른 개별주택가격 및 공동주택가격을 말한다.

기준환율 외국환은행이 고객과 원화와 미달러화를 매매할 때 기준이 되는 환율을 말하며 시장평균율이라고도 한다.

난임시술비 「모자보건법」 제2조 제12호에 따른 보조생식술에 소요된 비용을 말한다(소령 118의 5 ⑤).

비거주자 거주자가 아닌 개인을 말한다(소법 1의 2 ①).

비거치식 거치기간을 설정하지 않고 처음부터 원금을 상환하는 방법을 말한다.

사글세 셋집을 얻을 때 임차기간 동안의 차임 전부를 미리 지급하는 금액을 말한다. 보통 수개월치 목돈을 내고 매월 월세를 공제하는 방식을 말한다.

사내근로복지기금 기업 이익의 일부를 모아 근로자의 복지 증진을 위해 사용하는 자금. 임금이나 기타 근로 조건에 덧붙여 근로자의 실질 소득을 늘리고 근로 의욕과 노사 공동체 의식을 고양하기 위해 운영된다.

세대원 현실적으로 주거 및 생계를 같이하고 있는 사람의 집단인 한 세대를 이루는 사람을 말한다.

세대주 현실적으로 주거 및 생계를 같이하고 있는 사람의 집단인 세대의 대표자 또는 관리자. 가구주(家口主)와 같은 뜻으로 사용되기도 한다. 세대란 주민등록법상 주민등록표(住民登錄票)를 작성하는 단위이기 때문에 동일한 가족이라 하더라도 다른 세대에 소속되어 있을 수 있으며, 동일세대에 등재되어 있던 사람이 일정한 기간 동안 거주를 옮길 때에는 별도로 단독세대가 되어 세대주가 될 수도 있다.

수정신고 과세표준신고서를 법정신고기한까지 제출한 자 및 기한후과세표준신고서를 제출한 자가 과소신고 또는 과다환급에 해당할 때에는 관할 세무서장이 각 세법에 따라 해당 국세의 과세표준과 세액을 결정 또는 경정하여 통지하기 전으로서 국세부과제척기간에 따른 기간이 끝나기 전까지 과세표준수정신고서를 제출할 수 있다(국기법 45 ①).

오피스텔 업무를 주로 하며, 분양하거나 임대하는 구획 중 일부 구획에서 숙식을 할 수 있도록 한 건축물로서 국토교통부장관이 고시하는 기준에 적합한 것을 말한다(건축법시행령 별표 1 14.).

재정환율 기준환율을 이용하여 제3국의 환율을 간접적으로 계산한 환율을 말한다.

주택 세대(世帶)의 구성원이 장기간 독립된 주거생활을 할 수 있는 구조로 된 건축물의 전부 또는 일부 및 그 부속토지를 말하며, 단독주택과 공동주택으로 구분한다(주택법 2).

중소기업(중소기업기본법) 「중소기업기본법」 제2조 제1항 제1호에 따른 중소기업은 다음의 요건을 모두 갖춘 기업으로 한다(중소기업기본법시행령 3 ①).

① 다음의 요건을 모두 갖춘 기업일 것
  ㉠ 해당 기업이 영위하는 주된 업종과 해당 기업의 평균매출액 또는 연간매출액(이하 "평균매출액등")이 별표 1의 기준에 맞을 것
  ㉡ 자산총액이 5천억원 미만일 것

② 소유와 경영의 실질적인 독립성이 다음의 어느 하나에 해당하지 아니하는 기업일 것
  ㉠ 자산총액이 5천억원 이상인 법인(외국법인을 포함하되, 비영리법인 및 제3조의 2 제3항의 어느 하나에 해당하는 자는 제외)이 주식 등의 30% 이상을 직접적 또는 간접적으로 소유한 경우로서 최다출자자인 기업. 이 경우 최다출자자는 해당 기업의 주식 등을 소유한 법인 또는 개인으로서 단독으로 또는 다음의 어느 하나에 해당하는 자와 합산하여 해당 기업의 주식 등을 가장 많이 소유한 자를 말하며, 주식

등의 간접소유 비율에 관하여는 「국제조세조정에 관한 법률 시행령」 제2조 제3항을 준용한다.

ⓐ 주식등을 소유한 자가 법인인 경우 : 그 법인의 임원

ⓑ 주식등을 소유한 자가 1)에 해당하지 아니하는 개인인 경우 : 그 개인의 친족

㉡ 관계기업에 속하는 기업의 경우에는 제7조의 4에 따라 산정한 평균매출액등이 별표 1의 기준에 맞지 아니하는 기업

중소기업(조세특례제한법)

중소기업이란 다음의 요건을 모두 갖춘 기업을 말한다. 다만, 자산총액이 5천억원 이상인 경우에는 중소기업으로 보지 않는다(조특령 2 ①).

① 매출액이 업종별로 「중소기업기본법 시행령」 별표 1에 따른 규모 기준("평균매출액등"은 "매출액"으로 보며, 이하 이 조에서 "중소기업기준") 이내일 것

② 실질적인 독립성이 「중소기업기본법 시행령」 제3조 제1항 제2호에 적합할 것. 이 경우 「중소기업기본법 시행령」 제3조 제1항 제2호 나목의 주식 등의 간접소유 비율을 계산할 때 「자본시장과 금융투자업에 관한 법률」에 따른 집합투자기구를 통하여 간접소유한 경우는 제외하며, 「중소기업기본법 시행령」 제3조 제1항 제2호 다목을 적용할 때 "평균매출액등이 [별표 1]의 기준에 맞지 아니하는 기업"은 "매출액이 「조세특례제한법 시행령」 제2조 제1항 제1호에 따른 중소기업기준에 맞지 않는 기업"으로 본다.

③ 「조세특례제한법 시행령」 제29조 제3항에 따른 소비성서비스업을 주된 사업으로 영위하지 아니할 것

지배주주

지배주주 등이란 법인의 발행주식총수 또는 출자총액의 1% 이상의 주식 또는 출자지분을 소유한 주주 등으로서 그와 특수관계에 있는 자와의 소유 주식 또는 출자지분의 합계가 해당 법인의 주주 등 중 가장 많은 경우의 해당 주주 등을 말한다(법령 43 ⑦).

직계비속

자기로부터 직계로 이어져 내려가는 혈족. 아들, 딸, 손자, 증손 등을 이른다.

직계존속

조상으로부터 직계로 내려와 자기에 이르는 사이의 혈족. 부모, 조부모 등을 이른다.

친족

다음의 어느 하나에 해당하는 관계를 말한다(국기령 1의 2 ①).

① 4촌 이내의 혈족

② 3촌 이내의 인척

③ 배우자(사실상의 혼인관계에 있는 자를 포함한다)

④ 친생자로서 다른 사람에게 친양자 입양된 자 및 그 배우자 · 직계비속

퇴직연금

매월 일정액의 퇴직적립금을 외부의 금융기관에 위탁하여 관리 · 운용하여 퇴직 시 연금으로 받는 제도이다. 기업이 도산하더라도 근로자의 퇴직급여가 보장될 수 있도록 2005년 12월 근로자퇴직급여보장법의 시행과 함께 퇴직연금제도가 마련되었다. 각 회사는 노사합의에 따라 확정급여형퇴직연금(DB)과 확정기여형퇴직연금(DC) 중 택일할 수 있다. 확정급여형(DB)은 근로자가 받을 연금액이 사전에 확정되며 적립금의 일부는 사외에, 일부는 사내에 적립되어 운용되며, 확정기여형(DC)은 근로자가 받을 퇴직급여가 적립금운용실적에 따라 변동되는 것으로 근로자개인별 계좌의 적립금을 근로자가 직접 운용하게 되므로 운용수익에 따라 연금급여액이 달라질 수 있다.

특수관계인 (법인세법)

특수관계인이란 법인과 경제적 연관관계 또는 경영지배관계 등의 관계에 있는 자를 말한다. 이 경우 본인도 그 특수관계인의 특수관계인으로 본다(법법 2 12호). 즉, 특수관계인 여부는 쌍방관계를 기준으로 판단하므로, 어느 한 쪽을 기준으로 하여 특수관계인에 해당하면 다른 쪽을 기준으로 하여도 특수관계인에 해당한다(법집행 52-87-1). 여기서 "경제적 연관관계 또는 경영지배관계 등의 관계"란 다음 중 어느 하나에 해당하는 관계에 있는 자를 말한다(법령 2 ⑤).

① 임원의 임면권의 행사, 사업방침의 결정 등 당해 법인의 경영에 대하여 사실상 영향력을 행사하고 있다고 인정되는 자(상법 제401조의 2 제1항에 따라 이사로 보는 자를 포함)와 그 친족
② 비소액주주 등과 그 친족
③ 다음 중 어느 하나에 해당하는 자 및 이들과 생계를 함께하는 친족
  ㉠ 법인의 임원 · 직원 또는 비소액주주등의 직원(비소액주주 등이 영리법인인 경우에는 그 임원을, 비영리법인인 경우에는 그 이사 및 설립자를 말한다)
  ㉡ 법인 또는 비소액주주 등의 금전이나 그 밖의 자산에 의해 생계를 유지하는 자
④ 해당 법인이 직접 또는 그와 ①부터 ③까지의 관계에 있는 자를 통하여 어느 법인의 경영에 대하여 지배적인 영향력을 행사하고 있는 경우 그 법인
⑤ 해당 법인이 직접 또는 그와 ①부터 ④까지의 관계에 있는 자를 통하여 어느 법인의 경영에 대하여 지배적인 영향력을 행사하고 있는 경우 그 법인
⑥ 해당 법인에 30% 이상을 출자하고 있는 법인이나 개인
⑦ 해당 법인이 기업집단에 속하는 법인인 경우 그 기업집단에 소속된 다른 계열회사 및 그 계열회사의 임원

한편 다음의 구분에 따른 요건에 해당하는 경우 해당 법인의 경영에 대하여 지배적인 영향력을 행사하고 있는 것으로 본다(국기령 1의 2 ④).

① 영리법인인 경우
  ㉠ 법인의 발행주식총수 또는 출자총액의 30% 이상을 출자한 경우
  ㉡ 임원의 임면권의 행사, 사업방침의 결정 등 법인의 경영에 대하여 사실상 영향력을 행사하고 있다고 인정되는 경우
② 비영리법인인 경우
  ㉠ 법인의 이사의 과반수를 차지하는 경우
  ㉡ 법인의 출연재산(설립을 위한 출연재산만 해당)의 30% 이상을 출연하고 그 중 1인이 설립자인 경우

특수관계인 (소득세법)

「국세기본법 시행령」 제1조의 2 제1항, 제2항 및 같은 조 제3항 제1호에 따른 특수관계인을 말하며(소령 98 ①), 그 구체적 범위는 다음과 같다(국기법 2, 국기령 1의 2).

① 혈족 · 인척 등 친족 관계
  ㉠ 4촌 이내의 혈족
  ㉡ 3촌 이내의 인척
  ㉢ 배우자(사실상의 혼인관계에 있는 자를 포함한다)
  ㉣ 친생자로서 다른 사람에게 친양자 입양된 자 및 그 배우자 · 직계비속
② 임원 · 사용인 등 경제적 연관관계
  ㉠ 임원과 그 밖의 사용인
  ㉡ 본인의 금전이나 그 밖의 재산으로 생계를 유지하는 자
  ㉢ ㉠ 및 ㉡의 자와 생계를 함께하는 친족

③ 주주 · 출자자 등 경영지배관계

㉠ 본인이 직접 또는 그와 친족관계 또는 경제적 연관관계에 있는 자를 통하여 법인의 경영에 대하여 지배적인 영향력을 행사하고 있는 경우 그 법인

㉡ 본인이 직접 또는 그와 친족관계, 경제적 연관관계 또는 ㉠의 관계에 있는 자를 통하여 법인의 경영에 대하여 지배적인 영향력을 행사하고 있는 경우 그 법인

한국표준사업분류

한국표준산업분류는 기업이 주로 수행하는 산업 활동을 그 유사성에 따라 체계적으로 유형화한 것이다. 이러한 한국표준산업분류는 통계법에 의거하여 통계자료의 정확성 및 국가 간의 비교성을 확보하기 위하여, 유엔에서 권고하고 있는 국제표준산업분류를 기초로 작성한 통계목적분류이다. 한국표준산업분류는 통계목적 이외에도 일반 행정 및 산업정책 관련 법령에서 적용대상 산업영역을 결정하는 기준으로 준용되고 있다. 한국표준산업분류는 통계분류포털(https://kssc.kostat.go.kr)에서 최신내용을 확인할 수 있다.

PART 01 근로소득 연말정산

CHAPTER

01 연말정산의 흐름

1 근로소득의 과세방법

근로소득의 과세방법은 상시근로자, 일용근로자, 원천징수되지 않은 근로소득 등 근로소득의 형태에 따라 다른데, 각 근로소득별 과세방법을 요약하면 다음과 같다.

구 분	과세방법
(1) 상시근로자	원천징수(예납적) ⇨ 연말정산 ⇨ 확정신고
(2) 일용근로자	원천징수(완납적)
(3) 원천징수되지 않은 근로소득	확정신고 또는 납세조합 징수

1. 상시근로자의 과세방법

소득세는 1년간의 소득을 합산하여 6~45%의 세율을 적용하여 세액을 계산한다. 근로소득의 경우 매월 급여 지급 시 원천징수를 하는데 이때에는 연간 총급여를 예상할 수 없으므로 1년간 납부하게 될 총세액을 정확히 알 수 없다. 따라서 간이세액표에 의하여 매월 급여액의 일정액을 원천징수하고, 1년간의 총근로소득이 확정되는 해당 과세기간의 다음 해 2월에 지금까지 원천징수된 세액과 실제 소득세 산출세액과의 차액을 정산하여야 하는데 이를 연말정산이라고 한다. 연말정산 시 확정된 소득세 산출세액보다 기 원천징수된 세액이 크다면 환급세액이, 그 반대의 경우에는 납부세액이 발생한다. 연말정산을 통하여 소득세를 납부한 자는 다음 해 5월에 종합소득 신고를 하지 않아도 되므로, 납세자에게 편의를 제공하고 징세비용을 절감함으로써 국세행정의 효율화를 도모할 수 있다.

(1) 원천징수

1) 일반적인 경우

국내에서 거주자나 비거주자에게 근로소득을 지급하는 자는 근로소득간이세액표에 따라 그 거주자나 비거주자에 대한 소득세를 원천징수하여 한다(소법 127 · 128). 원천징수의무자는 원천징수한 소득세를 그 징수일이 속하는 달의 다음 달 10일까지 납부하여야 하며, 원천징수이행상황신고서[소칙 별지 제21호 서식]를 원천징수 관할 세무서장에게 제출(국세정보통신망에 의한 제출 포함)하여야 한다(소법 128 ①, 소령 185 ①).

2) 상시고용인원이 20명 이하인 경우

직전 연도(신규사업자는 신청일이 속하는 반기)의 상시고용인원이 20명 이하인 원천징수의무자(금융 및 보험업을 영위하는 자는 제외한다)와 종교단체로서 원천징수 관할 세무서장으로부터 원천징수 대상 소득에 대한 원천징수세액을 매 반기별로 납부할 수 있도록 승인을 받거나 국세청장이 정하는 바에 따라 지정을 받은 원천징수의무자는 원천징수한 소득세를 그 징수일이 속하는 반기의 마지막 달의 다음 달 10일까지 납부할 수 있다(소법 128 ②, 소령 186 ①).

(2) 연말정산

1) 연말정산 세액계산

근로소득을 지급한 원천징수의무자는 해당 과세기간의 다음 연도 2월분의 근로소득 또는 퇴직자의 퇴직하는 달의 근로소득을 지급할 때에는 원천징수의무자는 근로소득원천징수부에 따라 해당 과세기간에 지급한 소득자별 근로소득의 합계액에서 「소득세법」 및 「조세특례제한법」에 따른 소득공제를 한 금액을 과세표준으로 하여 기본세율을 적용하여 종합소득산출세액을 계산한다(소법 137 ① · ②).

2) 징수 및 환급

원천징수의무자는 종합소득산출세액에서 다음의 금액을 공제한 금액을 소득세로 징수한다. 다만, 다음 금액의 합계액이 종합소득산출세액을 초과하는 경우에 그 초과하는 부분은 이를 근로자에게 환급하여야 한다(소법 137 ②).

① 「소득세법」 제134조 제1항에 따라 이미 원천징수한 세액(가산세액 제외)

② 「소득세법」(외국납부세액공제, 근로소득세액공제, 자녀세액공제, 연금계좌세액공제 및 특별세액

공제)에 따른 공제세액

③ 「조세특례제한법」에 따른 세액감면 · 세액공제 등

3) 지급명세서의 제출

원천징수의무자는 근로소득 지급명세서를 그 지급일이 속하는 과세기간의 다음 연도 3월 10일까지 원천징수 관할 세무서장에게 제출하여야 한다(소법 164 ①). 또한, 기부금 세액공제금액과 의료비 세액공제금액이 있는 근로자에 대해서는 기부금 명세서, 의료비 지급명세서를 근로소득 지급명세서와 함께 원천징수 관할 세무서에 다음 연도 3월 10일까지 제출하여야 한다.

(3) 확정신고

상시근로자의 근로소득금액은 종합소득과세표준에 합산하여 종합과세한다. 다만, 근로소득만 있는 자는 연말정산을 통해 이미 과세표준과 세액이 신고된 것과 다름없으므로 과세표준 확정신고를 하지 않는다(소법 73 ①).

2. 일용근로자의 과세방법

(1) 일용근로자의 범위

상시근로자란 근로계약에 따라 임금을 목적으로 사업이나 사업장에 지속적으로 근로를 제공하는 자를 말하며, 일용근로자란 근로를 제공한 날 또는 시간에 따라 근로대가를 계산하거나 근로를 제공한 날 또는 시간의 근로성과에 따라 급여를 계산하여 받는 사람으로서 다음에 규정된 사람을 말한다(소령 20 ①).

1) 원칙적인 일용근로자

근로계약에 따라 동일한 고용주에게 3월 이상 계속하여 고용되어 있지 아니한 자를 말한다.

2) 건설공사에 종사하는 자로서 다음의 자를 제외한 자(소령 20 ① 1.)

① 동일한 고용주에게 계속하여 1년 이상 고용된 자

② 다음의 업무에 종사하기 위하여 통상 동일한 고용주에게 계속하여 고용되는 자

㉠ 작업준비를 하고 노무에 종사하는 자를 직접 지휘 · 감독하는 업무
㉡ 작업현장에서 필요한 기술적인 업무, 사무 · 타자 · 취사 · 경비 등의 업무
㉢ 건설기계의 운전 또는 정비업무

3) 하역작업에 종사하는 자(항만근로자 포함)로서 다음의 자를 제외한 자

① 통상 근로를 제공한 날에 근로대가를 받지 아니하고 정기적으로 근로대가를 받는 자
② 다음의 업무에 종사하기 위하여 통상 동일한 고용주에게 계속하여 고용되는 자
㉠ 작업준비를 하고 노무에 종사하는 자를 직접 지휘 · 감독하는 업무
㉡ 주된 기계의 운전 또는 정비업무

(2) 일용근로자 여부 판단

① 일용근로자를 판단함에 있어 '근로계약'은 문서에 의한 계약만을 말하는 것은 아니며, '근로를 제공한 날 또는 시간에 따라 급여를 계산하여 지급받는'이라 함은 급여의 계산 방법을 말하는 것이지 그 계산된 급여의 지급방법을 말하는 것은 아니다(소집 14-20-1 ②).

② 일용근로자의 범위 적용 시 '3월', '1년'이라 함은 「민법」 제160조에 따라 역(歷)에 의하여 계산한 기간을 말한다(소집 14-20-1 ③).

③ 근로계약상 근로제공에 대한 시간 또는 일수나 그 성과에 의하지 아니하고 월정액에 의하여 급여를 지급받는 경우에는 그 고용기간에 불구하고 일용근로자가 아닌 자(일반급여자)의 근로소득으로 본다(소집 14-20-1 ④).

④ 근로자가 근로계약에 따라 일정한 고용주에게 3월(건설공사에 종사하는 자는 1년) 이상 계속하여 고용되어 있지 아니하고 근로단체를 통하여 여러 고용주의 사용인으로 취업하는 경우에는 이를 일용근로자로 본다(소집 14-20-2).

(3) 일용근로자를 일반급여자로 보는 시기

① 일용근로자에 해당하는 거주자가 3월 이상(건설공사종사자는 1년) 계속하여 동일한 고용주에게 고용되는 경우에는 3월 이상이 되는 월부터 일반급여자로 보아 원천징수하고, 해당연도 1월 1일부터 12월 31일까지 지급받은 급여를 합산하여 연말정산해야 한다(소집 14-20-3 ①).

(4) 일용근로소득의 계산방법

일용근로소득을 지급하는 자는 다음의 산식에 의하여 계산된 세액을 원천징수하여 다음 달 10일까지 납부하여야 한다. 일용근로자의 근로소득은 원천징수로 납세의무가 종결되므로 무조건 분리과세대상 소득이다(소법 14 ③ · 59 ③ · 129 ① · 134 ③).

일용근로자의 원천징수세액＝[일급여액－15만원]×6%－근로소득세액공제

① 일급여액 : 비과세 제외

② 근로소득공제 : 1일 15만원

③ 근로소득세액공제 : 산출세액×55%

(5) 일용근로소득 지급명세서의 제출

일용근로자에게 근로소득을 지급하는 자는 일용근로소득 지급명세서를 원천징수 관할 세무서장, 지방국세청장 또는 국세청장에게 제출하여야 한다(소법 164 ①). 2021년 7월 이후 지급분부터는 일용근로소득 지급일이 속하는 달의 다음 달 말일까지 제출하여야 한다. 단, 12월 31일까지 해당 귀속연도분의 일용근로소득을 지급하지 않은 경우 12월 말일을 지급일로 보아 다음 해 1월 말일까지 제출하여야 한다. 한편, 휴업, 폐업 또는 해산한 경우에는 휴업일, 폐업일 또는 해산일이 속하는 달의 다음 달 말일까지 제출하여야 한다(소법 164 ①).

3. 원천징수되지 않은 근로소득의 과세방법

국외에서 지급되어 원천징수되지 않은 근로소득은 종합과세되므로 납세의무자가 스스로 다음 연도 5월에 종합소득 과세표준 확정신고를 하여야 한다. 다만, 세법에서는 국외 근로소득자의 납세편의와 납세협력비용 절감을 위하여 국외 근로소득자의 소득세를 매월 징수하여 납부하는 납세조합제도를 두고 있다.

(1) 대상 소득

국외에서 지급되는 다음의 근로소득은 원천징수되지 않는다(소법 127 ①).

① 외국기관 또는 우리나라에 주둔하는 국제연합군(미군 제외)으로부터 받는 근로소득

② 국외에 있는 비거주자 또는 외국법인(국내지점 또는 국내영업소는 제외)으로부터 받는 근로

소득. 다만, ㉠ 비거주자의 국내사업장과 외국법인의 국내사업장의 국내원천소득금액을 계산할 때 필요경비 또는 손금으로 계상되는 소득 및 ㉡ 국외에 있는 외국법인(국내지점 또는 국내영업소는 제외)으로부터 받는 근로소득 중 소득세가 원천징수되는 파견근로자의 소득은 제외한다.

(2) 과세방법

1) 종합과세

국외에서 지급되어 원천징수되지 않은 근로소득은 종합과세된다.

2) 납세조합 징수

국외에서 지급되어 원천징수되지 않은 근로소득이 있는 자는 납세조합을 조직하여 그 조합원에 대한 매월분의 소득세를 징수하고, 그 징수일이 속하는 달의 다음 달 10일까지 납부할 수 있다(소법 149 · 151). 납세조합이 그 조합원의 매월분의 소득에 대하여 원천징수할 때에는 근로소득에 대한 원천징수의 예에 따르되, 근로소득 간이세액표에 따라 계산한 소득세에서 납세조합공제(5%)를 적용한 금액을 징수한다(소법 152 ②).

(3) 외국법인 소속 파견근로자에 대한 사용내국법인의 원천징수 특례

내국법인과 체결한 근로자파견계약에 따라 근로자를 파견하는 국외에 있는 외국법인(국내지점 또는 국내영업소는 제외하며, "파견외국법인"이라 한다)의 소속 근로자("파견근로자")를 사용하는 내국법인("사용내국법인")은 파견근로자가 국내에서 제공한 근로의 대가를 파견외국법인에 지급하는 때에 그 지급하는 금액(파견근로자가 파견외국법인으로부터 지급받는 금액을 사용내국법인이 확인한 경우에는 그 확인된 금액을 말한다)의 19%를 적용하여 계산한 금액을 소득세로 원천징수하여 그 원천징수하는 날이 속하는 달의 다음 달 10일까지 원천징수 관할 세무서, 한국은행 또는 체신관서에 납부하여야 한다(소법 156의 7 ①).

여기서 사용내국법인이란 다음의 요건을 모두 갖춘 내국법인으로 한다(소령 207의 10 ①).

① 파견외국법인에게 지급하는 근로대가의 합계액이 다음의 어느 하나에 해당할 것

㉠ 파견외국법인과 체결한 근로자 파견계약상 근로대가가 20억원을 초과할 것

㉡ 직전 사업연도에 사용내국법인이 파견외국법인에 실제로 지급한 근로대가의 합계액이 20억원을 초과할 것

② 직전 사업연도 매출액이 1,500억원 이상이거나 직전 사업연도 말 현재 자산총액이 5,000

억원 이상일 것

③ 한국표준산업분류에 따른 항공운송업, 건설업, 전문 · 과학 및 기술서비스업, 선박 및 수상 부유구조물 건조업, 금융업을 영위할 것

(4) 파견외국법인의 연말정산

파견외국법인은 파견근로자에게 해당 과세기간의 다음 연도 2월분의 근로소득을 지급할 때에 근로소득세액의 연말정산 규정에 따라 해당 과세기간의 근로소득에 대한 소득세를 원천징수하여야 한다. 이 경우 파견근로자에 대한 해당 과세기간의 과세표준과 세액의 계산, 과세표준 확정신고와 납부, 결정 · 경정 및 징수 · 환급에 대해서는 이 법에 따른 거주자 및 비거주자에 대한 관련 규정을 준용한다(소법 156의 7 ②). 또한, 사용내국법인은 파견외국법인의 연말정산을 대리하여 원천징수할 수 있다(소법 156의 7 ③).

2 근로소득의 원천징수

1. 원천징수 방법

원천징수란 소득자가 자신의 세금을 직접 납부하지 아니하고, 원천징수 대상소득을 지급하는 원천징수의무자(국가, 법인, 개인사업자, 비사업자 포함)가 소득자로부터 세금을 미리 징수하여 국가(국세청)에 납부하는 제도를 말한다.

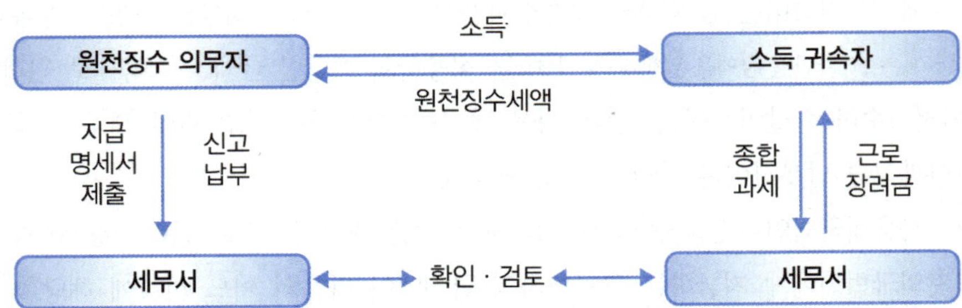

(1) 원천징수 시기

1) 일반적인 경우

원천징수의무자가 매월분의 근로소득을 지급할 때에는 근로소득 간이세액표에 따라 소득세를 원천징수한다(소법 127 ①).

2) 근로소득 원천징수시기에 대한 특례

근로소득을 지급하여야 할 원천징수의무자가 1월부터 11월까지의 근로소득을 해당 과세기간의 12월 31일까지 지급하지 아니한 경우에는 그 근로소득을 12월 31일에 지급한 것으로 보아 소득세를 원천징수하며, 12월분의 근로소득을 다음 연도 2월 말일까지 지급하지 아니한 경우에는 그 근로소득을 다음 연도 2월 말일에 지급한 것으로 보아 소득세를 원천징수한다(소법 135 ①·②).

또한, 법인이 이익 또는 잉여금의 처분에 따라 지급하여야 할 상여를 그 처분을 결정한 날부터 3개월이 되는 날까지 지급하지 아니한 경우에는 그 3개월이 되는 날에 그 상여를 지급한 것으로 보아 소득세를 원천징수한다. 다만, 그 처분이 11월 1일부터 12월 31일까지의 사이에 결정된 경우에 다음 연도 2월 말일까지 그 상여를 지급하지 아니한 경우에는 그 상여를 다음 연도 2월 말일에 지급한 것으로 보아 소득세를 원천징수한다(소법 135 ③).

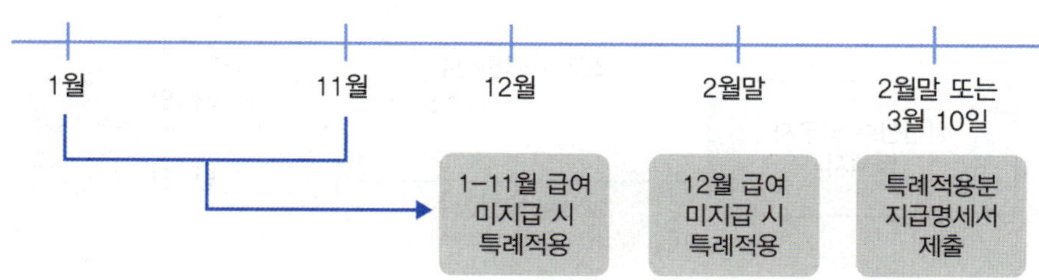

구 분	원천징수시기
매월분의 근로소득	근로소득을 지급할 때 -근로소득 간이세액표에 따라 원천징수
연말정산 (2인 이상으로부터 받는 경우, 재취직 포함)	해당 과세기간의 다음 연도 2월분 근로소득을 지급할 때(2월분의 근로소득을 2월 말일까지 지급하지 아니하거나 2월분의 근로소득이 없는 경우 2월 말일)
일용근로소득	일용근로자의 근로소득을 지급할 때

구 분	원천징수시기
근로소득을 지급하여야 할 원천징수의무자가 1월부터 11월까지의 근로소득을 해당 과세기간 12월 31일까지 지급하지 아니한 경우	그 근로소득을 12월 31일에 지급한 것으로 봄
원천징수의무자가 12월분 근로소득을 다음 연도 2월 말일까지 지급하지 아니한 경우	그 근로소득을 2월 말일에 지급한 것으로 봄
법인이 이익 또는 잉여금의 처분에 따라 지급하여야 할 상여를 그 처분을 결정한 날로부터 3개월이 되는 날까지 지급하지 아니한 경우	그 3개월이 되는 날에 지급한 것으로 봄 다만, 그 처분이 11월 1일부터 12월 31일까지의 사이에 결정된 경우에 다음 연도 2월 말일까지 그 상여를 지급하지 아니한 경우에는 2월 말일에 지급한 것으로 봄

(2) 납세지

1) 일반적인 경우

원천징수의무자는 원천징수한 소득세를 기한 내에 「국세징수법」에 의한 납부서와 함께 원천징수 관할 세무서 · 한국은행 또는 체신관서에 납부하여야 하며, 원천징수이행상황신고서를 원천징수 관할 세무서장에게 제출(국세정보통신망에 의한 제출을 포함)하여야 한다(소령 185 ①). 원천징수하는 소득세의 납세지는 아래와 같다(소법 7 ①).

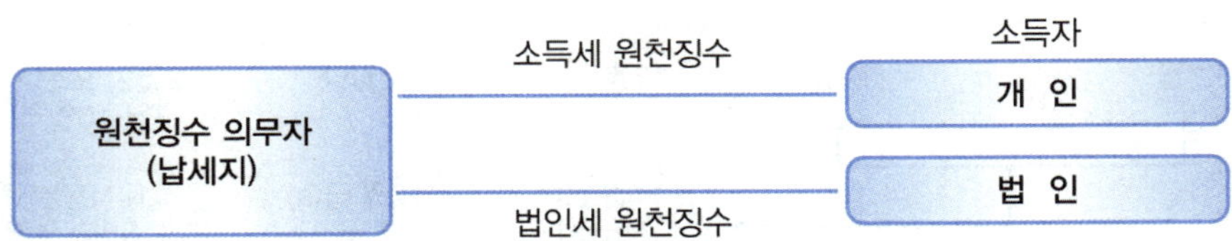

원천징수의무자	소득세 납세지	법인세 납세지
① 거 주 자	거주자의 주된 사업장 소재지(사업장이 없는 경우 거주자 주소지 또는 거소지). 다만, 주된 사업장 외의 사업장에서 원천징수하는 경우 그 사업장의 소재지	
② 비거주자	비거주자의 주된 국내사업장 소재지(국내사업장이 없는 경우 비거주자의 거주지 또는 체류지). 다만, 주된 국내 사업장 외의 국내사업장에서 원천징수하는 경우 그 국내사업장의 소재지	

<table>
<tr><th colspan="2">원천징수의무자</th><th>소득세 납세지</th><th>법인세 납세지</th></tr>
<tr><td rowspan="3">③
법
인</td><td rowspan="2">일 반</td><td>본점(주사무소) 소재지</td><td>본점(주사무소) 소재지
• 법인으로 보는 단체는 사업장 소재지
• 외국법인은 주된 국내 사업장 소재지</td></tr>
<tr><td>지점 등 사업장 소재지(독립채산제에 따라 독립적으로 회계사무를 처리하는 경우)</td><td>지점 등 사업장 소재지(독립채산제에 따라 독립적으로 회계사무를 처리하는 경우)</td></tr>
<tr><td>본점일괄 납부신청
사업자단위로 등록한 경우</td><td colspan="2">법인의 본점 또는 주사무소 소재지
(법인의 지점 · 영업소 그 밖의 사업장이 독립채산제에 따라 독자적으로 회계사무를 처리하는 경우 본점일괄납부를 신청)</td></tr>
<tr><td colspan="2">④ 비거주자의 국내원천 소득의 원천징수의무자 (①~③의 납세지를 가지지 아니한 경우)</td><td colspan="2">• 유가증권 양도소득의 경우 유가증권을 발행한 내국법인 또는 외국법인의 국내사업장 소재지
• 그 외의 경우 국세청장이 정하는 장소</td></tr>
</table>

2) 본점일괄납부 특례

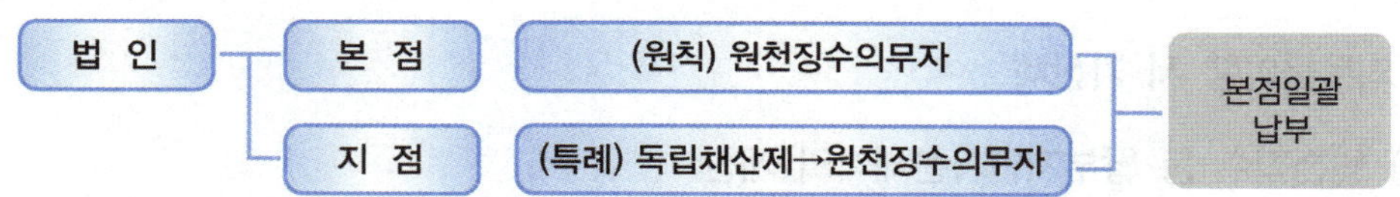

원천징수하는 자가 법인인 경우로서 그 법인의 지점, 영업소, 그 밖의 사업장이 독립채산제에 따라 독자적으로 회계사무를 처리하는 경우 원천징수세액의 납세지는 그 사업장의 소재지로 한다. 다만, 법인이 지점, 영업소 또는 그 밖의 사업장에서 지급하는 소득에 대한 원천징수세액을 본점 또는 주사무소에서 전자적 방법 등을 통해 일괄계산하는 경우로서 본점 또는 주사무소의 관할 세무서장에게 신고한 경우에는 그 법인의 본점 또는 주사무소의 소재지를 소득세 원천징수세액의 납세지로 할 수 있다(소법 7 ① 4.).

① 본점일괄납부 신청 및 신고 · 납부

법인의 본점 등에서의 원천징수세액의 일괄납부 신고를 하려는 법인은 원천징수세액을 일괄납부하려는 달의 말일부터 1개월 전까지 원천징수세액 본점일괄납부신고서를 본점 관할 세무서장에게 제출하여야 한다(법칙 2의 3). 본점일괄납부 사업자는 본점일괄납부 대상 사업장의 원천징수내역을 한 장의 신고서에 작성하여 신고납부한다.

② 본점일괄납부의 철회신청

본점일괄납부 신고에 의해 원천징수세액을 본점에서 일괄납부하는 법인이 해당 원천징수세액을 각 지점별로 납부하려는 경우에는 본점 관할 세무서장에게 원천징수세액 본점일괄납부 철회신청서를 제출하도록 하여야 한다. 원천징수세액 본점일괄납부 신청을 한 법인은 신청일로부터 3년 이내에는 철회신청을 하지 못한다. 다만, 해당 법인의 정보시스템 운영이 중단되는 등 부득이한 사유가 있는 경우에는 예외로 한다(원천징수사무처리규정 34).

3) 사업자단위과세 사업자

「부가가치세법」에 따라 사업자단위로 등록한 경우에는 그 법인의 본점 또는 주사무소의 소재지를 소득세 원천징수세액의 납세지로 할 수 있다(소법 7 ① 4.). 여기서 「부가가치세법」상 사업자단위과세제도란 2 이상의 사업장이 있는 사업자가 사업자단위로 본점 또는 주사무소 관할 세무서장에게 등록한 경우 사업자등록, 세금계산서 발급, 부가가치세 신고 · 납부, 경정 등의 납세의무를 본점 또는 주사무소에서 이행하는 것을 말한다(부집 8-0-2).

(3) 의무불이행 시 가산세

1) 원천징수 등 납부지연가산세액의 계산

국세를 징수하여 납부할 의무를 지는 자가 징수하여야 할 세액을 법정납부기한까지 납부하지 아니하거나 과소납부한 경우에는 납부하지 아니한 세액 또는 과소납부분 세액의 50%(①과 ② 중 법정납부기한의 다음 날부터 납부고지일까지의 기간에 해당하는 금액을 합한 금액은 10%)에 상당하는 금액을 한도로 하여 다음 금액을 합한 금액을 가산세로 한다(국기법 47의 5 ①). 또한, 지방소득세의 특별징수 납부지연가산세도 동일하게 계산하여 가산세로 부과한다(지기법 56 ①).

① 납부하지 아니한 세액 또는 과소납부분 세액의 3%에 상당하는 금액

② 납부하지 아니한 세액 또는 과소납부분 세액×법정납부기한의 다음 날부터 납부일까지의 기간(납부고지일부터 납부고지서에 따른 납부기한까지의 기간은 제외)×22/100,000*

* 2022.2.14. 이전 25/100,000

| 가산세 적용사례 |

구 분	가산세 적용 여부
원천징수이행상황신고 ○ + 납부 ×	가산세 ○
원천징수이행상황신고 × + 납부 ○	가산세 ×

2) 원천징수 등 납부지연가산세 적용 제외 대상

다음 중 어느 하나에 해당하는 경우에는 원천징수 등 납부지연가산세를 적용하지 아니한다(국기법 47의 5 ③).

① 소득세를 원천징수하여야 할 자가 우리나라에 주둔하는 미군인 경우

② 소득세를 원천징수하여야 할 자가 국민연금, 공무원연금, 군인연금, 사립학교교직원연금, 「별정우체국법」에 의한 연금, 연계노령연금, 연계퇴직연금에 따라 연금소득을 지급하는 경우

③ 「소득세법」에 따라 소득세를 원천징수하여야 할 자가 국민연금, 공무원연금, 군인연금, 사립학교교직원연금, 「별정우체국법」에 의한 연금에 따라 퇴직소득을 지급하는 경우

④ 「소득세법」 또는 「법인세법」에 따라 소득세 또는 법인세를 원천징수하여야 할 자가 국가, 지방자치단체 또는 지방자치단체조합인 경우

3) 원천징수 납부지연가산세 특례

원천징수의무자 또는 제156조(비거주자의 국내원천소득에 대한 원천징수의 특례) 및 제156조의 3(비거주자의 채권 등에 대한 원천징수의 특례), 제156조의 4(특정지역 비거주자에 대한 원천징수 절차 특례), 제156조의 5(비거주 연예인 등의 용역 제공과 관련된 원천징수 절차 특례), 제156조의 6(비거주자에 대한 조세조약상 제한세율 적용을 위한 원천징수절차 특례)까지의 규정에 따라 원천징수하여야 할 자가 국가·지방자치단체 또는 지방자치단체조합인 경우로서 국가 등으로부터 근로소득을 받는 사람이 근로소득자 소득·세액 공제신고서를 사실과 다르게 기재하여 부당하게 소득공제 또는 세액공제를 받아 국가 등이 원천징수하여야 할 세액을 정해 진 기간에 납부하지 아니하거나 미달하게 납부한 경우에는 국가 등은 징수하여야 할 세액에 원천징수 등 납부지연가산세액을 더한 금액을 그 근로소득자로부터 징수하여 납부하여야 한다(소법 128의 2).

4) 가산세의 감면

① 수정신고

과세표준신고서를 법정신고기한까지 제출한 자가 법정신고기한이 지난 후 수정신고한 경우(과소신고 · 초과환급신고가산세만 해당하며, 과세표준과 세액을 경정할 것을 미리 알고 과세표준수정신고서를 제출한 경우는 제외)에는 다음의 구분에 따른 금액을 감면한다(국기법 48 ②).

구 분	감면 비율
법정신고기한이 지난 후 1개월 이내 수정신고한 경우	90%
법정신고기한이 지난 후 1개월 초과 3개월 이내에 수정신고한 경우	75%
법정신고기한이 지난 후 3개월 초과 6개월 이내에 수정신고한 경우	50%
법정신고기한이 지난 후 6개월 초과 1년 이내에 수정신고한 경우	30%
법정신고기한이 지난 후 1년 초과 1년 6개월 이내에 수정신고한 경우	20%
법정신고기한이 지난 후 1년 6개월 초과 2년 이내에 수정신고한 경우	10%

② 기한 후 신고

과세표준신고서를 법정신고기한까지 제출하지 아니한 자가 법정신고기한이 지난 후 기한 후 신고를 한 경우(무신고가산세만 해당하며, 과세표준과 세액을 결정할 것을 미리 알고 기한후과세표준신고서를 제출한 경우는 제외)에는 다음의 구분에 따른 금액을 감면한다(국기법 48 ②).

구 분	감면 비율
법정신고기한이 지난 후 1개월 이내 기한 후 신고한 경우	50%
법정신고기한이 지난 후 1개월 초과 3개월 이내에 기한 후 신고한 경우	30%
법정신고기한이 지난 후 3개월 초과 6개월 이내에 기한 후 신고한 경우	20%

(4) 자료 보관 의무

매월분의 근로소득을 지급하는 원천징수의무자는 근로소득 원천징수부[소칙 별지 제25호 서식]를 비치 · 기록하여야 한다. 이 경우 근로소득 원천징수부를 전산처리된 테이프 또는 디스크 등으로 수록 · 보관하여 항시 출력이 가능한 상태에 둔 때에는 근로소득 원천징수부를 비치 · 기록한 것으로 본다(소령 196 ①).

2. 원천징수대상 근로소득

국내에서 거주자나 비거주자에게 근로소득을 지급하는 자는 그 거주자나 비거주자에 대한 소득세를 원천징수하여야 한다(소법 127 ①).

(1) 원천징수 제외 대상 근로소득

다만, 다음 중 어느 하나에 해당하는 소득은 원천징수대상 근로소득에서 제외한다(소법 127 ①).

① 외국기관 또는 우리나라에 주둔하는 국제연합군(미군은 제외)으로부터 받는 근로소득

② 국외에 있는 비거주자 또는 외국법인(국내지점 또는 국내영업소는 제외)으로부터 받는 근로소득. 다만, 다음의 어느 하나에 해당하는 소득은 제외한다.

㉠ 비거주자의 국내사업장과 「법인세법」에 따른 외국법인의 국내사업장의 국내원천소득금액을 계산할 때 필요경비 또는 손금으로 계상되는 소득

㉡ 국외에 있는 외국법인(국내지점 또는 국내영업소는 제외)으로부터 받는 근로소득 중 외국법인 소속 파견근로자의 소득에 대한 원천징수 특례에 따라 소득세가 원천징수되는 파견근로자의 소득

(2) 원천징수의 제외 및 배제

1) 원천징수 제외

원천징수의무자가 원천징수대상 근로소득으로서 소득세가 과세되지 아니하거나 면제되는 소득을 지급할 때에는 소득세를 원천징수하지 아니한다(소법 154).

2) 원천징수의 배제

원천징수대상 근로소득으로서 발생 후 지급되지 아니함으로써 소득세가 원천징수되지 아니한 소득이 종합소득에 합산되어 종합소득에 대한 소득세가 과세된 경우에 그 소득을 지급할 때에는 소득세를 원천징수하지 아니한다(소법 155).

3) 소액부징수

다음의 어느 하나에 해당하는 경우에는 해당 소득세를 징수하지 아니한다(소법 86).

① 원천징수대상 근로소득에 따른 원천징수세액이 1,000원 미만인 경우

② 납세조합의 징수세액이 1,000원 미만인 경우

③ 중간예납세액이 50만원 미만인 경우

3. 근로소득의 원천징수 방법

원천징수의무자가 소득세를 원천징수할 때에는 근로소득에 대하여 「소득세법 시행령」 [별표 2]의 근로소득 간이세액표 해당란의 세액을 기준으로 원천징수한다(소령 194 ①).

(1) 간이세액표(소령 별표 2)

근로소득에 대한 간이세액표의 적용방법은 세로축에서 본인의 월급여액에 해당하는 부분과, 가로축에서 공제대상 부양가족의 수를 적용한 부분이 만나는 부분의 세액을 원천징수한다. 간이세액표 적용 시 월급여액은 비과세소득만 제외한 급여액이므로 국민건강보험료 등을 차감하지 않고 과세대상금액 전액에 대하여 해당란의 세액을 적용한다.

▌간이세액표의 일부(예시)▐

(단위 : 원)

월급여액(천원) [비과세 및 학자금 제외]		공제대상가족의 수					
		1	2	3	4	5	6
3,120	3,140	95,760	77,620	42,380	30,650	25,400	20,150
3,140	3,160	98,210	79,330	44,030	31,310	26,060	20,810
3,160	3,180	100,650	81,040	45,680	32,550	26,720	21,470
3,180	3,200	103,100	82,750	47,330	34,200	27,380	22,130
3,200	3,220	105,540	84,460	48,980	35,850	28,040	22,790
3,220	3,240	107,990	86,170	50,620	37,500	28,700	23,450
3,240	3,260	110,430	87,880	52,270	39,150	29,360	24,110
3,260	3,280	112,880	89,600	53,920	40,800	30,020	24,770
3,280	3,300	115,320	91,310	55,570	42,440	30,670	25,420
3,300	3,320	117,770	93,020	57,220	44,090	31,330	26,080
3,320	3,340	120,210	95,210	58,870	45,740	32,620	26,740
3,340	3,360	122,660	97,660	60,440	47,320	34,190	27,370

1) 간이세액표의 기본구조

원천징수의무자가 매월분의 근로소득을 지급할 때에는 근로소득 간이세액표에 따라 소득세를 원천징수한다(소법 134 ①).

간이세액표의 해당 세액(제6호의 월급여액별 · 공제대상가족수별 금액을 말한다)은 「소득세법」에 따른 근로소득공제, 기본공제, 특별소득공제 및 특별세액공제 중 일부, 연금보험료공제, 근로소득세액공제와 해당 세율을 반영하여 계산한 금액이다. 이 경우 "특별소득공제 및 특별세액공제 중 일부"는 다음의 계산식에 따라 계산한 금액을 소득공제하여 반영한 것이다.

<table>
<tr><th>총급여액</th><th>공제대상가족의 수가 1명인 경우</th><th>공제대상가족의 수가 2명인 경우</th><th colspan="2">공제대상가족의 수가 3명 이상인 경우</th></tr>
<tr><td>3,000만원 이하</td><td>310만원+연간 총급여액의 4%</td><td>360만원+연간 총급여액의 4%</td><td>500만원+연간 총급여액의 7%</td><td></td></tr>
<tr><td>3,000만원 초과 4,500만원 이하</td><td>310만원+연간 총급여액의 4% −연간 총급여액 중 3천만원을 초과하는 금액의 5%</td><td>360만원+연간 총급여액의 4% −연간 총급여액 중 3천만원을 초과하는 금액의 5%</td><td>500만원+연간 총급여액의 7% −연간 총급여액 중 3천만원을 초과하는 금액의 5%</td><td rowspan="3">+ 연간 총급여액 중 4천만원을 초과하는 금액의 4%</td></tr>
<tr><td>4,500만원 초과 7,000만원 이하</td><td>310만원+연간 총급여액의 1.5%</td><td>360만원+연간 총급여액의 2%</td><td>500만원+연간 총급여액의 5%</td></tr>
<tr><td>7,000만원 초과 1억 2,000만원 이하</td><td>310만원+연간 총급여액의 0.5%</td><td>360만원+연간 총급여액의 1%</td><td>500만원+연간 총급여액의 3%</td></tr>
</table>

2) 간이세액표의 적용 방법

① 공제대상가족 수

공제대상가족의 수를 산정할 때 본인 및 배우자도 각각 1명으로 보아 계산한다.

② 자녀세액공제 적용 방법

공제대상가족 중 8세 이상 20세 이하 자녀가 있는 경우의 세액은 다음의 계산식에 따른 공제대상가족의 수에 해당하는 금액으로 한다.

> 자녀세액공제 적용 시 공제대상가족의 수
> =실제 공제대상가족의 수 + 8세 이상 20세 이하 자녀의 수

③ 공제대상가족의 수가 11명을 초과하는 경우

공제대상가족의 수가 11명을 초과하는 경우의 세액은 다음 '㉠'의 금액에서 '㉡'의 금액을 공제한 금액으로 한다.

> ㉠ 공제대상가족의 수가 11명인 경우의 세액
> ㉡ (공제대상가족의 수가 10명인 경우의 세액−공제대상가족의 수가 11명인 경우의 세액)×11명을 초과하는 가족의 수

④ 학자금 지급 특례

원천징수의무자가 근로소득에 해당하는 학자금을 지급하는 때에 원천징수하는 소득세의 계산은 해당 학자금을 제외한 월급여액(비과세 제외)을 기준으로 하여 계산할 수 있다.

사례

월급여가 3,600,000원(비과세 급여 식대 100,000원, 자가운전보조금 200,000원 포함)인 경우의 원천징수세액을 구하시오.

▌간이세액표 일부▐

월급여액(천원) [비과세 및 학자금 제외]		공제대상가족의 수				
이상	미만	1	2	3	4	5
3,280	3,300	115,320	91,310	55,570	42,440	30,670
3,300	3,320	117,770	93,020	57,220	44,090	31,330
3,320	3,340	120,210	95,210	58,870	45,740	32,620

① 공제대상가족의 수가 3명(본인, 배우자, 어머니)인 경우 : 3명 적용세액

- 공제대상 가족의 수 : 3
- 간이세액표의 월급여 3,300,000(3,600,000−300,000) 이상인 라인에서 공제대상가족의 수에서 3명인 지점이 만나는 곳인 57,220원이 원천징수세액이 된다.

② 공제대상가족의 수가 3명(본인, 배우자, 8세 이상 20세 이하 자녀가 1명)인 경우 : 4명

- 공제대상 가족의 수 : 3+1=4
- 간이세액표의 월급여 3,300,000(3,600,000−300,000) 이상인 라인에서 공제대상가족의 수에서 4명인 지점이 만나는 곳인 44,090원이 원천징수세액이 된다.

③ 공제대상가족의 수가 3명(본인, 8세 이상 20세 이하 자녀가 2명)인 경우 : 5명

- 공제대상 가족의 수 : 3+2=5
- 간이세액표의 월급여 3,300,000(3,600,000−300,000) 이상인 라인에서 공제대상가족의 수에서 4명인 지점이 만나는 곳인 31,330원이 원천징수세액이 된다.

(2) 상여가 있는 경우의 원천징수

원천징수의무자가 근로소득에 해당하는 상여 또는 상여의 성질이 있는 급여를 지급할 때에

원천징수하는 소득세는 다음의 구분에 따라 계산한다. 종합소득공제를 적용함으로써 근로소득에 대한 소득세가 과세되지 아니한 사람이 받는 상여 등에 대해서도 동일하다(소법 136 ①). 이때, 지급대상기간이 1년을 초과하는 경우에는 1년으로 보고 1개월 미만의 끝수가 있는 경우에는 1개월로 본다. 또한 지급대상기간의 마지막 달이 아닌 달에 지급되는 상여 등은 지급대상기간이 없는 상여 등으로 본다(소령 195 ①).

1) 지급대상기간이 있는 상여 등의 원천징수

그 상여 등의 금액을 지급대상기간의 월수로 나누어 계산한 금액과 그 지급대상기간의 상여 등 외의 월평균 급여액을 합산한 금액에 대하여 간이세액표에 따라 계산한 금액을 지급대상기간의 월수로 곱하여 계산한 금액에서 그 지급대상기간의 근로소득에 대해서 이미 원천징수하여 납부한 세액(가산세액은 제외)을 공제한 것을 그 세액으로 한다.

2) 지급대상기간이 없는 상여 등의 원천징수

그 상여 등을 받은 과세기간의 1월 1일부터 그 상여 등의 지급일이 속하는 달까지를 지급대상기간으로 하여 위의 '1)'에 따라 계산한 것을 그 세액으로 한다. 이 경우 그 과세기간에 2회 이상의 상여 등을 받았을 때에는 직전에 상여 등을 받은 날이 속하는 달의 다음 달부터 그 후에 상여 등을 받은 날이 속하는 달까지를 지급대상기간으로 하여 세액을 계산한다.

3) 지급대상기간이 서로 다른 상여 등을 같은 달에 지급받는 경우의 원천징수

지급대상기간이 서로 다른 상여 등을 같은 달에 지급받는 경우 지급대상기간을 다음 산식에 의하여 계산한 후 위의 '1)'의 규정을 적용하여 세액을 계산한다. 다만 지급대상기간을 계산함에 있어 1월 미만의 단수가 있을 때에는 1월로 한다(소령 195 ①).

$$\text{지급대상기간} = \frac{\text{같은 달에 지급받은 상여 등의 지급대상기간의 합계}}{\text{같은 달에 지급받은 상여 등의 개수}}$$

▎상여의 원천징수 방법▎

구 분	계 산 방 법
원 칙	① 지급대상기간이 있는 상여 지급 시 원천징수세액=(㉠×㉡)−㉢ ㉠ [("상여 등"의 금액+지급대상기간의 "상여 등" 외의 급여의 합계액)÷지급대상기간의 월수]에 대한 간이세액표상의 해당 세액

구 분	계 산 방 법
	㉡ 지급대상기간의 월수 ㉢ 지급대상기간의 "상여 등" 외의 급여에 대해 이미 원천징수한 세액
	② 지급대상기간이 없는 상여 지급 시 원천징수세액 그 상여 등을 받는 연도의 1월 1일부터 그 상여 등의 지급일이 속하는 달까지를 지급대상기간*으로 하여 세액 계산 * 연도 중 2회 이상의 상여 등을 받는 경우 직전에 상여 등을 지급받는 날이 속하는 달의 다음 달부터 그 후에 상여 등을 지급받는 날이 속하는 달까지
특 례	상여 등의 금액과 그 지급대상기간이 사전에 정해진 경우에는 매월분의 급여에 상여 등의 금액*을 그 지급대상기간으로 나눈 금액을 합한 금액에 대하여 간이세액표에 의한 매월분의 세액을 징수할 수 있음 * 금액과 지급대상기간이 사전에 정하여진 상여 등을 지급대상기간의 중간에 지급하는 경우 포함

사례 1

㈜택스에듀는 종업원 김원천에게 급여(기본급 300만원, 비과세 50만원) 외에 과세되는 정기 상여를 매월 3월, 6월, 9월 그리고 12월에 각각 4,200,000원씩 지급한다. 공제대상가족의 수는 3명(본인, 자녀 2명)이며, 이 중 20세 이하 자녀가 2명이다. ㈜택스에듀가 종업원 김원천에게 3월 기본급과 상여를 지급할 때 원천징수세액 및 특별징수세액을 계산하시오.

월급여액(천원) [비과세 및 학자금 제외]		공제대상가족의 수				
이상	미만	1	2	3	4	5
3,000	3,020	84,850	67,350	32,490	26,690	21,440
3,020	3,040	86,560	69,060	34,140	27,350	22,100
3,040	3,060	88,270	70,770	35,790	28,010	22,760
3,060	3,080	89,980	72,480	37,440	28,670	23,420
3,080	3,100	91,690	74,190	39,080	29,330	24,080
⋮	⋮	⋮	⋮	⋮	⋮	⋮
4,380	4,400	261,690	233,390	171,050	152,300	133,550
4,400	4,420	264,360	236,050	173,490	154,740	135,990
4,420	4,440	267,030	238,700	175,940	157,190	138,440
4,440	4,460	269,700	241,360	178,380	159,630	140,880

(1) **공제대상가족 수의 결정**

① 우선 기본공제대상자로 본인 및 자녀 2명을 합하여 실제 공제대상가족의 수 3명을 산출한다.

② 공제대상 가족 중 20세 이하의 자녀를 파악하여 아래의 산식에 따라 간이세액표에 적용할 공제대상가족의 수를 산출한다.

공제대상가족의 수=실제 공제대상가족의 수+20세 이하 자녀의 수=3+2=5

따라서 공제대상 가족의 수가 5명인 가로축 구간을 찾는다.

(2) **간이세액표에 적용할 상여지급대상기간의 월평균급여 산출**

① 지급대상기간은 3개월이다.

② 지급대상기간의 과세되는 기본급과 상여를 모두 더하여 지급대상기간의 급여총액

1월 급여 300만원+2월 급여 300만원+3월 급여와 보너스(300만원+420만원)=1,320만원

③ 상여지급대상기간의 월평균급여

=1,320만원÷3개월=4,400,000원

따라서 간이세액표의 월급여액 4,400,000원인 구간을 찾는다.

④ 간이세액표에 의한 간이세액(근로소득세)=135,990원

⑤ 지급대상기간 전체 근로소득세액

=평균급여에 대한 근로소득세액×지급대상기간=135,990원×3개월=407,970원

⑥ 상여를 지급한 달의 근로소득세액(원천징수세액)

=지급대상기간 전체의 근로소득세액(원천징수세액)−기원천징수세액

=407,970원−42,880원*=365,090원

* 1월과 2월에 월급 300만원에 대하여 간이세액표에서는 21,440원씩 2개월을 원천징수하였으므로 42,880원이다.

⑦ 개인지방소득세 특별징수세액=365,090원×10%=36,509원

---

(3) 근무지가 2 이상인 경우의 원천징수

1) 종전 근무지가 있는 경우

종된 근무지의 원천징수의무자가 원천징수하는 때에는 해당 근로자 본인에 대한 기본공제와 표준세액공제만 있는 것으로 보고 해당란의 세액을 적용한다(소령 194 ②).

2) 2인 이상의 근무지가 있는 경우

2인 이상의 사용자로부터 근로소득을 받는 사람은 해당 과세기간 종료일까지 주된 근무지와 종된 근무지를 정하여 근무지(변동)신고서[소칙 별지 제26호 서식]를 주된 근무지의 원천징수의무자에게 제출하여야 한다(소령 196의 2).

(4) 원천징수 세액의 변경 신청

근로자가 근로소득 간이세액표 해당란 세액의 120% 또는 80%의 비율에 해당하는 금액의 원천징수를 신청하는 경우에는 그에 따라 원천징수할 수 있다(소령 194 ①). 근로자가 원천징수세액을 선택하는 경우에는 소득세 원천징수세액 조정신청서[소칙 별지 제24호의 2 서식]를 작성하여 원천징수의무자에게 제출하거나 근로소득자 소득 · 세액공제신고서에 원천징수세액의 비율을 기재하여 해당 과세기간의 다음 연도 2월분의 근로소득을 받기 전에 제출하여야 한다(소법 140 ①, 소령 194 ③). 이 경우 그 제출일 이후 지급하는 근로소득부터 변경된 원천징수세액의 비율을 적용한다.

[별지 제26호 서식] (2013.2.23. 개정)

근무지(변동)신고서

관리번호		처리기간 즉시

신고인	①성 명		②주 민 등 록 번 호	
	⑤주 소			
주된 근무지	④법인명 또는 상호		⑤대표자성명	
	⑥사업장소재지			
	⑦입사일	년 월 일		
종된 근무지	⑧법인명 또는 상호		⑨대표자성명	
	⑩사업장소재지			
	⑪입사일	년 월 일		

「소득세법 시행령」 제196조의 2에 따라 근무지(변동)신고서를 제출합니다.

년 월 일

신고인 (서명 또는 인)

귀하

210mm×297mm[백상지 80g/㎡]

[별지 제24호의 2 서식] (2015.6.30. 신설)

소득세 원천징수세액 조정신청서

관리번호		처리기간	즉시

기본사항	성 명	주 민 등 록 번 호		
	주 소			
	①신청일 현재 원천징수방식 (소득세법 시행령 별표2 근로소득 간이세액표에 따른 세액의 120%,100% 또는 80% 중에서 선택합니다)	120%	100%	80%

조정신청 내용	②조정하고자 하는 원천징수방식 (소득세법 시행령 별표2 근로소득 간이세액표에 따른 세액의 120%,100% 또는 80% 중에서 선택합니다)	120%	100%	80%
	③조정하고자 하는 시기	년 월 원천징수분부터 별도의 변경신청 전까지		

「소득세법 시행령」 제194조 제3항에 따라 소득세 원천징수세액 조정신청서를 제출합니다.

년 월 일

신고인 (서명 또는 인)

원천징수의무자 귀하

작 성 방 법

1. "① 신청일 현재 원천징수방식"란에는 신청일 현재 적용하고 있는 원천징수방식에 "○"표시를 합니다.
2. "② 조정하고자 하는 원천징수방식"란에는 신청일 이후 조정하고자 하는 원천징수방식에 "○"표시를 합니다.
3. "③ 조정하고자 하는 시기"란에는 신청일 이후 조정하고자 하는 시기를 적습니다. 이 경우 새롭게 조정한 원천징수방식은 해당 과세기간종료일까지는 변경할 수 없습니다.

210mm×297mm[백상지 80g/㎡]

4. 농어촌특별세의 원천징수

원천징수대상 근로소득을 지급받은 자가 주택자금차입금 이자세액공제를 적용받는 경우 원천징수의무자는 농어촌특별세를 징수하여 신고 · 납부하여야 한다(농특법 7 ③).

(1) 농어촌특별세액의 계산

주택자금차입금 이자세액공제금액×20%

(2) 신고 · 납부

원천징수이행상황신고서의 해당 세목 농어촌특별세란에 세액을 기재하여 그 징수일이 속하는 달의 다음 달 10일까지 원천징수 관할 세무서, 한국은행 또는 체신관서에 납부하여야 한다(소법 128 ①, 농특법 7 ③).

5. 지방소득세의 특별징수

(1) 지방소득세의 계산

「소득세법」 또는 「조세특례제한법」에 따른 원천징수의무자가 거주자로부터 소득세를 원천징수하는 경우에는 원천징수하는 소득세(「조세특례제한법」 및 다른 법률에 따라 조세감면 또는 중과세 등의 조세특례가 적용되는 경우에는 이를 적용한 소득세)의 10%에 해당하는 금액을 소득세 원천징수와 동시에 개인지방소득세로 특별징수하여야 한다(지법 103의 13 ①).

개인지방소득세 : 소득세액×10%

(2) 신고 · 납부

특별징수의무자가 개인지방소득세를 특별징수하였을 경우에는 그 징수일이 속하는 달의 다음 달 10일까지 납세지를 관할하는 지방자치단체에 납부하여야 한다. 다만, 「소득세법」 제128조 제2항에 따라 원천징수한 소득세를 반기(半期)별로 납부하는 경우에는 반기의 마지막 달의 다음 달 10일까지 반기의 마지막 달 말일 현재의 납세지 관할 지방자치단체에 납부할 수 있다(지법 103의 13 ②).

(3) 납세지

특별징수하는 지방소득세 중 근로소득 및 퇴직소득에 대한 지방소득세는 납세의무자의 근무지를 납세지로 한다. 다만, 퇴직 후 연금계좌(연금신탁 · 보험을 포함)에서 연금외수령의 방식으로 인출하는 퇴직소득의 경우에는 그 소득을 지급받는 사람의 주소지로 한다(지법 89 ③).

6. 일용근로소득 지급명세서의 제출

(1) 제출의무자

일용근로자에게 근로소득을 지급하는 자는 일용근로소득 지급명세서를 원천징수 관할 세무서장, 지방국세청장 또는 국세청장에게 제출하여야 한다(소법 164 ①). 여기서 일용근로자란, 근로를 제공한 날 또는 시간에 따라 급여를 계산하거나 근로를 제공한 날 또는 시간의 근로성과에 따라 급여를 계산하여 지급받는 자로서 동일 고용주에게 3월(건설공사 종사자는 1년) 이상 계속 고용되어 있지 않은 자를 말한다(소법 14 ③, 소령 20 ①).

(2) 제출기한

2021년 7월 이후 지급분부터는 일용근로소득 지급일이 속하는 달의 다음 달 말일까지 제출하여야 한다. 단, 12월 31일까지 해당 귀속연도분의 일용근로소득을 지급하지 않은 경우 12월 말일을 지급일로 보아 다음 해 1월 말일까지 제출하여야 한다. 한편, 휴업, 폐업 또는 해산한 경우에는 휴업일, 폐업일 또는 해산일이 속하는 달의 다음 달 말일까지 제출하여야 한다(소법 164 ①).

(3) 가산세

미제출 등에 대한 가산세는 다음과 같다(소법 81의 11). 다만, 원천징수세액을 반기별로 납부하는 원천징수의무자가 2021년 7월 1일부터 2022년 6월 30일까지 일용근로소득을 지급하는 경우로서 일용근로소득에 대한 지급명세서를 그 소득 지급일이 속하는 분기의 마지막 달의 다음 달 말일(휴업, 폐업 또는 해산한 경우에는 휴업일, 폐업일 또는 해산일이 속하는 분기의 마지막 달의 다음 달 말일)까지 제출하는 경우에는 가산세를 부과하지 아니한다(소법 81의 11 ②). 또한 일용근로소득에 대하여 제출된 지급명세서에 기재된 총지급금액에서 지급금액 불분명 금액이 차지하는 비율이 5% 이하인 경우에는 지급사실 불분명에 대한 가산세는 부과하지 아니한다(소법 81의 11 ③, 소령 147의 7 ④).

구 분	내 용	2021.6.30. 이전	2021.7.1. 이후
미제출	제출기한까지 미제출한 경우	미제출 금액의 1%	미제출 금액*1의 0.25%
지급사실 불분명 등	• 지급자 또는 소득자의 주소 · 성명 · 납세번호(주민등록번호로 갈음하는 경우에는 주민등록번호), 사업자등록번호, 소득의 종류, 소득의 귀속연도 또는 지급액을 적지 않았거나 잘못 적어 지급사실을 확인할 수 없는 경우 • 지급금액이 사실과 다른 경우	불분명(허위) 제출 금액의 1%	불분명(허위) 제출 금액*2의 0.25%
지연제출	제출기한 경과 후 제출한 경우	제출기간 경과 후 3개월 이내 제출 시 0.5%	제출기간 경과 후 1개월 이내 제출 시 0.125%

*1. 소규모사업자(상시 고용인원 20인 이하인 사업자로서 반기별 원천징수세액 납부자)가 종전 제출기한(분기 마지막 달의 다음 달 말일)까지 제출 시 가산세 미부과(2021.7.1.~2022.6.30.까지 지급분)

*2. 불분명(허위)금액이 총지급액 대비 5% 이하인 경우 미부과

7. 간이지급명세서의 제출

(1) 제출기한

소득세 납세의무가 있는 개인에게 다음 중 어느 하나에 해당하는 소득을 국내에서 지급하는 자는 간이지급명세서를 그 소득 지급일(소득세법 제135조 또는 제144조의 5의 지급시기 의제규정을 적용받는 소득에 대해서는 해당 소득에 대한 과세기간 종료일)이 속하는 달의 다음 달 말일까지 원천징수 관할 세무서장, 지방국세청장 또는 국세청장에게 제출하여야 한다. 다만, 휴업, 폐업 또는 해산한 경우에는 휴업일, 폐업일 또는 해산일이 속하는 달의 다음 달 말일까지 제출하여야 한다(소법 164의 3 ①).

① 일용근로자가 아닌 근로자에게 지급하는 근로소득(2026년 지급분부터 적용)

② 원천징수대상 사업소득

③ 일시적 인적용역(소법 21 ① 19.)에 해당하는 기타소득

<table>
<tr><th>구 분</th><th>2023.12.31. 이전 지급분</th><th>2024.1.1. 이후 지급분</th></tr>
<tr><td>① 일용근로자가 아닌 근로자에게 지급하는 근로소득</td><td colspan="2">지급일이 반기의 마지막 달의 다음 달 말일</td></tr>
<tr><td>② 원천징수대상 사업소득</td><td>지급일이 속하는 달의 다음 달 말일</td><td rowspan="2">지급일이 속하는 달의 다음 달 말일</td></tr>
<tr><td>③ 일시적 인적용역에 해당하는 기타소득</td><td>제출의무 없음</td></tr>
</table>

(2) 제출의무자

간이지급명세서의 제출의무자는 법인, 소득세법 제127조 제5항에 따라 소득의 지급을 대리하거나 그 지급 권한을 위임 또는 위탁받은 자 및 납세조합, 소득세법 제7조 또는 법인세법 제9조에 따라 원천징수세액의 납세지를 본점 또는 주사무소의 소재지로 하는 자와 부가가치세법 제8조 제3항 후단에 따른 사업자 단위 과세 사업자를 포함하고, 휴업, 폐업 또는 해산을 이유로 간이지급명세서 제출기한까지 지급명세서를 제출한 자는 제외한다(소법 164의 3 ①).

(3) 지급명세서 제출의무면제

원천징수대상 사업소득(연말정산 대상 사업소득 제외)과 일시적 인적용역에 해당하는 기타소득 소득에 대한 간이지급명세서를 제출한 경우에는 그 제출한 부분에 대하여 지급명세서를 제출한 것으로 본다(소법 164 ⑦).

구 분	제출면제 적용시기
① 원천징수대상 사업소득	2023년 1월 1일 이후 지급하는 소득에 대하여 지급명세서등을 제출하여야 하거나 제출하는 경우부터 적용(소법 부칙 6 법률 제19196호, 2022.12.31.)
② 일시적 인적용역에 해당하는 기타소득	2024년 1월 1일 이후 지급하는 소득에 대하여 지급명세서등을 제출하여야 하거나 제출하는 경우부터 적용(소법 부칙 6 법률 제19196호, 2022.12.31.)

(4) 가산세

지급명세서 또는 간이지급명세서를 제출하여야 할 자가 다음 중 어느 하나에 해당하는 경우에는 다음에서 정하는 금액을 가산세로 해당 과세기간의 종합소득 결정세액에 더하여 납부하여야 한다. 다만, 조세특례제한법 제90조의 2에 따라 가산세가 부과되는 분에 대해서는 그러하지 아니하다(소법 81의 11 ①).

1) 미제출

지급명세서 또는 간이지급명세서를 기한까지 제출하지 아니한 경우에는 다음 구분에 따른 금액을 가산세로 한다.

구 분		미제출	지연제출
지급명세서	일반	지급금액 × 1%	3개월 내 제출 시 지급금액 × 0.5%
	일용근로	지급금액 × 0.25%	1개월 내 제출 시 지급금액 × 0.125%
간이지급명세서	상용근로	지급금액 × 0.25%	1개월 내(2023년까지는 3개월) 제출 시 지급금액 × 0.125%[1]
	사업소득	지급금액 × 0.25%	1개월 내 제출 시 지급금액 × 0.125%

① 일용근로소득 및 사업소득 간이지급명세서 미제출 가산세 경감

원천징수세액을 반기별로 납부하는 원천징수의무자가 2021년 7월 1일부터 2022년 6월 30일까지 일용근로소득 또는 원천징수대상 사업소득을 지급하는 경우로서 다음의 어느 하나에 해당하는 경우에는 지급명세서 및 간이지급명세서 미제출 가산세를 부과하지 아니한다(소법 81의 11 ②).

㉠ 일용근로소득에 대한 지급명세서를 그 소득 지급일(근로소득 원천징수시기에 대한 특례를 적용받는 소득에 대해서는 해당 소득에 대한 과세기간 종료일)이 속하는 분기의 마지막 달의 다음 달 말일(휴업, 폐업 또는 해산한 경우에는 휴업일, 폐업일 또는 해산일이 속하는 분기의 마지막 달의 다음 달 말일)까지 제출하는 경우

㉡ 원천징수대상 사업소득에 대한 간이지급명세서를 그 소득 지급일(연말정산 사업소득의 원천징수시기에 대한 특례를 적용받는 소득에 대해서는 해당 소득에 대한 과세기간 종료일)이 속하는 반기의 마지막 달의 다음 달 말일(휴업, 폐업 또는 해산한 경우에는 휴업일, 폐업일 또는 해산일이 속하는 반기의 마지막 달의 다음 달 말일)까지 제출하는 경우

② 상용근로소득 간이지급명세서 미제출 가산세 경감

다음에 해당하는 경우에는 간이지급명세서 미제출(지연제출) 가산세를 부과하지 아니한다(소법 81의 11 ③).

---

1) 2024년 1월 1일 이후 지급하는 소득에 대하여 간이지급명세서를 제출하여야 하거나 제출하는 경우부터 1개월로 하며, 그 이전분은 3개월로 한다(소법 부칙 6 법률 제19196호, 2022.12.31.).

구 분	내 용
㉠ 상용근로소득	2026년 1월 1일부터 2026년 12월 31일(반기별로 납부하는 원천징수의무자의 경우에는 2027년 12월 31일)까지 상용근로소득을 지급하는 경우로서 해당 소득에 대한 간이지급명세서를 그 소득 지급일(지급시기의제 적용 소득에 대한 과세연도 종료일)이 속하는 반기의 마지막 달의 다음 달 말일(휴업, 폐업 또는 해산한 경우에는 휴업일, 폐업일 또는 해산일이 속하는 반기의 마지막 달의 다음 달 말일)까지 제출하는 경우
㉡ 일시적 인적용역 기타소득	2024년 1월 1일부터 2024년 12월 31일까지 일시적 인적용역 기타소득을 지급하는 경우로서 해당 소득에 대한 지급명세서를 그 소득 지급일이 속하는 과세연도의 다음 연도의 2월 말일(휴업, 폐업 또는 해산한 경우에는 휴업일, 폐업일 또는 해산일이 속하는 달의 다음다음 달 말일)까지 제출하는 경우

2) 불분명

제출된 지급명세서 또는 간이지급명세서가 불분명한 경우에 해당하거나 제출된 지급명세서등에 기재된 지급금액이 사실과 다른 경우에는 다음 구분에 따른 금액을 가산세로 한다.

구 분		불분명
지급명세서	일반	지급금액 × 1%
	일용근로	지급금액 × 0.25%
간이지급명세서		지급금액 × 0.25%

여기서 제출된 지급명세서 등이 불분명한 경우란 다음의 구분에 따른 경우를 말한다(소령 147의 7 ①).

구 분	내 용
지급명세서	① 제출된 지급명세서에 지급자 또는 소득자의 주소 · 성명 · 납세번호(주민등록번호로 갈음하는 경우에는 주민등록번호), 사업자등록번호, 소득의 종류, 소득의 귀속연도 또는 지급액을 적지 않았거나 잘못 적어 지급사실을 확인할 수 없는 경우 ② 제출된 지급명세서 및 이자 · 배당소득 지급명세서에 유가증권표준코드를 적지 않았거나 잘못 적어 유가증권의 발행자를 확인할 수 없는 경우 ③ 제출된 지급명세서에 이연퇴직소득세를 적지 않았거나 잘못 적은 경우
간이지급명세서	제출된 간이지급명세서에 지급자 또는 소득자의 주소 · 성명 · 납세번호(주민등록번호로 갈음하는 경우에는 주민등록번호), 사업자등록번호, 소득의 종류, 소득의 귀속연도 또는 지급액을 적지 않았거나 잘못 적어 지급사실을 확인할 수 없는 경우를 말한다.

다만, 일용근로소득 또는 간이지급명세서 제출대상 소득에 대하여 제출된 지급명세서 또는 간이지급명세서가 불분명한 경우로서 지급명세서 등에 기재된 각각의 총지급금액에서 불분명한 부분에 해당하는 분의 지급금액이 차지하는 비율이 5% 이하인 경우에는 불분명의 가산세는 부과하지 아니한다(소법 81의 11 ③, 소령 147의 7 ④).

3) 가산세 중복적용 배제

지급명세서 및 간이지급명세서 관련 가산세를 적용할 때 사업소득(연말정산 대상 사업소득 제외) 또는 일시적 인적용역 기타소득에 대한 지급명세서등의 제출의무가 있는 자에 대하여 지급명세서 미제출 가산세가 부과되는 부분에 대해서는 간이지급명세서 미제출 가산세를 부과하지 아니하고, 지급명세서 불분명 가산세가 부과되는 부분에 대해서는 간이지급명세서 불분명 가산세를 부과하지 아니한다(소법 81의 11 ⑤).

(5) 상용근로소득 간이지급명세서 제출 세액공제

소규모 사업자(세무대리인 포함)가 2026년 1월 1일부터 2027년 12월 31일까지 지급하는 상용근로자에 대한 간이지급명세서를 제출기한까지 국세정보통신망을 이용하여 직접 제출하는 경우에는 해당 과세연도의 소득세 또는 법인세의 납부세액에서 간이지급명세서에 기재된 소득자의 인원 수에 200원을 곱한 금액을 공제한다(조특법 104의 5 ①).

1) 적용대상자

세액공제를 받으려는 과세연도의 상시고용인원 수가 20명 이하인 원천징수의무자는 세액공제를 받을 수 있다(조특령 104의 2 ①). 또한, 「세무사법」에 따른 세무사(「세무사법」에 따라 등록한 공인회계사 및 변호사, 세무법인 및 회계법인 포함)가 소규모 사업자를 대리하여 국세정보통신망을 통하여 간이지급명세서를 제출기한까지 제출하는 경우에도 해당 과세연도의 세무사 등의 소득세 또는 법인세의 납부세액에서 공제한다(조특법 104의 5 ②).

여기서, 상시고용인원 수는 해당 과세연도의 매월 말일 현재의 상시고용인원 수를 합하여 해당 과세연도의 개월 수로 나눈 수로 한다(조특령 104의 2 ②).

2) 세액공제액

세액공제금액은 간이지급명세서상의 소득자 인원 수에 200원을 곱한 금액으로 한다. 세액공제 금액이 간이지급명세서 제출자별로 연 1만원 미만인 때에는 이를 1만원으로 하고, 연 300만원(세무법인 또는 회계법인은 600만원)을 초과하는 때에는 그 초과하는 금액은 이를 없는 것으로 한다(조특법 104의 5 ③, 조특령 104의 2 ③).

세액공제액 = Min[①, ②] ① 간이지급명세서상 소득자 인원수 × 200원 ② 한도액 : 300만원(세무법인 · 회계법인 600만원)

3) 세액공제 신청

상용근로소득 간이지급명세서 제출 세액공제를 받으려는 자는 과세표준신고를 할 때 세액공제신청서 및 공제세액계산서를 납세지 관할 세무서장에게 제출해야 한다(조특령 104의 2 ④).

8. 근로소득에 대한 원천징수 영수증의 발급

① 근로소득을 지급하는 원천징수의무자는 해당 과세기간의 다음 연도 2월 말일까지 그 근로소득의 금액과 그밖에 필요한 사항을 적은 근로소득원천징수영수증을 근로소득자에게 발급하여야 한다(소법 143 ①).

② 근로소득을 지급하는 원천징수의무자는 해당 과세기간 중도에 퇴직한 사람에게 퇴직한 날이 속하는 달의 근로소득의 지급일이 속하는 달의 다음 달 말일까지 근로소득원천징수영수증을 발급하여야 한다(소법 143 ①).

③ 근로소득을 지급하는 원천징수의무자는 일용근로자에 대하여는 근로소득의 지급일이 속하는 달의 다음 달 말일까지 근로소득원천징수영수증을 발급하여야 한다(소법 143 ①).

④ 2인 이상으로부터 근로소득을 받는 사람(일용근로자는 제외한다)이 연말정산을 적용받기 위하여 근로소득원천징수영수증의 발급을 종된 근무지의 원천징수의무자에게 요청한 경우 그 종된 근무지의 원천징수의무자는 이를 지체 없이 발급하여야 한다(소법 143 ②).

9. 주민세 종업원분

(1) 주민세 종업원분의 계산

원천징수의무자는 지방자치단체에 소재한 사업소 종업원에게 지급한 그 달의 급여총액의

0.5%에 해당하는 주민세 종업원분을 신고납부하여야 한다(지법 84의 2 · 84의 3 ①). 단, 납세의무 성립일이 속하는 달부터 최근 1년간 해당 사업소 종업원 급여총액의 월평균금액이 360만원에 50을 곱한 금액(180,000,000원) 이하인 경우에는 종업원분을 부과하지 아니한다(지법 84의 4 ①, 지령 85의 2 ②). 여기서 종업원 급여총액의 월평균금액은 「지방세기본법」 납세의무 성립일이 속하는 달을 포함하여 최근 12개월간(사업기간이 12개월 미만인 경우에는 납세의무성립일이 속하는 달부터 개업일이 속하는 달까지의 기간을 말한다) 해당 사업소의 종업원에게 지급한 급여총액을 해당 개월 수로 나눈 금액을 기준으로 한다. 이 경우 개업 또는 휴 · 폐업 등으로 영업한 날이 15일 미만인 달의 급여총액과 그 개월 수는 종업원 급여총액의 월평균금액 산정에서 제외한다(지령 85의 2 ①).

지방소득세 종업원분＝종업원 총급여액×0.5%

(2) 신고 · 납부

종업원분의 납세의무자는 매월 납부할 세액을 다음 달 10일까지 납세지를 관할하는 지방자치단체의 장에게 대통령령으로 정하는 바에 따라 신고하고 납부하여야 한다(지법 84의 6 ②). 종업원분을 신고하려는 자는 신고서에 종업원 수, 급여 총액, 세액, 그 밖에 필요한 사항을 적은 주민세(종업원분) 신고서[지칙 별지 39호의 2 서식]를 첨부하여 지방자치단체의 장에게 제출하여야 한다(지령 85의 4 ①).

(3) 중소기업 고용지원

1) 고용 추가 시 과세표준 공제

「중소기업기본법」 제2조에 따른 중소기업의 사업주가 종업원을 추가로 고용한 경우(해당 월의 종업원 수가 50명을 초과하는 경우만 해당)에는 다음의 계산식에 따라 산출한 금액을 종업원분의 과세표준에서 공제한다. 이 경우 직전 연도의 월평균 종업원 수가 50명 이하인 경우에는 50명으로 간주하여 산출한다(지법 84의 5 ①).

공제액＝(신고한 달의 종업원 수－직전 연도의 월평균 종업원 수)×월 적용급여액

2) 적용시기

중소기업 고용지원 제도는 다음에서 정하는 달부터 1년 동안(해당 월의 종업원 수가 50명을 초과하는 달만 해당) 월평균 종업원 수 50명에 해당하는 월 적용급여액을 종업원분의 과세표준에서 공제한다(지법 84의 5 ②).

구 분	적용시기
① 사업소를 신설하면서 50명을 초과하여 종업원을 고용하는 경우	종업원분을 최초로 신고하여야 하는 달
② 해당 월의 1년 전(해당 월의 과거 1년 내에 사업소를 신설한 경우에는 신설한 달)부터 계속하여 매월 종업원 수가 50명 이하인 사업소가 추가 고용으로 그 종업원 수가 50명을 초과하는 경우(해당 월부터 과거 5년 내에 종업원 수가 1회 이상 50명을 초과한 사실이 있는 사업소의 경우는 제외한다)	해당 월의 종업원분을 신고하여야 하는 달

3) 월 적용급여액

월 적용급여액은 해당 월의 종업원 급여 총액을 해당 월의 종업원 수로 나눈 금액으로 한다(지법 84의 5 ③).

4) 종업원수의 산정

종업원 수의 산정은 종업원의 월 통상인원을 기준으로 하며, 월 통상인원은 다음 계산식에 따라 산정한다(지령 85의 3, 지칙 38의 2).

$$\text{월 통상인원} = \frac{\text{해당 월의 상시고용 종업원 수}}{} + \frac{\text{해당 월의 수시고용 종업원의 연인원}}{\text{해당 월의 일수}}$$

한편, 휴업 등의 사유로 직전 연도의 월평균 종업원 수를 산정할 수 없는 경우에는 사업을 재개한 후 종업원분을 최초로 신고한 달의 종업원 수를 직전 연도의 월평균 종업원 수로 본다(지법 84의 5 ④).

[별지 제39호의 2 서식] (2024.12.31. 개정)

주민세(종업원분) 신고서

※ 색상이 어두운 난은 신청인이 작성하지 아니하며, 제3쪽의 작성방법을 읽고 작성하시기 바랍니다. (3쪽 중 제1쪽)

접수번호	접수일자	관리번호

신고인(납세자)		
신고인(납세자)	① 사업소명(상호)	
	② 성명(법인명)	③ 주민(법인)등록번호
	④ 본점 소재지	⑥ 사업자등록번호
	⑤ 사업소(과세대상) 소재지	
	⑦ 전화번호	⑧ FAX번호

년 월분 신고납부 (급여지급일: 년 월 일)	⑨ 종업원 수 (소수점 이하 1자리까지 기재)	⑩ 최근 1년간 종업원 급여총액의 월평균금액 (소수점 이하 1자리까지 기재)	과세표준		
			⑪ 급여총액	⑫ 과세제외 급여액	⑬ 과세급여총액
	인	원	원	원	원

「지방세법」 제84조의 5에 따른 과세표준 공제액

⑭ 직전 연도 월평균 종업원수 (소수점 이하 1자리까지 기재)	⑮ 신고월의 월 적용급여액 (⑬ /⑨)	⑯ 과세표준 공제액 (⑮×(⑨−⑭))
인	원	원

납부할 세액						
납부할 세액	⑰ 산출과표 (⑬−⑯)	원	⑱ 산출세액 (⑰×0.5%)	원	무신고가산세	원
					과소신고가산세	원
					납부지연가산세	원
					⑲ 가산세 합계	원
	⑳ 신고세액합계 (⑱+⑲)					원

「지방세법」 제84조의 6 및 같은 법 시행령 제85조의 4에 따라 위와 같이 신고합니다.

년 월 일

신고인(납세자) (서명 또는 인)

시장 · 군수 · 구청장 귀하

접수증

(접수번호)

성명(법인명)		주 소		
년 주민세(종업원분) 신고서 접수증입니다.		접수자		접수일
		성명	(서명 또는 인)	

210mm×297mm(일반용지 60g/㎡(재활용품))

급여 총괄표

납세 의무자	사업소명(상호)	
	성명(법인명)	주민(법인)등록번호
	사업소(과세대상) 소재지	사업자등록번호
	전화번호	FAX 번호

사업소 인원 (소수점 이하 1자리까지 기재)	계	상시고용종업원	수시고용종업원	비고

20○○년 월분 급여 합계(급여지급일: 20○○년 월 일)

과 세 대 상		비과세대상		비 고
구 분	급여액	구 분	급여액	
기본급		기본급		
수 당		수 당		
상여금		상여금		
기 타		기 타		
합 계		합 계		

최근 12개월간 월급여총액(소수점 이하 1자리까지 기재)
※ 신고월(급여지급일이 속한 달) 이전 최근 12개월간의 월급여를 순서대로 기재합니다.

월별	평균	○○년	○○년	○○년	○○년	○○년	○○년	○○년	○○년	○○년	○○년	○○년	○○년
		월	월	월	월	월	월	월	월	월	월	월	신고월
급여 총액													

직전 연도 월별 종업원수 (소수점 이하 1자리까지 기재)
※「지방세법」제84조의5에 따른 중소기업 고용지원 공제 대상에 해당하는 경우만 작성합니다

월별	계	1월	2월	3월	4월	5월	6월	7월	8월	9월	10월	11월	12월
종업 원수													

작성방법

ㅁ 신고인(납세자)란

① 사업소명(상호):「부가가치세법」제8조,「법인세법」제111조,「소득세법」제168조에 따라 사업자등록을 한 경우 등록된 상호명을, 사업자등록을 하지 않은 경우에는 내부관리명칭을 사업소명으로 적습니다.

※ 사업소:「지방세법」제74조 제4호에 따라 인적 및 물적 설비를 갖추고 계속하여 사업 또는 사무가 이루어지는 장소를 말합니다.

② 성명(법인명): 개인의 경우 성명, 법인의 경우 법인등기부등본상의 상호명을 적습니다.

③ 주민(법인)등록번호: 개인은 주민등록번호, 외국인은 외국인등록번호, 법인은 법인등록번호를 적습니다.

④ 본점 소재지: 법인등기부등본상 본점 소재지를 적습니다.

⑤ 사업소(과세대상) 소재지: 신고하려는 사업소의 도로명 주소 또는 지번주소를 적습니다.

⑥ 사업자등록번호: 해당 사업소에 사업자등록을 한 경우에는 사업자등록번호를 적고, 사업자등록을 하지 않은 경우에는 빈 칸으로 둡니다.

⑦ 전화번호: 연락이 가능한 유선전화 또는 휴대전화 번호를 적습니다.

※ 기재착오, 계산착오 등으로 과세관청에서 연락이 필요한 경우에 활용합니다.

⑧ FAX번호: 수신이 가능한 FAX번호를 기재하되, 기재를 원하지 않는 경우 생략할 수 있습니다.

ㅁ 신고납부란

⑨ 종업원 수:「지방세법 시행규칙」제38조의2에 따른 월 통상인원[해당 월의 상시고용 종업원수 + (해당 월의 수시고용 종업원의 연인원/해당 월의 일수)]을 산출하여 기재합니다.

※ 수시고용 종업원의 연인원은 수시고용 종업원이 근무한 일수의 합계를 의미합니다.

(예시) 수시고용 종업원 3명이 각 10일, 15일, 20일씩 근무한 경우: (10×1 + 15×1 + 20×1) = 45

⑩ 최근 1년간 종업원 급여총액의 월평균금액: 신고월을 포함하여 최근 12개월간 해당 사업소의 종업원에게 지급한 급여총액을 12로 나눈 값을 기재합니다. 이 경우 개업 또는 휴·폐업 등으로 영업한 날이 15일미만인 달의 급여총액과 그 개월수는 제외합니다.

⑪ 급여총액: 신고월에 종업원에게 지급한 급여의 총액을 적습니다.

⑫ 과세제외급여액:「소득세법」제12조 제3호에 따른 비과세 대상 급여액을 적습니다.

⑬ 과세급여총액: 급여총액에서 과세제외급여액을 차감한 금액(⑪-⑫)을 적습니다.

ㅁ「지방세법」제84조의5에 따른 과세표준 공제액란

⑭ 직전 연도 월평균 종업원 수:「중소기업기본법」제2조에 따른 중소기업의 사업주가 종업원을 추가로 고용한 경우 직전 연도의 월평균 종업원 수를 기재하되, 그 수가 50명 이하인 경우에는 50명으로 기재합니다.

⑮ 신고월의 월 적용급여액: 과세급여총액(⑬)을 종업원 수(⑨)으로 나눈 값을 적습니다.

⑯ 과세표준 공제액: 다음 계산식에 따라 산출한 값을 적습니다. 이 경우 다음 각 호의 어느 하나에 해당하는 경우에는 다음 각 호에서 정하는 달부터 1년 동안(해당 월의 종업원 수가 50명을 초과하는 달만 해당합니다) 월평균 종업원 수 50명에 해당하는 월 적용급여액을 공제액으로 합니다.

과세표준 공제액 = 신고월의 월 적용급여액(⑮) x [신고월의 종업원 수(⑨) - 직전 연도 월평균 종업원 수(⑭)]

1. 사업소를 신설하면서 50명을 초과하여 종업원을 고용하는 경우: 종업원분을 최초로 신고하여야 하는 달
2. 해당 월의 1년 전(해당 월의 과거 1년 내에 사업소를 신설한 경우에는 신설한 달을 말합니다)"부터 계속하여 매월 종업원 수가 50명 이하인 사업소가 추가 고용으로 그 종업원수가 50명을 초과하는 경우(과거 5년 내에 종업원 수가 1회 이상 50명을 초과한 사실이 있는 사업소의 경우는 제외함): 해당 월의 종업원분을 신고하여야 하는 달

ㅁ 납부할 세액란

⑰ 산출과표: 과세급여총액에서 공제액을 차감한 액수(⑬-⑯)를 적습니다.

⑱ 산출세액: 산출과표(⑰)에「지방세법」제84조의3에 따른 세율을 곱하여 산출한 세액을 적습니다.

⑲ 가산세 합계:「지방세기본법」제53조의 무신고 가산세, 같은 법 제54조의 과소신고가산세, 같은 법 제55조의 납부지연가산세를 산출하여 합계금액을 적습니다. 이 경우 같은 법 제57조에 따른 가산세의 감면사유에 해당하는 경우에는 감면 후의 금액을 적습니다.

⑳ 신고세액 합계: 신고인이 납부하여야 할 세액의 합계(⑱+⑲)를 적습니다.

ㅁ 문의사항은 시(군·구) 과(☎ -)로 문의하시기 바랍니다.

210mm×297mm[백상지(80g/㎡) 또는 중질지(80g/㎡)]

3 근로소득의 연말정산

1. 연말정산의 절차

(1) 연말정산 업무준비(2025년 12월~2026년 1월 중순)

1) 국세청 홈페이지의 개정세법 해설 책자 및 개정 서식 확인(2025년 12월)

일반적으로 서식을 포함한 세법 개정은 상반기에 대부분 완료되나 12월 중에도 일부 변경될 수 있으므로 12월 말에 국세청 홈페이지의 국세신고안내→개인 또는 법인→연말정산에서 확인한다.

2) 근로자에게 연말정산 일정 등 정보 제공(2026년 1월 초)

회사는 국세청에서 발간한 연말정산 신고안내 책자와 연말정산 관련 국세청 보도자료를 참조, 연말정산 일정과 준비할 사항 등을 정리하여 2026년 1월 초까지 근로자에게 제공한다. 회사는 근로자에게 소득·세액공제신고서 및 증빙서류의 제출방법 등을 설명하여야 하며, 일반적으로 근로자에게 안내하는 내용은 다음과 같다.

① 연말정산 처리 일정(소득·세액공제신고서 제출, 연말정산 결과안내, 환급일정 포함)

② 세법 개정 내용

③ 소득·세액공제 증명자료 수집(연말정산간소화 서비스 포함) 방법, 제출 시 유의사항

④ 인적공제 및 소득·세액공제 관련 유의사항, 소득·세액공제신고서 작성방법

3) 연말정산 관련 내부 자료 정리(2026년 1월 말까지)

급여 지급 시 일괄 공제한 건강보험료 등·국민연금 근로자 부담금·기부금 내역 등을 정리하고 근로자별 근로소득원천징수부를 확인하여 총급여, 비과세소득, 원천징수세액을 함께 정리하여 연말정산 프로그램에 반영한다. 또한, 해당 과세기간에 종(전) 근무지가 있는 근로자(재취업자 또는 2 이상의 근무지가 있는 경우)의 근로소득은 주(현) 근무지의 근로소득과 반드시 합산하여 연말정산하여야 하므로, 근로자로부터 자료를 수령하여야 한다.

(2) 소득·세액공제 증명자료 수집·제출(2026년 2월 중순까지)

근로자는 연말정산간소화 서비스(홈택스→조회/발급→연말정산간소화→소득·세액공제 조회/발급)를 통해 소득·세액공제 증명서류를 출력 또는 전산파일로 내려 받아 소득·세액공제신고

서와 함께 회사에 제출한다. 회사는 1.15.부터 제공되는 연말정산간소화 자료에 대한 문의사항을 영수증 발급기관에서 확인할 수 있도록 하며, 영수증 발급기관 연락처는 홈택스(PC 또는 모바일)에서 조회 가능하다.

국세청에서는 간소화자료에 조회되지 않는 의료비를 신고할 수 있도록 '조회되지 않는 의료비 신고센터'를 운영한다. 조회되지 않는 의료비 신고센터 운영기간은 1.15.부터 1.17.까지이며, 의료기관의 자료 재제출기한 1.18.까지이다. 자료제출기관은 1.18.까지 자료를 수정 또는 추가 제출할 수 있으며, 자료제출기관이 수정 · 추가 제출한 자료는 1.20.부터 조회가 가능하다.

한편, 연말정산간소화 서비스에서 제공되지 않는 소득 · 세액공제 증명서류(난임시술비, 취학전 아동 학원비 등)는 근로자가 직접 수집해야 한다. 기부금, 의료비, 신용카드 공제를 받고자 하는 근로자는 기부금명세서, 의료비지급명세서, 신용카드 등 소득공제 신청서를 회사에 별도로 제출한다.

(3) 소득 · 세액 공제서류 검토 및 원천징수영수증 발급(2026년 2월 말)

① 근로자가 제출한 소득 · 세액공제 증명서류에 의해 소득 · 세액공제신고서가 정확히 작성되었는지, 공제 요건이 적정한지 확인한다(서류 및 자료 보완이 필요한 경우 근로자에게 요청). 특히, 월세액 세액공제 명세서 서식의 "2. 임대차 계약서상 주소지 · 계약기간" 등 내역을 정확히 기재하여야 함에 유의한다.

② 근로자가 제출한 소득 · 세액공제신고서 내용을 반영하여 세액을 계산하고 근로소득 원천징수영수증을 근로자에게 발급한다.

(4) 지급명세서 등 제출(2026년 3월 10일까지)

원천징수이행상황신고서(2026년 2월 지급분과 2025년 연말정산을 포함), 근로소득지급명세서, 기부금명세서, 의료비지급명세서 전산 파일을 3월 10일까지 제출한다.

① 기부금명세서 : 기부금세액공제를 적용받는 근로자에 대해서는 기부금명세서를 근로소득지급명세서와 함께 작성 · 제출한다.

② 의료비지급명세서 : 의료비세액공제를 적용받는 근로자에 대해서는 의료비 지급명세서를 전산매체로 작성 · 제출한다.

③ 근로소득지급명세서 : 오류를 점검하고 보완한다.

1) 지급명세서의 제출의무자

소득세 납세의무가 있는 개인에게 근로소득을 국내에서 지급하는 자는 근로소득 지급명세서를 제출하여야 한다. 소득세 납세의무가 있는 개인에게 근로소득을 지급하는 자에는 개인(비사업자 포함), 법인, 「소득세법」 제127조 제5항에 따라 소득의 지급을 대리하거나 그 지급 권한을 위임 또는 위탁받은 자 및 제150조에 따른 납세조합, 「소득세법」 제7조 또는 「법인세법」 제9조에 따라 원천징수세액의 납세지를 본점 또는 주사무소의 소재지로 하는 자와 「부가가치세법」 제8조 제3항 후단에 따른 사업자단위과세사업자를 포함한다(소법 164).

2) 지급명세서의 제출기한

근로소득지급명세서를 그 지급일이 속하는 과세기간의 다음 연도 3월 10일까지 원천징수 관할 세무서장에게 제출하여야 한다. 다만, 원천징수의무자가 휴업, 폐업 또는 해산한 경우에는 근로소득지급명세서를 휴업일, 폐업일 또는 해산일이 속하는 달의 다음다음 달 말일까지 제출하여야 한다(소법 164).

한편, 다음에 해당하는 경우에도 다음 연도 3월 10일까지 지급명세서를 제출하여야 한다.

① 원천징수의무자가 12월분 근로소득을 다음 연도 2월말까지 지급하지 아니한 경우

② 법인이 이익 또는 잉여금의 처분에 따라 지급하여야 할 상여로서 그 처분이 11월 1일부터 12월 31일까지의 사이에 결정되어 다음 연도 2월 말일까지 그 상여를 지급하지 아니한 경우

3) 지급명세서 관련 가산세

지급명세서를 제출하여야 할 자가 해당 지급명세서를 그 기한 내에 제출하지 아니한 경우, 제출된 지급명세서가 불분명한 경우에 해당하거나 제출된 지급명세서에 기재된 지급금액이 사실과 다른 경우에는 그 제출하지 아니한 경우의 지급금액 또는 불분명하거나 사실과 다른 분의 지급금액의 1%에 상당하는 금액[5천만원(중소기업이 아닌 기업 1억원) 한도. 다만, 고의적으로 위반한 경우에는 한도 규정을 적용하지 않음]을 결정세액에 더한다(소법 81의 11, 법법 75의 7, 국기법 49 ①).

원천징수의무자 사유		개인(소법 81의 11)	법인(법법 75의 7)
미제출		제출하지 아니한 분의 지급금액의 1%	
제출	불분명한 경우와 사실과 다른 제출	불분명 또는 사실과 다른 금액의 1%	
지연제출		제출기한이 지난 후 3개월 이내에 제출하는 경우 지급금액의 0.5%	

'지급명세서가 불분명한 경우'란 다음의 경우를 말한다. 다만, 지급 후에 그 지급받은 자의 소재가 불명된 것이 확인된 금액은 불분명한 금액에 포함하지 아니하는 것으로 한다.

① 제출된 지급명세서에 지급자 또는 소득자의 주소 · 성명 · 납세번호(주민등록번호로 갈음하는 경우에는 주민등록번호)나 사업자등록번호 · 소득의 종류 · 소득의 귀속연도 또는 지급액을 기재하지 아니하였거나 잘못 기재하여 지급사실을 확인할 수 없는 경우

② 제출된 지급명세서 및 이자 · 배당소득 지급명세서에 유가증권표준코드를 적지 아니하였거나 잘못 적어 유가증권의 발행자를 확인할 수 없는 경우

③ 제출된 지급명세서에 이연퇴직소득세를 적지 아니하였거나 잘못 적은 경우

(5) 원천징수이행상황신고서의 제출(2026년 3월 10일까지)

1) 일반적인 경우

연말정산이 완료되면 원천징수이행상황신고서에 2026년 2월 지급분 급여와 2025년 연말정산을 포함하여 3월 10일까지 제출하여야 한다.

2) 반기별 납부자

반기별 납부 원천징수의무자의 경우 2026년 상반기 지급분 및 2025년 연말정산분에 대한 원천징수이행상황신고서를 7월 10일까지 제출한다. 원천징수이행상황신고서를 7월 10일까지 제출하는 경우에도 근로소득지급명세서, 기부금명세서, 의료비지급명세서 등은 3월 10일까지 제출하여야 함에 유의하여야 한다.

한편, 반기별 납부자가 연말정산 시 환급받을 세액이 발생하는 경우에는 다음 이 두 가지 방법 중 하나를 선택하여 신고할 수 있다.

<table>
<tr><th>방 법</th><th colspan="2">내 용</th></tr>
<tr><td rowspan="2">환급신청</td><td>1~2월분 :
3월 10일 신고</td><td>1~2월 지급분을 포함하여 3월 10일까지 환급 신청. 단, "㉡≥㉠" 경우에는 환급신청이 불가하며, 7월 10일 신고 시 조정환급을 진행

환급신청 가능액=㉠-㉡
㉠ 연말정산 환급할 세액
㉡ 1월 및 2월에 지급한 소득의 원천징수세액 합계액</td></tr>
<tr><td>3~6월분 :
7월 10일 신고</td><td>7월 10일까지 반기 신고하는 원천징수이행상황신고서에는 3월 환급 신청 시 이미 신고한 1~2월분을 제외하고 신고 · 납부</td></tr>
<tr><td>조정환급</td><td colspan="2">7월 10일까지 반기별로 원천징수이행상황신고서 제출. 환급세액은 '1~6월 사이에 원천징수하여 납부할 세액'에서 조정</td></tr>
</table>

3) 원천징수이행상황 신고 시 유의사항

연말정산이 종료되면 원천징수이행상황신고서의 [근로소득 연말정산(A04)]란의 ⑤총지급액은 지급명세서상 연말정산 근로자의 ㉑총급여액과 ⑳비과세소득 계(지급명세서 작성대상 비과세소득에 한함)를 합계한 금액과 일치하여야 하고, 신고서상 ⑥소득세 등은 지급명세서상 연말정산 근로자의 ⑯차감징수세액을 합계한 금액과 일치하여야 함에 유의하여야 한다.

(6) 조정환급 또는 환급신청

1) 일반적인 경우

원천징수의무자는 조정환급 시 환급할 소득세가 연말정산하는 달에 원천징수하여 납부할 소득세를 초과하는 경우에는 다음 달 이후에 원천징수하여 납부할 소득세에서 조정하여 근로자에게 환급한다. 다만, 당해 원천징수의무자의 환급신청이 있는 경우에는 원천징수 관할 세무서장이 그 초과액을 환급하며, 소득세를 환급받으려는 원천징수의무자는 원천징수세액환급신청서를 원천징수 관할 세무서장에게 제출해야 한다(소칙 93 ① · ②).

환급을 신청하는 경우 원천징수이행상황신고서의 원천징수세액환급신청서에 "☑" 표시하고 환급신청액란을 기재(원천징수세액환급 신청서 부표, 기납부세액 명세서, 전월미환급세액 조정명세서 반드시 작성)하여 원천징수 관할 세무서장에게 신청하며, 첨부서류는 다음과 같다.

① 원천징수세액 환급신청서

② 원천징수세액 환급신청서 부표

③ 기납부세액 명세서

④ 전월미환급세액 조정명세서(환급신청 시 전월미환급세액이 있는 경우에만 작성)

2) 근로자 직접 환급신청

원천징수의무자가 원천징수 관할 세무서장에게 환급신청을 한 후 폐업 등으로 행방불명이 되거나 부도상태인 경우에는 해당 근로소득이 있는 사람이 원천징수 관할 세무서장에게 그 환급액의 지급을 신청할 수 있다. 이 경우 당해 환급세액을 원천징수의무자를 통하여 근로자에게 환급되도록 하는 것이 사실상 불가능한 경우에는 원천징수 관할 세무서장이 당해 환급세액을 근로자에게 직접 지급할 수 있다(소집 137-201-1, 소칙 93 ②).

(7) 분 납

연말정산 결과 근로자의 추가 납부세액이 10만원을 초과하는 경우 원천징수의무자는 해당 과세기간의 다음 연도 2월분부터 4월분의 근로소득을 지급할 때까지 추가 납부세액을 나누어 원천징수할 수 있다(소법 137 ④).

2. 연말정산의 시기

(1) 계속 근로자의 경우

근로소득을 지급하는 자(원천징수의무자)가 해당 과세기간의 다음 연도 2월분의 근로소득을 지급한 때(2월분 근로소득을 2월 말일까지 지급하지 아니하거나 2월분의 근로소득이 없는 경우에는 2월 말일)에 연말정산을 한다(소법 137 ①).

(2) 연중에 퇴직하는 근로자의 경우

근로자가 중도에 퇴직하는 경우 퇴직하는 달의 근로소득을 지급하는 때에 연말정산을 한다. 따라서 중도 퇴직하는 근로자의 경우 퇴직하는 달의 급여를 받기 전에 원천징수의무자에게 근로소득자 소득 · 세액공제신고서와 해당 근무기간 동안 지출한 소득 · 세액공제 영수증을 제출하여야 한다(소법 137 ①). 한편, 원천징수의무자가 퇴직근로자의 퇴직하는 달의 급여를 분할하여 지급하는 때에는 그 급여를 처음 지급하는 때에 퇴직자의 근로소득을 연말정산하고, 근로소득원천징수영수증은 근로자가 퇴직하는 달의 급여를 처음 지급하는 날이 속하는 달의 다음 달 말일까지 교부한다(소통 137-0…4).

한편, 홈택스를 통해 중도퇴사자 근로소득지급명세서의 수시제출이 가능하다. 원천징수의무자가 중도퇴사자의 근로소득지급명세서를 12월말까지 조기 제출한 경우 다음 연도 1월부터 근로자가 조회할 수 있어 이직자가 연말정산간소화 서비스를 조회하여 연말정산 합산신고를 원활하게 진행할 수 있다.

(3) 연말정산 이후 근로소득을 추가 지급하는 경우

① 원천징수의무자가 근로소득에 대한 연말정산을 한 후 해당 과세기간의 근로소득을 추가로 지급하는 때에는 추가로 지급하는 때에 근로소득 연말정산을 다시 하여야 한다(소통 137-0…1).

② 법원판결에 의해 근로소득을 추가 지급하는 경우 해당 소득은 당초에 근로를 제공한 날에 귀속되며, 판결일의 다음 달 말일까지(다음 달 말일 이전에 지급하는 경우에는 지급하는 때까지) 소득세를 원천징수하여 그 다음 달 10일까지 납부하여야 한다. 다음 달 10일까지 납부한 경우 기한 내에 납부한 것으로 보아 원천징수납부 불성실가산세를 적용하지 아니한다(소통 20-38…3).

③ 종합소득 과세표준 확정신고를 한 자가 그 신고기한이 지난 후에 법원의 판결·화해 등에 의하여 부당해고기간의 급여를 일시에 지급받음으로써 소득금액에 변동이 발생함에 따라 소득세를 추가로 납부하여야 하는 경우로서 법원의 판결 등에 따른 근로소득원천징수영수증을 교부받은 날이 속하는 달의 다음다음 달 말일까지 추가신고납부한 때에는 과세표준확정신고기한까지 신고납부한 것으로 본다(소령 134 ④).

④ 지연지급된 연차수당 및 주휴수당과 관련하여 근로소득 발생 및 범위 관련 당사자 간 다툼에 대한 법률적 판단에 근거하여 근로소득의 지급의무가 확정되거나 이에 준하는 사유가 있는 경우, 소득세법 제127조에 따라 소득의 지급시기에 원천징수시기가 도래한다. 다만, 사용자가 주의를 기울이면 근로소득의 지급의무가 있음을 충분히 알 수 있었음에도 부주의, 오인 등으로 늦게 지급한 경우 원천징수의무자는 소득세법 제135조(근로소득 원천징수시기에 대한 특례)에 따라 원천징수하여야 한다(기획재정부 조세법령운용과-599, 2020.5.13.).

3. 상황별 연말정산

(1) 2 이상의 근무지가 있는 경우

2인 이상으로부터 근로소득을 받는 사람(일용근로자 제외)이 주된 근무지와 종된 근무지를 정하고 종된 근무지의 원천징수의무자로부터 근로소득원천징수영수증을 발급받아 해당 과세기간의 다음 연도 2월분의 근로소득을 받기 전에 주된 근무지의 원천징수의무자에게 제출하여야 한다(소법 137의 2 ①). 납세조합에 의하여 징수된 근로소득과 다른 근로소득이 함께 있는 사람(일용근로자 제외)에 대한 근로소득의 연말정산은 위의 내용을 준용한다(소법 137의 2 ③).

만약, 해당 과세기간에 2 이상의 사용자로부터 근로소득을 받은 자가 연말정산 시 해당 과세기간의 근로소득을 합산하지 않고 각각의 근로소득에 대해 연말정산을 한 경우 근로자는 해당 과세기간의 다음 연도 5월까지 과세표준 확정신고를 하여야 한다. 종합소득세 과세표준 확정신고를 하지 않은 경우 과소납부한 소득세, 신고 및 납부불성실 가산세를 추가로 부담하여야 한다.

1) 근로소득자

2인 이상의 사용자로부터 근로소득을 받는 사람(일용근로자는 제외)은 해당 과세기간 종료일까지 주된 근무지와 종된 근무지를 정하여 근무지(변동)신고서[소칙 별지 제26호 서식]를 주된 근무지의 원천징수의무자에게 제출하여야 한다(소령 196의 2).

2) 주된 근무지의 원천징수의무자

종된 근무지의 원천징수의무자로부터 근로소득 원천징수영수증을 발급받아 해당 과세기간의 다음 연도 2월분의 근로소득을 받기 전에 주된 근무지의 원천징수의무자에게 제출하는 경우 주된 근무지의 원천징수의무자는 주된 근무지의 근로소득과 종된 근무지의 근로소득을 더한 금액에 대하여 연말정산을 하여야 한다(소법 137의 2 ①).

3) 종된 근무지의 원천징수의무자

근로소득 원천징수영수증을 발급하는 종된 근무지의 원천징수의무자는 해당 근무지에서 지급하는 해당 과세기간의 근로소득금액에 기본세율을 적용하여 계산한 종합소득산출세액에서 간이세액표에 따라 원천징수한 세액을 공제한 금액을 원천징수한다(소법 137의 2 ②).

(2) 재취직자의 근로소득세액 연말정산

① 해당 과세기간 중도에 퇴직하고 새로운 근무지에 취직한 근로소득자가 종전 근무지에서 해당 과세기간의 1월부터 퇴직한 날이 속하는 달까지 받은 근로소득을 포함하여 근로소득자 소득 · 세액공제신고서(전근무지의 근로소득원천징수영수증 및 근로소득원천징수부 사본 포함)를 제출하는 경우 원천징수의무자는 그 근로소득자가 종전 근무지에서 받은 근로소득과 새로운 근무지에서 받은 근로소득을 더한 금액에 대하여 소득세를 원천징수

한다(소법 138 ①).

② 해당 과세기간의 중도에 퇴직한 근로소득자가 퇴직하는 달까지의 해당 과세기간의 근로소득금액에 대해 연말정산을 하여 소득세를 납부한 후 다시 취직하였다가 그 연도의 중도에 다시 퇴직하는 경우 해당 근로소득자가 전근무지의 근로소득을 포함하여 근로소득자 소득 · 세액공제신고서(전근무지의 근로소득원천징수영수증 및 근로소득원천징수부 사본 포함)를 제출한 때에는 현근무지 원천징수의무자는 전근무지의 근로소득과 합산하여 연말정산을 하여 소득세를 원천징수한다(소법 138 ②).

③ 해당 과세기간에 전근무지 근로소득이 있는 자가 현근무지 근로소득과 합산하여 연말정산하지 않는 경우 해당 과세기간의 다음 연도 5월까지 과세표준 확정신고를 하여야 하고, 종합소득세 과세표준 확정신고를 하지 않은 경우 과소납부한 소득세, 신고 및 납부불성실 가산세를 추가로 부담하여야 한다.

(3) 납세조합에 의한 연말정산

1) 원천징수 대상자

다음에 해당하는 근로소득이 있는 사람이 조직한 납세조합은 납세조합에 가입된 근로소득자의 근로소득원천징수부를 비치 · 기록하여야 한다(소법 149).

① 외국기관 또는 우리나라에 주둔하는 국제연합군(미군은 제외)으로부터 받는 근로소득

② 국외에 있는 비거주자 또는 외국법인(국내지점 또는 국내영업소는 제외)으로부터 받는 근로소득. 다만, 비거주자의 국내사업장과 외국법인의 국내사업장의 국내원천소득금액을 계산할 때 필요경비 또는 손금으로 계상되는 소득은 제외한다.

2) 연말정산 방법

납세조합은 납세조합에 가입한 근로소득자가 「소득세법」에 따라 연말정산을 하는 경우에는 근로소득금액에서 해당 근로소득자의 소득 · 세액공제신고 내용에 따라 종합소득공제를 한 후 이를 종합소득과세표준으로 하여 종합소득산출세액을 계산하고 「소득세법」에 따른 세액공제 및 「조세특례제한법」상의 세액공제를 한 후 해당 과세기간에 이미 원천징수하여 납부한 소득세를 공제하고 그 차액을 원천징수한다(소법 150 ③). 공제하는 금액은 연 100만원(해당 과세기간이 1년 미만이거나 해당 과세기간의 근로제공기간이 1년 미만인 경우에는 100만원에 해당 과세기간의 월수 또는 근로제공 월수를 곱하고 이를 12로 나누어 산출한 금액을 말한다)을 한도로 한다(소법 150 ④).

(4) 사업 양도 · 양수 및 합병 · 분할 등의 연말정산

① 사업양수법인이 사용인과 해당 사용인의 퇴직급여충당금을 승계한 경우 해당 사업양수법인에서 그 사용인에 대한 연말정산을 할 수 있다(법인 46013-2484, 1998.9.3.).

② 사용인이 현실적인 퇴직을 하지 아니하고 해당법인과 직접 또는 간접으로 출자관계에 있는 법인으로 전출한 경우 전입법인에서 해당 과세기간의 근로소득을 통산하여 연말정산을 한다(법인 46013-1708, 1998.6.25.).

③ 법인이 분할함에 있어서 분할법인의 임직원이 분할신설법인에 계속 취업하고 현실적인 퇴직을 하지 아니한 경우 해당 임직원에 대한 연말정산은 분할신설법인에서 하는 것이며, 「소득세법」 제164조에 의한 지급명세서는 연말정산하는 분할신설법인에서 제출한다(서면1팀-1096, 2004.8.9.).

④ 법인이 합병함에 있어서 피합병법인의 임직원이 합병법인에 계속 취업하고 현실적인 퇴직을 하지 아니한 경우에는 당해 임직원에 대한 연말정산은 합병법인이 하여야 한다(소통 137-0…2).

⑤ 개인기업이 법인기업으로 기업형태를 변경하고 당해 개인기업의 종업원을 계속 고용하며 퇴직급여충당금을 승계하는 때에는 그 종업원에 대한 근로소득의 연말정산은 당해 법인이 할 수 있다(소통 137-0…3).

(5) 근로자가 소득 · 세액공제신고서를 제출하지 아니한 경우

원천징수의무자가 「소득세법」 제140조에 따른 근로소득자 소득 · 세액공제 신고를 하지 아니한 근로소득자에 대해서 연말정산할 때에는 기본공제 중 해당 근로소득자 본인에 대한 분과 표준세액공제(13만원)만을 적용한다(소법 137 ③).

(6) 연말정산을 하지 아니한 경우

① 원천징수의무자가 근로소득 연말정산을 하지 아니한 때에는 원천징수 관할 세무서장은 즉시 연말정산을 하고 그 소득세를 원천징수의무자로부터 징수하여야 한다(소칙 92 ①).

② 원천징수의무자가 근로소득 연말정산을 하지 아니하고 행방불명이 된 때에는 원천징수 관할 세무서장은 해당 근로소득이 있는 자에게 종합소득세 과세표준 확정신고를 하여야 한다는 것을 통지하고, 해당 근로자는 해당 과세기간의 다음 연도 5월까지 주소지 관할 세무서에 종합소득 과세표준 확정신고를 하여야 한다(소칙 92 ②).

4. 비거주자 및 외국인의 연말정산

(1) 거주자와 비거주자

1) 거주자와 비거주자

거주자는 국내에 주소를 두거나 183일 이상의 거소를 둔 개인을 말하며, 비거주자는 거주자가 아닌 개인을 말한다(소법 1의 2 ①).

2) 주소와 거소의 판정

① 주소와 거소의 개념

「소득세법」에 따른 주소는 국내에서 생계를 같이하는 가족 및 국내에 소재하는 자산의 유무 등 생활관계의 객관적 사실에 따라 판정하며, 거소는 주소지 외의 장소 중 상당기간에 걸쳐 거주하는 장소로서 주소와 같이 밀접한 일반적 생활관계가 형성되지 아니한 장소이다(소령 2 ①·②).

② 주소의 판정기준

국내에 거주하는 개인이 다음의 어느 하나에 해당하는 경우에는 국내에 주소를 가진 것으로 본다(소령 2 ③).

㉠ 계속하여 183일 이상 국내에 거주할 것을 통상 필요로 하는 직업을 가진 때

㉡ 국내에 생계를 같이하는 가족이 있고, 그 직접 및 자산상태에 비추어 계속하여 183일 이상 국내에 거주할 것으로 인정되는 때

다만, 국외에 거주 또는 근무하는 자가 외국국적을 가졌거나 외국법령에 의하여 그 외국의 영주권을 얻은 자로서 국내에 생계를 같이하는 가족이 없고 그 직업 및 자산상태에 비추어 다시 입국하여 주로 국내에 거주하리라고 인정되지 아니하는 때에는 국내에 주소가 없는 것으로 본다(소령 2 ④).

③ 외국을 항행하는 선박 또는 항공기의 승무원

외국을 항행하는 선박 또는 항공기의 승무원의 경우 그 승무원과 생계를 같이하는 가족이 거주하는 장소 또는 그 승무원이 근무기간 외의 기간 중 통상 체재하는 장소가 국내에 있는 때에는 해당 승무원의 주소는 국내에 있는 것으로 보고, 그 장소가 국외에 있는 때에는 해당 승무원의 주소가 국외에 있는 것으로 본다(소령 2 ⑤).

3) 거주기간의 계산

국내에 거소를 둔 기간은 입국하는 날의 다음 날부터 출국하는 날까지로 하며, 국내에 거소를 둔 기간이 다음 중 어느 하나에 해당하는 경우에는 국내에 183일 이상 거소를 둔 것으로 본다. 또한, 국내에 거소를 두고 있던 개인이 출국 후 다시 입국한 경우에 생계를 같이하는 가족의 거주지나 자산소재지 등에 비추어 그 출국목적이 관광, 질병의 치료 등으로서 명백하게 일시적인 것으로 인정되는 때에는 그 출국한 기간도 국내에 거소를 둔 기간으로 본다. 재외동포가 입국한 경우 생계를 같이하는 가족의 거주지나 자산소재지 등에 비추어 그 입국목적이 관광, 질병의 치료 등 「소득세법 시행규칙」에 규정하는 사유에 해당하여 그 입국한 기간이 명백하게 일시적인 것으로 인정되는 때에는 해당 기간은 국내에 거소를 둔 기간으로 보지 아니한다(소령 4).

① 1과세기간 동안 183일 이상인 경우

② 2과세기간에 걸쳐 계속하여 183일 이상인 경우

4) 거주자 또는 비거주자가 되는 시기

① 비거주자가 거주자로 되는 시기(소령 2의 2 ①)

㉠ 국내에 주소를 둔 날

㉡ 국내에 주소를 가지거나 국내에 주소가 있는 것으로 보는 사유가 발생한 날

㉢ 국내에 거소를 둔 기간이 183일이 되는 날

② 거주자가 비거주자로 되는 시기(소령 2의 2 ②)

㉠ 거주자가 주소 또는 거소의 국외 이전을 위하여 출국하는 날의 다음 날

㉡ 국내에 주소가 없거나 국외에 주소가 있는 것으로 보는 사유가 발생한 날의 다음 날

5) 해외현지법인 등의 임직원 등에 대한 거주자 판정

거주자나 내국법인의 국외사업장 또는 해외현지법인(내국법인이 발행주식 총수 또는 출자지분의 100%를 직접 또는 간접 출자한 경우에 한정) 등에 파견된 임원 또는 직원이나 국외에서 근무하는 공무원은 거주자로 본다(소령 3).

6) 과세대상 소득의 범위

거주자는 「소득세법」에서 규정하는 모든 소득에 대해서 과세한다. 다만, 해당 과세기간 종료일 10년 전부터 국내에 주소나 거소를 둔 기간의 합계가 5년 이하인 외국인 거주자에게는 과세대상 소득 중 국외에서 발생한 소득의 경우 국내에서 지급되거나 국내로 송금된

소득에 대해서만 과세한다. 한편, 비거주자에게는 「소득세법」에 따른 국내원천소득에 대해서만 과세한다(소법 3 ①·②).

7) 관련 기본통칙

① 다음에 규정하는 자는 국내에 주소가 있는지 여부 및 국내 거주기간에 불구하고 그 신분에 따라 비거주자로 본다(소통 1-0…3).

㉠ 주한외교관과 그 외교관의 세대에 속하는 가족. 다만, 대한민국국민은 예외로 한다.

㉡ 한미행정협정(「대한민국과 아메리카합중국 간의 상호방위조약 제4조에 의한 시설과 구역 및 대한민국에서 합중국군대의 지위에 관한 협정」) 제1조에 규정한 합중국군대의 구성원·군무원 및 그들의 가족. 다만, 합중국의 소득세를 회피할 목적으로 국내에 주소가 있다고 신고한 경우에는 예외로 한다.

② 「소득세법 시행령」 제2조 제3항 및 제4항의 규정을 적용함에 있어 계속하여 183일 이상 국외에 거주할 것을 통상 필요로 하는 직업을 가지고 출국하거나, 국외에서 직업을 갖고 183일 이상 계속하여 거주하는 때에도 국내에 가족 및 자산의 유무 등과 관련하여 생활의 근거가 국내에 있는 것으로 보는 때에는 거주자로 본다(소집 1의 2-2-1 ②).

③ 거주자 또는 내국법인의 국외사업장 또는 해외현지법인(100% 출자법인)에 파견된 임원 또는 직원이 생계를 같이하는 가족이나 자산상태로 보아 파견기간의 종료 후 재입국할 것으로 인정되는 때에는 파견기간이나 외국의 국적 또는 영주권의 취득과는 관계없이 거주자로 본다(소통 1-3…1 ①). 제1항의 규정에 준하여 국내에 생활의 근거가 있는 자가 국외에서 거주자 또는 내국법인의 임원 또는 직원이 되는 경우에는 국내에서 파견된 것으로 본다(소통 1-3…1 ②).

(2) 비거주자의 연말정산

1) 비거주자의 국내원천소득(소법 119, 소령 179 ⑧)

① 국내에서 제공하는 근로의 대가로서 받는 급여

② 거주자 또는 내국법인이 운용하는 외국항행선박·원양어업선박 및 항공기의 승무원이 받는 급여

③ 내국법인의 임원 자격으로서 받는 급여

④ 「법인세법」에 따라 상여로 처분된 금액

2) 연말정산 방법

비거주자의 국내원천소득에 해당하는 근로소득에 대한 소득세의 과세표준과 세액의 계산에 관하여는 거주자에 대한 소득세의 과세표준과 세액의 계산에 관한 규정을 준용한다. 다만, 「소득세법」에 따른 인적공제 중 비거주자 본인 외의 자에 대한 공제와 같은 법에 따른 특별소득공제, 자녀세액공제 및 특별세액공제는 하지 아니한다(소법 122 ①). 그러나 근로소득공제(소법 47) 및 근로소득세액공제(소법 59)는 적용이 가능하다(국일 46017-92, 1997.2.6.).

(3) 외국인의 연말정산

1) 외국인근로자의 의미

외국인근로자는 해당 과세연도 종료일 현재 대한민국의 국적을 가지지 아니한 사람을 의미하므로 거주자 중 외국인과 비거주자 중 외국인근로자를 말한다(조특령 16의 2 ④). 따라서 대한민국 국적을 가진 재외국민은 외국인근로자 과세특례 적용대상이 아니다.

2) 외국인근로자에 대한 과세특례

외국인 임원 또는 사용인(일용근로자 제외)이 2026년 12월 31일 이전에 국내에서 최초로 근로를 제공하기 시작하는 경우 국내에서 근무(시행령으로 정하는 외국인 투자기업을 제외한 특수관계기업에 근로를 제공하는 경우는 제외)함으로써 받는 근로소득으로서 국내에서 최초로 근로를 제공한 날부터 20년 이내에 끝나는 과세기간까지 받는 근로소득에 대한 소득세는 종합소득세율에도 불구하고 해당 근로소득에 19%를 곱한 금액을 그 세액으로 할 수 있다. 다만, 외국인근로자가 「외국인투자 촉진법 시행령」에 따른 지역본부에 근무함으로써 받는 근로소득의 경우에는 국내에서 최초로 근로를 제공하는 날부터 20년 이내에 끝나는 과세기간까지는 적용할 수 있다(조특법 18의 2 ②). 이 경우 「소득세법」 및 「조세특례제한법」에 따른 소득세와 관련된 비과세(복리후생적 성질의 급여 중 대통령령으로 정하는 소득에 대한 비과세 제외), 공제, 감면 및 세액공제에 관한 규정은 적용하지 아니하며, 해당 근로소득은 「소득세법」에 따른 종합소득과세표준에 합산하지 아니한다(조특법 18의 2 ③).

3) 신청 방법

원천징수의무자는 외국인근로자에게 매월분의 근로소득을 지급할 때 근로소득 간이세액표에도 불구하고 해당 근로소득에 19%를 곱한 금액을 원천징수할 수 있다(조특법 18의

2 ④). 외국인근로자에 대한 과세특례를 적용받으려는 외국인근로자는 근로소득세액의 연말정산을 하는 때에 근로소득자 소득 · 세액공제신고서에 외국인근로자 단일세율적용신청서[조특칙 별지 제8호 서식]를 첨부하여 원천징수의무자 · 납세조합 또는 납세지 관할 세무서장에게 제출하여야 한다(조특령 16의 2 ④).

사례

외국인근로자가 연말정산 시 단일세율 특례를 신청한 경우 연말정산 결정세액을 구하시오.

① 총급여액　150,000,000원　　② 비과세 소득　5,000,000원

풀이

결정세액 : 29,450,000원

① 총급여(연간 근로소득)=총급여액+비과세소득=종합소득 과세표준
=150,000,000원+5,000,000원=155,000,000원

② 결정세액=총급여×19%=155,000,000원×19%=29,450,000원

* 단일세율 특례 신청 시 비과세, 소득공제 및 각종 세액공제를 적용하지 않음.

▌외국인거주자와 비거주자의 연말정산 소득 · 세액공제 비교(소법 122)▐

항 목		구 분		비 고
		외국인 거주자	비거주자	
연간 근로소득		국외원천 소득포함	국내 원천소득	「소득세법」 제3조에 따른 단기거주 외국인은 국외원천소득 중 국내에서 지급되거나 국내로 송금된 소득에 대해서만 과세됨.
근로소득공제		○	○	
인적공제	기본공제	○	본인만 공제	
	추가공제	○	본인만 공제	
연금보험료 공제		○	○	본인이 납부하는 국민연금보험료에 한함.
특별 소득공제	건강 · 고용보험료 등	○	×	
	주택자금	○	×	

항 목		구 분		비 고
		외국인 거주자	비거주자	
그 밖의 소득공제	개인연금저축 소기업 등 공제부금 투자조합출자 신용카드 등 사용금액 고용유지중소기업 목돈 안드는 전세 이자 장기집합투자증권저축	○	×	
	주택마련저축	○	×	
	우리사주조합출연금	○	○	우리사주조합에 가입하여 출연한 금액에 한함.
세액공제	근로소득	○	○	
	자녀, 특별세액공제 (보험료 · 의료비, 교육비, 기부금)	○	×	
	납세조합	○	○	납세조합 가입자가 납세조합에 의하여 소득세 원천징수 신고 · 납부 시 적용

※ 외국인근로자의 경우 소득 · 세액공제 대신 '급여총계×단일세율(19%)' 선택 가능

CHAPTER

02 총급여 및 근로소득금액

❙ 연말정산 세액계산 흐름 ❙

총급여액	비과세 제외
－근로소득공제	총급여액×공제율
근로소득금액	
－소득공제	인적공제, 특별소득공제 등
과세표준	
×세율	6~45%
산출세액	
－세액감면	중소기업취업자 감면 등
－세액공제	근로소득세액공제, 특별세액공제 등
결정세액	
＋가산세	
총결정세액	
－기납부세액	매월 원천징수된 세액의 합계
차감납부할세액(환급할 세액)	

1 근로소득금액의 계산

근로소득금액은 총급여액에서 근로소득공제를 차감하여 계산한다(소법 20 ②).

근로소득금액＝총급여액－근로소득공제

1. 총급여액

총급여액은 근로제공의 대가로 받은 급여에서 비과세급여를 제외하고 계산한다.

2. 근로소득공제

(1) 근로소득공제율

근로소득공제는 실제 필요경비를 차감하는 대신 총급여액에서 일정금액을 필요경비로 의제하고 있다. 근로소득이 있는 거주자에 대해서는 해당 과세기간에 받는 총급여액에서 다음의 금액을 공제한다(소법 47 ①). 다만, 공제액이 2천만원을 초과하는 경우에는 2천만원을 공제하며, 근로소득이 있는 거주자의 해당 과세기간의 총급여액이 근로소득공제액에 미달하는 경우에는 그 총급여액을 공제액으로 한다(소법 47 ③).

총급여액	공제액
500만원 이하	70%
500만원 초과 1,500만원 이하	350만원+(총급여액－500만원)×40%
1,500만원 초과 4,500만원 이하	750만원+(총급여액－1500만원)×15%
4,500만원 초과 1억원 이하	1,200만원+(총급여액－4,500만원)×5%
1억원 초과	1,475만원+(총급여액－1억원)×2%

(2) 근로소득공제의 적용 방법

① 2인 이상으로부터 근로소득을 받는 사람에 대하여는 그 근로소득의 합계액을 총급여액으로 하여 근로소득공제액을 총급여액에서 공제한다(소법 47 ⑤).

② 과세기간이 1년 미만이거나 과세기간 중 근로기간이 1년 미만인 근로소득이 있는 근로자의 경우 근로소득공제는 월할 계산하지 않고 근로소득공제금액에 해당하는 금액을 공제한다(소집 47-0-1 ①).

③ 「법인세법」에 따라 상여로 처분된 금액도 공제대상 총급여액에 포함한다(소집 47-0-1 ③).

사례 근로소득금액의 계산(1)

근로자 이민영의 당해연도 총급여는 5,400만원이며, 여기에는 실비변상적인 성질의 급여 400만원이 포함되어 있다. 근로자 이민영의 근로소득금액을 구하시오.

풀이

(1) 총급여액=54,000,000－4,000,000=50,000,000원

(2) 근로소득금액
=50,000,000－{12,000,000+(50,000,000－45,000,000)×5%}=37,750,000원

사례 근로소득금액의 계산(2)

근로자 김민호는 올해 AA회사, BB회사 2개의 회사에 재직 중이며, 각각의 총급여는 AA회사 3,000만원, BB회사 2,000만원이다. 이 경우의 근로소득금액을 구하시오.

풀이

(1) 총급여액=30,000,000+20,000,000=50,000,000원

(2) 근로소득금액
=50,000,000－{12,000,000+(50,000,000－45,000,000)×5%}=37,750,000원

사례 근로소득금액의 계산(3)

근로자 김민우가 NN주식회사에 2025년 3월 입사하여 2025.12.31.까지 받은 급여는 다음과 같다. 월급여 2,500,000원(기본급 1,500,000원), 상여금은 기본급의 800%, 인정상여 4,000,000원, 자녀학자금 지원금액 600,000원, 실비변상적인 비과세 급여 2,500,000원, 식사는 현물로 제공된다.

이 경우 김민우의 근로소득공제금액 및 근로소득금액을 구하시오.

풀이

(1) 총급여액
=(2,500,000×10월)+(1,500,000×800%)+4,000,000+600,000=41,600,000원

(2) 근로소득공제 계산
=7,500,000원+(41,600,000원－15,000,000원)×15%=11,490,000원

(3) 근로소득금액 계산
=41,600,000원－11,490,000원=30,110,000원

---

3. 근로소득 수입금액의 계산

근로소득의 총수입금액의 계산은 해당 과세기간에 수입하였거나 수입할 금액의 합계액으로 한다.

(1) 금전 외의 것을 수입한 경우

금전 외의 것을 수입할 때에는 그 수입금액을 그 거래 당시의 가액에 의하여 계산하되 그 거래 당시의 가액은 다음에 해당하는 금액으로 한다(소령 51 ⑤).

① 제조업자 · 생산업자 또는 판매업자로부터 그 제조 · 생산 또는 판매하는 물품을 인도받은 때에는 그 제조업자 · 생산업자 또는 판매업자의 판매가액

② 제조업자 · 생산업자 또는 판매업자가 아닌 자로부터 물품을 인도받은 때에는 시가

③ 법인으로부터 이익배당으로 받은 주식은 그 액면가액

④ 주식의 발행법인으로부터 신주인수권을 받은 때(주주로서 받은 경우 제외)에는 신주인수권에 의하여 납입한 날의 신주가액에서 당해 신주의 발행가액을 공제한 금액. 이 경우 신주가액이 그 납입한 날의 다음 날 이후 1월 내에 하락한 때에는 그 최저가액을 신주가액으로 한다.

⑤ 그 외의 경우에는 「법인세법 시행령」 제89조(시가의 범위 등)를 준용하여 계산한 금액

(2) 외화로 지급받는 급여의 원화 환산

급여를 외화로 지급받는 자의 근로소득금액의 계산은 다음 기준에 의한다(소칙 16 ①).

① 근로소득을 계산함에 있어서 거주자가 근로소득을 외화로 지급받은 때에는 당해 급여를 지급받은 날 현재 「외국환거래법」에 의한 기준환율 또는 재정환율에 의하여 환산한 금액을 당해 근로소득으로 한다.

② 이 경우 급여를 정기지급일 이후에 지급받은 때에는 정기지급일 현재 「외국환거래법」에 의한 기준환율 또는 재정환율에 의하여 환산한 금액을 당해 근로소득으로 본다.

2 근로소득의 범위

1. 근로소득이란

근로소득이란 종속된 지위에서 고용계약, 위임계약 또는 이와 유사한 계약에 의하여 근로자가 근로를 제공하고 받는 금전 · 현물 · 경제적 이익 등을 말한다. 근로소득은 해당 과세기간에 발생한 다음의 소득으로 한다(소법 20 ①).

① 근로를 제공함으로써 받는 봉급 · 급료 · 보수 · 세비 · 임금 · 상여 · 수당과 이와 유사한 성질의 급여

② 법인의 주주총회 · 사원총회 또는 이에 준하는 의결기관의 결의에 따라 상여로 받는 소득

③ 「법인세법」에 따라 상여로 처분된 금액

④ 퇴직함으로써 받는 소득으로서 퇴직소득에 속하지 아니하는 소득

⑤ 종업원 등 또는 대학의 교직원이 지급받는 직무발명보상금(종업원 등 또는 대학의 교직원이 퇴직한 후에 지급받는 직무발명보상금은 기타소득에 해당하므로 제외)

⑥ 사업자나 법인이 생산 · 공급하는 재화 또는 용역을 그 사업자나 법인(「독점규제 및 공정거래에 관한 법률」에 따른 계열회사를 포함한다)의 사업장에 종사하는 임원등에게 시가보다 낮은 가격으로 제공하거나 구입할 수 있도록 지원함으로써 해당 임원등이 얻는 이익

2. 임직원 할인액

사업자나 법인이 생산 · 공급하는 재화 또는 용역을 그 사업자나 법인(「독점규제 및 공정거래에 관한 법률」에 따른 계열회사를 포함한다)의 사업장에 종사하는 임원등에게 시가보다 낮은 가격으로 제공하거나 구입할 수 있도록 지원함으로써 해당 임원등이 얻는 이익은 2025.1.1. 이후 발생하는 분부터 근로소득에 포함한다(소법 20 ① 6.). 여기서, 임원등에게 시가보다 낮은 가격으로 제공하거나 구입할 수 있도록 지원하는 방식이란 다음 중 어느 하나에 해당하는 방식을 말한다(소령 38 ③).

① 사업자나 법인이 생산 · 공급하는 재화 또는 용역(이하 "자사제품등")을 임원등에게 시가보다 낮은 가격으로 판매 또는 제공하는 방식

② 사업자나 법인이 임원등에게 자사제품등을 구입하거나 제공받는 데 사용하도록 지원금을 지급하는 방식

③ 사업자나 법인이 임원등에게 사업자나 법인의 계열회사가 생산 · 공급하는 재화 또는 용역(이하 "계열회사제품등")을 구입하거나 제공받는 데 사용하도록 지원금을 지급하는 방식
④ 사업자나 법인의 계열회사가 사업자나 법인의 임원등에게 계열회사제품등을 시가보다 낮은 가격으로 판매 또는 제공하고, 사업자나 법인이 그 계열회사에 그 판매 또는 제공가액과 시가와의 차액을 지급하는 방식

3. 근로소득에 포함되는 것

근로소득에는 다음의 소득이 포함되는 것으로 한다(소령 38 ①).

① 기밀비(판공비 포함) · 교제비 기타 이와 유사한 명목으로 받는 것으로서 업무를 위하여 사용된 것이 분명하지 아니한 급여
② 종업원이 받는 공로금 · 위로금 · 개업축하금 · 학자금 · 장학금(종업원의 수학 중인 자녀가 사용자로부터 받는 학자금 · 장학금 포함) 기타 이와 유사한 성질의 급여
③ 근로수당 · 가족수당 · 전시수당 · 물가수당 · 출납수당 · 직무수당 기타 이와 유사한 성질의 급여
④ 보험회사, 투자매매업자 또는 투자중개업자 등의 종업원이 받는 집금수당과 보험가입자의 모집, 증권매매의 권유 또는 저축을 권장하여 받는 대가, 그 밖에 이와 유사한 성질의 급여
⑤ 급식수당 · 주택수당 · 피복수당 기타 이와 유사한 성질의 급여
⑥ 주택을 제공받음으로써 얻는 이익
⑦ 종업원이 주택(부수토지 포함)의 구입 · 임차에 소요되는 자금을 저리 또는 무상으로 대여받음으로써 얻는 이익
⑧ 기술수당 · 보건수당 및 연구수당, 그 밖에 이와 유사한 성질의 급여
⑨ 시간외근무수당 · 통근수당 · 개근수당 · 특별공로금 기타 이와 유사한 성질의 급여
⑩ 여비의 명목으로 받는 연액 또는 월액의 급여
⑪ 벽지수당 · 해외근무수당 기타 이와 유사한 성질의 급여
⑫ 종업원이 계약자이거나 종업원 또는 그 배우자 및 그 밖의 가족을 수익자로 하는 보험 · 신탁 또는 공제와 관련하여 사용자가 부담하는 보험료 · 신탁부금 또는 공제부금
⑬ 퇴직으로 인하여 받는 소득으로서 「법인세법」상 임원 퇴직금 한도가 초과되어 손금에 산입하지 아니하고 지급하는 퇴직급여
⑭ 휴가비 기타 이와 유사한 성질의 급여

⑮ 계약기간 만료 전 또는 만기에 종업원에게 귀속되는 단체환급부 보장성 보험의 환급금

⑯ 법인의 임원등이 해당 법인 또는 해당 법인과 특수관계에 있는 법인으로부터 부여받은 주식매수선택권을 해당 법인 등에서 근무하는 기간 중 행사함으로써 얻은 이익(주식매수선택권 행사 당시의 시가와 실제 매수가액과의 차액을 말하며, 주식에는 신주인수권을 포함한다)

⑰ 「공무원 수당 등에 관한 규정」, 「지방공무원 수당 등에 관한 규정」, 「검사의 보수에 관한 법률 시행령」, 「법관 및 법원공무원수당 등에 관한 규칙」 및 「헌법재판소공무원 수당규칙」에 따라 공무원에게 지급되는 직급보조비

⑱ 특별한 능력 또는 우수한 능력이 있는 근로자가 기업과 근로계약을 체결하면서 지급받는 사이닝보너스. 다만, 사이닝보너스를 근로계약체결 시(계약기간 내 중도퇴사 시 일정금액을 반환하는 조건) 일시에 선지급하는 경우에는 당해 사이닝보너스를 계약조건에 따른 근로기간 동안 안분하여 계산한 금액을 각 과세연도의 근로소득 수입금액으로 한다(소통 20-0…5).

⑲ 공무원이 국가 또는 지방자치단체로부터 공무 수행과 관련하여 받는 상금과 부상

4. 근로소득에서 제외되는 것

(1) 퇴직연금부담금

퇴직급여로 지급되기 위하여 근로자가 적립 시 적립금액을 선택할 수 없는 것으로서 법령으로 정하는 적립 방법에 따라 적립되는 급여는 근로소득에 포함하지 아니한다(소령 38 ②). 이때 퇴직급여 지급을 위해 적립되는 급여란, 근로자가 적립금액 등을 선택할 수 없는 것으로서 아래의 요건을 모두 충족하는 방법으로 적립하는 것을 말한다(소칙 15의 4).

① 퇴직급여제도의 가입 대상이 되는 근로자(임원을 포함) 전원이 적립할 것
다만, 각 근로자가 다음 어느 하나에 해당하는 날에 향후 적립하지 아니할 것을 선택할 수 있는 것이어야 한다.

㉠ 사업장에 적립 방식(적립할 때 근로자가 적립 금액을 임의로 변경할 수 없는 적립 방식)이 최초로 설정되는 날(해당 사업장에 최초로 근무하게 된 날에 적립 방식이 이미 설정되어 있는 경우에는 최초로 퇴직급여제도의 가입 대상이 되는 날을 말한다)

㉡ 적립 방식(적립할 때 근로자가 적립 금액을 임의로 변경할 수 없는 적립 방식)이 변경되는 날

② 적립할 때 근로자가 적립 금액을 임의로 변경할 수 없는 적립 방식을 설정하고 그에 따라 적립할 것

③ 적립 방식이 「근로자퇴직급여 보장법」 제6조 제2항에 따른 퇴직연금규약, 같은 법 제

19조 제1항에 따른 확정기여형퇴직연금규약 또는 「과학기술인공제회법」 제16조의 2에 따른 퇴직연금급여사업을 운영하기 위하여 과학기술인공제회와 사용자가 체결하는 계약에 명시되어 있을 것

④ 사용자가 「소득세법 시행령」 제40조의 2 제1항 제2호 가목 및 다목의 퇴직연금계좌에 적립할 것

(2) 경조금

사업자가 그 종업원에게 지급한 경조금 중 사회통념상 타당하다고 인정되는 범위 내의 금액은 이를 지급받은 자의 근로소득으로 보지 아니한다(소칙 10 ①).

(3) 사내근로복지기금으로부터 받는 장학금 등

① 종업원이 사내근로복지기금으로부터 「사내근로복지기금법」 제14조 및 같은 법 시행령 제19조의 규정에 의하여 지급받는 자녀학자금은 지급되는 학자금의 원천이 출연금인지 또는 출연금의 수익금인지 여부에 관계없이 과세대상 근로소득에 해당하지 아니한다(재소득-67, 2003.12.13.).

② 사내근로복지기금이 기금의 용도사업으로 정관에 규정하고, 정관에 규정한 수혜대상자에게 용도사업의 일환으로 창립기념품을 지급하는 경우 동 기념품은 근로소득으로 보지 아니한다(서면1팀-1366, 2007.10.8.).

실무포인트

1. 근로제공의 대가는 근로소득에 해당함

소득세 과세대상 근로소득은 급여, 봉급, 상여, 경조금, 정보비, 연구활동비 등 그 명칭 여하에 불구하고 근로의 제공으로 인하여 받는 모든 급여에서 소득세법상 열거된 비과세근로소득(근로소득으로 보지 않는 소득 포함)만을 제외하는 것으로 소득세법상 비과세근로소득(근로소득으로 보지 않는 소득 포함)으로 열거되지 않은 금액을 지급받는 경우 모두 과세대상 근로소득임(서면1팀-275, 2005.3.9.).

2. 근로소득의 범위

① 의료업을 영위하는 법인이 임직원 가족에게 의료용역을 제공하고 본인부담 의료비의 일부를 경감함으로써 당해 법인의 임직원이 얻는 이익은 과세대상 근로소득에 해당하는 것임(서면1팀-15, 2005.1.5.).

② 대학등 학교에서 당해 학교와 고용관계에 있는 교직원의 자녀라는 이유로 장학금을 지

급하거나 학비를 면제하는 경우 그 지급근거가 장학금 지급규정에 명시되어 있다고 하더라도 동 장학금은 그 교직원의 근로소득으로 보아 과세되는 것임(재소득46074-255, 1994.10.17.).

③ 국외근로자를 위하여 법인의 비용으로 지급하는 건강보험료(해당 국가의 의무부담분 포함), 의료비, 자녀학자금은 근로소득에 해당하며, 비과세를 받을 수 있는 금액은 월 100만원 이내의 금액이고, 국외에서 지출한 동 건강보험료, 의료비는 특별공제를 적용받을 수 없음(원천세과-707, 2011.11.2.).

④ 「사회복지사업법」 제2조 제1호에 따른 사회복지사업의 시설장이 지방자치단체로부터 인건비로 지급받은 금전은 「소득세법」 제20조에 따른 근로소득에 해당하는 것임(사전-2020-법령해석소득-0594, 2020.10.7.).

⑤ 「국민기초생활 보장법」에 따른 자활근로사업에 참여하고 자활급여와 별도로 자활사업단에서 발생한 수익에서 지급받는 인센티브(자립성과금)은 「소득세법」 제20조에 따른 근로소득에 해당하는 것임(서면-2020-법령해석소득-3874, 2020.12.30.).

⑥ 「고용정책기본법」 제25조, 「고용보험법」 제25조 및 「청년고용촉진특별법」 제7조 등에 근거하여 고용노동부가 주관하는 청년내일채움공제에 가입한 거주자가 해당 공제의 만기에 지급받는 공제금 중 정부가 부담하는 정부지원금 및 정부가 지급하는 채용유지지원금에서 기업기여금으로 적립한 부분은 소득세 과세대상에 해당하지 않는 것임(기획재정부 소득세제과-184, 2019.3.7.).

3. 선택형 복지포인트 제도

① 선택적복지제도 운영지침에 따라 복지후생제도를 시행함에 있어 각 종업원에게 개별로 포인트를 부여하여 이를 사용하게 하는 경우, 당해 포인트사용액(소득세법 제12조 제4호의 규정에 의한 비과세소득 및 같은 법 시행령 제38조 제1항 각호 중 단서 규정에 의하여 근로소득으로 보지 않는 것을 제외)은 같은 법 제20조의 규정에 의한 근로소득으로 과세되는 것임(원천세과-650, 2011.10.12.).

② 원고들 소속 임직원들은 원고들에게 근로를 제공하고 그와 관련하여 이 사건 복지포인트를 배정받아 사용한 것이므로, 이 사건 복지포인트는 해당 임직원들이 제공한 근로와 대가관계에 있는 경제적 이익 내지 근로와 밀접히 관련된 급여로서 근로소득에 해당한다고 봄이 타당함(대법원 2024두37879, 2024.12.24.).

4. 직원 선물

① 근로자가 회사로부터 설날 등 특정한 날에 지급받는 선물은 과세되는 근로소득의 범위에 포함되는 것임(법인 46013-1378, 1993.5.14.).

② 임직원을 대상으로 생일, 결혼기념일, 출산 시 복리후생 개념으로 선물 지급 시 해당 선물은 과세대상 근로소득에 해당함. 단, 근로자 또는 그 배우자의 출산으로 사용자로

부터 지급받은 급여로서 월 10만원 이내의 금액은 비과세대상 근로소득에 해당하는 것이며, 당해 금액을 초과하는 금액은 과세대상 근로소득에 해당하는 것임(원천세과-296, 2009.4.9.).

③ 물품을 매입하여 종업원에게 이를 현물급여로 지급하는 경우 근로소득에 대한 수입금액은 지급 당시의 시가에 의해 계산하는 것이며, 당해 시가에는 부가가치세 매출세액 상당액을 포함하는 것임(원천세과-825, 2009.10.6.).

5. 벤처기업 주식매수선택권 행사이익

주식매수선택권은 회사가 정관에 정한 대로 주주총회에서 특별결의를 하여 회사의 설립 · 경영과 기술혁신 등에 기여하거나 기여할 수 있는 이사 · 집행임원 · 감사 · 피용자에게 미리 정한 가액으로 신주를 인수하거나 자기의 주식을 매수할 수 있는 권리를 주는 것을 말한다(상법 340의 2). 즉, 회사의 임직원 등은 주식매수선택권을 행사하여 경영성과에 따르는 성과급을 주가의 상승에 의한 자본이득의 형태로 받게 되므로 'stock option'이라고도 한다. 이러한 주식매수선택권 행사이익은 근로소득 또는 기타소득으로 과세하며, 벤처기업 임직원의 경우에는 예외적으로 양도소득으로 과세할 수 있다.

(1) 벤처기업 주식매수선택권 행사이익 비과세

벤처기업 또는 벤처기업(「벤처기업육성에 관한 특별조치법」에 따른 벤처기업)이 발행주식 총수의 30% 이상을 인수한 기업의 임원 또는 종업원이 2024년 12월 31일 이전에 부여받은 주식매수선택권을 행사함으로써 얻는 이익 중 연간 2억원 이내의 금액에 대해서는 소득세를 과세하지 아니한다. 다만, 소득세를 과세하지 아니하는 벤처기업 주식매수선택권 행사이익의 벤처기업별 총 누적 금액은 5억원을 초과하지 못한다(조특법 16의 2 ①). 여기서 주식매수선택권이란 「벤처기업육성에 관한 특별법」 제16조의 3에 따라 부여받은 주식매수선택권 및 「상법」 제340조의 2 또는 제542조의 3에 따라 부여받은 주식매수선택권(코넥스상장기업으로부터 부여받은 경우로 한정한다)으로 한정한다(조특법 16의 2 ②). 한편, 주식매수선택권을 행사함으로써 얻는 이익이란, 주식매수선택권 행사 당시의 시가와 실제 매수가액과의 차액을 말한다.

(2) 벤처기업 주식매수선택권 행사이익 납부특례

법인의 임원 또는 종업원이 당해 법인 또는 당해 법인과 특수관계에 있는 법인으로부터 부여받은 주식매수선택권을 당해 법인 등에서 근무하는 기간 중 행사함으로써 얻은 이익은 근로소득으로 과세한다(소령 38 ① 17.).

1) 원천징수

주식매수선택권 행사에 따라 당해 주식을 교부하는 때에 주식매수선택권 행사이익에 대하여 원천징수한다.

2) 원천징수 제외

벤처기업 임원 등이 원천징수의무자에게 주식매수선택권 행사이익에 대한 납부특례의 적용을 신청한 경우 근로소득세를 원천징수하지 아니한다. 다만, 주식매수선택권의 행사가격과 시가와의 차액을 현금으로 교부받는 경우에는 그러하지 아니하다. 납부특례의 신청에 따라 원천징수를 하지 아니한 경우 벤처기업 임원 등은 주식매수선택권을 행사한 날이 속하는 과세기간의 종합소득금액에 대한 확정신고 및 확정신고납부 시 벤처기업 주식매수선택권 행사이익을 포함하여 종합소득 과세표준을 신고하되, 벤처기업 주식매수선택권 행사이익에 관련한 소득세액의 4/5에 해당하는 분할납부세액은 제외하고 납부할 수 있다. 소득세를 납부한 경우, 벤처기업 임원 등은 주식매수선택권을 행사한 날이 속하는 과세기간의 다음 4개 연도의 종합소득과세표준 확정신고 및 확정신고납부 시 분할납부세액의 1/4에 해당하는 금액을 각각 납부하여야 한다(조특법 16의 3 ①).

❙사 례❙

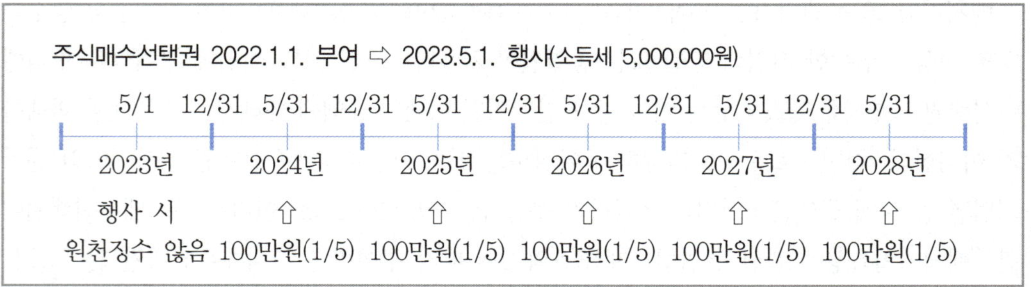

(3) 벤처기업 주식매수선택권 양도소득세 과세 선택

2027년 12월 31일 이전에 해당 벤처기업으로부터 부여받은 적격주식매수선택권 행사 시 소득세를 과세하지 아니한 경우 적격주식매수선택권 행사에 따라 취득한 주식(해당 주식의 보유를 원인으로 해당 벤처기업의 잉여금을 자본에 전입함에 따라 무상으로 취득한 주식을 포함한다)을 양도하여 발생하는 양도소득(벤처기업 주식매수선택권 행사이익 비과세특례에 따라 비과세되는 금액은 제외한다)에 대해서는 주식 등에 해당하는 것으로 보아 양도소득세를 과세한다(조특법 16의 4 ②). 여기서 적격주식매수선택권이란 다음의 요건을 갖춘 주식매수선택권을 말한다.

1) 요 건

① 「벤처기업육성에 관한 특별조치법」 제16조의 3에 따른 주식매수선택권으로서 다음의 요건을 갖출 것

㉠ 부여받은 주식매수선택권을 모두 행사하는 경우 해당 법인의 발행주식 총수의 10%를 초과하여 보유하게 되는 자

㉡ 해당 법인의 주주로서 「법인세법 시행령」 제43조 제7항에 따른 지배주주 등에 해당하는 자

㉢ 해당 법인의 발행주식 총수의 10%를 초과하여 보유하는 주주

㉣ 제3호의 주주와 「국세기본법 시행령」 제1조의 2 제1항 및 같은 조 제3항 제1호에 따른 친족관계 또는 경영지배관계에 있는 자

② 다음의 요건을 갖출 것(조특령 14의 4 ⑤)

㉠ 벤처기업이 주식매수선택권을 부여하기 전에 주식매수선택권의 수량 · 매수가액 · 대상자 및 기간 등에 관하여 주주총회의 결의를 거쳐 벤처기업 임직원과 약정할 것

㉡ ㉠에 따른 주식매수선택권을 다른 사람에게 양도할 수 없을 것

㉢ 벤처기업 임직원이 사망 또는 정년을 초과하거나 그밖에 자신에게 책임 없는 사유로 퇴임 또는 퇴직한 경우를 제외하고는 「벤처기업육성에 관한 특별법」 제16조의 3 제1항에 따른 주주총회의 결의가 있는 날부터 2년 이상 해당 법인에 재임 또는 재직한 후에 주식매수선택권을 행사할 것(조특칙 8의 4)

③ 해당 벤처기업으로부터 부여받은 주식매수선택권의 행사일부터 역산하여 2년이 되는 날이 속하는 과세기간부터 해당 행사일이 속하는 과세기간까지 전체 행사가액의 합계가 5억원 이하일 것

2) 신청 방법

벤처기업 임직원은 특례적용신청서에 주식매수선택권 전용계좌개설확인서를 첨부하여 주식매수선택권 행사일 전일까지 해당 벤처기업에 제출하여야 한다(조특령 14의 4 ②). 금융투자업자는 주식매수선택권 전용계좌거래현황신고서를 매분기 종료일의 다음 달 말일까지

본점 또는 주사무소 소재지 관할 세무서장에게 제출하여야 한다(조특령 14의 4 ③).

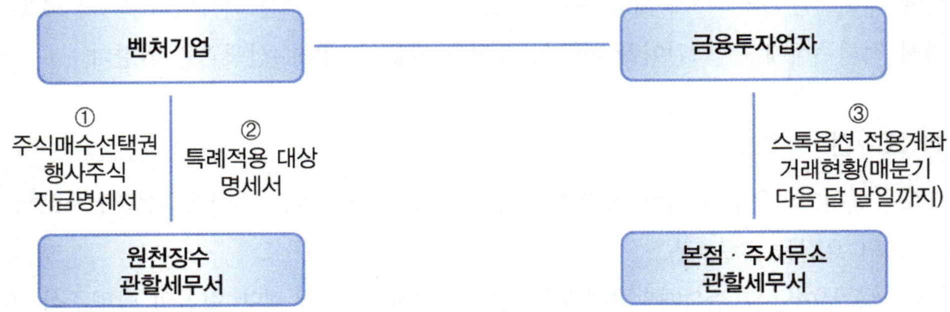

(4) 창업자 등의 종업원에 대한 주식매수선택권 행사이익 비과세

창업자, 신기술사업자, 벤처기업, 부품 · 소재전문기업 등의 종업원(임원 포함)이 주식매수선택권을 2006년 12월 31일까지 부여받아 이를 행사함으로써 얻는 이익(주식매수선택권의 행사 당시의 시가와 실제 매수가액과의 차액을 말하며, 주식에는 신주인수권을 포함하는 것으로 한다) 중 연간 3천만원 한도 내의 금액은 이를 근로소득으로 보지 아니한다(구조특법 15 ①).

부여 기간	특례대상 기준	특례 한도
1999.12.31. 이전	주식의 매수가액	연간 합계액 5천만원
2000.1.1.~2000.12.31.	주식의 매수가액	연간 합계액 3천만원
2001.1.1.~2006.12.31.	행사이익	연간 3천만원

실무포인트

① 벤처기업이 아닌 기업으로부터 부여받은 주식매수선택권을 행사함으로써 발생한 주식매수선택권 행사이익에 대해서는 「조세특례제한법」 제16조의 3에 따른 벤처기업 주식매수선택권 행사이익 납부특례를 적용받을 수 없는 것임(사전-2020-법령해석소득-1296, 2021.3.8.).

② 「조세특례제한법」 제16조의 4 제1항에 따라 주식매수선택권 행사 시에 소득세가 과세되지 않기 위해서는 특례 적용신청서에 주식매수선택권 전용계좌개설확인서를 첨부하여 주식매수선택권 행사일 전일까지 해당 벤처 기업에 제출하는 등 「조세특례제한법 시행령」 제14조의 4가 정하는 바에 따라 신청하여야 하는 것임(사전-2021-법령해석소득-0604, 2021.4.29.).

③ 적격주식매수선택권 행사로 취득한 주식을 행사일로부터 1년이 지나기 전에 일부 처분하는 경우 과세특례 적용을 신청한 주식매수선택권 행사이익에 대하여 「소득세법」 제20조

또는 제21조에 따라 소득세로 과세하는 것임(사전-2021-법령해석소득-0260, 2021.5.11.).

④ 「벤처기업육성에 관한 특별조치법」 제2조 제1항에 따른 벤처기업(이하 '벤처기업')으로부터 주식매수선택권을 부여받았으나 이를 행사할 때 그 주식매수선택권의 부여법인이 벤처기업에 해당하지 않게 되었다 하더라도, 「조세특례제한법」 제16조의 2, 제16조의 3, 제16조의 4에 규정된 각각의 요건을 충족한 경우라면 해당 특례를 적용받을 수 있는 것임(서면-2021-법령해석소득-3480, 2021.8.31.).

⑤ 주식매수선택권을 행사함으로써 얻은 이익에 대해 「조세특례제한법」 제16조의 2에 따라 비과세 특례를 적용받은 후 해당 주식매수선택권을 행사하여 취득한 주식이 소각되는 경우, 주식매수선택권을 행사하는 당시의 시가를 「소득세법」 제17조 제2항 제1호의 그 주식 또는 출자를 취득하기 위하여 사용한 금액으로 하는 것임(사전-2023-법규소득-0481, 2023.9.21.).

⑥ 벤처기업 임직원이 부여받은 주식매수선택권을 2023.1.1. 이후 행사하는 경우에, 해당 벤처기업 주식매수선택권 행사이익에 대해서는 「조세특례제한법」(법률 제19199호, 2022.12.31., 일부개정된 것) 제16조의 2, 제16조의 3, 제16조의 4에 규정된 각각의 요건을 충족한 경우라면 해당 특례를 적용받을 수 있음(사전-2023-법규소득-0254, 2023.10.19.).

⑦ 벤처기업으로부터 부여받은 주식매수선택권의 행사일부터 역산하여 2년이 되는 날이 속하는 과세기간부터 해당 행사일이 속하는 과세기간까지 전체 행사가액의 합계가 5억원을 초과하는 경우 「조세특례제한법」 제16조의 4 제1항 제2호에 따라 벤처기업 주식매수선택권 행사이익에 대한 과세특례를 적용할 수 없음(서면소득-2110, 2025.3.7.).

6. 근로소득 · 사업소득 · 기타소득의 구분사례

(1) 소득구분의 기준

고용관계에 의하여 근로를 제공하고 지급받은 대가는 근로소득에 해당하고, 고용관계 없이 독립된 자격으로 용역을 제공하고 지급받는 대가는 사업소득에 해당한다(서면인터넷방문상담1팀-1440, 2004.10.25.). 또한, 고용관계 없이 독립된 자격으로 계속적 · 반복적으로 용역을 제공하고 지급받는 대가는 사업소득에 해당하는 것이고 일시적으로 용역을 제공하고 지급받는 대가는 기타소득에 해당한다(소득세과-0973, 2011.11.23.). 여기서 고용관계가 있는지 여부의 판단은 근로제공자가 업무 내지 작업에 대한 거부를 할 수 있는지, 시간적 · 장소적인 제약을 받는지, 업무수행 과정에 있어서 구체적인 지시를 받는지, 복무규정의 준수의무 등을 감안하여 종합적으로 판단한다(서면인터넷방문상담1팀-1160, 2006.8.24.).

소득의 구분	고용관계 유무	발생빈도
근로소득	○	−
사업소득	×	계속 반복적
기타소득	×	일시 우발적

(2) 소득구분에 따른 과세 방법

① 근로소득

고용관계나 이와 유사한 계약에 의하여 근로를 제공하고 지급받는 대가를 말하며, 간이 세액표에 따라 원천징수한다.

② 사업소득

고용관계 없이 독립된 자격으로 계속적으로 용역을 제공하고 지급받는 대가를 말하며, 수입금액의 3%를 원천징수한다.

③ 기타소득

일시적으로 용역을 제공하고 지급받는 대가를 말하며, 기타소득금액(수입금액−필요경비)의 20%를 원천징수한다.

(3) 원고료

① 신규채용시험이나 사내교육을 위한 출제 · 감독 · 채점 또는 강의교재 등을 작성하고 근로자가 지급받는 수당 · 강사료 · 원고료 명목의 금액은 근무의 연장 또는 특별근로에 대한 대가로서 「소득세법」 제20조에 규정하는 근로소득으로 본다(소통 20-38…2).

② 사원이 업무와 관계없이 독립된 자격에 의하여 사내에서 발행하는 사보 등에 원고를 게재하고 받는 대가는 법 제21조 제1항 제15호 가목의 규정에 의한 기타소득에 해당한다(소통 21-0…4).

(4) 강사료

① 고용관계 없이 독립된 자격으로 계속적으로 용역을 제공하고 지급받는 대가는 「소득세법」 제19조 제1항의 규정에 의하여 사업소득에 해당하는 것이며, 일시적으로 용역을 제공하고 지급받는 대가는 같은 법 제21조 제1항의 규정에 의한 기타소득에 해당하는 것이나, 고용관계나 이와 유사한 계약에 의하여 근로를 제공하고 지급받는 대가는 같은 법 제20조의 규정에 의한 근로소득에 해당하는 것으로, 이때 고용관계가 있는지 여부

의 판단은 근로제공자가 업무 내지 작업에 대한 거부를 할 수 있는지, 시간적 · 장소적인 계약을 받는지, 업무수행 과정에 있어서 구체적인 지시를 받는지, 복무규정의 준수의무 등을 종합적으로 판단할 사항이다(소득세과-1392, 2009.9.9.).

② 근로자가 정상근무시간 외에 사내교육(자사의 직원들에게 특정과목에 대한 강의)을 하고 당해 회사로부터 지급받는 강사료는 「소득세법」 제20조의 규정에 의하여 근로소득에 해당되는 것이다(서일 46011-10654, 2003.5.24.).

(5) 사외이사

① 거주자인 사외이사가 고용관계나 이와 유사한 계약에 의하여 이사로서의 직무를 수행하고 지급받는 보수는 근로소득에 해당하고, 독립된 자격으로 이사로서의 직무 외의 용역을 계속 · 반복하여 제공하고 지급받는 대가는 사업소득에 해당하는 것으로, 이에 해당하는지 여부에 대해서는 이사로서의 직무내용 · 범위와 용역 · 보수와 관련된 계약 등 구체적인 사실관계를 종합하여 판단할 사항이다(소득세과-662, 2009.2.18.).

② 거주자가 비상근감사로서 고용관계나 이와 유사한 계약에 의하여 독립적인 자격 없이 그 계약에 의한 직무를 수행하고 근로제공의 대가로 부여받은 주식매수선택권을 당해 법인에서 근무하는 기간 중 행사함으로써 얻은 이익은 근로소득에 해당하는 것이며, 개인사업자인 공인회계사로서 독립된 자격으로 당해 벤처기업에 용역을 제공하고 그 대가로 부여받은 주식매수선택권을 행사하여 얻는 이익은 사업소득에 해당한다. 이때 주식매수선택권을 행사함으로써 발생하는 이익이 근로소득에 해당하는 경우에는 「소득세법」 제136조의 "지급대상기간이 없는 상여금"으로 보아 원천징수하는 것이며, 사업소득에 해당하는 경우 공인회계사가 제공하는 용역의 대가는 원천징수대상 사업소득에 해당하지 않는다(서면1팀-504, 2006.4.21.).

(6) 상 금

사용인이 종업원에게 지급하는 각종 상금 중 사실상 급여에 속하는 상금은 「소득세법」 제20조 제1항의 규정에 의한 근로소득에 해당하는 것이나, 종업원의 특별한 공로에 대하여 경진 · 경영 · 경로대회 · 전람회 등에서 우수한 자에게 지급하는 상금은 같은 법 제21조 제1항에 의한 기타소득에 해당한다(원천세과-129, 2010.2.8.).

(7) 전속계약금

① 근로고용관계에 있는 운동선수가 소속 단체와 입단 계약을 체결하면서 일시에 지급받는

계약금은 「소득세법」 제20조의 근로소득에 해당하는 것이며, 동 선수가 해당 단체의 대표로서 경기대회에 참가하여 행사 관계자로부터 지급받는 시상금은 같은 법 제21조의 기타소득에 해당한다. 한편, 고용관계에 있는 운동선수가 일시적으로 기업체의 광고 등에 출연하고 지급받는 대가는 기타소득에 해당하는 것이나, 동 선수가 사업목적으로 광고 등에 출연하고 지급받는 대가는 사업소득에 해당하는 것으로, 이 경우 사업목적이 있는지 여부는 그 활동의 내용 · 기간 · 횟수 · 태양 및 계속성과 반복성 등 거래 전반에 대한 사정 등을 종합적으로 고려하여 판단할 사항이다(소득세과-1005, 2010.9.27.).

② 가수 및 연기자로서의 청구인의 활동 그 자체가 수익을 올릴 목적으로 이루어져 온 것인 데다가 사회 통념상 하나의 독립적인 사회활동으로 볼 수 있을 정도의 계속성과 반복성을 갖추고 있으므로 사업소득으로 본다(심사소득 2008-0156, 2008.12.23.).

(8) 연구용역

① 산학협력단에서 연구수행 및 계약체결의 주체가 되어 연구비를 직접 관리하는 경우로서 연구원에게 지급하는 인건비는 연구원 등이 연구목적의 고용관계나 이와 유사한 계약에 의하여 근로를 제공하고 지급받는 대가는 그 지급방법이나 명칭 여하를 불구하고 「소득세법」 제20조의 규정에 의하여 근로소득에 해당하는 것이며, 연구목적의 고용관계 없이 일시적으로 연구용역을 제공하고 지급받는 대가는 같은 법 제21조 제1항의 규정에 의한 기타소득에 해당한다(서일-1347, 2007.10.4.).

② 사립대학교가 교원 연구활동의 원활한 지원을 위하여 외부로부터의 위탁받은 연구용역과 연구용역의 대가를 관리하는 산학협력단으로부터 연구비의 일부(간접연구비)를 배분받아 이를 재원으로 교원에게 인센티브로 지급하는 경우, 당해 인센티브는 근로소득에 해당한다(원천세과-217, 2009.1.21).

③ 대학교가 고용관계에 있는 교수에게 대학교에서 자체조성하여 지급하는 연구비는 근로소득에 해당하며, 대학교수가 외부의 학술단체나 정부기관에 연구용역을 제공하고 대학이 연구주체가 되어 연구비를 직접관리(중앙관리)하여 해당 교수에게 지급하는 연구비는 기타소득에 해당한다(소득 46011-74, 1999.9.27.).

7. 해고 관련 근로소득

(1) 해고예고수당

사용자가 30일 전에 예고를 하지 아니하고 근로자를 해고하는 경우 근로자에게 지급하는 「근로기준법」 제26조의 규정에 의한 해고예고수당은 퇴직소득으로 본다. 다만, 해고예고수당을 지급받은 자가 해고가 부당해고로 결정되어 복직하는 경우에도 반환하지 아니하는 경우에는 근로소득으로 본다(소통 22-0…2).

(2) 부당해고기간의 급여

1) 귀속시기

근로자가 법원의 판결 · 화해 등에 의하여 부당해고기간의 급여를 일시에 지급받는 경우에는 해고기간에 근로를 제공하고 지급받는 근로소득으로 본다(소집 20-38-2 ①).

2) 원천징수시기

부당해고기간에 대한 근로소득에 대하여 해당 원천징수의무자가 다음의 시기에 원천징수를 하는 경우에는 기한 내에 원천징수한 것으로 본다(소집 20-38-3 ②).

① 법원의 판결이 해당 과세기간 경과 후에 있는 경우에는 그 판결이 있는 날의 다음달 말일까지 연말정산하는 때

② 법원의 판결이 해당 근로소득이 귀속하는 과세기간의 종료일 전에 있는 경우에는 「소득세법」 제134조 제1항(매월 근로소득을 지급하는 때) 또는 제2항(다음연도 2월분 급여 또는 퇴직하는달 급여를 지급하는 때)에 따라 원천징수하는 때

실무포인트

① 거주자가 해고무효확인소송 중에 조정에 갈음하는 결정조서에 따라 해고기간 동안의 임금 및 위로금 명목으로 지급받는 금액이 근로소득 · 퇴직소득 · 기타소득에 해당하는지 여부는 당해 소송기록 등을 구체적으로 확인하여 사실판단할 사항이며, 동 임금 및 위로금 중 근로소득 또는 퇴직소득에 해당하지 아니하는 손해배상금은 소득세법 제21조 제1항 제10호의 규정에 의한 기타소득에 해당하는 것임. 다만, 부당해고 등에 따른 명예훼손이나 정신적인 고통에 대한 배상 또는 위자료와 같이 신분 및 인격에 대한 손해배상금은 과세대상에서 제외되는 것임(서면1팀-415, 2007.3.26.).

② 부당면직 취소 등 소송을 제기하여 법원의 직권면직 무효 확정판결에 따라 부당면직 기간에 해당하는 급여상당액을 지급받는 경우 동 금원은 부당면직기간에 근로를 제공하고 지급받는 근로소득에 해당하는 것이며, 원천징수의무자는 법원의 판결에 따라 지급하는 동 근로소득을 부당면직기간의 해당 귀속연도별로 「소득세법 기본통칙」 20-38…3 제2항에 의하여 원천징수하는 것임(법규소득 2011-0391, 2011.10.19.).

③ 법원의 판결에 따라 부당해고가 확인되어 지급되는 부당해고 기간의 급여는 근로소득에 해당하는 것이며 부당해고가 확인된 법원의 판결에 따라 부당해고 기간의 미지급된 급여를 일시에 지급하면서 그 판결이 있는 날의 다음 달 말일까지 「소득세법」 제137조 제1항에 따라 연말정산하는 때에는 「소득세법」 제134조 제2항의 규정에 준하여 기한 내에 원천징수한 것으로 보는 것임(사전-2019-법령해석소득-0255 [법령해석과-1605], 2019.6.24.).

8. 급여수령을 포기한 경우

급여의 미수령 여부 및 미수령 급여의 포기 여부는 고용주와 근로자 당사자 간 채권 · 채무 관계일 뿐 국세의 납부의무와는 관계없으므로, 급여 미수령금액도 원칙적으로 근로소득에 해당한다(심사소득2003-0189, 2003.6.23.). 따라서, 근로자가 사용자와 합의하여 임금채권을 포기한 경우에도 당해 근로자의 근로소득에서 제외되지 않는다(서일46011-11906, 2003.12.26.). 그러나 노사 간 합의에 의하여 급여를 자진 반납하는 형식으로 일률적으로 급여를 삭감하고 삭감 후의 급여액을 인건비로 회계 처리하는 경우에는 삭감 후의 급여액을 기준으로 연말정산하는 것이나, 반납 전 급여 전액을 계상하고 급여반납분을 수증이익 또는 잡수익 등으로 계상하는 때에는 반납 전 급여액을 기준으로 연말정산한다(법인46013-3866, 1998.12.10.).

3 근로소득의 비과세

1. 비과세 근로소득의 범위

다음의 근로소득에 대해서는 소득세를 과세하지 아니한다(소법 12 3.).

① 대통령령으로 정하는 복무 중인 병(兵)이 받는 급여

② 법률에 따라 동원된 사람이 그 동원 직장에서 받는 급여

③ 「산업재해보상보험법」에 따라 수급권자가 받는 요양급여, 휴업급여, 장해급여, 간병급여, 유족급여, 유족특별급여, 장해특별급여, 장의비 또는 근로의 제공으로 인한 부상·질병·사망과 관련하여 근로자나 그 유족이 받는 배상·보상 또는 위자(慰藉)의 성질이 있는 급여

④ 「근로기준법」 또는 「선원법」에 따라 근로자·선원 및 그 유족이 받는 요양보상금, 휴업보상금, 상병보상금(傷病補償金), 일시보상금, 장해보상금, 유족보상금, 행방불명보상금, 소지품 유실보상금, 장의비 및 장제비

⑤ 「고용보험법」에 따라 받는 실업급여, 육아휴직 급여, 육아기 근로시간 단축 급여, 출산전후휴가 급여 등, 「제대군인 지원에 관한 법률」에 따라 받는 전직지원금, 「국가공무원법」·「지방공무원법」에 따른 공무원 또는 「사립학교교직원 연금법」·「별정우체국법」을 적용받는 사람이 관련 법령에 따라 받는 육아휴직수당(「사립학교법」 제70조의 2에 따라 임명된 사무직원이 학교의 정관 또는 규칙에 따라 지급받는 육아휴직수당으로서 대통령령으로 정하는 금액 이하의 것을 포함한다)

⑥ 「국민연금법」에 따라 받는 반환일시금(사망으로 받는 것만 해당한다) 및 사망일시금

⑦ 「공무원연금법」, 「공무원 재해보상법」, 「군인연금법」, 「군인 재해보상법」, 「사립학교 교직원 연금법」 또는 「별정우체국법」에 따라 받는 공무상요양비·요양급여·장해일시금·비공무상 장해일시금·비직무상 장해일시금·장애보상금·사망조위금·사망보상금·유족일시금·퇴직유족일시금·유족연금일시금·퇴직유족연금일시금·퇴역유족연금일시금·순직유족연금일시금·유족연금부가금·퇴직유족연금부가금·퇴역유족연금부가금·유족연금특별부가금·퇴직유족연금특별부가금·퇴역유족연금특별부가금·순직유족보상금·직무상유족보상금·위험직무순직유족보상금·재해부조금·재난부조금 또는 신체·정신상의 장해·질병으로 인한 휴직기간에 받는 급여

⑧ 대통령령으로 정하는 학자금

⑨ 대통령령으로 정하는 실비변상적(實費辨償的) 성질의 급여

⑩ 외국정부(외국의 지방자치단체와 연방국가인 외국의 지방정부를 포함한다. 이하 같다) 또는 대통령령으로 정하는 국제기관에서 근무하는 사람으로서 대통령령으로 정하는 사람이 받는 급여. 다만, 그 외국정부가 그 나라에서 근무하는 우리나라 공무원의 급여에 대하여 소득세를 과세하지 아니하는 경우만 해당한다.

⑪ 「국가유공자 등 예우 및 지원에 관한 법률」 또는 「보훈보상대상자 지원에 관한 법률」에 따라 받는 보훈급여금·학습보조비

⑫ 「전직대통령 예우에 관한 법률」에 따라 받는 연금

⑬ 작전임무를 수행하기 위하여 외국에 주둔 중인 군인 · 군무원이 받는 급여

⑭ 종군한 군인 · 군무원이 전사(전상으로 인한 사망을 포함한다. 이하 같다)한 경우 그 전사한 날이 속하는 과세기간의 급여

⑮ 국외 또는 「남북교류협력에 관한 법률」에 따른 북한지역에서 근로를 제공하고 받는 대통령령으로 정하는 급여

⑯ 「국민건강보험법」, 「고용보험법」 또는 「노인장기요양보험법」에 따라 국가, 지방자치단체 또는 사용자가 부담하는 보험료

⑰ 생산직 및 그 관련 직에 종사하는 근로자로서 급여 수준 및 직종 등을 고려하여 대통령령으로 정하는 근로자가 대통령령으로 정하는 연장근로 · 야간근로 또는 휴일근로를 하여 받는 급여

⑱ 근로자가 사내급식이나 이와 유사한 방법으로 제공받는 식사 기타 음식물 또는 근로자(식사 기타 음식물을 제공받지 아니하는 자에 한정한다)가 받는 월 20만원 이하의 식사대

⑲ 근로자 또는 그 배우자의 출산이나 자녀의 보육과 관련하여 사용자로부터 지급받는 다음의 급여

㉠ 근로자(사용자와 특수관계에 있는 자는 제외한다) 또는 그 배우자의 출산과 관련하여 자녀의 출생일 이후 2년 이내에 사용자로부터 대통령령으로 정하는 바에 따라 최대 두 차례에 걸쳐 지급받는 급여(2021년 1월 1일 이후 출생한 자녀에 대하여 2024년 1월 1일부터 2024년 12월 31일 사이에 지급받은 급여를 포함한다) 전액

㉡ 근로자 또는 그 배우자의 해당 과세기간 개시일을 기준으로 6세 이하(6세가 되는 날과 그 이전 기간을 말한다)인 자녀의 보육과 관련하여 사용자로부터 지급받는 급여로서 월 20만원 이내의 금액

⑳ 「국군포로의 송환 및 대우 등에 관한 법률」에 따른 국군포로가 받는 보수 및 퇴직일시금

㉑ 「교육기본법」 제28조 제1항에 따라 받는 장학금 중 대학생이 근로를 대가로 지급받는 장학금(「고등교육법」 제2조 제1호부터 제4호까지의 규정에 따른 대학에 재학하는 대학생에 한정한다)

㉒ 「발명진흥법」 제2조 제2호에 따른 직무발명으로 받는 다음의 보상금(이하 "직무발명보상금"이라 한다)으로서 대통령령으로 정하는 금액

㉠ 「발명진흥법」 제2조 제2호에 따른 종업원등(이하 이 조, 제20조 및 제21조에서 "종업원등"이라 한다)이 같은 호에 따른 사용자 등(이하 이 조에서 "사용자등"이라 한다)으로부터 받는 보상금. 다만, 보상금을 지급한 사용자등과 다음의 구분에 따른 관계에 있는 자가 받는 보상금은 제외한다(소령 17의 3 ②).

ⓐ 사용자등이 개인인 경우 : 「국세기본법 시행령」 제1조의 2 제1항에 따른 친족관계

ⓑ 사용자등이 법인인 경우 : 「법인세법 시행령」 제43조 제7항에 따른 지배주주등(해당 지배주주등과 국세기본법 시행령 제1조의 2 제1항에 따른 친족관계 또는 같은 조 제3항에 따른 경영지배관계에 있는 자를 포함한다)인 관계

㉡ 대학의 교직원 또는 대학과 고용관계가 있는 학생이 소속 대학에 설치된 「산업교육진흥 및 산학연협력촉진에 관한 법률」 제25조에 따른 산학협력단(이하 "산학협력단"이라 한다)으로부터 같은 법 제32조 제1항 제4호에 따라 받는 보상금

㉓ 대통령령으로 정하는 복리후생적 성질의 급여

㉔ 제20조 제1항 제6호에 따른 소득 중 다음의 요건을 모두 충족하는 소득으로서 일정 금액 이하의 금액

㉠ 임원 또는 종업원 본인이 소비하는 것을 목적으로 제공받거나 지원을 받아 구입한 재화 또는 용역으로서 대통령령으로 정하는 기간 동안 재판매가 허용되지 아니할 것

㉡ 해당 재화 또는 용역의 제공과 관련하여 모든 임원등에게 공통으로 적용되는 기준이 있을 것

실무포인트

① 병역법 제36조의 규정에 의하여 전문연구요원으로 편입되어 해당 전문분야 산업체에서 연구분야에 종사하는 자가 받는 급여는 비과세되는 병역의무를 수행을 위하여 징집 · 소집 또는 지원에 의하여 복무 중인 자로서 병장 이하의 현역병, 전투경찰, 교정 시설경비교도, 기타 이에 준하는 자가 받는 급여에 해당되지 아니함(서이 46013-11644, 2002.9.3.).

② 고용보험법 제75조에 따라 근로자가 지급받는 산전후휴가 급여(같은 법 제75조의 2에 따라 사업주가 근로자에게 미리 지급하고 대위신청한 것을 포함한다)는 소득세법 제12조 제3호 마목에 따라 비과세소득에 해당하며, 그 수입시기는 같은 법 시행령 제49조에 따라 산전후휴가일이 되는 것임(원천-695, 2010.9.6.).

③ 근로기준법 제46조에 따라 지급받는 휴업수당 및 근로기준법 제74조에 따른 임산부의 보호휴가 기간 중 사용자가 지급하는 산전후휴가급여 등은 소득세 과세대상 근로소득에 해당하는 것이며 고용보험법 제75조에 따라 지급되는 산전후휴가급여는 소득세법 제12조 제3호 마목에 따른 비과세소득에 해당하는 것임(원천-624, 2010.7.29.).

④ 고용보험법에 따라 산전후휴가 급여를 사업자가 근로자에게 미리 지급하고 대위신청한 금액은 비과세 소득에 해당하며 산전후휴가일이 수입시기임(원천-695, 2010.9.6.).

⑤ 근로기준법에 따라 임산부의 보호휴가 기간 중 사용자가 지급하는 산전후휴가 급여 등은 과세대상 근로소득에 해당(원천-624, 2010.7.29.).

⑥ 「코로나19 지역고용대응 등 특별지원사업」으로 국가 및 지방자치단체에서 영세사업장

무급휴직 노동자, 특수형태 근로종사자 · 프리랜서등의 고용 · 생활안정지원을 위해 직접 지급하는 지원금은 소득세 과세대상에 해당하지 않는 것임(사전-2020-법령해석소득-0413, 2020.11.19.).

⑦ 「고용보험법」 제21조 제1항 전단 및 같은 법 시행령 제22조의 2에 따라 노사합의를 통해 고용을 유지하기로 한 경우, 같은 법에 근거하여 정부가 사업자를 통해 근로자에게 지급하는 고용안정협약지원금은 소득세 과세 대상에 해당하지 않는 것임(기획재정부 소득세제과-315, 2021.5.13.).

⑧ 「사립학교법」 제70조의 2에 따라 임명된 사무직원이 학교의 정관 또는 규칙에 따라 월 150만원 이하의 육아휴직수당을 지급받는 경우로써 해당 금액의 일부를 복직 후 일정기간 근무 후 합산하여 지급받는 경우에도 「소득세법」 제12조 제3호 마목에 따른 비과세소득에 해당하는 것임(서면-2024-법규소득-0382, 2024.6.13.).

2. 학자금

근로소득이 비과세되는 학자금은 「초 · 중등교육법」 및 「고등교육법」에 따른 학교(외국에 있는 이와 유사한 교육기관을 포함)와 「국민 평생 직업능력 개발법」에 따른 직업능력개발훈련시설의 입학금 · 수업료 · 수강료, 그 밖의 공납금 중 다음의 요건을 갖춘 학자금을 말한다(소령 11).

① 당해 근로자가 종사하는 사업체의 업무와 관련 있는 교육 · 훈련을 위하여 받는 것일 것

② 당해 근로자가 종사하는 사업체의 규칙 등에 의하여 정하여진 지급기준에 따라 받는 것일 것

③ 교육 · 훈련기간이 6월 이상인 경우 교육 · 훈련 후 당해 교육기간을 초과하여 근무하지 아니하는 때에는 지급받은 금액을 반환할 것을 조건으로 하여 받는 것일 것

실무포인트

1. 사설어학원 수강료의 근로소득 해당 여부

소득세법 제12조에서 비과세소득으로 보는 학자금이라 함은 교육법에 의한 학교 및 근로자직업훈련촉진법에 의한 직업능력개발훈련시설의 입학금 · 수업료 · 수강료 기타 공납금 중 같은 법 시행령 제11조의 각 호의 요건을 갖춘 학자금을 말하는 것이며, 사설 어학원 수강을 지원하는 교육훈련비는 비과세소득으로 보는 학자금에 해당하지 아니하는 것임(서면1팀-1499, 2004.11.8.).

2. 대학교의 자치회비 및 교재비의 비과세 여부

근로소득세가 비과세되는 학자금이라 함은 근로자(임원 포함)의 초 · 중등교육법 및 고등교육법에 의한 학교(외국에 있는 이와 유사한 교육기관 포함)와 근로자직업훈련촉진법에 의한 직업능력개발훈련시설에서 받는 교육을 위해 지급받는 입학금 · 수업료 · 수강료 기타 공납금으로서 소득세법 시행령 제11조 각 호의 요건을 갖춘 학자금을 말하는 것으로 귀 질의의 내용이 여기에 해당하는지는 사실판단할 사항인 것이나, 자치회비 및 교재비는 이에 해당하지 않는 것임(서면1팀-1673, 2007.12.6.).

3. 비과세학자금의 교육비 공제 여부

대학원에 수학 중인 종업원이 받는 학자금은 소득세법시행령 제11조에서 정한 요건을 갖춘 경우에 비과세 학자금에 해당하는 것이나, 당해 학자금은 근로소득세액 연말정산 시 소득세법 제52조에 규정하는 교육비 공제대상에는 해당되지 아니하는 것임(법인 46013-2380, 1999.6.24.).

4. 사내근로복지기금으로부터 받는 장학금

종업원이 사내근로복지기금으로부터 「사내근로복지기금법」 제14조 및 같은 법 시행령 제19조의 규정에 의하여 지급받는 자녀학자금은 지급되는 학자금의 원천이 출연금인지 또는 출연금의 수익금인지 여부에 관계없이 과세대상 근로소득에 해당하지 아니함(재소득-67, 2003.12.13.).

5. 비과세 학자금 사례(소집 12-11-1)

비과세 학자금	비과세되지 않는 학자금
• 대학원에 납입한 학자금 • 출자임원에 대한 학자금 • 해외 MBA과정에 납입한 교육훈련비	• 사설 어학원 수강을 지원하는 교육훈련비 • 자치회비 및 교재비 • 자녀학자금 • 학비보조금(또는 연수비)

3. 식사 또는 식대

(1) 비과세 범위

근로자가 사내급식이나 이와 유사한 방법으로 제공받는 식사 기타 음식물 또는 근로자(식사 기타 음식물을 제공받지 아니하는 자에 한정한다)가 받는 월 20만원 이하의 식사대에 대하여는 과세하지 아니한다(소법 12 3.).

(2) 식사 · 기타 음식물의 범위

'식사 · 기타 음식물'이라 함은 사용자가 근로자에게 무상으로 제공하는 음식물로서 다음의 요건에 해당하는 것으로 한다(소집 12-17의 2-1 ②).

① 통상적으로 급여에 포함되지 아니하는 것

② 음식물의 제공 여부로 급여에 차등이 없는 것

③ 사용자가 추가부담으로 제공하는 것

(3) 식대 비과세 관련 사례

① 사용자가 기업외부의 음식업자와 식사 · 기타 음식물 공급계약을 체결하고 그 사용자가 교부하는 식권에 의하여 제공받는 식사 · 기타 음식물로서 해당 식권이 현금으로 환급할 수 없고 식사 · 기타 음식물의 요건에 해당되는 때는 비과세되는 식사 · 기타 음식물로 본다(소집 12-17의 2-1 ③).

② 식사 · 기타 음식물을 제공받지 아니하는 근로자가 식사대를 월 20만원 이상 지급받는 경우에는 월 20만원까지 비과세되는 식사대로 본다(소집 12-17의 2-1 ④).

③ 다른 근로자와 함께 일률적으로 급식수당을 지급받고 있는 근로자가 야간근무 등 시간외 근무를 하는 경우에 별도로 제공받는 식사 · 기타 음식물은 비과세되는 급여에 포함한다(소집 12-17의 2-1 ⑤).

실무포인트

1. 식사 외에 별도로 식사대를 지급받는 경우

사용자로부터 식사 기타 음식물을 제공받지 않는 근로자가 지급받는 월 10만원(현행 20만원) 이하의 식사대는 소득세법시행령 제17조의 2의 규정에 의하여 비과세되는 것이나, 식사 · 기타 음식물을 제공받고 있는 근로자가 별도로 식사대를 지급받는 경우에는 식사 · 기타 음식물에 한하여 비과세되는 급여로 보는 것임(서면1팀-1603, 2007.11.22.).

2. 연봉액에 포함된 식대의 비과세 해당 여부

식사대가 연봉계약서에 포함되어 있고, 회사의 사규 또는 급여지급기준 등에 식사대에 대한 지급기준이 정하여져 있는 경우로서 당해 종업원이 식사 기타 음식물을 제공받지 아니하는 경우에는 당해 규정에 의한 금액 중 소득세법 시행령 제17조의 2 제2호에 규정된 금액은 비과세되는 식사대에 해당하는 것이나, 귀 질의와 같이 학교회계직원의 연봉계약서에 식사대가 포함되어 있지 아니하고, 급여지급기준에 식사대에 대한 지급기준이 정하여져 있지 아니한 경우에는 동조의 규정이 적용되지 아니하는 것임(서면1팀-1614, 2006.11.30.).

3. 2 이상의 회사에 근무하는 경우의 식대 비과세 금액

근로자가 2 이상의 회사에 근무하면서 식사대 및 6세 이하 자녀 보육수당을 매월 각 회사로부터 중복하여 지급받는 경우에는 소득세법 제12조 제4호 나목 및 다목의 규정에 의하여 각목의 사유별로 합한 금액 중 월 10만원(식사대는 20만원) 이내의 금액에 대하여 소득세를 과세하지 아니하는 것임(서면1팀-1334, 2005.11.3.).

4. 식대 할인 금액은 비과세 대상 식사에 해당함

사실관계 자회사가 운영하는 식당은 계열사 직원뿐만 아니라 외부인에게도 오픈된 일반식당에 해당하며, 모회사 직원들은 근로시간 동안 사원증 등(페이코 어플)을 제시하고 자회사의 식당 및 카페를 50%로 할인된 금액으로 이용

회 신 회사 내규에 따라 자회사가 운영하는 식당과 공급계약을 체결하고 임직원들에게 일정금액을 할인하여 제공하는 "식사 · 기타음식물"의 해당 할인금액은 소득세법 제12조 러목 및 종합소득세 집행기준 12-0-5 제2항에서 규정한 비과세되는 "식사 · 기타 음식물"에 해당함(서면원천-4054, 2025.2.24.).

4. 출산보육수당

근로자 또는 그 배우자의 출산이나 자녀의 보육과 관련하여 사용자로부터 받는 다음의 금액은 비과세된다.

(1) 출산지원금

근로자(사용자와 특수관계에 있는 자는 제외한다) 또는 그 배우자의 출산과 관련하여 사용자로부터 해당 급여를 지급받는 횟수에 관계 없이 자녀의 출생일 이후 2년 이내에 첫 번째와 두 번째 지급받는 급여(2021년 1월 1일 이후 출생한 자녀에 대하여 2024년 1월 1일부터 2024년 12월 31일 사이에 지급받은 급여를 포함한다)를 말한다. 이 경우 근로자가 지급받는 급여의 횟수는 사용자별로 계산한다(소령 17의 2 ②). 사용자와 특수관계에 있는 자란 다음의 구분에 따른 관계에 있는 사람을 말한다(소령 17의 2 ①).

① 사용자가 개인인 경우 : 국세기본법시행령 제1조의 2 제1항에 따른 친족관계

② 사용자가 법인인 경우 : 법인세법시행령 제43조 제7항에 따른 지배주주등(해당 지배주주등과 국세기본법시행령 제1조의 2 제1항에 따른 친족관계 또는 같은 조 제3항 제2호 가목에 따른 경영지배관계에 있는 사람을 포함한다)인 관계

(2) 보육수당

근로자 또는 그 배우자의 해당 과세기간 개시일을 기준으로 6세 이하(6세가 되는 날과 그 이전 기간을 말한다)인 자녀의 보육과 관련하여 사용자로부터 지급받는 급여로서 월 20만원 이내의 금액을 말한다. 이때 6세 이하 여부는 해당 과세기간 개시일을 기준으로 판단한다(소법 12). 여기서 '6세 이하 여부는 해당 과세기간 개시일을 기준으로 판단한다'란 해당 과세기간 개시일 현재 6세가 되는 날과 그 이전 기간을 의미한다(기획재정부 소득세제과-831, 2024.8.12.). 따라서, 2025.1.1. 기준으로 2019.1.1. 이후 출생하는 자가 이에 해당한다(서면원천-2579, 2024.9.25.).

실무포인트

1. 자녀 수에 따른 보육수당 비과세
   근로자가 6세 이하의 자녀의 보육과 관련하여 지급 받는 급여에 대하여 소득세법 제12조 제4호 더목의 비과세규정을 적용하는 경우에는 자녀수에 관계없이 지급월을 기준으로 10만원 이내의 금액을 비과세하는 것임(서면1팀-1464, 2004.10.28.).
2. 맞벌이 부부의 보육수당 비과세
   근로자가 6세 이하의 자녀의 보육과 관련하여 사용자로부터 지급받는 급여로서 월 10만원 이내의 금액은 소득세법 제12조 제4호 더목에 의해 비과세되는 것이며, 맞벌이 부부의 경우도 소득자별로 각각 비과세를 적용하는 것임(서면1팀-1245, 2006.9.12.).
3. 보육수당을 분기별 일괄지급 시 비과세 기준
   보육수당을 분기별로 지급하거나 수개월분을 일괄지급하는 경우에도 그 지급월을 기준으로 월 10만원 이내의 금액을 비과세하는 것임(서면1팀-1464, 2004.10.28.).
4. 2 이상의 회사에 근무하는 경우의 보육수당 비과세 금액
   근로자가 2 이상의 회사에 근무하면서 식사대 및 6세 이하 자녀 보육수당을 매월 각 회사로부터 중복하여 지급받는 경우에는 소득세법 제12조 제4호 나목 및 다목의 규정에 의하여 각목의 사유별로 합한 금액 중 월 10만원 이내의 금액에 대하여 소득세를 과세하지 아니하는 것임(서면1팀-1334, 2005.11.3.).

5. 실비변상적 성질의 급여

(1) 비과세 범위

근로소득이 비과세되는 실비변상적 성질의 급여는 다음의 것을 말한다(소령 12).

① 일직료 · 숙직료 또는 여비로서 실비변상 정도의 금액

② 종업원이 소유하거나 본인 명의로 임차한 차량을 종업원이 직접 운전하여 사용자의 업무수행에 이용하고 시내출장 등에 소요된 실제 여비를 받는 대신에 그 소요경비를 해당 사업체의 규칙 등으로 정하여진 지급기준에 따라 받는 금액 중 월 20만원 이내의 금액

③ 「선원법」에 의하여 받는 식료

④ 법령 · 조례에 의하여 제복을 착용하여야 하는 자가 받는 제복 · 제모 및 제화

⑤ 병원 · 시험실 · 금융회사 등 · 공장 · 광산에서 근무하는 사람 또는 특수한 작업이나 역무에 종사하는 사람이 받는 작업복이나 그 직장에서만 착용하는 피복

⑥ 특수분야에 종사하는 군인이 받는 낙하산강하위험수당 · 수중파괴작업위험수당 · 잠수부위험수당 · 고전압위험수당 · 폭발물위험수당 · 항공수당(유지비행훈련수당 포함) · 비무장지대근무수당 · 전방초소근무수당 · 함정근무수당(유지항해훈련수당 포함) 및 수륙양용궤도차량승무수당, 특수분야에 종사하는 경찰공무원이 받는 경찰특수전술업무수당과 경호공무원이 받는 경호수당

⑦ 「선원법」의 규정에 의한 선원(선장 및 해원)이 받는 월 20만원 이내의 승선수당, 경찰공무원이 받는 함정근무수당 · 항공수당 및 소방공무원이 받는 함정근무수당 · 항공수당 · 화재진화수당

⑧ 광산근로자가 받는 입갱수당 및 발파수당

⑨ 교원 연구원 등이 받는 연구보조비 또는 연구활동비 중 월 20만원 이내의 금액

⑩ 국가 또는 지방자치단체가 지급하는 다음 중 어느 하나에 해당하는 것

㉠ 보육교사의 처우개선을 위하여 지급하는 근무환경개선비

㉡ 사립유치원 수석교사 · 교사의 인건비

㉢ 전문과목별 전문의의 수급 균형을 유도하기 위하여 전공의에게 지급하는 수련보조수당

⑪ 방송, 뉴스통신, 신문(일반일간신문, 특수일간신문 및 인터넷신문을 말하며, 해당 신문을 경영하는 기업이 직접 발행하는 정기간행물을 포함)을 경영하는 언론기업 및 방송채널사용사업에 종사하는 기자(해당 언론기업 및 방송채널사용사업에 상시 고용되어 취재활동을 하는 논설위원 및 만화가를 포함)가 취재활동과 관련하여 받는 취재수당 중 월 20만원 이내의 금액

⑫ 근로자가 벽지에 근무함으로 인하여 받는 월 20만원 이내의 벽지수당
⑬ 근로자가 천재 · 지변 기타 재해로 인하여 받는 급여
⑭ 수도권 외의 지역으로 이전하는 「지방자치분권 및 지역균형발전에 관한 특별법」 제2조 제14호에 따른 공공기관 소속 공무원 또는 직원에게 한시적으로 지급하는 월 20만원 이내의 이전지원금
⑮ 종교관련종사자가 소속 종교단체의 규약 또는 소속 종교단체의 의결기구의 의결 · 승인 등을 통하여 결정된 지급 기준에 따라 종교 활동을 위하여 통상적으로 사용할 목적으로 지급받은 금액 및 물품

실무포인트

① 직원들에게 지급한 피복이 회사의 마크가 없고 외출복으로도 착용 가능한 일반피복(동절기 잠바 및 하절기 티셔츠)인 경우 소득세 비과세대상에 해당하지 아니하는 것임(법인46013-2331, 1998.8.18.).
② 「재해구호법」 제4조 제2항에 따라 사회복지시설의 종사자가 코호트 격리에 참여하여 지급받는 금전은 「소득세법 시행령」 제12조 제16호에 따른 실비변상적 성질의 급여로서 비과세소득에 해당하는 것임(사전-2020-법령해석 소득-0402, 2020.9.10.).
③ 국가가 의료인력의 전문과목 간 불균형현상을 해결하기 위한 대책의 일환으로 흉부외과 등 기피과목의 국립 및 특수법인 병원 등의 전공의에게 지급하는 수련보조수당은 소득세 과세대상에 해당되지 않음(재소득 46073-69, 2003.5.21.).
④ 「영유아보육법」에 따른 어린이집의 보육교사가 국가 · 지방자치단체로부터 처우개선 목적으로 지급받는 금원(누리과정수당 등)은 「소득세법 시행령」 제12조 제13호 가목에 따른 실비변상적인 급여에 해당함(원천세과-542, 2013.11.13.).

(2) 일직료 · 숙직료

일직료 · 숙직료에 대한 실비변상 정도의 금액에 대한 판단은 회사의 사규 등에 의하여 그 지급기준이 정하여져 있고 사회통념상 타당하다고 인정되는 범위 내에서는 비과세되는 급여로 보는 것이며 이때 숙직료 등을 월단위로 모아서 지급한다 할지라도 그 판단은 1일 숙직료 등을 기준으로 판단해야 한다(법인 46013-3228, 1996.11.19.).

(3) 여　비

1) 종업원의 부임수당(소집 12-12-3)

① 전근하는 종업원이 지급받는 부임수당 중 이사에 소요되는 비용상당액은 과세대상 근로소득에 해당하지 않는 것이나, 이사에 소요되는 비용상당액을 초과하는 부분과 숙박비 등 명목으로 지급받은 금액은 근로소득에 해당한다.

② 외국인근로자가 근로계약 이행을 위해 국내 입국 시 소요되는 항공료 또는 근로의 제공 완료 후 출국할 때 소요되는 항공료 등을 해당 회사에서 지급하는 경우 동 금액은 실비변상적 성질의 급여에 해당하지 않는다.

2) 해외근무에 따른 귀국휴가여비(소집 12-12-4)

국외에 근무하는 내국인근로자 또는 국내에 근무하는 외국인근로자의 본국휴가에 따른 여비는 다음의 조건과 범위 내에서 비과세되는 실비변상적 급여로 본다. 이 경우 실제 귀국휴가에 따라 지급받는 소요경비를 의미하는 것이며, 실제 본국휴가를 사용하지 아니하는 근로자에게 지급하는 귀국휴가여비 상당액은 과세대상이다.

① 회사의 사규 또는 고용계약서 등에 본국 이외의 지역에서 1년 이상 근무한(1년 이상 근무하기로 정한 경우를 포함) 근로자에게 귀국여비를 회사가 부담하도록 되어 있을 것

② 해외근무라고 하는 근무환경의 특수성에 따라 직무수행상 필수적이라고 인정되는 휴가일 것

이 경우 실비변상적 급여로 보는 범위는 왕복교통비(항공기의 운행관계상 부득이한 사정으로 경유지에서 숙박한 경우 그 숙박료를 포함)로서 가장 합리적 또는 경제적이라고 인정되는 범위 내의 금액에 한하며, 관광여행이라고 인정되는 부분의 금액은 제외된다.

(4) 자가운전보조금(소집 12-12-6)

종업원이 소유하거나 본인 명의로 임차한 차량을 종업원이 직접 운전하여 사용자의 업무수행에 이용하고 시내출장 등에 소요된 실제여비를 받는 대신 그 소요경비를 해당 사업체의 규칙 등에 따라 정해진 지급기준에 따라 받는 금액 중 월 20만원 이내의 금액은 실비변상적 성질의 급여로 비과세된다.

① 근로자가 2 이상의 회사에 근무하면서 각각의 회사로부터 자기차량운전보조금을 지급받는 경우에는 이를 지급하는 회사를 기준으로 월 20만원 이내의 금액을 비과세한다.

② 종업원이 시내출장 등에 따른 여비를 별도로 지급받으면서 연액 또는 월액의 자기차량

운전보조금을 지급받는 경우 시내출장 등에 따라 소요된 실제여비는 실비변상적인 급여로 비과세하나, 자기차량운전보조금은 근로소득에 포함한다.

③ 직원의 출·퇴근 편의를 위하여 지급하는 교통보조금은 자기차량운전보조금에 해당하지 않는다.

④ 타인명의 차량 등에 대한 자기차량운전보조금 적용 여부

구 분		비과세 여부
타인(배우자, 장애인 가족 포함)명의 차량		불가
공동명의	부부 공동명의 차량	가능
	배우자 외의 자와 공동명의 차량	불가

실무포인트

1. 차량미소유의 자가운전보조금 비과세 적용 여부

차량을 소유하지 아니한 종업원에게 지급하는 자가운전 보조금은 과세대상 근로소득에 포함하는 것임(소득 46011-392, 1999.11.25.).

2. 타인명의 차량의 자가운전보조금 비과세 적용 여부

타인명의로 등록된 차량에 대하여는 소득세법시행령 제12조 제3호의 자가운전보조금 비과세규정을 적용할 수 없음(법인 46013-937, 1996.3.25.).

3. 공동명의 차량의 자가운전보조금 비과세 적용 여부

① 종업원이 장애인인 어머니와 공동 소유한 차량은 소득세법 시행령 제12조 제3호에 따른 해당 종업원의 소유 차량에 해당하지 아니하므로 자가운전보조금에 대한 비과세규정을 적용할 수 없는 것임(법규소득 2010-338, 2010.11.19.).

② 종업원이 부부 공동명의로 된 소유차량을 직접 운전하여 실제 사용자의 업무수행으로 사용 시 소요된 실제 여비를 받는 대신에 월 20만원 이내의 자가운전보조금은 실비변상적 급여로서 비과세되는 것임(재정경제부 소득세제과-591, 2006.9.20.).

4. 출·퇴근 교통보조금의 과세 여부

출퇴근 편의를 위하여 지급하는 교통보조금은 과세대상 근로소득에 해당하는 것임(서면1팀-293, 2008.3.6.).

5. 주차비용의 과세 여부

종업원 소유차량으로 사업주의 업무수행에 이용하고 그에 소요된 실제비용을 지급받으면서 별도로 자가운전보조금 명목으로 회사로부터 지원받는(회사대납 포함) 주차비용은 당해 종업원의 과세대상 근로소득에 해당하는 것임(원천세과-303, 2009.4.9.).

6. 시내출장여비

소득세법시행령 제12조에 의한 비과세대상 자가운전보조금을 지급받고 있는 종업원이 본인이 소유하고 있는 차량을 이용하여 시외출장에 사용하거나 시외출장에 대중교통을 이용하고 동 출장에 실제 소요된 유류비 · 통행료 등과 교통비를 사용주로부터 지급받는 금액 중 실비변상 정도의 금액은 소득세법 시행령 제12조 제3호의 규정에 의하여 비과세근로소득에 해당하는 것임(서면1팀-1016, 2005.8.29.).

7. 2 이상의 회사에 근무하는 경우의 자가운전보조금

근로자가 2 이상의 회사에 근무하면서 자기소유의 차량을 직접 운전하여 회사의 업무에 사용하고 시내출장 등에 소요된 실제여비를 받는 대신 당해 회사의 규칙 등에 의하여 정하여진 지급기준에 따라 각각의 회사로부터 자가운전보조금을 지급받는 경우에는 이를 지급하는 회사를 기준으로 월 20만원 이내의 금액을 소득세법 시행령 제12조 제3호의 규정에 의하여 비과세하는 것임(서면1팀-1272, 2006.9.14.).

8. 임원이 지급받는 자가운전보조금

종업원이 지급받는 월 20만원 이내의 자가운전보조금의 비과세를 규정한 소득세법 제12조 제3호에서 '종업원'의 범위에는 법인세법시행령 제31조의 규정에 해당하는 임원도 이에 포함되는 것임(법인 46013-1123, 1996.4.12.).

9. 자가운전보조금 지출증빙서류 비치 여부

소득세법 시행령 제12조 제3호의 규정에 의거 근로소득으로 보지 않는 자가운전보조금이란 종업원이 자기소유차량을 직접 운전하여 사용주의 업무수행에 이용하고 사규 등에서 정한 지급기준에 따라 시내출장 등에 소요된 실제여비 대신에 지급받는 월 20만원 이내의 금액으로, 당해 차량운행에 따른 소요경비 증빙서류 비치 여부와 관계없이 시내출장 등에 소요된 실제여비를 별도로 지급하지 않으면서 사규에 의하여 실제적으로 지급하는 금액을 말하는 것임(법인 46013-2726, 1996.9.25.).

(5) 선원법에 의하여 받는 식료

「선원법」에 따라 승선 중인 선원에게 공급하는 식료에 대해서는 비과세되는 것이나, 휴가기간 동안에 지급받는 급식비는 이에 포함되지 아니하며, 승선 중인 선원이 식료품비 명목으로 일정액을 현금으로 지급받는 경우에는 과세대상 근로소득에 해당한다(소집 12-12-2 ①).

(6) 연구보조비 등

다음 중 하나에 해당하는 자가 받는 연구보조비 또는 연구활동비 중 월 20만원 이내의 금액은 실비변상적 급여로 비과세한다(소집 12-12-7).

① 「유아교육법」, 「초 · 중등교육법」 및 「고등교육법」에 따른 학교 및 이에 준하는 학교(특별법에 따른 교육기관을 포함)의 교원

② 「특정연구기관육성법」의 적용을 받는 연구기관, 특별법에 따라 설립된 정부출연연구기관, 「지방자치단체출연 연구원의 설립 및 운영에 관한 법률」에 따라 설립된 지방자치단체출연연구원에서 연구활동에 직접 종사하는 자(대학교원에 준하는 자격을 가진 자에 한한다) 및 직접적으로 연구활동을 지원하는 자

③ 중소기업 또는 벤처기업의 기업부설연구소와 연구개발전담부서(중소기업 또는 벤처기업에 설치하는 것으로 한정한다)에서 연구활동에 직접 종사하는 자

실무포인트

1. 연구활동을 지원하는 자

「특정연구기관육성법」의 적용을 받는 연구기관, 특별법에 따라 설립된 정부출연연구기관, 「지방자치단체출연 연구원의 설립 및 운영에 관한 법률」에 따라 설립된 지방자치단체출연연구원에서 직접적으로 연구활동을 지원하는 자에는 다음의 자를 제외함(소집 12-12-7).

① 건물의 방호 · 보수 · 청소 등 일상적 관리에 종사하는 자

② 식사제공 및 차량 운전에 종사하는 자

2. 연구활동비의 비과세 여부

① 교육공무원법 제29조의 4에 따라 임용된 수석교사가 교육공무원임용 시행령 제9조의 8 제2항에 따라 지급받는 연구활동비는 소득세법 제20조 제1항 및 같은 법 시행령 제38조 제1항 제8호에 따른 근로소득에 해당하는 것이며, 같은 법 제12조 제3호 자목 및 같은 법 시행령 제12조 제12호에 따라 매월 20만원 이내의 금액에 대하여 비과세하는 것임(서면-2015 -법령해석소득-0808, 2015.7.7.).

② 초 · 중등 교육법에 따른 교육기관이 학생들로부터 받은 방과후학교 수업료를 교원에게 수업시간당 일정금액으로 지급하는 금액은 연구보조를 위하여 지급하는 것으로 볼 수 없으므로 소득세법 시행령 제12조 제12호의 규정이 적용되지 않는 것임(소득세제과-484, 2007.8.31.).

③ 「소득세법 시행령」 제12조 제12호에 해당하는 20만원의 연구보조비 또는 연구활동비를 매월 지급받아 왔으나 연봉협상이 지연됨에 따라 위 금액이 미지급되었고 협상타결 후 20만원에 미지급월수를 곱한 금액을 일시에 지급받은 경우, 위와 같이 일시에 지급받은 20만원에 미지급월수를 곱한 금액은 실비변상적 성격의 연구보조비 또는 연구활동비로서 비과세소득에 해당하는 것임(서면-2020-법령해석소득-0527, 2020.12.14.).

3. 방과후학교 수업료의 과세 여부

초 · 중등 교육법에 따른 교육기관이 학생들로부터 받은 방과후학교 수업료를 교원에게 수업시간당 일정금액으로 지급하는 금액은 연구보조를 위하여 지급하는 것으로 볼 수 없으므로 소득세법 시행령 제12조 제12호의 규정이 적용되지 않는 것임(소득세제과-484, 2007. 8.31.).

(7) 벽지수당

근로자가 벽지에 근무함으로 인하여 받는 월 20만원 이내의 벽지수당은 비과세되는데 여기서 벽지란 다음 중 어느 하나에 해당하는 지역을 말한다(소칙 7).

① 「공무원 특수지근무수당 지급대상지역 및 기관과 그 등급별 구분에 관한 규칙」 별표 1의 지역

② 「지방공무원 특수지근무수당 지급대상지역 및 기관과 그 등급별 구분에 관한 규칙」 별표 1의 지역(같은 표 제1호의 벽지지역과 제2호의 도서지역 중 군지역의 경우 지역 및 등급란에 규정된 면지역 전체를 말한다)

③ 「도서 · 벽지 교육진흥법 시행규칙」 별표의 지역

④ 「광업법」에 의하여 광업권을 지정받아 광구로 등록된 지역

⑤ 「소득세법 시행규칙」 별표 1의 의료취약지역(「의료법」 제2조의 규정에 의한 의료인의 경우로 한정하며, 의료인은 보건복지부장관의 면허를 받은 의사 · 치과의사 · 한의사 · 조산사 · 간호사를 말한다)

(8) 천재 · 지변 기타 재해로 인하여 받는 급여

근로자가 천재 · 지변 · 기타 재해로 인하여 받는 급여는 실비변상적 급여로 비과세소득에 해당한다. 집중폭우로 거주용 주택이 침수되어 생활상의 어려움을 겪고 있는 직원에게 이사회의 의결을 거쳐 일정금액의 생활보조금을 지급하는 경우 천재 · 지변 · 기타 재해로 인해 받는 실비변상적급여에 해당하여 비과세되는 근로소득에 해당한다(소집 12-12-7).

6. 국외근무수당

(1) 비과세 범위

근로소득이 비과세되는 국외근무수당은 국외 또는 북한지역에서 근로를 제공하고 받는 급

여로서 다음 중 어느 하나에 해당하는 것을 말한다(소령 16 ①).

① 국외 또는 북한지역에서 근로를 제공하거나, 또는 국외 등을 항행하는 선박이나 항공기에서 근로를 제공하고 받는 보수 원양어업선박 중 다음의 금액

구 분	비과세 한도
㉠ 일반적인 국외 근로소득	월 100만원
㉡ 원양어업 선박, 국외 등을 항행하는 선박 ㉢ 국외 등의 건설현장(감리업무 및 설계업무 포함)	월 500만원

② 공무원(「외무공무원법」에 따른 재외공관 행정직원과 이와 유사한 업무를 수행하는 사람으로서 기획재정부장관이 정하여 고시하는 사람을 포함), 대한무역투자진흥공사, 한국관광공사, 한국국제협력단, 한국국제보건의료재단, 한국산업인력공단 및 중소벤처기업진흥공단의 종사자가 국외 등에서 근무하고 받는 수당 중 해당 근로자가 국내에서 근무할 경우에 지급받을 금액 상당액을 초과하여 받는 금액

(2) 국외근로소득의 해당 여부

① 근로의 대가를 국내에서 지급받는 경우도 포함하나, 출장 · 연수 등을 목적으로 출국한 기간 동안의 급여는 국외근로소득에 해당하지 않는다(소집 12-16-1 ②).

② 내국법인에 고용된 거주자인 외국인근로자가 국외에 파견되어 국외에서 근로를 제공하는 경우에도 국외근로소득을 적용한다(소집 12-16-1 ③).

③ 국외에서 근로를 제공할 것을 조건으로 고용된 자의 국내근로소득(대기기간 급여 등)은 비과세 대상 국외근로소득에 포함하지 아니한다(소통 12-16…3 ①).

(3) 국외근무수당의 비과세 적용방법(소통 12-16…4)

① 국외근로소득은 월 100만원을 공제하고 과세하며, 당해 월의 국외근로소득이 월 100만원(또는 월 300만원) 이하인 경우에는 그 급여를 한도로 하여 비과세하며 당해 월의 국외근로소득이 100만원(또는 월 300만원) 이하가 될 때에는 그 부족액은 다음 달 이후의 급여에서 이월하여 공제하지 아니한다.

② ①의 당해 월의 국외근로소득에는 당해 월에 귀속하는 국외근로로 인한 상여 등을 포함한다.

③ ①에서 규정하는 공제액을 계산함에 있어서 국외근무기간이 1월 미만인 경우에는 1월로 본다.

(4) 원양어업 선박, 국외 등의 건설현장 등 및 외항선박 승무원 등의 범위

① 원양어업 선박은 「원양산업발전법」에 따라 허가를 받은 원양어업용인 선박을 말한다(소칙 8 ①).

② 외국을 항행하는 기간에는 해당 선박이나 항공기가 화물의 적재 · 하역, 그 밖의 사유로 국내에 일시적으로 체재하는 기간을 포함한다(소칙 8 ③).

③ 영 제16조 제3항에 따른 승무원은 제1항의 원양어업 선박에 승선하여 근로를 제공하는 자 및 외국을 항행하는 선박 또는 항공기에서 근로를 제공하는 자로서 다음 각 호의 어느 하나에 해당하는 자를 포함한다(소칙 8 ④).

㉠ 해당 선박에 전속되어 있는 의사 및 그 보조원

㉡ 해외기지조업을 하는 원양어업의 경우에는 현장에 주재하는 선박수리공 및 그 사무원

④ 국외 등의 건설현장 등은 국외 등의 건설공사 현장과 그 건설공사를 위하여 필요한 장비 및 기자재의 구매, 통관, 운반, 보관, 유지 · 보수 등이 이루어지는 장소를 포함한다(소칙 8 ②).

(5) 원양어업 선박등 선원의 비과세 적용방법

① 원양어선에 승선한 선원이 근로의 대가를 소득세법 시행령 제49조 제2항에 규정하는 보합금 등의 방법으로 지급받는 경우에는 보합금으로 지급받는 금액을 어로기간의 월수로 나눈 금액을 매월 지급받은 것으로 보고 소득세법 시행령 제16조 제1항 제1호의 규정을 적용한다(소통 12-16…2).

② 원양어업 선박 또는 외국항행 선박이 수리 및 정비 등의 사유로 국내에 체재하는 기간 중 동 선박의 승무원으로 고용된 거주자의 국내체재기간에 해당되는 급여는 국외근로소득에 포함한다(소통 12-16…3 ②).

③ 외항선원이 유급휴가기간 동안에 지급받는 급여도 국외에서 근무를 제공하고 받는 보수로서 월 300만원까지는 소득세가 과세되지 아니한다(소통 12-16…5 ②).

사례 **해외주재원의 국외근로소득 비과세금액**

해외주재원(비과세 한도 1,000,000원) 월급여액이 다음과 같은 경우 국외근로소득 비과세금액을 구하시오.

1월 ~ 3월 : 월 800,000원, 4월 ~ 6월 : 월 1,700,000원
7월 ~ 9월 : 월 1,800,000원, 10월 ~ 12월 : 월 2,000,000원

풀이

비과세 국외근로소득=11,400,000원

=(1월~3월 : 800,000원×3)+(4월~12월 : 1,000,000원×9)

* 1월~3월 급여액 중 1,000,000원에 미달하는 금액은 이월하여 비과세를 적용하지 아니한다.

실무포인트

1. 해외파견기간 급여의 비과세 여부

국내업체가 외국회사와의 계약에 따라 국내업체소속 직원을 외국에 파견하여, 장비 등의 설치, 가동에 관한 용역을 제공하고 그 대가를 받는 경우 당해 해외파견 직원이 파견기간 중 받는 근로소득은 소득세법 제12조 제4호 파목 및 동법 시행령 제16조 제1항의 규정에 의한 '국외에서 근로를 제공하고 받는 보수로서 월 100만원 이내의 금액에 대하여 비과세하는 국외근로소득'에 해당하는 것임(재소득 46073-75, 2003.5.29.).

2. 해외출장비의 국외근로소득 해당 여부

국외에서 근로를 제공하고 받는 보수란 해외에 주재(연락사무소 포함)하면서 근로를 제공하고 받는 급여를 말하는 것이므로 해외수출품에 대한 현지 설치, 시운전 등을 위하여 해외에 파견된 기간 동안의 급여상당액은 국외근로소득으로 보지 아니함(원천세과-553, 2011.9.5.).

3. 국외 일용근로자의 비과세 급여

국외 등에서 근로를 제공하고 받는 보수 중 월 100만원(원양어업 선박 또는 국외 등을 항행하는 선박에서 근로를 제공하고 받는 보수의 경우에는 월 300만원) 이내의 금액은 일용근로자 여부에 관계없이 비과세하는 것임(서면1팀-1324, 2007.9.27.).

4. 국외근로기간이 1개월 미만인 경우

소득세법 제12조 제4호 파목 규정에서 근로소득세가 비과세되는 급여는 같은 법 시행령 제16조 제1항 제1호의 규정에 의하여 근로기간과 관계없이 국외에 주재하면서 근로를 제공하고 받는 보수 중 월 100만원 이내의 금액을 말하는 것임(서일 46011-10845, 2003.6.25.).

5. 국외근로비과세 적용자의 식대 비과세 적용 여부

소득세법 제12조 제4호 파목에 따른 국외근로소득에 대한 비과세를 적용받고 있는 해외파견근로자가 같은 법 시행령 제17조의 2 제2호에 따른 월 10만원 이하의 식사대를 그 사용자인 내국법인으로부터 지급받는 경우 당해 식사대에 대하여는 소득세 비과세를 적용받을 수 있는 것임. 이 경우 근무기간이 1월 미만인 경우 1월로 보는 것임(원천세과-616, 2009.7.16.).

6. 건설현장 등이 아닌 장소에서 설계 업무를 수행하고 받은 보수의 비과세 금액

① 건설현장과 장비 및 기자재의 구매, 통관, 운반, 보관, 유지·보수 등이 이루어지는 장소가 아닌 별도의 장소에서 설계업무를 수행하는 근로자가 받는 보수 중 월 100만원 이내의 금액은 비과세소득에 해당하며, 해당 근로자가 건설현장 등에서 실제 근무하는 경우에는 보수 중 월 500만원 이내의 금액을 비과세 적용받을 수 있는 것임(서면원천-3790, 2025.5.9.).

② 소득세법시행령 제16조 제1항 제1호 및 같은 법 시행규칙 제8조 제2항의 "국외 등의 건설현장 등"은 국외 등의 건설공사 현장과 그 건설공사를 위하여 필요한 장비 및 기자재의 구매, 통관, 운반, 보관, 유지·보수 등이 이루어지는 장소를 포함하는 것이므로, 해당 건설공사를 위해 건축 설계 업무 수행 목적으로 설립된 현지 지사 사무실도 법령에서 규정하는 "국외 등의 건설현장등"으로 볼 수 있고, 동 장소에서 건축설계 업무를 수행하는 근로자가 받는 보수 중 월 500만원 이내의 금액은 비과세 소득에 해당하는 것임(원천세과-965, 2024.9.25.).

③ 소득세법시행령 제16조 제1항 제1호의 비과세 한도를 적용함에 있어, 소득세법시행규칙 제8조 제2항에 규정하는 장소가 아닌 국외의 다른 장소에서 설계업무를 제공한 근로자의 보수는 월 100만원 이내의 금액을 비과세하는 것임(서면-2020-법령해석소득-2952 [법령해석과-2341], 2020.7.23.).

7. 국외근로소득을 국내에서 지급받는 경우에도 비과세 적용임

국외에서 근로를 제공하고 받는 보수 중 월 100만원(원양어업 선박, 국외의 건설현장 근로자 등은 500백만원) 이내의 금액은 비과세 소득에 해당하며, 근로의 대가를 국외뿐 아니라 국내에서 받는 경우를 포함하는 것임(원천세과-1126, 2024.11.21.).

8. 국외근로소득 비과세 적용대상 여부

① 해외지사에서 근무하는 거주자가 국외 등의 건설현장 등을 위한 영업업무, 인사노무업무, 자재관리업무, 재무회계업무, 기타 공통사무업무 등에 종사하고 받는 보수 중 월 100만원 이내의 금액은 소득세법 제12조 제3호 거목 및 같은 법 시행령 제16조 제1항 제1호에 따라 소득세를 과세하지 아니하는 것임(서면법규-1552, 2012.12.28.).

② 거주자가 국외 등의 건설현장 등에서 한국표준직업분류에 따른 조리 및 음식 서비스직에 종사하여 근로를 제공하고 받는 보수 중 월 100만원 이내의 금액은 「소득세법」 제12조 제3호 거목 및 같은 법 시행령 제16조 제1항 제1호에 따라 소득세를 과세하지 아니하는 것임(서면-2012-법규과-1235, 2012.10.25.).

③ 귀 질의의 경우 「소득세법 시행령」 제16조 제1항의 규정을 적용함에 있어, 국외 해역에서 자원을 탐사하는 석유 시추선에서 근로를 제공하는 자는 "국외 등을 항행하는 선박에서 근로를 제공하는 자"에 포함되는 것으로, 이 때 동 규정에 의한 비과세급여는

당해 거주자가 국외 등을 항행하는 기간의 근로에 대하여 받는 급여에 한하여 적용하는 것임(서면인터넷방문상담1팀-1709, 2007.12.17.).

(6) 국외공무원 등이 받는 실비변상적 성격의 급여

공무원 등 법령에서 열거된 기관 등의 종사가가 국외 등에서 근무하고 받는 수당 중 해당 근로자가 국내에서 근무할 경우에 지급받을 금액상당액을 초과하여 받는 금액 중 실비변상적 성격의 급여로서 외교부장관이 기획재정부장관과 협의하여 고시하는 금액은 비과세를 적용한다(소령 16 ① 2.).

1) 적용대상 국외 종사자

① 「외무공무원법」 제32조에 따른 재외공관 행정직원과 이와 유사한 업무를 수행하는 사람으로서 기획재정부장관이 정하여 고시하는 사람

② 대한무역투자진흥공사, 한국관광공사, 한국국제협력단, 한국국제보건의료재단, 한국산업인력공단 및 중소벤처기업진흥공단의 종사자

2) 공무원(재외공관 행정직원 포함)의 비과세 대상 금액(외교부 고시 제2019-3, 2019.6.12.)

① 재외공관에 근무하는 공무원, 「공무원수당 등에 관한 규정」 제4조 및 「지방공무원수당 등에 관한 규정」 제3조에 정한 국외파견공무원이 「외무공무원법」 제21조, 「공무원수당 등에 관한 규정」, 「지방공무원수당 등에 관한 규정」에 근거해 국외 등에서 근무하고 받는 수당의 전액. 다만, 「공무원수당 등에 관한 규정」 제14조 및 별표 11의 제4호 가목의 가) 및 나) 표에 규정된 재외근무수당 및 지방공무원에게 지급되는 이에 준하는 수당의 경우 그 지급액에 75%를 곱한 금액

② 외무공무원법 제32조에 따른 재외공관 행정직원이 「재외공관 행정직원 규정」에 근거해 국외 등에서 근무하고 재외공관별 주거보조비 상한액 범위 내에서 받는 주거보조비, 특수지 근무수당, 의료보험료 및 실의료비 전액

3) 재외공관 행정직원과 유사한 업무를 수행하는 자로서 기획재정부장관이 고시하는 사람

소득세법시행령 제16조 제1항 제2호에 따른 "이와 유사한 업무를 수행하는 사람으로서 기획재정부장관이 정하여 고시하는 사람"은 「재외한국문화원문화홍보관 행정직원에 관한

규정」에 따른 재외 한국 문화원문화홍보관 소속 행정직원을 말한다(기획재정부고시 제2024-34호).

4) 대한무역투자진흥공사, 한국관광공사, 한국국제협력단, 한국국제보건의료재단의 비과세 대상 금액(외교부 고시 제2019-3, 2019.6.12.)

각 기관의 종사자가 사규에 근거해 국외 등에서 근무하고 받는 수당의 전액. 다만, 「공무원수당 등에 관한 규정」 제14조 및 별표 11의 제4호 가목의 가) 및 나) 표에 규정된 재외근무수당에 해당되는 각 기관 수당 지급액의 경우 그 지급액에 75%를 곱한 금액

7. 연장근로수당

월정액 급여가 210만원 이하로서 직전 과세기간의 총급여액이 3,000만원 이하인 생산직 근로자가 받는 연장근로 · 야간근로 또는 휴일근로를 하여 받는 급여는 비과세한다.

(1) 비과세 대상 근로자

연장근로수당이 비과세되는 근로자는 월정액 급여 210만원 이하로서 직전 과세기간의 총급여액이 3,000만원 이하인 근로자(일용근로자를 포함)로서 다음 중 어느 하나에 해당하는 사람을 말한다(소령 17 ①).

① 공장 또는 광산에서 근로를 제공하는 자로서 통계청장이 고시하는 한국표준직업분류에 의한 생산 및 관련종사자 중 「소득세법 시행규칙」 별표 2에 규정된 직종에 종사하는 근로자(소칙 9 ①)

② 어업을 영위하는 자에게 고용되어 근로를 제공하는 자로서 어선에 승무하는 선원. 단, 「선원법」 제2조 제3호에 따른 선장은 포함하지 아니한다(소칙 9 ②).

③ 통계청장이 고시하는 한국표준직업분류에 따른 운전 및 운송 관련직 종사자, 돌봄 · 미용 · 여가 및 관광 · 숙박시설 · 조리 및 음식 관련 서비스직 종사자, 매장 판매 종사자, 상품 대여 종사자, 통신 관련 판매직 종사자, 운송 · 청소 · 경비 · 가사 · 음식 · 판매 · 농림 · 어업 · 계기 · 자판기 · 주차관리 및 기타 서비스 관련 단순 노무직 종사자

「소득세법 시행규칙」 [별표 2] (2021.3.16. 개정)

▌생산직 및 관련직의 범위(제9조 제1항 관련)▐

연번	대분류	중분류, 소분류 또는 세분류	한국표준 직업분류번호
1	서비스 종사자	돌봄 서비스직	4211
		미용 관련 서비스직	422
		여가 및 관광 서비스직	4321
		숙박시설 서비스직	4322
		조리 및 음식 서비스직	44
2	판매 종사자	매장 판매 및 상품 대여직	52
		통신 관련 판매직	531
3	기능원 및 관련 기능 종사자	식품가공 관련 기능직	71
		섬유 · 의복 및 가죽 관련 기능직	72
		목재 · 가구 · 악기 및 간판 관련 기능직	73
		금속 성형 관련 기능직	74
		운송 및 기계 관련 기능직	75
		전기 및 전자 관련 기능직	76
		정보 통신 및 방송장비 관련 기능직	77
		건설 및 채굴 관련 기능직	78
		기타 기능 관련직	79
4	장치 · 기계 조작 및 조립 종사자	식품가공 관련 기계 조작직	81
		섬유 및 신발 관련 기계 조작직	82
		화학 관련 기계 조작직	83
		금속 및 비금속 관련 기계 조작직	84
		기계 제조 및 관련 기계 조작직	85
		전기 및 전자 관련 기계 조작직	86
		운전 및 운송 관련직	87
		상하수도 및 재활용 처리 관련 기계 조작직	88
		목재 · 인쇄 및 기타 기계 조작직	89
5	단순노무 종사자	건설 및 광업 관련 단순 노무직	91
		운송 관련 단순 노무직	92
		제조 관련 단순 노무직	93
		청소 및 경비 관련 단순 노무직	94
		가사 · 음식 및 판매 관련 단순 노무직	95
		농림 · 어업 및 기타 서비스 단순 노무직	99

비고 : 위 표의 한국표준직업분류번호는 통계청 고시 제2017-191호(2017. 7. 3.) 한국표준직업분류에 따른 분류번호로서 2단위 분류번호(44, 52, 71, 72, 73, 74, 75, 76, 77, 78, 79, 81, 82, 83, 84, 85, 86, 87, 88, 89, 91, 92, 93, 94, 95, 99)는 중분류 직종, 3단위 분류번호(422, 531)는 소분류 직종, 4단위 분류번호(4211, 4321, 4322)는 세분류 직종의 분류번호임.

(2) 비과세 대상 근로자 여부(소집 12-17-1)

① '공장'이라 함은 제조시설 및 그 부대시설을 갖추고 한국표준산업분류에 의한 제조업을 경영하기 위한 사업장을 말하는 것으로, 해당 사업장에 고용되거나 파견된 근로자로서 제조 · 생산활동에 참여하여 근로를 제공하는 자는 이에 포함되는 것이나, 그 외 건설업체 등의 직원으로서 공장시설의 신설 및 증 · 개축업무 또는 유지 · 보수용역을 제공하는 자는 동 규정에 의한 '공장에서 근로를 제공하는 자'에 포함되지 않는다.

② 건설업을 경영하는 업체의 건설현장에서 근로를 제공하는 일용근로자는 '공장에서 근로를 제공하는 자'에 해당하지 않으므로 동 건설일용근로자에게 지급되는 야간근로수당 등은 비과세하지 않는다.

③ 생산직근로자의 범위에는 제조업을 경영하는 자로부터 제조공정의 일부를 도급받아 용역을 제공하는 '소사장제' 업체에 고용되어 공장에서 생산직에 종사하는 근로자도 포함된다.

④ 작업반장 · 작업조장 또는 직공반장의 직위에 있는 근로자가 자기통제하의 생산관련 다른 종사자와 함께 직접 그 작업에 종사하면서 그 작업의 수행을 통제하는 직무를 함께 수행하는 경우에는 생산직근로자로 보는 것이며, 단위작업의 수행에 직접적으로 참여하지 않고 통제 및 감독업무만을 수행하는 경우는 생산직근로자의 범위에 해당하지 않는다.

(3) 월정액 급여의 범위

생산직 근로자 등의 연장수당 비과세는 월정액 급여가 210만원 이하인 경우에 적용한다. 이 경우 월정액급여는 매월 직급별로 받는 봉급 · 급료 · 보수 · 임금 · 수당, 그 밖에 이와 유사한 성질의 급여(해당 과세기간 중에 받는 상여 등 부정기적인 급여와 제12조에 따른 실비변상적 성질의 급여 및 제17조의 4에 따른 복리후생적 성질의 급여는 제외한다)의 총액에서 「근로기준법」에 따른 연장근로 · 야간근로 또는 휴일근로를 하여 통상임금에 더하여 받는 급여 및 「선원법」에 따라 받는 생산수당(비율급으로 받는 경우에는 월 고정급을 초과하는 비율급을 말한다)을 뺀 급여를 말한다(소령 17 ①).

| 계산식 |

구분	월정액 급여=①-②
①	매월 직급별로 받는 봉급 · 급료 · 보수 · 임금 · 수당, 그 밖에 이와 유사한 성질의 급여의 총액

구분	월정액 급여=①-②
②	㉠ 과세기간 중에 받는 상여 등 부정기적인 급여 ㉡ 실비변상적 성질의 급여(「소득세법 시행령」 제12조) ㉢ 복리후생적 성질의 급여(「소득세법 시행령」 제17조의 4) ㉣ 연장근로, 야간근로 또는 휴일근로를 하여 받는 수당 ㉤ 「선원법」에 따라 받는 생산수당

❙ 월정액 급여 포함 여부 ❙

구 분	내 용
① 월정액급여에 포함되는 급여	㉠ 매월 정기적으로 받는 식사대 ㉡ 특근수당 · 잔업수당 등은 급여액의 크기가 매월 변동되더라도 매월 계산되는 급여항목(소통 12-17…2 ①) ㉢ 연간 상여금 지급총액을 급여 지급 시에 매월 분할하여 지급받는 상여금(소통 12-17…2 ②)
② 월정액급여에 포함되지 않은 급여	㉠ 부정기적으로 지급받는 연월차수당(통상적으로 매월 지급되는 급여에 해당되는 때에는 월정액급여에 포함) ㉡ 매월 업무성과를 평가하고 실적 우수자를 선정, 지급약정에 의해 지급하는 상여금 ㉢ 「국민연금법」에 의한 사용자 부담금

(4) 비과세 대상 급여

비과세 대상 급여는 연장근로 · 야간근로 또는 휴일근로를 하여 받는 급여로서 다음 중 어느 하나에 해당하는 금액을 말한다(소령 17 ②).

① 「근로기준법」에 따른 연장근로 · 야간근로 또는 휴일근로를 하여 통상임금에 더하여 받는 급여 중 연 240만원 이하의 금액

② 광산근로자 및 일용근로자의 경우에는 해당 급여총액

③ 어업을 영위하는 자에게 고용되어 근로를 제공하는 자가 「선원법」에 의하여 받는 생산수당 중 연 240만원 이내의 금액

실무포인트

1. 생산직 일용근로자의 연장근로수당 비과세 판단기준

생산직 일용근로자가 근로기준법에 의한 연장시간근로 · 야간근로 또는 휴일근로로 인하여 통상임금에 가산하여 받는 급여는 월정액급여와 직전 과세기간의 총급여액에 관계없이 비과세에 해당함(소득지원과-514, 2015.9.7.).

2. 월정액급여에는 야간근로수당이 포함된 금액인지 여부

월정액급여는 월정액급여에서 근로기준법에 의한 연장시간근로 · 야간근로 또는 휴일근로로 인하여 통상임금에 가산하여 받는 급여를 차감하는 것임(제도 46011-10460, 2001.4.6.).

3. 중도퇴사로 인한 퇴직 월의 근무일수가 1월 미만인 생산직근로자의 월정액급여 적용

소득세법 시행령 제17조에 따라 생산직근로자의 야간근로수당 등에 대한 비과세소득을 적용함에 있어, 근로자의 퇴직으로 그 퇴직하는 달의 근무일수가 1월 미만인 경우 월정액급여는 당해 근로자가 실제로 지급받는 금액으로 하는 것임(원천세과-706, 2009.8.28.).

사례 월정액급여 및 비과세급여

생산직근로자 박민수의 12월 급여가 다음과 같은 경우 월정액급여 및 비과세 금액을 구하시오.

① 기본급 1,950,000원
② 가족수당(매월 지급) 30,000원
③ 부정기적 상여 1,200,000원
④ 연장근로수당 80,000원
⑤ 야간근로수당 120,000원
⑥ 휴일근로수당 60,000원
⑦ 식대(현물식사를 제공받지 않음) 100,000원
⑧ 복리후생적 급여 200,000원

풀이

(1) 비과세 금액 : 식대 100,000원, 야간근로수당 120,000원, 휴일근로수당 60,000원, 연장근로수당 80,000원, 복리후생적 급여 200,000원

(2) 월정액급여 : 2,080,000원

① 상여 등 부정기적 급여를 차감한 급여의 총액
=3,740,000원－1,200,000원(상여)=2,540,000원

* 식대(100,000원)는 실비변상적인 급여가 아니므로 월정액급여 계산 시 포함됨

② 연장근로 · 야간근로 또는 휴일근로수당, 복리후생적 급여 : 460,000원
월정액급여=부정기적 급여를 차감한 급여의 총액－야간근로수당 등
=2,540,000원－460,000원=2,080,000원

* 월정액급여가 2,080,000원으로 야간근로수당 등 비과세됨

실무포인트 통상임금에 가산하여 지급받는 급여의 범위

근로기준법 제56조【연장 · 야간 및 휴일 근로】

사용자는 연장근로(제53조 · 제59조 및 제69조 단서에 따라 연장된 시간의 근로)와 휴일근로 및 야간근로(오후 10시부터 다음날 오전 6시까지 사이의 근로)에 대하여는 통상임금의 100분의 50(8시간을 초과한 휴일근로는 100분의 100) 이상을 가산하여 지급하여야 한다.

• 연장시간근로(통상임금의 50% 가산하여 지급)

정상근무시간(8시간) | 연장근무시간(4시간)

통상임금 10,000원 | 수당 : 5,000원(통상임금) + 2,500원(5,000×50%)

⇨ 연장시간근로수당 : 5,000원+2,500원=7,500원

• 휴일근로(8시간 근로, 통상임금의 50% 가산하여 지급)

연장근무시간(8시간)

수당 : 10,000원+5,000원(10,000×50%)

⇨ 휴일근로수당 : 10,000원+5,000원=15,000원

• 야간(22 : 00~06 : 00)에 연장근로(4시간)하는 경우(통상임금의 50% 가산하여 지급)

정상근무시간(8시간) | 연장 · 야간근로시간

통상임금 10,000원 | 수당 : 5,000원(통상임금) + 2,500원(연장근로) + 2,500원(야간근로)

⇨ 야간 · 연장근로시간 수당 : 5,000원+2,500원+2,500원=10,000원

8. 직무발명보상금

(1) 비과세 범위

「발명진흥법」에 따른 직무발명으로 받는 다음의 보상금으로서 연 700만원 이하의 금액은 비과세 한다(소령 17의 3 ①).

① 「발명진흥법」에 따른 종업원 등이 사용자 등으로부터 받는 보상금

② 대학의 교직원 또는 대학과 고용관계가 있는 학생이 소속 대학에 설치된 산학협력단으로부터 받는 보상금

(2) 비과세 적용방법

① 「발명진흥법」 제2조 제2호에 따른 종업원 등이 같은 호에 따른 사업자 등으로부터 2017년 1월 1일 이후 지급받는 직무발명보상금의 경우에는 「소득세법」 제20조 제1항 제5호에 의해 근로소득으로 구분하고 해당 종업원 등이 퇴직한 후에 지급받는 경우에

는 같은 법 제21조 제1항 제22의 2호의 규정에 의해 기타소득으로 구분한다(소집 12-17의 3-1 ②).

② 해당 과세기간에 퇴직 전에 근로소득으로 지급받은 비과세 직무발명보상금이 있는 경우로서 퇴직 후에 직무발명보상금(기타소득)을 지급받는 경우 해당 과세기간의 기타소득으로서 비과세하는 금액은 500만원에서 해당 과세기간의 근로소득으로서 비과세한 금액을 차감한 금액 이하의 금액으로 한다(소집 12-17의 3-1 ③).

③ 비과세되는 직무발명보상금에는 법인세법시행령 제40조 제1항에 따른 임원의 직무발명보상금을 포함한다(소집 12-17의 3-1 ①).

④ 종업원이 재직 시 발명진흥법에 따른 직무발명을 하고 이에 대하여 관련 법에 따라 특허등록을 한 이후 사용자로부터 지급받는 직무발명보상금은 동 직무발명에 대한 특허등록일 및 보상금의 수령일이 해당 종업원의 퇴직일 이전일 경우 근로소득, 퇴직일 이후일 경에는 기타소득세액 해당한다(소집 12-17의 3-1 ①).

9. 복리후생적 성질의 급여

(1) 비과세 범위

다음에 해당하는 복리후생적 성질의 급여는 비과세 근로소득에 해당한다(소령 17의 4).

① 다음의 어느 하나에 해당하는 사람이 사택을 제공받음으로써 얻는 이익

㉠ 주주 또는 출자자가 아닌 임원

㉡ 소액주주인 임원

㉢ 임원이 아닌 종업원(비영리법인 또는 개인의 종업원을 포함)

㉣ 국가 또는 지방자치단체로부터 근로소득을 지급받는 사람

② 「조세특례제한법 시행령」 따른 중소기업의 종업원이 주택(주택에 부수된 토지를 포함)의 구입·임차에 소요되는 자금을 저리 또는 무상으로 대여받음으로써 얻는 이익. 다만, 해당 종업원이 중소기업과 다음 각 목의 구분에 따른 관계에 있는 경우 그 종업원이 얻는 이익은 제외한다.

㉠ 중소기업이 개인사업자인 경우 : 국세기본법시행령 제1조의 2 제1항에 따른 친족관계

㉡ 중소기업이 법인사업자인 경우 : 법인세법시행령 제43조 제7항에 따른 지배주주등(해당 지배주주등과 국세기본법시행령 제1조의 2 제1항에 따른 친족 관계 또는 같은 조 제3항에 따른 경영지배관계에 있는 자를 포함한다)인 관계

③ 「영유아보육법」 제14조에 따라 직장어린이집을 설치 · 운영하거나 위탁보육을 하는 사업주가 같은 법 제37조 및 같은 법 시행령 제25조에 따라 그 비용을 부담함으로써 해당 사업장의 종업원이 얻는 이익

④ 종업원이 계약자이거나 종업원 또는 그 배우자 및 그 밖의 가족을 수익자로 하는 보험 · 신탁 또는 공제와 관련하여 사용자가 부담하는 보험료 · 신탁부금 또는 공제부금 중 다음의 보험료 등

㉠ 종업원의 사망 · 상해 또는 질병을 보험금의 지급사유로 하고 종업원을 피보험자와 수익자로 하는 보험으로서 만기에 납입보험료를 환급하지 않는 보험(이하 "단체순수보장성보험")과 만기에 납입보험료를 초과하지 않는 범위에서 환급하는 보험(이하 "단체환급부보장성보험")의 보험료 중 연 70만원 이하의 금액

㉡ 임직원의 고의(중과실을 포함) 외의 업무상 행위로 인한 손해의 배상청구를 보험금의 지급사유로 하고 임직원을 피보험자로 하는 보험의 보험료

⑤ 공무원이 국가 또는 지방자치단체로부터 공무 수행과 관련하여 받는 상금과 부상 중 연 240만원 이내의 금액

실무포인트

① 주피보험자를 사용인으로 하고 종피보험자를 사용인의 가족으로 하는 경우에 같은 법 시행령 제38조 제1항 제12호에 의하여 사용인에 해당하는 보험료(주피보험자분) 중 70만원 이하의 금액은 근로소득에 해당하지 아니하는 것이나, 사용인의 가족(종피보험자분)에 대한 보험료는 과세대상 근로소득에 해당되는 것이며, 근로소득에 해당하는 당해 보험료가 같은 법 제52조 및 같은 법 시행령 제109조 규정의 요건에 충족되는 경우 공제대상 보험료에 해당되는 것임(서면인터넷방문상담1팀-489, 2004.3.30.).

② 사용자가 계약자이고 종업원과 그 가족을 피보험자 및 수익자로 하는 단체상해보험과 관련하여 종업원의 가족을 피보험자와 수익자로 하여 사용자가 부담한 보험료가 「소득세법 시행령」 제38조 제1항 제12호에 따라 근로소득에 포함되는 경우, 당해 종업원의 가족에 대한 보험금 지급사유 발생으로 종업원 또는 그 가족이 받는 보험금은 과세대상 소득에 해당하지 아니하는 것임(원천세과-646, 2009.3.2.).

③ 사용인을 수익자로 한 단체재해보장보험의 보험료를 회사가 계약 불입하고 만기에 당해 불입액을 사용인이 환급받는 경우 동 보험료불입액은 구소득세법시행령 제43조 제10호 본문 규정에 의한 근로소득으로 보는 것이며, 동 보험의 만기환급금이 불입보험료를 초과하지 아니하는 경우에는 당해 보험료를 근로소득세 연말정산 시 보장성보험료로 공제(연 50만원 한도)받을 수 있는 것임(법인 46013-4682, 1995.12.23.).

④ 소득세법시행령 제17조의 4 2.2에 규정된 위탁보육료는 비과세 소득으로 교육비 세액공제 대상에 해당하지 않으며, 근로자가 선택할 수 있는 항목이 아님. 또한, 관련 규정에 따라 해당 사업장의 종업원이 얻는 이익은 전액 비과세 대상에 해당함(서면원천-306, 2025. 2.24.).

(2) 사택제공이익

다음의 어느 하나에 해당하는 사람이 사택을 제공받음으로써 얻는 이익은 비과세 근로소득에 해당한다(소령 17의 4 1.).

① 주주 또는 출자자가 아닌 임원

② 소액주주인 임원

③ 임원이 아닌 종업원(비영리법인 또는 개인의 종업원을 포함)

④ 국가 또는 지방자치단체로부터 근로소득을 지급받는 사람

1) 소액주주

여기서 소액주주란 사택을 제공하는 법인의 「법인세법 시행령」 제50조 제2항에 따른 소액주주 등을 말하며(소칙 9의 2 ③), '소액주주 등'이란 발행주식총수 또는 출자총액의 1%에 미달하는 주식등을 소유한 주주 등(해당 법인의 국가, 지방자치단체가 아닌 지배주주 등의 특수관계인인 자는 제외)을 말한다(법령 50 ②).

2) 사택의 범위

사택이란 사용자가 소유하고 있는 주택을 같은 종업원 및 임원에게 무상 또는 저가로 제공하거나, 사용자가 직접 임차하여 종업원 등에게 무상으로 제공하는 주택을 말한다(소칙 9의 2 ①).

3) 임차사택의 범위

사택 중 사용자가 임차주택을 사택으로 제공하는 경우 임대차기간 중에 종업원 등이 전근 · 퇴직 또는 이사하는 때에는 다른 종업원 등이 해당 주택에 입주하는 경우에 한정하여 이를 사택으로 본다. 다만, 다음 중 어느 하나에 해당하는 경우에는 그렇지 않다(소칙 9의 2 ②).

① 입주한 종업원 등이 전근 · 퇴직 또는 이사한 후 해당 사업장의 종업원 등 중에서 입

주희망자가 없는 경우

② 해당 임차주택의 계약 잔여기간이 1년 이하인 경우로서 주택임대인이 주택임대차계약의 갱신을 거부하는 경우

실무포인트

1. 임대인에게 지급하지 않고 직원에게 직접 지급하는 주거지원비는 과세됨

① 원어민교사가 지방자치단체로부터 지급받은 주거지원비는 근로소득으로 과세됨(국제세원관리담당관실-239, 2010.5.11.).

② 비과세대상 사택에는 해외에 소재하는 주택도 포함하는 것이지만, 임대차 계약 명의가 회사로 되어 있더라도 해외근무자가 주택수당을 지급받는 경우에는 근로소득으로 과세됨(서면인터넷방문상담1팀-344, 2005.3.29.).

③ 국내 법인이 현지에서 사택에 대한 임차계약을 체결하고, 임차료를 건물주 등에게 직접 지급하지 않고, 근로자를 통해 임대인에게 지급하는 경우 근로소득으로 과세됨(소득세과-523, 2014.9.23.).

2. 회사명의로 임대차계약을 하지 않은 경우 과세됨

① 근로자가 본인명의로 주택을 임차하고 그에 따른 임차료를 회사가 부담한 경우에는 근로소득에 포함됨(법인46013-3495, 1994.12.21.).

② 법인과 종업원을 공동임차인으로 하는 임대차계약을 체결하는 경우 근로소득의 과세대상에서 제외되는 사택의 범위에 해당하지 않음(법규소득2012-51, 2012.3.16.).

③ 공단에서 해외 파견직원에게 사택을 제공하면서 파견직원 명의로 임대차계약을 체결하고, 공단명의로 주택임차료를 지급하는 경우 해당 주택은 소득세법시행규칙 제9조의 2【사택의 범위】에 해당하지 않으며, 공단이 지급한 주택임차료 상당액은 소득세법 시행령 제38조 제1항 제6호에 따라 근로소득에 해당함(서면-2023-원천-0791, 2024.5.30.).

④ 해당 법인에서 해외 파견직원에게 사택을 제공하면서 해당 법인이 아닌 타 법인의 명의로 임대차계약을 체결하고, 타 법인이 직접 임대인에게 주거비(해당 법인이 타 법인에게 후원하는 사업비의 일부)를 지급하는 경우 해당 주택은 소득세법시행규칙 제9조의 2【사택의 범위】에 해당하지 않음(서면원천-554, 2025.3.25.).

3. 보증금 또는 월세 일부를 근로자가 부담하는 경우 비과세 대상에 해당하지 않음

① 회사와 직원이 임차보증금을 공동으로 부담한 후 회사가 임차하여 직원에게 제공하는 주택은 비과세 대상 사택에 포함되지 않음(소득46011-758, 2000.7.14.).

② 회사가 주택임차계약을 맺고 보증금을 부담하고 그 주택을 직원이 사용하도록 하면서 월세를 직원이 부담하는 경우 해당 주택은 비과세 대상 사택에 해당하지 아니함(사전-2019-법령해석소득-0086, 2019.4.2.).

③ 회사에서 주택을 임차하여 임차료를 전액 지급하고, 임차료 중 직원이 부담할 금액을 회사로 입금시킬 경우 근로소득으로 과세됨(원천세과-433, 2011.7.20.).

④ 임차사택을 무상으로 제공하지 아니하고 급여에서 일정율을 차감하여, 직원이 주택임차료의 일부를 부담하는 경우에는 비과세 대상 사택에 해당하지 않음(소득 46011-21446, 2000.12.22.).

4. 부득이한 사유의 경우 사택제공이익의 비과세

사택에 거주하던 자가 인사이동으로 출퇴근이 불가능한 원거리로 전근되었으나, 가족이 질병요양 · 취학 등 부득이한 사유로 함께 이주하지 못하고 사택에 계속 거주하는 경우, 당해 사택을 제공받음으로써 얻는 이익은 당해 근로자의 비과세 소득으로 봄(소통 12-17의 4…1).

10. 임직원할인액

(1) 근로소득의 범위

사업자나 법인이 생산 · 공급하는 재화 또는 용역을 그 사업자나 법인(「독점규제 및 공정거래에 관한 법률」에 따른 계열회사를 포함한다)의 사업장에 종사하는 임원등에게 시가보다 낮은 가격으로 제공하거나 구입할 수 있도록 지원함으로써 해당 임원등이 얻는 이익은 근로소득에 포함한다(소법 20 6.).

여기서, 임원등에게 시가보다 낮은 가격으로 제공하거나 구입할 수 있도록 지원하는 방식은 다음 중 어느 하나에 해당하는 방식으로 한다(소령 38 ③).

① 사업자나 법인이 생산 · 공급하는 재화 또는 용역(이하 "자사제품등")을 임원등에게 시가보다 낮은 가격으로 판매 또는 제공하는 방식

② 사업자나 법인이 임원등에게 자사제품등을 구입하거나 제공받는 데 사용하도록 지원금을 지급하는 방식

③ 사업자나 법인이 임원등에게 사업자나 법인의 계열회사가 생산 · 공급하는 재화 또는 용역(이하 "계열회사제품등")을 구입하거나 제공받는 데 사용하도록 지원금을 지급하는 방식

④ 사업자나 법인의 계열회사가 사업자나 법인의 임원등에게 계열회사제품등을 시가보다 낮은 가격으로 판매 또는 제공하고, 사업자나 법인이 그 계열회사에 그 판매 또는 제공

가액과 시가와의 차액을 지급하는 방식

(2) 시가의 범위

시가는 법인세법 제52조 제2항에 따른 시가로 한다. 다만, 다음의 어느 하나에 해당하는 경우에는 임원등이 해당 재화 또는 용역을 구입하거나 제공받을 때 지급한 가격을 시가로 한다(소령 38 ④).

① 재화의 파손 또는 변질로 인해 임원등이 아닌 자에게 판매할 수 없는 경우

② 탑승권 및 숙박권 등 사용시기가 제한되는 재화 또는 용역의 사용 기한이 임박하여 임원등이 아닌 자에게 판매 또는 제공하는 것이 현저히 곤란한 경우

(3) 할인액을 지원받은 임직원 과세방법

임직원 할인액을 지원받은 임직원에 대하여는 해당 지원금액을 근로소득에 포함하여 소득세를 과세한다(소법 20 ① 6.). 그러나, 법정 요건을 충족한 것은 한도 내에서 비과세한다(소법 12 3. 처목).

1) 비과세 요건

① 임원 또는 종업원 본인이 소비하는 것을 목적으로 제공받거나 지원을 받아 구입한 재화 또는 용역으로서 다음의 기간 동안 재판매가 허용되지 아니할 것(소령 17의 5 ②).

㉠ 소비자기본법시행령에 따른 품목별 소비자분쟁해결기준에 따른 품목별 내용연수가 5년을 초과하는 재화 : 2년

㉡ 개별소비세가 과세되는 다음의 재화 : 2년

- 보석제품 등, 귀금속 제품, 고급시계, 고급 융단, 고급 가방, 고급모피제품, 고급가구

㉢ ① 및 ②에 해당하지 않는 재화 : 1년

② 해당 재화 또는 용역의 제공과 관련하여 모든 임원등에게 공통으로 적용되는 기준이 있을 것

2) 비과세 한도

비과세 한도는 다음의 금액 중 큰 금액으로 한다(소령 17의 5 ①).

① 임원등이 해당 과세기간 동안 시가보다 낮은 가격으로 구입한 재화 또는 용역의 시가를 합한 금액에 20%을 곱한 금액

② 연간 240만원

11. 비과세 근로소득의 지급명세서 제출 여부

비과세 근로소득은 총급여액 계산 시 제외되나, 비과세 근로소득 중 일부 근로소득은 지급명세서에 기재하여야 하며, 지급명세서에 기재되는 비과세 근로소득은 원천징수이행상황신고서 작성 시에도 총지급액에 포함하여 기재하여야 한다.

구분	법조문	코드	기재란	비과세항목	지급명세서 작성 여부
비과세	「소득세법」 제12조 제3호 가목	A01		복무 중인 병(兵)이 받는 급여	×
	「소득세법」 제12조 제3호 나목	B01		법률에 따라 동원 직장에서 받는 급여	×
	「소득세법」 제12조 제3호 다목	C01		「산업재해보상보험법」에 따라 지급받는 요양급여 등	×
	「소득세법」 제12조 제3호 라목	D01		「근로기준법」등에 따라 지급받는 요양보상금 등	×
	「소득세법」 제12조 제3호 마목	E01		「고용보험법」 등에 따라 받는 육아휴직급여 등	×
		E02		「국가공무원법」 등에 따라 받는 육아휴직수당 등[사립학교 직원이 학교의 정관·규칙에 따라 받는 육아휴직수당(월 150만원 한도) 포함]	×
	「소득세법」 제12조 제3호 바목	E10		「국민연금법」에 따라 받는 반환일시금(사망으로 받는 것으로 한정함) 및 사망일시금	×
	「소득세법」 제12조 제3호 사목	F01		「공무원연금법」 등에 따라 받는 요양비 등	×
	「소득세법」 제12조 제3호 아목	G01	⑱-5	비과세 학자금(「소득세법 시행령」 제11조)	○
	「소득세법」 제12조 제3호 자목	H02		「소득세법 시행령」 제12조 제2호 및 제3호(식료·일직료·숙직료 등)	×
		H03		「소득세법 시행령」 제12조 제3호(자가운전보조금)	×
		H04		「소득세법 시행령」 제12조 제4호 및 제8호(법령에 따라 착용하는 제복 등)	×
		H05	⑱-18	「소득세법 시행령」 제12조 제9호부터 제11호까지(경호수당, 승선수당 등)	○
		H06	⑱-4	「소득세법 시행령」 제12조 제12호 가목(연구보조비 등) - 「유아교육법」, 「초·중등교육법」	○
		H07	⑱-4	「소득세법 시행령」 제12조 제12호 가목(연구보조비 등) - 「고등교육법」	○
		H08	⑱-4	「소득세법 시행령」 제12조 제12호 가목(연구보조비 등) - 특별법에 따른 교육기관	○
		H09	⑱-4	「소득세법 시행령」 제12조 제12호 나목(연구보조비 등)	○
		H10	⑱-4	「소득세법 시행령」 제12조 제12호 다목(연구보조비 등)	○

구분	법조문	코드	기재란	비과세항목	지급명세서 작성 여부
		H14	⑱-22	「소득세법 시행령」 제12조 제13호 가목(보육교사 근무환경개선비) - 「영유아보육법 시행령」	○
		H15	⑱-23	「소득세법 시행령」 제12조 제13호 나목(사립유치원 수석교사 · 교사의 인건비) - 「유아교육법 시행령」	○
		H11	⑱-6	「소득세법 시행령」 제12조 제14호(취재수당)	○
		H12	⑱-7	「소득세법 시행령」 제12조 제15호(벽지수당)	○
		H13	⑱-8	「소득세법 시행령」 제12조 제16호(천재 · 지변 등 재해로 받는 급여)	○
		H16	⑱-24	「소득세법 시행령」 제12조 제17호(정부 · 공공기관 중 지방이전기관 종사자 이전지원금)	○
		H17	⑱-30	「소득세법 시행령」 제12조 제18호(종교관련종사자가 소속 종교단체의 규약 또는 소속 종교단체의 의결기구의 의결 · 승인 등을 통하여 결정된 지급 기준에 따라 종교 활동을 위하여 통상적으로 사용할 목적으로 지급받은 금액 및 물품)	○
	「소득세법」 제12조 제3호 차목	I01	⑱-19	외국정부 또는 국제기관에 근무하는 사람에 대한 비과세	○
	「소득세법」 제12조 제3호 카목	J01		「국가유공자 등 예우 및 지원에 관한 법률」에 따라 받는 보훈급여금 및 학습보조비	×
	「소득세법」 제12조 제3호 타목	J10		「전직대통령 예우에 관한 법률」에 따라 받는 연금	×
	「소득세법」 제12조 제3호 파목	K01	⑱-10	작전임무 수행을 위해 외국에 주둔하는 군인 등이 받는 급여	○
	「소득세법」 제12조 제3호 하목	L01		종군한 군인 등이 전사한 경우 해당 과세기간의 급여	×
	「소득세법」 제12조 제3호 거목	M01	⑱	「소득세법 시행령」 제16조 제1항 제1호(국외 등에서 근로에 대한 보수) 100만원	○
		M02	⑱	「소득세법 시행령」 제16조 제1항 제1호(국외 등에서 근로에 대한 보수) 300만원(2023년 귀속분까지만 적용)	○
		M03	⑱	「소득세법 시행령」 제16조 제1항 제2호(국외근로)	○
		M04	⑱	「소득세법 시행령」 제16조 제1항 제1호(국외 등에서 근로에 대한 보수) 500만원	○
	「소득세법」 제12조 제3호 너목	N01		「국민건강보험법」 등에 따라 사용자 등이 부담하는 보험료	×
	「소득세법」 제12조 제3호 더목	O01	⑱-1	생산직 등에 종사하는 근로자의 야간수당 등	○
	「소득세법」 제12조 제3호 러목	P01	⑱-40	비과세 식사대(월 20만원 이하)	○
		P02		현물 급식	×
	「소득세법」 제12조 제3호 머목	Q01	⑱-2	출산, 6세 이하의 자녀의 보육 관련 비과세 급여(월 20만원 이내)(2023년 귀속분까지만 적용)	○
		Q02	⑱-2	6세 이하의 자녀의 보육 관련 비과세 급여(월 20만원 이내)	○
		Q03	⑱-3	자녀 출생일 이후 2년 이내에 받는 출산지원금(1회)	○
		Q04	⑱-3	자녀 출생일 이후 2년 이내에 받는 출산지원금(2회)	○
	「소득세법」 제12조 제3호 버목	R01		국군포로가 지급받는 보수 등	×
	「소득세법」 제12조 제3호 서목	R10	⑱-21	「교육기본법」 제28조 제1항에 따라 받는 장학금	○

구분	법조문	코드	기재란	비과세항목	지급명세서 작성 여부
	「소득세법」 제12조 제3호 어목	R11	⑱-29	「소득세법 시행령」 제17조의 3(비과세 직무발명보상금)	○
	「소득세법」 제12조 제3호 저목	V01		사택 제공 이익	×
		V02		주택 자금 저리·무상 대여 이익	×
		V03		종업원 등을 수익자로하는 보험료·신탁부금·공제부금	×
		V04		공무원이 받는 상금과 부상(연 240만원 이내)	×
		V05		「영유아보육법 시행령」에 따라 사업주가 부담하는 보육비용	×
	「소득세법」 제12조 제3호 처목	W01	⑱-41	임원등 할인금액 비과세	○
	구 「조세특례제한법법」 제15조	S01	⑱-11	주식매수선택권 비과세	○
	「조세특례제한법법」 제16조의 2	U01	⑱-31	벤처기업 주식매수 선택권 행사이익 비과세	○
	「조세특례제한법법」 제88조의 4 제6항	Y02	⑱-14	우리사주조합 인출금 비과세(50%)	○
		Y03	⑱-15	우리사주조합 인출금 비과세(75%)	○
		Y04	⑱-16	우리사주조합 인출금 비과세(100%)	○
	「소득세법」 제12조 제3호 자목	Y22	⑲	「소득세법 시행령」 제12조 제13호 다목(전공의 수련보조수당)	○
감면	「조세특례제한법법」 제18조	T01	⑱-12	외국인 기술자 소득세 감면(50%)	○
		T02	⑱-36	외국인 기술자 소득세 감면(70%)	○
	「조세특례제한법법」 제19조	T30	⑱-33	성과공유 중소기업의 경영성과급에 대한 세액공제 등	○
	「조세특례제한법법」 제29조의 6	T40	⑱-34	중소기업 청년근로자 및 핵심인력 성과보상기금 수령액에 대한 소득세 감면 등(50%)	○
		T41	⑱-37	중견기업 청년근로자 및 핵심인력 성과보상기금 수령액에 대한 소득세 감면 등(30%)	○
		T42	⑱-38	중소기업 청년근로자 및 핵심인력 성과보상기금 수령액에 대한 소득세 감면 등(청년 90%)	○
		T43	⑱-39	중견기업 청년근로자 및 핵심인력 성과보상기금 수령액에 대한 소득세 감면 등(청년 50%)	○
	「조세특례제한법법」 제18조의 3	T50	⑱-35	내국인 우수인력의 국내복귀에 대한 소득세 감면	○
	「조세특례제한법법」 제30조	T12	⑱-27	중소기업 취업자 소득세 감면(70%)	○
		T13	⑱-32	중소기업 취업자 소득세 감면(90%)	○
	조세조약	T20	⑱-28	조세조약상 소득세 면제(교사·교수)	○

4 근로소득의 수입시기

1. 원칙적인 귀속시기

근로소득의 귀속시기는 다음과 같다(소령 49 ①).

근로소득 구분	귀속시기
(1) 급　여	근로를 제공한 날
(2) 잉여금처분에 의한 상여	당해 법인의 잉여금 처분 결의일
(3) 인정상여	해당 사업연도 중 근로를 제공한 날. 이 경우 월평균금액을 계산한 것이 2년도에 걸친 때에는 각각 해당 사업연도 중 근로를 제공한 날
(4) 주식매수선택권 행사이익	행사한 날
(5) 임원의 퇴직소득 한도를 초과하는 금액	지급받거나 지급받기로 한 날

2. 사례별 귀속시기

(1) 부당해고기간의 급여

법원의 판결 · 화해 등에 의하여 부당해고기간의 급여를 일시에 지급받는 경우에는 해고기간에 근로를 제공하고 지급받는 것으로 본다(소통 20-38…3, 원천-124, 2011.2.25.; 소득-256, 2010.2.22.).

(2) 급여 소급인상분

근로자의 급여를 소급인상하고 이미 지급된 금액과의 차액을 추가로 지급하는 경우의 해당 소급인상분 급여의 귀속시기는 근로제공일이 속하는 연 · 월로 한다(법인 46013-1841, 1997.7.8.; 소득 46011-4668, 1995.12.22.).

(3) 성과급 상여

① 매출액 · 영업이익률 등 계량적 요소에 따라 성과급상여를 지급하기로 한 경우 해당 성과급상여의 귀속시기는 계량적 요소가 확정되는 날이 속하는 연도가 되는 것이고, 영업

실적과 인사고과에 따른 계량적 · 비계량적 요소를 평가하여 그 결과에 따라 차등 지급하는 경우 해당 성과급상여의 귀속시기는 직원들의 개인별 지급액이 확정되는 연도가 되는 것이며, 이때 재직 중 성과에 따라 퇴직 후 지급받는 경우도 포함한다(소집 24-49-2 ①).

② 법인이 종업원에게 성과급으로 자기주식을 지급하는 경우 성과상여에 대한 수입시기는 제1항에 따라 귀속되며 상여금의 평가는 지급 당시의 시가에 의하여 계산한다(소집 24-49-2 ②).

(4) 사이닝보너스

① 근로계약 체결 시 일시에 선지급(계약기간 내 중도퇴사 시 일정금액 반환 조건)하는 경우 당해 선지급 사이닝보너스(기업이 우수한 인재를 스카우트하기 위해 연봉 외에 지급)는 계약조건에 따른 근로기간 동안 안분하여 계산한다(서면2팀-1738, 2006.9.11.; 국심 2005서1845, 2005.10.14.).

② 일정기간 근무를 조건으로 하여 계약금을 받는 경우 근로소득에 해당하며, 의무근무기간을 채우지 못하고 중도퇴사하여 계약금의 일부를 반환하는 경우 반환하는 금액은 근로소득에서 제외한다(국심 2004서652, 2004.7.8.).

(5) 도급 기타 이와 유사한 계약에 의하여 급여

도급 기타 이와 유사한 계약에 의하여 급여를 받는 경우에 당해 과세기간의 과세표준 확정신고기간 개시일 전에 당해 급여가 확정되지 아니한 때의 해당 근로소득은 그 확정된 날에 수입한 것으로 본다. 다만, 그 확정된 날 전에 실제로 받은 금액은 그 받은 날로 한다(소집 24-49-1).

(6) 연차수당

① 「근로기준법」에 따른 연차 유급휴가일에 근로를 제공하고 지급받는 연차수당의 수입시기는 소정의 근로일수를 개근한 연도의 다음 연도가 되는 것이며 그 지급대상기간이 2개 연도에 걸쳐 있는 경우에는 그 지급대상 연도별로 안분하여 해당 연차수당의 근로소득 수입시기를 판단한다(소집 24-49-3).

② 연월차휴가를 미사용한 퇴직근로자에게 퇴직일을 지급기준일로 하여 그 미사용에 따른 보상금을 지급하는 경우 해당 보상금의 수입시기는 퇴직일이 속하는 연도로 한다(법규소

득-17, 2010.2.19.).

③ 법인이 근로기준법의 개정으로 근로자의 연차보상일수가 감소함에 따라 단체협약에 의해 향후 근로자별 예상 재직기간에 해당하는 연차수당 감소액 중 일부를 보상금으로 지급하는 경우 해당 보상금은 단체협약에 의해 개인별 지급액이 확정되는 날이 속하는 연도의 근로소득으로 본다(서면1팀-708, 2007.6.1.).

CHAPTER

03 소득공제 및 과세표준

1 소득공제 일반사항

소득세는 재정수입의 조달목적 외에도 국가의 경제적 부를 분배하여 국민의 생활을 고루 윤택하게 하는 재분배에도 그 목적이 있다. 따라서 「소득세법」에서는 납세의무자의 소득수준에 따라 차등적으로 과세하여 소득수준이 높은 사람에게는 더 높은 세율로 과세하는 누진세율 제도를 취하고 있다. 그러나 진정한 공평과세를 위해서는 단순히 소득수준만을 고려하는 것이 아니라 납세의무자의 부양가족 유무나 필수적인 생계비도 고려하여야 하므로, 소득공제제도와 세액공제제도를 두어 납세의무자 각자의 세부담 능력을 온전히 파악하여 과세하고 있다.

1. 종합소득공제 및 세액공제의 개요

종합소득공제 및 세액공제는 크게 인적공제와 물적공제로 나누어진다. 인적공제는 납세의무자가 부양하고 있는 부양가족의 수를 고려하여 부양가족이 많을수록 세부담을 적게 하도록 규정하였다. 또한, 부양가족의 개인현황을 파악하여 경로자나 장애인 등의 형편을 살펴 세부담에 차등을 두었으며, 최근 줄어드는 출산을 장려하기 위하여 자녀가 있는 납세의무자에게 세액공제를 추가로 적용하였다. 물적공제는 납세의무자가 지출한 필수적인 생계비를 공제하는 것으로서 가족 중에 학생이 있어서 교육비를 지출하였거나, 아픈 사람이 있어서 의료비를 지급한 경우 등 필수적으로 지출할 수밖에 없는 생계비가 발생하여 세부담 능력이 감소한 경우 이를 공제로 인정하도록 한 것이다.

정부는 과세형평을 위해 고소득자에 유리한 소득공제를 세액공제방식으로 전환하기 위해 2014년 「소득세법」의 많은 부분을 개정하였고 현재는 종전 소득공제 항목 중 일부는 세액공제로 일부는 소득공제로 운영되고 있다.

2. 소득 종류별 차등 적용

「소득세법」에서는 소득공제 및 세액공제 적용 시 모든 종류의 종합소득을 동일하게 취급하지 않는다. 인적공제는 대체로 종합소득이 있는 납세의무자가 모두 적용받을 수 있으나 특별공제의 경우 항목별 공제는 근로소득이 있는 자만 적용받을 수 있도록 규정하고 있다.

▌소득 종류별 소득공제 및 세액공제 적용 여부▐

구 분			공제대상자
소득공제	인적공제	기본공제	종합소득자
		추가공제	종합소득자
	연금보험료공제		종합소득자
	주택담보노후연금 이자비용공제		연금소득자
	특별소득공제	국민건강, 고용보험료, 노인장기요양보험료	근로소득자
		주택자금공제	근로소득자
	신용카드공제		근로소득자
세액공제	자녀세액공제		종합소득자
	연금계좌세액공제		종합소득자
	특별세액공제	보장성 보험료 세액공제	근로소득자
		교육비 세액공제	근로소득자, 성실사업자
		의료비 세액공제	근로소득자, 성실사업자
		기부금 세액공제	종합소득자(사업소득자 제외)
	배당세액공제		배당소득자
	기장세액공제		사업소득자(간편장부대상자)
	재해손실세액공제		사업소득자
	근로소득세액공제		근로소득자
	외국납부세액공제		종합소득자
	월세세액공제		근로소득자, 성실사업자

3. 소득공제 등의 배제

① 분리과세이자소득, 분리과세배당소득, 분리과세연금소득과 분리과세기타소득만이 있는 자에 대해서는 종합소득공제를 적용하지 아니한다(소법 54 ①).

② 과세표준 확정신고를 하여야 할 자가 소득공제 및 세액공제 증명서류를 제출하지 아니한 경우에는 기본공제 중 거주자 본인에 대한 분과 표준세액공제만을 공제한다. 다만, 과세표준 확정신고 여부와 관계없이 그 서류를 나중에 제출한 경우에는 그러하지 아니하다(소법 54 ②).

③ 수시부과결정의 경우에는 기본공제 중 거주자 본인에 대한 분만을 공제한다(소법 54 ③).

④ 소득공제를 적용하거나 특별세액공제를 적용하는 경우 소득금액이 주된 공동사업자의 소득금액에 합산과세되는 특수관계인이 지출 · 납입 · 투자 · 출자 등을 한 금액이 있으면 주된 공동사업자의 소득에 합산과세되는 소득금액의 한도에서 주된 공동사업자가 지출 · 납입 · 투자 · 출자 등을 한 금액으로 보아 주된 공동사업자의 합산과세되는 종합소득금액 또는 종합소득산출세액을 계산할 때에 소득공제 또는 세액공제를 받을 수 있다(소법 54의 2).

4. 소득공제의 종합한도

거주자의 종합소득에 대한 소득세를 계산할 때 다음 중 어느 하나에 해당하는 공제금액 및 필요경비의 합계액이 2,500만원을 초과하는 경우에는 그 초과하는 금액은 없는 것으로 한다(조특법 132의 2).

① 특별소득공제. 다만, 「국민건강보험법」, 「고용보험법」, 「노인장기요양보험법」에 따라 근로자가 부담하는 보험료의 소득공제는 포함하지 아니한다.

② 벤처투자조합 출자 등에 대한 소득공제(벤처기업 등에 출자 또는 투자를 제외한다)

③ 소기업 · 소상공인 공제부금에 대한 소득공제

④ 청약저축 등에 대한 소득공제

⑤ 우리사주조합 출자에 대한 소득공제

⑥ 장기집합투자증권저축 소득공제

⑦ 신용카드 등 사용금액에 대한 소득공제

2 인적공제

기본공제와 추가공제를 인적공제라 한다. 인적공제의 합계액이 종합소득금액을 초과하는 경우 그 초과하는 공제액은 없는 것으로 한다(소법 51 ③ · ④).

1. 기본공제

종합소득이 있는 거주자에 대해서는 다음 중 어느 하나에 해당하는 사람의 수에 1명당 연 150만원을 곱하여 계산한 금액을 그 거주자의 해당 과세기간의 종합소득금액에서 공제한다(소법 50, 소령 106). 비거주자의 경우 인적공제 중 비거주자 본인 외의 자에 대한 공제는 적용하지 않는다(소집 50-0-1 ⑥). 한편, 본인이 입양된 경우에 있어서 공제대상 부양가족의 범위에는 양가 또는 생가의 직계존속과 형제자매가 포함되는 것으로 한다(소집 50-106-1).

구 분	공제대상자	나이 요건	동거 요건	소득 요건
1) 본인	거주자 본인	–	–	–
2) 배우자	거주자의 배우자	–	–	연간 100만원 이하*
3) 부양가족	① 직계존속	60세 이상 (1965.12.31. 이전 출생)	필요	
	② 직계비속과 입양자	20세 이하 (2005.1.1. 이후 출생)	–	
	③ 형제자매	20세 이하 또는 60세 이상	필요	
	④ 수급권자		필요	
	⑤ 위탁아동	18세 미만 (2008.1.1. 이전 출생)	–	

* 근로소득만 있는 경우 총급여액 500만원 이하

(1) 공제대상자

1) 본 인

해당 거주자 본인은 특별한 요건 없이 공제대상자에 해당한다(소법 50 ① 1.).

2) 배우자

거주자의 배우자로서 해당 과세기간의 소득금액이 없거나 해당 과세기간의 소득금액 합계액이 100만원 이하인 사람(근로소득만 있는 경우 총급여액 500만원 이하)은 기본공제 대상에 해당한다(소법 50 ① 2.).

① 거주자와 이혼한 부인은 거주자와 생계를 같이하더라도 공제대상 배우자의 범위에 포함되지 않는다(소집 50-0-3 ①).

② 근로소득이 있는 거주자와 법률혼 관계에 있지 않는 배우자는 공제대상 배우자에 해당하지 않는다(소집 50-0-3 ②).

3) 직계존속

거주자(그 배우자 포함)와 생계를 같이하는 직계존속으로서 60세 이상이며, 해당 과세기간의 소득금액의 합계액이 100만원 이하인 사람(근로소득만 있는 경우 총급여액 500만원 이하)은 공제대상자에 해당한다(소법 50 ① 3. 가).

① 직계존속이 재혼한 경우 그 배우자로서 다음 중 어느 하나에 해당하는 사람은 공제대상자에 해당한다(소령 106 ⑤).

㉠ 거주자의 직계존속과 혼인(사실혼은 제외) 중임이 증명되는 사람

㉡ 거주자의 직계존속이 사망한 경우에는 해당 직계존속의 사망일 전날을 기준으로 혼인(사실혼은 제외) 중에 있었음이 증명되는 사람

② 거주자가 배우자의 사망으로 재혼한 경우 사망한 배우자의 직계존속은 공제대상 부양가족에서 제외한다(소집 50-0-4 ②).

4) 직계비속 및 입양자

거주자(그 배우자 포함)와 생계를 같이하는 직계비속 및 입양자로서 20세 이하(20세가 되는 날과 그 이전 기간을 말한다)이며, 해당 과세기간의 소득금액의 합계액이 100만원 이하인 사람(근로소득만 있는 경우 총급여액 500만원 이하)은 공제대상자에 해당한다(소법 50 ① 3. 나).

① 해당 직계비속 또는 입양자와 그 배우자가 모두 장애인에 해당하는 경우에는 그 배우자를 공제대상자에 포함한다(소법 50 ① 3. 나).

② 공제대상인 직계비속에는 거주자의 배우자가 재혼한 경우로서 당해 배우자가 종전의 배우자와의 혼인(사실혼을 제외한다) 중에 출산한 자를 포함한다(소령 106 ⑥).

③ 동거 입양자란 「민법」, 「국내입양에 관한 특례법」 또는 「국제입양에 관한 법률」에 따라 입양한 양자 및 사실상 입양상태에 있는 사람으로서 거주자와 생계를 같이하는 사람을 말한다(소령 106 ⑦).

④ 거주자가 혼인 외의 자로 입적된 직계비속과 생계를 같이하는 경우에는 공제대상 부양가족에 해당한다(소집 50-106-2 ②).

⑤ 부부가 이혼으로 미성년자인 자에 대한 친권을 모(母)가 행사하기로 하면서 동거하기로 하고 부(父)는 그 양육비의 일부를 지급하는 경우 해당 미성년자는 부(父) 또는 모(母)의 공제대상부양가족에 해당한다(소집 50-106-2 ③).

5) 형제자매

거주자(그 배우자 포함)와 생계를 같이하는 형제자매로서 20세 이하 또는 60세 이상이며, 해당 과세기간의 소득금액의 합계액이 100만원 이하인 사람(근로소득만 있는 경우 총급여액 500만원 이하)은 공제대상자에 해당한다(소법 50 ① 3. 다).

6) 수급권자

거주자(그 배우자 포함)와 생계를 같이하는 수급권자로서 해당 과세기간의 소득금액의 합계액이 100만원 이하인 사람(근로소득만 있는 경우 총급여액 500만원 이하)은 공제대상자에 해당한다(소법 50 ① 3. 라). 여기서 수급권자란 「국민기초생활 보장법」 제2조 제2호의 수급자를 말한다(소령 106 ⑧).

7) 위탁아동

거주자(그 배우자 포함)와 생계를 같이하는 위탁아동으로서 해당 과세기간의 소득금액의 합계액이 100만원 이하인 사람(근로소득만 있는 경우 총급여액 500만원 이하)은 공제대상자에 해당한다(소법 50 ① 3. 마). 여기서 위탁아동은 「아동복지법」에 따른 가정위탁을 받아 양육하는 아동으로서 18세 미만 및 해당 과세기간에 6개월 이상 직접 양육한 위탁아동을 말하며, 「아동복지법」에 따라 보호기간이 연장된 경우로서 20세 이하인 위탁아동을 포함한다. 다만, 직전 과세기간에 소득공제를 받지 못한 경우에는 해당 위탁아동에 대한 직전 과세기간의 위탁기간을 포함하여 계산한다(소령 106 ⑨).

▌입양자, 위탁아동, 수급자의 공제서류▐

구 분	첨부서류	발급처
입 양 자	입양사실확인서 또는 입양증명서	시 · 군 · 구청 또는 입양기관
위탁아동	가정위탁보호확인서	시 · 군 · 구청
수 급 자	수급자증명서	읍 · 면 · 동 주민센터

(2) 나이요건

① 동거가족이 장애인에 해당되는 경우에는 나이의 제한을 받지 아니한다(소법 50 ① 3.).

② 적용대상 나이가 정해진 경우에는 해당 과세기간의 과세기간 중에 해당 나이에 해당되는 날이 있는 경우에 공제대상자로 본다(소법 53 ⑤).

구 분	내 용
60세 이상	1965.12.31. 이전 출생
20세 이하	2005.1.1. 이후 출생
18세 미만	2008.1.1. 이전 출생

(3) 동거요건

1) 원 칙

생계를 같이하는 부양가족은 주민등록표의 동거가족으로서 해당 거주자의 주소 또는 거소에서 현실적으로 생계를 같이하는 사람으로 한다(소법 53 ①).

2) 예 외

① 직계비속 · 입양자의 경우에는 동거요건을 적용하지 않는다. 따라서 배우자 · 직계비속 · 입양자의 경우에는 해당 거주자와 함께 거주하지 않더라도 공제대상자에 해당한다(소법 53 ①).

② 거주자의 부양가족 중 거주자(그 거주자의 배우자를 포함)의 직계존속이 주거 형편에 따라 별거하고 있는 경우에는 생계를 같이하는 사람으로 본다(소법 53 ③).

③ 거주자 또는 동거가족(직계비속 · 입양자는 제외)이 취학 · 질병의 요양, 근무상 또는 사업상의 형편 등으로 본래의 주소 또는 거소에서 일시 퇴거한 경우에도 생계를 같이하는 사람으로 본다(소법 53 ②, 소령 114 ①).

3) 주거의 형편상 별거

'거주자의 부양가족 중 거주자의 직계존속이 주거의 형편에 따라 별거하고 있는 경우'라 함은 거주자가 결혼으로 인한 분가 또는 취업 등으로 인하여 직계존속과 주민등록표상 동일한 주소에서 생계를 함께 하고 있지 아니하나 직계존속이 독립된 생계능력이 없어 해당 거주자가 실제로 부양하고 있는 경우를 말하는 것으로 주민등록표상에 동거가족으로 등재되지 아니한 직계존속(배우자의 직계존속 포함)의 부양가족공제는 장남(장녀) 또는 차남(차녀)

여부에 불구하고 실제로 부양하는 자가 부양가족공제를 받을 수 있다(소집 53-0-3 ①). 여기서 직계존속을 실제로 부양하는 경우란 동 직계존속이 독립생계 능력이 없어 주로 당해 근로자의 소득에 의존하여 생활하는 경우를 말한다(법인 46013-1053, 1999.3.23.).

4) 일시퇴거

일시퇴거란 동거가족으로 있다가 취학, 근무상 또는 사업상의 형편으로 본래의 주소 또는 거소를 일시 퇴거한 것을 의미하므로(조심 2010서396, 2010.4.8.), 거주자의 주소지에서 동거한 적이 없었다면 일시퇴거로 볼 수 없다. 일시퇴거자에 대한 종합소득공제 및 특별세액공제를 받고자 하는 자는 일시퇴거자동거가족상황표[소칙 별지 제39호 서식]에 다음 중 어느 하나에 해당하는 서류를 첨부하여 원천징수의무자 또는 납세지 관할 세무서장에게 제출하여야 한다(소령 114 ②).

① 취학을 위하여 일시퇴거한 경우에는 당해 학교(학원 등 포함)의 장이 발행하는 재학증명서
② 질병의 요양을 위하여 일시퇴거한 경우에는 당해 의료기관의 장이 발행하는 요양증명서
③ 근무를 위하여 일시퇴거한 경우에는 당해 근무처의 장이 발행하는 재직증명서

실무포인트

1. 해외거주 직계존속의 공제대상자 여부

① 해외에 거주하는 직계존속의 경우는 주거의 형편에 따라 별거하고 있다고 볼 수 없으므로 부양가족공제를 받을 수 없는 것임(서면인터넷방문상담1팀-1360, 2007.10.5.).

② 국내에서 거주하는 외국인 거주자(A : 외국에 국적이 있는 자)가 본국 거주 비거주자인 직계존속(C)을 부양하고 있음이 확인되거나, 또는 거주자(B)의 외국인배우자의 직계존속(D)이 해외 본국에서 거주하고 있는 경우로서 해당 거주자가 부양하고 있음이 확인되는 경우 직계존속(C, D)은 거주자(배우자)의 직계존속이므로 기본공제대상자에 포함됨(소집 50-0-4 ③).

2. 일시퇴거자의 범위

영내에 기거하는 군인은 근무상의 형편에 의거 일시퇴거한 자로 본다(소통 53-114…1).

3. 동거하고 있지 않은 부양가족의 공제방법

질의 아버지(근로자), 어머니, 첫째 동생이 동거가족으로, 그리고 본인(장남 : 근로자), 배우자, 둘째 동생이 동거가족으로 구성될 때, 인적공제를 하는 데 있어 아버지의 부양가족(어머니와 첫째 동생)이 동시에 다른 거주자(본인)의 부양가족에 해당되는 것으로 보아 소득세법시행령 제106조에 의하여 본인이 공제를 받을 수 있는지?

회신 "동거하고 있지 않은 어머니와 동생"에 대한 부양가족공제방법의 경우, 거주자의 배우자는 거주자와 동거 여부에 불문하고 배우자공제를 받는 것이므로 어머니는 거주자인 아버지가 배우자공제를 적용하고, 동생은 본인의 동거가족으로서 일시 퇴거한 경우에 해당하지 않으므로 동생은 아버지의 직계비속으로서 부양가족공제를 받아야 함(서면인터넷방문상담1팀-1197, 2005.10.6.).

(4) 소득요건

연간 소득금액의 합계액이란 종합소득 · 퇴직소득 · 양도소득금액의 합계액을 말한다. 거주자와 생계를 같이하는 부양가족이 해당 거주자의 기본공제대상자가 되기 위해서는 해당 부양가족의 연간 소득금액의 합계액이 100만원 이하인 자 또는 총급여액 500만원 이하의 근로소득만 있는 부양가족에 해당되어야 하는 것이며, 이때의 연간 소득금액은 종합소득과세표준계산 시 합산되지 아니하는 비과세 및 분리과세소득금액을 제외한 것을 말한다(소집 50-0-2).

소득종류		소득금액 계산	소득금액 100만원 이하 사례
① 종합소득	근로소득	총급여액 (연간근로소득-비과세소득) -근로소득공제	㉠ 총급여액 333만원-근로소득공제 233만원=100만원 단, 근로소득만 있는 경우는 총급여액 500만원 ㉡ 일용근로소득(분리과세소득)만 있는 경우 기본공제 가능 ㉢ 실업급여, 출산후휴가급여 등 비과세 근로소득만 있는 경우 기본공제 가능
	연금소득	총연금액-연금소득공제	㉠ 공적연금 : 총연금액 516만원-연금소득공제 416만원=100만원 ㉡ 사적연금 : 총연금액 1,500만원 이하로서 분리과세로 선택한 경우 종합소득금액에서 제외되어 기본공제 가능 ※ 공적연금소득의 경우 2001년 12월 31일 이전 불입분은 비과세
	사업소득	총수입금액-필요경비	총수입금액에서 필요경비를 차감한 금액이 100만원이 되는 경우
	기타소득	총수입금액-필요경비	기타소득금액 300만원 이하로서 분리과세를 선택한 경우 종합소득금액에서 제외되어 공제 가능
	이자 · 배당소득	총수입금액	이자소득과 배당소득의 합계금액이 2천만원 이하인 경우 분리과세소득으로 종합소득금액에서 제외되어 공제 가능
	소계	위의 소득금액의 합계액이 종합소득금액이 된다.	종합소득금액 100만원(단, 비과세 및 분리과세소득은 제외) (근로소득만 있는 자는 총급여 500만원)

소득종류	소득금액 계산	소득금액 100만원 이하 사례
② 퇴직소득	퇴직소득＝퇴직소득금액	비과세소득을 제외한 금액이 100만원인 퇴직금
③ 양도소득	양도가액－필요경비－장기보유 특별공제	필요경비와 장기보유특별공제금액을 차감한 금액이 100만원인 양도소득금액
연간 소득금액의 합계액(①+②+③)		종합소득 · 퇴직소득 · 양도소득이 있는 경우 각 소득 금액을 합계한 금액으로 함

실무포인트

1. 외국인거주자의 본국에 있는 배우자와 자녀에 대한 소득공제 해당 여부

근로소득이 있는 외국인거주자가 본국에 생계를 같이하는 공제대상 배우자와 공제대상 부양가족이 있는 경우에는 당해 연도의 소득금액에서 배우자공제 및 부양가족공제를 받을 수 있으며, 다만 소득공제신청 시 당해 외국인 거주자의 배우자 및 부양가족임을 증명할 수 있는 서류와 소득 유무를 증명할 수 있는 서류를 제출해야 함(법인 46013-1617, 1995.6.14.).

2. 근로자의 배우자와 자녀가 외국에 이주한 경우 인적공제 가능 여부

자녀의 학업 등을 위하여 근로자의 배우자와 자녀가 외국에 이주한 경우에도 이자소득 · 배당소득, 부동산임대소득을 제외한(2002년 귀속연도부터는 합산) 연간소득금액의 합계액이 100만원 이하인 배우자와 20세 이하의 직계비속에 대하여는 기본공제를 받을 수 있는 것이며, 국내에서 계속 근무하는 근로자가 자녀의 학업을 위해 배우자와 자녀만을 외국에 이주시킨 경우에는 국외 유학에 관한 규정 제15조에 해당되지 아니하므로 국외교육비공제를 받을 수 없음(법인 46013-48, 1999.1.6.).

3. 사실상 부양하고 있는 생모에 대한 부양가족공제 적용 여부

① "호적으로는 확인되지 아니하는 배우자의 생모"를 실질적으로 부양하고 있는 경우에는 사실 판단하여 근로자의 실질적인 직계존속임이 확인되고 실질적으로 부양하고 있음이 확인되면 공제대상 부양가족으로 보는 것임(서이 46013-12301, 2002.12.23.).

② 생모가 재가한 경우에도 실질적으로 부양하고 있는 경우이고, 나이요건과 소득요건을 충족하면 기본공제가 가능한 것임(소득 22601-1044, 1991.5.27.).

4. 이혼한 처와 재혼한 어머니의 부양가족 공제 대상 여부

거주자가 개가한 생모를 자기의 가족과 함께 동거토록 하면서 실질적으로 부양하고 있으나, 사업상의 형편 등으로 본래의 주소를 일시 퇴거하여 가족들과 별거하고 있는 경우에 그 생모는 소득세법 제65조 제4항(→§50)에 규정하는 공제대상 부양가족의 범위에 포함됨. 그리고 거주자와 이혼한 부인은 거주자와 생계를 같이하더라도 동법 제64조(→§50 · 2호)에 규정하는 공제대상 배우자의 범위에 포함되지 않는 것임(소득 22601-1044, 1991.5.27.).

5. 별도세대를 구성한 직계존속의 기본공제 가능 여부

거주자(그 배우자 포함)의 직계존속은 주거의 형편에 따라 별거하고 있는 경우에도 생계를 같이하는 자로 볼 수 있는 것이므로, 주민등록상 동거 여부에 관계없이 실제로 부양하고 있는 자가 당해 직계존속에 대한 부양가족공제를 받을 수 있는 것임(원천세과-487, 2009. 6.4.).

6. 주택자금공제 요건인 부양가족이 있는 세대주인지 여부

이 건의 경우, 청구인의 주민등록표상 청구인의 모 장○○○가 동거가족으로 등재되어 있지 아니할 뿐만 아니라 청구인의 모 장○○○는 근로소득이 있는 청구인의 부 김○○○와 ○○○가 ○○번지에서 함께 거주하고 있어 청구인의 부 김○○○가 청구인의 모 장○○○를 부양하고 있음이 처분청 및 청구인이 제출한 심리자료에 의하여 확인되므로 청구인이 청구인의 모의 계좌로 매월 500천원 또는 1,000천원을 생활비로 송금하였다는 사실만으로 청구인의 모 장○○○를 청구인과 생계를 같이하는 부양가족으로 보기는 어려움(국심 2004전3684, 2005.6.23.).

7. 출생신고 전 사망한 자녀

당해 연도에 출산하여 사망한 자녀에 대해 출생 및 사망 신고를 하지 아니한 경우 병원의 기록에 의하여 가족관계 출생 및 사망기록이 확인될 때에는 소득세법 제50조 제1항 제3호 나목에 규정된 직계비속에 해당하는 것임(원천세과-251, 2009.3.27.).

8. 배우자의 조카에 대한 소득공제 여부

배우자의 조카가 사실상 입양상태에 있는 자로서 거주자와 생계를 같이하는 20세 이하인 경우에는 기본공제 대상자에 해당함(법인 46013-2511, 1999.7.2.).

실무포인트 소득금액의 확인방법

1. 이자 · 배당

[소득세법시행규칙 별지 제23호 서식(1)]의 이자 · 배당소득 원천징수영수증(이자 · 배당소득 지급명세서)의 ㉔지급액(소득금액) 합이 2,000만원 이하인 경우에는 분리과세되므로 소득공제 대상에 해당한다.

[별지 제23호 서식(1)] (2024.3.22. 개정)

[ ] 이자·배당소득 원천징수영수증
[ ] 이자·배당소득 지 급 명 세 서

[ ] 소득자 보관용
[ ] 발행자 보관용
[ ] 발행자 보고용

※ 제2쪽, 제3쪽의 작성방법을 읽고 작성하여 주시기 바라며, [ ]에는 해당되는 곳에 √표를 합니다. (4쪽 중 제1쪽)

접수번호	접수일	관리번호	처리기간 즉시

징수의무자	① 법인명(상호)	①-1 영문법인명(상호)	② 대표자(성명)	③ 사업자등록번호
	④ 주민(법인)등록번호	⑤ 소재지 또는 주소		

소득자	⑥ 성명(상호)	⑦ 주민(사업자)등록번호	⑦-1 비거주자 생년월일	⑧ 소득자구분코드			
	⑨ 주 소	⑩ 거주구분 [ ] 거주자	[ ] 비거주자	⑪ 거주지국	⑪-1 거주지국코드	⑫ 계좌번호(발행번호)	⑬ 신탁이익 여부 [ ] 여 [ ] 부

지 급 명 세

⑭ 지급일			⑮ 귀속연월		⑯ 과세구분	⑰ 소득의 종류	⑱ 조세특례 등	⑲ 금융상품코드	⑳ 유가증권 표준코드 (유가증권 발행사업자 등록번호)	㉑ 채권이자구분	㉒ 지급대상기간	㉓ 이자율 등	㉔ 지급액 (소득금액)	㉕ 세율 (%)	원천징수세액				
연	월	일	연	월											㉖ 소득세	㉗ 법인세	㉘ 지방소득세	㉙ 농어촌특별세	㉚ 계

2. 근로소득

근로소득은 대부분 원천징수되며, [소득세법시행규칙 별지 서식 제24호(1)] 근로소득원천징수영수증 2쪽의 ㉑총급여가 500만원 이하이면 소득공제 대상에 해당한다.

(8쪽 중 제2쪽)

㉑ 총급여(⑯, 외국인단일세율 적용시 연간 근로소득)				
㉒ 근로소득공제				
㉓ 근로소득금액				
	기본공제	㉔ 본 인		
		㉕ 배 우 자		
		㉖ 부 양 가 족(명)		
	추가공제	㉗ 경 로 우 대(명)		
		㉘ 장 애 인(명)		
		㉙ 부 녀 자		
		㉚ 한 부 모 가 족		
	연	㉛ 국민연금보험료	대상금액	
			공제금액	
		㉮ 공무원연금	대상금액	

㊾ 종합소득 과세표준			
㊿ 산출세액			
세액감면	(51)「소득세법」		
	(52)「조세특례제한법」((53) 제외)		
	(53)「조세특례제한법」 제30조		
	(54) 조세조약		
	(55) 세 액 감 면 계		
	(56) 근로소득		
	(57) 자녀	공제대상자녀 (명)	
		출산 · 입양자 (명)	
연	(58)「과학기술인공제회법」에 따른 퇴직연금	공제대상금액	
		세액공제액	
	(59)「근로자퇴직급여 보		

3. 연금소득

(1) 공적연금소득

[소득세법시행규칙 별지 제24호 서식(5)] 연금소득 원천징수영수증(연말정산용)의 ⑰연금소득금액에서 확인할 수 있다. 공적연금 연 수령액이 5,166,666원 이하인 경우 소득금액 100만원 이하로 소득공제 대상에 해당한다.

[별지 제24호 서식(5)] (2019.3.20. 개정)

관리번호	[ ]연금소득 원천징수영수증(연말정산용) [ ]연금소득 지 급 명 세 서(연말정산용) ([ ]소득자 보관용 [ ]발행자 보관용 [ ]발행자 보고용)	거주구분	거주자1 / 비거주자2
		내·외국인	내국인1/ 외국인9
		거주지국	거주지국코드

징수의무자	① 법 인 명	② 대 표 자	
	③ 사업자등록번호 - -	④ 법인등록번호 -	
	⑤ 소재지(주소)		
소득자	⑥ 성 명	⑦ 주민등록번호	
	⑧ 주 소		
⑨ 귀속연도	부터 까지	⑩ 감면기간	부터 까지

연 금 지 급 내 역	⑪ 총연금수령액	⑫ 연금제외소득(2001.12.31.이전분)	⑬ 장애연금등 비과세연금	⑭ 총연금액(⑪-⑫-⑬)

정 산 명 세

⑮ 총연금액(=⑭)		㉖ 종합소득 과세표준(⑰-㉕)		
⑯ 연 금 소 득 공 제		㉗ 산 출 세 액		
		세액감면	㉘ 「소득세법」	
			㉙ 「조세특례제한법」	
⑰ 연금소득금액(⑮-⑯)			㉚ 감면세액 계	

(2) 사적연금소득

[소득세법시행규칙 별지 제24호 서식(6)] 연금계좌원천징수영수증/지급명세서의 ㉚ 연금소득-종합과세에서 확인할 수 있다. 이 경우 1,200만원 이하로 분리과세를 선택한 경우에는 소득공제 대상에 해당한다.

관리번호	연금계좌원천징수영수증/지급명세서 ([ ]소득자 보관용 [ ]발행자 보관용 [ ]발행자 보고용)	거주구분	거주자1 / 비거주자2
		내·외국인	내국인1 / 외국인9
		거주지국	거주지국코드
		배우자 승계 여부	[ ]여 [ ]부
		의료비연금계좌	[ ]여 [ ]부

	구분				지급액	세액
	소득	원천		세율		
세액명세	㉔ 과세제외금액					
	연금소득	㉕ 이연퇴직소득	세액이연분			
			전환분			
		㉖ 세액공제분 및 운용수익		3%		
				4%		
				5%		
	퇴직소득	㉗ 이연퇴직소득	세액이연분			
			전환분			
		㉘ 퇴직분				
	기타소득	㉙ 연금외수령		15%		

	구	분	지급액	소득세	지방소득세	세액계
납부명세	㉚ 연금소득	종합과세				
		무조건분리과세				
	㉛ 퇴직소득					
	㉜ 기타소득					

4. 퇴직소득

[소득세법시행규칙 별지 제24호 서식(2)] 퇴직소득원천징수영수증/지급명세서의 ⑰ 과세대상 퇴직급여에서 확인할 수 있으며, 그 금액이 100만원 이하인 경우 소득공제 대상에 해당한다.

[별지 제24호 서식(2)] (2024.3.22. 개정) (2쪽 중 제1쪽)

관리번호	

퇴직소득원천징수영수증/지급명세서
([ ]소득자 보관용 [ ]발행자 보관용 [ ]발행자 보고용)

거주구분	거주자1 / 비거주자2
내 · 외국인	내국인1 / 외국인9
종교관련종사자 여부	여 1 / 부 2
거주지국	거주지국코드
징수의무자 구분	사업장1/공적연금사업자3

징수의무자	① 사업자등록번호	② 법인명(상호)	③ 대표자(성명)
	④ 법인(주민)등록번호	⑤ 소재지(주소)	
소득자	⑥ 성 명	⑦ 주민등록번호	
	⑧ 주 소		⑨ 임원 여부 [ ]여 [ ]부
	⑩ 확정급여형 퇴직연금제도 가입일		⑪ 2011.12.31.퇴직금
귀 속 연 도	부터 까지	⑫ 퇴직사유	[ ]정년퇴직 [ ]정리해고 [ ]자발적 퇴직 [ ]임원퇴직 [ ]중간정산 [ ]기 타

	근 무 처 구 분	중간지급 등	최종	정산
퇴직급여현황	⑬ 근무처명			
	⑭ 사업자등록번호			
	⑮ 퇴직급여			
	⑯ 비과세 퇴직급여			
	⑰ 과세대상 퇴직급여(⑮-⑯)			

5. 기타소득

[소득세법시행규칙 별지 제23호 서식(4)] 거주자의 기타소득 지급명세서의 ㉓ 소득금액에서 확인할 수 있다. 이 경우 합계액이 연 300만원 이하로 분리과세를 선택한 경우에는 소득공제 대상에 해당한다.

[별지 제23호 서식(4)] (2023.3.20. 개정) (5쪽 중 제1쪽)

귀속연도	년

거주자의 기타소득 지급명세서(발행자 보고용)
(거주자의 기타소득 원천징수영수증 발행자 보관용 소득자별 연간집계표)

관리번호	

❶ 원천징수의무자 인적사항 및 지급내용 합계 사항

① 법 인 명 (상호,성명)	② 사업자(주민) 등 록 번 호	③ 소 재 지 (주 소)	④ 연간 소득 인원	⑤ 연 간 총지급 건 수	⑥ 연간 총지급액 계	⑦ 비과세 소득	⑧ 연간 소득 금액 계	⑨ 세액 집계현황			
								⑩ 소득세	⑪ 지방소득세	⑫ 농어촌특별세	⑬ 계

❷ 소득자 인적사항 및 연간 소득내용

일련번호	⑭ 소득구분코드	⑮ 소득자성명 (상호)	⑯ 주민(사업자) 등록번호	⑰ 내·외국인	⑱ 지급연도	⑲ 지급건수	⑳ (연간) 지급 총액	㉑ 비과세 소득	㉒ 필요경비	㉓ 소득금액	㉔ 세율	㉕ 소득세	㉖ 지방소득세	㉗ 농어촌특별세	㉘ 계
1															

6. 사업소득

연말정산대상사업자(보험모집인, 음료수배달업, 외판/방판 사업자)는 [소득세법시행규칙 별지 제23호 서식(3)] 사업소득 원천징수영수증(사업소득 지급명세서)의 ㉓ 소득금액이 100만원 이하인 경우 소득공제 대상에 해당한다. 이외의 사업자는 5월 종합소득세 확정신고 시 확인할 수 있다.

[별지 제23호 서식(3)] (2025.3.21. 개정)

관리번호		[○]사업소득 원천징수영수증(연말정산용) [ ]사업소득 지 급 명 세 서(연말정산용) ([○]소득자 보관용 [ ]발행자 보관용 [ ]발행자 보고용)	소득자 구분	
①귀속연도	년		거주구분	거주자1 / 비거주자2
			내·외국인	내국인1 / 외국인9
			거주지국	거주지국코드

	⑬ 발생처 구분	⑭ 법인명(상호)	⑮ 사업자등록번호	⑯ 발생기간(연·월·일)	⑰ 지급액(수입금액)
수입금액	주(현)		- -		
	종(전)		- -		
	사업별 수입금액 계	보험모집 수입금액 계			
		방문판매 수입금액 계			
		음료배달 수입금액 계			
		합 계 (124)			

	사 업 별	⑱ 수입금액(⑰)	⑲ 적용소득률 4천만원 이하분	⑲ 적용소득률 4천만원 초과분	⑳ 소득금액 4천만원 이하분	⑳ 소득금액 4천만원 초과분	⑳ 소득금액 합계	㉑ 비고
소득금액	보험모집							
	방문판매							
	음료배달							
	(124)합계							
㉒ 사업소득금액 (⑳)			㉟ 청년형 장기집합투자증권저축		구분	소득세	지방소득세	농어촌특별세	계

7. 양도소득

[소득세법시행규칙 별지 제84호 서식] 양도소득(국외전출자)과세표준 신고 및 납부계산서의 ④ 양도소득금액이 100만원 이하인 경우 소득공제 대상에 해당한다.

[별지 제84호 서식(3)] (2023.3.20. 개정)

※ 2010. 1. 1. 이후 양도분부터는 양도소득세 예정신고를 하지 않으면 가산세가 부과됩니다. (4쪽 중 제1쪽)

관리번호	-

(년 귀속)양도소득(국외전출자)과세표준 신고 및 납부계산서

([ ]예정신고, [ ]확정신고, [ ]수정신고, [ ]기한 후 신고)

① 신 고 인 (양도인)	성 명		주민등록번호	내 · 외 국 인	[ ]내국인, [ ]외국인
	전자우편주소		전 화 번 호	거 주 구 분	[ ]거주자, [ ]비거주자
	주 소			거 주 지 국	거주지국코드
				국 적	국 적 코 드
② 양 수 인	성 명	주민등록번호	양도자산 소재지	지 분	양도인과의 관계
③ 세 율 구 분	코 드	양도소득세 합계	국내분 소계	- - -	국외분 소계
④ 양 도 소 득 금 액					

2. 추가공제

기본공제대상이 되는 사람이 다음 중 어느 하나에 해당하는 경우에는 거주자의 해당 과세기간 종합소득금액에서 기본공제 외에 정해진 금액을 추가로 공제한다. 다음의 추가공제는 1인에게 다수의 사유가 있는 경우 각 사유별로 중복하여 공제할 수 있다. 다만, 다음의 ③ 부녀자공제와 ④ 한부모공제에 모두 해당되는 경우에는 ④ 한부모공제를 적용한다(소법 51).

구 분	사 유	추가공제액
① 경로우대공제	기본공제대상자가 70세 이상인 경우(1955.12.31. 이전 출생)	100만원
② 장애인공제	기본공제대상자가 장애인인 경우	200만원
③ 부녀자공제	당해 거주자가 ㉠ 배우자 없는 여성으로 부양가족이 있는 세대주 ㉡ 배우자가 있는 여성인 경우 단, 해당 과세기간에 종합소득 과세표준을 계산할 때 합산하는 종합소득금액이 3,000만원 이하인 거주자로 한정한다.	50만원
④ 한부모공제	해당 거주자가 배우자가 없는 사람으로서 기본공제대상자인 직계비속 또는 입양자가 있는 경우	100만원

(1) 장애인공제

1) 장애인의 범위

장애인은 다음 중 어느 하나에 해당하는 자로 한다(소령 107 ①).

① 「장애인복지법」에 의한 장애인 및 「장애아동 복지지원법」에 따른 장애아동 중 발달재활서비스 지원을 받고 있는 사람

② 「국가유공자 등 예우 및 지원에 관한 법률」에 의한 상이자 및 이와 유사한 자로서 근로능력이 없는 자. 여기서 "상이자와 유사한 자"라 함은 「국가유공자 등 예우 및 지원에 관한 법률 시행령」 별표 3에 규정한 상이등급구분표에 게기하는 상이자와 같은 정도의 신체장애가 있는 자를 말한다(소통 50-107…1).

③ 「국민건강보험법 시행령」 별표 2 제3호 라목 1)부터 10)까지 외의 부분 전단에 따른 희귀성난치질환등 또는 이와 유사한 질병 · 부상으로 인해 중단 없이 주기적인 치료가 필요한 사람으로서 의료기관의 장이 취업 · 취학 등 일상적인 생활에 지장이 있다고 인정하는 사람

2) 장애인 공제의 적용 방법

장애인에 해당하는 사람이 장애인공제를 받으려는 때에는 장애인증명서(「국가유공자 등 예우 및 지원에 관한 법률」에 따른 상이자의 증명을 받은 사람 또는 「장애인복지법」에 따른 장애인등록증을 발급받은 사람의 경우에는 해당 증명서 · 장애인등록증의 사본이나 그밖의 장애사실을 증명하는 서류로 하며, 「장애아동 복지지원법」에 따른 장애아동으로서 같은 법 제21조에 따른 발달재활서비스를 지원받고 있는 사람의 경우에는 발달재활서비스 이용을 증명하는 서류로 한다)[소칙 별지 제38호 서식]를 다음의 구분에 따라 제출해야 한다. 다만, 본문에 따른 장애인 증명 관련 서류가 발급하는 자에 의해 정보통신망을 통해 국세청장에게 제출되는 경우에는 기획재정부령으로 정하는 서류를 제출(국세정보통신망에 의한 제출을 포함한다)할 수 있다(소령 107 ②).

① 과세표준확정신고를 하는 때에는 그 신고서에 첨부하여 납세지 관할 세무서장에게 제출한다.

② 근로소득(원천징수 대상이 아닌 근로소득은 제외)이 있는 사람은 근로소득자소득 · 세액 공제신고서에 첨부하여 연말정산을 하는 원천징수의무자에게 제출한다.

③ 연말정산되는 사업소득이 있는 자는 소득 · 세액 공제신고서에 첨부하여 연말정산을 하는 원천징수의무자에게 제출한다.

장애인으로서 당해 장애의 상태가 1년 이상 지속될 것으로 예상되는 경우 그 장애기간이 기재된 장애인증명서를 제출한 때에는 그 장애기간 동안은 이를 다시 제출하지 아니하여도 된다. 다만, 그 장애기간 중 납세지 관할 세무서 또는 사용자를 달리하게 된 때에는 장애인증명서를 제출하여야 한다(소령 107 ③).

| 장애인 공제 입증서류 |

장애인의 범위	입증서류
① 「장애인복지법」에 따라 등록한 장애인	㉠ 원칙 : 장애인 증명서 ㉡ 예외 : 장애인 등록증
② 「국가유공자 등 예우 및 지원에 관한 법률」에 따라 증명을 받은 상이자	㉠ 원칙 : 장애인 증명서 ㉡ 예외 : 상이자 증명서
③ 희귀성난치질환 또는 일상적인 생활에 지장이 있다고 인정하는 사람	장애인 증명서

(2) 부녀자공제

부녀자 공제 규정을 적용함에 있어서 배우자의 유무 및 부양가족이 있는 세대주인지의 여부는 당해 과세기간종료일 현재의 주민등록표 등본 또는 가족관계등록부 증명서에 의한다. 이 경우 납세지 관할 세무서장은 「전자정부법」에 따른 행정정보의 공동이용을 통하여 거주자의 주민등록표 등본을 확인하여야 하며, 거주자가 확인에 동의하지 아니하거나 그의 주민등록표 등본으로 배우자의 유무 및 부양가족이 있는 세대주인지의 여부를 판단할 수 없는 경우 또는 근로소득자가 소득공제신고를 하는 경우에는 주민등록표 등본 또는 가족관계등록부 증명서를 제출하도록 하여야 한다(소령 108).

3. 공제대상자의 판정시기

(1) 원 칙

공제상 배우자, 공제대상 부양가족, 공제대상 장애인 또는 공제대상 경로우대자에 해당하는지 여부의 판정은 해당 과세기간의 과세기간 종료일 현재의 상황에 따른다(소법 53 ④).

(2) 예 외

과세기간 종료일 전에 사망한 사람 또는 장애가 치유된 사람에 대해서는 사망일 전날 또는 치유일 전날의 상황에 따른다(소법 53 ④).

4. 인적공제 중복적용 배제

(1) 동시에 다른 거주자의 공제대상 가족에 해당하는 경우

거주자의 인적공제대상자(공제대상가족)가 동시에 다른 거주자의 공제대상가족에 해당되는 경우에는 다음에 따라 1인의 공제대상가족으로 한다(소령 106).

① 거주자의 인적공제대상자(이하 "공제대상가족"이라 한다)가 동시에 다른 거주자의 공제대상가족에 해당되는 경우에는 해당 과세기간의 과세표준확정신고서, 근로소득자 소득 · 세액 공제신고서, 연금소득자 소득 · 세액 공제신고서 또는 소득 · 세액 공제신고서에 기재된 바에 따라 그 중 1인의 공제대상가족으로 한다(소령 106 ①).

② 둘 이상의 거주자가 공제대상가족을 서로 자기의 공제대상가족으로 하여 신고서에 적은 경우 또는 누구의 공제대상가족으로 할 것인가를 알 수 없는 경우에는 다음의 기준에 따른다(소령 106 ②).

㉠ 거주자의 공제대상배우자가 다른 거주자의 공제대상부양가족에 해당하는 때에는 공제대상배우자로 한다.

ⓛ 거주자의 공제대상부양가족이 다른 거주자의 공제대상부양가족에 해당하는 때에는 직전 과세기간에 부양가족으로 인적공제를 받은 거주자의 공제대상부양가족으로 한다. 다만, 직전 과세기간에 부양가족으로 인적공제를 받은 사실이 없는 때에는 해당 과세기간의 종합소득금액이 가장 많은 거주자의 공제대상부양가족으로 한다.

ⓒ 거주자의 추가공제대상자가 다른 거주자의 추가공제대상자에 해당하는 때에는 ⓐ 및 ⓛ의 규정에 의하여 기본공제를 하는 거주자의 추가공제대상자로 한다.

(2) 사망 또는 출국의 경우

해당 과세기간의 중도에 사망하였거나 외국에서 영주하기 위하여 출국한 거주자의 공제대상가족으로서 상속인 등 다른 거주자의 공제대상 가족에 해당하는 사람에 대해서는 피상속인 또는 출국한 거주자의 공제대상 가족으로 한다. 이 경우 피상속인 또는 출국한 거주자에 대한 인적공제액이 소득금액을 초과하는 경우에는 그 초과하는 부분은 상속인 또는 다른 거주자의 해당 과세기간의 소득금액에서 공제할 수 있다(소령 106 ③ · ④).

[별지 제39호 서식] (2006.7.5. 개정)

<table>
<tr><td colspan="5" align="center">일시퇴거자동거가족상황표</td></tr>
<tr><td colspan="2">①성 명</td><td></td><td>②주 민 등 록 번 호
(납 세 번 호)</td><td>   –</td></tr>
<tr><td colspan="2">③주 소</td><td colspan="3"></td></tr>
<tr><td rowspan="3">일
시
퇴
거
자</td><td>④성 명</td><td></td><td>⑤주 민 등 록 번 호</td><td>   –</td></tr>
<tr><td>⑥일 시 퇴 거 지
주 소</td><td></td><td>⑦소득자와의 관계</td><td></td></tr>
<tr><td>⑧퇴 거 사 유</td><td></td><td>⑨사업자등록번호</td><td></td></tr>
<tr><td colspan="5">「소득세법 시행령」 제114조 제2항에 따라 일시퇴거자동거가족상황표를 제출합니다.

년 월 일

성명 (서명 또는 인)

귀하</td></tr>
</table>

<table>
<tr><td rowspan="2">구
비
서
류</td><td>신청인 제출서류</td><td>담당공무원 확인사항
(담당공무원의 확인에 동의하지 아니하는 경우 신청인이 직접 제출하여야 하는 서류)</td><td>수 수 료</td></tr>
<tr><td>1. 재학증명서 1부(취학의 경우)
2. 요양증명서 1부(요양의 경우)
3. 재직증명서 1부(재직의 경우)
4. 주민등록표 등본 1부(근로소득자가 「소득세법」 제140조(근로소득자의 소득공제신고)에 따라 소득공제신고를 하는 경우에 한합니다)</td><td>1. 사업자등록증(사업자의 경우에 한하며, 신청인이 확인에 동의하지 아니하는 경우에는 사업자등록증사본 1부를 제출하여야 합니다)
2. 본래의 주소지와 일시 퇴거지의 주민등록표 등본(각 1부)</td><td>없 음</td></tr>
<tr><td colspan="4">본인은 이 건 업무처리와 관련하여 「전자정부 구현을 위한 행정업무 등의 전자화촉진에 관한 법률」 제21조 제1항에 따른 행정정보의 공동이용을 통하여 담당공무원이 위의 담당공무원 확인사항을 확인하는 것에 동의합니다.
신청인 (서명 또는 인)</td></tr>
</table>

[별지 제38호 서식] (2025.3.21. 개정)

장 애 인 증 명 서

1. 증명서 발급기관			
① 상 호		② 사업자등록번호	– –
③ 대표자(성명)			
④ 소 재 지			

2. 소득자 (또는 증명서 발급 요구자)			
⑤ 성 명		⑥ 주민등록번호	–
⑦ 주 소			

3. 장애인			
⑧ 성 명		⑨ 주민등록번호	–
⑩ 소득자와의 관계	의	⑪ 장애예상기간 (또는 장애기간)	[ ] 영구 (. . .부터) [ ] 비영구(. . .부터 . . .까지)
⑫ 장애내용	제 호	⑬ 용 도	소득공제 신청용

위 사람은 「소득세법」 제51조 제1항 제2호 및 같은 법 시행령 제107조 제1항에 따른 장애인에 해당함(또는 소득공제 받으려는 과세기간 중에 장애인이었으나 치유가 되었음)을 증명합니다.

년 월 일

진 료 자 (서명 또는 인)

발 행 자 (서명 또는 인)

귀 하

작 성 방 법

1. ⑪ 장애예상기간(또는 장애기간)란을 작성할 때 비영구적 장애로서 장애예상기간을 예측하기 어려운 경우에는 소득공제를 받으려는 과세기간의 말일을 장애예상기간의 종료일로 적습니다.

2. ⑫ 장애내용란에는 다음의 해당 번호를 적습니다.
   가. 「장애인복지법」에 따른 장애인 및 「장애아동 복지지원법」에 따른 장애아동 중 발달재활서비스를 지원받고 있는 사람 : 1
   나. 「국가유공자 등 예우 및 지원에 관한 법률」에 따른 상이자 및 이와 유사한 자로서 근로능력이 없는 자 : 2
   다. 「국민건강보험법 시행령」 별표 2 제3호 라목 1)부터 10)까지 외의 부분 전단에 따른 희귀성난치질환등 또는 이와 유사한 질병 · 부상으로 인해 중단 없이 주기적인 치료가 필요한 사람으로서 의료기관의 장이 취업 · 취학 등 일상적인 생활에 지장이 있다고 인정하는 사람: 3

210mm×297mm[백상지80g/㎡ 또는 중질지80g/㎡]

사례 인적공제(1)

근로자의 부양가족으로 배우자, 자녀 3명(만 20세, 만 14세, 만 18세), 만 60세 이상 직계존속 2명이 있으며, 근로자 본인 외에는 소득이 없는 경우 기본공제 금액을 구하시오.

풀이

(1) 공제대상 가족 수 : 본인, 배우자, 자녀 3명*, 직계존속 2명

* 해당 과세기간 중에 만 20세에 도달하더라도 기본대상자에 해당한다.

(2) 기본공제 금액＝10,500,000원

＝본인 포함 공제대상가족(7명)×1,500,000원

사례 인적공제(2)

근로자의 부양가족으로 배우자(총급여액 4,000,000원), 자녀 1명(23세), 아버지(장애인, 2025년 9월 30일 사망 당시 76세)가 있는 경우 기본공제 및 추가공제 금액을 구하시오.

풀이

(1) 공제대상 가족 수 : 본인, 배우자, 아버지*

* 해당 과세연도 중 사망한 경우에는 공제대상에 해당한다.

(2) 기본공제 금액＝4,500,000원

＝본인 포함 공제대상가족(3명)×1,500,000원

(3) 추가공제 금액＝3,000,000원

＝2,000,000(장애인)+1,000,000(경로우대)

사례 인적공제(3)

근로자와 함께 동거하고 있는 부양가족은 다음과 같다. 이를 바탕으로 기본공제 및 추가공제 금액을 구하고 서식을 작성하시오.

참고자료

- 본인
- 배우자(만 40세, 총급여 5,000,000원)
- 자녀1(만 16세)
- 자녀2(만 19세, 2025.1.2. 장애가 치유되었음)
- 본인의 남동생(만 20세, 사업소득금액 1,000,000원)
- 아버지(만 70세)
- 양어머니(만 68세, 식량작물재배업 소득 5,000,000원)

풀이

(1) 공제대상 가족 수 : 본인, 배우자, 자녀1, 자녀2, 남동생, 아버지, 양어머니

(2) 기본공제 금액=10,500,000원

=본인 포함 공제대상가족(7명)×1,500,000원

(3) 추가공제 금액=3,000,000원

=2,000,000(장애인)+1,000,000(경로우대)

▌근로소득지급명세서(2쪽)▐

기본공제	㉔ 본 인	1,500,000
	㉕ 배 우 자	1,500,000
	㉖ 부 양 가 족(5명)	7,500,000
추가공제	㉗ 경 로 우 대(1명)	1,000,000
	㉘ 장 애 인(1명)	2,000,000
	㉙ 부 녀 자	
	㉚ 한 부 모 가 족	

▌근로소득지급명세서(3쪽)▐

⑱ 소득·세액공제 명세[인적공제항목은 해당란에 "O"표시(장애인 해당 시 해당 코드 기재)를 하며, 각종 소득공제·세액공제 항목은 공제를 위하여 실제 지출한 금액을 적습니다.]

인적공제 항목							각종 소득공제·세액공제 항목											
관계코드	성 명	기본공제		경로우대	혼인세액공제	출산입양	자료구분	보험료				의료비					교육비	
내·외국인	주민등록번호	부녀자	한부모	장애인		자녀		건강	고용	보장성	장애인 전용 보장성	일반	미숙아·선천성 이상아	난임	6세이하 65세이상 장애인·건강보험 산정특례자	실손 의료 보험금	일반	장애인 특수교육
인적공제 항목에 해당하는 인원수를 적습니다.				1		0	국세청 계											
				1		2	기타 계											
0		O					국세청											
1	(근로자 본인)					—	기타											
3	배우자	O					국세청											
1	-						기타											
4	자녀1	O					국세청											
1				O		O	기타											
4	자녀2	O					국세청											
1						O	기타											
6	남동생	O					국세청											
1							기타											
2	아버지	O		O			국세청											
1							기타											
2	양어머니	O					국세청											
1	-						기타											

3 특별소득공제

건강 · 고용보험료공제, 주택임차차입금 원리금상환액공제, 장기주택저당차입금 상환액 공제를 특별소득공제라 한다(소법 52 ⑩). 특별소득공제는 해당 거주자가 신청한 경우에 적용하며, 공제액이 그 거주자의 해당 과세기간의 합산과세되는 종합소득금액을 초과하는 경우 그 초과하는 금액은 없는 것으로 한다(소법 52 ⑧). 근로자의 부양가족이 동시에 다른 거주자의 부양가족에 해당되어 그 중 1인이 기본공제를 받은 경우 특별공제는 해당 부양가족에 대한 기본공제를 받은 거주자가 공제받을 수 있다(소집 52-0-2).

▮ 입사 전 또는 퇴사 후 지출한 비용의 공제 여부(소집 52-0-1) ▮

근로제공기간 동안 지출한 비용에 대해서만 공제 가능한 항목	해당 과세기간 중 지출한 금액에 대해 공제 가능한 항목
• 보험료 세액공제 • 의료비 세액공제 • 교육비 세액공제 • 주택자금 소득공제 • 신용카드 등 사용금액에 대한 소득공제 • 주택마련저축 소득공제	• 기부금 세액공제 • 국민연금보험료 소득공제 • 개인연금저축 소득공제 • 연금계좌 세액공제 • 투자조합출자 등 소득공제 • 소기업 · 소상공인 공제부금 소득공제

▮ 주요 소득공제 및 세액공제 요건 ▮

구 분		기본공제대상자의 요건		근로기간 지출한 비용만 공제	비 고
		나이요건	소득요건		
특별 소득공제	보험료	–	–	○	근로자 본인 부담분만 공제 가능 (건강 · 노인장기요양 · 고용보험료)
	주택자금공제	–	–	○	본인만 가능
그 밖의 소득공제	개인연금저축	–	–	×	근로자 본인 불입분만 공제 가능 (배우자, 부양가족 불입분 제외)
	주택마련저축	–	–	○	세대주 또는 세대주의 배우자 공제 가능
	신용카드 등	×	○	○	형제자매 제외
자녀세액공제 (8세 이상)		○	○	–	기본공제대상 자녀(입양자 · 위탁아동 포함, 손자녀는 제외)
연금계좌세액공제		–	–	×	근로자 본인 불입분만 세액공제 가능(배우자, 부양가족 불입분 제외)

구 분		기본공제대상자의 요건		근로기간 지출한 비용만 공제	비 고
		나이요건	소득요건		
특별 세액공제	보장성 보험료	○	○	○	
	의료비	×	×	○	
	교육비	×	○	○	직계존속 제외 * 장애인특수교육비는 소득요건 제한 없으며, 직계존속도 가능
	기부금	×	○	×	기본공제대상자 * 정치자금기부금, 우리사주조합 기부금은 본인만 가능
표준세액공제		특별소득공제, 특별세액공제, 월세액세액공제를 신청하지 아니한 경우 표준세액공제(13만원) 적용			

1. 보험료공제

근로소득이 있는 거주자(일용근로자 제외, 이하 특별소득공제 적용 시 동일)가 해당 과세기간에 「국민건강보험법」, 「고용보험법」 또는 「노인장기요양보험법」에 따라 근로자가 부담하는 보험료를 지급한 경우 그 금액을 해당 과세기간의 근로소득금액에서 공제한다(소법 52 ①).

▎보험료 공제▕

구 분	내 용
공제대상	거주자 본인
공제금액	건강보험료, 고용보험료, 노인장기요양보험료 납입액
한 도	없음. 납입액 전액 공제
지출기간	근로제공기간 동안 지출한 비용

(1) 건강보험료 정산분의 공제방법

국민건강보험료는 급여에서 지급한 날이 속하는 과세기간의 소득에서 공제한다(소통 52-0…1). 따라서 근로자의 건강보험료 정산분을 다음 해 3월 또는 4월 급여에서 공제하여 납부하는 경우 정산하여 납부한 연도의 근로소득에서 공제한다.

(2) 소득월액 보험료의 공제방법

2011년 12월 31일 「국민건강보험법」 개정으로 2012년 9월 1일 이후부터는 근로자인 직장가입자도 근로소득 외 종합소득이 3,400만원(현행 2,000만원) 이상인 경우 종합소득에 보험료(소득월액 보험료)가 부과된다. 이때 직장가입자인 근로자가 추가로 납부하는 국민건강보험료는 근로소득에서 공제한다(서면법규-182, 2013.2.18.).

실무포인트

1. 지역가입자로서 납부한 건강보험료의 소득공제 여부

① 국민건강보험법에 의하여 지역가입자로서 납부하여야 할 건강보험료는 납부한 연도의 근로소득세액에 대한 연말정산 시 공제받거나 종합소득 과세표준 확정신고 시 근로소득금액 범위 내에서 공제받을 수 있는 것임(서면인터넷방문상담1팀-476, 2004.3.26.).

② 비상근 등 사업장에서 상시근로에 종사할 목적으로 고용되지 아니한 근로자가 국민건강보험법상 지역가입자로서 보험료를 부담하는 경우 이는 근로소득금액에서 전액공제되는 건강보험료에 포함되는 것임(원천 46013-30, 2003.1.22.).

2. 입사 전 납부한 건강보험료

근로자가 근로제공 기간 중에 납부한 국민건강보험료(지역가입자 포함)는 연말정산 시 공제대상에 포함되는 것이나 근로제공 기간 외의 기간에 납부한 국민건강보험료는 공제대상에 포함되지 않으며, 근로자가 당해 연도에 지급한 금액 중 국민건강보험법에 의하여 근로자가 부담하는 보험료가 있는 때에는 당해 연도의 근로소득금액에서 공제하는 것임(서면1팀-468, 2006.4.12.).

3. 두리누리 사회보험료 지원금

보건복지부고시 제2012-72호(2012.7.1.)로 고시되어 시행 중인 두리누리 사회보험 사업과 관련하여 「국민연금법」 또는 「고용보험법」에 따라 보험료의 일부를 국가가 지원하는 경우 해당 지원금은 소득세 과세대상에 해당되지 아니하는 것이며, 또한, 해당 지원금은 「소득세법」 제52조 제1항에 의한 특별공제를 적용받을 수 없는 것임(서면법규과-1491, 2012.12.14.).

4. 정산보험료의 공제방법

① 전년도 급여를 근무월수로 나눈 보수액을 기준으로 국민건강보험료를 부과한 후 익년 3월에 정산하는 경우에는 당해 연도에 납부한 국민건강보험료를 소득세법 제137조의 규정에 의한 연말정산 시 적용하는 것이며 정산으로 인한 차액은 정산한 연도의 국민건강보험료로 보는 것임(법인 46013-2356, 2000.12.11.).

② 보험료공제는 근로소득이 있는 거주자가 해당 과세기간에 보험료를 지급하는 경우 그 금액을 해당 과세기간에 소득공제를 하는 것으로 정산으로 인한 차액을 추가로 납부하는 고용보험료는 정산한 연도의 고용보험료로 보는 것임(원천세과-267, 2012.5.15.).

5. 외국인이 외국보험사에 납부한 보험료의 소득공제 해당하는지 여부

재외국민 또는 외국인이 국내에 근무하는 동안 외국보험회사에 납부한 보험료는 소득세법 제52조에서 규정하는 국민건강보험법에 따라 근로자가 납부한 보험료에 해당하지 아니하는 것임(원천세과-363, 2009.4.24.).

6. 국민연금의 공제액 기준

사업장가입자의 경우 사업장의 사용자가 원천징수의무자 및 연금보험료 납부의무자로서 매월 근로자에게 지급하는 임금에서 연금보험료 등을 원천공제하고 연말정산하게 되므로 사업장가입자의 연금보험료 소득공제는 근로자 임금에서 원천공제 여부를 기준으로 판단하여야 할 것임(서이 46013-10459, 2003.3.10.).

사례 건강보험료 소득공제

㈜택스에듀는 2025년 근로소득에 대한 연말정산을 다음과 같이 실시하였다. 2025년 귀속 근로소득 자료는 아래와 같으며, 본인 외의 부양가족은 없다.

참고자료

▌국세청 간소화자료▐

2025년 귀속 소득 · 세액공제증명서류 : 기본내역 [건강보험료]

(조회기간 : 2025년 01~12월)

■ 가입자 인적사항

성 명	주 민 등 록 번 호
김지환	910810-1******

■ 건강보험료(직장가입자)내역

월 별	보수월액(고지금액)		소득월액(납부금액)	
	건강보험료①	장기요양보험료②	건강보험료③	장기요양보험료④
01월	45,220	3,840	0	0
02월	45,220	3,840	0	0
03월	45,220	3,840	0	0
04월	45,220	3,840	0	0
05월	45,220	3,840	0	0
06월	45,220	3,840	0	0

07월	45,220	3,840	0	0
08월	45,220	3,840	312,230	35,960
09월	45,220	3,840	68,630	5,840
10월	45,220	3,840	68,630	5,840
11월	45,220	3,840	68,630	5,840
12월	45,220	3,840	0	0
연말정산	0	0		
합계	542,640	46,080	518,120	53,480
총합계				1,160,320

1. 보수월액 보험료 : 국민건강보험공단이 고지한 금액이며, 급여에서 원천공제된 금액과 다른 경우 회사로 문의하시기 바랍니다. 소득공제대상금액은 실제 급여에서 원천공제된 금액입니다. (둘 이상의 회사에 근무한 경우에는 합산한 보험료가 제공됩니다.)
2. 소득월액 보험료 : 연간 납부한 금액이 제공됩니다.

- 본 증명서류는 「소득세법」 제165조 제1항에 따라 영수증 발급기관으로부터 수집한 서류로 소득세액공제 충족 여부는 근로자가 직접 확인하여야 합니다.
- 본 증명서류에서 조회되지 않는 내역은 영수증 발급기관에서 직접 발급받으시기 바랍니다.

해설

| 근로소득지급명세서(2쪽) |

종합소득공제	연금보험료공제	㉛ 국민연금보험료		대상금액	
				공제금액	
		㉜ 공적연금보험료공제	㉮ 공무원연금	대상금액	
				공제금액	
			㉯ 군인연금	대상금액	
				공제금액	
			㉰ 사립학교교직원연금	대상금액	
				공제금액	
			㉱ 별정우체국연금	대상금액	
				공제금액	
		㉝ 보험료	㉮ 건강보험료(노인장기요양보험료포함)	대상금액	1,160,320
				공제금액	1,160,320
			㉯ 고용보험료	대상금액	
				공제금액	
			㉮ 주택임차차입금 원리금상환액	대출기관	
				거주자	

| 근로소득지급명세서(3쪽) |

⑱ 소득·세액공제 명세[인적공제항목은 해당란에 "○"표시(장애인 해당 시 해당 코드 기재)를 하며, 각종 소득공제·세액공제 항목은 공제를 위하여 실제 지출한 금액을 적습니다.]

인적공제 항목							각종 소득공제·세액공제 항목											
관계코드	성 명	기본공제		경로우대	혼인세액공제	출산입양	자료구분	보험료				의료비					교육비	
내·외국인	주민등록번호	부녀자	한부모	장애인		자녀		건강	고용	보장성	장애인전용보장성	일반	미숙아·선천성이상아	난임	6세이하 65세이상 장애인·건강보험산정특례자	실손의료보험금	일반	장애인특수교육
인적공제 항목에 해당하는 인원수를 적습니다.							국세청 계											
							기타 계											
0	김지환	○					국세청	1,160,320										
	(근로자 본인)					—	기타											
							국세청											
							기타											

2. 주택자금공제 공통사항

다음의 주택관련 공제항목은 공제한도에 서로 영향을 주며, 공제요건 등에서 공통적으로 적용되는 부분이 있어 이를 설명하고자 한다.

구 분	근거법	비 고
① 장기주택저당 차입금이자상환액	「소득세법」 제52조 제5항	특별소득공제
② 주택임차차입금 원리금상환액	「소득세법」 제52조 제4항	특별소득공제
③ 주택마련저축 납입액	「조세특례제한법」 제87조 제2항	–

(1) 공제금액 및 한도액

공제종류	공제금액 및 한도액		
① 장기주택저당 차입금이자상환액	이자상환액 전액		※ 전체 (①+②+③) 한도액 ①이 2024.1.1. 이후 차입 · 상환기간 연장인 경우 ㉠ 상환기간 15년 이상 : 800만원 ㉡ 상환기간 10년 이상+(고정 or 비거치) : 600만원 ㉢ 상환기간 15년 이상+(고정 or 비거치) : 1,800만원 ㉣ 상환기간 15년 이상+(고정 and 비거치) : 2,000만원 ①이 2015.1.1. 이후 차입 · 상환기간 연장인 경우 ㉠ 상환기간 15년 이상 : 500만원 ㉡ 상환기간 10년 이상+(고정 or 비거치) : 300만원
② 주택임차차입금 원리금상환액	원리금 상환액 ×40%	공제한도 : Min(Ⓐ, Ⓑ) Ⓐ : ②+③ Ⓑ : 400만원	

공제종류	공제금액 및 한도액		
② 주택임차차입금 원리금상환액	원리금 상환액 ×40%	공제한도 : Min(Ⓐ, Ⓑ) Ⓐ : ②+③ Ⓑ : 400만원	㉢ 상환기간 15년 이상+(고정 or 비거치) : 1,500만원 ㉣ 상환기간 15년 이상+(고정 and 비거치) : 1,800만원 ①이 2012.1.1. 이후 차입 · 상환기간 연장인 경우 ㉠ 차입금의 70% 이상이 고정금리 또는 비거치식 분할상환인 경우 1,500만원 ㉡ 그 외 차입금 500만원
③ 주택마련저축 납입액	저축 납입액 ×40%	공제한도 : Min(Ⓐ, Ⓑ) Ⓐ : ②+③ Ⓑ : 400만원	①이 2012.1.1. 이전 차입 · 상환기간 연장인 경우 ㉠ 상환기간 30년 이상 : 1,500만원 ㉡ 상환기간 15년 이상 30년 미만 : 1,000만원 ①이 2003.12.31. 이전 차입인 경우 ㉠ 상환기간 10년 이상 15년 미만 : 600만원 ㉡ 상환기간 15년 이상 : 1,000만원

(2) 세 대

세대란 거주자와 그 배우자, 거주자와 같은 주소 또는 거소에서 생계를 같이하는 거주자와 그 배우자의 직계존비속(그 배우자 포함) 및 형제자매를 모두 포함한 세대를 말한다. 이 경우 거주자와 그 배우자는 생계를 달리하더라도 동일한 세대로 본다(소령 112 ①).

실무포인트

주민등록표상 세대주와 「소득세법」 제52조 제4항 및 동법 시행령 제112조 제1항에 따른 "대통령령으로 정하는 세대"의 관계에 있지 않은 거주자가 주민등록표상 세대주의 동거인으로 기록된 경우, 그 거주자는 「소득세법」 제52조 제4항의 적용상 주민등록표상의 세대주와 별개의 세대로 보는 것임(사전-2021-법령해석소득-0005, 2021.6.14.).

(3) 주택을 보유하지 아니한 세대의 세대주

세대주란 과세기간 종료일 현재 주민등록표 등본상 세대주로 기재된 자를 말하며, 주택을 보유하지 아니한 세대의 세대주란 세대 구성원 전부가 주택이 없는 경우를 말한다. 반면에, 주택을 보유하지 않은 세대주란 세대주가 주택이 없는 경우를 말한다.

(4) 국민주택 규모

국민주택규모란 주거전용면적(주거의 용도로만 쓰이는 면적)이 1호(戶) 또는 1세대당 다음의 규모 이하인 주택을 말한다(주택법 2 6.).

① 수도권을 제외한 도시 지역이 아닌 읍 또는 면 지역 : 100㎡ 이하인 주택

② 그 외 지역 : 85㎡ 이하인 주택

(5) 기준시가

주택의 기준시가란 「부동산 가격공시에 관한 법률」에 따른 개별주택가격 및 공동주택가격을 말한다. 다만, 공동주택가격의 경우에 국세청장이 결정 · 고시한 공동주택가격이 있을 때에는 그 가격에 따르고, 개별주택가격 및 공동주택가격이 없는 주택의 가격은 납세지 관할 세무서장이 인근 유사주택의 개별주택가격 및 공동주택가격을 고려하여 대통령령으로 정하는 방법에 따라 평가한 금액으로 한다(소법 99 ① 1. 라). 이 경우 납세지 관할 세무서장은 「지방세법」 제4조 제1항 단서에 따라 시장 · 군수가 산정한 가액을 평가한 가액으로 하거나 둘 이상의 감정평가법인 등에게 의뢰하여 해당 주택에 대한 감정평가법인 등의 감정가액을 고려하여 평가할 수 있다(소령 164 ⑪).

3. 주택임차차입금 원리금상환액 공제

과세기간 종료일 현재 주택을 소유하지 아니한 세대의 세대주(세대의 구성원 및 외국인 포함)로서 근로소득이 있는 거주자가 국민주택규모 이하의 주택(주거용 오피스텔 포함)을 임차하기 위하여 주택 임차자금 차입금의 원리금상환액을 지급하는 경우에는 그 금액의 40%에 해당하는 금액을 해당 과세기간의 근로소득금액에서 공제한다. 다만, 그 공제하는 금액과 주택청약종합저축공제금액의 합계액이 연 400만원을 초과하는 경우 그 초과하는 금액은 없는 것으로 한다(소법 52 ④).

▌주택임차차입금 원리금상환액 공제▐

구 분	내 용	
공제대상	거주자 본인	
공제금액	원리금상환액×40%	
한 도	400만원(주택마련저축 공제금액과 합하여 한도적용)	
지출기간	근로제공기간 동안 지출한 비용	
주요공제요건	공제대상자	과세기간 종료일 현재 주택을 소유하지 아니한 세대의 세대주, 세대의 구성원 및 외국인
	주택	국민주택규모 이하의 주택 및 주거용 오피스텔
	차입금	① 금융기관 : 입주일·전입일 또는 연장 갱신일부터 전후 3개월 이내에 차입한 자금 ② 개인 : 총급여 5,000만원 이하인 사람이 입주일 전입일 또는 연장 갱신일부터 전후 1개월 이내에 차입한 자금

(1) 공제대상자

과세기간 종료일 현재 주택을 소유하지 아니한 세대의 세대주, 세대의 구성원 및 외국인으로서 근로소득이 있는 거주자가 공제를 받을 수 있다(소법 52 ④).

1) 세대원

근로자 본인이 세대주인 경우뿐 아니라 본인이 세대원인 경우에도 주택임차차입금 원리금상환액 공제를 적용받을 수 있다. 근로자 본인이 세대원으로서 본 공제를 적용받을 수 있는 요건은 세대주가 다음의 공제를 적용받지 않은 경우로 한정한다(소법 52 ④).

① 주택임차차입금원리금상환액 공제(소법 52 ④)
② 청약저축 또는 주택청약종합저축공제(조특법 87 ②)
③ 주택담보대출이자상환액 공제(소법 52 ⑤)

2) 외국인

주택임차차입금 공제의 적용대상이 되는 외국인이란 다음의 요건을 모두 갖춘 거주자를 말한다(소령 112 ⑤).

① 다음의 어느 하나에 해당하는 사람일 것
㉠ 「출입국관리법」에 따라 등록한 외국인

㉡ 「재외동포의 출입국과 법적 지위에 관한 법률」에 따라 국내거소신고를 한 외국국적동포

② 다음의 어느 하나에 해당하는 사람이 「소득세법」 주택임차자금 차입금 · 장기주택저당차입금 및 「조세특례제한법」 청약저축 및 주택청약종합저축에 따른 공제를 받지 않았을 것

㉠ 거주자의 배우자

㉡ 거주자와 같은 주소 또는 거소에서 생계를 같이하는 사람으로서 다음의 어느 하나에 해당하는 사람

ⓐ 거주자의 직계존비속(그 배우자를 포함) 및 형제자매

ⓑ 거주자의 배우자의 직계존비속(그 배우자를 포함) 및 형제자매

(2) 공제대상 주택

1) 공제대상 주택의 범위

주택임차차입금원리금상환액 공제는 국민주택규모 이하의 주택 및 주거에 사용하는 오피스텔을 임차한 경우에 공제한다(소법 52 ④). 여기서 오피스텔은 「주택법 시행령」 제4조 제4호의 오피스텔을 말한다. 또한 해당 주택이 다가구주택이면 가구당 전용면적을 기준으로 한다(소령 112 ②).

2) 주택의 부수토지

공제대상 주택 및 오피스텔에는 그 주택 및 오피스텔에 딸린 토지를 포함한다. 단, 그 딸린 토지가 건물이 정착된 면적에 다음의 배율을 곱하여 산정한 면적을 초과하는 경우 해당 주택 및 오피스텔은 공제대상에서 제외한다(소법 54 ④, 소령 112 ③).

① 「국토의 계획 및 이용에 관한 법률」에 따른 도시 지역의 토지 : 5배

② 그 밖의 토지 : 10배

(3) 공제대상 차입금

여기서 주택임차자금 차입금이란 다음 중 어느 하나에 해당하는 차입금을 말한다. 다만, '2)'의 차입금의 경우 해당 과세기간의 총급여액이 5,000만원 이하인 사람만 해당한다(소령 112 ④).

1) 금융기관 차입금

대출기관으로부터 차입한 자금으로서 다음의 요건을 모두 갖춘 것을 공제한다.

① 「주택임대차보호법」에 따른 임대차계약증서의 입주일과 주민등록표 등본의 전입일(외국인의 경우에는 「출입국관리법」에 따른 외국인등록표의 체류지 등록일 또는 「재외동포의 출입국과 법적 지위에 관한 법률」에 따른 국내거소신고증의 거소 신고일) 중 빠른 날부터 전후 3개월 이내에 차입한 자금[종전의 주택임차자금 차입금을 다른 대출기관으로부터 차입한 자금으로 상환(이하 "대환대출")하는 경우에는 대환대출 전에 최초로 차입한 자금을 기준으로 한다]일 것. 다만, 다음의 차입금을 포함한다.

㉠ 임대차계약을 연장 또는 갱신하면서 차입하는 경우 : 임대차계약 연장 또는 갱신일부터 전후 3개월 이내에 차입한 자금

㉡ 주택임차자금 차입금의 원리금상환액 소득공제를 받고 있던 자가 다른 주택으로 이주하는 경우 : 종전 주택의 입주일과 전입일등 중 빠른 날부터 전후 3개월 이내에 차입한 자금

② 차입한 자금(대환대출의 경우에는 대환대출 전에 최초로 차입한 자금을 기준으로 한다) 대출기관에서 임대인의 계좌로 직접 입금될 것

「소득세법 시행령」 [별표 1의 2] (2023.4.11. 개정)

▌주택임차자금의 대출기관(제112조 제4항 관련)▐

가. 한국은행 · 한국산업은행 · 한국수출입은행 · 중소기업은행 및 「은행법」에 따른 은행
나. 「상호저축은행법」에 따른 상호저축은행과 그 중앙회
다. 「농업협동조합법」에 따른 농업협동조합과 그 중앙회
라. 「수산업협동조합법」에 따른 수산업협동조합과 그 중앙회
마. 「신용협동조합법」에 따른 신용협동조합과 그 중앙회
바. 「새마을금고법」에 따른 금고와 그 연합회
사. 「보험업법」에 따른 보험회사
아. 「우체국예금 · 보험에 관한 법률」에 따른 체신관서
자. 「주택도시기금법」에 따른 주택도시기금
차. 「한국주택금융공사법」에 따른 한국주택금융공사
카. 「여신전문금융업법」에 따른 여신전문금융회사
타. 「국가보훈부와 그 소속기관 직제」 제2조 제2항에 따른 지방보훈청 및 보훈지청

2) 개인 차입금

해당 과세기간의 총급여액이 5,000만원 이하인 사람이 대부업 등을 경영하지 아니하는 거주자로부터 차입한 자금으로서 다음의 요건을 모두 갖춘 것을 공제한다.

① 임대차계약증서의 입주일과 전입일 등 중 빠른 날부터 전후 1개월 이내에 차입한 자금일 것. 다만, 다음의 차입금을 포함한다.

㉠ 임대차계약을 연장 또는 갱신하면서 차입하는 경우 : 임대차계약 연장 또는 갱신일부터 전후 1개월 이내에 차입한 자금

㉡ 주택임차자금 차입금의 원리금상환액 소득공제를 받고 있던 자가 다른 주택으로 이주하는 경우 : 새로이 주택임차자금을 차입하지 않는 경우에는 종전 주택의 입주일과 전입일 등 중 빠른 날부터 전후 1개월 이내에 차입한 자금

② 3.1%보다 낮은 이자율로 차입한 자금이 아닐 것(소칙 57)

차입시기	이자율
2025.3.21.~	3.1%
2024.3.22.~2025.3.20.	3.5%
2023.3.20.~2024.3.21.	2.9%
2021.3.16.~2023.3.19.	1.2%
2020.3.13.~2021.3.15.	1.8%
2019.3.20.~2020.3.12.	2.1%
2018.3.21.~2019.3.19.	1.8%
2017.3.10.~2018.3.20.	1.6%
2016.3.16.~2017.3.9.	1.8%
2015.3.13.~2016.3.15.	2.5%
2014.3.15.~2015.3.12.	2.9%

(4) 공제금액 및 한도

구 분	공제액	한도액
① 국민주택규모 이하의 주택을 임차하기 위한 주택임차자금 차입금의 원리금상환액	지급액×40%	연 400만원
② 청약저축, 주택청약종합저축에 납입한 금액으로 연 240만원 이내의 금액	지급액×40%	

(5) 제출서류

공제를 적용받으려는 사람은 다음의 서류를 해당 과세기간의 다음 연도 2월분의 급여를 받는 날(퇴직한 경우에는 퇴직한 날이 속하는 달의 급여를 받는 날)까지 원천징수의무자 · 납세조합 또는 납세지 관할 세무서장에게 제출하여야 한다(소령 113 ①, 소칙 58 4.).

① 주택자금상환등증명서 또는 장기주택저당차입금이자상환증명서(연말정산간소화 자료 가능)

② 주민등록표 등본

③ 임대차계약서. 단, 임대차계약 연장 · 갱신 및 이주의 경우에는 임대차계약을 연장 또는 갱신하거나 이주를 하기 전의 임대차계약에 대한 임대차계약 증서 사본 포함

④ 금융기관이 아닌 개인으로부터 차입한 차입금에 대한 공제 : 임대차계약증서 사본, 금전소비대차계약서 사본, 계좌이체 영수증 및 무통장입금증 등 해당 차입금에 대한 원리금을 대주(貸主)에게 상환하였음을 증명할 수 있는 서류

실무포인트

1. 법인으로부터 차입한 주택임차차입금의 소득공제 적용 여부

근로소득이 있는 거주자가 주택을 임차하기 위하여 차입한 차입금이 대출기관 및 대부업 등을 경영하지 아니하는 거주자로부터 차입한 차입금에 해당하지 않는 경우에는 주택임차차입금 원리금상환액 소득공제를 적용할 수 없는 것임(원천-527, 2011.8.25.).

* 일반 법인, 각종 공제회에서 차입한 주택임차차입금은 소득공제 적용대상 아님.

2. 소속 근로자만을 대상으로 하는 주택임차차입금의 소득공제 적용 여부

소득세법 시행령 제112조 제4항 및 별표 1의 2에 따른 대출기관 소속 근로자가 해당 대출기관으로부터 소속 근로자만이 대출받을 수 있는 주택임차차입금을 저리로 대출받아 해당 주택임차차입금의 원리금을 상환하는 경우 소득세법 제52조 제4항 및 같은 법 시행령 제112조 제4항에 따른 주택임차차입금 원리금상환액 소득공제를 적용할 수 없는 것임(법규소득 2014-112, 2014.6.2.).

사례 주택임차차입금 원리금상환액 공제

㈜택스에듀는 2025년 근로소득에 대한 연말정산을 다음과 같이 실시하였다.

2025년 귀속 근로소득 자료는 아래와 같으며, 본인 외의 부양가족은 없다. 또한, 과세기간 종료일 현재 무주택자에 해당하며, 차입금이 금융기관에서 임대인의 계좌로 직접 입금되었음이 확인되었다. 이외 주택관련 공제는 신청하지 않았다.

▌국세청 간소화자료▌

2025년 귀속 소득 · 세액공제증명서류 : 상세내역 [주택임차차입금 원리금상환액]

(조회기간 : 2025년 01~12월)

■ 차입자 인적사항

성 명	주 민 등 록 번 호
김지환	910810-1******

■ 주택임차차입금 상환내역

취급기관		1월	2월	3월	4월	상환액 계
상품명	사업자번호	5월	6월	7월	8월	
계좌번호	대출일	9월	10월	11월	12월	
㈜xx은행		801,970	813,460	851,490	852,690	10,611,470
xx주택전세자금대출	111-11-xxxxx	820,850	856,880	955,450	932,540	
1234******	2024.03.20.	910,270	921,000	945,960	948,910	
합계						10,611,470

1. 공제대상자 : 무주택 세대의 세대주(세대주가 주택임차차입금 원리금상환액, 주택마련저축 및 장기주택저당차입금 이자상환액 공제를 받지 아니한 경우에는 세대의 구성원)인 근로자
   ※ 임대차계약증서는 소득공제를 받는 근로자(세대주, 세대원) 명의여야 함
2. 공제대상금액 : 과세기간 종료일(12.31.) 현재 무주택 세대의 세대주인 근로자가 국민주택규모 주택(주거용 오피스텔 포함)을 임차하기 위하여 대출기관 또는 대부업 등을 경영하지 아니하는 거주자로부터 차입한 주택임차차입금 원리금 상환금액의 40%
   ※ 주택임차차입금 공제 요건은 연말정산간소화 등에서 확인하시기 바랍니다.

• 본 증명서류는 「소득세법」 제165조 제1항에 따라 영수증 발급기관으로부터 수집한 서류로 소득세액공제 충족 여부는 근로자가 직접 확인하여야 합니다.
• 본 증명서류에서 조회되지 않는 내역은 영수증 발급기관에서 직접 발급받으시기 바랍니다.

▎부동산 임대차계약서▎

부 동 산 임 대 차 계 약 서

☑ 전세 ☐ 월세

임대인과 임차인 쌍방은 아래 표시 부동산에 관하여 다음 계약 내용과 같이 임대차계약을 체결한다.

1. 부동산의 표시

소 재 지	서울특별시 마포구 xx로 11-11(xx오피스텔)					
토 지	지 목	대			면 적	
건 물	구 조	철근콘크리트구조	용 도	오피스텔	면 적	
임대할 부분	506호				면 적	62.71㎡

2. 계약내용

제1조(목적) 위 부동산의 임대차에 한하여 임대인과 임차인은 합의에 의하여 임차보증금 및 차입을 아래와 같이 지불하기로 한다.

보 증 금	500,000,000원
계 약 금	50,000,000원
잔 금	450,000,000원
차 임	

제2조(임대차기간) 임대인은 임차주택을 임대차 목적대로 사용·수익할 수 있는 상태로 2024년 2월 20일까지 임차인에게 인도하고, 임대차기간은 인도일로부터 2026년 2월 19일까지로 한다.

⋮

임대인	주 소	서울시 마포구 xx로 11-18					서명 또는 날인㉼
	주민등록번호	890512-2******	전 화	010-xxxx-xxxx	성 명	이수진	
임차인	주 소	서울시 마포구 xx로 11-11					서명 또는 날인㉼
	주민등록번호	910810-1******	전 화	010-xxxx-xxxx	성 명	김지환	

▌주민등록표▐

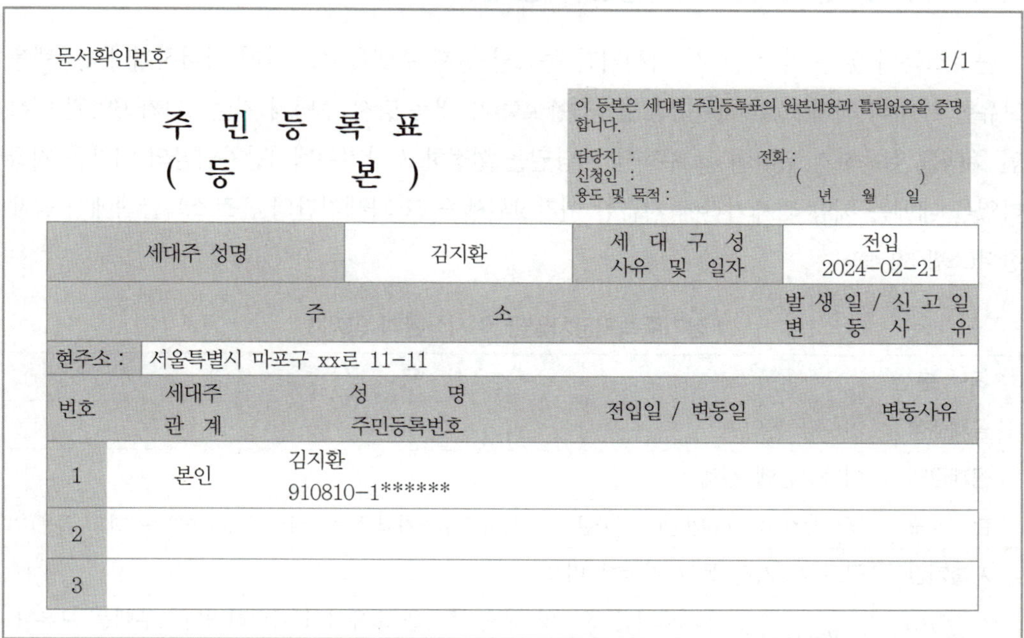

문서확인번호 1/1

주 민 등 록 표
(등 본)

이 등본은 세대별 주민등록표의 원본내용과 틀림없음을 증명합니다.
담당자 : 전화 :
신청인 : ( )
용도 및 목적 : 년 월 일

세대주 성명	김지환	세 대 구 성 사유 및 일자	전입 2024-02-21

주 소	발 생 일 / 신 고 일 변 동 사 유
현주소 : 서울특별시 마포구 xx로 11-11	

번호	세대주 관 계	성 명 주민등록번호	전입일 / 변동일	변동사유
1	본인	김지환 910810-1******		
2				
3				

해설

임대차계약서상 입주일(2024.2.20.)과 주민등록표등본상 전입일(2024.2.21.) 중 빠른 일자로부터 전후 3개월 이내에 차입한(2024.3.20.) 차입금이므로 공제대상에 해당한다.

풀이

10,611,470원×40%=4,244,588원, 한도액 4,000,000원

▌근로소득지급명세서(2쪽)▐

<table>
<tr><td rowspan="11">㉞ 주택자금</td><td colspan="2" rowspan="2">㉮ 주택임차차입금 원리금상환액</td><td colspan="2">대출기관</td><td>4,000,000</td></tr>
<tr><td colspan="2">거주자</td><td></td></tr>
<tr><td rowspan="9">㉯ 장기주택저당 차입금 이자 상환액</td><td rowspan="5">2011년 이전 차입분</td><td colspan="2">15년 미만</td><td></td></tr>
<tr><td colspan="2">15년~29년</td><td></td></tr>
<tr><td colspan="2">30년 이상</td><td></td></tr>
<tr><td rowspan="2">15년 이상</td><td>고정금리이면서 비거치상환 대출</td><td></td></tr>
<tr><td>고정금리이거나 비거치상환대출</td><td></td></tr>
<tr><td rowspan="4">2012년 이후 차입분</td><td rowspan="3">15년 이상</td><td>고정금리이면서 비거치상환 대출</td><td></td></tr>
<tr><td>고정금리거나, 비거치상환 대출</td><td></td></tr>
<tr><td>그 밖의 대출</td><td></td></tr>
<tr><td>10년 ~15년</td><td>고정금리이거나, 비거치상환 대출</td><td></td></tr>
</table>

4. 장기주택저당차입금 이자상환액 공제

근로소득이 있는 거주자로서 과세기간 종료일 현재 주택을 소유하지 아니하거나 1주택을 보유한 세대의 세대주(세대의 구성원 및 외국인 포함)가 취득 당시 주택의 기준시가가 6억원 이하인 주택을 취득하기 위하여 그 주택에 저당권을 설정하고 장기주택저당차입금의 이자를 지급하였을 때에는 해당 과세기간에 지급한 이자상환액을 그 과세기간의 근로소득금액에서 공제한다(소법 52 ⑤).

▌장기주택저당차입금 이자상환액 공제▐

구 분	내 용	
공제대상	거주자 본인	
공제금액	이자상환액 전액	
한 도	600만원~2,000만원(주택마련저축 및 주택임차차입금 원리금상환액과 합하여 한도 적용)	
지출기간	근로제공기간 동안 지출한 비용	
주요공제요건	공제대상자	과세기간 종료일 현재 주택을 소유하지 아니하거나 1주택을 보유한 세대의 세대주, 세대의 구성원 및 외국인
	주택	취득 당시 기준시가가 6억원 이하인 주택(오피스텔 제외)
	차입금	① 차입금의 상환기간이 15년(또는 10년) 이상 ② 주택소유권이전등기 또는 보존등기일부터 3월 이내에 차입한 장기주택저당차입 ③ 채무자가 당해 저당권이 설정된 주택의 소유자일 것

(1) 공제대상자

근로소득이 있는 거주자로서 과세기간 종료일 현재 주택을 소유하지 아니하거나 1주택을 보유한 세대의 세대주, 세대의 구성원 및 외국인이 공제를 받을 수 있다(소법 52 ⑤). 여기서 세대주 여부의 판정은 과세기간 종료일 현재의 상황에 따른다. 또한, 세대주에 대해서는 실제 거주 여부와 관계없이 적용하고, 세대주가 아닌 거주자에 대해서는 실제 거주하는 경우만 적용한다(소법 52 ⑤ 1.·3.).

1) 세대원

근로자 본인이 세대주인 경우뿐 아니라 본인이 세대원인 경우에도 주택임차차입금 원리금상환액 공제를 적용받을 수 있다. 근로자 본인이 세대원으로서 본 공제를 적용받을 수 있는 요건은 세대주가 다음의 공제를 적용받지 않은 경우로 한정한다(소법 52 ④).

① 주택임차차입금원리금상환액 공제(소법 52 ④)

② 청약저축 또는 주택청약종합저축공제(조특법 87 ②)

③ 주택담보대출이자상환액 공제(소법 52 ⑤)

2) 외국인

주택임차차입금 공제의 적용대상이 되는 외국인이란 다음의 요건을 모두 갖춘 거주자를 말한다(소령 112 ⑤).

① 다음의 어느 하나에 해당하는 사람일 것

㉠ 「출입국관리법」에 따라 등록한 외국인

㉡ 「재외동포의 출입국과 법적 지위에 관한 법률」에 따라 국내거소신고를 한 외국국적동포

② 다음의 어느 하나에 해당하는 사람이 「소득세법」 주택임차자금 차입금 · 장기주택저당차입금 및 「조세특례제한법」 청약저축 및 주택청약종합저축에 따른 공제를 받지 않았을 것

㉠ 거주자의 배우자

㉡ 거주자와 같은 주소 또는 거소에서 생계를 같이하는 사람으로서 다음의 어느 하나에 해당하는 사람

ⓐ 거주자의 직계존비속(그 배우자를 포함) 및 형제자매

ⓑ 거주자의 배우자의 직계존비속(그 배우자를 포함) 및 형제자매

실무포인트

외국인 배우자가 장기주택저당차입금 이자상환액 소득공제를 적용받을 수 있는지 여부

근로소득이 있는 거주자로서 주택을 소유하지 아니하거나 1주택을 보유한 세대의 세대주가 장기주택저당차입금 이자상환액 소득공제를 적용받지 않은 경우, 해당 세대의 구성원 중 근로소득이 있는 자는 구 소득세법 제52조 제5항에 따라 장기주택저당차입금 이자상환액 공제를 적용받을 수 있으므로, 외국인 배우자로서 해당 세대의 구성원임이 세대별 주민등록표 등본 등에 의하여 객관적으로 확인되는 근로소득이 있는 거주자는 구 소득세법에 따른 장기주택저당차입금 이자상환액 공제를 적용받을 수 있음(서면-2020-법령해석국조-0583, 2021.5.7.).

(2) 주택요건

취득 당시 기준시가가 6억원 이하인 주택을 취득한 경우로서 과세기간 종료일 현재 주택을

소유하지 아니하거나 1주택을 보유한 세대의 세대주, 세대의 구성원 및 외국인이 공제를 받을 수 있다. 따라서 세대 구성원이 보유한 주택을 포함하여 과세기간 종료일 현재 2주택 이상을 보유한 경우에는 그 보유기간이 속하는 과세기간에 지급한 이자상환액은 공제할 수 없다(소법 52 ⑤ 2.).

1) 주택의 범위

공제대상은 주택만 해당되며, 오피스텔을 포함되지 않는다. 오피스텔은 「건축법」상 업무시설에 해당하며, 「주택법」상 국민주택기금의 융자대상에 포함되지 않는 것으로 장기주택저당차입금 이자상환액공제대상 주택에 해당하지 않는다(소집 52-112-1 ①).

2) 취득 당시 기준시가

공제대상 주택은 취득 당시 기준시가(개별주택가격 또는 공동주택가격)가 6억원 이하여야 한다. 이때 주택의 취득 당시 기준시가를 기준으로 6억원 이하인지 여부를 판단하므로 주택 취득 당시의 기준시가가 6억원 이하이고 다른 요건을 갖추면 취득일 이후의 기준시가가 상승하였는지 여부에 관계없이 계속 소득공제를 적용받을 수 있다. 또한, 주택에 대한 「부동산 가격공시에 관한 법률」에 따른 개별주택가격 및 공동주택가격이 공시되기 전에 차입한 경우에는 차입일 이후 같은 법에 따라 최초로 공시된 가격을 해당 주택의 기준시가로 본다(소법 52 ⑤ 5.).

▌주택 관련 요건 개정연혁▐

차입시기	취득 당시 주택 수	주택규모	취득 당시 기준시가
2024.1.1.~	무주택 또는 1주택 보유한 세대의 세대주	요건 없음	6억 이하
2019.1.1.~2023.12.31.	무주택 또는 1주택 보유한 세대의 세대주	요건 없음	5억 이하
2014.1.1.~2018.12.31.		요건 없음	4억 이하
2006.1.1.~2013.12.31.	무주택 세대의 세대주	국민주택규모 이하	3억 이하
~2005.12.31.	요건없음	국민주택규모 이하	요건 없음

3) 주택 수의 판정 사례(소집 52-112-1)

① 주택 수의 범위에는 세대 구성원의 무허가주택을 포함한다.

② 상속으로 여러 사람이 공동으로 소유하는 1주택이 있는 경우 해당 공동상속주택은

상속지분이 가장 큰 상속인이 주택을 소유한 것으로 보아 장기주택저당차입금 등 주택자금공제 여부를 판단한다. 이 경우 상속지분이 가장 큰 상속인이 2인 이상인 때에는 해당 주택에 거주하는 자, 최연장자의 순서에 따라 해당 거주자가 그 공동상속주택을 소유한 것으로 보아 공제가능 여부를 판단한다.

③ 동일자에 1주택을 취득 · 양도한 경우에는 1주택을 양도한 후 다른 1주택을 취득한 것으로 보아 장기주택저당차입금 규정을 적용한다.

④ 판매목적의 주택을 소유하는 경우 해당 주택은 주택 수에 포함한다.

⑤ 다가구주택은 단독주택으로 보아 국민주택규모를 판단한다. 다만, 다가구주택이 구분 등기된 경우에는 각각을 1개의 주택으로 보고 가구당 전용면적을 기준으로 소득공제 여부를 판단한다.

실무포인트

1. 세대원의 소유주택을 포함하여 판정

거주자와 주민등록의 동일 세대원으로 등록된 어머니가 실제 누나와 함께 거주하는 경우에도 거주자의 주민등록상 동일 세대원인 어머니 명의의 주택을 포함하여 과세기간 종료일 현재 2주택 이상을 보유하는 경우 장기주택저당차입금 이자상환액 공제 대상에 해당하지 아니함(원천-768, 2010.10.1.).

2. 2주택자가 주택을 양도하여 1주택이 된 경우

소득세법 제52조 제5항에 따른 장기주택저당차입금 이자상환액 공제를 적용받은 거주자가 별도 세대원의 세대합가로 2주택자에 해당되어 공제대상에서 제외되었으나 세대원의 주택이 양도되어 과세기간 종료일 현재 1주택자(해당 과세기간에 2주택을 보유한 기간이 3개월 이하인 경우에 한함)가 된 경우에는 해당 연도의 장기주택저당차입금 이자상환액 공제를 적용받을 수 있는 것임(원천세과-623, 2010.7.29.).

3. 공동소유 주택

(1) 공동소유 주택의 시가 판정

공동명의의 주택 취득 시 장기주택저당차입금 이자상환액 공제대상 주택의 가격은 인별로 안분하는 것이 아니라 당해 주택의 기준시가를 기준으로 하여 4억원(현행 5억원) 이하 적용 여부를 판단함(서면인터넷방문상담1팀-778, 2006.6.13.).

(2) 공동소유 주택의 주택 수 판정

소득세법 제52조 제5항의 장기주택저당차입금 이자상환액 공제를 적용함에 있어, 1주택을 여러 사람이 공동으로 소유한 경우 공동 소유자 각자가 그 주택을 소유한 것으로 보아 주택 수를 판단하는 것임(원천세과-464, 2011.7.29.).

4. 상속주택의 공제 여부

아버지가 장기주택저당차입금 이자상환액공제를 받고 있다가 사망하여 아들이 주택 및 장기주택 저당차입금을 상속받는 경우, 상속시점에서 아들이 장기주택저당차입금 이자상환액공제 대상자에 해당되고 동 차입금이 공제요건을 충족하는 경우에는 아들이 상속받은 장기주택저당차입금은 공제대상 차입금에 포함한다(소집 52-112-2).

(3) 차입금의 범위

장기주택저당차입금이란 주택의 기준시가가 6억원 이하인 주택을 취득하기 위하여 그 주택에 저당권을 설정하고 금융회사 등 또는 「주택도시기금법」에 따른 주택도시기금으로부터 차입한 차입금으로서 다음의 요건을 모두 갖춘 차입금을 말한다(소령 112 ⑧).

① 주택소유권이전등기 또는 보존등기일부터 3월 이내에 차입한 장기주택저당차입금일 것

② 장기주택저당차입금의 채무자가 당해 저당권이 설정된 주택의 소유자일 것

▌장기주택저당차입금 이자상환액 주요 공제요건 개정연혁▐

구 분	2000. 10.31. 이전 차입분	2000.11.1.~ 2003.12.31. 차입분	2004.1.1. 이후 차입분	2009.1.1. 이후 상환분	2012.1.1. 이후 차입·만기 연장	2015.1.1. 이후 차입분	2024.1.1. 이후 차입분
상환기간	규정 없음	10년 이상 (거치기간 포함)	15년 이상 (거치기간이 3년 이하인 경우에 한하며 거치기간 포함)	15년 이상 (거치기간 제한 없음)	15년 이상	15년 이상 (단, 고정금리 또는 비거치식 분할상환방식은 10년 이상)	15년 이상 (단, 고정금리 또는 비거치식 분할상환방식은 10년 이상)
소유권 이전 (보존) 등기일 3월 이내 차입	규정 없음	3월 내 차입	3월 내 차입	3월 내 차입	3월 내 차입	3월 내 차입	3월 내 차입
공제한도	300만원	600만원	1,000만원	1,000만원 (1,500만원)	500만원 (1,500만원)	500만원 (300, 1500, 1800)	800만원 (600, 1800, 2000)

실무포인트

1. 한도대출방식 차입금의 공제대상 여부

대출약관에 의해 한도액을 설정하고 약정된 한도액 범위 내에서 차입과 상환을 반복할 수 있는 한도거래방식으로 차입한 한도대출방식 차입금은 장기주택저당차입금에 해당하지

않음(서면1팀-1243, 2006.9.12.).

2. 부담부 증여로 취득한 주택의 차입금 공제 여부

증여등기일로부터 3개월 내에 해당 주택에 저당권을 설정하고 상환기간이 15년 이상인 장기주택저당차입금을 대출받아 증여재산에 담보된 채무를 상환하는 경우 해당 채무액의 범위 내에서 이자상환액 소득공제가 가능함(원천세과-538, 2011.8.30.).

3. 임대아파트 관련 차입금의 장기주택저당차입금 이자상환액 소득공제 대상 여부

일정기간 사용 후 분양되는 임대아파트와 관련하여 임차인이 차입한 금액은 소득세법 시행령 제112조 제6항 제3호의 요건에 부합하지 않아 장기주택저당차입금 이자상환액 소득공제를 받을 수 없는 것이며, 임대기간 만료 후 소유권이 이전되는 시점에 신규로 차입하면서 소득세법 시행령 제112조 제6항의 대통령령이 정하는 장기주택저당차입금의 요건에 부합하는 대출을 받는 경우에는 그 이자상환액에 대하여 소득세법 제52조 제3항의 특별공제(장기주택저당차입금 이자상환액 소득공제)가 가능한 것임(서면1팀-412, 2006.3.31.).

(4) 차입금 관련 사례

1) 공동명의 주택의 차입금

본인 단독명의로 주택을 취득하거나 본인과 배우자 또는 제3자와 공동명의로 주택을 취득하고 본인과 배우자 또는 제3자 공동명의로 장기주택저당차입금을 차입한 경우 근로자 본인의 채무부담 부분에 해당하는 이자상환액이 공제대상금액이 된다. 다만, 공동차입자간에 채무분담비율에 관한 별도의 약정이 없는 경우 공동차입자간 채무분담비율은 균등한 것으로 본다(재경부 소득 46073-12, 2001.1.16.).

주택소유자	차입자	공제 여부
본인	본인	○
본인	배우자	×
본인	본인+배우자	본인 부담분만*
본인+배우자	본인	○
본인+제3자	본인+제3자	본인 부담분만*
배우자	본인	×

* 차입금을 타인과 공동으로 차입한 경우 본인의 채무부담분에 해당하는 이자상환액만 공제함, 별도의 약정이 없는 경우에는 채무분담비율이 균등한 것으로 봄.

실무포인트

① 부부 공동명의 주택에 배우자 명의로 차입금을 차입했다가 근로자 명의로 변경 시 주택의 소유권 이전 등기일로부터 3개월 이내에 차입금을 본인 명의로 전환하는 경우에는 공제가 가능하나, 그 외의 경우는 소득공제를 적용받을 수 없음(원천세과-453, 2009.5.27.; 원천세과-468, 2009.5.29.).

② 부부 공동 소유주택이 있는 거주자가, 배우자가 차입한 장기주택저당차입금의 상환기간 중에 본인명의로 당해 주택에 저당권을 설정하고 차입한 상환기간 15년 이상의 신규 차입금(주택 소유권 이전등기일부터 3월 이내 차입한 경우에는 제외한다)으로 기존의 배우자명의 차입금을 상환하는 경우 해당 신규 차입금은 소득세법 제52조 제3항의 장기주택저당 차입금에 해당하지 아니하는 것임(원천-453, 2009.5.27.).

③ 취득 당시 부부 공동 명의 주택을 담보 차입한 장기주택저당차입금의 차입자 명의(배우자 명의로 되어 있음)를 근로자인 세대주 명의로 변경한 경우에도 소득공제 대상 장기주택저당 차입금에 해당하지 아니함(원천-468, 2009.5.29.).

④ 이혼으로 인한 재산분할로 본인 단독명의(1/2지분 취득)로 변경하는 과정에서 부부공동명의로 취득한 주택을 담보로 배우자 명의 장기주택저당차입금을 본인 명의 신규 대출금으로 상환하는 경우, 해당 신규대출금은 소득세법 제52조 제5항 및 같은 법 시행령 제112조 제8항에서 규정하는 장기주택저당차입금에 해당하지 않음(서면-2024-원천-1386, 2024.9.25.).

⑤ 타인과 공동 명의로 취득한 주택을 담보로 상대방 명의로 차입한 장기주택저당차입금을 본인 단독 명의(상대방 1/2지분 취득)로 변경한 경우, 해당 차입금은 장기주택저당차입금에 해당하지 않음(서면원천-323, 2025.5.7.).

2) 차입금을 대환하는 경우

장기주택저당차입금의 차입자가 해당 금융회사 등 내에서 또는 다른 금융회사 등으로 장기주택저당차입금을 다음 중 어느 하나에 해당하는 방식으로 이전하는 경우로서 해당 차입금의 상환기간이 15년 이상인 것은 공제대상 장기주택저당차입금에 포함한다. 이 경우 상환기간을 계산할 때에는 기존의 장기주택저당차입금을 최초로 차입한 날을 기준으로 한다. 다만, 기존의 차입금의 잔액을 한도로 한다(소령 112 ⑩ 2.).

① 해당 금융회사 등 또는 다른 금융회사 등이 기존의 장기주택저당차입금의 잔액을 직접 상환하고 해당 주택에 저당권을 설정하는 형태로 장기주택저당차입금을 이전하는 방식

② 해당 차입자가 신규로 차입한 장기주택저당차입금으로 기존의 장기주택저당차입금

의 잔액을 즉시 상환하고 해당 주택에 저당권을 설정하는 형태로 장기주택저당차입금을 이전하는 방식

실무포인트

1. 차입금을 여러 차례 대환하는 경우 한도 적용

여러 차례 차입금을 증액하여 최초 장기주택저당차입금 잔액과 2차, 3차 증액된 차입금의 잔액이 혼재해 있는 경우 최초 장기주택저당차입금의 잔액을 한도로 적용하는 것임(원천세과-187, 2012.4.10.).

2. 차입금을 증액하여 대환한 후 일부 차입금을 상환한 경우

① 차입자가 해당 금융회사 등 내에서 또는 다른 금융회사 등으로 장기주택저당차입금을 증액하여 이전한 후 일부 차입금을 상환한 경우, 먼저 대출받은 금액을 먼저 상환한 것으로 보지 않는 것이며, 상환된 차입금은 '기존의 차입금 잔액'과 '이전 후 차입금 중 증액분'의 비율대로 상환된 것으로 보는 것임(원천세과-297, 2011.5.24.).

② 소득세법시행령 제112조 제7항의 규정에 의한 장기주택저당차입금을 차입한 거주자가 당해 차입금의 상환기간 중에 동 차입금을 다른 금융기관으로 증액하여 이전하는 경우(다른 금융기관이 기존의 장기주택저당차입금의 잔액을 직접 상환하고 당해 주택에 저당권을 설정하는 형태로 장기주택저당차입금을 이전하는 경우에 한함), 그 이전한 차입금은 기존 차입금의 잔액을 한도로 하여 소득세법 제52조 제5항의 규정에 의한 장기주택저당차입금으로 보는 것임(서면1팀-574, 2008.4.25.).

3) 단기차입금을 장기주택저당차입금으로 전환한 경우

장기주택저당차입금 요건에 해당하나 그 상환기간이 15년 미만인 차입금의 차입자가 그 상환기간을 15년 이상으로 연장하거나 해당 주택에 저당권을 설정하고 상환기간을 15년 이상으로 하여 신규로 차입한 차입금으로 기존 차입금을 상환하는 경우로서 상환기간 연장 당시 또는 신규 차입 당시 주택의 기준시가 주택분양권의 가격이 각각 6억원 이하인 경우에는 장기주택저당차입금에 포함한다. 다만, 기존의 차입금의 잔액을 한도로 한다. 이 경우 기존 차입금의 최초차입일이 주택소유권이전등기 또는 보존등기일부터 3월 이내여야 한다(소령 112 ⑩ 4.).

4) 장기주택저당차입금을 조기 상환한 경우

상환기간 15년을 경과한 후 조기상환한 경우에는 상환기간 요건을 충족하고 있으므로

조기 상환한 연도에 지출한 이자상환액을 공제받을 수 있다. 그러나 차입금 상환기간 중에 차입금의 잔액을 일시에 상환하여 해당 과세기간에는 동 차입금이 상환기간 요건을 충족하지 못한 경우, 해당 과세기간에 지급한 해당 차입금 이자상환액에 대하여는 소득공제를 적용하지 않는다(원천세과-488, 2009.6.4.). 한편, 장기주택저당차입금을 상환기간 경과 전에 조기 상환한 경우 이전 연도까지 적법하게 소득공제 받은 부분은 소급하여 소득공제를 배제하거나 세액을 추징하지 않는다.

5) 양도자의 기존 차입금을 인수하는 경우

장기주택저당차입금에는 주택의 전소유자가 해당 주택에 저당권을 설정하고 차입한 장기주택저당차입금에 대한 채무를 해당 주택의 양수인이 주택취득과 함께 인수하는 경우의 차입금도 포함한다. 이 경우 전 소유자가 당해 차입금을 최초로 차입한 때를 기준으로 상환기간을 계산하고, 소유권 이전등기일, 보존등기일부터 3개월 이내 요건을 적용하지 않으며, 승계 당시의 기준시가가 6억원(2019~2023년 차입분 5억원, 2014~2018년 차입분 4억원, 2013년 이전 차입분 3억원) 이하 요건을 충족하면 공제가 가능하다(소령 112 ⑧·⑪·⑭).

6) 양도자 명의 주택에 대출 실행 후 취득하는 경우

주택양수자가 금융회사 등 또는 「주택도시기금법」에 따른 주택도시기금으로부터 주택양도자의 주택을 담보로 차입금의 상환기간이 15년 이상인 차입금을 차입한 후 즉시 소유권을 주택양수자에게로 이전하는 경우에도 공제대상인 장기주택저당차입금에 포함한다(소령 112 ⑩ 3.).

7) 양도소득세 감면대상 신축주택을 취득한 경우

「조세특례제한법」 제99조에 따른 양도소득세의 감면대상 신축주택을 최초로 취득하는 자가 금융회사 등 또는 「주택도시기금법」에 따른 주택도시기금으로부터 차입한 차입금으로 해당 주택을 취득하기 위하여 차입한 사실이 확인되는 경우에도 장기주택저당차입금에 포함한다(소령 112 ⑩ 1.).

실무포인트 **양도소득세 감면대상 신축주택**(조특법 99)

주택건설사업자를 제외한 거주자가 다음 어느 하나에 해당하는 신축주택(이에 부수되는 당해 건물의 연면적의 2배 이내의 토지 포함)을 취득하여 그 취득한 날로부터 5년 이내에 양도함으로써 발생하는 소득에 대해서는 양도소득세의 100%에 상당하는 세액을 감면하며, 해당 신축주택을 취득한 날로부터 5년이 지난 후에 양도하는 경우에는 당해 신축주택을 취득한 날부터 5년간 발생한 양도소득금액을 양도소득과세대상소득금액에서 뺀다. 다만, 신축주택이 양도소득세의 비과세대상에서 제외되는 고가주택에 해당하는 경우에는 그러하지 아니한다.

① 자기가 건설한 주택(「주택법」에 따른 「주택조합 또는 도시 및 주거환경정비법」에 따른 정비사업 조합을 통하여 조합원이 취득하는 주택 포함)으로서 신축주택 취득기간에 사용승인 또는 사용검사(임시사용승인 포함)를 받는 주택

- 신축주택 취득기간 : 1998년 5월 22일부터 1999년 6월 30일까지(국민주택의 경우에는 1998년 5월 22일부터 1999년 12월 31일까지로 함)

② 주택건설사업자로부터 취득하는 주택으로서 신축주택취득기간에 주택건설업자와 최초로 매매계약을 체결하고 계약금을 납부한 자가 취득하는 주택(「주택법」에 따른 「주택조합 또는 도시 및 주거환경정비법」에 따른 정비사업조합을 통하여 취득하는 주택으로서 일정요건을 갖춘 주택 포함)

8) 양도소득세 과세특례대상 주택을 취득한 경우

「조세특례제한법」 제98조의 3에 따른 양도소득세 과세특례대상 주택을 2009년 2월 12일부터 2010년 2월 11일까지의 기간 중에 최초로 취득하는 자가 해당 주택을 취득하기 위하여 금융회사 등 또는 「주택도시기금법」에 따른 주택도시기금으로부터 차입한 차입금으로서 상환기간이 5년 이상인 경우. 이 경우 해당 차입금은 다음의 요건을 충족하여야 한다(소령 112 ⑩ 5.).

① 주택소유권이전등기 또는 보존등기일부터 3월 이내에 차입한 장기주택저당차입금일 것

② 장기주택저당차입금의 채무자가 당해 저당권이 설정된 주택의 소유자일 것

(5) 분양권 관련 차입금

무주택자인 세대주가 주택분양권으로서 가격이 6억원 이하인 권리를 취득하고 그 주택을 취득하기 위하여 그 주택의 완공 시 장기주택저당차입금으로 전환할 것을 조건으로 차입한 차입금을 장기주택저당차입금으로 본다. 다만, 거주자가 주택분양권을 둘 이상 보유하게 된 경우에는 그 보유기간이 속하는 과세기간에는 적용하지 아니한다(소법 52 ⑤ 4.).

1) 주택분양권

주택분양권이란 「주택법」에 따른 사업계획의 승인을 받아 건설되는 주택(「주택법」에 따른 주택조합 및 「도시 및 주거환경정비법」에 따른 정비사업조합의 조합원이 취득하는 주택 또는 그 조합을 통하여 취득하는 주택을 포함)을 취득할 수 있는 권리를 말한다.

2) 분양권의 가격

공제대상 분양권은 다음 구분에 따른 가격이 6억원 이하인 것을 말한다(소령 112 ⑮).

구 분	내 용
조합입주권 외 주택분양권	분양가격
조합입주권	① 청산금을 납부한 경우 : 기존건물과 그 부수토지의 평가액+납부한 청산금 ② 청산금을 지급받은 경우 : 기존건물과 그 부수토지의 평가액−지급받은 청산금

3) 차입금의 범위

공제대상 차입금은 금융회사 등 또는 주택도시기금으로부터 차입(그 주택의 완공 전에 해당 차입금의 차입조건을 그 주택 완공 시 장기주택저당차입금으로 전환할 것을 조건으로 변경하는 경우를 포함)한 경우로서 그 차입일(차입조건을 새로 변경한 경우에는 그 변경일)부터 그 주택의 소유권 보존등기일까지 그 차입금을 말한다.

▌분양권 가격의 개정연혁▐

차입시기	분양권 가격	건설되는 주택 규모
2024.1.1.	6억원 이하	요건 없음
2021.1.1. ~ 2023.12.31.	5억원 이하	요건 없음
2014.1.1. ~ 2020.12.31.	4억원 이하	요건 없음
2006.1.1. ~ 2013.12.31.	3억원 이하	국민주택규모 이하
~ 2005.12.31.	요건 없음	국민주택규모 이하

실무포인트

1. 주택분양권 관련 차입금의 상환기간

주택분양권을 취득하고 동 주택의 완공 시 장기주택저당차입금으로 전환할 것을 조건으로 금융기관 등으로부터 차입한 경우에는 소득세법 제52조 제5항에 따라 동 차입금의 상환기간에 관계없이 그 차입일부터 해당 주택의 소유권보존등기일까지 해당 차입금을 장기주택저당차입금으로 보는 것임(재소득-604, 2006.9.25.).

2. 시행사가 대위변제한 이자

시행사가 장기주택저당차입금 이자를 대위변제하고, 개별등기 후 입주자로부터 되돌려 받는 이자는 근로소득공제 대상 장기주택저당차입금에 해당하지 않는 것임(원천세과-258, 2009.3.30.).

3. 5억원 초과 분양권 취득 후 전환된 차입금의 공제 여부

5억원을 초과하는 분양권을 취득한 경우라도, 전환 당시 동 주택의 기준시가가 5억원 이하에 해당하고 전환된 차입금이 요건을 충족하는 경우에는 전환일 이후부터 소득공제가 적용되며, 이 경우 주택의 기준시가가 고시되지 아니한 경우 최초로 고시되는 기준시가를 취득 당시의 기준시가로 봄(원천세과-514, 2009.6.16.).

(6) 이자상환액

장기주택저당차입금에 대한 소득공제와 관련하여 공제대상 이자상환액은 연체이자를 포함하지 아니하는 정상이자만 해당된다(제도 46013-436, 2000.11.22.). 또한, 사내근로복지기금으로부터 장기주택저당차입금의 이자상환액의 일부를 보조받는 경우 해당 보조금은 근로소득에 해당하지 않는 것이며, 소득공제 대상도 아니다(서면법규-1302, 2012.11.6.).

(7) 공제한도(소법 52 ⑥)

1) 2024.1.1. 이후 차입 · 상환기간 연장인 경우

상환기간	상환방식	한도금액
15년 이상	고정금리 방식 and 비거치식 분할상환방식	2,000만원
	고정금리 방식 or 비거치식 분할상환방식	1,800만원
	그 외	800만원
10년 이상 15년 미만	고정금리 방식이거나 비거치식 분할상환방식	600만원

① 고정금리방식이란 차입금의 70% 이상의 금액에 상당하는 분에 대한 이자를 상환기간 동안 고정금리(5년 이상의 기간 단위로 금리를 변경하는 경우 포함)로 지급하는 경우를 말한다(소령 112 ⑨).

② 비거치식 분할상환방식이란 상환기간 동안 이자만 상환하는 기간(이하 "거치기간")이 1년 이내이고 거치기간 종료일이 속하는 과세기간부터 차입금 상환기간의 말일이 속하는 과세기간까지 매년 차입금의 70%를 상환기간 연수로 나눈 금액에 해당 과세기간의 차입금 상환월수를 12개월로 나눈 금액을 곱한 금액 이상의 차입금을 상환하는 경우를 말한다. 이 경우 상환기간 연수 중 1년 미만의 기간은 1년으로 본다(소령 112 ⑨).

2) 2015.1.1. 이후 차입 · 상환기간 연장인 경우

상환기간	상환방식	한도금액
15년 이상	고정금리 방식 and 비거치식 분할상환방식	1,800만원
	고정금리 방식 or 비거치식 분할상환방식	1,500만원
	그 외	500만원
10년 이상 15년 미만	고정금리 방식이거나 비거치식 분할상환방식	300만원

3) 2012.1.1.~2014.12.31. 차입 · 상환기간 연장인 경우

상환방식	한도금액
고정금리 방식 or 비거치식 분할상환방식	1,500만원
그 외	500만원

4) 2004.1.1.~2011.12.31. 차입 · 상환기간 연장인 경우

상환기간	한도금액
30년 이상	1,500만원
15년 이상 30년 미만	1,000만원

5) 2003.12.31. 이전 차입인 경우

상환기간	한도금액
15년 이상	1,000만원
10년 이상 15년 미만	600만원

(8) 제출서류

장기주택저당차입금 이자상환액 공제를 적용받으려는 사람은 다음에 해당하는 서류를 해당 과세기간의 다음 연도 2월분의 급여를 받는 날(퇴직한 경우에는 퇴직한 날이 속하는 달의 급여를 받는 날)까지 원천징수의무자 · 납세조합 또는 납세지 관할 세무서장에게 제출하여야 한다(소령 113 ①).

1) 일반적인 경우

① 장기주택저당차입금이자상환증명서(연말정산간소화 자료 가능)

② 주민등록표 등본

③ 장기주택저당차입금으로 취득한 주택의 가액 또는 주택분양권의 가격을 확인할 수 있는 다음의 어느 하나에 해당하는 서류와 등기사항증명서 또는 분양계약서

㉠ 개별주택가격 확인서

㉡ 공동주택가격 확인서

㉢ ㉠ 및 ㉡에 따른 서류 외에 주택의 가액 또는 주택분양권의 가격을 확인할 수 있는 서류로서 국세청장이 고시하는 서류

2) 대환 · 연장하는 경우

장기주택저당차입금의 차입자가 해당 금융회사 등 내에서 또는 다른 금융회사 등으로 장기 주택저당차입금을 이전하거나 상환기간이 15년 미만인 차입금의 차입자가 상환기간을 15년 이상으로 연장하거나 해당 주택에 저당권을 설정하고 상환기간을 15년 이상으로 하여 신규로 차입한 차입금으로 기존 차입금을 상환하는 경우 : 기존 및 신규차입금의 대출계약서 사본

3) 양도소득세의 감면대상 신축주택

구 분	제출서류
자기가 건설한 주택(주택조합 또는 정비사업조합의 조합원이 취득한 주택을 포함)	사용승인서 또는 사용검사서(임시사용승인서를 포함한다) 사본
주택건설사업자가 건설한 주택	① 주택매매계약서사본 ② 계약금을 납부한 사실을 입증할 수 있는 서류 ③ 감면배제대상(조특법 99 ① 2. 단서)에 해당하지 아니함을 확인하는 주택건설사업자의 확인서

실무포인트

1. 차입금을 중도 상환한 경우의 소득공제

① 장기주택저당차입금이 있는 근로자가 차입금의 상환기간 중 차입금의 잔액을 일시에 상환하여 해당 과세기간에는 동 차입금이 상환기간 요건을 충족하지 못한 경우, 해당 과세기간에 지급한 해당 차입금의 이자상환액에 대하여는 소득공제를 적용하지 아니함(원천-488, 2009.6.4.).

② 상환기간 20년 이상의 장기주택저당차입금이 있는 근로자가 그 상환기간 중 차입금의 잔액을 15년 경과 후 그 상환기간 만료 전에 일시에 상환하는 경우 해당 과세기간에 지급한 이자 상환액은 연 1천만원을 한도로 하여 해당 연도 근로소득금액에서 공제할 수 있는 것임(원천 -680, 2009.8.11.).

2. 소득공제 대상 여부

① 근로소득이 있는 거주자가 「사내근로복지기금법」에 따른 사내근로복지기금으로부터 장기주택저당차입금 이자상환액의 일부를 보조받는 경우 해당 보조금은 근로소득에 해당하지 아니하는 것이며, 해당 이자상환액은 「소득세법」 제52조 제5항의 장기주택저당차입금 이자상환액 공제대상에 해당하지 아니하는 것임(서면법규-1302, 2012.11.6.).

② 근로소득이 있는 거주자로서 주택을 소유하지 아니하거나 1주택을 보유한 세대의 세대주가 기준시가 5억원 이하의 주택을 취득하기 전에 그 주택에 저당권을 설정하여 금융기관 등으로부터 만기 15년 이상의 주택자금을 차입한 후 즉시 본인에게로 소유권을 이전등기(공동소유 포함)하는 경우에는 해당 차입금은 「소득세법」 제52조 제5항의 규정에 의한 장기주택저당차입금에 해당(사전-2020-법령해석소득-0217, 2020.4.6.).

③ 주택양수자가 금융회사 등 또는 「주택도시기금법」에 따른 주택도시기금으로부터 주택양도자의 주택을 담보로 차입금의 상환기간이 15년 이상인 차입금을 차입한 후 즉시 소유권을 주택양수자에게로 이전하는 경우 해당 차입금은 소득세법 제52조 제5항에 따른 장기주택저당차입금에 해당(사전-2022-법규소득-0434, 2022.4.29.).

▌장기주택저당차입금 이자상환액의 기타 요건 충족 시 상환기간 변경에 따른 공제 한도▐

(아래 이자상환액 이외의 주택자금 공제금액이 없고 다른 공제요건은 충족한 경우)

차입시점	차입금 내용	공제한도 (이자상환액)
2000.10.31. 이전 차입	차입기간이 10년 미만인 기존 차입금을 2004.1.1. 이후 상환기간 15년 이상으로 차입하여 기존 차입금을 상환한 경우	신규차입금 1,000만원
2003.12.31. 이전 차입	차입기간이 10년 이상 15년 미만	600만원
	차입기간이 15년 이상	1,000만원
	차입기간이 30년 이상	1,500만원
2000.11.1~ 2003.12.31. 차입	차입기간이 10년 이상 15년 미만인 차입금을 2004.1.1. 이후 15년 이상의 차입금으로 기존 차입금을 상환하는 경우	기존차입금 : 600만원 신규차입금 : 1,000만원 합계 : 1,000만원 한도
2004.1.1. 이후 차입	차입기간이 15년 이상	1,000만원
	차입기간이 13년 이상	1,500만원

<table>
<tr><th>차입시점</th><th>차입금 내용</th><th>공제한도
(이자상환액)</th></tr>
<tr><td rowspan="2">2004.1.1. 이후
차입</td><td>차입기간이 10년 이상 15년 미만인 차입금을 15년 이상으로 차입하여 기존 차입금을 상환한 경우</td><td>기존차입금 공제불가
신규차입금 : 1,000만원</td></tr>
<tr><td>공제요건 중 상환기간(15년) 요건만 충족하지 못한 차입금을 상환기간을 15년 이상으로 2007.2.28. 이후에 연장한 경우</td><td>기존차입금 공제불가
신규차입금 : 1,000만원</td></tr>
<tr><td rowspan="2">2012.1.1. 이후
차입 또는
만기연장</td><td>차입금의 70% 이상을 고정금리 또는 70% 이상을 비거치식 분할상환하는 경우</td><td>1,500만원</td></tr>
<tr><td>위 이외의 대출</td><td>500만원</td></tr>
<tr><td rowspan="4">2015.1.1. 이후
차입</td><td>① 차입기간이 15년 이상</td><td>500만원</td></tr>
<tr><td>② 차입기간이 10년 이상+(고정금리 or 비거치 분할상환)</td><td>300만원</td></tr>
<tr><td>③ ①+(고정금리 or 비거치 분할상환)</td><td>1,500만원</td></tr>
<tr><td>④ ①+(고정금리 and 비거치 분할상환)</td><td>1,800만원</td></tr>
<tr><td rowspan="4">2024.1.1. 이후
차입</td><td>① 차입기간이 15년 이상</td><td>800만원</td></tr>
<tr><td>② 차입기간이 10년 이상+(고정금리 or 비거치 분할상환)</td><td>600만원</td></tr>
<tr><td>③ ①+(고정금리 or 비거치 분할상환)</td><td>1,800만원</td></tr>
<tr><td>④ ①+(고정금리 and 비거치 분할상환)</td><td>2,000만원</td></tr>
</table>

사례 장기주택저당차입금 이자상환액

㈜택스에듀는 2025년 근로소득에 대한 연말정산을 다음과 같이 실시하였다. 2025년 귀속 근로소득 자료는 아래와 같으며, 본인 외의 부양가족은 없다.

과세기간 종료일 현재 무주택자에 해당하며, 이외 주택관련 공제는 신청하지 않았다.

참고자료

▌국세청 간소화자료▐

2025년 귀속 소득 · 세액공제증명서류 : 기본내역 [장기주택저당차입금 이자상환액]

(조회기간 : 2025년 01~12월)

■ 차입자 인적사항

성 명	주 민 등 록 번 호
김지환	910810-1******

■ 장기주택저당차입금 이자상환내역

취급기관(사업자번호)	대출종류(상품명)	최초차입일 최초상환예정일	상환기간	주택 취득일	저당권 설정일	연간합계액	소득공제 대상액
		차입금	고정금리 차입금	비거치식 상환차입금	당해년 원금상환액		
AA은행 (123-XX-XXXXX)	해당없음 (주택구입자금)	2020-04-11 2034-04-11	15년	2020-04-10	2020-04-11	10,127,837	10,127,837
		250,000,000	0	0	0		

1. 공제대상 : 과세기간 종료일 현재 무주택 또는 1주택을 보유한 세대의 세대주(세대주가 주택임차차입금 원리금상환액, 주택마련저축 및 장기주택저당차입금 이자상환액 공제를 받지 아니한 경우에는 세대의 구성원)인 근로자가 취득 당시 기준시가 6억원 이하(2023.12.31. 이전은 5억원 이하, 2013.12.31. 이전은 3억원 이하, 2014.1.1.~2018.12.31. 4억원)인 주택을 취득하기 위하여 당해 주택에 저당권을 설정하고 금융기관 또는 도시주택기금으로부터 차입한 장기주택저당차입금에 대한 이자상환액
   ※ 주택소유자가 근로자 본인이어야 하며, 본인 명의 차입금이 공제대상임.
2. 공제한도 : 주택마련저축 납입액 공제, 주택임차차입금원리금상환액공제와 합하여 차입연도, 상환기간 및 상환종류 등에 따라 연 600만원, 800만원, 600만원, 1000만원, 1800만원, 2000만원 한도

• 본 증명서류는 「소득세법」 제165조 제1항에 따라 영수증 발급기관으로부터 수집한 서류로 소득세액공제 충족 여부는 근로자가 직접 확인하여야 합니다.
• 본 증명서류에서 조회되지 않는 내역은 영수증 발급기관에서 직접 발급받으시기 바랍니다.

▌공동주택가격 확인(신청)서▌

접수번호	접수일	처리기간 즉시

⋮

신청대상 공동주택						확인내용
가격기준연도 (기준일)	소재지 및 지번	지번	명칭 (단지명)	동명	호명	공동주택가격 (원)
2020.01.01	서울시 광진구 XX로	XX	BB아파트	105동	206호	480,000,000
2021.01.01	서울시 광진구 XX로	XX	BB아파트	105동	206호	495,000,000
2022.01.01	서울시 광진구 XX로	XX	BB아파트	105동	206호	501,000,000
2023.01.01	서울시 광진구 XX로	XX	BB아파트	105동	206호	612,000,000
2024.01.01	서울시 광진구 XX로	XX	BB아파트	105동	206호	656,000,000
2025.01.01	서울시 광진구 XX로	XX	BB아파트	105동	206호	632,000,000

* 과세기간 종료일 현재 기준으로 발급받았음을 확인하였다.

| 주민등록표 |

문서확인번호 1/1

주 민 등 록 표 (등 본)	이 등본은 세대별 주민등록표의 원본내용과 틀림없음을 증명합니다. 담당자 : 전화 : 신청인 : ( ) 용도 및 목적 : 년 월 일

세대주 성명	김하성	세 대 구 성 사유 및 일자	전입 2020-04-10
주 소			발 생 일 / 신 고 일 변 동 사 유
현주소 : 서울시 광진구 XX로 XX, BB아파트 105동 206호			

번호	세대주 관 계	성 명 주민등록번호	전입일 / 변동일	변동사유
1	본인	김하성 601010-1******		
2	처	이미선 640501-2******		
3	자	김지환 910810-1******	2020-04-10	전입

해설

① 국세청 간소화 자료에서 주택취득일(2020-04-10)로부터 3개월 내에 최초차입(2020-04-11)하였으며, ② 차입금의 상환기간이 15년 이상, ③ 주민등록표를 통해 채무자가 당해 저당권이 설정된 주택에 전입하여 주거하고 있음, ④ 주택취득일(2020-04-10) 당시 공동주택가격(4억 8천만원)이 5억원 이하임이 확인되므로 공제대상에 해당한다.

풀이

=MIN(10,127,837, 8,000,000)

=80,000,000

| 근로소득지급명세서(2쪽) |

㉞ 주택자금	㉮ 주택임차차입금 원리금상환액			대출기관	
				거주자	
	㉯ 장기주택저당 차입금 이자 상환액	2011년 이전 차입분		15년 미만	
				15년~29년	
				30년 이상	
			15년 이상	고정금리이면서 비거치상환 대출	
				고정금리이거나 비거치상환대출	
		2012년 이후 차입분	15년 이상	고정금리이면서 비거치상환 대출	
				고정금리거나, 비거치상환 대출	
				그 밖의 대출	8,000,000
			10년 ~15년	고정금리이거나, 비거치상환 대출	

5. 주택청약종합저축공제

근로소득이 있는 거주자(일용근로자 제외)로서 해당 과세기간의 총급여액이 7천만원 이하이며 해당 과세기간 중 주택을 소유하지 않은 세대의 세대주 또는 세대주의 배우자(이하 "세대주등")가 2025년 12월 31일까지 해당 과세기간에 「주택법」에 따른 주택청약종합저축에 납입한 금액(연 300만원 한도)의 40%에 상당하는 금액을 해당 과세기간의 근로소득금액에서 공제한다(조특법 87 ②). 주택청약종합저축공제는 특별소득공제에는 포함되지 않으나, 편의상 본 목차에서 설명하고자 한다.

| 주택청약종합저축 |

구 분	내 용
공제대상	거주자 본인, 배우자
공제금액	저축납입액(연간 300만원 한도)×40%
한 도	400만원(주택임차차입금 원리금상환액 공제금액과 합하여 한도적용)
지출기간	근로제공기간 동안 지출한 비용

(1) 무주택 확인서의 제출

주택청약종합저축에 납입한 금액에 대하여 소득공제를 적용받으려는 사람은 해당 저축 취급기관에 주택을 소유하지 아니한 세대의 세대주등에 해당하는지를 확인하는 무주택 확인서를 소득공제를 적용받으려는 과세기간의 다음 연도 2월 말까지 제출하여야 한다(조특법 87 ④).

주택청약종합저축 납입액이 연말정산간소화 서비스에서 조회되려면 무주택확인서를 1월 20일까지는 저축취급기관에 제출하여야 한다. 만약 무주택확인서를 1월 20일 이후에 제출한 경우에는 다음 연도부터 연말정산간소화 서비스를 통해 조회된다. 따라서 2월말까지 저축취급기관에 무주택확인서를 제출하여 공제요건을 충족한 경우에는 저축취급기관으로부터 주택마련저축 납입증명서를 발급받아 원천징수의무자에게 제출하여 공제받을 수 있다.

(2) 공제배제

과세기간 중에 중도해지한 경우에는 해당 과세기간에 납입한 금액은 공제하지 아니한다. 다만, 주택 당첨 및 주택청약종합저축 가입자가 청년우대형주택청약종합저축에 가입하는 것을 중도해지한 경우에는 공제한다(조특법 87 ②, 조특령 81 ⑪).

(3) 공제금액 및 한도

구 분	공제액	한도액
① 국민주택규모 이하의 주택을 임차하기 위한 주택임차자금 차입금의 원리금상환액	지급액×40%	연 400만원
② 청약저축, 주택청약종합저축에 납입한 금액으로 연 300만원 이내의 금액	지급액×40%	

(4) 제출서류

소득공제를 받으려는 자는 소득세과세표준 확정신고나 연말정산신청을 할 때 주택마련저축납입증명서를 주소지 관할 세무서장 또는 원천징수의무자에게 제출하여야 한다. 여기서, 주택마련저축납입증명서는 연도 말 현재의 납입액이 표시되어 있는 주택마련저축통장 사본 또는 연말정산간소화 서비스 조회 서류로 갈음할 수 있다(조특칙 34 ①·②).

(5) 해지가산세

주택청약종합저축 납입액에 대하여 소득공제를 받은 사람이 다음 중 어느 하나에 해당하는 경우 해당 저축 취급기관은 소득공제 적용 과세기간 이후에 납입한 금액(연 300만원 한도)의 누계액에 6%를 곱하여 계산한 금액(추징세액)을 해당 저축을 해지하는 때에 해당 저축금액에서 추징하여 해지일이 속하는 달의 다음 달 10일까지 원천징수 관할 세무서장에게 납부하여야 한다. 다만, 소득공제를 받은 사람이 해당 소득공제로 감면받은 세액이 추징세액에 미달하는 사실을 증명하는 경우에는 실제로 감면받은 세액 상당액을 추징한다(조특법 87 ⑦).

① 저축 가입일부터 5년 이내에 저축계약을 해지하는 경우. 다만, 다음의 사유로 저축계약을 해지하는 경우는 제외한다(조특령 81 ⑪).

㉠ 저축자의 사망

㉡ 해외이주

㉢ 「주택법」에 따른 사업계획승인을 받아 건설되는 국민주택규모의 주택에 청약하여 당첨된 경우

㉣ 해지 전 6개월 이내에 발생한 다음 중 어느 하나에 해당하는 경우

ⓐ 천재지변

ⓑ 저축자의 퇴직

ⓒ 사업장의 폐업

ⓓ 저축자의 3개월 이상의 입원치료 또는 요양을 요하는 상해 · 질병의 발생

ⓔ 저축취급기관의 영업의 정지, 영업인가 · 허가의 취소, 해산결의 또는 파산선고

㉤ 주택청약종합저축 가입자가 청년우대형주택청약종합저축에 가입하기 위해 주택청약종합저축을 해지하는 경우

㉥ 청년우대형주택청약종합저축에 가입한 자가 청년우대형주택청약종합저축을 해지하는 경우로서 청년우대형주택종합저축에 가입하기 위해 해지한 주택청약종합저축과 청년우대형주택청약종합저축의 가입기간을 합산한 기간이 5년을 초과하는 경우

② 「주택법」에 따른 사업계획승인을 받아 건설되는 국민주택규모를 초과하는 주택에 청약하여 당첨된 경우

실무포인트 **청약저축과 주택청약종합저축**

과거에는 주택마련저축 제도로서 청약저축, 청약예금, 청약부금 등 다양한 저축상품이 있었으나, 2009년 5월 이러한 상품들을 통합하여 주택청약종합저축을 출시하였고, 청약저축은 2015년 9월 1일 이후에는 가입이 중단되었다. 청약저축의 가입시기별 요건을 요약하면 다음과 같다.

가입시기	소유주택 수 요건
2010.1.1. 이후	무주택
2008.1.1.~2009.12.31.	① 무주택 또는 ② 국민주택규모+저축 가입 당시 기준시가 3억원 이하 1주택 (단, 저축 가입 후 취득하는 경우 취득 당시 기준시가 3억원 이하)
2006.1.1.~2007.12.31.	① 무주택 또는 ② 국민주택규모+저축 가입 당시 기준시가 3억원 이하 1주택
2005.12.31. 이전	무주택 또는 국민주택규모 1주택

실무포인트

1. 주택마련저축 가입 당시 무주택인 근로자가 저축계약기간 중 1주택자가 된 경우 소득공제 가능 여부

주택마련저축 소득공제를 적용함에 있어서 2007.12.31. 이전에 주택마련저축에 가입한 무주택 근로자가 2008년 이후 국민주택규모의 주택을 취득하여 해당 연도에 1주택 소유자가 된 경우에는 취득 당시 당해 주택의 기준시가가 3억원 이하인 경우에 한하여 동규정이 적용되는 것임(원천-354, 2009.4.23.).

2. 중도해지한 청약부금(저축)의 불입액의 주택자금공제 대상 여부

① 청약부금(저축)에 가입하여 연도 중 중도해지한 경우 당해 연도 불입액은 주택자금공제 대상에 포함되지 아니함. 다만, 주택당첨이나 만기로 인하여 당초 가입 목적의 달성으로 해지한 경우에는 포함되는 것임(재경부 소득 46073-12, 2001.1.16.).

② 주택법에 따른 청약저축에 가입한 근로자가 주택공급에 관한 규칙 제2조 제5호에 따른 국민주택 등에 당첨되어 청약저축을 해지한 경우 해당 연도에 불입한 금액은 조세특례제한법 제87조 제2항(2008.12.26. 법률 제9272호로 개정된 것)에 따른 소득공제를 적용받을 수 있는 것임(원천-210, 2010.3.11.).

3. 주택자금공제 적용 시 주택분양권이 "주택"의 범위에 포함되는지 여부

주택마련저축 소득공제를 적용함에 있어서 "국민주택규모의 주택"의 범위에는 "주택을 취득할 수 있는 권리"는 포함되지 아니하는 것임(서면1팀-1740, 2007.12.26.).

4. 주택마련저축공제 시 주택 상속 후 재건축되었을 때 상속주택 해당 여부

조세특례제한법 제87조 제2항에 따른 소득공제를 적용함에 있어 상속으로 여러 사람이 공동으로 소유하는 1주택이 있는 경우 당해 공동상속주택은 상속지분이 가장 큰 상속인이 주택을 소유한 것으로 보아 그 공제 여부를 판단하며, 이 경우 상속지분이 가장 큰 상속인이 2인 이상인 때에는 ① 당해 주택에 거주하는 자, ② 최연장자의 순서에 따라 당해 거주자가 그 공동상속주택을 소유한 것으로 보아 공제 가능 여부를 판단하는 것임. 또한, 공동상속주택을 재건축한 경우 당해 재건축 주택은 공동상속주택으로 보는 것임(원천세과-455, 2009.5.27.).

5. 주택청약저축을 청년우대형청약종합저축으로 전환한 경우

「주택법」에 따른 주택청약저축에 가입하여 「조세특례제한법」 제87조 제2항에 따른 소득공제를 적용받던 자가 주택청약저축을 청년우대형청약종합저축으로 전환 후 소득공제를 계속 적용받던 중 청년우대형주택청약종합저축을 해지하는 경우 "저축가입일"은 주택 청약종합저축 가입일을 의미하는 것임(사전-2022-법규소득-1077, 2023.1.26.).

사례 **주택마련저축**

㈜택스에듀는 2025년 근로소득에 대한 연말정산을 다음과 같이 실시하였다.

2025년 귀속 근로소득 자료는 아래와 같으며, 본인 외의 부양가족은 없다. 또한, 2025년 총급여는 55,000,000원이며, 무주택자에 해당한다. 이외 주택 관련 공제는 신청하지 않았다.

참고자료

▌국세청 간소화자료▐

2025년 귀속 소득 · 세액공제증명서류 : 기본(취급기관별)내역 [주택마련저축]

(조회기간 : 2025년 01~12월)

■ 계약자 인적사항

성 명	주 민 등 록 번 호
김지환	910810-1******

■ 주택마련저축 납입내역

취급기관 (사업자번호)	계좌번호	저축구분	저축명	가입일자	납입금액계
AA은행 (112-XX-XXXXX)	1002******	주택청약 종합저축	주택청약 종합저축	2020-05-18	1,800,000
합계					1,800,000

1. 공제대상자 : 총급여액이 7천만원 이하이고, 연도 중 주택을 소유하지 아니한 세대의 세대주가 본인 명의로 해당 연도에 납입한 금액(청약저축, 주택청약저축은 300만원 한도, 근로자주택마련저축은 월 납입액 15만원 이하)의 40%(세대주가 아닌 경우 공제대상 아님)
   ※ 2014.12.31. 이전 가입자 중 총급여 7천만원 초과자는 2018년 납입분부터 공제대상 아님.
   ※ 2009.12.31. 이전 가입한 청약저축의 경우 국민주택규모의 주택으로서 청약저축 가입 당시 기준시가(가입 후 주택을 취득하는 경우에는 취득 당시 기준시가)가 3억원 이하인 주택을 한 채만 소유한 세대의 세대주인 근로자도 공제 가능
   ※ 주택청약종합저축은 무주택 확인서를 다음 연도 2월 말까지 저축취급기관에 제출한 경우 공제 가능
   ※ 연도 중에 중도 해지한 경우에는 공제대상에 해당되지 않음. 단, 주택 당첨으로 인하여 해지된 청약저축의 경우에는 공제 가능
2. 공제한도 : 주택임차차입금 원리금상환액과 합하여 연 400만원

• 본 증명서류는 「소득세법」 제165조 제1항에 따라 영수증 발급기관으로부터 수집한 서류로 소득세액공제 충족 여부는 근로자가 직접 확인하여야 합니다.
• 본 증명서류에서 조회되지 않는 내역은 영수증 발급기관에서 직접 발급받으시기 바랍니다.

▌주민등록표▐

문서확인번호 1/1

주 민 등 록 표
(등 본)

이 등본은 세대별 주민등록표의 원본내용과 틀림없음을 증명합니다.
담당자 : 전화 :
신청인 : ( )
용도 및 목적 : 년 월 일

세대주 성명	김지환	세 대 구 성 사유 및 일자	전입 2022-02-21
주 소			발 생 일 / 신 고 일 변 동 사 유
현주소:	서울특별시 마포구 xx로 11-11		

번호	세대주 관 계	성 명 주민등록번호	전입일 / 변동일	변동사유
1	본인	김지환 910810-1******		
2				

풀이

=1,800,000원×40%

=720,000원

▌근로소득지급명세서(2쪽)▐

그밖의 소득공제	㊳ 개인연금저축		
	㊴ 소기업 · 소상공인 공제부금		
	㊵ 주택마련저축 소득공제	㉮ 청약저축	
		㉯ 주택청약종합저축	720,000
		㉰ 근로자주택마련저축	
	㊶ 투자조합출자 등		
	㊷ 신용카드등 사용액		
	㊸ 우리사주조합 출연금		
	㊹ 고용유지 중소기업 근로자		
	㊺ 장기집합투자증권저축		
	㊻ 그 밖의 소득공제 계		

4 그 밖의 소득공제

1. 연금보험료공제

종합소득이 있는 거주자가 공적연금 관련법에 따른 기여금 또는 개인부담금(이하 연금보험료)을 납입한 경우에는 해당 과세기간의 종합소득금액에서 그 과세기간에 납입한 연금보험료를 공제한다(소법 51의 3 ①).

연금보험료공제 = 해당 과세기간에 납입한 연금보험료

▎연금보험료 공제▎

구 분	내 용
공제대상	거주자 본인
공제금액	연금보험료 납입액
한 도	없음. 납입액 전액 공제
지출기간	해당과세기간 동안 지출한 비용

(1) 공제대상 연금보험료

연금보험료란 공적연금 관련법에 따른 기여금 또는 개인부담금을 말한다(소법 51의 3 ①). 공적연금 관련법이란 「국민연금법」, 「공무원연금법」 또는 「공무원 재해보상법」, 「군인연금법」 또는 「군인 재해보상법」, 「사립학교교직원 연금법」, 「별정우체국법」 또는 「국민연금과 직역연금의 연계에 관한 법률」을 말한다(소법 12 4.).

(2) 연금보험료 공제의 배제

다음에 해당하는 공제를 모두 합한 금액이 종합소득금액을 초과하는 경우 그 초과하는 금액을 한도로 연금보험료공제를 받지 아니한 것으로 본다(소법 51의 3 ③).

① 인적공제(소법 51 ③)

② 연금보험료공제(소법 51의 3)

③ 주택담보노후연금 이자비용공제(소법 51의 4)

④ 특별소득공제(소법 52)

⑤ 「조세특례제한법」에 따른 소득공제

실무포인트

1. 국민연금 가입대상자의 연금보험료 납부방법 여부

사업장가입자의 경우 사업장의 사용자가 원천징수의무자 및 연금보험료 납부의무자로서 매월 근로자에게 지급하는 임금에서 연금보험료 등을 원천공제하고 연말정산하게 되므로 사업장가입자의 연금보험료 소득공제는 근로자 임금에서 원천공제 여부를 기준으로 판단하여야 할 것임(서이 46013-10459, 2003.3.10.).

2. 지역가입자로서 납부한 연금보험료 공제 여부

사업장 내에서 항상 근로에 종사할 목적으로 고용되지 아니한 비상근근로자가 「국민연금법」에 따라 지역가입자로서 국민연금보험료를 납부한 경우 해당 연도에 납부한 국민연금보험료 전액을 종합소득금액(근로소득금액을 포함한다)에서 공제함(소집 51의 3-0-1).

3. 국민연금법에 의한 추납보험료의 연금보험료 공제 여부

종합소득이 있는 거주자가 사업의 중단이나 실직 등으로 인하여 국민연금법 제77조의 2의 제1항의 규정에 의하여 납부하지 아니한 2001.1.1. 이후분의 국민연금 보험료를 같은 법 제77조의 3의 규정에 의하여 추후 납부하는 경우 당해 추납보험료는 소득세법 제51조의 3 제1항 제1호의 규정에 의한 연금보험료로서 이를 납부한 연도의 종합소득금액에서 전액(2001년분은 100분의 50) 공제하는 것임(서면1팀-1338, 2006.9.25.).

4. 외국인근로자의 사회보장 협정에 따른 보험료

외국인근로자가 내국법인에 근로를 제공하면서 외국과의 사회보장에 관한 협정에 따라 그를 파견한 국가의 연금제도에 가입하고 파견근로를 하는 국가의 연금제도에서는 가입을 면제받도록 되어 있는 경우 외국인근로자가 본국의 법에 따라 납부하여야 할 연금보험료 중 내국법인이 부담하는 본국 연금의 사용자부담금에 대해서는 종합소득과세표준에 합산하지 아니하는 것이나, 외국인근로자에 대한 과세특례를 적용할 때에는 과세대상에 포함하는 것임(기획재정부 소득세제과-103, 2016.2.26.).

5. 국민연금 반납금의 소득공제 가능 여부

① 퇴직한 공무원이 사립학교 교직원으로 재임용되어 사립학교교직원연금관리공단에 반납하여야 하는 반납금은 연금보험료 공제대상에 해당하지 아니함(원천세과-205, 2009.3.16.).

② 거주자가 1999년 국외에 이주함에 따라 국민연금가입자의 자격을 상실하여 국민연금법 제77조에 따른 반환일시금을 지급받은 후, 그 자격을 재취득하고 자격을 상실한 날 이전 기간(1999년 이전)을 가입기간으로 합산하기 위하여 같은 법 제78조에 따라 2001.1.1. 이후 납부하는 국민연금 반납금은 소득세법 제51조의 3에 따른 소득공제 대상 연금보험료에 해당하지 아니하는 것임(국제세원관리담당관실-537, 2010.12.1.).

③ 「국민연금과 직역연금의 연계에 관한 법률」에 따라 공무원연금과 국민연금 연계 신청 시반납하는 반납금 및 이자는 「소득세법」 제51조의 3 제1항에 따른 연금보험료로 볼 수 없어 연금보험료 공제 대상에 해당하지 아니함(사전-2019-법령해석소득-0060, 2019. 2.15.).

사례 국민연금보험료

㈜택스에듀는 2025년 근로소득에 대한 연말정산을 다음과 같이 실시하였다.
근로자 김지환은 2025년 7월 16일 입사하였으며, 본인 외의 부양가족은 없다.

참고자료

▮ 국세청 간소화자료 ▮

2025년 귀속 소득 · 세액공제증명서류 [국민연금보험료]

(조회기간 : 2025년 01~12월)

■ 가입자 인적사항

성 명	주 민 등 록 번 호
김지환	910810-1******

■ 국민연금보험료 내역

월별	직장가입자 고지금액	지역가입자 등 납부금액
01월	0	44,230
02월	0	44,230
03월	0	44,230
04월	0	44,230
05월	0	44,230
06월	0	44,230
07월	87,020	0
08월	87,020	0
09월	87,020	0
10월	87,020	0
11월	87,020	0
12월	87,020	0

직장가입자 소급고지금액	0	
추납보험료 납부금액		0
실업크레딧 납부금액		0
합계	522,120	0
총합계		265,380

1. 직장가입자 고지금액 : 국민연금공단이 고지한 금액이며, 실제 급여에서 원천공제된 금액과 다른 경우 회사로 문의하시기 바랍니다. 소득공제대상금액은 실제 급여에서 원천공제된 금액입니다(둘 이상의 회사에 근무한 경우 합산한 보험료가 제공됩니다).
   ※ 두루누리 연금보험료 지원 근로자는 해당 지원금이 공제된 금액으로 월별 고지금액이 제공되며, 지원금 공제 시점에 따라 월별 고지금액이 마이너스(-) 금액이 될 수 있습니다.
2. 지역가입자 · 추납보험료 · 실업크레딧 납부금액은 연간 납부한 금액이 제공됩니다.

- 본 증명서류는 「소득세법」 제165조 제1항에 따라 영수증 발급기관으로부터 수집한 서류로 소득세액공제 충족 여부는 근로자가 직접 확인하여야 합니다.
- 본 증명서류에서 조회되지 않는 내역은 영수증 발급기관에서 직접 발급받으시기 바랍니다.

▎근로소득지급명세서(2쪽)▎

종합소득공제	연금보험료공제		㉛ 국민연금보험료	대상금액	787,500
				공제금액	787,500
		㉜ 공적연금보험료공제	㉮ 공무원연금	대상금액	
				공제금액	
			㉯ 군인연금	대상금액	
				공제금액	
			㉰ 사립학교교직원연금	대상금액	
				공제금액	
			㉱ 별정우체국연금	대상금액	
				공제금액	
		㉝ 보험료	㉮ 건강보험료(노인장기요양보험료포함)	대상금액	
				공제금액	
			㉯ 고용보험료	대상금액	
				공제금액	

2. 개인연금저축 소득공제

거주자가 저축 납입계약기간 만료 후 연금 형태로 지급을 받는 개인연금저축에 2000년 12월 31일까지 가입한 경우에는 해당 연도의 저축 납입액의 40%에 상당하는 금액을 해당 연도의 종합소득금액에서 공제한다. 다만, 공제금액이 72만원을 초과하는 경우에는 72만원을 공제한다(구 조특법 86 ①).

소득공제액 = 연간 납입금액 × 40%(공제한도 : 72만원)

(1) 해지 가산세

개인연금저축 소득공제를 받은 자가 저축 가입일부터 대통령령으로 정하는 기간이 지나기 전에 해당 개인연금저축을 해지한 경우 그 개인연금저축을 취급하는 금융기관은 그때까지의 저축 납입액의 4%에 상당하는 금액(연간 7만 2천원 또는 해당 해지환급금 중 적은 금액을 한도로 하며, 이하 "해지추징세액")을 그 저축금액에서 추징하여 해지일이 속하는 달의 다음 달 10일까지 원천징수 관할 세무서장에게 납부하여야 한다. 다만, 소득공제를 받은 자가 그 소득공제에 의하여 감면받은 세액이 해지추징세액에 미달하는 사실을 증명하는 경우에는 실제로 감면받은 세액상당액을 추징한다(구조특법 86 ③).

(2) 해지가산세의 적용배제

개인연금저축 가입자가 다음 중 어느 하나에 해당하는 경우에는 해지가산세를 적용하지 아니한다(구조특법 86 ④).

① 해당 개인연금저축에 대하여 소득공제를 받지 아니한 사실을 증명하는 경우

② 사망 · 해외이주 또는 그 밖에 대통령령으로 정하는 사유로 개인연금저축을 해지하는 경우

(3) 제출서류

소득공제를 받고자 하는 자는 소득세과세표준확정신고 또는 연말정산 시 기획재정부령이 정하는 개인연금저축납입증명서 또는 연말정산간소화 서비스 조회내역을 주소지 관할 세무서장 또는 원천징수의무자에게 제출하여야 한다(구조특령 80 ④, 구조특칙 33 ③).

| 개인연금저축 소득공제와 연금저축 세액공제 |

구 분	개인연금저축(소득공제)	연금저축(연금계좌 세액공제)
가입기간	2000.12.31. 이전 가입	2001.1.1. 이후 가입
가입대상	만 20세 이상	만 18세 이상
납입금액	분기마다 300만원 이내에서 납입	연 1,800만원 이내(2013년 이후 납입 시) +ISA계좌 만기 시 연금계좌 전환 금액 (2000.1.1. 이후)
납입기간	10년 이상	5년 이상(2013년 이후 납입 시)
소득공제 등 비율	연간 납입액의 40%	연간 납입액*의 12%(총급여 55백만원 이하자는 15%) 세액공제 * 연 600만원(퇴직연금과 합하여 900만원) 한도
공제금액 한도	연 72만원(소득공제)	연 72만원~135만원(세액공제)
금융상품	은행 또는 투자신탁회사의 신탁상품, 보험회사의 보험상품, 우체국 보험, 수협의 조합이 취급하는 생명공제	은행 또는 투자신탁회사의 신탁상품, 보험회사의 보험상품, 우체국 보험, 수협·신협의 조합이 취급하는 생명공제, 증권투자회사의 연금저축

실무포인트

① 조세특례제한법 제86조의 개인연금저축의 가입자가 중도해지하는 경우 해지 당해연도 저축불입액은 연말정산 시 개인연금저축 소득공제를 받을 수 없는 것임(서면인터넷방문상담1팀-104, 2005.1.24.).

② 거주자가 개인연금저축에 2000년 12월 31일까지 가입한 경우에는, 거주자의 당해 연도의 종합소득금액에서 공제하는 것이나, 거주자의 배우자 명의의 개인연금저축 불입액은, 당해 거주자의 종합소득금액에서 공제하지 아니하는 것임(서이46013-10157, 2002.1.24.).

③ 개인연금저축에 가입한 자가 "동일한 금융기관이 운용하는 다른 개인연금저축으로 계좌이체를 통해 이전하는 것"은 조세특례제한법 제86조 제2항에서 규정하는 "다른 금융기관의 개인연금저축으로 계좌이체를 통해 이전하는 경우"에 해당하는 것임(재소득46073-126, 2002.9.14.).

④ 보험회사에서 취급하는 개인연금저축보험은 개인연금저축에 보장성 보험 상품을 가미한 저축상품으로 당해 연도 저축불입액을 개인연금저축분과 보장성 보험분으로 각각 구분하여 개인연금저축소득공제 및 보험료공제를 적용받아야 하는 것임(법인46013-3626, 1996.12.27.).

사례 개인연금저축

㈜택스에듀는 2025년 근로소득에 대한 연말정산을 다음과 같이 실시하였다. 2025년 귀속 근로소득 자료는 아래와 같으며, 본인 외의 부양가족은 없다.

참고자료

▌국세청 간소화자료▐

2025년 귀속 소득 · 세액공제증명서류 : 기본내역 [개인연금저축]

(조회기간 : 2025년 01~12월)

■ 가입자 인적사항

성 명	주 민 등 록 번 호
김지환	900810-1******

■ 연금저축 납입내역

상호	사업자번호	계좌/증권번호	계약시작일	계약종료일	납입금액계
A금융	111-11-XXXXX	2000******	2000-06-02	2026-06-23	1,024,650
합 계					1,024,650

※ 개인연금저축은 근무기간과 관계없이 연간 납입액을 기준으로 소득공제 금액을 계산하므로 조회기간을 선택하여 조회한 경우에도 1년 전체 납입액이 조회됩니다.

1. 개인연금저축(2000.12.31. 이전 가입) : 근로자(사업소득자)가 가입한 개인연금저축 연간 불입액의 40% 공제(연 72만원 한도)-연도 중에 중도 해지한 경우에는 당해 연도 납입액은 공제대상에 해당되지 않음.
2. 개인연금저축을 다른 금융기관으로 이전한 경우 이전 후 금융기관에서 연간 납입액을 제출합니다.

• 본 증명서류는 「소득세법」 제165조 제1항에 따라 영수증 발급기관으로부터 수집한 서류로 소득세액공제 충족 여부는 근로자가 직접 확인하여야 합니다.
• 본 증명서류에서 조회되지 않는 내역은 영수증 발급기관에서 직접 발급받으시기 바랍니다.

• 공제대상금액
=Min[납입액×40%, 720,000]
=Min[409,860, 720,000]=409,860원

▌근로소득지급명세서(2쪽)▌

그밖의 소득공제	㊳ 개인연금저축		409,860
	㊴ 소기업·소상공인 공제부금		
	㊵ 주택마련저축 소득공제	㉮ 청약저축	
		㉯ 주택청약종합저축	
		㉰ 근로자주택마련저축	
	㊶ 투자조합출자 등		
	㊷ 신용카드등 사용액		
	㊸ 우리사주조합 출연금		
	㊹ 고용유지 중소기업 근로자		
	㊺ 장기집합투자증권저축		
	㊻ 그 밖의 소득공제 계		

▌근로소득지급명세서(6쪽)▌

연금·저축 등 소득·세액 공제명세서

1. 인적사항				
	① 상 호		② 사업자등록번호	
	③ 성 명	김지환	④ 주민등록번호	900810-1******
	⑤ 주 소	서울 마포구 ××로 11-11	(전화번호:)	
	⑥ 사업장 소재지		(전화번호:)	

2. 연금계좌 세액공제

1) 퇴직연금계좌

* 퇴직연금계좌에 대한 명세를 작성합니다.

퇴직연금 구분	금융회사 등	계좌번호 (또는 증권번호)	납입금액	세액공제금액

2) 연금저축계좌

* 연금저축계좌에 대한 명세를 작성합니다.

연금저축 구분	금융회사 등	계좌번호 (또는 증권번호)	납입금액	소득·세액 공제금액
개인연금저축	A금융	2000******	1,024,650	409,860

3. 벤처투자조합출자 등에 대한 소득공제

거주자가 벤처투자조합 · 벤처기업 등에 출자 또는 투자를 하는 경우에는 2025년 12월 31일까지 출자 또는 투자한 금액의 10% · 30% · 70% · 100%를 종합소득금액에서 공제한다(조특법 16 ①).

▌벤처투자조합출자 등에 대한 소득공제▐

구 분	내 용
공제대상	거주자 본인
공제금액	출자 또는 투자금액×10% · 30% · 70% · 100%
한 도	종합소득금액×50%
지출기간	해당과세기간 동안 지출한 비용

(1) 공제대상 투자 · 출자

다음 중 어느 하나에 해당하는 주식 또는 출자지분에 출자 또는 투자하는 경우 소득공제를 적용한다. 다만, 타인의 출자지분이나 투자지분 또는 수익증권을 양수하는 방법으로 출자하거나 투자하는 경우에는 그러하지 아니하다(조특법 16 ①).

① 벤처투자조합, 신기술사업투자조합 또는 전문투자조합에 출자하는 경우

② 대통령령으로 정하는 벤처기업투자신탁의 수익증권에 투자하는 경우

③ 개인투자조합에 출자한 금액을 벤처기업 또는 이에 준하는 창업 후 3년 이내 기술이 우수한 것으로 평가받은 중소기업("벤처기업 등")에 대통령령으로 정하는 바에 따라 투자하는 경우

④ 「벤처기업육성에 관한 특별법」에 따라 벤처기업 등에 투자하는 경우

⑤ 창업 · 벤처전문사모집합투자기구에 투자하는 경우

⑥ 「자본시장과 금융투자업에 관한 법률」에 따라 온라인소액투자중개의 방법으로 모집하는 창업 후 7년 이내의 중소기업으로서 대통령령으로 정하는 기업의 지분증권에 투자하여 3년 이상 보유하는 경우

1) 벤처기업투자신탁

대통령령으로 정하는 벤처기업투자신탁이란 다음의 요건을 갖춘 신탁을 말한다(조특령 14 ①).

① 「자본시장과 금융투자업에 관한 법률」에 의한 투자신탁으로서 계약기간이 3년 이상일 것

② 통장에 의하여 거래되는 것일 것

③ 투자신탁의 설정일부터 6개월(「자본시장과 금융투자업에 관한 법률」에 따른 사모집합투자기구에 해당하지 않는 경우 9개월) 이내에 투자신탁 재산총액에서 다음 구분에 따라 투자하는 재산의 평가액이 차지하는 비율의 합계가 50% 이상일 것. 다만, ㉠에 따른 비율은 15% 이상이어야 한다. 또한 해당 요건을 갖춘 날부터 매 6개월마다 ㉠~㉢에 해당하는 매일의 비율을 6개월 동안 합산하여 같은 기간의 총일수로 나눈 비율이 각각 50% 이상(㉠에 따른 비율은 15% 이상)일 것. 다만, 투자신탁의 해지일 전 6개월은 적용하지 아니한다.

㉠ 벤처기업에 「벤처투자 촉진에 관한 법률」의 규정에 따라 투자하는 재산의 평가액이 차지하는 비율

㉡ 벤처기업에 타인 소유의 주식 또는 출자지분을 매입에 의하여 취득하는 방법으로 투자하는 재산의 평가액이 차지하는 비율

㉢ 벤처기업이었던 기업이 벤처기업에 해당하지 아니하게 된 이후 7년 이내 기업으로서 「자본시장과 금융투자업에 관한 법률」에 따른 코스닥시장에 상장한 중소기업 또는 중견기업에 「벤처기업육성에 관한 특별조치법」의 규정에 따라 투자하거나 타인 소유의 주식 또는 출자지분을 매입에 의하여 취득하는 방법으로 투자하는 재산의 평가액이 차지하는 비율

2) 벤처기업 등에 투자

벤처기업 또는 이에 준하는 창업 후 3년 이내의 중소기업으로서 대통령령으로 정하는 기업에 대통령령으로 정하는 바에 따라 투자하는 경우란 「벤처투자 촉진에 관한 법률」 제2조 제8호에 따른 개인투자조합이 거주자로부터 출자받은 금액을 해당 출자일이 속하는 과세연도의 다음 과세연도 종료일까지 벤처기업 등에 같은 법에 따라 투자하는 것을 말한다(조특령 14 ③). 이 경우 벤처기업 등에 투자한 경우 소득공제를 적용받을 수 있는 투자액은 다음 계산식에 따라 계산한 금액으로 한다(조특령 14 ④).

$$\text{거주자가 개인투자조합에 출자한 금액} \times \frac{\text{개인투자조합이 벤처기업 등에 투자한 금액}}{\text{개인투자조합의 출자액 총액}}$$

3) 벤처기업 등

벤처기업 등이란 다음 중 어느 하나에 해당하는 기업을 말한다(조특령 14 ③).

① 벤처기업

② 창업 후 3년 이내의 중소기업으로서 「벤처기업육성에 관한 특별법」 제2조의 2 제1항 제2호 다목에 따른 기업

③ 창업 후 3년 이내의 중소기업으로서 개인투자조합으로부터 투자받은 날(「조세특례제한법」 제16조의 5의 경우에는 산업재산권을 출자받은 날을 말한다)이 속하는 과세연도의 직전 과세연도에 「조세특례제한법」 제10조 제1항에 따른 연구 · 인력개발비를 3천만원 이상 지출한 기업. 다만, 직전 과세연도의 기간이 6개월 이내인 경우에는 「조세특례제한법」 제10조 제1항에 따른 연구 · 인력개발비를 1천5백만원 이상 지출한 중소기업으로 한다.

④ 창업 후 3년 이내의 중소기업으로서 「신용정보의 이용 및 보호에 관한 법률」 제2조 제8호의 3 다목에 따른 기술신용평가업무를 하는 기업신용조회회사가 평가한 기술등급(같은 목에 따라 기업 및 법인의 기술과 관련된 기술성 · 시장성 · 사업성 등을 종합적으로 평가한 등급을 말한다)이 기술등급체계상 상위 50%에 해당하는 기업

(2) 공제금액 및 공제시기

거주자는 다음의 금액을 그 출자일 또는 투자일이 속하는 과세연도의 종합소득금액에서 공제한다. 다만, 거주자가 출자일 또는 투자일이 속하는 과세연도부터 출자 또는 투자 후 2년이 되는 날이 속하는 과세연도까지 1과세연도를 선택하여 공제시기 변경을 신청하는 경우에는 신청한 과세연도의 종합소득금액에서 공제한다(조특법 16 ①). 이때에 공제시기의 변경을 신청하려는 경우에는 거주자가 출자 또는 투자확인서를 발급받을 때(조특법 제16조 제1항 제2호에 해당하는 투자의 경우에는 해당 수익증권에 투자하는 때) 투자조합관리자 등에게 소득공제시기 변경신청서를 제출해야 한다(조특령 14 ⑦).

1) 위 (1)의 ①, ②, ⑤에 투자하는 경우

소득공제=Min[① 출자 또는 투자금액* × 10%, ② 한도액 : 종합소득금액 × 50%]

* ②에 투자한 경우 소득공제를 적용받을 수 있는 투자액은 거주자 1명당 3,000만원(해당 거주자가 투자한 모든 벤처기업투자신탁의 합계액을 말한다)으로 한다.

2) 위 (1)의 ③, ④, ⑥에 투자하는 경우

소득공제=Min[① 출자 또는 투자금액×100%, 70%, 30%*, ② 한도액 : 종합소득금액×50%]

* 출자 또는 투자한 금액 중 ㉠ 3,000만원 이하분은 100%, ㉡ 3,000만원 초과분부터 5,000만원 이하분까지는 70%, ㉢ 5,000만원 초과분은 30%로 한다.

또한, 투자 당시에는 ③, ④, ⑥에 따른 기업에 해당하지 아니하였으나, 투자일부터 2년이 되는 날이 속하는 과세연도까지 ③, ④, ⑥에 따른 기업에 해당하게 된 경우에도 적용한다(조특법 16 ③).

(3) 신청 및 제출서류

1) 소득공제의 신청

중소기업창업투자조합 출자 등에 대한 소득공제를 받고자 하는 거주자는 소득공제신청서에 투자조합관리자 등으로부터 출자 또는 투자확인서를 발급받아 이를 첨부하여 다음에 규정한 날까지 원천징수의무자 · 납세조합 또는 납세지 관할 세무서장에게 신청하여야 한다(조특령 14 ⑤).

① 「소득세법」이 적용되는 거주자는 당해 연도의 다음 연도 2월분의 급여 또는 사업소득을 받는 날(퇴직 또는 폐업을 한 경우에는 당해 퇴직 또는 폐업한 날이 속하는 달의 급여 또는 사업소득을 받는 날)

② ① 외의 거주자는 종합소득 과세표준 확정신고기한

2) 출자 또는 투자확인서 발급방법

① 근로자(개인투자조합)가 벤처기업 등에 직접 출자(투자)한 경우

㉠ 투자한 벤처기업 등을 통하여 중소기업청 또는 지방중소기업청에 일괄 발급신청

㉡ 신청 시 제출서류 : 투자실적확인요청서(공문), 투자 또는 출자확인서 2부, 벤처기업의 법인등기부등본 1부, 투자자명세표 1부, 주금납입증명서(투자자 개인별명세표 첨부) 1부

② 투자조합 및 벤처기업증권투자신탁 수익증권에 투자한 경우

: 투자조합관리자(투자회사) 등에 확인서 발급 신청

(4) 추징세액

소득공제를 적용받은 거주자가 출자일 또는 투자일부터 3년이 지나기 전에 다음 중 어느 하나에 해당하게 되면 그 거주자의 주소지 관할 세무서장, 원천징수의무자 또는 벤처기업투자신탁을 취급하는 금융기관은 거주자가 이미 공제받은 소득금액에 해당하는 세액을 추징한다. 다만, 출자자 또는 투자자의 사망이나 세대 전원의 해외이주, 천재 · 지변으로 재산상 중대한 손실 등 그 밖에 사유로 인한 경우에는 그러하지 아니하다(조특법 16 ②).

① 중소기업창업투자조합 등 및 사모집합투자기구의 출자지분 또는 투자지분을 이전하거나 회수하는 경우

② 벤처기업투자신탁의 수익증권을 양도하거나 환매(일부 환매 포함)하는 경우

③ 벤처기업 등에 투자하여 취득한 출자지분 또는 투자지분을 이전하거나 회수하는 경우

실무포인트

1. 벤처기업 확인 전 설립한 법인에 투자하는 경우 소득공제 대상 해당 여부

법인이 개인기업을 양수하여 개인이 영위하던 사업과 동종의 사업을 영위하는 것은 조세특례제한법 제6조의 규정에 의한 창업에 해당되지 아니하며, 99.8.31. 이전에 벤처기업으로 확인받은 것은 동법의 규정을 적용받을 수 있는 창업벤처기업에 해당되지 아니하는 것이고 조세특례제한법 제16조 제1항 제4호의 소득공제는 벤처기업에 투자하는 경우에 적용하는 것으로 질의와 같이 벤처기업 확인 전에 설립한 법인에 투자하는 것은 동법의 규정을 적용받을 수 없는 것임(법인 46012-696, 2000.3.14.).

2. 채무 출자전환 시 중소기업창업투자조합 출자 등에 대한 소득공제 적용 여부

거주자가 「벤처기업육성에 관한 특별조치법」에 따른 벤처기업에 자금을 대여하였다가 이를 출자전환하는 경우 「조세특례제한법」 제16조에 따른 중소기업창업투자조합 출자 등에 대한 소득공제를 받을 수 있는 것임(법령해석소득-0832, 2015.11.19.).

3. 벤처기업투자 5년 내 처분 시 소득공제 적용 여부

중소기업창업투자조합 출자 등에 대한 소득공제와 관련하여 무상증자 받은 주식을 출자일 또는 투자일로부터 3년이 경과되기 전에 처분하는 경우에는 이미 공제받은 분에 해당하는 세액을 추징하는 것임(서일 46011-11158, 2003.8.26.).

4. 부품 · 소재 전문투자조합이 출자금 중 일부만 투자한 경우

부품 · 소재 전문투자조합이 출자된 출자금 총액 중 일부만을 부품 · 소재전문기업에 투자한 경우에도 거주자가 당해 조합에 출자한 전체 금액을 출자금액으로 보아 소득공제액을 계산하는 것임(서일 46011-11754, 2003.12.4.).

5. 기업구조조정조합에 출자하는 경우 소득공제 대상자인 출자자가 되는 시점

조세특례제한법 제16조 제1항 제1호에 규정하고 있는 기업구조조정조합에 출자한 자라 함은 출자금을 납입하고 당해 조합의 규약에 의한 조합결성총회에서 조합이 성립된 날 현재 조합원 명부상 조합원을 말하는 것임(법인 46012-173, 2001.1.18.).

6. 투자조합출자 등에 출자한 자가 공제한도액을 초과한 일부 투자금액을 회수한 경우 추징 여부

벤처기업에 투자한 후 출자한 날로부터 5년(현재는 3년)이 경과하기 전에 당해 연도 총출자금액 중 일부를 이전(회수)한 경우에도 잔여 출자(투자)금액이 소득공제 받은 출자금액보다 많은 경우에는 소득공제 받은 금액에 상당하는 세액을 추징하지 아니함(법인 46013-166, 2001.1.17.).

7. 소득공제 대상 여부

① 거주자가 본인의 의사에 따라 투자대상 및 투자비중 결정 등을 행하는 특정금전신탁을 통하여 「조세특례제한법」 제16조 제1항 제3호에 해당하는 투자를 한 경우 소득공제를 받을수 있는 것임(사전-2019-법령해석소득-0436, 2019.9.11.).

② 거주자가 벤처기업이 보유한 자기주식을 양수하는 방법으로 취득한 경우 「조세특례제한법」 제16조의 소득공제 대상에 해당하지 아니함(서면-2020-법령해석소득-0539, 2020.12.18.).

③ 「조세특례제한법」 제16조 제1항에 따른 소득공제는 투자 당시에는 같은 항 제4호에 따른 벤처기업에 해당하지 아니하였으나, 투자일부터 2년이 되는 날이 속하는 과세연도까지 같은 호에 따른 벤처기업에 해당하게 된 경우에도 「조세특례제한법」 제16조 제3항에 따라 적용하는 것임(사전-2021-법령해석소득-1697, 2021.11.24.).

8. 벤처투자조합 등 소득공제 사례

① 「벤처기업육성에 관한 특별조치법」에 따른 벤처기업이 발행한 무담보신주인수권부사채를 인수하는 경우 「조세특례제한법」 제16조 제1항 제4호(벤처기업 등에 투자하는 경우)에 따른 투자에 해당하는 것으로 중소기업창업투자조합 출자 등에 대한 소득공제를 받을 수 있는 것이며, 벤처기업에 자금을 대여하였다가 이를 차환하여 무담보신주인수권부사채를 인수하는 경우도 같은 법에 따른 중소기업창업투자조합 출자 등에 대한 소득공제를 받을 수 있으며, 또한 해당 사채를 인수하고 소득공제를 받은 거주자가 인수일로부터 3년이 지나기 전에 해당 사채를 상환받은 경우 이미 공제받은 소득금액에 해당하는 세액을 추징하는 것임(사전-2017-법령해석소득-0368, 2018.4.18.).

② 「조세특례제한법」 제16조 제1항에 따른 소득공제를 적용함에 있어 거주자가 같은 항 제3호 · 제4호 또는 제6호에 해당하는 출자 또는 투자를 하는 경우, 해당 과세연도에 출자 또는 투자한 금액 중 3천만원 이하분은 100분의 100, 3천만원 초과분부터 5천만

원 이하분까지는 100분의 70, 5천만원 초과분은 100분의 30에 상당하는 금액(해당 과세연도의 종합 소득금액의 100분의 50을 한도)을 그 출자일 또는 투자일이 속하는 과세연도(공제시기 변경을 신청하는 경우 신청한 과세연도)의 종합소득금액에서 공제하는 것임(사전-2022-법규소득-1255, 2023.5.10.).

③ 개인투자조합의 조합원 및 출자액의 변동이 있는 경우에 벤처투자조합 출자 등 소득공제의 적용을 위한 투자액의 산정방법은 투자시점을 기준으로 「조세특례제한법」 시행령 제14조 제4항을 적용하되, 제4항에 따라 계산된 금액에서 이미 소득공제가 적용된 개별거주자의 출자액을 차감하는 것임(서면-2022-법규소득-3683, 2023.9.21.).

사례

김택스 씨는 투자조합에 10,000,000원을 투자하고 "출자 또는 투자확인서"를 발급받았다. 소득공제 금액을 계산하시오.

풀이

(1) 공제대상 납입금액

10,000,000×285,000,000 / 400,000,000=7,125,000

(2) 소득공제액

7,125,000×100%=7,125,000

[별지 제5호 서식 부표(1)] (2025.3.21. 개정)

출자 또는 투자확인서

출자자 (투자자)	① 성 명 김택스		② 생년월일 1991년 09월 10일
	③ 주 소 서울시 광진구 구의동 xxxxx (☎ :)		

제출처	□ 원천징수의무자 □ 납세자조합	④ 법인명(상호)	
		⑤ 대표자(성명)	⑥ 사업자등록번호
		⑦ 소재지(주소)	
	□ 세무서장	⑧ 주소지관할서 세무서장	

투자조합관리자등	⑨ 법인명(상호) 날개투자조합 제13호 (☎ : 010-3XXX-1234)

출자(투자)금액명세

출자(투자)내역						벤처기업투자내역		
⑩ 출자일 (투자일)	투자조합(위탁회사) 또는 투자신탁				⑮ 출자금액 (투자금액)	⑯ 투자일	⑰ 투자기업명	⑱ 투자금액
	⑪ 투자 구분	⑫ 조합명 (위탁회사명) 또는 투자신탁명	⑬ 계좌 번호	⑭ 출자 총액				
2025.5.26	벤처등	날개투자조합 제13호	신한은행 123456789	400,000,000	10,000,000	2025.10.15	ABC테크놀로지	285,000,000
· · ·						· · ·		
· · ·						· · ·		
계				400,000,000		계		285,000,000

「조세특례제한법 시행령」제14조 제6항에 따라 위와 같이 출자(투자)하였음을 확인합니다.

2026 년 1 월 10 일

확인자 박 XX (서명 또는 인)

세무서장 귀하

작 성 방 법

1. ⑪ 투자 구분란은 벤처 등(「조세특례제한법」제16조 제1항 제3호 · 제4호 · 제6호), 조합1(「조세특례제한법」제16조 제1항 제1호 · 제5호), 조합2(「조세특례제한법」제16조 제1항 제2호)으로 구분하여 적습니다.
2. 벤처기업투자신탁의 수익증권에 투자하는 경우에는 ⑭란은 적지 않습니다.
3. "⑯ 투자일"란부터 "⑱ 투자금액"란까지 : 개인투자조합 · 개인이 벤처기업에 투자한 내역을 적습니다.

연금 · 저축 등 소득 · 세액 공제명세서

1. 인적사항	① 상 호		② 사업자등록번호	
	③ 성 명		④ 주민등록번호	
	⑤ 주 소	(전화번호:)		
	⑥ 사업장 소재지	(전화번호:)		

4. 장기집합투자증권저축 소득공제
 * 장기집합투자증권저축 소득공제에 대한 명세를 작성합니다.

금융회사 등	계좌번호 (또는 증권번호)	납입금액	소득공제금액

5. 벤처투자조합 출자 등에 대한 소득공제
 * 벤처투자조합 출자 등 소득공제에 대한 명세서를 작성합니다.

투자연도	투자구분	금융기관 등	계좌번호 (또는 증권번호)	납입금액
2025	*벤처*	*신한은행*	*123456789*	*7,125,000*

6. 청년형 장기집합투자증권저축 소득공제
 * 청년형 장기집합투자증권저축 소득공제에 대한 명세서를 작성합니다.

가입일	계약기간	금융기관 등	계좌번호 (또는 증권번호)	납입금액	소득공제금액

작 성 방 법

1. 연금계좌 세액공제, 주택마련저축, 장기집합투자증권저축, 중소기업 창업투자조합 출자, 청년형 장기집합투자증권저축 등 소득공제를 받는 소득자에 대해서는 해당 소득 · 세액 공제에 대한 명세를 작성해야 합니다. 해당 계좌별로 납입금액과 소득 · 세액 공제금액을 적고, 공제금액이 영(0)인 경우에는 적지 않습니다.
2. 1) 퇴직연금계좌란의 퇴직연금 구분란: 퇴직연금[확정기여형(DC), 개인형(IRP), 중소기업퇴직연금] · 과학기술인공제회로 구분하여 적습니다.
3. 2) 연금계좌저축의 연금저축구분란: 개인연금저축과 연금저축으로 구분하여 적습니다.
4. 3) 개인종합자산관리계좌 만기 시 연금계좌 납입액의 연금구분란: 연금저축계좌와 퇴직연금계좌로 구분하여 적습니다.
   - 개인종합자산관리계좌 만기 시 연금계좌 납입액 공제세액은 개인종합자산관리계좌의 계약기간이 만료되고 해당 계좌잔액의 전부 또는 일부를 연금저축계좌 · 퇴직연금계좌로 납입한 경우 그 납입한 금액을 납입한 날이 속하는 과세기간의 연금계좌 납입액에 포함합니다(전환금액의 10%, 300만원 한도).
5. 3. 주택마련저축 소득공제의 저축 구분란: 청약저축, 주택청약종합저축 및 근로자주택마련저축으로 구분하여 적습니다.
6. 5. 벤처투자조합 출자 등에 대한 소득공제의 투자 구분란: 벤처 등(「조세특례제한법」제16조 제1항 제3호 · 제4호 · 제6호), 조합1(「조세특례제한법」제16조 제1항 제1호 · 제5호), 조합2(「조세특례제한법」제16조 제1항 제2호)로 구분하여 적습니다.
7. 6. 청년형 장기집합투자증권저축의 계약기간란: 계약기간을 개월 수로 적습니다(월수 계산 시 1월 미만은 1월로 합니다).
8. 세액공제금액란, 소득 · 세액 공제금액란 및 소득공제금액란은 근로소득자가 적지 않을 수 있습니다.

㊱ 차감소득금액			
그 밖의 소득공제	㊲ 개인연금저축		
	㊳ 소기업·소상공인 공제부금		
	㊴ 주택마련저축	㉮ 청약저축	
		㉯ 주택청약종합저축	
		㉰ 근로자주택마련저축	
	㊵ 투자조합출자 등		7,125,000
	㊶ 신용카드등 사용액		
	㊷ 우리사주조합 출연금		
	㊸ 고용유지 중소기업 근로자		
	㊹ 장기집합투자증권저축		
	㊺ 청년형 장기집합투자증권저축		
	㊻ 그 밖의 소득공제 계		7,125,000

4. 우리사주조합 출자금액에 대한 소득공제

「근로복지기본법」에 따른 우리사주조합원이 우리사주를 취득하기 위하여 우리사주조합에 출자하는 경우에는 해당 연도의 출자금액과 400만원(벤처기업 또는 이에 준하는 창업 후 3년 이내 기술이 우수한 것으로 평가받은 중소기업의 경우 1,500만원) 중 적은 금액을 해당 연도의 근로소득금액에서 공제한다(조특법 88의 4 ①). 우리사주조합 출연금 소득공제를 적용받기 위해서는 우리사주조합이 발행하는 "우리사주조합출연금 확인서"를 원천징수의무자에게 제출하여야 한다.

우리사주조합원 소득공제=Min[①, ②)]

① 해당 연도 출자금액

② 한도액 : 400만원(벤처기업 등의 경우 1,500만원)

5. 고용유지중소기업 등에 대한 과세특례

고용유지중소기업에 근로를 제공하는 상시근로자에 대하여 2026년 12월 31일이 속하는 과세연도까지 다음 계산식에 따라 계산한 금액을 해당 과세연도의 근로소득금액에서 공제할 수 있다. 이 경우 공제할 금액이 1,000만원을 초과하는 경우에는 그 초과하는 금액은 없는 것으로 한다(조특법 30의 3 ③).

$$\text{소득공제} = \text{Min}\left[① \left(\frac{\text{직전 과세연도 해당}}{\text{근로자 연간 임금총액}} - \frac{\text{해당 과세연도 해당}}{\text{근로자 연간 임금총액}} \right) \times 50\%,\ ② \text{ 한도액 : 1,000만원} \right]$$

위기지역 내 조특법 제4조 제1항에 따른 중견기업의 사업장에서 근로를 제공하는 상시근로자에 대하여 위기 지역으로 지정 또는 선포된 기간이 속하는 과세연도에도 고용유지 중소기업 근로자 소득공제를 적용한다(조특법 30의 3 ⑤).

(1) 고용유지중소기업

고용유지중소기업이란 다음의 요건을 모두 충족하는 기업을 말한다(조특법 30의 3 ①).

① 상시근로자 1인당 시간당 임금이 감소하지 않을 것

② 고용유지 : 해당 연도 상시근로자 수가 직전연도 대비 감소하지 않을 것

③ 임금감소 : 해당 연도 상시근로자 1인당 연간 임금총액이 전년 대비 감소될 것

1) 상시근로자 1인당 시간당 임금이 감소하지 않을 것

해당 과세연도의 상시근로자(해당 과세연도 중에 근로관계가 성립한 상시근로자는 제외) 1인당 시간당 임금이 직전 과세연도에 비하여 감소하지 않아야 한다(조특령 27의 3 ①).

$$\text{1인당 시간당 임금} = \text{해당 또는 직전 과세연도의 } \frac{\text{임금 총액}}{\text{근로시간 합계}}$$

① 임금총액

직전 또는 해당 과세연도에 상시근로자에게 지급한 통상임금과 정기상여금 등 고정급 성격의 금액을 합산한 금액

② 근로시간 합계

직전 또는 해당 과세연도의 상시근로자의 근로계약상 근로시간의 합계. 단, 「근로기준법」 제2조 제1항 제9호에 따른 단시간근로자로서 1개월간의 소정근로시간이 60시간 이상인 경우에는 실제 근로시간

2) 고용유지

해당 과세연도의 상시근로자 수가 직전 과세연도의 상시근로자 수와 비교하여 감소하지 않아야 한다. 여기서 상시근로자란 「근로기준법」에 따라 근로계약을 체결한 근로자로 하

되, 다음에 해당하는 사람은 제외한다(조특령 27의 3 ④).

① 근로계약기간이 1년 미만인 자. 다만, 근로계약의 연속된 갱신으로 인하여 그 근로계약의 총기간이 1년 이상인 근로자는 상시근로자로 본다.

② 「법인세법」에 따른 임원

③ 해당 기업의 최대주주 또는 최대출자자(개인사업자의 경우에는 대표자를 말한다)와 그 배우자

④ ③에 해당하는 자의 직계존속 · 비속과 그 배우자

⑤ 「소득세법」에 따른 근로소득원천징수부에 의하여 근로소득세를 원천징수한 사실이 확인되지 아니하고, 국민연금 또는 건강보험의 보험료 등의 납부사실도 확인되지 아니하는 사람

⑥ 「근로기준법」에 따른 단시간근로자. 다만, 1개월간의 소정근로시간이 60시간 이상인 근로자는 상시근로자로 본다.

3) 임금감소

해당 과세연도의 상시근로자(해당 과세연도 중에 근로관계가 성립한 상시근로자 제외) 1인당 연간 임금총액이 직전 과세연도에 비하여 감소하여야 한다(조특령 27의 3 ⑤).

$$1인당\ 연간\ 임금총액 = 해당\ 또는\ 직전\ 과세연도의\ \frac{임금\ 총액}{상시근로자\ 수}$$

① **임금총액**

직전 또는 해당 과세연도에 상시근로자에게 지급한 통상임금과 정기상여금 등 고정급 성격의 금액을 합산한 금액

② **상시근로자 수**

$$\frac{직전\ 또는\ 해당\ 과세연도의\ 매월\ 말\ 현재\ 상시근로자\ 수의\ 합}{직전\ 또는\ 해당\ 과세연도의\ 개월\ 수}$$

(2) 연간임금총액

임금총액은 통상임금과 정기상여금 등 고정급 성격의 금액을 합산한 금액으로 한다. 이 경우 직전 또는 해당 과세연도 중 근로관계가 성립하거나 종료된 상시근로자의 연간 임금총

액은 다음의 구분에 따라 산정한다(조특령 27의 3 ⑩).

1) 직전 연도 중 근로관계가 성립한 상시근로자

해당 과세연도의 통상임금과 고정급 성격의 금액의 합산액	×	직전 과세연도의 총 근무일수 / 해당 과세연도의 총 근무일수

2) 해당 연도 중 근로관계가 종료된 상시근로자

직전 과세연도의 통상임금과 고정급 성격의 금액의 합산액	×	해당 과세연도의 총 근무일수 / 직전 과세연도의 총 근무일수

3) 근로관계 승계 시

1) 및 2)도 불구하고 직전 또는 해당 과세연도 중에 기업의 합병 또는 분할 등에 의하여 근로관계가 승계된 상시근로자의 직전 또는 해당 과세연도의 연간 임금총액은 종전 근무지에서 지급받은 임금총액을 합산한 금액으로 한다.

(3) 제출서류

고용유지중소기업에 대한 과세특례를 적용받으려는 기업은 소득세 또는 법인세 과세표준 신고와 함께 '고용유지중소기업 소득공제신청서'(조특칙 별지 제11호의 4 서식)에 경영상 어려움, 사업주와 근로자 대표 간 합의를 증명하는 서류 등을 첨부하여 납세지 관할 세무서장에게 제출하여야 한다(조특령 27의 3 ③).

6. 장기집합투자증권저축 소득공제

근로소득이 있는 거주자(일용근로자 제외)가 장기집합투자증권저축에 2015년 12월 31일까지 가입하는 경우 가입한 날부터 10년 동안 각 과세기간에 납입한 금액의 40%에 해당하는 금액을 해당 과세기간의 근로소득금액에서 공제(해당 과세기간의 근로소득금액 한도)한다(조특법 91의 16 ①).

(1) 장기집합투자증권저축

장기집합투자증권저축이란 다음의 요건을 모두 갖춘 저축을 말한다(조특법 91의 16 ①).

① 장기집합투자증권저축 가입자가 가입 당시 직전 과세기간의 총급여액이 5,000만원 이하인 근로소득이 있는 거주자일 것(직전 과세기간에 근로소득만 있거나 근로소득 및 종합소득과세표준에 합산되지 않는 종합소득이 있는 경우로 한정한다)

② 자산총액의 40% 이상을 국내에서 발행되어 국내에서 거래되는 주식(「자본시장과 금융투자업에 관한 법률」에 따른 증권시장에 상장된 것으로 한정한다)에 투자하는 집합투자기구의 집합투자증권 취득을 위한 저축일 것

③ 장기집합투자증권저축 계약기간이 10년 이상이고 저축가입일부터 10년 미만의 기간 내에 원금 · 이자 · 배당 · 주식 또는 수익증권 등의 인출이 없을 것

④ 적립식 저축으로서 1인당 연 600만원 이내(해당 거주자가 가입한 모든 장기집합투자증권저축의 합계액을 말한다)에서 납입할 것

(2) 신 청

소득공제를 받으려는 거주자는 근로소득세액의 연말정산 또는 종합소득과세표준확정신고를 하는 때에 소득공제를 받는 데 필요한 해당 연도의 저축금 납입액이 명시된 장기집합투자증권저축 납입증명서를 장기집합투자증권저축을 취급하는 금융회사("저축취급기관")로부터 발급받아 원천징수의무자 또는 주소지 관할 세무서장에게 제출하여야 한다. 납입증명서는 연말정산간소화 서비스 조회 서류로 대신할 수 있다(조특법 91의 16 ③).

(3) 공제배제

1) 총급여 및 근로소득 요건으로 인한 배제

장기집합투자증권저축에 가입한 거주자가 다음 중 어느 하나에 해당하는 경우에는 해당 과세기간에 소득공제를 하지 아니한다(조특법 91의 16 ②).

① 해당 과세기간에 근로소득만 있거나 근로소득 및 종합소득과세표준에 합산되지 않는 종합소득이 있는 경우로서 총급여액이 8,000만원을 초과하는 경우

② 해당 과세기간에 근로소득이 없는 경우

2) 해지로 인한 배제

장기집합투자증권저축 가입자가 해당 저축의 가입일부터 10년 미만의 기간 내에 해당 저축으로부터 원금 · 이자 · 배당 · 주식 또는 수익증권 등의 전부 또는 일부를 인출하거나 해당 계약을 해지 또는 제3자에게 양도한 경우(이하 "해지") 해당 과세기간부터 소득공제를 하지 아니한다(조특법 91의 16 ④).

3) 중복적용배제

「조세특례제한법」에 따른 비과세 등 조세특례 또는 「소득세법」에 따른 연금계좌 또는 퇴직연금계좌에 관한 규정을 적용받는 저축 등의 경우에는 소득공제를 적용하지 아니한다(조특법 91의 16 ⑩).

(4) 중도해지 시 추징

장기집합투자증권저축 가입자가 해당 저축의 가입일부터 5년 미만의 기간 내에 장기집합투자증권저축을 해지하는 경우 저축취급기관은 해당 저축에 납입한 금액의 총 누계액에 6%를 곱한 금액을 추징하여 저축 계약이 해지된 날이 속하는 달의 다음 달 10일까지 원천징수 관할 세무서장에게 납부하여야 한다. 다만, 사망 · 해외이주 등 다음의 부득이한 사유로 해지된 경우에는 그러하지 아니하며, 소득공제를 받은 자가 해당 소득공제로 감면받은 세액이 추징세액에 미달하는 사실을 증명하는 경우에는 실제로 감면받은 세액상당액을 추징한다(조특법 91의 16 ⑤, 조특령 93의 2 ⑧).

① 저축자의 사망 · 해외이주

② 해지 전 6개월 이전에 발생한 다음 중 어느 하나에 해당하는 사유

㉠ 천재지변

㉡ 저축자의 퇴직

㉢ 사업장의 폐업

㉣ 저축자의 3개월 이상의 입원치료 또는 요양이 필요한 상해 · 질병의 발생

㉤ 저축취급기관의 영업의 정지, 영업인가 · 허가의 취소, 해산결의 또는 파산선고

㉥ 최초 설립 또는 설정된 날부터 1년이 지난 날에 집합투자기구의 원본액이 50억원에 미달하거나 최초 설립 또는 설정된 날부터 1년이 지난 후 1개월간 계속하여 집합투자기구의 원본액이 50억원에 미달하여 집합투자업자가 해당 집합투자기구를 해지하는 경우

7. 청년형 장기집합투자증권저축 소득공제

청년으로서 소득기준을 충족하는 거주자가 "청년형장기집합투자증권저축"에 2025년 12월 31일까지 가입하는 경우 계약기간 동안 각 과세기간에 납입한 금액의 40%에 해당하는 금액을 해당 과세기간의 종합소득금액에서 공제한다(조특법 91의 20 ①).

(1) 소득공제 요건

1) 청 년

청년이란 청년형장기집합투자증권저축의 가입일 현재 19세 이상 34세 이하인 사람을 말하며, 병역을 이행한 경우에는 그 기간(6년을 한도로 한다)을 가입일 현재 연령에서 빼고 계산한 연령이 34세 이하인 사람을 청년의 범위에 포함한다(조특령 93의 6 ①).

2) 소득기준

소득공제를 받기 위해서는 다음 각 항목 중 어느 하나에 해당하는 소득기준을 충족하여야 한다(조특법 91의 20 ① 1.).

① 직전 과세기간의 총급여액이 5천만원 이하일 것(직전 과세기간에 근로소득만 있거나 근로소득과 종합소득과세표준에 합산되지 아니하는 종합소득만 있는 경우로 한정하고, 비과세소득만 있는 경우는 제외한다)

② 직전 과세기간의 종합소득과세표준에 합산되는 종합소득금액이 3천8백만원 이하일 것(직전 과세기간의 총급여액이 5천만원을 초과하는 근로소득이 있는 경우 및 비과세소득만 있는 경우는 제외한다)

3) 청년형장기집합투자증권저축

청년형장기집합투자증권저축이란 다음의 요건을 모두 갖춘 저축을 말한다(조특법 91의 20 ① 2.).

① 자산총액의 40% 이상을 「자본시장과 금융투자업에 관한 법률」 제9조 제15항 제3호에 따른 주권상장법인의 주식에 투자하는 집합투자기구의 집합투자증권을 취득하기 위한 저축일 것

② 계약기간이 3년 이상 5년 이하일 것

③ 적립식 저축으로서 1인당 납입금액이 연 600만원(해당 거주자가 가입한 모든 청년형장기집합투자증권저축의 합계액을 말한다) 이내일 것

(2) 소득공제 배제

청년형장기집합투자증권저축에 가입한 가입자가 다음 중 어느 하나에 해당하는 경우에는 해당 과세기간에 소득공제를 하지 아니한다(조특법 91의 20 ②).

① 해당 과세기간에 근로소득만 있거나 근로소득과 종합소득과세표준에 합산되지 아니하는 종합소득만 있는 경우로서 총급여액이 8천만원을 초과하는 경우

② 해당 과세기간의 종합소득과세표준에 합산되는 종합소득금액이 6천7백만원을 초과하는 경우

③ 해당 과세기간에 근로소득 및 종합소득과세표준에 합산되는 종합소득금액이 없는 경우

④ 청년형장기집합투자증권저축을 해지하고 대통령령으로 정하는 요건을 갖추어 다른 청년형장기집합투자증권저축에 전환가입한 경우. 이 경우 소득공제 대상에서 제외되는 금액은 그 다른 청년형장기집합투자증권저축에 납입된 금액 중 전환가입에 따라 종전의 청년형장기집합투자증권저축에서 이체된 금액으로 한정한다.

(3) 신 청

소득공제를 받으려는 가입자는 근로소득세액의 연말정산 또는 종합소득과세표준확정신고를 하는 때에 소득공제를 받기 위하여 필요한 해당 연도의 저축금 납입액이 명시된 청년형장기집합투자증권저축 납입증명서를 청년형장기집합투자증권저축을 취급하는 저축취급기관으로부터 발급받아 원천징수의무자 또는 주소지 관할 세무서장에게 제출하여야 한다(조특법 91의 20 ③).

(4) 중도해지 시 추징

청년형 장기집합투자증권저축 가입자가 해당 저축의 가입일부터 3년 미만의 기간 내에 청년형 장기집합투자증권저축을 해지하는 경우 저축취급기관은 해당 저축에 납입한 금액의 총누계액에 6%를 곱한 금액을 추징하여 저축계약이 해지된 날이 속하는 달의 다음 달 10일까지 원천징수 관할 세무서장에게 납부하여야 한다.

다만, 다음 중 어느 하나에 해당하는 사유로 해지된 경우에는 그러하지 아니하며, 소득공제를 받은 자가 해당 소득공제로 감면받은 세액이 추징세액에 미달하는 사실을 증명하는 경우에는 실제로 감면받은 세액상당액을 추징한다(조특법 91의 20 ⑤).

① 다른 청년형장기집합투자증권저축에 전환가입한 경우로서 대통령령으로 정하는 경우

② 사망 · 해외이주 등 대통령령으로 정하는 부득이한 사유로 해지된 경우

8. 소기업 · 소상공인 공제부금 소득공제

거주자가 「중소기업협동조합법」에 따른 소기업 · 소상공인 공제에 가입하여 분기별로 300만원 이하의 공제부금을 납입하는 공제부금에 대해서는 다음의 방법에 따라 한도 금액 내에서 공제한다(조특법 86의 3 ①, 조특령 80의 3 ①).

① 해당 과세연도의 사업소득금액에서 「소득세법」에 따른 부동산임대업의 소득금액을 차감한 금액이 사업소득금액에서 차지하는 비율을 곱한 금액을 해당 과세연도의 사업소득금액에서 공제

② 법인의 대표자로서 해당 과세기간의 총급여액이 8,000만원 이하인 거주자의 경우에는 근로소득금액에서 공제

사업소득(법인 대표자의 근로소득금액)	한도액
4천만원 이하	600만원
4천만원 초과 6천만원 이하	500만원
6천만원 초과 1억원 이하	400만원
1억원 초과	200만원

Ⅰ 소기업 · 소상공인 등에 대한 소득공제 Ⅰ

구 분	내 용
공제대상	거주자 본인
공제금액	납입액
한 도	200만원, 400만원, 500만원, 600만원
지출기간	해당과세기간 동안 지출한 비용

(1) 소기업 · 소상공인 공제부금

소기업 · 소상공인 공제란 소규모 사업자가 매월 일정 부금을 적립하여 폐업, 사망, 노령 시 생활안정과 사업재기를 도모할 수 있도록 국가가 지원하는 목돈(퇴직금)마련 공제 제도로 중소기업 중앙회가 운영하고 있으며, 노란우산공제라고도 한다. 소기업 · 소상공인 공제는 소기업 · 소상공인 대표자로 개인사업자 또는 법인의 대표자, 공동사업자가 가입할 수 있으며, 그 직위가 중복되는 경우에는 그 중 어느 하나를 정하여 가입한다. 즉, 여러 사업체가 있는 대표자의 경우 1개의 사업장을 택일하여 가입한다. 만약, 개인사업장도 운영하고 있는 법인의 대표자인 경우 개인사업자 직위로 가입한 공제부금은 근로소득금액에서 공제받을 수 없으

며, 해당 직위에서 가입한 소득금액(개인사업자의 사업소득)에서 공제받아야 한다.

(2) 가입시기별 공제방법

소기업 · 소상공인 공제를 2015년 12월 31일 이전 가입한 경우에는 이를 종합소득금액에서 공제할 수 있다. 그러나 2016년 1월 1일 이후 가입하는 경우에는 사업소득금액 또는 근로소득금액(법인의 대표자로서 총급여 7,000만원 이하인 경우, 2025년 1월 1일 이후 8,000만원 이하인 경우)에서 공제하는 것으로 개정되었으며, 2015년 12월 31일 이전에 가입한 경우라도 2015년 12월 31일까지 중소기업중앙회에 개정규정의 적용을 신청한 경우에는 개정규정을 적용한다.

구 분	공제소득
2015.12.31. 이전 가입	원칙 : 종합소득
	예외 : 개정규정 적용을 신청한 경우 ① 사업소득 ② 근로소득(법인의 대표자로서 총급여 7,000만원 이하)
2016.1.1. 이후 가입	① 사업소득 ② 근로소득(법인의 대표자로서 총급여 7,000만원 이하, 2025년 1월 1일 이후 8,000만원 이하)

(3) 납입시기

소기업 · 소상공인 공제는 분기별로 300만원 이하의 공제부금을 납입하는 경우 이를 공제한다. 그러나 다음 중 어느 하나에 해당하는 시기에 공제부금을 납입하는 경우에는 해당 분기의 공제부금을 납입한 것으로 본다(조특령 80의 3 ① · ②).

① 마지막 납입일이 속하는 달의 말일부터 1년 6개월이 경과하기 전에 그 기간 동안의 공제부금을 납입한 경우

② 분기 이전에 해당 연도에 납부하여야 할 공제부금 중 6개월분에 해당하는 공제부금을 먼저 납입한 경우

(4) 제출서류

소득공제를 받으려는 자는 소득세과세표준확정신고 시 또는 연말정산 시 공제부금납입증명서를 주소지 관할 세무서장 또는 원천징수의무자에게 제출하여야 한다. 다만, 해당 증명서를 제출한 날이 속하는 연도의 다음 연도부터는 공제부금납입증명서를 해당 공제의 납입액을

증명할 수 있는 통장사본으로 갈음할 수 있으며, 연말정산간소화 서비스 조회내역으로도 대신할 수 있다(조특령 80의 3 ⑦).

(5) 폐업 등의 사유로 해지(퇴직소득으로 과세)

아래의 사유로 공제금을 지급받는 경우는 다음의 계산식에 따라 계산한 금액을 퇴직소득으로 보아 소득세를 부과한다(조특법 86의 3 ③).

퇴직소득=공제금-실제 소득공제받은 금액을 초과하여 납입한 금액의 누계 * 소득공제 받은 원금+운용수익=퇴직소득, 소득공제 받지 않은 원금=비과세

① 소기업 · 소상공인이 폐업* 또는 해산한 때

* 개인사업자의 지위에서 공제에 가입한 자가 법인을 설립하기 위해 현물출자함으로써 폐업한 경우와 개인사업자의 지위에서 공제에 가입한 자가 그 배우자 또는 자녀에게 사업의 전부를 양도함으로써 폐업한 경우를 포함

② 공제 가입자가 사망한 때

③ 법인의 대표자의 지위에서 공제에 가입한 자가 그 법인의 대표자의 지위를 상실한 때

④ 60세 이상으로 공제부금 납입월수가 120개월 이상인 공제 가입자가 공제금의 지급을 청구한 때

⑤ 「중소기업협동조합법 시행령」 제37조 제1항 제5호부터 제8호까지의 어느 하나에 해당하는 사유

⑥ 위의 사유가 발생하기 전에 해지한 경우로서 해지 전 6개월 이내에 다음의 사유가 발생한 경우

㉠ 천재 · 지변의 발생

㉡ 공제가입자의 「해외이주법」에 따른 해외이주

㉢ 공제가입자의 3월 이상의 입원치료 또는 요양을 요하는 상해 · 질병의 발생

㉣ 중소기업중앙회의 해산

㉤ 공제 가입자가 「재난 및 안전관리 기본법」 제66조 제1항 제2호의 재난으로 15일 이상의 입원 치료가 필요한 피해를 입은 경우

(6) 폐업 등 외의 사유로 해지(기타소득으로 과세)

위 퇴직소득으로 과세하는 사유에 해당하지 않는 경우 다음의 계산식에 따라 계산한 금액을 기타소득으로 보아 소득세를 부과한다(조특법 86의 3 ④).

기타소득＝해지로 인해 받은 환급금－실제 소득공제 받은 금액을 초과하여 납입한 금액의 누계

다만, 다음의 사유에 해당하는 경우에는 (5) 폐업 등의 사유로 해지하는 경우의 계산식을 적용한다(조특법 86의 3 ④).

① 공제부금 납입월수가 120개월 이상인 소기업·소상공인 공제 가입자가 대통령령으로 정하는 경영악화를 사유로 계약을 해지한 경우

② 해외이주 등 대통령령으로 정하는 사유로 계약이 해지된 경우

㉠ 천재·지변의 발생

㉡ 공제가입자의 「해외이주법」에 따른 해외이주

㉢ 공제가입자의 3월 이상의 입원치료 또는 요양을 요하는 상해·질병의 발생

㉣ 중소기업중앙회의 해산

㉤ 공제 가입자가 「재난 및 안전관리 기본법」 제66조 제1항 제2호의 재난으로 15일 이상의 입원 치료가 필요한 피해를 입은 경우

사례 소기업·소상공인 공제부금 소득공제

김지환은 법인의 대표자이며, 2025년 총급여액은 63,000,000원이다. 아래 자료를 참고하여 연말정산을 실시하시오.

참고자료

▌국세청 간소화자료▐

2025년 귀속 소득·세액공제증명서류 : [소기업·소상공인 공제부금]

(조회기간 : 2025년 01~12월)

■ 가입자 인적사항

성 명	주 민 등 록 번 호
김지환	910810-1******

■ 공제부금 납입현황

공제계약번호 또는 증서번호	가입일자/개정규칙 적용 여부	납입방법
202110170***	2021-10-17	월납(Month)
	Y	

월	납입일자	납입금액	월	납입일자	납입금액
01월	2025-01-17	400,000	07월	2025-07-17	400,000
02월	2025-02-17	400,000	08월	2025-08-17	400,000
03월	2025-03-17	400,000	09월	2025-09-17	400,000
04월	2025-04-17	400,000	10월	2025-10-17	400,000
05월	2025-05-17	400,000	11월	2025-11-17	400,000
06월	2025-06-17	400,000	12월	2025-12-17	400,000
소득공제대상액		4,800,000	납입금액 계		4,800,000

1. 2016년 이후 가입하는 경우에는 사업소득금액(법인의 대표자로서 해당 과세기간의 총급여액이 7천만원 이하인 경우 근로소득금액)에서 공제하고 폐업 등으로 해지 시 퇴직소득세를 과세 (단, 2015.12.31. 이전에 가입한 경우라도 2015.12.31.까지 중소기업중앙회에 개정 규정 적용을 신청한 경우 개정 규정 적용)

사업(근로)소득금액	4천만원 이하	4천만원~6천만원	6천만원~1억원	1억원 초과
공제한도	600만원	500만원	400만원	200만원

• 본 증명서류는 「소득세법」 제165조 제1항에 따라 영수증 발급기관으로부터 수집한 서류로 소득세액공제 충족 여부는 근로자가 직접 확인하여야 합니다.
• 본 증명서류에서 조회되지 않는 내역은 영수증 발급기관에서 직접 발급받으시기 바랍니다.

풀이

(1) 근로소득금액 확인

=총급여-근로소득공제

=63,000,000-{12,000,000+(63,000,000-45,000,000)×5%}=50,100,000원

(2) 공제대상 금액

=Min[4,800,000, 5,000,000]=4,800,000원

사업(근로)소득금액	4천만원 이하	4천만원~6천만원	6천만원~1억원	1억원 초과
공제한도	600만원	500만원	400만원	200만원

▌근로소득지급명세서(2쪽)▐

<table>
<tr><td rowspan="12">그
밖
의
소
득
공
제</td><td colspan="2">㊲ 개인연금저축</td><td></td></tr>
<tr><td colspan="2">㊳ 소기업 · 소상공인 공제부금</td><td>4,800,000</td></tr>
<tr><td rowspan="3">㊴ 주택마련
저축</td><td>㉮ 청약저축</td><td></td></tr>
<tr><td>㉯ 주택청약종합저축</td><td></td></tr>
<tr><td>㉰ 근로자주택마련저축</td><td></td></tr>
<tr><td colspan="2">㊵ 투자조합출자 등</td><td></td></tr>
<tr><td colspan="2">㊶ 신용카드등 사용액</td><td></td></tr>
<tr><td colspan="2">㊷ 우리사주조합 출연금</td><td></td></tr>
<tr><td colspan="2">㊸ 고용유지 중소기업 근로자</td><td></td></tr>
<tr><td colspan="2">㊹ 장기집합투자증권저축</td><td></td></tr>
<tr><td colspan="2">㊺ 청년형 장기집합투자증권저축</td><td></td></tr>
<tr><td colspan="2">㊻ 그 밖의 소득공제 계</td><td>4,800,000</td></tr>
</table>

9. 신용카드 등 사용금액 소득공제

근로소득이 있는 거주자가 법인 또는 사업자로부터 2025년 12월 31일까지 재화나 용역을 제공받고 신용카드 등을 사용한 금액에 대하여는 계산식에 따른 금액을 해당 과세연도의 근로소득금액에서 공제한다. 이때 기본공제대상자(나이제한 없음, 형제자매 제외)의 신용카드 등 사용금액은 그 거주자의 신용카드 등 소득공제금액에 포함시킬 수 있다(조특법 126의 2 ① · ③).

▌신용카드 등 사용금액에 대한 소득공제▐

구 분	내 용
공제대상	기본공제대상자(나이제한 없음, 소득제한 있음, 형제자매 제외)
공제금액	(신용카드 등 사용액 − 최저사용금액) × 15%, 30%, 40%
한 도	250만원~600만원
지출기간	근로기간 동안 지출한 비용

(1) 공제대상

신용카드 등 사용금액 소득공제는 거주자 본인의 사용금액뿐 아니라, 연간 소득금액 합계액이 100만원(근로소득만 있는 자는 총급여 500만원) 이하인 배우자 또는 직계존비속 명의의 신용카드 등 사용금액도 당해 거주자의 신용카드 등 소득공제금액에 이를 포함할 수 있다. 여기서 직계존비속은 거주자와 생계를 같이하는 직계존비속으로서 배우자의 직계존속과 동거입양자「민법」 또는「입양촉진 및 절차에 관한 특례법」에 의하여 입양한 양자 및 사실상 입양상태에 있는 사람으로서 거주자와 생계를 같이하는 사람을 포함하되, 다른 거주자의 기본공제를 적용받는 자는 제외한다. 다만, 형제자매의 신용카드 등 사용금액은 기본공제대상자라 하더라도 공제대상 사용금액에 포함되지 않는다.

(2) 공제대상 신용카드 등

신용카드 등 사용금액이란 다음 중 어느 하나에 해당하는 금액을 말한다(조특법 126의 2 ①).

① 신용카드를 사용하여 그 대가로 지급하는 금액

② 현금영수증에 기재된 금액

③ 직불카드 또는 기명식선불카드, 기명식선불전자지급수단 또는 기명식전자화폐를 사용하여 그 대가로 지급하는 금액

(3) 공제금액

신용카드 등 소득공제금액은 (①+②+③+④+⑤-⑥)에 해당하는 금액으로 한다(조특법 126의 2 ②). 여기서 최저사용금액이란 해당 과세연도의 총급여액의 25%를 말한다(조특법 126의 2 ①).

① 신용카드 사용금액(전통시장 · 대중교통비 제외)×15%

② 현금영수증, 직불카드 · 선불카드(전통시장 · 대중교통비 제외)×30%

③ 문화체육사용분*(총급여 7천만원 이하자만 적용)×30%(2023년 40%)

④ 전통시장사용분(신용카드, 직불 · 선불카드, 현금영수증)×40%(2023년 50%)

⑤ 대중교통이용분(신용카드, 직불 · 선불카드, 현금영수증)×40%(2023년 80%)

⑥ 공제제외금액

신용카드 등 사용금액과 최저사용금액 간 조건	금 액
신용카드사용금액(①) ≥ 최저사용금액	최저사용금액×15%
신용카드사용금액(①+②+③) ≥ 최저사용금액 > 신용카드사용금액(①)	①×15% + (최저사용금액-①)×30%
신용카드사용금액(①+②+③+④+⑤) ≥ 최저사용금액 > 신용카드사용금액(①+②+③)	①×15% + (②+③)×30% + (최저사용금액-①-②-③)×40%

* 도서 · 신문 · 공연사용분, 박물관 · 미술관 · 영화관, 체육시설 사용분

1) 전통시장사용분

「전통시장 및 상점가 육성을 위한 특별법」에 따른 전통시장과 전통시장 구역 안의 법인 또는 사업자로부터 재화 또는 용역을 제공받은 대가에 해당하는 금액으로서 신용카드 · 현금영수증 · 직불카드 · 선불카드 등의 사용금액 합계액을 말한다(조특법 126의 2 ② 1.). 단, 전통시장 구역 안의 법인 또는 사업자로서 다음의 법인 또는 사업자에 대한 사용액은 전통시장사용분에서 제외한다(조특령 121의 2 ②).

① 「유통산업발전법」에 따른 준대규모점포

② 「부가가치세법」에 따른 사업자 단위 과세 사업자로서 전통시장 구역 안의 사업장과 전통시장 구역 밖의 사업장의 신용카드 사용금액이 구분되지 아니하는 사업자

2) 대중교통이용분

「대중교통의 육성 및 이용촉진에 관한 법률」에 따른 대중교통수단을 이용한 대가에 해당하는 금액으로서 신용카드 · 현금영수증 · 직불카드 · 선불카드 등의 사용금액 합계액을 말한다(조특법 126의 2 ② 2.).

3) 문화체육사용분

① 도서 · 신문 · 공연사용분

「출판문화산업 진흥법」에 따른 간행물(유해간행물 제외)을 구입하거나 「신문 등의 진흥에 관한 법률」에 따른 신문을 구독하거나 「공연법」에 따른 공연을 관람하기 위하여 문화체육관광부장관이 지정하는 법인 또는 사업자에게 지급한 금액을 말한다(조특법 126의 2 ② 3. 가).

② 박물관 · 미술관사용분

「박물관 및 미술관 진흥법」에 따른 박물관 및 미술관이나 영화상영관(2023.7.1. 이후 지출분)에 입장하기 위하여 문화체육관광부장관이 지정하는 법인 또는 사업자에게 지급한 금액

을 말한다(조특법 126의 2 ② 3. 나).

③ 체육시설이용분

「체육시설의 설치 · 이용에 관한 법률 시행령」 별표 1의 수영장 및 체력단련장 체육시설을 이용하기 위하여 문화체육관광부장관이 지정하는 법인 또는 사업자에게 지급한 금액을 말한다(조특법 126의 2 ② 3. 다).

4) 직불카드등사용분

현금영수증 · 직불카드 · 선불카드 등의 사용금액을 말한다. 단, 해당 과세연도의 총급여액이 7천만원 이하인 경우에는 전통시장사용분 · 대중교통이용분 및 문화체육사용분에 포함된 금액은 제외하고, 해당 과세연도의 총급여액이 7천만원을 초과하는 경우에는 전통시장사용분 및 대중교통이용분에 포함된 금액은 제외한다(조특법 126의 2 ② 4.).

5) 신용카드사용분

신용카드 · 현금영수증 · 직불카드 · 선불카드 등 사용금액의 합계액에서 전통시장사용분, 대중교통이용분, 직불카드 등 사용분을 뺀 금액을 말한다. 단, 해당 과세연도의 총급여액이 7천만원 이하인 경우에는 문화체육사용분을 추가로 뺀 금액을 말한다(조특법 126의 2 ② 5.).

(4) 한도액

신용카드등소득공제금액은 연간 250만원(해당 과세연도의 총급여액이 7천만원 이하인 경우에는 300만원)을 한도로 한다. 다만, 신용카드등소득공제금액이 본문에 따른 한도를 초과하는 경우에는 그 한도를 초과하는 금액과 전통시장사용분, 대중교통이용분의 합계액(연간 200만원을 한도로 하되, 해당 과세연도의 총급여액이 7천만원 이하인 경우에는 문화체육사용분의 금액을 추가로 합쳐 연간 300만원을 한도로 한다), (3) 공제금액 ⑦의 합계액(연간 100만원을 한도로 한다) 중 작거나 같은 금액을 신용카드등소득공제금액에 추가한다(조특법 126의 2 ⑩).

구 분	총급여	공제한도
기본공제 한도	① 총급여액 7,000만원 이하	300만원
	② 총급여액 7,000만원 초과	250만원
추가공제 한도 (문화체육사용분)	① 총급여액 7,000만원 이하	300만원
	② 총급여액 7,000만원 초과	200만원

(5) 공제 제외 사용액

신용카드 등 사용금액이 다음 중 어느 하나에 해당하는 경우에는 신용카드 등 사용금액에 포함하지 아니한다. 다만, ③의 경우로서 중고자동차를 신용카드 등으로 구입하는 경우에는 그 중고자동차 구입금액의 10%를 신용카드 등 사용금액에 포함한다(조특법 126의 2 ④, 조특령 121의 2 ⑥ · ⑭).

구 분	내 용
사업관련비용	사업소득과 관련된 비용 또는 법인의 비용을 근로자의 신용카드 등으로 결제한 경우
비정상적사용액	물품의 판매 또는 용역의 제공을 가장하는 등 신용카드 · 직불카드 · 직불전자지급수단 · 기명식선불카드 · 기명식선불전자지급수단 · 기명식전자화폐 또는 현금영수증의 비정상적인 사용행위에 해당하는 경우
자동차구입비용	자동차를 신용카드 · 직불카드 · 직불전자지급수단 · 기명식선불카드 · 기명식선불전자지급수단 · 기명식전자화폐 또는 현금영수증으로 구입하는 경우 (단, 중고자동차를 신용카드 등으로 구입한 경우 구입금액의 10%는 사용금액에 포함)
자동차 리스료	「여객자동차운수사업법」에 의한 자동차대여사업의 자동차대여료를 포함한 리스료
보험료 및 공제료	「국민건강보험법」 또는 「노인장기요양보험법」, 「고용보험법」에 따라 부담하는 보험료, 「국민연금법」에 의한 연금보험료 및 각종 보험계약(생명보험, 손해보험, 우체국보험, 군인 공제회 등)의 보험료 또는 공제료
교육비	「유아교육법」, 「초 · 중등교육법」, 「고등교육법」 또는 「특별법」에 의한 학교(대학원 포함) 및 영유아보육법에 의한 어린이집에 납부하는 수업료 · 입학금 · 보육비용, 기타 공납금 ※ 어린이집 입소료 제외(원천세과-245, 2011.4.21.)
공과금	정부 · 지방자치단체에 납부하는 국세 · 지방세, 전기료 · 수도료 · 가스료 · 전화료(정보사용료, 인터넷이용료 등을 포함) · 아파트관리비 · 텔레비전시청료(「종합유선방송법」에 의한 종합유선방송의 이용료 포함) 및 도로통행료
유가증권구입	상품권 등 유가증권 구입비
자산의 구입비용	「지방세법」에 의하여 취득세 또는 등록면허세가 부과되는 재산의 구입비용(주택 등)
국가 · 지자체에 지급하는 수수료 등	「부가가치세법시행령」 제46조 제1호 및 제3호에 해당하는 업종 외의 업무를 수행하는 국가 · 지방자치단체 또는 지방자치단체조합(「의료법」에 따른 의료기관 및 「지역보건법」에 따른 보건소는 제외한다)에 지급하는 사용료 · 수수료 등의 대가
금융용역관련 수수료	차입금 이자상환액, 증권거래수수료 등 금융 · 보험용역과 관련한 지급액, 수수료, 보증료 및 이와 비슷한 대가
가상자산거래 관련 수수료	「특정 금융거래정보의 보고 및 이용 등에 관한 법률」 제2조 제2호 라목의 가상자산 거래에 대하여 같은 조 제1호 하목의 가상자산사업자에게 지급하는 대가

구 분	내 용
정치자금기부금	「정치자금법」에 따라 정당(후원회 및 각급 선거관리위원회 포함)에 신용카드, 직불카드, 기명식선불카드, 직불전자지급수단, 기명식선불전자지급수단 또는 기명식전자화폐로 결제하여 기부하는 정치자금(「조세특례제한법」 제76조에 따라 세액공제를 적용받은 경우에 한함)
고향사랑기부금	「고향사랑 기부금에 관한 법률」에 따른 고향사랑 기부금(법 제58조에 따라 세액공제를 적용받은 경우만 해당한다)
특례 · 일반기부금	기부금단체에 신용카드로 기부하는 경우
월세액 세액공제	「조특법」 제95조의 2에 따라 세액공제를 적용받은 월세액
면세물품 구입비용	「관세법」 제196조에 따른 보세판매장, 법 제121조의 13에 따른 지정면세점, 선박 및 항공기에서 판매하는 면세물품의 구입비용

실무포인트

1. 비정상적인 사용행위(조특령 121의 2 ④)

① 물품 또는 용역의 거래 없이 이를 가장하거나 실제 매출금액을 초과하여 신용카드 등에 의한 거래를 하는 행위

② 신용카드 등을 사용하여 대가를 지급하는 자가 다른 신용카드 등 가맹점 명의로 거래가 이루어지는 것을 알고도 신용카드 등에 의한 거래를 하는 행위. 이 경우 상호가 실제와 달리 기재된 매출전표 등을 교부받은 때에는 그 사실을 알고 거래한 것으로 본다.

2. 비정상적 사용행위의 처리

신용카드업자 등은 제4항의 규정에 의한 비정상적인 신용카드사용행위가 있음을 안 경우에는 해당 신용카드회원 등에게 그 사실을 안 날부터 30일 이내에 그 거래내역을 통보하여야 하며, 당해 거래의 신용카드등사용금액확인서를 발급하는 때에 동 금액을 소득공제 대상 신용카드 등 사용금액에서 제외하여야 한다. 다만, 신용카드등사용금액확인서의 발급 후에 비정상적인 신용카드사용행위가 있음을 안 경우에는 당해 금액을 다음 과세연도의 소득공제대상 신용카드 등 사용금액에서 제외하여야 한다(조특령 121의 2 ⑪).

3. 가산세의 면제

원천징수의무자가 근로소득자 소득 · 세액공제신고서 및 신용카드 등 소득공제 신청서에 기재된 신용카드 등 사용금액에 대한 소득공제금액에 비정상적인 사용 행위에 해당하는 금액이 포함되어 있음을 근로소득세액의 연말정산 시까지 확인할 수 없어 원천징수하여야 할 세액에 미달하게 세액을 납부한 경우에는 「국세기본법」 제47조의 5 제1항에 따른 원천징수 등 납부지연가산세를 부과하지 아니한다(조특법 126의 2 ⑤, 조특령 121의 2 ⑤).

(6) 제출서류

신용카드 등 사용금액에 대한 소득공제를 적용받고자 하는 자는 소득공제금액을 근로소득자소득공제신고서에 기재하고, 근로소득자소득공제신고서를 원천징수의무자에게 제출하는 때에 신용카드 등 소득공제신청서와 신용카드 등 사용금액확인서를 함께 제출하여야 한다. 다만, 신용카드 등 사용금액확인서에 전통시장사용분, 대중교통이용분, 문화체육사용분이 누락된 경우 영수증, 승차권, 입장권 등 전통시장사용분, 대중교통이용분, 문화체육사용분임을 증명할 수 있는 자료를 제출함으로써 신용카드 등 사용금액에 대한 소득공제를 신청할 수 있다(조특령 121의 21 ⑧). 또한, 신용카드사용금액확인서를 대신하여 연말정산간소화 서비스 조회 내역으로 제출할 수 있다(조특령 121의 2 ⑫).

(7) 신용카드 등 사용금액 소득공제와 특별세액공제 중복 적용 여부

구 분		특별세액공제 항목	신용카드공제
신용카드로 결제한 의료비		의료비 세액공제 가능	신용카드공제 가능
신용카드로 결제한 보장성보험료		보험료 세액공제 가능	신용카드공제 불가
신용카드로 결제한 학원비	취학 전 아동	교육비 세액공제 가능	신용카드공제 가능
	그 외	교육비 세액공제 불가	
신용카드로 결제한 교복구입비		교육비 세액공제 가능	신용카드공제 가능
신용카드로 결제한 기부금		기부금 세액공제 가능	신용카드공제 불가

실무포인트

1. 배우자의 신용카드사용금액을 거주자의 사용금액에 포함시키는지 여부

근로소득이 있는 거주자의 배우자로서 연간소득금액(이자 · 배당소득 및 부동산임대소득을 제외한 금액)의 합계액이 100만원 이하인 자의 신용카드사용금액은 당해 거주자의 신용카드사용금액에 이를 포함시켜 조세특례제한법 제126조의 2의 신용카드 등 사용금액에 대한 소득공제 규정을 적용할 수 있는 것이나, 당해 연도 중 결혼한 당해 거주자의 배우자가 결혼 전에 사용한 신용카드사용금액은 그러하지 아니하는 것임(서이 46013-10828, 2001.12.28.).

2. 딸을 위하여 결혼 전에 지출한 의료비 등을 소득공제 받을 수 있는지 여부

근로자의 배우자 또는 직계존비속이 결혼 또는 이혼으로 과세기간종료일 현재 기본공제대상자에 해당되지 않는 경우 당해 배우자 또는 직계존비속을 위하여 지출한 금액을 소득공제를 받을 수 없는 것임(서이 46013-10376, 2003.2.24.).

3. 장애인 직계비속의 장애인 배우자가 지출한 신용카드 사용액을 공제받을 수 있는지 여부

장애인 직계비속의 장애인 배우자가 사용한 신용카드 등 사용금액은 조세특례제한법 제126조의 2에 따라 소득공제 되는 신용카드 등 사용금액에 포함되지 않는 것임(원천세과-338, 2009.4.15.).

4. 육아휴직 중인 근로자의 연말정산 여부

원천징수의무자는 계속근로자의 연말정산과 같은 시기와 방법으로 당해 연도에 육아휴직 중인 자의 근로소득에 대하여 연말정산하는 것임(서이 46013-10091, 2002.1.16.).

5. 가스료에 대한 현금영수증 발행대상 여부

한국표준산업분류체계에 의한 가스제조 및 공급업(가스집단공급업 포함)은 조세특례제한법 시행령 제121조의 2 제6항 제3호의 규정에 의하여 같은 법 제126조의 2의 규정에 의한 신용카드 등 사용금액에 대한 소득공제를 적용받을 수 없는 것이며, 한국표준산업분류체계에 의한 소매업(가정용 연료소매업)은 소득세법 시행령 별표 3의 2에 규정하는 소비자상대업종에 해당되어 조세특례제한법 제126조의 2의 규정에 의한 신용카드 등 사용금액에 대한 소득공제를 적용받을 수 있어 현금영수증을 발행할 수 있음(전자세원과-1973, 2008.12.15.).

6. 신용카드로 지정기부금 단체(현 일반기부금 단체)에 기부 시 신용카드 등 소득공제 대상 아님

근로소득이 있는 거주자가 지정기부금 단체(현 일반기부금 단체)에 신용카드를 이용하여 기부하는 경우 해당 신용카드결제금액은 조세특례제한법 제126조의 2 제1항에 따른 신용카드 등 소득공제금액에 해당하지 않는 것임(원천세과-305, 2011.5.25.).

7. 발코니 확장공사 현금영수증 결제 시 소득공제 대상 여부

주택 신축판매업자가 입주자와 계약에 의거 발코니 확장 및 새시 설치 공사를 하고 그 대가를 현금으로 받아 현금영수증을 발급하였을 때 그 대가가 지방세법의 등록세 과세표준에 포함되는 경우 현금영수증 사용금액은 조세특례제한법 시행령 제121조의 2 제5항 제7호 규정에 해당하여 소득공제 사용금액에 포함하지 아니하는 것임(서면3팀-903, 2006.5.17.).

8. 재난긴급생활비로 지급된 모바일상품권 사용금액의 소득공제 대상 여부

재난긴급생활비로 지급된 모바일상품권(조세특례제한법 시행령 제121조의 2 제1항에 따라 실지명의가 확인되는 것에 한함)으로 지급하는 대가는 신용카드 등 사용금액에 대한 소득공제 대상에 해당되는 것임(기획재정부 소득세제과-244, 2020.5.22.).

9. 법인 명의로 신청하여 사용자를 근로자로 한정하여 발급되는 복지카드(신용카드) 사용액의 '신용카드 등 사용금액에 대한 소득공제' 여부

법인이 종업원을 사용자로 지정한 「여신전문금융업법」 제2조에 따른 신용카드를 발급받고 그 사용에 따른 대가로 지급하는 금액이 해당 법인의 비용에 해당하는 경우, 그 신용카드사용금액은 종업원의 근로소득금액에서 공제되는 "신용카드 등 사용금액"에 포함되지 아니하는 것임(원천세과-769, 2010.10.1.).

10. 전자상품권으로 결제 시 현금영수증 발급

○○관광카드는 여신전문금융업법에 의한 선불카드에 해당되지 않는 전자 상품권(다기능, 무기명)이나, 사업자가 재화나 용역을 공급하고 동 상품권으로 결제 받는 경우 현금영수증을 발급할 수 있는 것임(서면3팀-607, 2005.5.6.).

▌신용카드 등 사용금액 공제액 산출 과정(개정안 반영)▐

구 분	최저사용금액	공제비율	공제제외금액	공제가능금액	공제한도	일반공제금액	추가공제금액	최종공제금액
① 신용카드 사용금액(전통시장·대중교통비 제외)	총급여액 ×25%	15%	아래 참조*1	(①×15% + (②+③)×30% + (④+⑤)×40% − 공제제외금액 (신용카드 등 사용금액 합계가 최저사용금액 이상일 때)	아래 참조*2	min[공제가능금액, 공제한도]	아래 참조*3	일반공제금액 + 추가공제금액
② 현금영수증, 직불카드·선불카드(전통시장·대중교통비 제외)		30%						
③ 도서·공연·영화관람료·수영장·체력단련장 등 (총급여 7천만원 이하자만 적용)		30%						
④ 전통시장사용분(신용카드, 직불·선불카드, 현금영수증)		40%						
⑤ 대중교통이용분(신용카드, 직불·선불카드, 현금영수증)		40%						

*1 [공제제외금액] 산출방법

구 분	계산식
신용카드사용금액(①) ≥ 최저사용금액	최저사용금액×15%
신용카드사용금액(①+②+③) ≥ 최저사용금액 > 신용카드사용금액(①)	①×15% + (최저사용금액−①)×30%
신용카드사용금액(①+②+③+④+⑤) ≥ 최저사용금액 > 신용카드사용금액(①+②+③)	①×15% + (②+③)×30% + (최저사용금액−①−②−③)×40%

*2 [공제한도]

총급여액	공제한도
7천만원 이하	300만원
7천만원 초과	250만원

*3 [추가공제금액] 산출방법 = (①+②+③)

구분	산출방법
① 전통시장 추가공제금액	Min[공제가능금액 − 공제한도(음수이면 '0'), 300만원] * 총급여 7천만원 초과자는 도서·공연 등 추가공제 없으므로 한도 200만원
② 대중교통 추가공제금액	
③ 도서·공연 등 추가공제금액	

* 총급여 7천만원 이하자(초과자)의 추가공제한도는 300만원(200만원)

사례 신용카드

근로자 김지환(총급여액 6,800만원)의 신용카드 등 소득공제에 대한 자료가 다음과 같을 때 신용카드 소득공제액을 계산하시오.

1. 2025년 신용카드 등 사용금액 내역(총 4,300만원 사용)

구 분	사용액
신용카드	3,200만원(대중교통 200만원 포함)
현금영수증	800만원(전통시장 300만원 포함)
체크카드	300만원(도서 · 공연 50만원, 수영장 이용료 50만원 포함)
총 계	4,300만원

풀이

1. 요건검토

2025년 신용카드 등 사용금액 4,300만원이 총급여의 25%(1,700만원)를 초과하므로 소득공제 가능

2. 신용카드 등 소득공제 가능금액

소득공제금액 = ① + ② + ③ + ④ + ⑤ − ⑥ = 635만원

① 신용카드사용분 = (3,200만원−200만원) × 15% = 450만원

② 현금영수증, 직불 · 선불카드 등 사용분(전통시장 · 대중교통 등 이용분 제외)
= (800만원−300만원) × 30% + (300만원−100만원) × 30% = 210만원

③ 도서 · 공연, 수영장 이용료 사용분 = 100만원 × 30% = 30만원

④ 대중교통 사용분 = 200만원 × 40% = 80만원

⑤ 전통시장 사용분 = 300만원 × 40% = 120만원

⑥ 최저사용금액에 해당하는 소득공제 금액 (신용카드 사용금액 ≥ 최저사용금액인 경우)
= 최저사용금액(1,700만원) × 15% = 255만원

3. 공제한도 : 600만원

= 기본공제[300만원] + 추가공제[min(335만원*, 300만원)]

* 635만원(공제가능금액) − 300만원(공제한도액) = 335만원(한도초과액)

4. 신용카드 등 소득공제액 = min(2, 3) = 600만원

■ 조세특례제한법 시행규칙 [별지 제74호의6서식] <개정 2025. 3. 21.> (앞쪽)

신용카드등소득공제신청서

거주자 성명		생년월일	
근무처 명칭		사업자등록번호	- -

1. 공제대상자 및 신용카드등 사용금액 명세

공제대상자				신용카드등 사용금액							
① 내·외국인 구분	② 관계	③ 성명	④ 생년월일	자료 구분	⑤ 소계 (⑥+⑦+⑧+⑨+⑩+⑪)	⑥ 신용카드	⑦ 직불·선불카드 등	⑧ 현금영수증	⑨문화체육 사용분 (총급여 7천만원 이하자만 기재)	⑩ 전통시장 사용분	⑪ 대중교통 이용분
				국세청 자료							
				그 밖의 자료				■			
⑤-1 합계액											

2. 신용카드등 소득공제금액의 계산

⑫ 신용카드 사용분 공제금액 (⑥×15%)	⑬ 직불카드등 사용분 공제금액 (⑦+⑧)×30%	⑭ 문화체육 사용분 공제금액 (⑨×30%)	⑮ 전통시장 사용분 공제금액 (⑩×40%)	⑯ 대중교통 이용분 공제금액 (⑪×40%)	⑰ 공제제외금액 계산		
					⑰-1 총급여	⑰-2 최저 사용금액 [(⑰-1)×25%]	⑰-3 공제 제외금액

⑱ 공제가능 금액 [⑫+⑬+⑭+⑮+⑯-(⑰-3)+⑱]	⑲ 공제 한도액 [총급여 수준별 300만원, 250만원]	⑳ 일반 공제금액 (⑱과 ⑲ 중 적은 금액)	㉑ 대중교통, 전통시장, 문화체육 추가공제액 계산			㉒ 추가공제 금액 합계 {(⑱-⑲),(㉒-3) 중 적은 금액}	㉓ 최종 공제금액 (⑲+㉒)
			㉑-1 추가공제 가능금액 [⑱ >⑲인 경우 (⑭+⑮+⑯)과 (⑱-⑲)중 적은 금액]	㉑-2 추가공제 한도액 [총급여 수준별 300만원, 200만원]	㉑-3 추가공제 금액 {(㉑-1)과 (㉑-2)중 적은 금액}		

⑰-3 계산

구분	계산식	⑰-3
⑥ ≥ (⑰-2)	(⑰-2) × 15%	
⑥ + ⑦ + ⑧ + ⑨ ≥ (⑰-2) 〉 ⑥	⑥ × 15% + {(⑰-2) - ⑥} × 30%	
⑥ + ⑦ + ⑧ + ⑨ + ⑩ + ⑪ ≥ (⑰-2) 〉 ⑥ + ⑦ + ⑧ + ⑨	⑥ × 15% + (⑦+⑧+⑨ × 30%) + {(⑰-2) - ⑥ - ⑦ - ⑧ - ⑨} × 40%	

「조세특례제한법」 제126조의2제7항 및 같은 법 시행령 제121조의2제8항에 따라 신용카드등 사용금액에 대한 소득공제를 신청합니다.

년 월 일

신청인 :

(서명 또는 인)

귀하

첨부서류	다음 각 호의 어느 하나에 해당하는 서류 1. 신용카드등사용금액확인서(「조세특례제한법 시행규칙」 별지 제74호의5서식을 말합니다) 및 승차권 등 대중교통이용분임을 증명할 수 있는 서류(대중교통이용분이 있는 경우로 한정합니다) 2. 소득공제명세를 일괄적으로 기재하여 국세청장이 발급하는 서류[국세청 연말정산간소화 서비스(www.hometax.go.kr→장려금 · 연말정산 · 기부금→연말정산간소화)에서 제공하는 연말정산 소득공제 명세를 말합니다]	수수료 없 음

210mm× 297mm[백상지 80g/㎡ 또는 중질지 80g/㎡]

작 성 방 법

1. 이 서식은 근로소득이 있는 거주자가 원천징수의무자에게 신용카드등 사용금액에 대한 소득공제를 신청하는 경우에 사용하는 서식입니다.
2. 공제대상자는 다음 각 목의 사람을 말하며, 신용카드·직불카드·기명식선불카드·기명식선불지급수단·기명식전자화폐의 경우에는 명의인을 기준으로 작성하고, 현금영수증의 경우에는 영수증 거래자를 기준으로 작성합니다.
   가. 근로소득이 있는 거주자 본인
   나. 연간소득금액의 합계액이 100만원(근로소득만 있는 경우에는 총급여액 5백만원) 이하인 배우자
   다. 거주자와 생계를 같이 하는 직계존비속(배우자의 직계존속과 「소득세법 시행령」 제106조제7항에 따른 동거 입양자를 포함하되, 다른 거주자의 기본공제를 적용받은 사람은 제외합니다)으로서 연간소득금액의 합계액이 100만원(근로소득만 있는 경우에는 총급여액 5백만원) 이하인 사람
3. "① 내·외국인 구분"란은 내국인은 "1", 외국인은 "9"로 표기합니다.
4. "② 관계"란은 거주자와의 관계를 본인=0, 직계존속=1, 배우자의 직계존속=2, 배우자=3, 직계비속=4 로 표기합니다.
5. "자료구분"란의 "국세청 자료"란은 거주자가 첨부 서류 2의 국세청 연말정산간소화 서비스(www.hometax.go.kr→장려금 · 연말정산 · 전자기부금→연말정산간소화)에서 제공하는 연말정산소득공제 명세를 제출하는 경우에 해당 공제항목의 금액을 적고, "그 밖의 자료"란은 거주자가 첨부 서류 1의 신용카드등사용금액확인서(별지 제74호의5서식을 말합니다)와 승차권 등 대중교통이용분임을 증명할 수 있는 서류를 제출한 경우에 해당 서류의 금액을 적습니다.
6. 신용카드등 사용금액란은 다음 각 목에 따라 적되, 신용카드등 사용금액 중 대중교통에 사용하였으나 신용카드등사용금액확인서 또는 국세청 연말정산간소화 서비스에서 제공하는 연말정산소득공제 명세상 대중교통이용분이 아닌 일반 신용카드등 사용금액으로 분류된 금액이 있는 경우, 그 금액은 결제수단에 따라 ⑥, ⑦, ⑧, ⑨란에서 차감하고 "⑪ 대중교통이용분" 중 "그 밖의 자료"란에 적으며 첨부 서류 1의 승차권 등 대중교통이용분임을 증명할 수 있는 서류를 제출합니다.
   가. ⑥ ~ ⑪란의 금액은 부동산임대소득·사업소득과 관련된 비용 또는 법인의 비용에 해당하는 금액을 뺀 금액을 말합니다.
   나. "⑥ 신용카드"란, "⑦ 직불·선불카드등"란, "⑨ 도서·공연등 사용분"란, "⑩ 전통시장사용분"란, "⑪ 대중교통이용분"란은 신용카드등사용금액확인서(별지 제74호의5서식을 말합니다) "소득공제대상금액"란 ⑨, ⑩, ⑪, ⑫의 금액을 적거나 국세청 연말정산간소화 서비스에서 제공하는 사용금액을 적습니다.
   다. "⑧ 현금영수증"란은 국세청 연말정산간소화 서비스에서 제공하는 현금영수증사용금액(전통시장사용분·대중교통이용분·총급여 7천만원 이하인 자의 도서·신문·영화·공연·박물관·미술관 사용분은 제외합니다)을 적습니다.
7. ⑧번 항목의 ■ 음영처리 부분은 적지 않습니다.
8. 원천징수의무자가 별도로 신용카드등 소득공제금액을 계산하는 경우에는 "2. 신용카드등 소득공제금액의 계산"은 작성하지 않을 수 있습니다.
9. "⑰-1 총급여"란은 비과세 소득을 제외한 근로소득을 말하며, 근로소득 원천징수영수증(「소득세법 시행규칙」 별지 제24호서식을 말합니다)의 "⑳ 총급여"란의 금액을 옮겨 적습니다.
10. ⑲ 공제한도액은 총급여가 7천만원 이하인 경우는 300만원이고, 총급여가 7천만원 초과인 경우는 250만원입니다.
11. 도서·공연등 사용분과 도서·공연등 추가 공제금액은 총급여가 7천만원 이하인 근로자에 한정하여 적용하고, 7천만원 초과자의 도서·공연등 사용분은 신용카드, 현금영수증, 직불카드등 결제수단별 소득공제 금액에 포함하여 계산한 금액을 소득공제합니다.
12. ㉒ 공제한도액은 총급여가 7천만원 이하인 경우는 300만원이며, 총급여가 7천만원 초과인 경우는 200만원이며, ㉓ 공제한도액은 총급여와 관계없이 100만원입니다.

CHAPTER

04 세액계산

1 산출세액 계산

1. 산출세액

거주자의 종합소득에 대한 소득세는 해당 연도의 종합소득 과세표준에 다음의 세율을 적용하여 계산한 금액을 종합소득 산출세액으로 한다(소법 55 ①).

과세표준	세 율
1,400만원 이하	과세표준×6%
1,400만원 초과 5,000만원 이하	84만원+(과세표준−1,400만원)×15%
5,000만원 초과 8,800만원 이하	624만원+(과세표준−5,000만원)×24%
8,800만원 초과 1억5,000만원 이하	1,536만원+(과세표준−8,800만원)×35%
1억5,000만원 초과 3억원 이하	3,706만원+(과세표준−1억5,000만원)×38%
3억원 초과 5억원 이하	9,406만원+(과세표준−3억원)×40%
5억원 초과 10억원 이하	1억 7,460만원+(과세표준−5억원)×42%
10억원 초과	3억 8,460만원+(과세표준−10억원)×45%

2. 세액공제 및 세액감면의 일반사항

(1) 세액공제감면의 적용순위

조세에 관한 법률을 적용할 때 소득세의 감면에 관한 규정과 세액공제에 관한 규정이 동시에 적용되는 경우 그 적용순위는 다음의 순서로 한다(소법 60).

① 해당 과세기간의 소득에 대한 소득세의 감면

② 이월공제가 인정되지 아니하는 세액공제

③ 이월공제가 인정되는 세액공제. 이 경우 해당 과세기간 중에 발생한 세액공제액과 이전 과세기간에서 이월된 미공제액이 함께 있을 때에는 이월된 미공제액을 먼저 공제한다.

(2) 세액감면액 및 세액공제액의 산출세액 초과 시의 적용방법

① 「소득세법」 제59조의 4 제1항부터 제3항(보장성 보험료 세액공제, 의료비 세액공제, 교육비 세액공제)까지 및 「조세특례제한법」 제95조의 2(월세액 세액공제)의 규정에 따른 세액공제액의 합계액이 그 거주자의 해당 과세기간의 근로소득에 대한 종합소득산출세액을 초과하는 경우 그 초과하는 금액은 없는 것으로 한다(소법 61 ①).

$$\text{근로소득에 대한 산출세액} = \text{종합소득 산출세액} \times \frac{\text{근로소득금액}}{\text{종합소득금액}}$$

② 「소득세법」 제59조의 2에 따른 자녀세액공제액, 제59조의 3에 따른 연금계좌세액공제액, 제59조의 4에 따른 특별세액공제액, 「조세특례제한법」 제58조(고향사랑 기부금), 제76조(정치자금 기부금) 및 「조세특례제한법」 제88조의 4 제13항(우리사주조합 기부금)에 따른 세액공제액의 합계액이 그 거주자의 해당 과세기간의 합산과세되는 공제기준산출세액을 초과하는 경우 그 초과하는 금액은 없는 것으로 한다. 다만, 그 초과한 금액에 기부금 세액공제액이 포함되어 있는 경우 해당 기부금과 「소득세법」 제59조의 제4항 제2호에 따라 기부금 한도액을 초과하여 공제받지 못한 기부금은 해당 과세기간의 다음 과세기간의 개시일부터 10년 이내에 끝나는 각 과세기간에 이월하여 기부금 세액공제액을 공제기준산출세액에서 공제한다(소법 61 ②). "공제기준산출세액"이란 해당 과세기간의 종합소득산출세액에 「소득세법」 제62조(금융소득 종합과세 산출세액계산 특례)에 따라 원천징수세율을 적용받는 이자소득금액 및 배당소득금액의 합계액이 그 과세기간의 종합소득금액에서 차지하는 비율을 곱하여 산출한 금액을 제외한 세액을 말한다(소령 119조의 3 ②).

$$\text{공제기준 산출세액} = \left(\text{종합소득 산출세액} \times \frac{\text{원천징수세율 적용 금융소득금액}}{\text{종합소득금액}}\right)$$

③ 「소득세법」 또는 「조세특례제한법」에 따른 감면액 및 세액공제액의 합계액이 해당 과세기간의 합산과세되는 종합소득산출세액을 초과하는 경우 그 초과하는 금액은 없는

것으로 보고, 그 초과하는 금액을 한도로 연금계좌세액공제를 받지 아니한 것으로 본다. 다만, 재해손실세액공제액이 종합소득산출세액에서 다른 세액감면액 및 세액공제액을 뺀 후 가산세를 더한 금액을 초과하는 경우 그 초과하는 금액은 없는 것으로 본다(소법 61 ③).

실무포인트

1. 세액감면 · 공제 적용방법

① 특례기부금을 일반기부금보다 먼저 공제하되, 2013년에 지급한 기부금을 이월하여 소득공제하는 경우 해당과세기간에 지급한 기부금보다 먼저 공제(소법 59의 4 ④)

② 특별세액공제(정치자금기부금, 우리사주조합기부금 제외), 특별소득공제, 월세액세액공제를 받지 않는 경우 표준세액공제를 적용(소법 59의 4 ⑨)

③ 세액감면 · 공제는 해당 과세기간의 소득세 감면, 이월공제가 인정되지 않는 세액공제, 이월공제가 인정되는 세액공제 순서로 적용(소법 60)

④ 세액감면 및 세액공제액의 합계액이 종합소득산출세액을 초과하는 경우, 초과하는 금액을 한도로 연금계좌세액공제를 받지 아니한 것으로 봄(소법 61)

2. 세액감면 · 공제 적용 순서

세액감면 → 근로소득세액공제 → 혼인세액공제 → 자녀세액공제 → 보장성보험료세액공제 → 의료비세액공제 → 교육비세액공제 → 정치자금기부금세액공제 → 고향사랑기부금세액공제 → (표준세액공제) → 납세조합공제 → 주택차입금공제 → 월세액세액공제 → 특례 · 우리사주 · 일반기부금세액공제 → 외국납부세액공제 → 연금계좌세액공제*

* (소득세법 제59조의 4 ④) 특례기부금을 일반기부금보다 먼저 공제, 2013년에 지급한 기부금을 이월 하여 소득공제하는 경우 먼저 공제
* (소득세법 제59조의 4 ⑨) 특별세액공제(정치자금기부금, 우리사주조합기부금 제외), 특별소득공제, 월세액세액공제를 받지 않는 경우 표준세액공제를 적용
* (소득세법 제60조) 세액감면 · 공제는 해당 과세기간의 소득세 감면, 이월공제가 인정되지 않는 세액공제, 이월공제가 인정되는 세액공제 순서로 적용
* (소득세법 제61조) 세액감면 및 세액공제액의 합계액이 종합소득산출세액을 초과하는 경우, 초과하는 금액을 한도로 연금계좌세액공제를 받지 아니한 것으로 봄

2 세액감면

1. 소득세법상 세액감면

(1) 감면의 내용

종합소득금액 중 다음의 어느 하나의 소득이 있을 때에는 종합소득 산출세액에서 그 세액에 해당 근로소득금액 또는 사업소득금액이 종합소득금액에서 차지하는 비율을 곱하여 계산한 금액 상당액을 감면한다(소법 59의 5 ①).

① 정부 간의 협약에 따라 우리나라에 파견된 외국인이 그 양쪽 또는 한쪽 당사국의 정부로부터 받는 급여

② 거주자 중 대한민국의 국적을 가지지 아니한 자가 선박과 항공기의 외국항행사업으로부터 얻는 소득. 다만, 그 거주자의 국적지국에서 대한민국 국민이 운용하는 선박과 항공기에 대해서도 동일한 면제를 하는 경우만 해당한다.

$$\text{감면세액} = \text{산출세액} \times \frac{\text{감면대상 소득금액}}{\text{종합소득금액}} \times \text{감면비율}$$

(2) 세액감면의 신청

근로소득에 대한 세액을 감면받으려는 자는 "외국인근로소득 세액감면신청서"[소칙 별지 제18호 서식]를 국내에서 근로소득금액을 지급하는 자를 거쳐 그 감면을 받고자 하는 달의 다음 달 10일까지 원천징수 관할 세무서장에게 제출하여야 한다(소법 75 ②, 소령 138 ②).

[별지 제18호 서식] (2011.3.28. 개정)

외국인근로소득세액감면신청서

접수번호	접수일자	처리기간 즉시

신청인	①성 명	
	②주 소 (전화번호 :)	
	③외국인등록번호	④국적

신청내용		
⑤입국목적		⑥입국연월일
입국후의 근무처	⑦상호	⑧대표자성명
	⑨사업자등록번호	
	⑩소재지 (전화번호 :)	

⑪체재기간	년 월 일부터 년 월 일까지

면제받고자 하는 세목과 기간

⑫「소득세법」 제127조 제1항 제4호 각 목에 해당하는 근로소득	년 월 일부터 년 월 일까지
⑬"⑫"외의 근로소득	년 월 일부터 년 월 일까지

신청내용

근로소득 계(⑫+⑬)			⑰간이세액표에 따른 소득세액	⑱감면받으려는 세액	⑲비고
⑫의 근로소득	⑬의 근로소득	계 (⑫+⑬)			

「소득세법」 제75조 제2항 및 같은 법 시행령 제138조 제2항에 따라 외국인 근로소득세액 감면을 신청합니다.

년 월 일

신청인 (서명 또는 인)

세 무 서 장 귀하

210mm×297mm[일반용지 60g/㎡(재활용품)]

2. 외국인 기술자에 대한 소득세 감면

외국인기술자 및 소재 · 부품 · 장비 관련 외국인기술자가 국내에서 내국인에게 근로를 제공하고 받는 근로소득에 대하여는 국내에서 최초로 근로를 제공한 날부터 10년이 되는 날까지 소득세의 50%(70%)를 감면한다(조특법 18 ①).

구 분	감면율	적용기한
일반 외국인 기술자	10년간 50%	2026.12.31. 이전 최초로 근로 제공
소재 · 부품 · 장비 관련 외국인 기술자	3년간 70%, 2년간 50%	2022.12.31. 이전 최초로 근로 제공

(1) 외국인 기술자

감면대상이 되는 외국인 기술자란 대한민국의 국적을 가지지 않은 사람으로서 다음 1)과 2) 중 어느 하나에 해당하는 사람을 말한다(조특령 16 ①, 조특칙 9).

1) 「엔지니어링산업 진흥법」 제2조 제5호에 따른 엔지니어링기술도입계약(계약금액이 30만 달러 이상인 도입계약에 한정)에 의하여 국내에서 기술을 제공하는 사람

2) 다음의 요건을 모두 갖춘 사람

① 자연계 · 이공계 · 의학계 분야의 학사 학위 이상을 소지한 사람일 것

② 국외연구기관 등(외국의 대학과 그 부설연구소, 국책연구기관 및 기업부설연구소)에서 5년(박사 학위를 소지한 사람의 경우에는 박사 학위 취득 전 경력을 포함하여 2년) 이상 연구개발 및 기술개발 경험이 있을 것

③ 근로를 제공하는 기업과 친족관계 또는 경영지배관계에 있지 않을 것. 다만, 경영지배관계에 있는지를 판단할 때 「국세기본법 시행령」 제1조의 2 제4항 제1호 나목의 요건(사실상 영향력 요건)은 적용하지 않는다.

④ 다음의 어느 하나에 해당하는 사람일 것

㉠ 다음의 기관 또는 부서에서 연구원(행정 사무만을 담당하는 사람은 제외)으로 근무하는 사람(조특령 16의 3 ②)

ⓐ 「기초연구진흥 및 기술개발지원에 관한 법률」에 따라 과학기술정보통신부장관의 인정을 받은 기업부설연구소 또는 연구개발전담부서

ⓑ 「정부출연연구기관 등의 설립 · 운영 및 육성에 관한 법률」에 따른 정부출연연

구기관 및 「과학기술분야 정부출연연구기관 등의 설립 · 운영 및 육성에 관한 법률」에 따른 과학기술분야 정부출연연구기관과 그 부설 연구기관

ⓒ 「특정연구기관 육성법」 제2조에 따른 특정연구기관 및 그 부설 연구기관

ⓓ 「고등교육법」에 따른 대학, 산업대학, 전문대학 또는 기술대학 및 그 부설 연구기관

ⓔ 「한국해양과학기술원법」에 따라 설립된 한국해양과학기술원

ⓕ 「국방과학연구소법」에 따라 설립된 국방과학연구소

ⓖ 「산업기술혁신 촉진법」 제42조에 따른 전문생산기술연구소

ⓗ 「산업기술연구조합 육성법」에 따라 설립된 산업기술연구조합

㉡ 「출입국관리법 시행령」 별표 1의 2 제14호의 교수(E-1) 체류자격에 해당하는 사람으로서 「연구개발특구의 육성에 관한 특별법」 제2조 제1호의 연구개발특구 또는 「첨단의료복합단지 육성에 관한 특별법」 제2조 제1호의 첨단의료복합단지에 소재한 제16조의 3 제2항 제4호의 기관에서 전문 분야의 교육 또는 지도 활동에 종사하는 사람

(2) 소재 · 부품 · 장비 관련 외국인기술자

소재 · 부품 · 장비 관련 외국인기술자란 외국인 기술자 중 「소재 · 부품 · 장비산업 경쟁력 강화를 위한 특별조치법」 제16조에 따른 특화선도기업 등에서 근무하는 사람을 말한다(조특령 16 ②).

(3) 세액감면

1) 일반적인 외국인 기술자

외국인 기술자가 국내에서 내국인에게 근로를 제공하고 받는 근로소득으로서 그 외국인 기술자가 국내에서 최초로 근로를 제공한 날(2026년 12월 31일 이전인 경우만 해당)부터 10년이 되는 날이 속하는 달까지 발생한 근로소득에 대해서는 소득세의 50%를 감면한다(조특법 18 ①).

2) 소재 · 부품 · 장비 관련 외국인 기술자의 경우

소재 · 부품 · 장비 관련 외국인 기술자의 경우에는 국내에서 내국인에게 근로를 제공하고 받는 근로소득으로서 그 외국인 기술자가 국내에서 최초로 근로를 제공한 날(2022년 12

월 31일 이전인 경우만 해당)부터 3년이 되는 날이 속하는 달까지 발생한 근로소득에 대해서는 소득세의 70%에 상당하는 세액을 감면하고, 그 다음날부터 2년이 되는 날이 속하는 달까지 발생한 근로소득에 대해서는 소득세의 50%에 상당하는 세액을 감면한다(조특법 18 ①).

3) 원천징수 특례

원천징수의무자가 근로소득에 대한 소득세가 감면되는 근로소득을 지급할 때에는 「소득세법」에 따라 징수할 소득세에서 감면받은 세액을 제외한 금액을 원천징수한다(조특법 18 ③).

(4) 신 청

근로소득에 대한 소득세를 감면받으려는 사람은 근로를 제공한 날이 속하는 달의 다음달 10일까지 원천징수의무자를 거쳐 원천징수 관할 세무서장에게 "외국인기술자의 근로소득세 감면신청서"[조특칙 별지 제7호 서식]를 제출하여야 한다(조특령 16 ③). 또한, 세액감면신청서를 제출할 때에는 다음의 내용이 포함된 증명서를 함께 제출해야 한다(조특칙 9 ⑤).

① 감면신청자의 이름

② 국외연구기관 등의 명칭 및 주소

③ 국외연구기관 등에서 근무한 기간, 근무부서, 연구분야 및 해당 부서 책임자의 확인

실무포인트

① 외국법인이 내국법인과 「조세특례제한법시행규칙」 제9조 제1항에 따른 엔지니어링기술 도입계약을 체결하고, 해당 외국법인 소속의 외국인기술자가 외국법인의 국내지점에 파견되어 국내에서 내국법인에게 기술을 제공하고 외국법인의 국내지점으로부터 지급받는 급여는 「조세특례제한법」 제18조 제1항 및 같은 법 시행령 제16조 제1항 제1호에 따라 소득세가 감면되는 것임(국제세원관리담당관실-423, 2011.9.2.).

② 조세특례제한법 제18조 및 같은 법 시행령 제16조의 규정에 해당하는 외국인기술자가 국내에서 내국인에게 근로를 제공하는 경우의 근로소득에 대한 소득세 면제기간은 국내에 입국하여 최초로 근로를 제공한 날부터 기산하여 연속적으로 5년이 되는 날이 속하는 달까지이며, 동 규정에 의한 외국인기술자의 소득세 감면대상이 되는 외국인의 범위에는 외국영주권자도 포함되는 것임(서면인터넷방문상담2팀-39, 2005.1.5.).

③ 구 조세특례제한법 제18조 제1항의 규정에 따라, 외국인기술자가 국내에서 내국인에게 근로를 제공하고 지급받는 근로소득으로서 당해 외국인기술자가 국내에서 최초로 근로를 제공한 날부터 5년이 되는 날이 속하는 달까지 발생한 근로소득에 대하여는 소득세를 면제하는 것이며, 귀 질의사례와 같이 구 조세특례제한법 제18조 제2항에 따라 소득세를

면제받았던 외국인기술자가 재입국하여 구 조세특례제한법 제18조 제1항에 따라 소득세를 면제받는 경우에 "국내에서 최초로 근로를 제공한 날"이란 구 조세특례제한법 제18조 제2항에 따라 소득세를 면제받기 위해 최초로 국내에 근로를 제공한 날을 말하는 것임(국제세원관리담당관실-137, 2012.3.21.).

④ 외국인기술자가 내국법인과 고용계약을 체결하고 대가를 지급받을 때 일부는 국내에서 용역을 수행하고 일부는 국외에서 용역을 수행하는 경우, 국내 용역수행에 따른 대가에 한하여 국내원천소득으로 조특법상 면제대상 근로소득에 해당함(국제세원-529, 2010.11.26.).

실무포인트

"엔지니어링기술"이란 엔지니어링활동에 관한 과학기술로서 별표 1에서 정하는 것을 말한다. "엔지니어링활동"이란 과학기술의 지식을 응용하여 수행하는 사업이나 시설물에 관한 다음의 활동을 말한다(엔지니어링산업진흥법 2 1.·5.).

① 연구, 기획, 타당성 조사, 설계, 분석, 계약, 구매, 조달, 시험, 감리, 시험운전, 평가, 검사, 안전성 검토, 관리, 매뉴얼 작성, 자문, 지도, 유지 또는 보수

② ①의 활동에 대한 사업관리

③ ① 및 ②에 준하는 것으로서 대통령령으로 정하는 활동

■ 엔지니어링산업 진흥법 시행령 [별표 1] 〈개정 2020.7.14.〉

▌엔지니어링기술(제3조 관련)▐

기술부문	전문분야
기계부문	1) 일반산업기계 2) 차량 3) 용접 4) 금형
선박부문	조선
항공우주부문	항공
금속부문	금속
전기부문	1) 전기설비 2) 전기전자응용
정보통신부문	1) 정보통신 2) 정보관리 3) 철도신호
화학부문	화공
광업부문	1) 자원관리 2) 광해(광산피해)방지
건설부문	1) 도로 · 공항 2) 항만 · 해안 3) 철도 4) 교통 5) 농어업토목 6) 도시계획 7) 조경 8) 구조 9) 수자원개발 10) 상하수도 11) 토질 · 지질 12) 측량 · 지적 13) 품질시험
설비부문	설비
환경부문	1) 대기관리 2) 수질관리 3) 소음 · 진동 4) 폐기물처리 5) 자연 · 토양환경
농림부문	1) 농림 2) 시설원예
해양 · 수산부문	해양
산업부문	1) 생산관리 2) 포장 · 제품디자인 3) 산업안전 4) 소방 · 방재 5) 가스 6) 섬유 7) 나노융합 8) 체계공학 9) 프로젝트매니지먼트
원자력부문	1) 원자력 · 방사선 관리 2) 비파괴검사

비고 : 산업통상자원부장관은 신기술 출현 또는 기술 간 융 · 복합 등에 따라 새로운 유형의 엔지니어링기술의 도입 · 보급 · 활용 촉진이 필요하다고 인정하는 경우에는 해당 기술부문과 전문분야를 추가하여 고시하거나, 위 표에 열거된 기술부문에 전문분야를 추가하여 고시할 수 있다.

[별지 제7호 서식] (2025.3.21. 개정)

외국인기술자의 근로소득세 감면신청서

※ [ ]에는 해당되는 곳에 √표를 합니다.

<table>
<tr><td>접수번호</td><td>접수일자</td><td>처리기간</td><td>즉시</td></tr>
</table>

<table>
<tr><td rowspan="3">소득자</td><td colspan="4">① 성 명</td></tr>
<tr><td colspan="4">② 주 소
(전화번호:)</td></tr>
<tr><td>③ 외국인등록번호
또는 여권번호</td><td></td><td>④ 국 적</td><td></td></tr>
</table>

<table>
<tr><td colspan="2">⑤ 입국 목적</td><td></td><td>⑥ 입국 연월일</td><td></td></tr>
<tr><td rowspan="3">입국 후의
근무처</td><td>⑦ 업 태</td><td></td><td>⑧ 업 태(종목)</td><td></td></tr>
<tr><td>⑨ 주 소</td><td></td><td>⑩ 사업자등록번호</td><td></td></tr>
<tr><td>⑪ 대표자 성명</td><td colspan="3"></td></tr>
<tr><td colspan="2">⑫ 근로계약기간 또는 체재기간</td><td colspan="3">년 월 일부터
년 월 일까지</td></tr>
<tr><td colspan="2">⑬ 근로소득세 감면근거</td><td colspan="3">[ ] 「조세특례제한법 시행령」제16조 제1항 제1호
[ ] 「조세특례제한법 시행령」제16조 제1항 제2호
[ ] 「조세특례제한법 시행령」제16조 제1항 제3호</td></tr>
<tr><td colspan="2">⑭ 연구기관 유형(근로소득세 감면근거가 영 제16조 제1항 제2호인 경우)</td><td colspan="3">[ ] 「조세특례제한법 시행령」제16조의 3 제2항 제1호
[ ] 「조세특례제한법 시행령」제16조의 3 제2항 제2호
[ ] 「조세특례제한법 시행령」제16조의 3 제2항 제3호
[ ] 「조세특례제한법 시행령」제16조의 3 제2항 제4호
[ ] 「조세특례제한법 시행령」제16조의 3 제2항 제5호
[ ] 「조세특례제한법 시행령」제16조의 3 제2항 제6호
[ ] 「조세특례제한법 시행령」제16조의 3 제2항 제7호
[ ] 「조세특례제한법 시행령」제16조의 3 제2항 제8호</td></tr>
</table>

「조세특례제한법 시행령」제16조 제3항에 따라 위와 같이 외국인기술자의 근로소득세 감면을 신청합니다.

년 월 일

신 청 인 (서명 또는 인)

세무서장 귀하

<table>
<tr><td>첨부서류</td><td>1. 「조세특례제한법 시행령」제16조 제1항 제2호에 따라 감면을 받는 경우
가. 학위증명서
나. 국외의 대학 및 연구기관 등에서 5년(박사 학위 소지자의 경우 2년) 이상 연구개발 및 기술개발 경험이 있음을 증명할 수 있는 서류로서「조세특례제한법 시행규칙」제9조 제5항 제2호 각 목의 내용이 포함된 증명서
다. 「기초연구진흥 및 기술개발지원에 관한 법률 시행규칙」별지 제5호 서식의 기업부설연구소 인정서, 같은 규칙 별지 제7호 서식의 연구개발전담부서 인정서 및 그밖에 영 제16조의3제2항 각 호의 기관 또는 부서에서 근무하고 있음을 증명하는 서류
2. 「조세특례제한법 시행령」제16조 제1항 제3호에 따라 감면을 받는 경우
가. 우수 해외인재 확인서(「우수 해외인재 기준에 관한 고시」 별지 제1호 서식)</td><td>수수료
없 음</td></tr>
</table>

210mm× 297mm[백상지 80g/㎡]

3. 중소기업 청년근로자 및 핵심인력 성과보상기금 수령액에 대한 소득세 감면

「중소기업 인력지원 특별법」에 따른 중소기업 청년근로자 및 핵심인력 성과보상기금의 공제사업(내일채움공제)에 2024년 12월 31일까지 가입한 중소기업 또는 중견기업의 청년근로자 및 핵심인력이 공제납입금을 5년 이상 납입하고 그 성과보상기금으로부터 공제금을 수령하는 경우에 해당 공제금 중 기업이 부담한 기여금 부분에 대해서는 근로소득세의 일정비율을 세액감면한다(조특법 29의 6 ①).

(1) 내일채움공제제도

내일채움공제란 「중소기업 인력지원 특별법」 제35조의 2에 따른 중소기업 청년근로자 및 핵심인력 성과보상기금을 말한다. 내일채움공제는 중소(중견)기업 사업주와 핵심인력이 공동으로 적립한 공제금을 가입기간에 따라 장기 재직한 핵심인력에게 성과보상금 형태로 지급하는 공제로서 중소(중견)기업 사업주와 핵심인력이 최소 5년 이상 매월 34만원 이상을 핵심인력과 사업주가 "1:2" 이상의 비율로 납부한 후 이자와 함께 수령하는 제도이다.

여기서 내일채움공제제도의 가입대상이 되는 "중소기업 청년근로자"란 중소기업의 대표자가 사업상 필요하여 신규채용하는 근로자로서 채용 시점의 연령이 15세 이상 34세 이하인 근로자를 말하며, "중소기업 핵심인력"이란 직무 기여도가 높아 해당 중소기업의 대표자가 장기재직이 필요하다고 지정하는 근로자를 말한다(중소기업인력지원특별법 2).

만기 근로자가 지급받는 만기공제금은 크게 기업기여금, 근로자납입금, 이자, 정부지원금 등으로 구성되어 있으며, 기업기여금, 근로자납입금, 정부지원금은 원천징수 없이 전액수령하며 이자소득은 15.4% 세율로 원천징수 후 수령하게 된다. 이 중 중소기업에서 납부한 기업기여금은 근로소득세 과세대상으로 일정세액을 감면받을 수 있다.

만기공제금의 구성	과세방법
근로자 납입금	과세 제외
기업기여금	근로소득세 감면 청년 : 중소기업 90%, 중견기업 50% 청년 외 : 중소기업 50%, 중견기업 30%
이자소득	수령 시 이자소득으로 14% 원천징수

(2) 감면대상자

중소기업 및 중견기업을 영위하는 내국인이 중소기업 청년근로자 및 핵심인력 성과보상기금의 공제사업에 가입한 경우로서 공제부금으로부터 공제금을 수령한 근로자이다(조특법 29의 6 ①). 다만, 다음 중 어느 하나에 해당하는 사람은 감면대상에서 제외한다(조특령 26의 6 ②).

① 해당 기업의 최대주주 또는 최대출자자(개인사업자의 경우에는 대표자를 말한다)와 그 배우자

② ①에 해당하는 자의 직계존비속(그 배우자 포함) 또는 ①에 해당하는 사람과 「국세기본법 시행령」 제1조의 2 제1항에 따른 친족관계에 있는 사람

(3) 납입기간

감면대상은 공제납입금을 5년 이상 납입하고 그 성과보상기금으로부터 공제금을 수령하는 경우의 공제부금을 말한다. 다만, 중소기업 또는 중견기업의 청년근로자를 대상으로 하는 공제사업에 가입하여 만기까지 납입한 후에 핵심인력을 대상으로 하는 공제사업에 연계하여 납입하는 경우에는 해당 기간을 합산하여 5년 이상인 경우도 공제대상에 해당한다(조특법 29의 6 ①).

(4) 감면세액의 계산 납입기간

청년근로자 및 핵심인력은 공제부금을 5년 이상 납입하고 그 성과보상기금으로부터 공제금을 수령하는 경우에 해당 공제금 중 중소·중견기업이 부담한 기여금 부분에 대해서는 「소득세법」에 따른 근로소득으로 보아 소득세를 부과하되, 소득세의 일정비율에 상당하는 세액을 감면한다(조특법 29의 6 ①).

$$\text{종합소득 산출세액} \times \frac{\text{근로소득금액}}{\text{종합소득금액}} \times \frac{\text{중소기업이 부담한 기여금}}{\text{해당 근로자의 총급여액}} \times 90\%(50\%, 30\%)$$

다만, 해당 기업이 사업을 폐업하거나 휴업하는 경우 및 법인을 해산하는 등 부득이한 사유로 공제납입금을 3년 이상 납입하지 못하고 핵심인력이 공제금을 수령하게 된 경우에도 세액을 감면한다(조특령 26의 6 ⑦).

(5) 신 청

1) 근로자의 감면신청

근로자는 세액감면을 신청하려는 경우 "중소기업 핵심인력 성과보상기금 수령액에 대한 소득세 감면신청서"[조특칙 별지 제10호의 6 서식]를 공제금을 수령하는 달이 속하는 달의 다음 달 말일까지 원천징수의무자에게 제출하여야 한다(조특령 26의 6 ④).

2) 원천징수의무자의 감면신청

원천징수의무자는 감면을 받는 경우 신청을 받은 달이 속하는 달의 다음 달 10일까지 원천징수 관할 세무서장에게 "중소기업 핵심인력 성과보상기금 수령액에 대한 소득세 감면 대상 명세서"[조특칙 별지 제10호의 7 서식]를 제출하여야 한다(조특령 26의 6 ⑤).

실무포인트

1. 내일채움공제 만기금의 원천징수의무자

「중소기업인력지원특별법」 제35조의 2에 따라 설치한 중소기업 핵심인력 성과보상기금의 공제사업에 가입한 「조세특례제한법」 제29조의 6 제1항에 따른 중소기업 또는 중견기업의 근로자가 성과보상기금으로부터 만기 시 수령하는 공제금 중 근로소득에 해당하는 기업기여금에 대한 원천징수의무는 해당 중소기업 또는 중견기업에 있는 것임(기획재정부 소득세제과-526, 2019.9.18.).

2. 내일채움공제 지자체 연계지원금 등의 과세 여부

근로자가 「중소기업인력지원 특별법」 제35조의 2에 따른 성과보상기금으로부터 공제금을 수령하는 경우로서 그 성과보상기금의 재원이 국가 또는 지방자치단체의 지원금인 경우에는 그 지원금에 해당하는 부분은 소득세가 과세되지 아니하는 것이나, 그 밖에 그 재원이 공기업 등의 지원금인 경우에는 과세대상 근로소득에 해당하는 것임. 또한, 근로자가 수령하는 공제금 중 공기업 등이 부담한 기여금부분에 대해서는 「조세특례제한법」 제29조의 6에 따른 소득세 감면을 적용하지 않는 것임(기획재정부 소득세제과-463, 2019.8.9.).

3. 기업규모가 변경된 경우의 감면 적용방법

① 중견기업의 근로자로서 내일채움공제사업에 가입하여 공제금을 적립하던 중 소속 기업이 중견기업에서 제외되는 경우에도 가입시점에 「조세특례제한법」 제29조의 6 제1항의 요건을 충족하여 만기까지 납입한 후 그 공제금을 수령하는 경우에는 동법 동조에 따른 세액감면을 적용받을 수 있는 것임(사전-2023-법규소득-0723 [법규과-616], 2024.3.14.).

② 중소기업의 근로자로서 내일채움공제사업에 가입하여 공제납입금을 납입하던 중 소속 기업이 중견기업으로 전환된 후 공제금을 수령하는 경우에, 「조세특례제한법」 제29조의 6 제1항에 따른 소득세 감면 비율은 같은 항 제1호 가목 또는 제2호 가목(중소기업의 감면율)에 의하는 것임(사전-2024-법규소득-0111 [법규과-793], 2024.4.1.).

사례

중소기업 ㈜택스에 근무 중인 정민수(920101-1******)는 2025년 12월 성과보상기금(내일채움공제)를 수령하였으며 상세내용은 다음과 같다. 아래 자료를 참고하여 '중소기업 핵심인력 성과보상기금 수령액에 대한 소득세 감면신청서'를 작성하고 연말정산을 진행하시오.

참고자료

구 분	내 용
가입일~종료일	2020.10.7.~2025.10.7.
성과보상기금 총 수령 금액	20,310,250원
• 중소기업 부담금	15,000,000원
• 근로자 납입금	5,000,000원
총 급여(성과보상기금 수령액 제외)	45,000,000원
산출세액	3,876,400원

[별지 제10호의 6 서식] (2025.6.30. 개정)

중소기업 청년근로자 및 핵심인력 성과보상기금 수령액에 대한 소득세 감면신청서

1. 신청인	① 성명 정민수	② 주민등록번호 990101-1******	
	③ 주소 서울특별시 광진구 XX로 XX-XX	④ 근로자 유형	[✓] 청년(15세~34세) [ ] 그 외

2. 중소기업 청년근로자 및 핵심인력 성과보상기금 가입 기간(5년, 3년)	
⑤ 가입일	2020년 10월 7일
⑥ 종료일	2025년 10월 7일

3. 성과보상기금 해지 사유		
⑦ 납입 기간(5년 · 3년) 충족 [✓]	⑧ 회사의 폐업 · 휴업 [ ]	⑨ 법인의 해산 [ ]

4. 중소기업 청년근로자 및 핵심인력 성과보상기금에서 수령한 공제금	
⑩ 총 수령 금액	20,310,250원
- ⑪ 기업이 부담한 기여금(감면대상)	15,000,000원
- ⑫ 근로자가 납부한 공제납입금(旣 과세)	5,000,000원
- ⑬ 그 외 금액(이자소득세 과세)	310,250원

「조세특례제한법」 제29조의 6 제1항 및 같은 법 시행령 제26조의 6 제5항에 따라 위와 같이 중소기업 청년근로자 및 핵심인력 성과보상기금 수령액에 대한 소득세 감면을 신청합니다.

2025년 12월 20일

신청인 정민수 (서명 또는 인)

원천징수의무자 귀하

첨부서류	중소기업 청년근로자 및 핵심인력 성과보상기금에서 공제납입금을 수령하였다는 것을 증명하는 서류 1부	수수료 없 음

유의사항

1. 감면신청서를 사실과 다르게 신청하는 경우에는 부당하게 감면받은 세액에 가산세를 가산하여 추징하게 됩니다.
2. 감면을 적용받기 위한 중소기업 청년근로자 및 핵심인력 성과보상기금 납입 기간은 다음과 같습니다. 다만, 해당 기업이 사업을 폐업하거나 휴업하는 경우 및 법인을 해산하는 경우로 공제금을 수령하게 된 경우에는 납입 기간이 3년 미만인 경우에도 감면을 적용받을 수 있습니다.
   가. 2024.12.31. 이전 가입한 경우: 5년
   나. 2025.1.1. 이후 가입한 경우: 3년
3. 감면을 신청한 경우 청년근로자 및 핵심인력 성과보상기금 만기 시 수령한 공제금 중 기업이 부담한 기여금에 대해 중소기업의 경우 소득세의 50%(청년근로자 90%), 중견기업의 경우 30%(청년근로자 50%)를 감면받을 수 있습니다.

210mm× 297mm[백상지 80g/㎡ 또는 중질지 80g/㎡]

| 근로소득지급명세서(1쪽) |

소득자	⑥ 성명 정민수			⑦ 주민등
	⑧ 주소 서울 광진구 xx로 xx-xx			

	구분		주(현)	종(전)	종
Ⅰ. 근무처별 소득명세	⑨ 근무처명		㈜택스		
	⑩ 사업자등록번호		123-12-*****		
	⑪ 근무기간		2025.1.1.~2025.12.31.	~	
	⑫ 감면기간		2025.1.1.~2025.12.31.	~	
	⑬ 급여		60,000,000		
	⑭ 상여				
	⑮ 인정상여				
	⑮-1 주식매수선택권 행사이익				
	⑮-2 우리사주조합인출금				
	⑮-3 임원 퇴직소득금액 한도초과액				
	⑮-4 직무발명보상금				
	⑯ 계		60,000,000		
Ⅱ. 비과세 및 감면소득명세	⑱ 국외근로	M0X			
	⑱-1 야간근로수당	O0X			
	⑱-2 보육수당	Q0X			
	⑱-3 출산지원금	Q0X			
	⑱-4 연구보조비	H0X			
	⑱-34 중소기업 청년근로자 및 핵심인력성과보상기금 수령액에 대한 소득세 감면등	T40	15,000,000		
	~				
	⑱-41 임원등 할인금액	W01			
	⑲ 수련보조수당	Y22			
	⑳ 비과세소득 계				
	⑳-1 감면소득 계		15,000,000		

	구분	㊾소득세
	㊸ 결정세액	3,876,400

풀이

• 성과보상기금 세액공제 : 3,876,400×15,000,000/60,000,000×90%=872,190원

| 근로소득지급명세서(2쪽) |

㊾ 산출세액		3,876,400
세액감면	㊿ 「소득세법」	
	51 「조세특례제한법」(52 제외)	872,190
	52 「조세특례제한법」 제30조	
	53 조세조약	
	54 세 액 감 면 계	872,190

[별지 제10호의 6 서식] (2025.6.30. 개정)

중소기업 청년근로자 및 핵심인력 성과보상기금 수령액에 대한 소득세 감면신청서

1. 신청인	① 성명	② 주민등록번호	
	③ 주소	④ 근로자 유형	[ ] 청년(15세~34세) [ ] 그 외

2. 중소기업 청년근로자 및 핵심인력 성과보상기금 가입 기간(5년, 3년)	
⑤ 가입일	년 월 일
⑥ 종료일	년 월 일

3. 성과보상기금 해지 사유		
⑦ 납입 기간(5년 · 3년) 충족 [ ]	⑧ 회사의 폐업 · 휴업 [ ]	⑨ 법인의 해산 [ ]

4. 중소기업 청년근로자 및 핵심인력 성과보상기금에서 수령한 공제금	
⑩ 총 수령 금액	원
– ⑪ 기업이 부담한 기여금(감면대상)	원
– ⑫ 근로자가 납부한 공제납입금(旣 과세)	원
– ⑬ 그 외 금액(이자소득세 과세)	원

「조세특례제한법」 제29조의 6 제1항 및 같은 법 시행령 제26조의 6 제5항에 따라 위와 같이 중소기업 청년근로자 및 핵심인력 성과보상기금 수령액에 대한 소득세 감면을 신청합니다.

년 월 일

신청인 (서명 또는 인)

원천징수의무자 귀하

첨부서류	중소기업 청년근로자 및 핵심인력 성과보상기금에서 공제납입금을 수령하였다는 것을 증명하는 서류 1부	수수료 없 음

유의사항

1. 감면신청서를 사실과 다르게 신청하는 경우에는 부당하게 감면받은 세액에 가산세를 가산하여 추징하게 됩니다.
2. 감면을 적용받기 위한 중소기업 청년근로자 및 핵심인력 성과보상기금 납입 기간은 다음과 같습니다. 다만, 해당 기업이 사업을 폐업하거나 휴업하는 경우 및 법인을 해산하는 경우로 공제금을 수령하게 된 경우에는 납입 기간이 3년 미만인 경우에도 감면을 적용받을 수 있습니다.
   가. 2024.12.31. 이전 가입한 경우: 5년
   나. 2025.1.1. 이후 가입한 경우: 3년
3. 감면을 신청한 경우 청년근로자 및 핵심인력 성과보상기금 만기 시 수령한 공제금 중 기업이 부담한 기여금에 대해 중소기업의 경우 소득세의 50%(청년근로자 90%), 중견기업의 경우 30%(청년근로자 50%)를 감면받을 수 있습니다.

210mm× 297mm[백상지 80g/㎡ 또는 중질지 80g/㎡]

[별지 제10호의 7 서식] (2025.6.30. 개정)

중소기업 청년근로자 및 핵심인력 성과보상기금 수령액에 대한 소득세 감면 대상 명세서

1. 원천징수의무자	상 호	사업자등록번호	
	사업장소재지 (전화번호 :)	원천징수의무자 유형	[ ] 중소기업 [ ] 중견기업

2. 감면 적용 대상자 명단

성 명	주민 등록번호	중소기업 청년근로자 및 핵심인력 성과보상 기금 가입일	중소기업 청년근로자 및 핵심인력 성과보상 기금 종료일	수령한 공제금 중 기업이 부담한 기여금	근로자 유형	해지사유
					1. 청년(15세~34세) 2. 그 외	1. 납입 기간 충족 2. 회사의 폐업·휴업 3. 법인의 해산

「조세특례제한법」 제29조의 6 제1항 및 같은 법 시행령 제26조의 6 제6항에 따라 중소기업 청년근로자 및 핵심인력 성과보상기금 수령액에 대한 소득세 감면 대상 명세서를 제출합니다.

년 월 일

원천징수의무자 (서명 또는 인)

세무서장 귀하

작 성 방 법

1. "수령한 공제금 중 기업이 부담한 기여금"란: 기업이 해당 청년근로자 및 핵심인력을 위하여 성과보상기금 가입일부터 종료일까지 성과보상기금에 부담한 기여금 총액을 적습니다.
2. "근로자 유형"란: 청년(15세~34세)에 해당하는 경우는 '1'을 적고, 그 외의 경우는 '2'를 적습니다.
3. "해지사유"란: 납입 기간을 충족한 경우 '1'을 적고, 회사의 폐업·휴업인 경우 '2'를 적으며, 법인의 해산인 경우 '3'을 적습니다.
4. 감면을 적용받기 위한 중소기업 청년근로자 및 핵심인력 성과보상기금 납입 기간은 다음과 같습니다. 다만, 해당 기업이 사업을 폐업하거나 휴업하는 경우 및 법인을 해산하는 경우로 공제금을 수령하게 된 경우에는 납입 기간이 3년 미만인 경우에도 감면을 적용받을 수 있습니다.
   가. 2024.12.31. 이전 가입한 경우: 5년
   나. 2025.1.1. 이후 가입한 경우: 3년

210mm× 297mm[백상지 80g/㎡ 또는 중질지 80g/㎡]

4. 중소기업 취업자에 대한 소득세 감면

청년, 60세 이상인 사람, 장애인 및 경력단절 근로자 등 중소기업체에 2012년 1월 1일부터 2026년 12월 31일까지 취업하는 경우 발생한 근로소득에 대한 소득세의 70%(90%)를 감면한다(조특법 30 ①). 본 규정은 2012년 시행 이후 많은 개정이 있어 법 적용에 유의하여야 한다.

① 주요 개정연혁

개정일	감면 내용	대상자	적용시기 및 적용례
2011.12.31. (신설)	3년간 100%	청년(15~29세)	2012.1.1.~2013.12.31. 취업자에 대해 적용
2014.1.1.	3년간 50%	60세 이상자, 장애인 추가	2014.1.1. 이후 취업하여 지급받는 소득부터
2015.12.15.	3년간 70% (한도 150만원)	–	2016.1.1. 이후 취업하여 지급받는 소득부터
2016.12.20.	–	경력단절여성 추가	2017.1.1. 이후 재취업하여 지급받는 소득부터
2018.5.29.	5년간 90%	청년(15~34세)	2018.1.1. 이후 지급받는 소득부터
2019.1.1.	–	장애인범위 확대	2019.2.12. 이후 취업하여 지급받는 소득부터
2020.1.1.	대상업종 확대 * 창작, 예술 및 여가관련 서비스업 등	경력단절여성 요건 완화 * 결혼, 자녀교육 사유 추가 * 퇴직 후 3~15년 이내 동종업종 취업	2020.1.1. 이후 발생하는 소득부터
2022.1.1.	–	경력단절여성 인정기간 요건 완화 * 퇴직 후 2~15년 이내 동종업종 취업	2022.1.1. 이후 발생하는 소득부터
2022.12.31.	한도 200만원	–	2023.1.1. 이후 발생하는 소득부터
2023.12.31.	대상업종 추가 * 컴퓨터학원	–	2024.1.1. 이후 발생하는 소득부터
2025.3.14.	–	경력단절 근로자로 범위 확대	2025.3.14. 이후 취업하여 지급받는 소득부터

* 조세특례제한법 제30조 및 같은 법 시행령 제27조

② 취업시기별 감면율과 감면한도

감면 대상자	취업일	감면율	감면 한도
청년	2023.1.1.~2026.12.31.	90%	200만원
	2018.1.1.~2022.12.31.	90%	150만원
	2016.1.1.~2017.12.31.	70%	150만원
	2014.1.1.~2015.12.31.	50%	한도 없음
	2012.1.1.~2013.12.31.	100%	한도 없음
60세 이상자 · 장애인	2023.1.1.~2026.12.31.	70%	200만원
	2016.1.1.~2022.12.31.	70%	150만원
	2014.1.1.~2015.12.31.	50%	한도 없음
경력단절근로자	2023.1.1.~2026.12.31.	70%	200만원
	2017.1.1.~2022.12.31.	70%	150만원

* 세법개정으로 감면적용기간은 2026.12.31.까지 연장

③ 감면대상자별 감면 요약

<table>
<tr><th>구 분</th><th>요 건</th><th>감면기간</th><th>감면율</th><th>감면 한도</th></tr>
<tr><td>청년*</td><td>근로계약 체결일 현재 15~34세 이하인 자
(2017년 소득분까지 15~29세 이하)
※ 연령 계산 시 군복무기간(최대 6년)은 차감하고 계산함</td><td>5년</td><td>90%</td><td rowspan="4">과세
기간별
200만원</td></tr>
<tr><td>고령자</td><td>근로계약 체결일 현재 60세 이상인 자</td><td rowspan="3">3년</td><td rowspan="3">70%</td></tr>
<tr><td>장애인 등</td><td>① 「장애인복지법」의 적용을 받는 장애인
② 「국가유공자 등 예우 및 지원에 관한 법률」에 따른 상이자
③ 「5 · 18민주유공자예우 및 단체설립에 관한 법률」에 따른 5 · 18민주화운동부상자
④ 고엽제후유증 환자로서 장애등급 판정자</td></tr>
<tr><td>경력단절 근로자</td><td>① 임금을 목적으로 같은 기업에서 1년 이상 계속하여 근로를 제공(근로소득세를 원천징수한 사실이 확인되는 경우로 한정)한 후 결혼 · 임신 · 출산 · 육아 · 자녀교육 · 가족돌봄의 사유로 퇴직하였을 것
② 퇴직한 날부터 2~15년 미만의 기간이 지났을 것
③ 해당 중소기업의 최대주주(최대출자자, 대표자)나 그와 특수관계인이 아닐 것</td></tr>
</table>

* 청년이 병역이행을 전문연구요원, 산업기능요원으로 근무하는 경우 감면대상 중소기업에 취업하고, 취업 시 연령 요건을 충족하면 소득세 감면 적용 가능함

(1) 중소기업의 범위

감면대상은 중소기업에 취업한 청년 등인데, 여기서 중소기업은 「중소기업기본법」 제2조에 따른 중소기업 중 감면대상 업종을 주된 사업으로 영위하는 기업을 말한다. 다만, 국가, 지방자치단체(지방자치단체조합 포함), 공공기관 및 지방공기업은 제외하며, 비영리기업을 포함한다(조특령 27 ③).

① 농업, 임업 및 어업
② 광업
③ 제조업
④ 전기, 가스, 증기 및 공기조절 공급업
⑤ 수도, 하수 및 폐기물처리, 원료재생업
⑥ 건설업
⑦ 도매 및 소매업
⑧ 운수 및 창고업
⑨ 숙박 및 음식점업(주점 및 비알코올 음료점업은 제외한다)
⑩ 정보통신업(비디오물 감상실 운영업은 제외한다)
⑪ 부동산업
⑫ 연구개발업
⑬ 광고업
⑭ 시장조사 및 여론조사업
⑮ 건축기술, 엔지니어링 및 기타 과학기술 서비스업
⑯ 기타 전문, 과학 및 기술 서비스업
⑰ 사업시설 관리, 사업 지원 및 임대 서비스업
⑱ 기술 및 직업훈련학원
⑲ 컴퓨터 학원(2024.2.29.이 속하는 과세기간부터 적용)
⑳ 사회복지 서비스업
㉑ 개인 및 소비용품 수리업
㉒ 창작 및 예술 관련 서비스업(2020.1.1. 이후 발생하는 소득부터 적용)
㉓ 도서관, 사적지 및 유사 여가 관련 서비스업(2020.1.1. 이후 발생하는 소득부터 적용)
㉔ 스포츠 서비스업

실무포인트

1. 대상 중소기업에 해당하지 않는 기업 예시

① 「중소기업기본법」에 따른 중소기업에 해당하나, 다음의 업종을 영위하는 경우

㉠ 금융 및 보험업, 보건업(병원, 의원 등)

㉡ 전문서비스업(법무서비스, 변호사업, 변리사업, 법무사업, 회계서비스 등)

㉢ 음식점업 중 주점 및 비알콜음료점업, 비디오물감상실

㉣ 기타 개인서비스업 등을 주된 사업으로 영위하는 기업

㉤ 교육서비스업(기술 및 직업훈련 학원 제외)

② 국가, 지방자치단체, 공공기간, 지방공기업

2. 「중소기업기본법」과 「조세특례제한법」의 중소기업 기준 비교

구 분	「중소기업기본법시행령」 제3조	「조특법 시행령」 제2조
업종	• 모든 업종	• 소비성서비스업(주된 사업)을 제외한 모든 업종
주업종	• 평균매출액*이 큰 업종	• 사업별 사업수입금액이 큰 업종
규모 기준	• 「중소기업기본법 시행령」 별표 1의 업종별 규모기준에 따른 평균 매출액 • 자산총액 5천억원	• 「중소기업기본법」과 같음 (「조특법 시행령」 제2조 제1항 제1호)
독립성 기준	• 공시대상기업집단 제외 (「중소기업기본법」 제2조)	• 공시대상기업집단 제외 • 자산총액 5,000억원 이상인 회사가 30% 이상의 지분을 직·간접적으로 소유하면서 최다출자자인 기업 제외 • 관계기업 간에 합산한 평균매출액이 업종별 규모기준을 초과하면 제외(「조특법 시행령」 제2조 제1항 제3호)
	• 자산총액 5,000억원 이상인 회사가 30% 이상의 지분을 직·간접적으로 소유하면서 최다출자자인 기업 제외 • 관계기업 간에 합산한 평균매출액이 업종별 규모기준을 초과하면 제외	

* 일반적으로 직전 3개 사업연도가 존재하는 경우에는 3년 평균매출액을 계산하지만, 사업연도가 3년이 되지 않는 경우에는 평균매출액에 준하는 '연간매출액'으로 환산

3. 중소기업기본법상 중소기업에 해당하지 않는 비영리법인의 중소기업 취업자에 대한 소득세 감면 적용 여부

중소기업 취업자 감면제도는 중소기업기본법 제2조에 따른 중소기업(비영리기업포함)에 취업한 청년의 경우 5년간 소득세 90%를 감면한다. 중소기업기본법 제2조 제1항 1호에는 영리기업을, 제2호~제4호에서는 비영리기업 중 중소기업기본법 시행령 제3조의 요건을 갖춘 사회적 기업, 협동조합 및 조합 등을 중소기업으로 규정하고 있다.

한편 조세특제한법 제30조 제1항의 "…「중소기업기본법」 제2조에 따른 중소기업(비영리기업을 포함)…"에서 비영리기업은 중소기업기본법 제2조 제1항 2~5에서 열거된 비영리기업이 아닌 비영리기업도 포함된다. 왜냐하면, 중소기업 취업자에 대한 소득세 감면은 조세

특례제한법 제30조 제1항에 따라 중소기업기본법 제2조에 따른 중소기업을 대상으로 하는 것인데, 이는 중소기업기본법 제2조에 따른 중소기업으로만 규정하여도 해당 규정 제2호~제5호의 비영리기업은 당연히 중소기업에 해당하기 때문이다. 따라서, 중소기업기본법 제2조에 따른 중소기업 중 열거된 비영리기업에 해당하지 않는 비영리기업도 조세특례제한법 제30조에 따른 소득세 감면적용 대상 비영리기업에 해당한다.
만약, 비영리기업 중에서 중소기업기본법 제2조 제1항 제2호의 사회적 기업과 제3호의 조합법인 등만을 감면적용 대상 기업에 포함시키려고 하였다면, 굳이 단서조항으로서 ( ) 안에 "비영리기업을 포함한다"라고 규정하지 않아도 되었을 것이다. 다만, 비영리기업도 중소기업기본법시행령 제3조의 매출액기준, 자산규모기준, 독립성기준을 모두 충족하는 경우에 한하여 소득세 감면적용 대상에 해당한다.
따라서, 비영리법인이「조세특례제한법 시행령」 제27조 제3항에 열거된 사업을 주된 사업으로 영위하고,「중소기업기본법 시행령」 제3조 제1항의 중소기업 요건을 충족하는 경우 중소기업 취업자에 대한 소득세 감면 적용 대상기업에 해당한다(기획재정부 소득세제과-0663, 2019.12.12.).

4. 감면배제 업종으로 주업종을 변경한 경우 소득세 감면을 적용받을 수 없음

질의

- ㅇ 2024년 신규 입사자가 취업 당시 주업종은 부동산업으로 감면대상 업종에 해당되나, 2025년도 부업종이었던 예식장업이 주업종으로 바뀔 예정임
- ㅇ 만약, 주업종이 예식장업으로 바뀌는 경우 중소기업 취업자 소득세 감면대상 업종에 해당되지 않아 2025년도 연말정산 시 중소기업 취업자 소득세 감면 적용 여부에 대하여 질의함
- ㅇ (갑설) 2024년 감면신청 당시 주업종이 부동산업이기 때문에 2025년에 주업종이 예식장업으로 바뀌어도 소득세 감면이 가능
- ㅇ (을설) 2025년에 주업종(감면배제 업종)이 예식장업으로 변경되었다면 2025년부터 소득세 감면을 받을 수 없음

회신

회사가 조세특례제한법 시행령 제27조 제3항에 규정된 감면대상 업종을 주업종으로 영위하다가, 감면배제 업종으로 주업종을 변경한 경우, 조세특례제한법 제30조에 규정된 소득세 감면을 적용받을 수 없으므로 "을설"이 타당함(서면원천-343, 2025.2.24.).

(2) 감면대상자

감면대상인 청년, 60세 이상인 사람, 장애인 및 경력단절 근로자등은 다음에 해당하는 사람을 말한다(조특령 27 ①).

1) 청 년

청년이란 근로계약 체결일 현재 연령이 15세 이상 34세 이하인 사람을 말한다. 다만, 다음 중 어느 하나에 해당하는 병역을 이행한 경우에는 그 기간(6년 한도)을 근로계약 체결일 현재 연령에서 빼고 계산한 연령이 34세 이하인 사람을 포함한다.

① 「병역법」에 따른 현역병, 상근예비역 및 의무경찰 · 의무소방원

② 「병역법」에 따른 사회복무요원

③ 「군인사법」에 따른 현역에 복무하는 장교, 준사관 및 부사관

실무포인트

1. 2018년 세법 개정에 따른 적용방법

2018년 세법 개정을 통해 청년의 범위가 29세에서 34세로 확대되었고, 청년의 감면기간도 기존 3년에서 5년으로 연장되었다. 이에 따른 적용방법을 설명하면 다음과 같다.

(1) 3년에서 5년 연장 관련

2018년도에 취업일로부터 5년이 되는 날이 있으면, 2018년도 개시일부터 그 날까지 발생한 소득에 대해서는 2018년 소득세를 감면한다.

(2) 29세에서 34세 연장 관련

취업일 당시 34세 이하이면, 취업일로부터 5년간 감면한다. 예를 들어 2017년 5월 취업한 사람이 취업 당시 34세인 경우에는 2018년부터 2022년 5월까지 감면을 적용한다. 그러나 2017년 이전 연말정산분을 소급하여 경정청구할 수 있는 것은 아님에 유의하여야 한다.

2. 병역이행의 확인방법

병역이행여부 및 이행기간은 정부24(www.gov.kr) 홈페이지에서 "병적증명서 발급" 메뉴를 이용하여 확인할 수 있다. 다만, 전문연구요원 · 산업기능요원으로 복무한 경우에도 병적증명서가 발급되며 복무기간이 표시되나, 이러한 병역대체 복무한 기간은 청년 취업자의 연령계산 시 제외하지 않으므로, 감면 적용 시 유의하여야 한다.

2) 60세 이상의 사람

근로계약 체결일 현재 연령이 60세 이상인 사람을 말한다.

3) 장애인

장애인이란 다음 중 어느 하나에 해당하는 사람을 말한다.

① 「장애인복지법」의 적용을 받는 장애인
② 「국가유공자 등 예우 및 지원에 관한 법률」에 따른 상이자
③ 「5 · 18민주유공자예우 및 단체설립에 관한 법률」에 따른 5 · 18민주화운동 부상자
④ 「고엽제후유의증 등 환자지원 및 단체 설립에 관한 법률」에 따른 고엽제후유의증환자로서 장애등급 판정을 받은 사람

실무포인트 **장애인의 범위에 관한 개정 연혁**

1. 2014.1.1~2019.2.11. 취업자
① 「장애인복지법」의 적용을 받는 장애인
② 「국가유공자 등 예우 및 지원에 관한 법률」에 따른 상이자

2. 2019.2.12. 이후 취업자
장애인 범위 확대로 아래 ③ 및 ④의 경우도 장애인으로 감면이 가능하다.
① 「장애인복지법」의 적용을 받는 장애인
② 「국가유공자 등 예우 및 지원에 관한 법률」에 따른 상이자
③ 「5 · 18민주유공자예우 및 단체설립에 관한 법률」에 따른 5 · 18민주화운동부상자
④ 「고엽제후유의증 등 환자지원 및 단체 설립에 관한 법률」에 따른 고엽제후유의증환자로서 장애등급 판정을 받은 사람

4) 경력단절 근로자

경력단절근로자란 다음의 요건을 모두 충족하는 근로자를 말한다(조특법 29의 8 ②).

① 임금을 목적으로 같은 기업에서 1년 이상 계속하여 근로를 제공(근로소득세를 원천징수한 사실이 확인되는 경우로 한정)한 후 다음의 결혼, 임신, 출산, 육아, 자녀교육, 가족돌봄의 사유로 퇴직하였을 것(조특령 26의 8 ⑫)
㉠ 퇴직한 날부터 1년 이내에 혼인한 경우(가족관계기록사항에 관한 증명서를 통하여 확인되는 경우에 한정)
㉡ 퇴직한 날부터 2년 이내에 임신하거나 난임 시술을 받은 경우(의료기관의 진단서 또는 확인서를 통하여 확인되는 경우에 한정)
㉢ 퇴직일 당시 임신한 상태인 경우(의료기관의 진단서를 통하여 확인되는 경우로 한정)
㉣ 퇴직일 당시 8세 이하의 자녀가 있는 경우
㉤ 퇴직일 당시 「초 · 중등교육법」에 따른 학교에 재학 중인 자녀가 있는 경우
㉥ 퇴직일 당시 「장애인복지법」 제32조에 따라 등록한 장애인 자녀가 있는 경우

ⓢ 퇴직일 당시 다음 중 어느 하나에 해당하는 직계존속(배우자의 직계존속 포함)을 동거 · 봉양하기 위해 같은 세대를 이루고 있는 경우

ⓐ 70세 이상

ⓑ 「장애인복지법」 제32조에 따라 등록한 장애인

② ①에 따른 사유로 퇴직한 날부터 2년 이상 15년 미만의 기간이 지났을 것

③ 해당 기업의 최대주주 또는 최대출자자(개인사업자의 경우에는 대표자를 말한다) 또는 그와 특수관계인이 아닐 것. 여기서 '특수관계인'이란 「국세기본법 시행령」 제1조의 2 제1항에 따른 친족관계인 사람을 말한다(조특령 26의 8 ⑬).

(3) 감면대상 제외

다음 중 하나에 해당하는 사람은 감면대상자에서 제외한다(조특령 27 ②).

① 「법인세법 시행령」에 해당하는 임원

② 해당 기업의 최대주주 또는 최대출자자(개인사업자의 경우에는 대표자를 말한다)와 그 배우자

③ ②에 해당하는 자의 직계존속 · 비속(그 배우자를 포함한다) 및 「국세기본법 시행령」 제1조의 2 제1항에 친족관계인 사람

④ 「소득세법」에 따른 일용근로자

⑤ 다음 중 어느 하나에 해당하는 보험료 등의 납부사실이 확인되지 아니하는 사람. 다만, 「국민연금법」 제6조 단서에 따라 국민연금 가입 대상이 되지 아니하는 자와 「국민건강보험법」 제5조 제1항 단서에 따라 건강보험 가입자가 되지 아니하는 자는 제외한다.

㉠ 「국민연금법」에 따른 부담금 및 기여금

㉡ 「국민건강보험법」에 따른 직장가입자의 보험료

(4) 감면세액의 계산

취업자는 취업일부터 3년(청년의 경우에는 5년)이 되는 날(청년이 병역을 이행한 후 1년 이내에 병역 이행 전에 근로를 제공한 중소기업체에 복직하는 경우에는 복직한 날부터 2년이 되는 날을 말하며, 그 복직한 날이 최초 취업일부터 5년이 지나지 아니한 경우에는 최초 취업일부터 7년이 되는 날을 말한다)이 속하는 달까지 발생한 소득에 대해서는 다음의 금액을 세액감면 받을 수 있다(조특법 30 ①).

세액감면 = Min[① 근로소득에 대한 소득세 × 70%(청년의 경우 90%), ② 한도액 : 연간 2000만원]

1) 감면기간

이 경우 소득세 감면기간은 소득세를 감면받은 사람이 다른 중소기업체에 취업하거나 해당 중소기업체에 재취업하는 경우 또는 합병 · 분할 · 사업 양도 등으로 다른 중소기업체로 고용이 승계되는 경우와 관계없이 소득세를 감면받은 최초 취업일부터 계산한다(조특법 30 ①).

중소기업 취업자가 이직하는 경우	감면기간
① 종전회사에서 감면을 받고 있었던 경우	종전회사의 취업일부터 5년(3년)간 감면
① 종전회사에서 감면을 신청하지 않고, 재취업한 회사에서 처음 감면신청을 한 경우	재취업한 회사의 취업일부터 5년(3년)간 감면

2) 감면소득과 그 외 소득이 있는 경우

중소기업체로부터 받는 근로소득과 그 외의 종합소득이 있는 경우에 해당 과세기간의 감면세액은 과세기간별로 200만원을 한도로 다음 계산식에 따라 계산한 금액으로 한다(조특령 27 ⑧).

$$\text{세액감면} = \text{종합소득산출세액} \times \frac{\text{근로소득금액}}{\text{종합소득금액}} \times \frac{\text{중소기업체로부터 받은 총급여액}}{\text{해당 근로자의 총급여액}} \times 70\%(90\%)$$

3) 감면세액 적용 시 근로소득세액공제

근로소득세액공제를 적용할 때 감면소득과 다른 근로소득이 있는 경우(감면소득 외에 다른 근로소득이 없는 경우를 포함)에는 다음 계산식에 따라 계산한 금액을 근로소득세액공제액으로 한다(조특령 27 ⑨).

세액공제액 = 「소득세법」 제59조 제1항에 따라 계산한 근로소득세액공제액 × (1−감면비율*)

* 감면비율 = 중소기업 취업자 소득세 감면액 ÷ 산출세액

실무포인트 **감면기간 적용방법 사례**

1. 2011.12.31. 이전부터 취업한 사람에 대한 적용 여부

① 2011.12.31. 이전부터 이미 중소기업에 취업하여 계속 근무 중인 경우에는 감면을 적용받을 수 없다.

② 2011.12.31. 이전에 대기업 등에서 정규직 및 계약직, 인턴, 아르바이트 등으로 근무하다가 2012.1.1. 이후 중소기업에 정규직으로 취업하여 근무하는 경우, 2011.12.31. 이전에 대(중소)기업 등에 정규직이나 비정규직으로 근무한 사실 여부와 관계없이 2012.1.1. 이후 중소기업 취업자로서 감면요건을 충족하면 소득세 감면대상자에 해당한다(법규소득 2012-213, 2012.5.31.).

③ 2011.12.31. 이전에 중소기업에 취업한 자가 현재 근무 중인 법인과 법인세법시행령 제87조에 따른 특수관계에 있는 다른 중소기업에 전입하여 근무하는 경우 중소기업 취업자에 대한 소득세 감면을 적용받을 수 없다(원천세과-480, 2012.9.13.).

2. 재취업자의 적용방법

(1) 재취업자도 감면을 받을 수 있음

생애 최초로 취업한 경우에만 중소기업 취업자 소득세 감면을 적용받을 수 있는 것이 아니라, 2012.1.1. 이후 근로계약 체결일 현재 연령요건을 충족하는 청년(60세 이상인 사람 또는 장애인은 2014.1.1. 이후)이 감면 요건을 충족하는 중소기업체에 취업 또는 재취업을 포함하는 경우 감면을 적용한다. 예를 들어 2013년에 중소기업에 입사 후 중소기업이 아닌 곳으로 이직하였다가 2018년에 중소기업으로 재취업한 경우에는 2013년 또는 2018년 중 선택하여 감면 적용 가능하다.

(2) 중소기업에서 중소기업으로 재취업한 경우

1) 최초 입사시점부터 감면을 받은 경우

소득세 감면기간은 소득세를 감면받은 사람이 요건을 충족하는 다른 중소기업체에 취업하거나 해당 중소기업체에 재취업하는 경우에는 소득세를 감면받은 최초 취업일부터 기간 중단 없이 계산한다. 예를 들어, 2018년 4월 A중소기업에 취업한 청년이 감면을 적용받다가 2019년 4월 퇴사한 후, 2020년 4월 B중소기업으로 재취업한 경우 2018년 4월부터 2023년 4월까지의 소득에 대해 감면을 적용한다.

2) 최초 입사 시 감면을 신청하지 않은 경우

재취업 이전에는 감면신청을 하지 않았고, 재취업 이후 최초로 감면을 신청하고자 하는 경우에 해당하는 근로자가 종전회사 입사일 기준으로도, 재취업 회사 입사일 기준으로도 감면요건이 충족된다면 근로자가 감면을 적용받고자 하는 회사를 선택하여 그 회사의 근로계약 체결일 기준 연령으로 계산할 수 있다.

> 사례 2017.7.1. A회사 입사 후 이직, 2020.4.1. B회사로 재취업한 경우
> → 2017년부터 감면 적용 시는 취업일(감면기간기산일) : 2017.7.1.
> → 2020년부터 감면 적용 시는 취업일(감면기간기산일) : 2020.4.1.

(3) 감면 적용 중 재취업 시 나이요건을 충족하여야 하는지 여부

1) 감면을 적용받는 청년이 이직하는 경우

중소기업 취업자 소득세 감면을 적용받던 청년이 다른 중소기업체로 이직하는 경우에는 그 이직 당시의 연령에 관계없이 소득세를 감면받은 최초 취업일로부터 5년이 속하는 달까지 발생한 소득에 대하여 감면을 적용받을 수 있다. 따라서 이직 시의 연령요건은 불필요하다(기획재정부 소득세제과-509, 2016.12.20.).

2) 감면을 적용받지 않던 청년이 이직하는 경우

2018년 6월 A중소기업 취업 당시 33세이고 감면을 적용받지 않다가, 2020년 6월 B중소기업 취업 당시 35세인 경우 B회사 입사 기준으로는 감면요건이 충족되지 않는다. 그러나 이직 시 연령요건은 불필요하므로 A회사 취업 시 연령 및 중소기업 요건을 충족하였다면 A회사 입사일을 기산일로 하여 감면기간을 계산한다. 이 경우 감면기간 시작일은 2018년 6월이며, 감면기간은 2018년 6월~2023년 6월까지이다. 이 경우 감면신청서는 현재의 원천징수의무자인 B회사에만 제출하면 된다.

만약, A회사의 근무기간인 2018년 6월~2020년 6월까지의 근로소득에 대하여도 감면을 적용받으려면 근로자 본인이 직접 경정청구를 하여야 한다.

(4) 2011.12.31. 이전부터 중소기업에 취업한 사람이 다시 재취업한 경우

2012.1.1. 이후 최초로 중소기업에 취업하는 자뿐만 아니라 그 이전에 중소기업에 취업하였던 이력이 있는 자도 2012.1.1. 이후 중소기업에 취업하는 경우 감면 대상이 되지만(조특법 30 ①), 2012.1.1. 이후 계약기간 연장 등을 통해 해당 중소기업체에 재취업하는 경우에는 감면 대상에 해당하지 않는다(조특법 30 ⑧).

예를 들어 2011.8.1. A사에 취업하여 2013.7.9.까지 근무 후 퇴사하고 B사에 취업하여 2013.9.5.부터 2014.6.3.까지 근무하다가, B사에서 퇴사 후 2015.4.24. 다시 중소기업인 A사에 재취업하여 근무한 경우 감면 대상인지는 계약기간 연장 등에 따른 재취업인지를 사실판단하여야 한다(사전2019법령해석소득-62, 2019.5.10.).

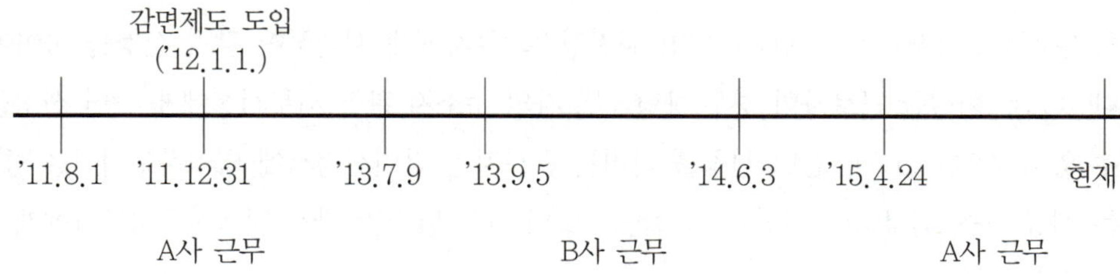

즉, 조특법 제30조 ⑧항에서 "계약기간 연장 등을 통해 해당 중소기업에 재취업하는 경우 소득세 감면을 적용하지 않는다"고 규정하고 있는데, 이는 반드시 계약기간의 연장을 통해 중소기업에 재취업한 경우로 한정하여 본 규정을 적용할 것은 아니며, 계약

기간의 연장과 유사한 방식을 통해서 해당기업체에 실질적으로 계속하여 근무를 하고 있음에도 형식상 퇴사 처리를 하여, 해당 중소기업에 재취업한 것으로 조세감면을 받는 결과에 이르게 되는 경우라면 조특법 제30조 ⑧항 규정이 적용되어 중소기업 취업자에 대한 소득세 감면이 배제되는 사실관계로 봄이 타당할 것이다. 본 건 사례와 같이 A사를 퇴사하고 계약기간의 연장 등을 통한 재취업에 해당하지 않는 경우 재취업한 A사에서 지급받는 근로소득에 대해서 중소기업 취업자에 대한 소득세 감면을 적용받을 수 있다.

(5) 청년감면을 적용받던 자가 경력단절여성으로 재취업한 경우

중소기업 취업자에 대한 소득세 감면을 적용함에 있어서 "청년"의 경우 취업일부터 5년이 되는 날이 속하는 달까지 발생한 소득에 대해서 감면을 적용받을 수 있으며, 해당기업 또는 동일한 업종을 영위하는 기업에서 1년 이상 근무하고 결혼 등의 사유로 퇴직 후 퇴직한 날부터 2년 이상 15년 미만의 기간이 지난 후에 재취업하는 경우에는 "청년"으로서 감면을 적용받은 기간을 제외한 나머지 기간에 대해서는 "경력단절여성"으로서 해당 감면을 적용받을 수 있다(서면-2021-법규소득-5836, 2022.11.9.).

예를 들어, 2017.1.2.「조세특례제한법」 제30조 제1항에 해당하는 중소기업 A에 취업한 후 2018.2.28. 결혼을 사유로 퇴직한 자로서 2021.10월 동일한 업종을 영위하는 중소기업 B에 취업하는 경우, "청년"으로 취업한 2017.1월부터 5년간인 2023.1월까지는 "청년"의 자격으로 감면을 적용받고, 2023.2월부터 2024.10월까지는 "경력단절여성"의 자격으로 해당 감면을 적용받을 수 있다.

(5) 신 청

1) 근로자

중소기업 취업자에 대한 소득세 감면 신청을 하려는 근로자는 "중소기업 취업자 소득세 감면신청서"[조특칙 별지 제11호 서식] 원천징수의무자에게 제출하여 감면 신청을 하여야 한다. 다만, 퇴직한 근로자의 경우 해당 근로자의 주소지 관할 세무서장에게 감면 신청을 할 수 있다(조특법 30 ②). 감면 신청을 하려는 근로자는 감면신청서에 병역복무기간을 증명하는 서류 등을 첨부하여 취업일이 속하는 달의 다음 달 말일까지 원천징수의무자에게 제출하여야 한다(조특령 27 ⑤).

이때 중소기업 취업자 소득세 감면신청서를 신청기한까지 제출하지 아니하고 신청기한 경과 후 제출하는 경우에도 중소기업 취업자에 대한 소득세 감면을 적용받을 수 있으며, 이 경우에도 취업일부터 감면 적용을 받을 수 있다(원천세과-428, 2012.8.17.).

2) 원천징수 의무자

원천징수의무자는 감면 신청을 받은 경우 그 신청을 한 근로자의 명단을 적은 "중소기업 취업자 소득세 감면 대상 명세서"[조특칙 별지 제11호의 2 서식] 신청을 받은 날이 속하는 달의 다음 달 10일까지 원천징수 관할 세무서장에게 제출하여야 한다(조특법 30 ③). 원천징수의무자는 감면신청서를 제출받은 달의 다음 달부터 감면율을 적용하여 매월분의 근로소득에 대한 소득세를 원천징수할 수 있다(조특령 27 ⑤).

(6) 사후관리

1) 감면 부적격 대상자 통보

원천징수 관할 세무서장은 감면 신청을 한 근로자의 명단을 받은 경우 해당 근로자가 감면 요건에 해당하지 아니하는 사실이 확인되는 때에는 원천징수의무자에게 그 사실을 통지하여야 한다(조특법 30 ④).

2) 감면세액 추가 원천징수

감면 신청을 한 근로자가 감면요건을 갖추지 못한 사실을 통지받은 원천징수의무자는 그 통지를 받은 날 이후 근로소득을 지급하는 때에 당초 원천징수하였어야 할 세액에 미달하는 금액의 합계액에 105%를 곱한 금액을 해당 월의 근로소득에 대한 원천징수세액에 더하여 원천징수하여야 한다(조특법 30 ⑤).

3) 감면 부적격 대상자가 퇴사한 경우

원천징수의무자가 통지받은 감면 부적격 대상 근로자가 퇴직한 경우 원천징수의무자는 "중소기업 취업자 소득세 감면 부적격 대상 퇴직자 명세서"[조특칙 별지 제11호의 3 서식]를 원천징수 관할 세무서장에게 제출하여야 한다(조특령 27 ⑦). 이 경우 퇴직한 근로자에 대하여는 해당 근로자의 주소지 관할 세무서장이 과소징수된 금액에 105%를 곱한 금액을 해당 근로자에게 소득세로 즉시 부과 · 징수하여야 한다(조특법 30 ⑤ · ⑥).

실무포인트 감면기간의 확인

1. 근로자 본인이 확인하는 방법

국세청 홈택스 → My홈택스 → 기타 세무정보 → 중소기업 취업자 소득세 감면 명세서(개인)에서 조회하면 첨부되어 있는 자료를 아래와 같이 확인할 수 있다.

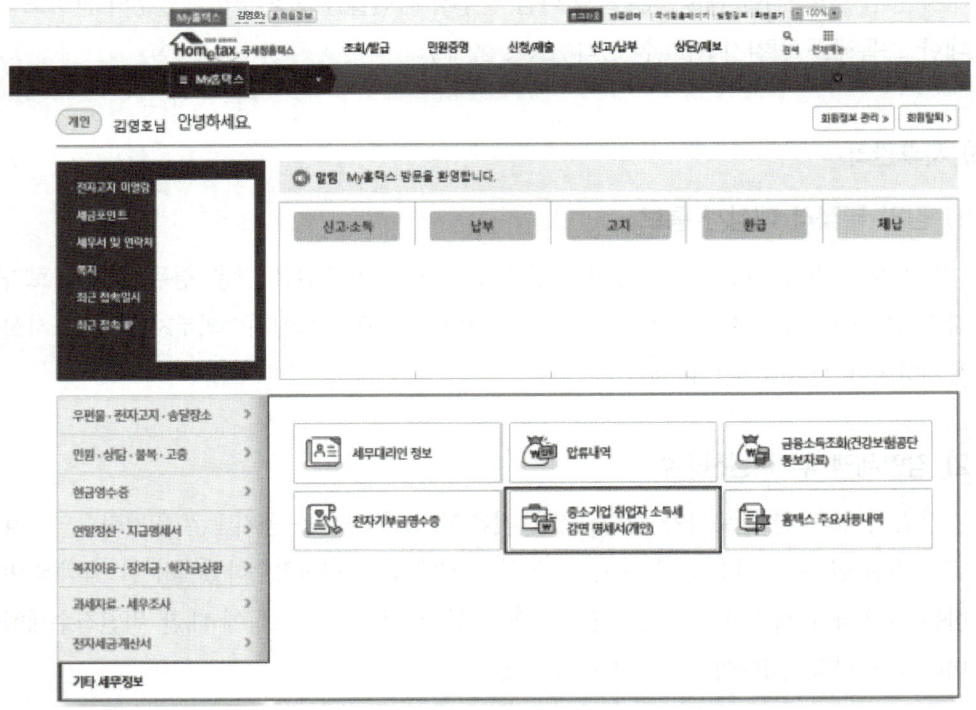

[별지 제11호의 2 서식] (2019.3.20. 개정)

중소기업 취업자 소득세 감면 대상 명세서

1. 원천징수의무자	상 호 (주)택스에듀	사업자등록번호 123-12-12345
	사업장소재지 (전화번호 :)	

2. 감면 적용 대상자 명단

성 명	주민 등록번호	취업일	취업자 유형	중소기업 취업 시 연령	병역근무기간 (6년을 한도로 함)	병역근무기간 차감 후 연령	감면기간	
							시작일	종료일
김영호	930715-·······	2022-08-23	청년	29	1년 10개월	27	2022-08-23	2027-08-31

2. 원천징수의무자가 확인하는 방법

국세청 홈택스 → 신청/제출 → 과세자료제출 → 중소기업 취업자 소득세 감면 명세서에서 기본사항을 입력한 후 상세내역 입력에서 대상자의 주민번호를 입력하면 아래와 같이 확인할 수 있다.

실무포인트

1. 중소기업에 취업하는 청년에 대한 소득세 감면대상자 해당 여부와 중소기업 유예기간 적용 여부

2012.1.1. 이전에 대(중소)기업 등에 정규직이나 비정규직으로 근무한 사실 여부와 관계없이 대통령령으로 정하는 청년은 소득세 감면대상자이고 취업일이 속하는 과세연도의 다음 연도부터 중소기업에 해당하지 아니하게 된 경우 중소기업 유예기간을 적용받는 것임(법규소득 2012-213, 2012.5.31.).

2. 관계기업 중 지배기업에서 종속기업으로 전입한 경우

2011.12.31. 이전 중소기업에 취업한 자가 법인세법시행령 제87조에 따른 특수관계가 있는 다른 중소기업에 2012.1.1.부터 2013.12.31.까지 전입하여 근무하는 경우 중소기업에 취업하는 청년에 대한 소득세를 감면받을 수 없는 것임(원천세과-480, 2012.9.13.).

3. 파견근로자에서 정규직 근로자로 채용된 경우

조세특례제한법 제30조 제1항 전단의 대통령령으로 정하는 청년이 파견근로자보호등에 관한법률에 따라 파견사업주에 고용되어 중소기업기본법 제2조에 따른 중소기업으로서 조세특례제한법시행령 제27조 제3항에 해당하는 중소기업에 파견근무를 하다가 퇴직한 후 2012.1.1.부터 2013.12.31.까지 해당 중소기업의 정규직 근로자로 취업하여 근무하는 경우 그 해당 중소기업의 취업일로부터 3년간 중소기업에 취업하는 청년에 대한 소득세 감면을 적용받을 수 있는 것임(서면법규-42, 2013.1.16.).

4. 중소기업 취업청년 소득세 감면 시 연령적용

조세특례제한법 제30조에 따른 중소기업에 취업하는 청년에 대한 소득세 감면 적용 시 중소기업에 취업하는 사람의 연령이 근로계약 체결일 현재 만 30세 미만(병역 이행기간 차감)인 경우 "29세 이하"에 포함되는 것이므로 같은 조에 따른 소득세를 감면하는 것임(기획재정부 소득세제과-163, 2013.4.1.).

5. 이직 시 연령요건

조세특례제한법 제30조 제1항 및 동법시행령 제24조 제1항의 요건을 충족하여 중소기업 취업자에 대한 소득세 감면을 적용받은 청년이 다른 중소기업체로 이직하는 경우에 그 이직 당시의 연령에 관계없이 소득세를 감면받은 최초 취업일로부터 3년이 속하는 달까지 발생한 소득에 대하여 감면을 적용받을 수 있는 것임(기획재정부 소득세제과-510, 2016.12.20.).

6. 대기업과 합병한 사업연도에 지급한 근로소득

중소기업기본법 제2조에 따른 중소기업이 중소기업 외의 기업과 합병하여 합병일이 속하는 과세연도부터 중소기업에 해당하지 아니하게 된 경우 합병일이 속한 과세연도 개시일 이후 합병일 전에 지급한 근로소득에 대하여는 조세특례제한법 제30조 제1항에 따른 중소기업에 취업하는 청년에 대한 소득세 감면을 적용할 수 있는 것임(서면법규-1064, 2013.10.1.).

7. 실질적 독립성 기준 부적합으로 중소기업에 해당하지 않는 경우

취업일이 속하는 과세연도에는 조세특례제한법 제30조 제1항에서 규정하는 중소기업체에 해당하였으나 실질적 독립성 기준 부적합으로 유예기간 없이 그 다음 연도부터 중소기업체에 해당하지 아니하게 된 경우 조세특례제한법 제30조에 따른 감면규정을 적용받을 수 없음(원천세과-471, 2013.9.6.).

8. 중소기업 유예기간인 경우

취업일이 속하는 과세연도에는 조세특례제한법 제30조 제1항에서 규정하는 중소기업체에 해당하였으나 해당 중소기업체가 그 규모의 확대 등으로 그 다음 연도부터 중소기업체에 해당하지 아니하게 된 경우라도 중소기업기본법 제2조 제3항과 조세특례제한법시행령 제2조 제2항에서 규정하고 있는 기간까지는 중소기업으로 보고 있으므로 중소기업으로 보는 유예기간까지는 중소기업체로 보아 조세특례제한법 제30조에 따른 감면규정을 적용받을 수 있는 것임(원천세과-307, 2012.6.1.).

9. 비영리 재단법인에 입사한 경우

조세특례제한법시행령 제27조 제1항에 따른 청년이 민법 제32조에 따라 설립된 법인으로서 중소기업기본법 제2조에 따른 중소기업의 기준을 충족하고 조세특례제한법시행령 제27조 제3항에 해당하는 사업을 영위하는 비영리 재단법인에 2012년 1월 1일부터 2013년 12월 31일까지 취업하는 경우 조세특례제한법 제30조에 따른 중소기업에 취업하는 청년에 대한 소득세 감면을 적용받을 수 있는 것임(원천세과-542, 2012.10.11.).

10. 감면신청기한 경과 후 신청서 제출한 경우

조세특례제한법 제30조 및 같은 법 시행령 제27조에 따른 청년이 중소기업체에 취업한 후 원천징수의무자에게 중소기업 취업 청년 소득세 감면신청서를 신청기한까지 제출하지 아니하고 신청기한 경과 후 제출하는 경우에도 조세특례제한법 제30조에 따른 중소기업에 취업하는 청년에 대한 소득세 감면을 적용받을 수 있는 것임(원천세과-428, 2012.8.17.).

11. 일용근로자에서 상용근로자로 전환된 경우 중소기업취업자 감면 적용 여부

건설업체에 일용근로자로 고용된 후 소득세법 시행령 제20조 제1항 제1호에 따라 근무기간이 1년을 경과하여 일용근로자에서 제외(상용근로자로 전환)되는 경우에는 그 일용근로자에서 제외되는 때를 취업일로 하여 중소기업 취업자 해당 여부를 판단하거나 감면기간을 계산하는 것임(서면-2015-법령해석소득-22603, 2015.7.17.).

12. 중소기업 취업자에 대한 소득세 감면 적용 여부

비영리법인이 「조세특례제한법 시행령」 제27조 제3항에 열거된 사업을 주된 사업으로 영위하고, 「중소기업기본법 시행령」 제3조 제1항의 중소기업 요건을 충족하는 경우 중소기업 취업자에 대한 소득세 감면 적용 대상기업에 해당하는 것임(기획재정부 소득세제과-0663, 2019.12.12.).

13. 외국인의 중소기업 취업자에 대한 소득세 감면 적용 여부

「국민연금법」 제126조 제1항 단서 규정 및 동법 제127조에 따른 사회보장협정 체결에 따라 국내 체류 외국인의 국민연금 납부가 면제된 경우, 중소기업에 취업한 동 외국인 근로자는 「조세특례제한법」 제30조에 따른 중소기업 취업자에 대한 소득세 감면을 적용받을 수 있음(기획재정부 소득세제과-0663, 2019.12.12.).

* 저자주 : 사회보장협정 또는 국민연금 당연가입 제외 국가 적용에 따라 납부의무가 면제되어 보험료 등을 납부하지 않은 외국인이라도 소득세 감면 대상에 해당한다는 취지의 해석사례이며, 사회보장협정 자료는 국민연금공단(www.nps.or.kr) 홈페이지 '연금정보'에서 조회가 가능하다.

14. 계약연장 등의 재취업인 경우 중소기업 취업자에 대한 소득세 감면 적용 여부

2011.12.31. 이전에 중소기업인 A사에 취업하였다가 퇴사 후 B사로 이직하고, 다시 B사에서 퇴사하여 2012.1.1. 이후 중소기업인 A사에 재취업한 경우 조세특례제한법 §30①의 감면 적용 여부는 계약기간 연장 등에 따른 재취업인지 사실판단할 사항임(사전-2019-법령해석소득-0062, 2019.5.10.).

15. 본점은 도소매업이나, 지점의 업종이 유흥주점업이 포함되었을 경우 중소기업 취업자 소득세 감면 여부

「조세특례제한법」 제30조 제1항의 "대통령령으로 정하는 기업"은 같은 법 시행령 제27조 제1항 각 호에서 규정하고 있는 어느 하나에 해당하는 사업을 주된 사업(신고수입금액이 가장 큰 사업)으로 영위하는 기업을 말하는 것으로, 해당 기업의 주된 사업이 도소매업에 해당한다면 본 · 지점 구분 없이 소속 근로자는 소득세 감면을 적용받을 수 있는 것임(서면-2024-원천-0618, 2024.5.3.).

16. 병역이행 후 다른 중소기업에 취업한 경우 감면 여부

「조세특례제한법」 제30조 제1항에 따른 소득세 감면을 받던 자가 청년으로서 같은 법 시행령 제27조에서 정하는 병역을 이행한 후 1년 이내에 병역 이행 전 중소기업체에 복직하지 아니하고 다른 중소기업체에 취업하는 경우에는 소득세를 감면받은 최초 취업일부터 5년이 되는 날이 속하는 달까지 발생하는 소득에 대하여 세액을 감면하는 것임(서면법규소득-2150, 2024.12.23.).

실무포인트 중소기업기본법 제2조에 따른 중소기업

1. 중소기업 기본법상 중소기업의 범위

중소기업 기본법 제2조에 따른 중소기업이란 다음 중 어느 하나에 해당하는 기업 또는 조합 등을 영위하는 자로 한다. 다만, 「독점규제 및 공정거래에 관한 법률」 제31조 제1항에 따른 공시대상기업집단에 속하는 회사 또는 같은 법 제33조에 따라 공시대상기업집단의 소속회사로 편입·통지된 것으로 보는 회사는 제외한다(중기법 2).

① 다음의 요건을 모두 갖추고 영리를 목적으로 사업을 하는 기업

㉠ 업종별로 매출액 또는 자산총액 등이 대통령령으로 정하는 기준에 맞을 것

㉡ 지분 소유나 출자 관계 등 소유와 경영의 실질적인 독립성이 대통령령으로 정하는 기준에 맞을 것

② 「사회적기업 육성법」 제2조 제1호에 따른 사회적기업 중에서 대통령령으로 정하는 사회적기업

③ 「협동조합 기본법」 제2조에 따른 협동조합, 협동조합연합회, 사회적협동조합, 사회적협동조합연합회, 이종(異種)협동조합연합회(이 법 제2조 제1항 각 호에 따른 중소기업을 회원으로 하는 경우로 한정한다) 중 대통령령으로 정하는 자

④ 「소비자생활협동조합법」 제2조에 따른 조합, 연합회, 전국연합회 중 대통령령으로 정하는 자

⑤ 「중소기업협동조합법」 제3조에 따른 협동조합, 사업협동조합, 협동조합연합회 중 대통령령으로 정하는 자

2. 중소기업의 요건

「중소기업기본법」 제2조 제1항 제1호에 따른 중소기업은 다음의 요건을 모두 갖춘 기업으로 한다(중기령 3 ①).

① 해당 기업이 영위하는 주된 업종과 해당 기업의 평균매출액 또는 연간매출액(이하 "평균매출액등"이라 한다)이 별표 1의 기준에 맞을 것

② 자산총액이 5천억원 미만일 것

(1) 매출액 기준

중소기업의 요건 중 업종별 매출액 기준은 해당 기업이 영위하는 주된 업종과 해당 기업의 평균매출액 또는 연간매출액(이하 "평균매출액등"이라 한다)이 별표 1의 기준에 맞아야 한다(중기령 3 ① 1. 가). 하나의 기업이 둘 이상의 서로 다른 업종을 영위하는 경우에는 제7조에 따라 산정한 평균매출액등 중 평균매출액등의 비중이 가장 큰 업종을 주된 업종으로 본다(중기령 4).

평균매출액등을 산정하는 경우 매출액은 일반적으로 공정·타당하다고 인정되는 회계

관행에 따라 작성한 손익계산서상의 매출액을 말한다. 다만, 업종의 특성에 따라 매출액에 준하는 영업수익 등을 사용하는 경우에는 영업수익 등을 말한다(중기령 7 ①). 평균매출액등은 다음의 구분에 따른 방법에 따라 산정한다(중기령 7 ②).

<table>
<tr><th>구 분</th><th>산정방법</th></tr>
<tr><td>① 직전 3개 사업연도의 총 사업기간이 36개월인 경우</td><td>직전 3개 사업연도의 총 매출액을 3으로 나눈 금액</td></tr>
<tr><td>② 직전 사업연도 말일 현재 총 사업기간이 12개월 이상이면서 36개월 미만인 경우(직전 사업연도에 창업하거나 합병 또는 분할한 경우로서 창업일, 합병일 또는 분할일부터 12개월 이상이 지난 경우는 제외한다)</td><td>사업기간이 12개월인 사업연도의 총 매출액을 사업기간이 12개월인 사업연도 수로 나눈 금액</td></tr>
<tr><td rowspan="2">③ 직전 사업연도 또는 해당 사업연도에 창업하거나 합병 또는 분할한 경우로서 ②에 해당하지 아니하는 경우(구분에 따라 환산하여 산정한 금액)</td><td>㉠ 창업일, 합병일 또는 분할일부터 12개월 이상이 지난 경우 : 제3조에 따른 중소기업 해당 여부에 대하여 판단하는 날(이하 "산정일"이라 한다)이 속하는 달의 직전 달부터 역산하여 12개월이 되는 달까지의 기간의 월 매출액을 합한 금액</td></tr>
<tr><td>㉡ 창업일, 합병일 또는 분할일부터 12개월이 되지 아니한 경우 : 창업일이나 합병일 또는 분할일이 속하는 달의 다음달부터 산정일이 속하는 달의 직전 달까지의 기간의 월 매출액을 합하여 해당 월수로 나눈 금액에 12를 곱한 금액. 다만, 다음 중 어느 하나에 해당하는 경우에는 창업일이나 합병일 또는 분할일부터 산정일까지의 기간의 매출액을 합한 금액을 해당 일수로 나눈 금액에 365를 곱한 금액으로 한다.
ⓐ 산정일이 창업일, 합병일 또는 분할일이 속하는 달에 포함되는 경우
ⓑ 산정일이 창업일, 합병일 또는 분할일이 속하는 달의 다음 달에 포함되는 경우</td></tr>
</table>

중소기업기본법 시행령 [별표 1] (2025.10.1. 개정)

▌중소기업 범위 기준 개편안▐

<table>
<tr><th>해당 기업의 주된 업종</th><th>분류기호</th><th>개 정</th><th>종 전</th></tr>
<tr><td>1. 펄프, 종이 및 종이제품 제조업</td><td>C17</td><td rowspan="3">평균매출액등
1,800억원 이하</td><td rowspan="5">평균매출액등
1,500억원 이하</td></tr>
<tr><td>2. 1차 금속 제조업</td><td>C24</td></tr>
<tr><td>3. 전기장비 제조업</td><td>C28</td></tr>
<tr><td>4. 의복, 의복액세서리 및 모피제품 제조업</td><td>C14</td><td rowspan="2">평균매출액등
1,500억원 이하</td></tr>
<tr><td>5. 가죽, 가방 및 신발 제조업</td><td>C15</td></tr>
</table>

<table>
<tr><th>해당 기업의 주된 업종</th><th>분류기호</th><th>개 정</th><th>종 전</th></tr>
<tr><td>6. 가구 제조업</td><td>C32</td><td></td><td></td></tr>
<tr><td>7. 식료품 제조업</td><td>C10</td><td rowspan="9">평균매출액등
1,200억원 이하</td><td rowspan="17">평균매출액등
1,000억원 이하</td></tr>
<tr><td>8. 화학물질 및 화학제품 제조업(의약품 제조업 제외)</td><td>C20</td></tr>
<tr><td>9. 고무제품 및 플라스틱제품 제조업</td><td>C22</td></tr>
<tr><td>10. 금속가공제품 제조업(기계 및 가구 제조업 제외)</td><td>C25</td></tr>
<tr><td>11. 그 밖의 기계 및 장비 제조업</td><td>C29</td></tr>
<tr><td>12. 자동차 및 트레일러 제조업</td><td>C30</td></tr>
<tr><td>13. 그 밖의 운송장비 제조업</td><td>C31</td></tr>
<tr><td>14. 건설업</td><td>F</td></tr>
<tr><td>15. 도매 및 소매업</td><td>G</td></tr>
<tr><td>16. 농업, 임업 및 어업</td><td>A</td><td rowspan="12">평균매출액등
1,000억원 이하</td></tr>
<tr><td>17. 광업</td><td>B</td></tr>
<tr><td>18. 담배 제조업</td><td>C12</td></tr>
<tr><td>19. 섬유제품 제조업(의복 제조업 제외)</td><td>C13</td></tr>
<tr><td>20. 목재 및 나무제품 제조업(가구 제조업 제외)</td><td>C16</td></tr>
<tr><td>21. 코크스, 연탄 및 석유정제품 제조업</td><td>C19</td></tr>
<tr><td>22. 전자부품, 컴퓨터, 영상, 음향 및 통신장비 제조업</td><td>C26</td></tr>
<tr><td>23. 그 밖의 제품 제조업</td><td>D</td></tr>
<tr><td>24. 전기, 가스, 증기 및 공기조절 공급업</td><td>E36</td><td rowspan="9">평균매출액등
800억원 이하</td></tr>
<tr><td>25. 수도업</td><td>C33</td></tr>
<tr><td>26. 운수 및 창고업</td><td>H</td></tr>
<tr><td>27. 정보통신업</td><td>J</td></tr>
<tr><td>28. 음료 제조업</td><td>C11</td><td rowspan="7">평균매출액등
800억원 이하</td></tr>
<tr><td>29. 인쇄 및 기록매체 복제업</td><td>C18</td></tr>
<tr><td>30. 의료용 물질 및 의약품 제조업</td><td>C21</td></tr>
<tr><td>31. 비금속 광물제품 제조업</td><td>C23</td></tr>
<tr><td>32. 의료, 정밀, 광학기기 및 시계 제조업</td><td>C27</td></tr>
<tr><td>33. 수도, 하수 및 폐기물 처리, 원료재생업(수도업 제외)</td><td>E
(E36 제외)</td><td rowspan="2">평균매출액등
600억원 이하</td></tr>
<tr><td>34. 사업시설관리, 사업지원 및 임대 서비스업(임대업 제외)</td><td>N
(N76 제외)</td></tr>
</table>

<table>
<tr><th>해당 기업의 주된 업종</th><th>분류기호</th><th>개 정</th><th>종 전</th></tr>
<tr><td>35. 산업용 기계 및 장비 수리업</td><td>C34</td><td rowspan="5">평균매출액등
600억원 이하</td><td rowspan="5"></td></tr>
<tr><td>36. 전문, 과학 및 기술 서비스업</td><td>M</td></tr>
<tr><td>37. 보건업 및 사회복지 서비스업</td><td>Q</td></tr>
<tr><td>38. 예술, 스포츠 및 여가 관련 서비스업</td><td>R</td></tr>
<tr><td>39. 수리(修理) 및 기타 개인 서비스업(협회 및 단체 제외)</td><td>S</td></tr>
<tr><td>40. 숙박 및 음식점업</td><td>K</td><td rowspan="5">평균매출액등
400억원 이하
평균매출액등
400억원 이하</td><td rowspan="5">평균매출액등
400억원 이하
평균매출액등
400억원 이하</td></tr>
<tr><td>41. 금융 및 보험업</td><td>I</td></tr>
<tr><td>42. 부동산업</td><td>L</td></tr>
<tr><td>43. 임대업(부동산 임대업 제외)</td><td>N76</td></tr>
<tr><td>44. 교육 서비스업</td><td>P</td></tr>
</table>

(2) 자산총액 기준

중소기업은 자산총액이 5천억원 미만이어야 한다(중기령 3 ① 1. 나). 자산총액은 회계관행에 따라 작성한 직전 사업연도 말일 현재 재무상태표상의 자산총계로 한다. 또한, 해당 사업연도에 창업하거나 합병 또는 분할한 기업의 자산총액은 창업일이나 합병일 또는 분할일 현재의 자산총액으로 한다. 한편, 외국법인의 경우 자산총액을 원화로 환산할 때에는 직전 5개 사업연도의 평균환율을 적용한다(중기령 7의 2).

3. 실질적 독립성

중소기업이란 소유와 경영의 실질적인 독립성이 다음 중 어느 하나에 해당하지 아니하는 기업을 말한다(중기령 3 2.).

> ① 자산총액이 5,000억원 이상인 법인(외국법인 포함, 비영리법인 및 중소기업창업투자회사 등 제외)이 주식 등의 30% 이상을 직접적 또는 간접적으로 소유한 경우로서 최다출자자인 기업. 이 경우 최다출자자는 해당 기업의 주식 등을 소유한 법인 또는 개인으로서 단독으로 또는 다음의 어느 하나에 해당하는 자와 합산하여 해당 기업의 주식 등을 가장 많이 소유한 자를 말하며, 주식 등의 간접소유 비율에 관하여는 「국제조세조정에 관한 법률 시행령」 제2조 제2항을 준용한다.
> ㉠ 주식 등을 소유한 자가 법인인 경우 : 그 법인의 임원
> ㉡ 주식 등을 소유한 자가 ㉠에 해당하지 아니하는 개인인 경우 : 그 개인의 친족
> ② 관계기업에 속하는 기업의 경우에는 평균매출액 등이 [별표 1]의 규모기준에 맞지 아니하는 기업

4. 중소기업 기준의 적용방법

(1) 중소기업 여부의 적용기간

중소기업 여부의 적용기간은 직전 사업연도 말일에서 3개월이 경과한 날부터 1년간으로 한다. 다만, 중소기업기본법 시행령 제3조 제1항 제2호 다목에 해당하여 중소기업

에서 제외된 기업이 직전 사업연도 말일이 지난 후 주식등의 소유현황이 변경되어 중소기업에 해당하게 된 경우 중소기업 여부의 적용기간은 그 변경일부터 해당 사업연도 말일에서 3개월이 지난 날까지로 한다(중기령 3의 3). 예를 들어 2019~2021년 평균매출이 업종별 기준요건을 충족하면 2022.4.1.~2023.3.31.까지 중소기업으로 한다.

(2) 유예기간

제1항을 적용할 때 중소기업이 그 규모의 확대 등으로 중소기업에 해당하지 아니하게 된 경우 그 사유가 발생한 연도의 다음 연도부터 5년간은 중소기업으로 본다. 다만, 중소기업 외의 기업과 합병하거나 그 밖에 대통령령으로 정하는 사유로 중소기업에 해당하지 아니하게 된 경우에는 그러하지 아니하다(중기법 2 ③).

사례1 중소기업 취업자에 대한 소득세 감면(감면대상 소득만 있는 경우)

중소기업취업 청년에 대한 소득세 감면 신청자의 2025년 감면세액과 감면 적용 시 근로소득 세액공제액은?

① 2025년 총급여 50,000,000원
② 산출세액 3,802,500원
③ 근로소득 세액공제액 660,000원(감면 미적용 시)

풀이

(1) 중소기업 취업 청년 소득세 감면세액 : 2,000,000원

3,802,500×50,000,000/50,000,000×90%=3,422,250이나, 한도액 2,000,000원 적용

*산출세액×감면대상 중소기업체로부터 받는 총급여액/해당근로자의 총급여액×감면율

(2) 근로소득 세액공제액 : 312,859원

660,000×(1−2,000,000/3,802,500)=312,859

*감면적용 전 근로소득 세액공제액×(1−감면액/산출세액)

사례2 중소기업 취업자에 대한 소득세 감면(감면대상 소득 일부만 있는 경우)

2022.1.1. 입사한 감면대상 중소기업(A)를 2025.6.30. 퇴사 후, 7.1. 감면대상 다른 중소기업(B)에 재취업하여 근무하고 있는 경우 감면세액과 감면적용 시 근로소득 세액공제액은? 2024년 소득에 대해서는 소득세 90%(한도 200만원) 감면을 적용한다.

① A회사 총급여액 : 20,000,000원
② B회사 총급여액 : 25,000,000원
③ 산출세액 : 1,000,000원, 근로소득 세액공제액 : 550,000원

풀이

(1) 중소기업 취업자 소득세 감면액 계산

{1,000,000원 × (45,000,000/45,000,000 × 90%)} = 900,000원

* 감면세액 계산 = 산출세액 × {(감면대상 총급여액/해당 근로자 총급여액) × 감면비율}

(2) 근로소득세액공제액 계산

550,000원 × (1-900,000/1,000,000) = 55,000원

근로소득세액공제액 × (1−중소기업 취업자 감면세액 / 종합소득산출세액)

사례3 중소기업 취업자에 대한 소득세 감면 서식사례

중소기업 ㈜택스에 근무 중인 정민수(940101-1******)는 중소기업 취업자 감면대상이며 상세 내용은 다음과 같다. 아래 자료를 참고하여 '중소기업 취업자 소득세 감면신청서'를 작성하고 연말정산을 진행하시오. 정민수는 앞의 사례에 따라 중소기업 핵심인력 성과보상기금 수령액에 대한 소득세를 감면받았다.

참고자료

구 분	내 용
취업일	2021.5.1.
입대(소집)일	2015.9.29.
전역(소집해제)일	2017.7.25.
감면시작일~감면종료일	2021.5.2.~2026.5.2.

[별지 제11호 서식] (2025.6.30. 개정)

중소기업 취업자 소득세 감면신청서

※ [ ]에는 해당되는 곳에 √표를 합니다.

<table>
<tr><td rowspan="2">1. 신청인</td><td>①성명　정민수</td><td colspan="2">② 주민등록번호 940101-1******</td></tr>
<tr><td>③주소
서울시 광진구 xx로 xx-xx</td><td>④취업자 유형</td><td>[✓] 청년(15세~34세)
[ ] 60세 이상 사람
[ ] 장애인
[ ] 경력단절근로자</td></tr>
</table>

2. 취업 시 연령	
⑤ 중소기업에 취업한 날 연령	2027년　4월　1일 (취업일: 20210501 , 생년월일: 19940101)
⑥ 병역근무기간* (6년을 한도로 함)	1년　9월　25일 (입대일 · 소집일:20150929 , 전역일 · 소집해제일:20170725)
⑦ 병역근무기간 차감 후 연령* (⑤ − ⑥)	2025년　6월　5일

* ⑥ 및 ⑦은 '청년'만 작성합니다.

3. 감면기간	
⑧ 시작일*:　2021년　5월　2일 * 2012. 1. 1. 이후 소득세 감면을 받은 최초 취업일	⑨ 종료일*:　2026년　5월　2일 * 시작일부터 3년(청년 5년)이 되는 날(병역이행 후 1년 이내 동일 중소기업에 복직하는 경우 복직한 날부터 2년이 되는 날을 말하며, 그 복직한 날이 최초 취업일부터 5년이 지나지 아니한 경우에는 최초 취업일부터 7년이 되는 날을 말합니다)이 속하는 달의 말일

「조세특례제한법」 제30조 제1항 및 같은 법 시행령 제27조 제5항에 따라 위와 같이 중소기업 취업자에 대한 소득세 감면을 신청합니다.

2026년　4월　2일

신청인　정민수 (서명 또는 인)

원천징수의무자　귀하

첨부서류	1. 병역복무기간을 증명하는 서류 1부 2. 장애인등록증(수첩, 복지카드) 사본 1부 3.「소득세법」 제143조에 따라 발급받은 근로소득 원천징수영수증 1부(「조세특례제한법」 제30조에 따라 중소기업 취업 감면을 적용받은 청년 등이 다른 중소기업체에 취업하거나 해당 중소기업체에 재취업하는 경우로 한정합니다)	수수료 없 음

유 의 사 항

▌근로소득지급명세서(1쪽)▐

소득자	⑥ 성 명	정민수		⑦ 주 민 등 록
	⑧ 주 소	서울 광진구 ××로 ××-××		

	구 분		주(현)	종(전)	
Ⅰ 근무처별소득명세	⑨ 근 무 처 명		㈜택스		
	⑩ 사업자등록번호		123-12-*****		
	⑪ 근무기간		2025.1.1.~2025.12.31.	~	
	⑫ 감면기간		2025.1.1.~2025.12.31.	~	
	⑬ 급 여		60,000,000		
	⑭ 상 여				
	⑮ 인 정 상 여				
	⑮-1 주식매수선택권 행사이익				
	⑮-2 우리사주조합인출금				
	⑮-3 임원 퇴직소득금액 한도초과액				
	⑮-4 직무발명보상금				
	⑯ 계		60,000,000		
Ⅱ 비과세 및 감면소득명세	⑱ 국외근로	M0X			
	⑱-1 야간근로수당	O0X			
	⑱-2 출산 · 보육수당	Q0X			
	⑱-4 연구보조비	H0X			
	⑱-34 중소기업 청년근로자 및 핵심인력 성과보상기금 수령액에 대한 소득세 감면 등	T40	15,000,000		
	⑱-6				
	~				
	⑱-36				
	⑲ 수련보조수당	Y22			
	⑳ 비과세소득 계				
	⑳-1 감면소득 계		15,000,000		

	구 분	⑱ 소 득 세
	⑫ 결 정 세 액	3,876,400

풀이

• 중소기업 취득자 소득세 감면 :
Min(3,876,460×45,000,000/60,000,000×90%, 2,000,000원)=2,000,000원

▌근로소득지급명세서(2쪽)▐

㊾ 산출세액		3,876,400
세액감면	㊿ 「소득세법」	
	51 「조세특례제한법」(52 제외)	484,550
	52 「조세특례제한법」 제30조	2,000,000
	53 조세조약	
	54 세 액 감 면 계	2,484,550

[별지 제11호 서식] (2025.6.30. 개정)

중소기업 취업자 소득세 감면신청서

※ [ ]에는 해당되는 곳에 √표를 합니다.

<table>
<tr><td rowspan="2">1. 신청인</td><td>① 성 명</td><td colspan="2">② 주민등록번호</td></tr>
<tr><td>③ 주 소</td><td>④ 취업자 유형</td><td>[ ] 청년(15세~34세)
[ ] 60세 이상 사람
[ ] 장애인
[ ] 경력단절 근로자</td></tr>
</table>

<table>
<tr><td colspan="2">2. 취업 시 연령</td></tr>
<tr><td>⑤ 중소기업에 취업한 날 연령</td><td>년 월 일 (취업일: , 생년월일:)</td></tr>
<tr><td>⑥ 병역근무기간*
(6년을 한도로 함)</td><td>년 월 일 (입대일 · 소집일: , 전역일 · 소집해제일:)</td></tr>
<tr><td>⑦ 병역근무기간 차감 후 연령*(⑤ - ⑥)</td><td>년 월 일</td></tr>
<tr><td colspan="2">* ⑥ 및 ⑦은 '청년'만 작성합니다.</td></tr>
</table>

<table>
<tr><td colspan="2">3. 감면기간</td></tr>
<tr><td>⑧ 시작일*: 년 월 일
* 2012. 1. 1. 이후 소득세 감면을 받은 최초 취업일</td><td>⑨ 종료일*: 년 월 일
* 시작일부터 3년(청년 5년)이 되는 날(병역이행 후 1년 이내 동일 중소기업에 복직하는 경우 복직한 날부터 2년이 되는 날을 말하며, 그 복직한 날이 최초 취업일부터 5년이 지나지 아니한 경우에는 최초 취업일부터 7년이 되는 날을 말합니다)이 속하는 달의 말일</td></tr>
</table>

「조세특례제한법」 제30조 제1항 및 같은 법 시행령 제27조 제5항에 따라 위와 같이 중소기업 취업자에 대한 소득세 감면을 신청합니다.

년 월 일

신청인 (서명 또는 인)

원천징수의무자 귀하

<table>
<tr><td>첨부서류</td><td>1. 병역복무기간을 증명하는 서류 1부
2. 장애인등록증(수첩, 복지카드) 사본 1부
3. 「소득세법」 제143조에 따라 발급받은 근로소득 원천징수영수증 1부(「조세특례제한법」 제30조에 따라 중소기업 취업 감면을 적용받은 청년 등이 다른 중소기업체에 취업하거나 해당 중소기업체에 재취업하는 경우로 한정합니다)</td><td>수수료
없 음</td></tr>
</table>

유 의 사 항

1. 감면신청서를 사실과 다르게 신청하는 경우에는 부당하게 감면받은 세액에 가산세를 가산하여 추징하게 됩니다.
2. 장애인은「장애인복지법」에 따른 장애인과「국가유공자 등 예우 및 지원에 관한 법률」에 따른 상이자를 말합니다.
3. 2013. 12. 31. 이전에 취업한 청년이 해당 중소기업체에 계속하여 근무하는 경우 취업일부터 3년간 해당 중소기업체에서 받는 근로소득의 소득세 100%를 감면받을 수 있습니다.
4. 2014. 1. 1.부터 2015. 12. 31. 까지 중소기업체에 최초 취업자는 취업일부터 3년간, 재취업자는 소득세 감면기간 종료일까지 해당 중소기업체에서 받는 근로소득의 소득세 50%를 감면받을 수 있습니다
5. 2016. 1. 1. 이후 중소기업체에 최초 취업자는 취업일부터 3년간 해당 중소기업체에서 받는 근로소득의 소득세 70%를 감면(한도 200만원)받을 수 있습니다.
6. 청년의 경우 2018년 이후 귀속 근로소득부터는 취업일로부터 5년간 감면이 적용되며, 근로소득의 소득세 90%를 감면(한도 200만원)받을 수 있습니다.
7. 중소기업체 재취업자의 소득세 감면기간 ⑧ 시작일과 ⑨ 종료일은 최초 감면신청서상 감면기간의 시작일과 종료일을 적습니다.
8. 경력단절 근로자는「조세특례제한법」제29조의8제2항에서 규정하고 있는 근로자를 말합니다(동종업종 기업에서 1년 이상 근무하다가 결혼, 임신, 출산 ,육아, 자녀교육 및 가족돌봄의 사유로 퇴직하고 2년 이상 15년 이내의 기간이 경과한 후 동종업종 중소기업에 재취업하는 근로자로서 최대주주 또는 최대출자자나 그와 특수관계인이 아닌 경우).
9. 「조세특례제한법 시행령」제27조 제3항 각 호에 따른 사업을 주된 사업으로 영위하는 중소기업으로부터 받은 근로소득만 감면대상입니다.

210mm× 297mm[백상지 80g/㎡ 또는 중질지 80g/㎡]

[별지 제11호의 2 서식] (2025.6.30. 개정)

중소기업 취업자 소득세 감면 대상 명세서

<table>
<tr><td rowspan="2">1. 원천징수의무자</td><td>상 호</td><td>사업자등록번호</td></tr>
<tr><td>사업장소재지
(전화번호 :)</td><td>주업종코드</td></tr>
</table>

2. 감면 적용 대상자 명단

<table>
<tr><td rowspan="2">성 명</td><td rowspan="2">주민
등록번호</td><td rowspan="2">취업일</td><td rowspan="2">취업자
유형</td><td rowspan="2">중소기업
취업 시 연령</td><td rowspan="2">병역근무기간
(6년을 한도로 함)</td><td rowspan="2">병역근무기간
차감 후 연령</td><td colspan="2">감면기간</td></tr>
<tr></tr>
<tr><td rowspan="2"></td><td rowspan="2"></td><td rowspan="2"></td><td rowspan="2"></td><td rowspan="2"></td><td rowspan="2"></td><td rowspan="2"></td><td>시작일</td><td>종료일</td></tr>
<tr><td></td><td></td></tr>
<tr><td rowspan="2"></td><td rowspan="2"></td><td rowspan="2"></td><td rowspan="2"></td><td rowspan="2"></td><td rowspan="2"></td><td rowspan="2"></td><td>시작일</td><td>종료일</td></tr>
<tr><td></td><td></td></tr>
<tr><td rowspan="2"></td><td rowspan="2"></td><td rowspan="2"></td><td rowspan="2"></td><td rowspan="2"></td><td rowspan="2"></td><td rowspan="2"></td><td>시작일</td><td>종료일</td></tr>
<tr><td></td><td></td></tr>
<tr><td rowspan="2"></td><td rowspan="2"></td><td rowspan="2"></td><td rowspan="2"></td><td rowspan="2"></td><td rowspan="2"></td><td rowspan="2"></td><td>시작일</td><td>종료일</td></tr>
<tr><td></td><td></td></tr>
</table>

「조세특례제한법」 제30조 제3항 및 같은 법 시행령 제27조 제6항에 따라 중소기업 취업자 소득세 감면 대상 명세서를 제출합니다.

년 월 일

원천징수의무자 (서명 또는 인)

세무서장 귀하

작성방법

1. "취업자 유형"은 '청년', '60세 이상 사람', '장애인', '경력단절 근로자'로 구분하여 적습니다.
2. "병역근무기간"과 "병역근무기간 차감 후 연령"은 취업자 유형이 '청년'인 경우 적습니다.
3. "감면기간"란에는「조세특례제한법 시행규칙」별지 제11호 서식「중소기업 취업자 소득세 감면신청서」의 ⑧ · ⑨란의 시작일과 종료일을 적습니다.
4. "주업종코드" 란에는 원천징수의무자의 주업종코드를 기재합니다.(「조세특례제한법 시행령」제27조 제3항 각 호에 따른 사업을 주된 사업으로 영위하는 중소기업으로부터 받은 근로소득만 감면대상입니다.)

210mm× 297mm[백상지 80g/㎡ 또는 중질지 80g/㎡]

「병역법 시행규칙」 [별지 제5호 서식] (2020.6.30. 개정) 정부24(www.gov.kr)에서도 신청할 수 있습니다.

병적증명서

발행번호		유효기간	
용 도	[ ]공직자 등 신고용 [V](기타)		
인적사항	성명 김택스	생년월일 1989.9.10	
군(대체) 복 무 여 부	[V] 복무를 마친 사람 [ ] 복무를 마치지 않은 사람		
병역사항	○ 군별 육군 ○ 계급 병장 ○ 군번 0106424xxxx ○ 역종 예비역 ○ 병과(특기) 1111(소총) ○ 입영(임관)/소집일자 2011.09.02. ○ 전역(소집해제)일자 2013.07.01. ○ 전역(소입해제)구분(사유) 만기 -이하여백-		

「병역법 시행규칙」 제8조에 따라 위와 같이 병적을 증명합니다.

2024 년 10 월 25 일

서울지방병무청(병무지청)장 직인

5. 성과공유 중소기업의 경영성과급에 대한 소득세 감면

성과공유 중소기업이 상시근로자에게 2027년 12월 31일까지 경영성과급을 지급하는 경우 그 경영성과급을 지급받은 근로자는 경영성과급에 대한 소득세의 50%에 상당하는 세액을 감면한다(조특법 19 ①·②). 다만, 다음 중 어느 하나에 해당하는 사람은 감면대상 근로자에서 제외한다(조특법 19 ②, 조특령 17 ⑥).

① 해당 과세기간의 총급여액이 7천만원을 초과하는 사람
② 해당 기업의 최대주주 또는 최대출자자(개인사업자는 대표자)와 그 배우자
③ ②에 해당하는 자의 직계존비속(그 배우자 포함) 또는 ②에 해당하는 사람과 「국세기본법 시행령」 제1조의 2 제1항에 따른 친족관계에 있는 사람

(1) 성과공유 중소기업

성과공유 중소기업이란 중소기업에 근무하는 근로자의 임금 또는 복지 수준을 향상시키기 위하여 「중소기업 인력지원 특별법 시행령」으로 정하는 성과공유 유형 중 어느 하나에 해당하는 방법으로 근로자와 성과를 공유하고 있거나 공유하기로 약정한 중소기업을 말한다(중소기업인력지원특별법 27의 2 ①). 성과공유기업으로 확인을 받으려는 중소기업은 중소벤처기업부장관이 정하여 고시하는 바에 따라 성과공유기업 요건 중 어느 하나에 해당함을 증명하는 서류를 첨부하여 중소벤처기업부장관에게 신청하여야 한다. 중소벤처기업부장관은 신청을 받은 경우 성과공유기업으로 확인한 경우에는 해당 중소기업에 성과공유기업 확인서를 발급할 수 있다(중소기업인력지원특별법시행령 26의 2 ②·③).

(2) 상시근로자

상시근로자란 「근로기준법」에 따라 근로계약을 체결한 내국인 근로자를 말한다. 다만, 다음 중 어느 하나에 해당하는 사람은 제외한다(조특령 17 ①).

① 근로계약기간이 1년 미만인 근로자. 단, 근로계약의 연속된 갱신으로 인하여 그 근로계약의 총기간이 1년 이상인 근로자는 상시근로자로 본다.
② 「근로기준법」에 따른 단시간근로자. 단, 1개월간의 소정근로시간이 60시간 이상인 근로자는 상시근로자로 본다.
③ 「법인세법 시행령」 제40조 제1항 각 호의 어느 하나에 해당하는 임원
④ 해당 기업의 최대주주 또는 최대출자자(개인사업자의 경우에는 대표자)와 그 배우자
⑤ 위 ④에 해당하는 자의 직계존비속(그 배우자 포함) 및 「국세기본법 시행령」 제1조의 2

제1항에 따른 친족관계인 사람

⑥ 「소득세법 시행령」에 따른 근로소득원천징수부에 의하여 근로소득세를 원천징수한 사실이 확인되지 아니하고, 다음 중 어느 하나에 해당하는 금액의 납부사실도 확인되지 아니하는 자

㉠ 「국민연금법」 제3조 제1항 제11호 및 제12호에 따른 부담금 및 기여금

㉡ 「국민건강보험법」 제69조에 따른 직장가입자의 보험료

⑦ 해당 과세기간의 총급여액이 7천만원을 초과하는 근로자

(3) 경영성과급

경영성과급이란 「중소기업 인력지원 특별법 시행령」 제26조의 2 제1항 제1호에 따른 성과급으로 중소기업과 근로자가 경영목표 설정 및 그 목표달성에 따른 성과급 지급에 관한 사항을 사전에 서면으로 약정하고 이에 따라 근로자에게 지급하는 성과급(우리사주조합을 통하여 성과급으로서 근로자에게 지급하는 우리사주를 포함한다)을 말한다(조특령 17 ②).

(4) 감면세액

성과공유 중소기업의 근로자가 해당 중소기업으로부터 경영성과급을 지급받는 경우 다음에 상당하는 금액을 세액감면한다(조특법 19 ②, 조특령 17 ⑦ · ⑧).

1) 일반적인 경우

$$\text{세액감면} = \text{종합소득산출세액} \times \frac{\text{근로소득금액}}{\text{종합소득금액}} \times \frac{\text{경영성과급}}{\text{해당 근로자의 총급여액}} \times 50\%$$

2) 중소기업취업자 감면을 동시에 적용받는 경우

$$\left[\left(\begin{array}{c}\text{종합소득}\\\text{산출세액}\end{array} \times \frac{\text{근로소득금액}}{\text{종합소득금액}} \right) - \begin{array}{c}\text{중소기업}\\\text{취업자 소득세}\\\text{감면세액}\end{array} \right] \times \frac{\text{경영성과급}}{\text{해당 근로자의 총급여액}} \times 50\%$$

(5) 신 청

세액공제를 적용받으려는 중소기업과 근로자는 경영성과급을 지급받은 날이 속하는 달의

다음 달 말일까지 “성과공유 중소기업 경영성과급 소득세 감면신청서”[조특칙 별지 제8호의 4 서식]를 원천징수의무자에게 제출하여야 한다(조특령 17 ⑨). 또한, 세액감면신청서를 제출받은 원천징수의무자는 “성과공유 중소기업 경영성과급 소득세 감면 대상 명세서”[조특칙 별지 제8호의 5 서식]를 신청을 받은 날이 속하는 달의 다음 달 말일까지 원천징수 관할 세무서장에게 제출하여야 한다(조특령 17 ⑩).

실무포인트

① 「중소기업 인력지원 특별법」 제27조의 2 제1항에 따른 중소기업이 2020과세연도에 「조세특례제한법 시행령」 제17조에서 규정하는 요건을 갖추어 경영성과급 지급약정을 체결하고 그 약정에 따라 중소기업에 해당하는 2020과세연도에 대한 경영성과급을 2021과세연도에 지급하는 경우, 지급하는 과세연도에 규모의 확대 등으로 중소기업에 해당하지 않게 되었더라도 「조세특례제한법」 제19조(성과공유 중소기업의 경영성과급에 대한 세액공제 등)에 따른 세액공제가 가능한 것임(사전-2021-법령해석법인-0831 [법령해석과-3620], 2021.10.19.).

② 「조세특례제한법」 제19조(성과공유 중소기업의 경영성과급에 대한 세액공제 등)를 적용함에 있어 그 적용대상이 되는 중소기업은 「중소기업기본법」 제2조 제1항에 따른 중소기업을 말하는 것임(기준-2021-법령해석법인-0090 [법령해석과-3578], 2021.10.15.).

③ 「중소기업 인력지원 특별법」 제27조의 2 제1항에 따른 중소기업이 「조세특례제한법」 제19조의 성과공유 중소기업의 경영성과급에 대한 세액공제를 적용함에 있어, 같은 조 제1항 및 같은 법 시행령 제17조에서 규정하는 요건을 충족하는 경우에는 성과공유기업 확인서를 발급받지 아니하였더라도 해당 세액공제 대상에 해당하는 것임(서면-2020-법령해석법인-1920 [법령해석과-4116], 2020.12.14.).

④ 질의

- 질의법인은 성과공유 중소기업으로 「조세특례제한법」 제19조(이하 “쟁점특례규정”)에 따라 법인세 세액공제와 근로자의 소득세 감면을 적용받고 있으며, 2022년과 2023년의 근로자 수는 변동이 없음
- 경영성과급을 지급받는 직원 중 직원 A와 B는 2023.8월 내일채움공제 만기(5년)가 되어 정부지원금(0,000,000원)과 기업기여금(00,000,000원)을 수령하였음
  - 쟁점특례를 적용받기 위해서는 총급여 7천만원이 넘지 않아야 하고, 총급여가 7천만원이 넘지 않는 직원의 숫자가 전년 대비 감소하지 않아야 함
  - 그러나 직원 A와 B는 내일채움공제 만기지급금을 제외할 경우 총급여액이 각각 0,000만원, 0,000만원이나 내일채움공제 만기지급금 중 기업기여금(00,000,000원)을 총급여액에 포함하는 경우

– 각각 7천만원을 초과하여 상시근로자에서 제외되어, 질의법인과 직원은 쟁점특례 규정의 혜택을 적용받지 못하게 됨

– 각각 7천만원을 초과하여 상시근로자에서 제외되어, 질의법인과 직원은 쟁점특례 규정의 혜택을 적용받지 못하게 됨

○ 「조세특례제한법」 제19조 제2항 제1호 및 동법 시행령 제17조 제1항 제7호의 "총급여액"에 내일채움공제 만기지급금 중 동법 제29조의 6 제1항에 따른 근로소득 과세대상인 기여금은 제외되는 것인지 여부

회신

「조세특례제한법」 제19조 제2항 제1호 및 같은 법 시행령 제17조 제1항 제7호의 "해당 과세기간의 총급여액"에는「조세특례제한법」 제29조의 6 제1항에 따른 "기여금"이 포함되는 것임(사전-2024-법규소득-0013 [법규과-1347], 2024.5.30.).

⑤ 원천징수의무자가 성과공유 중소기업 경영성과급 소득세 감면대상 명세서를 기한 후 제출하는 경우에도 소득세 감면을 적용받을 수 있음(서면원천-509, 2025.3.25.).

[별지 제8호의 4 서식] (2019.3.20. 신설)

성과공유 중소기업 경영성과급 소득세 감면 신청서

1. 신청인	①성명	② 주민등록번호
	③주소	

2. 감면 요건

적용 요건	여	부
④ 총급여액 7천만원 이하		
⑤ 최대주주 및 특수관계인		

3. 감면대상 성과급

⑥ 지급확정일	년 월 일
⑦ 지급금액	원

「조세특례제한법」 제19조 제2항 및 같은 법 시행령 제17조 제9항에 따라 위와 같이 성과공유 중소기업 경영성과급 수령액에 대한 소득세 감면을 신청합니다.

년 월 일

신청인 (서명 또는 인)

원천징수의무자 귀하

유 의 사 항

1. 공제신청서를 사실과 다르게 신청하는 경우에는 부당하게 감면받은 세액에 가산세를 가산하여 추징하게 됩니다.
2. 감면을 신청한 경우 수령한 경영성과급에 대한 소득세의 50%를 감면받을 수 있습니다.
3. 지급확정일은 계량적 요소에 따라 성과급을 지급하는 경우는 계량적 요소가 확정된 날을 말하며, 계량적·비계량적 요소로 평가하여 그 결과에 따라 지급하는 경우 개인별 지급액이 확정되는 날을 말합니다.
4. "⑤ 최대주주 및 특수관계인"이란 해당 기업의 최대주주 또는 최대출자자(개인사업자의 경우 대표자)와 그 배우자 및 그 직계존속, 친족관계에 있는 사람을 의미합니다.

210mm×297mm[백상지 80g/㎡ 또는 중질지 80g/㎡]

[별지 제8호의 5 서식] (2019.3.20. 신설)

성과공유 중소기업 경영성과급 소득세 감면 대상 명세서

1. 원천징수의무자	상 호	사업자등록번호
	사업장소재지 (전화번호 :)	

2. 감면 적용 대상자 명단

성 명	주민 등록번호	경영성과급 서면약정 여부	총급여액 7천만원 이하 여부	최대주주, 특수관계인 해당 여부	경영성과급 금액
		여, 부	여, 부	여, 부	
		여, 부	여, 부	여, 부	
		여, 부	여, 부	여, 부	
		여, 부	여, 부	여, 부	

「조세특례제한법」 제19조 제2항 및 같은 법 시행령 제17조 제10항에 따라 성과공유 중소기업 경영성과급 수령액에 대한 소득세 감면 대상 명세서를 제출합니다.

년 월 일

원천징수의무자 (서명 또는 인)

세무서장 귀하

작성방법

1. "성과공유 중소기업"이란 「중소기업 인력지원 특별법」 제27조의 2 제1항에 따른 성과공유 중소기업을 말합니다.
2. "최대주주 및 특수관계인"이란 해당 기업의 최대주주 또는 최대출자자(개인사업자의 경우 대표자)와 그 배우자 및 그 직계존속, 친족관계에 있는 사람을 의미합니다.

210mm×297mm[백상지 80g/㎡ 또는 중질지 80g/㎡]

6. 내국인 우수 인력의 국내복귀에 대한 소득세 감면

학위 취득 후 국외에서 5년 이상 거주하면서 연구개발 및 기술개발 경험을 가진 내국인 우수 인력이 국내에 거주하면서 연구기관 등에 취업하여 받는 근로소득으로서 취업일(2025년 12월 31일 이전인 경우 해당)부터 10년이 되는 날이 속하는 달까지 발생한 근로소득에 대해서는 소득세의 50%를 감면한다(조특법 18의 3 ①).

(1) 우수인력

감면대상인 우수인력이란 다음의 요건을 모두 충족하는 내국인을 말한다(조특령 16의 3 ①).

① 자연계 · 이공계 · 의학계 분야(조특칙 별표 1의 2)의 박사 학위를 소지한 사람

② 연구기관 등에 취업한 날 또는 소득세를 최초로 감면받는 날이 속하는 과세기간의 직전 5개 과세기간 동안 국외에서 거주했을 것. 이 경우 1개 과세기간에 183일 이상 국외에서 체류한 경우 해당 과세기간에는 국외에서 거주한 것으로 본다.

③ 국외의 연구기관 등에서 5년 이상 연구개발 및 기술개발 경험이 있을 것. 여기서 국외의 연구기관 등이란 외국의 대학과 그 부설연구소, 국책연구기관 및 기업부설연구소를 말한다. 또한, 국외연구기관 등에서 연구원(행정 사무만을 담당하는 사람 제외)으로 근무한 기간이 합산하여 5년(휴직 등으로 인해 실제로 연구원으로 근무하지 않은 기간 제외) 이상인 경우에는 연구개발 및 기술개발 경험이 있는 것으로 본다(조특칙 10 ③).

④ 근로를 제공하는 기업과 친족관계 또는 경영지배관계에 있지 않을 것

⑤ 해당 과세기간 종료일 현재 대한민국의 국적을 가진 사람일 것

⑥ ②의 기관 또는 부서에서 연구원(행정 사무만을 담당하는 사람은 제외한다)으로 근무하는 사람일 것

(2) 연구기관

내국인 우수인력이 국내에 거주하면서 다음 중 어느 하나에 해당하는 연구기관 등에 취업하는 경우에 감면을 적용한다(조특령 16의 3 ②).

① 「기초연구진흥 및 기술개발지원에 관한 법률」에 따라 과학기술정보통신부장관의 인정을 받은 기업부설연구소 또는 연구개발전담부서

② 「정부출연연구기관 등의 설립 · 운영 및 육성에 관한 법률」에 따른 정부출연연구기관 및 「과학기술분야 정부출연연구기관 등의 설립 · 운영 및 육성에 관한 법률」에 따른 과학기술분야 정부출연연구기관과 그 부설 연구기관

③ 「특정연구기관 육성법」 제2조에 따른 특정연구기관 및 그 부설 연구기관
④ 「고등교육법」에 따른 대학, 산업대학, 전문대학 또는 기술대학 및 그 부설 연구기관
⑤ 「한국해양과학기술원법」에 따라 설립된 한국해양과학기술원
⑥ 「국방과학연구소법」에 따라 설립된 국방과학연구소
⑦ 「산업기술혁신 촉진법」 제42조에 따른 전문생산기술연구소
⑧ 「산업기술연구조합 육성법」에 따라 설립된 산업기술연구조합

(3) 세액감면

내국인 우수 인력이 국내에서 국내에 거주하면서 연구기관 등에 취업하여 받는 근로소득으로서 취업일부터 10년이 되는 날이 속하는 달까지 발생한 근로소득에 대해서는 다음의 세액을 감면한다(조특법 18의 3 ①).

$$\text{감면세액} = \text{근로소득 산출세액} \times \frac{\text{감면대상 근로소득금액}}{\text{근로소득금액}} \times 50\%$$

이 경우 소득세 감면기간은 소득세를 감면받은 사람이 다른 연구기관 등에 취업하는 경우에 관계없이 소득세를 감면받은 최초 취업일부터 계산한다(조특법 18의 3 ①).

(4) 신 청

근로소득에 대한 소득세를 감면받으려는 사람은 근로를 제공한 날이 속하는 달의 다음달 10일까지 원천징수의무자를 거쳐 원천징수 관할 세무서장에게 "내국인 우수 인력의 국내복귀에 대한 소득세 감면신청서"[조특칙 별지 제7호의 2 서식]를 제출해야 한다(조특령 16의 3 ③). 또한, 세액감면신청서를 제출할 때 다음의 내용이 포함된 증명서를 함께 제출해야 한다(조특칙 10 ④).

① 감면신청자의 이름
② 국외연구기관 등의 명칭 및 주소
③ 국외연구기관 등에서 근무한 기간, 근무부서, 연구분야 및 해당 부서 책임자의 확인

[별표 1의 2] (2021.3.16. 개정)

소득세 감면 대상 학문분야 예시(제9조 및 제10조 관련)

구 분	학문분야	세부분야
1. 자연 과학단	가. 수학	대수학 · 이산수학 · 정보수학, 위상수학 · 기하학, 응용수학, 응용통계, 해석학, 확률 · 이론통계
	나. 물리학	광학 · 원자물리 · 분자물리, 응집물질물리1(유전체 · 강상관계), 응집물질물리2(반도체 · 자성체), 응집물질물리3(나노 · 초전도체), 입자 · 장물리 · 천체물리, 통계물리 · 복합물리, 핵물리 · 플라즈마
	다. 화학	무기화학, 유기화학 · 생화학, 물리화학, 분석화학, 나노화학, 고분자화학, 전기화학 · 광화학 · 융합화학
	라. 지구과학	지구 · 지질과학, 대기과학, 해양 · 극지과학, 천문 · 우주과학
2. 생명 과학단	가. 분자생명	분자생물학, 신경생물학, 발생생물학, 구조생물 및 생물물리학, 유전자발현, 감염생물학, 노화 · 암생물학, 면역학
	나. 기초생명	세포생물학, 유전학, 생화학, 생리학, 식물학, 미생물학, 분류 · 생태 · 환경생물학
	다. 기반생명	생물공학, 식량작물 및 원예작물, 응용생물화학, 농림생태환경, 동물자원학, 수의학, 수산학, 식품학, 영양학
3. 공학단	가. 기계	설계생산, 열공학, 유체공학, 응용역학, 자동화계측, 기계가공
	나. 건설 · 교통	건축계획 및 설계, 건축시공재료, 건축설비환경, 건축구조, 토목구조 · 시공 · 재료공학, 지반공학, 수공학, 교통 · 측량
	다. 재료	금속재료, 반도체 · 전자재료, 세라믹재료, 나노 · 융복합 소재
	라. 화공	화학공정, 화공재료공정, 생물공정, 섬유공학, 고분자공학
4. 정보통신 기술(ICT) · 융합 연구단	가. 전기 · 전자	전력기술 · 기기, 계측 · 제어, 집적회로, 반도체소자, 광소자, 신호처리
	나. 통신	전자기 · 통신부품, 통신(원천), 통신(응용), 컴퓨터네트워크
	다. 컴퓨터 · 소프트웨어	정보보안, 컴퓨터시스템 · 처리, 소프트웨어, 인공지능, 영상 · 그래픽스, 데이터베이스 · 정보처리
	라. 정보기술융합	정보 · 콘텐츠융합, 시스템융합, 최적화 및 데이터융합
	마. 바이오 · 의료융합	기기, 센싱 및 나노바이오물질, 재료, 뇌인지과학
	바. 에너지 · 환경융합	폐기물 및 자원재활용, 수질 및 대기질관리, 차세대에너지
	사. 산업기술융합	산업공학, 지속가능과학, 융합문제해결기술, 감성공학, 생활과학

구 분	학문분야	세부분야
5. 의약학단	가. 기초의학	분자세포의학, 감염의학, 면역의학, 인체시스템의학, 약리의학, 재생의학, 종양의학, 신경의학, 유전 및 유전체의학
	나. 응용의학	정신의학, 소화기의학, 대사 · 내분비의학, 심혈관 · 혈액 · 신장 · 호흡기의학, 병리 · 진단의학, 방사선의학, 외상 및 응급중증의학, 근골격계 및 재활의학, 생식발달의학, 안과학, 이비인후과학, 피부과학, 예방 및 직업환경의학
	다. 치의학	두개안면 생물학, 두개안면 형태 · 병태 · 재생학, 예방보건 · 재료 · 응용기초
	라. 한의학	기초한의학, 응용한의학
	마. 간호학	기초간호 및 임상간호중재, 건강관리 및 예방간호중재
	바. 약학	기초생명약학, 응용생명약학, 약품화학 및 천연물, 물리약학 및 약제학

[별지 제7호의 2 서식] (2025.3.21. 개정)

내국인 우수 인력의 국내복귀에 대한 소득세 감면신청서

※ [ ]에는 해당되는 곳에 √표를 합니다.

<table>
<tr><td rowspan="2">1. 소득자</td><td>① 성 명</td><td>② 주민등록번호</td></tr>
<tr><td colspan="2">③ 주 소
(전화번호:)</td></tr>
</table>

2. 국외 거주기간	④ 국외거주시작일 또는 시작 과세기간	⑤ 국외거주종료일 또는 종료 과세기간

<table>
<tr><td rowspan="5">3. 원천징수 의무자</td><td>⑥ 업 태</td><td>⑦ 업 태(종목)</td></tr>
<tr><td>⑧ 소재지</td><td>⑨ 사업자등록번호</td></tr>
<tr><td colspan="2">⑩ 감면기간
시작일 : 년 월 일
종료일 : 년 월 일
(시작일부터 10년이 되는 날이 속하는 달까지 감면 가능)</td></tr>
<tr><td colspan="2">⑪ 연구기관 유형
[ ]「조세특례제한법 시행령」제16조의3제2항 제1호
[ ]「조세특례제한법 시행령」제16조의3제2항 제2호
[ ]「조세특례제한법 시행령」제16조의3제2항 제3호
[ ]「조세특례제한법 시행령」제16조의3제2항 제4호
[ ]「조세특례제한법 시행령」제16조의3제2항 제5호
[ ]「조세특례제한법 시행령」제16조의3제2항 제6호
[ ]「조세특례제한법 시행령」제16조의3제2항 제7호
[ ]「조세특례제한법 시행령」제16조의3제2항 제8호</td></tr>
</table>

「조세특례제한법」제18조의 3 및 같은 법 시행령 제16조의 3 제3항에 따라 위와 같이 내국인 우수 인력의 국내복귀에 대한 소득세 감면을 신청합니다.

년 월 일

신 청 인 (서명 또는 인)

세무서장 귀하

<table>
<tr><td>첨부서류</td><td>1. 박사학위증명서
2. 「재외국민등록법」제7조에 따른 재외국민등록부 등본 등 국외에서 5년 이상 거주하였음을 증명할 수 있는 서류
3. 국외의 대학 및 연구기관 등에서 5년 이상 연구개발 및 기술개발 경험이 있음을 증명할 수 있는 서류로서「조세특례제한법 시행규칙」제10조 제4항 제3호 각 목의 내용이 포함된 증명서
4. 「기초연구진흥 및 기술개발지원에 관한 법률 시행규칙」별지 제5호 서식의 기업부설연구소 인정서, 같은 규칙 별지 제7호 서식의 연구개발전담부서 인정서 및 그밖에 영 제16조의3제2항 각 호의 기관 또는 부서에서 근무하고 있음을 증명하는 서류</td><td>수수료 없음</td></tr>
</table>

작성방법

1. 내국인 우수 인력의 국내복귀에 대한 소득세 감면 신청은 취업한 날 또는 최초 감면받은 날이 속하는 과세기간의 직전 5개 과세기간동안 국외에서 거주하여야 합니다.
2. "연구기관 유형"은 소득자가 국내에 취업한 연구기관 등이 해당하는 항목을 표시합니다.
3. "감면기간"란에는 소득세 감면을 받은 최초 취업일을 시작일로 기재하고 시작일부터 10년이 되는 날이 속하는 달의 말일을 종료일로 기재합니다.

210mm× 297mm[백상지 80g/㎡]

7. 조세조약에 따른 세액감면(원어민 교사)

원어민 교사의 근로소득에 대한 과세방법은 일반적으로 거주자인 내국인과 동일한 절차에 따라 과세된다. 다만, 조세조약상 교사 · 교수조항의 면세 요건을 충족하면 일정기간(주로 2년, 중국은 3년) 동안 우리나라에서 발생된 근로소득에 대하여 100% 세액감면을 받을 수 있다.

실무포인트 **조세조약상 면제 규정**

① 면제조항 없음 : 노르웨이, 스웨덴, 스위스, 아제르바이잔, 오스트리아, 우즈베키스탄, 우크라이나, 칠레, 캐나다, 튀니지, 핀란드, 페루, 홍콩(13개국)
② 2년간 면세 : 미국, 영국, 일본 등 73개국
③ 3년간 면세 : 아랍에미리트, 조지아, 중국, 카타르, 타지키스탄(5개국)
④ 면세기간 제한 없음 : 알바니아, 헝가리
* 독일, 이란, 터키, 알바니아 : 보수가 용역수행지국(한국)에서 발생되면 면세되지 않음

(1) 감면요건

원어민 교사의 면세요건은 우리나라가 조세조약을 체결한 국가마다 다르므로 조세조약을 개별적으로 검토하여야 한다. 원어민 교사가 아일랜드 거주자(대학에서만 강의)인 경우를 제외하고 통상적으로 '인가된 교육기관'에서의 강의 또는 연구의 보수에 대하여 면세하고 있으며, '인가된 교육기관'은 「초 · 중등교육법」 제2조 및 「고등교육법」 제2조의 학교를 말한다.

(2) 신 청

학교와 고용관계에 있는 원어민 교사가 면세 혜택을 받기 위해서는 반드시 비과세 · 면제신청을 하여야 하며, 신청을 하지 않으면 비과세 · 면제혜택을 받을 수 없다. 원어민 교사 등 비과세 · 면제 혜택을 받고자 하는 사람은 근로소득에 대하여 조세조약에 따른 소득세 비과세 · 면제신청서[소칙 별지 제29호의 2 서식(3)]를 소득지급자인 학교에 제출하고, 학교는 소득을 지급하는 날이 속하는 달의 다음달 9일까지 관할 세무서에 2부를 제출하여야 한다(소령 207의 2 ①). 비과세 · 면제신청서에는 다음의 서류를 첨부하여야 한다(소령 207의 2 ②).

① 거주자증명서
② 학교와의 고용계약서 사본
③ 기타 비과세 또는 면제 근거서류 사본

(3) 감면의 적용방법

원어민 교사가 받는 면세혜택은 100% 세액감면에 해당되므로 근로소득원천징수영수증 작성 시 면세되는 금액을 '㊸ 조세조약란'에 기재하여 감면을 적용한다. 즉, 19% 단일세율 적용 또는 거주자의 연말정산 계산방법 중 선택하여 산출세액 계산 후 100% 세액감면을 적용한다.

[별지 제29호의 2 서식(3)] (2024.3.22. 개정)

근로소득에 대하여 조세조약에 따른 소득세 비과세 · 면제 신청서

※ [ ]에는 해당되는 곳에 √표를 합니다. (앞쪽)

접수번호	접수일	처리기간	즉시

소득자	① 성명		
	② 주민(외국인)등록번호		
	③ 주 소		
	④ 거 주 지 국		⑤ 거주지국 코드
소득 지급자	⑥ 법 인 명(상 호)	(국문)	(영문)
	⑦ 대 표 자(성 명)		
	⑧ 사업자(주민, 외국인)등록번호		
	⑨ 소재지 또는 주소		
⑩ 소득유형	[ ]이사의 보수 [ ]연예인 · 체육인 [ ]정부용역 [ ]학생 [ ]훈련생 [ ]교수 [ ]기타		

⑪ 구 분	⑫ 입국목적	⑬ 입국년월일	⑭ 출국일	⑮ 계약기간	⑯ 계약금액
이번 입국					
종전 입국					

(단위: 원)

⑰ 지급일	⑱ 지급액	⑲ 세율	⑳ 원천징수할 세액	㉑ 비과세·면제세액

㉒ 비과세 또는 면제근거	대한민국과 간의 조세조약 제 조 제 항 제 호
㉓ 비과세 또는 면제기간	년 월 일 ~ 년 월 일

「소득세법」 제156조의2 및 같은 법 시행령 제207조의2에 따라 근로소득에 대한 소득세의 비과세 · 면제신청서를 제출합니다.

년 월 일

신청인 소득자 (서명 또는 인)

(경유) 소득지급자 (서명 또는 인)

세무서장 귀하

대 리 인	㉔ 대리인 유형	[ ]납세관리인 [ ]기타대리인
	㉕ 성명 또는 법인명	
	㉖ 사업자(주민, 외국인)등록번호	
	㉗ 주소 또는 소재지	
	㉘ 납세지 관할 세무서	

첨부서류	1. 소득자의 거주지국의 권한 있는 당국자가 발급하는 거주자증명서 2. 고용계약서 사본, 학생: 재학증명서, 교부금 수령자: 수령 증명서 3. 비과세 또는 면제 근거서류 사본

위 사실을 확인합니다.

년 월 일

세무서장 [직인]

* 세무서장은 이 확인서에 불구하고 위 신청서 내용이 사실과 다른 경우에는 관련 법률에 따라 경정 또는 결정할 수 있습니다.

210mm×297mm[백상지 80g/㎡(재활용품)]

(뒤쪽)

작성방법

※ 접수번호 및 접수일은 신청인 또는 소득지급자가 작성하지 않습니다.

1. 이 신청서는 비거주자가 국내세법에 따른 국내원천소득 중 근로소득에 대하여 우리나라와 체결한 조세조약의 규정에 따라 비과세 또는 면제를 받으려는 경우에 제출하는 것입니다.
2. 이 신청서는 3부를 작성하고 거주지국에서 발급하는 거주자증명서를 첨부하여 해당 소득의 지급자에게 제출하며 해당 소득의 지급자는 근로대가를 지급하는 날이 속하는 달의 다음 달 9일까지 그 지급자의 납세지 관할 세무서장에게 2부를 제출합니다. 이 신청서는 제출 후 기재사항에 변동이 생긴 경우 및 이 신청서를 제출한 날부터 3년이 지난 경우에는 이 신청서를 다시 작성하여 제출합니다.
3. 이 신청서는 소득자가 거주자증명서를 첨부하지 못하거나 소득자란에 대리인을 적는 경우에는 이 신청서의 제출 효력이 없습니다.
4. 해당 자료명 [ ]란에 "∨"를 표시하여 구분합니다.
5. ① 성명란은 소득을 지급받는 자의 성명을 적습니다. 다만, 외국인은 성명을 영문으로 적고, 여권에 기록된 영문성명 전부를 적어야 합니다.
6. ②,⑧,㉖ 사업자(주민, 외국인)등록번호란: 아래의 표를 참조하여 적습니다.

	구 분	기 재 번 호
(1)	원 칙	주민등록번호 또는 사업자등록번호
(2)	(1)의 기재번호를 부여받지 않은 경우	[개인] 국내거소신고증상의 국내거소신고번호(외국국적동포인 경우) 또는 외국인등록표상의 외국인등록번호(외국인인 경우)를 적고, 그 번호가 없는 경우 여권상의 여권번호를 적습니다.
(3)	(1), (2)의 기재번호를 부여받지 않은 경우	투자등록증상의 투자등록번호를 적고, 그 번호가 없는 경우 해당 거주지국의 납세번호(Taxpayer Identification Number) 또는 법인식별기호(LEI)를 적습니다.

7. ③ 주소란은 번지(number), 거리(street), 시(city), 도(state), 우편번호(postal zone), 국가(Country) 순으로 적습니다.
8. ④ 거주지국란과 ⑤ 거주지국 코드란은 국제표준화기구(ISO)가 정한 국가별 ISO코드 중 국명(약어) 및 국가코드를 적습니다.
9. ⑥ 법인명(상호)란은 소득지급자가 법인인 경우에는 법인명을, 개인인 경우에는 상호를 한글과 영문으로 함께 적으며, ⑦ 대표자(성명)란은 대표자 및 사업자의 성명을 적습니다.
10. ⑨ 소재지 또는 주소란은 지급자의 본점(사업장) 소재지를 적고, 사업장이 없는 경우에는 주소지를 적습니다.
11. ⑩ 소득유형란은 해당 유형을 찾아 [ ]에 "∨"를 표시합니다.
12. ⑫란은「출입국관리법」에 따른 외국인의 체류자격(예: 산업연수 D-3)을 적고, ⑬, ⑭란은 출입국관리법에 의한 입·출국년월일을 적습니다.
13. ⑮, ⑯란은 고용계약서상의 계약기간 및 계약금액을 적습니다.
14. ⑱, ⑲ 및 ⑳란에는 신청 시의 환율에 의한 원화금액을 적습니다. 다만, 추후 확정되는 비과세 면제세액은 지급시점의 환율에 의한 원화금액으로 계산함에 유의해야 합니다.
15. ㉔~㉘란은 신청서를 본인 외의 대리인에 의해서 제출하는 경우에 적는 것으로서,「국세기본법」 제82조에 따른 납세관리인 외의 대리인에 의해서 제출하는 경우에는 그 위임관계를 증명하는 위임장을 그 국문번역문과 함께 제출하여 주시기 바랍니다.
16. 이 신청서(첨부서류가 있는 경우 그 서류를 포함합니다)를 제출받은 소득지급자는 이를「소득세법 시행령」 제207조의2제1항에 따라 소득을 지급하는 날이 속하는 달의 다음 달 9일까지 소득지급자의 납세지 관할 세무서장에게 제출하여야 합니다.
17. 이 신청서(첨부서류가 있는 경우 그 서류를 포함합니다)를 제출받은 소득지급자는 이를「소득세법 시행령」 제207조의2제1항에 따른 기한의 다음 날부터 5년 간 보관해야 하며 소득지급자의 납세지 관할 세무서장이 그 제출을 요구하는 경우에는 이를 제출해야 합니다.

3 특별세액공제

보험료 세액공제, 의료비 세액공제, 교육비 세액공제, 기부금 세액공제, 표준세액공제를 특별세액공제라 한다(소법 59의 4 ⑩). 보험료 세액공제, 의료비 세액공제, 교육비 세액공제, 기부금 세액공제는 해당 거주자가 신청한 경우에 적용한다(소법 59의 4 ⑥).

한편, 보험료 세액공제, 의료비 세액공제, 교육비 세액공제를 적용할 때 과세기간 종료일 이전에 혼인 · 이혼 · 별거 · 취업 등의 사유로 기본공제대상자에 해당되지 아니하게 되는 종전의 배우자 · 부양가족 · 장애인 또는 과세기간 종료일 현재 65세 이상인 사람을 위하여 이미 지급한 금액이 있는 경우에는 그 사유가 발생한 날까지 지급한 금액에 세액공제율을 적용한 금액을 해당 과세기간의 종합소득산출세액에서 공제한다(소법 59의 4 ⑤).

▌입사 전 또는 퇴사 후 지출한 비용의 공제 여부(소집 52-0-1)▐

근로제공기간 동안 지출한 비용에 대해서만 공제 가능한 항목	해당 과세기간 중 지출한 금액에 대해 공제 가능한 항목
• 보험료 세액공제 • 의료비 세액공제 • 교육비 세액공제 • 주택자금 소득공제 • 신용카드 등 사용금액에 대한 소득공제 • 주택마련저축 소득공제	• 기부금 세액공제 • 국민연금보험료 소득공제 • 개인연금저축 소득공제 • 연금계좌 세액공제 • 투자조합출자 등 소득공제 • 소기업 · 소상공인 공제부금 소득공제

▌특별세액공제 요약▐

<table>
<tr><th colspan="2">세액공제</th><th>공제항목</th><th>세액공제
대상금액 한도</th><th>공제율</th></tr>
<tr><td rowspan="2">보험료</td><td>보장성 보험</td><td>생명보험, 상해보험 등의 보장성 보험료</td><td>연 100만원</td><td>12%</td></tr>
<tr><td>장애인 전용 보장성 보험</td><td>장애인을 피보험자 또는 수익자로 하는 장애인 전용 보장성 보험료</td><td>연 100만원</td><td>15%</td></tr>
<tr><td rowspan="2">의료비</td><td>① 본인·6세 이하인자 · 장애인 · 만 65세 이상자, 난임시술비, 미숙아 및 선천성이상아를 위하여 지급한 의료비, 건강보험 산정 특례자</td><td rowspan="2">의료비, 의약품, 안경 구입비(50만원 이내), 산후조리원비용(총급여 7천만원 이하자 출산 1회당 200만원 이내) 등
다만, 미용 · 성형수술을 위한 비용 및 건강증진을 위한 의약품 구입비용 제외</td><td rowspan="2">총급여 3% 초과분 공제대상
① 한도 제한 없음
② 연 700만원 한도</td><td rowspan="2">15%
(미숙아 및 선천성이상아를 위하여 지급한 의료비 20%, 난임시술비 30%)</td></tr>
<tr><td>② 그 외 부양가족</td></tr>
</table>

<table>
<tr><th colspan="3">세액공제</th><th>공제항목</th><th>세액공제
대상금액 한도</th><th>공제율</th></tr>
<tr><td rowspan="5">교육비</td><td colspan="2">본인</td><td>대학원, 대학, 시간제과정, 직업능력개발 훈련시설, 학자금 대출 상환액 등</td><td>전액</td><td rowspan="2">15%</td></tr>
<tr><td colspan="2">취학전 아동</td><td>어린이집 · 유치원 · 학원 · 체육시설 수업료, 급식비, 방과후과정 수업료(도서구입비 포함)</td><td>1명당
연 300만원</td></tr>
<tr><td colspan="2">초 · 중 · 고등학생</td><td>등록금, 입학금, 급식비, 교과서대금, 방과후학교 수업료, 체험학습비(연 30만원), 교복구입비(중 · 고등학생 연 50만원)</td><td>1명당
연 300만원</td><td rowspan="3">15%</td></tr>
<tr><td colspan="2">대학생</td><td>등록금, 입학금</td><td>1명당 연
900만원</td></tr>
<tr><td colspan="2">장애인</td><td>장애인 재활교육비</td><td>전액</td></tr>
<tr><td rowspan="6">기부금</td><td colspan="2">정치자금 기부금</td><td>정당 기부 등</td><td>근로소득금액
전액</td><td>10만원 이하
(100/110)
10만원 초과
(15%, 25%)</td></tr>
<tr><td colspan="2">고향사랑기부금</td><td>지방자치단체에 기부</td><td>근로소득금액
전액</td><td>10만원 이하
(100/110)
10만원 초과
15%
* 특별재난지역
30%</td></tr>
<tr><td colspan="2">특례기부금</td><td>국방 헌금, 위문금품 등</td><td>근로소득금액
전액</td><td rowspan="4">특례
+우리사주
+일반
15%(30%)
* 2024.1.1.~
2024.12.31.
3,000만원
초과 40%</td></tr>
<tr><td colspan="2">우리사주조합
기부금</td><td>우리사주조합원이 아닌 사람이 우리사주조합에 지출하는 기부금</td><td>근로소득금액의
30%</td></tr>
<tr><td rowspan="2">일반
기부금</td><td>종교단체 외</td><td>지정된 사회 · 복지 · 문화 · 예술단체</td><td>근로소득금액의
30%</td></tr>
<tr><td>종교단체</td><td>주무관청에 등록된 종교단체</td><td>근로소득금액의
10%</td></tr>
</table>

1. 보험료 세액공제

근로소득이 있는 거주자(일용근로자 제외)가 해당 과세기간에 만기에 환급되는 금액이 납입보험료를 초과하지 아니하는 보험의 보험계약에 따라 지급하는 다음의 보험료를 지급한 경우 그 금액의 12%(장애인 전용 보장성 보험은 15%)에 해당하는 금액을 해당 과세기간의 종합소득산출세액에서 공제한다(소법 59의 4 ①).

구 분	세액공제 대상금액 한도	세액공제율
① 보장성 보험의 보험료	연 100만원 한도	12%
② 장애인 전용 보장성 보험의 보험료	연 100만원 한도	15%

▌보험료 세액공제▐

구 분	내 용
공제대상	기본공제대상자
공제금액	보험료 납입액×12%(장애인 전용 보장성 보험 15%)
한 도	① 일반 보장성 보험 : 100만원 ② 장애인 전용 보장성 보험 : 100만원
지출기간	근로제공기간 동안 지출한 비용

(1) 공제대상보험료

보험료 세액공제 대상이 되는 보험은 만기에 환급되는 금액이 납입보험료를 초과하지 아니하는 보험의 보험계약에 따라 지급하는 다음 중 어느 하나에 해당하는 보험을 말한다(소법 59의 4 ①).

① 기본공제대상자를 피보험자로 하는 보험료

② 기본공제대상자 중 장애인을 피보험자 또는 수익자로 하는 장애인 전용 보장성 보험료 (①에 따른 장애인 전용 보장성 보험료는 제외)

1) 일반 보장성 보험

일반 보장성 보험은 기본공제대상자를 피보험자로 하는 보험으로서 다음 중 어느 하나에 해당하는 보험 · 보증 · 공제의 보험료 · 보증료 · 공제료를 말한다. 공제대상은 환급되는 금액이 납입보험료를 초과하지 아니하는 보험으로서 보험계약 또는 보험료납입영수증에 보험료 공제대상임이 표시된 보험의 보험료를 말한다(소령 118의 4 ②, 소칙 61의 3).

① 생명보험

② 상해보험

③ 화재 · 도난이나 그 밖의 손해를 담보하는 가계에 관한 손해보험

④ 「수산업협동조합법」, 「신용협동조합법」 또는 「새마을금고법」에 따른 공제

⑤ 「군인공제회법」, 「한국교직원공제회법」, 「대한지방행정공제회법」, 「경찰공제회법」 및 「대한소방공제회법」에 따른 공제

⑥ 주택 임차보증금의 반환을 보증하는 것을 목적으로 하는 보험 · 보증. 다만, 보증대상 임차보증금이 3억원을 초과하는 경우는 제외한다.

2) 장애인 전용 보장성 보험

장애인 전용 보장성 보험료란 기본공제대상자를 피보험자로 하는 보험 중 1) ①~⑥에 해당하는 보험 · 공제로서 보험 · 공제 계약 또는 보험료 · 공제료 납입영수증에 장애인전용 보험 · 공제로 표시된 보험 · 공제의 보험료 · 공제료를 말한다(소령 118의 4 ①).

(2) 한도액

공제대상보험료의 각 보험료별로 그 합계액이 각각 연 100만원을 초과하는 경우 그 초과하는 금액은 각각 없는 것으로 한다(소법 59의 4 ①).

① 일반보장성 보험료 : 100만원

② 장애인 전용 보장성 보험료 : 100만원

(3) 보장성 보험료 등의 세액공제 여부(소집 59의 4-118의 4-1)

① 공제대상 보장성 보험료를 사용자가 지급해 주는 경우 동 보험료 상당액은 그 근로자의 급여액에 가산한 보험료를 세액공제한다.

② 보장성 보험에 대한 보험료 세액공제는 근로자 본인 또는 소득이 없는 가족명의로 계약하고 피보험자가 기본공제대상자(근로자 본인, 공제대상 배우자, 공제대상 부양가족)인 보험으로서 근로자가 실제로 납입한 금액을 세액공제한다.

③ 맞벌이 부부인 근로자 본인(남편)이 계약자이고 피보험자가 부부공동인 보장성 보험의 보험료는 근로자(남편)의 연말정산 시 보험료 세액공제 대상에 해당한다.

④ 근로자 본인과 배우자가 모두 근로소득이 있어 서로 공제대상 배우자가 아닌 경우 근로자 본인이 계약자이고 피보험자인 보장성 보험에 대한 보험료는 근로자 본인만이 보험료 세액공제를 받을 수 있으나, 계약자가 근로자 본인이고 피보험자가 배우자인 경우에는 본인 및 배우자 모두 보험료에 대한 세액공제를 받을 수 없다.

⑤ 보험계약자가 연령 또는 소득금액의 요건을 충족하지 않아 해당 근로자의 기본공제대상자에 해당하지 않는 경우에는 해당 근로자가 보험료 세액공제를 받을 수 없다.
⑥ 재외국민 또는 외국인이 국내에 근무하는 동안 외국보험회사에 납부한 보험료는 세액공제대상 보험료에 해당하지 않는다.
⑦ 근로자가 근로제공기간 중에 납부한 국민건강보험료(지역가입자 포함)는 연말정산 시 보험료 세액공제대상에 포함되는 것이나 근로제공기간 외의 기간에 납부한 국민건강보험료는 세액공제대상에 포함되지 않는다.

(4) 신청서류

보험료 세액공제를 적용받으려는 사람은 다음 중 어느 하나의 서류 또는 연말정산간소화자료를 해당 과세기간의 다음 연도 2월분의 급여를 받는 날(퇴직한 경우에는 퇴직한 날이 속하는 달의 급여를 받는 날)까지 원천징수의무자 · 납세조합 또는 납세지 관할 세무서장에게 제출하여야 한다(소령 113 ①, 소칙 58 ①).

① 보험료납입증명서
② 보험료납입영수증으로서 보험료공제대상임이 표시되거나 장애인 전용 보험으로 표시된 것

사례 보험료세액공제

㈜택스에듀는 2025년 근로소득에 대한 연말정산을 다음과 같이 실시하였다.

아버지(김정태 : 660107-1******, 장애인)와, 어머니(이명희 : 660209-2******)는 모두 소득이 없으며, 보험료는 김지환 본인이 납입하고 있다.

참고자료

▌국세청 간소화자료▐

2025년 귀속 소득 · 세액공제증명서류 : 기본(지출처별)내역 [보장성 보험, 장애인전용보장성보험]

(조회기간 : 2025년 01~12월)

■ 계약자 인적사항

성 명	주 민 등 록 번 호
김지환	930810-1******

■ 보장성보험(장애인전용보장성보험)납입내역

종류	상 호 / 사업자번호 / 종피보험자1(수익자)	보험종류 / 증권번호 / 종피보험자2(수익자)	주피보험자 / 종피보험자3(수익자)		납입금액 계
보장성	AA해상화재보험(주)	*****보험			932,660
	111-12-*****	12345*****	930810-1******	김지환	
보장성	BB생명보험(주)	*****보험			752,300
	111-13-*****	12345*****	930810-1******	김지환	
인별합계금액					1,684,960

1. 공제 대상 : 근로소득자가 소득세법 제50조 제1항에 따른 기본공제대상자를 피보험자로 하는 보험과 기본공제대상자 중 장애인을 피보험자 또는 수익자로 하는 보험 중 만기에 환급되는 금액이 납입보험료를 초과하지 아니하는 보험의 보험계약에 따라 지급하는 보험료(임차보증금 3억원 이하의 주택 임차보증금 반환 보증보험료 포함)
2. 공제 한도 : 100만원

- 본 증명서류는「소득세법」 제165조 제1항에 따라 영수증 발급기관으로부터 수집한 서류로 소득세액공제 충족 여부는 근로자가 직접 확인하여야 합니다.
- 본 증명서류에서 조회되지 않는 내역은 영수증 발급기관에서 직접 발급받으시기 바랍니다.

2025년 귀속 소득 · 세액공제증명서류 : 기본(지출처별)내역 [보장성 보험, 장애인전용보장성보험]

(조회기간 : 2025년 01~12월)

■ 계약자 인적사항

성 명	주 민 등 록 번 호
김정태	660107-1******

■ 보장성보험(장애인전용보장성보험)납입내역

종류	상 호 / 사업자번호 / 종피보험자1(수익자)		보험종류 / 증권번호 / 종피보험자2(수익자)		주피보험자 / 종피보험자3(수익자)		납입금액 계
장애인 보장성	AA해상화재보험(주)		*****보험				596,160
	111-12-*****		12345*****		660107-1******	김정태	
장애인 보장성	BB생명보험(주)		*****보험				526,690
	111-13-*****		12345*****		660107-1******	김정태	
합 계			1,122,850				

1. 공제 대상 : 근로소득자가 소득세법 제50조 제1항에 따른 기본공제대상자를 피보험자로 하는 보험과 기본공제대상자 중 장애인을 피보험자 또는 수익자로 하는 보험 중 만기에 환급되는 금액이 납입보험료를 초과하지 아니하는 보험의 보험계약에 따라 지급하는 보험료(임차보증금 3억원 이하의 주택 임차보증금 반환 보증보험료 포함)
2. 공제 한도 : 100만원

• 본 증명서류는「소득세법」 제165조 제1항에 따라 영수증 발급기관으로부터 수집한 서류로 소득세액공제 충족 여부는 근로자가 직접 확인하여야 합니다.
• 본 증명서류에서 조회되지 않는 내역은 영수증 발급기관에서 직접 발급받으시기 바랍니다.

2025년 귀속 소득 · 세액공제증명서류 : 기본(지출처별)내역 [보장성 보험, 장애인전용보장성보험]

(조회기간 : 2025년 01~12월)

■ 계약자 인적사항

성 명	주 민 등 록 번 호
이명희	660209-2******

■ 보장성보험(장애인전용보장성보험)납입내역

<table>
<tr><th rowspan="3">종류</th><th colspan="2">상 호</th><th colspan="2">보험종류</th><th colspan="2"></th><th rowspan="3">납입금액 계</th></tr>
<tr><th colspan="2">사업자번호</th><th colspan="2">증권번호</th><th colspan="2">주피보험자</th></tr>
<tr><th colspan="2">종피보험자1(수익자)</th><th colspan="2">종피보험자2(수익자)</th><th colspan="2">종피보험자3(수익자)</th></tr>
<tr><td rowspan="3">보장성</td><td colspan="2">BB생명보험(주)</td><td colspan="2">*****보험</td><td colspan="2"></td><td rowspan="3">1,394,160</td></tr>
<tr><td colspan="2">111-13-*****</td><td colspan="2">12345*****</td><td>660209-2******</td><td>이명희</td></tr>
<tr><td></td><td></td><td></td><td></td><td></td><td></td></tr>
<tr><td colspan="3">인별합계금액</td><td colspan="5">1,394,160</td></tr>
</table>

1. 공제 대상 : 근로소득자가 소득세법 제50조 제1항에 따른 기본공제대상자를 피보험자로 하는 보험과 기본공제대상자 중 장애인을 피보험자 또는 수익자로 하는 보험 중 만기에 환급되는 금액이 납입보험료를 초과하지 아니하는 보험의 보험계약에 따라 지급하는 보험료(임차보증금 3억원 이하의 주택 임차보증금 반환 보증보험료 포함)
2. 공제 한도 : 100만원

• 본 증명서류는「소득세법」 제165조 제1항에 따라 영수증 발급기관으로부터 수집한 서류로 소득세액공제 충족 여부는 근로자가 직접 확인하여야 합니다.
• 본 증명서류에서 조회되지 않는 내역은 영수증 발급기관에서 직접 발급받으시기 바랍니다.

해설

김준태(아버지)는 장애인으로 나이의 제한을 받지 않으므로 기본공제대상자에 해당하며, 이명희(어머니)는 나이의 요건을 충족하지 않으므로 기본공제 대상자에 해당하지 않아 보험료 세액공제 대상에서 제외된다.

풀이

Min(일반 보장성보험료, 100만원)×12%+Min(장애인전용 보장성보험료, 100만원)×15%
=Min(1,684,960원, 100만원)×12%+Min(1,122,850원, 100만원)×15%
=270,000원

▌근로소득지급명세서(2쪽)▐

⑥⓪ 보험료	보장성	공제대상금액	1,000,000
		세액공제액	120,000
	장애인전용 보장성	공제대상금액	1,000,000
		세액공제액	150,000
⑥① 의료비		공제대상금액	
		세액공제액	
⑥② 교육비		공제대상금액	
		세액공제액	

▌근로소득지급명세서(3쪽)▐

관계코드	성 명	기본공제		경로우대	혼인세액공제	출산입양	자료구분	보험료			
내·외국인	주민등록번호	부녀자	한부모	장애인		자녀		건강	고용	보장성	장애인전용보장성
인적공제 항목에 해당하는 인원수를 적습니다.							국세청 계			1,684,960	1,122,850
							기타 계				
0	김지환	○					국세청			1,684,960	1,122,850
1	(근로자 본인)					-	기타				
1	김정태	○					국세청				
1	660107-1****			○			기타				
1	이명희						국세청				
1	660209-2****						기타				

실무포인트

1. 맞벌이 부부로 소득이 있는 배우자를 주피보험자로 하는 보장성 보험의 소득공제 여부

맞벌이 부부인 근로자 본인(남편)이 계약자이고 피보험자가 부부공동인 보장성 보험의 보험료는 근로자(남편)의 연말정산 시 보험료공제 대상에 해당하는 것임(원천세과-181, 2010. 3.3.).

2. 피보험자가 종피보험자인 경우

기본공제 대상자를 피보험자로 하는 보험에 있어 피보험자는 주피보험자뿐만 아니라 종피보험자도 포함함(법인 46013-2822, 1999.7.16.).

3. 리스료에 포함된 자동차보험료는 공제대상 보험료 아님

리스이용자(근로자)가 리스료의 세부요금항목 중 자동차보험료를 별도 표시하여 부담하더라도 이는 리스계약에 의한 리스료의 일부로 근로소득 연말정산 소득공제 대상 보험료에는 포함되지 아니함(서이 46013-10920, 2002.5.1.).

4. 다른 사람의 기본공제 대상자를 위해 지출한 보험료

장남이 부모님에 대해 기본공제를 받고 있는데, 차남이 부모님을 피보험자로 하는 보험에 가입한 경우, 장남은 보험료를 직접 지출하지 않아 공제받을 수 없는 것이며, 차남은 본인의 기본공제대상자를 피보험자로 하는 보험에 해당하지 않아 공제받을 수 없음(서면1팀 -1562, 2006.11.17.).

2. 의료비 세액공제

근로소득이 있는 거주자가 기본공제대상자(나이 및 소득의 제한을 받지 아니한다)를 위하여 해당 과세기간에 의료비를 지급한 경우 의료비 세액공제 대상금액의 15%(미숙아 및 선천성이상아를 위하여 지급한 의료비 20%, 난임시술비에 대하여는 30%)에 해당하는 금액을 해당 과세기간의 종합소득산출세액에서 공제한다(소법 59의 4 ②). 의료비 공제 시 나이 및 소득에 제한이 없다는 것은 나이요건이나 소득금액 요건을 충족하지 못하여 기본공제를 적용받지 못하더라도 생계를 같이하는 부양가족을 위하여 지출한 의료비는 세액공제할 수 있다는 의미이다.

▍의료비 세액공제▍

구 분	내 용
공제대상	기본공제대상자(나이 및 소득의 제한 없음)
공제금액	(의료비 지출액−총급여×3%)×15%(미숙아 및 선천성이상아를 위하여 지급한 의료비 20%, 난임시술비 30%)
한 도	① 일반 부양가족 의료비 : 700만원 ② 본인 · 과세기간 개시일 현재 6세 이하인 자 · 과세기간 종료일 현재 65세 이상자 · 장애인 및 중증질환자, 희귀난치성 질환자 또는 결핵환자 · 미숙아 및 선천성 이상아 · 난임시술비에 대한 의료비는 한도 없음
지출기간	근로제공기간 동안 지출한 비용

(1) 공제대상 의료비

세액공제대상 의료비란 해당 근로자가 직접 부담하는 다음 중 어느 하나에 해당하는 의료비를 말하며, 실손의료 보험금을 지급받은 경우 그 실손의료 보험금은 공제대상의료비에서 제외한다. 또한, 미용 · 성형수술을 위한 비용 및 건강증진을 위한 의약품 구입비용은 포함하지 아니한다(소령 118의 5 ① · ②).

① 진찰 · 치료 · 질병예방을 위하여 의료기관에 지급한 비용

② 치료 · 요양을 위하여 「약사법」 규정에 의한 의약품(한약 포함)을 구입하고 지급하는 비용

③ 장애인 보장구 및 의사 · 치과의사 · 한의사 등의 처방에 따라 의료기기를 직접 구입 또는 임차하기 위하여 지출한 비용

④ 시력보정용 안경 또는 콘택트렌즈 구입을 위하여 지출한 비용으로서 근로자의 기본공제대상자(나이 및 소득의 제한을 받지 않음) 1인당 연 50만원 이내의 금액

⑤ 보청기 구입을 위하여 지출한 비용

⑥ 「노인장기요양보험법」에 따른 장기요양급여에 대한 비용으로서 실제 지출한 본인부담금

⑦ 「장애인활동 지원에 관한 법률」에 따른 활동지원급여에 대한 비용으로서 실제 지출한 본인부담금

⑧ 「모자보건법」에 따른 산후조리원에 산후조리 및 요양의 대가로 지급하는 비용으로서 출산 1회당 200만원 이내의 금액

실무포인트

1. 장애인 보장구(조특령 105)

의수족 · 휠체어 · 보청기 · 점자판과 점필 · 시각장애인용 점자정보단말기 · 시각장애인용 점자프린터 · 청각장애인용 골도전화기 · 시각장애인용으로 특수제작된 화면낭독소프트웨어 · 지체장애인용으로 특수제작된 키보드 및 마우스 · 보조기(팔 · 다리 · 척추 및 골반보조기에 한함) · 지체장애인용 지팡이 · 시각장애인용 흰 지팡이 · 청각장애인용 인공달팽이관시스템 · 목발 · 성인용 보행기 · 욕창예방물품(매트리스 · 쿠션 및 침대에 한함) · 인공후두 · 장애인용 기저귀(장애인용 위생깔개 포함) · 텔레비전 자막수신기 및 화면해설방송수신기(국가 · 지방자치단체 또는 「방송법」 제90조의 2에 따라 설립된 시청자미디어재단이 시 · 청각장애인에게 무료로 공급하기 위해 구매하는 것으로 한정한다) · 청각장애인용 음향표시장치 · 시각장애인용 인쇄물 음성변환 출력기 · 시각장애인용 전자독서 확대기 · 시각장애인 전용 음성독서기

2. 의료기기(의료기기법 2 ①)

사람 또는 동물에게 단독 또는 조합하여 사용되는 기구 · 기계 · 장치 · 재료 또는 이와 유사한 제품으로서 다음에 해당하는 제품을 말한다. 다만 「약사법」에 의한 의약품 및 「장애인복지법」 제65조에 의한 장애인 보조기구 중 의지 · 보조기는 제외한다.

① 질병의 진단 · 치료 · 경감 · 처치 또는 예방할 목적으로 사용되는 제품
② 상해 또는 장애를 진단 · 치료 · 경감 또는 보정할 목적으로 사용되는 제품
③ 구조 또는 기능을 검사 · 대체 또는 변형할 목적으로 사용되는 제품
④ 임신조절의 목적으로 사용되는 제품

(2) 공제대상에서 제외되는 의료비

다음에 해당하는 의료비는 공제대상에서 제외된다(소집 59의 4-118의 5-1).

① 공제대상 의료비에는 미용 · 성형수술을 위한 비용 및 건강증진을 위한 의약품 구입비용은 포함하지 않는다(소령 118의 5 ②).

② 보건복지부장관의 출산장려정책에 따라 국민건강보험공단으로부터 「국민건강보험법」에 따른 부가급여인 '출산 전 진료비' 지원금을 지원받는 경우에 해당 지원금으로 지출하는 진료비는 공제대상 의료비에 해당하지 않는다.

③ 「사내복지기금법」에 따른 사내복지기금으로부터 지급받은 의료비는 의료비 공제대상에 포함되지 않는다.

④ 「의료법」에 따른 의료기관에 해당하지 않는 곳에 지출한 비용 및 외국에 소재한 의료기관에 지출한 의료비는 의료비 공제를 적용받을 수 없다.

⑤ 보험회사 등으로부터 지급받은 실손의료보험금은 의료비 세액공제 대상에서 제외된다(소령 118의 5 ①).

실무포인트

1. 치료목적 성형의 공제대상 의료비 해당 여부

질병을 원인으로 유방을 절제한 후 이를 재건하기 위하여 의료기관에 지급한 비용은 소득세법 제52조 제2항 및 같은 법 시행령 제110조에 따른 의료비 공제대상에 해당함(기획재정부 소득세제과-86, 2013.2.13.).

2. 의안 구입비용의 소득공제 대상 의료비 해당 여부

근로소득이 있는 거주자가 해당연도에 지출한 비용 중 의사 · 치과의사 · 한의사 등의 처방에 따라 의료기기를 직접 구입 또는 임차하기 위하여 지출한 비용은 의료비 공제대상에 해당하며, 귀 질의와 관련하여 의료기기의 품목을 관리하는 식품의약품안정청에 문의한 바 의안은 '장애의 보정'에 사용하는 제품으로 의료기기법 제2조에 따른 의료기기에 해당하는 것으로 회신받았음(원천세과-507, 2010.6.24.).

3. 치열교정비 의료비공제 여부

치열교정비는 의사의 저작기능장애 진단서가 첨부된 경우에 한해서만 공제대상 의료비에 해당함(서면1팀-97, 2004.1.28.).

4. LASIK(레이저각막절삭술) 수술비용 의료비공제 여부

LASIK(레이저각막절삭술) 수술비용은 소득세법 제52조 제1항 제3호의 규정에 의한 의료비 공제 대상이 되는 것임(재소득 46073-203, 2000.12.28.).

5. 건강기능식품 의료비공제 여부

소득세법 제52조의 제1항 제3호의 규정을 적용함에 있어 건강기능식품에관한법률에 의한 건강기능식품을 구입하고 지급하는 비용은 소득공제대상 의료비에 포함되지 아니하는 것임(서면1팀-1085, 2007.7.30.).

(3) 의료비 세액공제

의료비 세액공제액은 다음과 같이 계산한다(소법 59의 4 ②).

의료비 세액공제액 = ① × 15% + ② × 15% + ③ × 20% + ④ × 30%

① 일반 부양가족 의료비 세액공제액 = Min[㉠, ㉡]

㉠ 일반 부양가족 의료비 − 총급여 × 3%

㉡ 한도액 : 연간 700만원

② 해당 거주자 본인 · 과세기간 개시일 현재 6세 이하인 자 · 과세기간 종료일 현재 65세 이상자 · 장애인 및 중증질환자, 희귀난치성 질환자 또는 결핵환자에 대한 의료비*1

③ 미숙아 및 선천성이상아를 위하여 지급한 의료비*2

④ 난임시술비*3

*1. ①금액이 음수인 경우에는 그 금액을 ②금액에서 뺀다.

*2. ①금액이 음수인 경우로서 그 금액을 ②금액에서 뺀 금액도 음수인 경우에는 그 금액을 ③금액에서 뺀다.

*3. ①금액이 음수인 경우로서 그 금액을 ②금액 및 ③금액에서 뺀 금액도 음수인 경우에는 그 금액을 ④금액에서 뺀다.

1) 중증환자 등

중증질환자, 희귀난치성질환자 또는 결핵환자란 「국민건강보험법 시행령」 별표 2 제3호 가목 3), 같은 호 나목 2) 및 같은 호 마목에 따른 요양급여를 받는 사람으로서 「국민건강보험법 시행령」 제19조 제1항에 따라 보건복지부장관이 정하여 고시하는 기준에 따라 중증질환자, 희귀난치성 질환자 또는 결핵환자 산정특례 대상자로 등록되거나 재등록된 자를 말한다(소령 118의 5 ④, 소칙 61의 4).

2) 미숙아 및 선천성이상아를 위하여 지급한 의료비

미숙아 및 선천성이상아를 위하여 지급한 의료비란 다음의 구분에 따른 의료비를 말한다(소령 118의 5 ⑤).

① 「모자보건법」에 따른 미숙아의 경우 : 보건소장 또는 의료기관의 장이 미숙아 출생을 원인으로 미숙아가 아닌 영유아와는 다른 특별한 의료적 관리와 보호가 필요하다고 인정하는 치료를 위하여 지급한 의료비

② 「모자보건법」에 따른 선천성이상아의 경우 : 해당 선천성이상 질환을 치료하기 위하여 지급한 의료비

3) 난임시술비

난임시술비란 「모자보건법」 제2조 제12호에 따른 보조생식술을 말한다(소령 118의 5 ⑥).

(4) 신청서류

의료비 세액공제를 적용받으려는 사람은 다음의 서류를 해당 과세기간의 다음 연도 2월분의 급여를 받는 날(퇴직한 경우에는 퇴직한 날이 속하는 달의 급여를 받는 날)까지 원천징수의무자 · 납세조합 또는 납세지 관할 세무서장에게 제출하여야 한다(소령 113 ①, 소칙 58 ①).

① 의료비지급명세서

② 다음의 의료비 영수증 또는 연말정산간소화 자료

㉠ 「의료법」에 따른 의료기관 및 「약사법」에 따른 약국에 지급한 의료비의 경우에는 「국민건강보험 요양급여의 기준에 관한 규칙」 제7조 제1항에 따른 계산서 · 영수증, 동조 제2항에 따른 진료비(약제비) 납입확인서 또는 「국민건강보험법」에 따른 국민건강보험공단의 이사장이 발행하는 의료비부담명세서

㉡ 안경 또는 콘택트렌즈 구입비용의 경우에는 사용자의 성명 및 시력교정용임을 안경사가 확인한 영수증

㉢ 보청기 또는 장애인보장구 구입비용의 경우 사용자의 성명을 판매자가 확인한 영수증

㉣ 의료기기 구입비용 또는 임차비용의 경우에는 의사 · 치과의사 · 한의사의 처방전과 판매자 또는 임대인이 발행한 의료기기명이 적힌 의료비영수증

㉤ 산후조리원에 산후조리 및 요양의 대가로 지급하는 비용의 경우에는 사용자의 성명을 산후조리원이 확인한 영수증

㉥ 미숙아 및 선천성이상아를 위하여 지급한 의료비의 경우에는 「의료법」에 따른 진단서 또는 증명서와 ㉠부터 ㉣까지의 서류 중 해당되는 서류

㉦ 난임시술을 위하여 지출한 비용의 경우에는 「의료법」에 따른 진단서 또는 증명서와 ㉠ 및 ㉣의 서류 중 해당되는 서류

(5) 원천징수의무자의 의료비 지급명세서 제출

원천징수의무자는 근로소득세액 연말정산을 할 때 특별세액공제 대상이 되는 의료비가 있는 근로자에 대해서는 근로소득지급명세서를 제출할 때에 해당 근로자의 의료비지급명세서가 전산처리된 테이프 또는 디스켓을 관할 세무서장에게 제출하여야 한다(소령 118의 5 ③).

실무포인트 **연도를 달리하여 수령한 실손의료보험금**

실손의료보험금의 공제방법

소득공제신고서 작성 시에는 해당연도에 본인과 기본공제 대상자를 위해 지출한 의료비총액에서 해당연도에 수령한 실손의료보험금 총액을 차감하여 공제대상 의료비를 계산한다(국세청 연말정산 신고안내 책자 참고).

사례 의료비세액공제(1)

㈜택스에듀는 2025년 근로소득에 대한 연말정산을 다음과 같이 실시하였다. 근로자 박민환의 2025년 귀속 총급여는 40,000,000원이며, 기본공제 대상자로 자녀(박준서) 1명이 있다.

또한 아버지(박진수)의 2025년 귀속 사업소득금액은 35,000,000원이며 의료비는 본인(박민환)이 납부하였으며, 어머니(이정화)는 아버지의 기본공제대상자이다.

참고자료

▌국세청 간소화자료▐

2025년 귀속 소득 · 세액공제증명서류 : 기본(지출처별)내역 [의료비]

(조회기간 : 2025년 01~12월)

■ 환자 인적사항

성 명	주 민 등 록 번 호
박민환	850610-1******

■ 의료비 지출내역

사업자번호	상 호	종 류	지출금액 계
123-12-*****	연세***	일반	153,900
222-23-*****	더나은***	일반	48,500
147-14-*****	오늘***	일반	101,980
의료비 인별합계금액			304,380
안경구입비 인별합계금액			0
산후조리원 인별합계금액			0
인별합계금액			304,380

1. 공제 대상 : 근로자 본인 및 부양가족(나이 및 소득의 제한을 받지 않음)을 위해 지출한 의료비 중 총급여액의 3%를 초과한 금액
   ※ 미용 목적 성형(교정) 비용 및 건강기능식품(보약) 구입비용, 국민건강보험공단이 지급한 '본인부담금상한제 사후 환급금' 및 출산 전 진료비지원금에 해당하는 의료비, 사내근로복지기금 지원 의료비 등은 세액공제대상이 아님
2. 공제 한도 : 본인 · 장애인 · 65세 이상 자 · 건강보험 산정특례자 · 난임시술비(한도없음) 그 외 부양가족(700만원)
   ※ 시력보정용 안경(콘택트렌즈) 구입비는 1인당 연 50만원 이내, 2019년 이후 지출한 산후조리 비용은 출산 1회당 200만원 이내(총급여 7천만원 이하의 근로자만 해당)

• 본 증명서류는 「소득세법」 제 165조 제1항에 따라 영수증 발급기관으로부터 수집한 서류로 소득세액공제 충족 여부는 근로자가 직접 확인하여야 합니다.
• 본 증명서류에서 조회되지 않는 내역은 영수증 발급기관에서 직접 발급받으시기 바랍니다.

2025년 귀속 소득 · 세액공제증명서류 : 기본(지출처별)내역 [의료비]

(조회기간 : 2025년 01~12월)

■ 환자 인적사항

성 명	주 민 등 록 번 호
박준서	221005-3******

■ 의료비 지출내역

사업자번호	상 호	종 류	지출금액 계
369-36-*****	21세기***	일반	241,900
159-15-*****	휴***	일반	10,200
753-75-*****	미래***	일반	34,700
의료비 인별합계금액			286,800
안경구입비 인별합계금액			0
산후조리원 인별합계금액			0
인별합계금액			286,800

1. 공제 대상 : 근로자 본인 및 부양가족(나이 및 소득의 제한을 받지 않음)을 위해 지출한 의료비 중 총급여액의 3%를 초과한 금액

※ 미용 목적 성형(교정) 비용 및 건강기능식품(보약) 구입비용, 국민건강보험공단이 지급한 '본인부담금상한제 사후 환급금' 및 출산 전 진료비지원금에 해당하는 의료비, 사내근로복지기금 지원 의료비 등은 세액공제대상이 아님

2. 공제 한도 : 본인 · 장애인 · 65세 이상 자 · 건강보험 산정특례자 · 난임시술비(한도없음) 그 외 부양가족(700만원)

※ 시력보정용 안경(콘택트렌즈) 구입비는 1인당 연 50만원 이내, 2019년 이후 지출한 산후조리 비용은 출산 1회당 200만원 이내(총급여 7천만원 이하의 근로자만 해당)

• 본 증명서류는 「소득세법」 제165조 제1항에 따라 영수증 발급기관으로부터 수집한 서류로 소득세액공제 충족 여부는 근로자가 직접 확인하여야 합니다.
• 본 증명서류에서 조회되지 않는 내역은 영수증 발급기관에서 직접 발급받으시기 바랍니다.

2025년 귀속 소득 · 세액공제증명서류 : 기본(지출처별)내역 [의료비]

(조회기간 : 2025년 01~12월)

■ 환자 인적사항

성 명	주 민 등 록 번 호
박진수	590711-1******

■ 의료비 지출내역

사업자번호	상 호	종 류	지출금액 계
100-10-*****	박***	일반	398,700
200-10-*****	이***	일반	251,410
333-11-*****	명***	일반	269,890
300-33-*****	휴***	일반	35,600
222-21-*****	행복***	일반	110,580
의료비 인별합계금액			1,066,180
안경구입비 인별합계금액			0
산후조리원 인별합계금액			0
인별합계금액			1,066,180

1. 공제 대상 : 근로자 본인 및 부양가족(나이 및 소득의 제한을 받지 않음)을 위해 지출한 의료비 중 총급여액의 3%를 초과한 금액

※ 미용 목적 성형(교정) 비용 및 건강기능식품(보약) 구입비용, 국민건강보험공단이 지급한 '본인부담금상한제 사후 환급금' 및 출산 전 진료비지원금에 해당하는 의료비, 사내근로복지기금 지원 의료비 등은 세액공제대상이 아님

2. 공제 한도 : 본인 · 장애인 · 65세 이상 자 · 건강보험 산정특례자 · 난임시술비(한도없음) 그 외 부양가족(700만원)

※ 시력보정용 안경(콘택트렌즈) 구입비는 1인당 연 50만원 이내, 2019년 이후 지출한 산후조리 비용은 출산 1회당 200만원 이내(총급여 7천만원 이하의 근로자만 해당)

• 본 증명서류는 「소득세법」 제165조 제1항에 따라 영수증 발급기관으로부터 수집한 서류로 소득세액공제 충족 여부는 근로자가 직접 확인하여야 합니다.
• 본 증명서류에서 조회되지 않는 내역은 영수증 발급기관에서 직접 발급받으시기 바랍니다.

2025년 귀속 소득 · 세액공제증명서류 : 기본(지출처별)내역 [의료비]

(조회기간 : 2025년 01~12월)

■ 환자 인적사항

성 명	주 민 등 록 번 호
이정화	610816-1******

■ 의료비 지출내역

사업자번호	상 호	종 류	지출금액 계
555-58-*****	서울***	일반	142,220
666-66-*****	여성***	일반	10,350
777-71-*****	민***	일반	4,600
222-21-*****	행복***	일반	21,310
의료비 인별합계금액			178,480
안경구입비 인별합계금액			0
산후조리원 인별합계금액			0
인별합계금액			178,480

1. 공제 대상 : 근로자 본인 및 부양가족(나이 및 소득의 제한을 받지 않음)을 위해 지출한 의료비 중 총급여액의 3%를 초과한 금액
   ※ 미용 목적 성형(교정) 비용 및 건강기능식품(보약) 구입비용, 국민건강보험공단이 지급한 '본인부담금상한제 사후 환급금' 및 출산 전 진료비지원금에 해당하는 의료비, 사내근로복지기금 지원 의료비 등은 세액공제대상이 아님
2. 공제 한도 : 본인 · 장애인 · 65세 이상 자 · 건강보험 산정특례자 · 난임시술비(한도없음) 그 외 부양가족(700만원)
   ※ 시력보정용 안경(콘택트렌즈) 구입비는 1인당 연 50만원 이내, 2019년 이후 지출한 산후조리 비용은 출산 1회당 200만원 이내(총급여 7천만원 이하의 근로자만 해당)

- 본 증명서류는 「소득세법」 제165조 제1항에 따라 영수증 발급기관으로부터 수집한 서류로 소득세액공제 충족 여부는 근로자가 직접 확인하여야 합니다.
- 본 증명서류에서 조회되지 않는 내역은 영수증 발급기관에서 직접 발급받으시기 바랍니다.

2025년 귀속 소득 · 세액공제증명서류 : 기본내역 [실손의료보험금]

(조회기간 : 2025년 01~12월)

■ 수익자 인적사항

성 명	주 민 등 록 번 호
박민환	850610-1******

■ 실손의료보험금 수령내역

상 호	상품명	보험계약자		수령금액 계
사업자 번호	계약(증권)번호	피보험자		
BB보험주식회사	**보험	850610-1******	박민환	70,250
147-14-*****	8****	850610-1******	박민환	
인별합계금액				70,250

1. 의료비 세액공제를 받는 경우, 의료비 공제대상금액에서 실손의료보험금 수령액을 차감한 금액으로 공제받아야 합니다.

- 본 증명서류는 「소득세법」 제165조 제1항에 따라 영수증 발급기관으로부터 수집한 서류로 소득세액공제 충족 여부는 근로자가 직접 확인하여야 합니다.
- 본 증명서류에서 조회되지 않는 내역은 영수증 발급기관에서 직접 발급받으시기 바랍니다.

풀이

- **공제대상 의료비**

본인 · 6세 이하 · 65세 이상자＝(304,380원－70,250원)+286,800+1,066,180원
＝1,587,110원

* 어머니는 아버지의 기본공제대상자이므로 본인(박민환)의 의료비세액공제 대상이 되지 못하나, 아버지의 의료비는 본인(박민환)이 납부하였으므로 본인(박민환)의 의료비세액공제 대상에 해당한다.

- **의료비 공제대상금액**

＝1,587,110원－40,000,000원×3%
＝1,587,110원－1,200,000원
＝387,110원

- **의료비 세액공제액**

＝387,110원×15%
＝58,067원

▌근로소득지급명세서(2쪽)▐

특별세액공제	㉜ 의료비			공제대상금액	387,110
				세액공제액	58,067
	㉝ 교육비			공제대상금액	
				세액공제액	
	㉞ 기부금	㉮ 정치자금 기부금	10만원 이하	공제대상금액	
				세액공제액	
			10만원 초과	공제대상금액	
				세액공제액	
		㉯ 고향사랑 기부금	10만원 이하	공제대상금액	
				세액공제액	
			10만원 초과	공제대상금액	
				세액공제액	
		㉰ 특례기부금		공제대상금액	
				세액공제액	
		㉱ 우리사주조합 기부금		공제대상금액	
				세액공제액	
		㉲ 일반 기부금 (종교단체 외)		공제대상금액	
				세액공제액	
		㉳ 일반기부금 (종교단체)		공제대상금액	
				세액공제액	

▌근로소득지급명세서(3쪽)▐

(8쪽 중 제3쪽)

⑱ 소득 · 세액공제 명세[인적공제항목은 해당란에 "○"표시(장애인 해당 시 해당 코드 기재)를 하며, 각종 소득공제 · 세액공제 항목은 공제를 위하여 실제 지출한 금액을 적습니다.]

인적공제 항목							각종 소득공제 · 세액공제 항목											
관계코드	성 명	기본공제		경로우대	혼인세액공제	출산입양	자료구분	보험료				의료비					교육비	
내·외국인	주민등록번호	부녀자	한부모	장애인		자녀		건강	고용	보장성	장애인전용보장성	일반	미숙아·선천성이상아	난임	6세이하·65세이상·장애인·건강보험산정특례자	실손의료보험금	일반	장애인특수교육
인적공제 항목에 해당하는 인원수를 적습니다.							국세청계					591,180			1,066,180	70,250		
							기타 계											
0	박민환	○					국세청					304,380						
1	(근로자 본인)						기타											
1	박진수						국세청								1,066,180	70,250		
1	590711-1****						기타											
4	박준서	○					국세청								286,800			
1	221005-1***					○	기타											
							국세청											
							기타											

[별지 제43호 서식] (2023.3.20. 개정안)

의료비지급명세서

소득자 인적사항	
① 성 명 박민환	② 주민등록번호 (또는 외국인등록번호) 850610-1******
③ 상 호	④ 사업자등록번호

(2024)년 의료비 지급명세

의료비 공제 대상자		지급처			지급명세			
⑤ 주민등록번호	⑥ 본인 등 해당 여부	⑦ 사업자등록번호	⑧ 상호	⑨ 의료 증빙 코드	⑩ 건수	⑪ 금액	⑫ 미숙아·선천성이상아 해당 여부	⑬ 난임시술비 해당 여부
850610-1******	○	- -		1		304,380		×
590711-1******	○	- -		1		1,066,180		×
221005-3******	○	- -		1		286,800		×
-		- -						
-		- -						
-		- -						
-		- -						
-		- -						
-		- -						
		합 계						

「소득세법」 제59조의 4와 같은 법 시행령 제113조 제1항 및 제118조의 5 제3항에 따라 의료비를 공제받기 위하여 의료비지급명세서를 제출합니다.

2026년 2월 10일

제출자 박민환 (서명 또는 인)

세무서장 귀하

첨부서류	작성방법 5번란의 증빙자료 ( )매 (의료비 지급명세 순서와 일치되도록 편철합니다.)

작 성 방 법

(의료비 공제를 받으려는 근로자는 원천징수의무자에게 이 의료비지급명세서를 제출해야 합니다.)

1. ③항과 ④항은「조세특례제한법」 제122조의 3에 따른 사업자의 경우에만 적으며, 2008년 1월 1일 이후 발생하는 분부터 적용합니다.
2. 의료비 지급내용 중 의료비 공제가 가능한 내용만 적고, 같은 의료비명세를 중복하여 적을 수 없습니다.
   (예) 국세청장이 연말정산간소화 서비스를 통해 제공하는 의료비자료에 포함된 금액을 별도의 진료비계산서를 첨부하여 중복으로 적는 경우
3. 본인 등 해당 여부란은 본인, 6세 이하 또는 65세 이상인 사람, 장애인 또는 건강보험 산정특례자인 경우에 "○"표시를 하며, 그 밖의 기본공제대상자인 경우에는 "×"표시를 합니다.
4. 국세청장이 연말정산간소화 서비스를 통해 제공하는 의료비자료의 경우에는 의료비 공제대상자별로 의료비 지출 합계액을 적습니다. 따라서 지급처의 사업자등록번호, 건수를 적지 않습니다.
5. 의료증빙코드란에는 공제대상자 및 지급처별로 다음의 하나만을 선택하여 적습니다.
   - 국세청장이 연말정산간소화 서비스를 통해 제공하는 의료비 자료 = 1
   - 국민건강보험공단의 의료비부담명세서 = 2
   - 진료비계산서, 약제비계산서 = 3
   - 「노인장기요양보험법 시행규칙」 별지 제24호 서식 장기요양급여비용 명세서 = 4
     (장기요양급여비용 명세서의 '급여 본인부담금①'란의 금액만을 적습니다.
     장기요양비급여액은 의료비공제대상이 아니므로 적는 금액에 포함할 수 없습니다.)
   - 기타 의료비 영수증 = 5

   ※ 신용카드 · 현금영수증 소득공제 증명서류는 의료비 세액공제증명서류로 사용하실 수 없습니다.
6. ⑫ 미숙아·선천성이상아 해당 여부 및 ⑬ 난임시술비 해당 여부란은 의료비 지급내용이 미숙아·선천성이상아 및 난임시술비에 해당하는 경우에 각각 " ○"표시를 하며, 해당하지 않는 경우에는 "×" 표시를 합니다.
7. 의료비 지급명세란이 부족할 때에는 별지로 작성합니다.

210mm×297mm[백상지 80g/㎡(재활용품)]

사례 의료비세액공제(2)

총급여액이 3,000,000원인 근로자가 기본공제대상자인 부양가족을 위하여 의료비 5,500,000원, 의약품구입비 800,000원, 장애인보장구(의족) 구입비 500,000원을 지급하였으며 배우자 산후조리원비용으로 2,500,000원을 지급을 지급하였다. 의료비 5,500,000원은 65세 이상인 아버지에 대한 의료비 3,000,000원, 장애인(母)에 대한 의료비 1,000,000원, 배우자를 위한 의료비 1,500,000원(난임시술비 1,000,000원 포함)이며, 의약품구입비는 배우자를, 장애인보장구(의족) 구입비용은 어머니를 위해 사용하였다. 근로자의 의료비 세액공제액을 구하시오.

해설

1. 의료비 세액공제 대상금액(① + ②) + ③

=2,400,000원+4,500,000원+1,000,000만원=7,900,000원

① "②", "③" 이외 기본공제대상자의 공제대상의료비=2,400,000원

=[(5,500,000원−3,000,000원−1,000,000원−1,000,000원)+800,000원 +2,000,000원]−900,000원*

* 총급여액의 3% 상당액=30,000,000원×3%=900,000원

② 본인 · 65세 이상자 · 장애인의 공제대상의료비=4,500,000원

=3,000,000원+1,000,000원+500,000원=4,500,000원

③ 난임시술비=1,000,000원

2. 의료비세액공제액

[=(①+②)×15%+③×30%]=1,335,000원

실무포인트

1. 맞벌이 부부가 부양가족에 대해 각각 지출한 의료비의 소득공제

거주자의 부양가족이 동시에 다른 거주자의 부양가족에 해당되는 경우 그 중 1인의 공제대상 부양가족으로 하는 것이며, 당해 공제대상 부양가족을 위해 지급한 교육비 또는 의료비가 있는 경우 그 지급한 금액에 대해 소득공제가 가능한 것임(서면1팀-1524, 2007.11.6.).

2. 단체상해보험금으로 의료비 지출한 경우

근로자가 소득세법시행령 제110조의 의료비를 부담하고 사내근로복지기금에서 근로자를 피보험자로 하여 가입한 단체상해보험의 보험금을 수령하는 경우 의료비는 소득세법 제52조 제1항 제3호의 공제대상 의료비에 해당되지 않는 것임(서면1팀-569, 2004.4.19.).

3. 사내복지기금에서 지원받은 의료비

당해 근로자의 근로소득에 부담한 기본공제대상자의 의료비가 소득공제 대상에 해당하여

소득세가 비과세되는 사내복지기금으로 의료비를 부담하는 경우에는 공제대상 의료비에 해당하지 아니함(서이 46013-10442, 2002.3.11.).

4. "출산 전 진료비"지원금(고운맘카드)을 지원받는 경우

보건복지부장관의 출산장려 정책에 따라 거주자가 국민건강보험공단으로부터 국민건강보험법 제45조에 따른 부가급여인 "출산 전 진료비" 지원금을 지원받는 경우, 당해 지원금으로 지출하는 진료비는 당해 거주자의 소득공제대상 의료비에 해당하지 아니하는 것임(원천세과-471, 2009.2.12.).

3. 교육비 세액공제

근로소득이 있는 거주자가 그 거주자와 기본공제대상자(나이의 제한을 받지 않는다)를 위하여 해당 과세기간에 교육비를 지급한 경우 공제대상 교육비 금액의 15%에 해당하는 금액을 해당 과세기간의 종합소득 산출세액에서 공제한다. 다만, 소득세 또는 증여세가 비과세되는 교육비는 공제하지 아니한다(소법 59의 4 ③).

▌교육비 세액공제▐

구 분	내 용
공제대상	① 기본공제대상자(나이의 제한 없음, 직계존속 제외) ② 장애인 특수교육비는 직계존속 포함
공제금액	교육비 지출액×15%
한 도	① 부양가족 교육비 : 대학생 900만원, 그 외 300만원 ② 본인 교육비 : 한도 없음 ③ 장애인 특수교육비 : 전액
지출기간	근로제공기간 동안 지출한 비용

(1) 부양가족 교육비

교육비 세액공제의 대상이 되는 부양가족 교육비는 기본공제대상자인 배우자 · 직계비속 · 형제자매 · 입양자 및 위탁아동을 위하여 지급한 다음의 교육비를 합산한 금액으로 한다. 다만, 대학원에 지급하거나 직계비속 등이 학자금 대출을 받아 지급하는 교육비는 제외한다(소법 59의 4 ③ 1.).

① 학교에 지급한 교육비

② 평생교육시설 또는 과정을 위하여 지급한 교육비
③ 국외교육기관에 지급한 교육비
④ 초등학교 취학 전 아동을 위한 학원비 등

1) 학교에 지급한 교육비

「유아교육법」, 「초 · 중등교육법」, 「고등교육법」 및 특별법에 따른 학교에 지급하거나 「고등교육법」 제34조 제3항의 시험 응시를 위하여 지급한 교육비는 세액공제 대상이 된다.

2) 평생교육시설 또는 과정을 위하여 지급한 교육비

다음의 평생교육시설 또는 과정을 위하여 지급한 교육비는 세액공제 대상이 된다.

구 분	내 용
평생교육시설	「평생교육법」 제31조 제2항에 따라 고등학교졸업 이하의 학력이 인정되는 학교 형태의 평생교육시설
전공대학	「평생교육법」 제31조 제4항에 따라 전공대학의 명칭을 사용할 수 있는 평생교육시설
원격대학	「평생교육법」 제33조에 따른 원격대학 형태의 평생교육시설
학위취득과정	「학점인정 등에 관한 법률」 제3조 및 「독학에 의한 학위취득에 관한 법률」 제5조 제1항에 따른 과정 중 교육부장관이 학점인정학습과정으로 평가인정한 교육과정 및 「독학에 의한 학위취득에 관한 법률 시행령」 제9조 제1항 제4호에 따른 교육과정을 말한다(소령 118의 6 ④).

3) 국외교육기관에 지급한 교육비

국외교육기관에 지급한 교육비는 교육비 공제대상이 되나 국외교육기관의 학생을 위하여 교육비를 지급하는 거주자가 국내에서 근무하는 경우에는 대통령령으로 정하는 학생만 해당된다.

① 국외교육기관

국외교육기관이란 국외에 소재하는 교육기관으로서 우리나라의 「유아교육법」에 따른 유치원, 「초 · 중등교육법」 또는 「고등교육법」에 따른 학교에 해당하는 것을 말한다(소령 118의 6 ④).

② 국내거주자의 국외교육비

국외 교육비를 지급하는 거주자가 국내에서 근무하는 경우에는 해당 과세기간 종료일 현재 대한민국 국적을 가진 거주자가 교육비를 지급한 학생의 교육비가 세액공제 대상이며, 초등학교 취학 전 아동과 초등학생 · 중학생의 경우에는 다음 중 어느 하나에 해당하는 사람으로 한정한다(소령 118의 6 ⑤).

㉠ 「국외유학에 관한 규정」 제5조에 따른 자비유학의 자격이 있는 사람

㉡ 「국외유학에 관한 규정」 제15조에 따라 유학을 하는 자로서 부양의무자와 국외에서 동거한 기간이 1년 이상인 사람

▎국외교육비의 공제방법▎

교육비 지급자	유치원, 초등학교, 중학교	고등학교, 대학교
국외 근무자	공제 가능	공제 가능
국내 근무자 (12.31. 현재 대한민국 국적자)	원칙 : 공제 불가	공제 가능
	예외 : 공제 가능 ① 자비유학자 ② 특례유학자	

실무포인트

1. 배우자와 자녀만 국외로 이주한 경우

국내에서 계속 근무하는 근로자가 자녀의 학업을 위해 배우자와 자녀만을 외국에 이주시킨 경우에는 국외유학에 관한 규정 제15조에 해당되지 아니하므로 국외교육비공제를 받을 수 없음. 그러나 고등학교 이상은 자비 유학 자격을 갖춘 것으로 보는 것임(법인 46013-48, 1999.1.6.).

2. 국외에서 중학교를 졸업한 경우

질의 국내에서 근무하는 근로자의 자녀가 초등학교부터 해외 유학하여 현재 미국의 중학교, 고등학교, 대학교에 재학 중이며 대학교와 고등학교에 다니는 두 자녀는 미국에서 중학교를 졸업하였을 경우 국외의 고등학교 및 대학교에 납부한 교육비의 공제 가능 여부

회신 국외유학에 관한 규정 제5조 제1항 제1호는 유학을 떠날 당시 국내 중학교 졸업이상의 학력이 있거나 이와 동등 이상의 학력이 있다고 인정되는 자를 의미하는 것임(원천세과-320, 2009.4.9.).

3. 국외교육비 해당 여부

거주자가 국외에 소재하는 외국대학(우리나라의 「고등교육법」에 따른 학교에 해당하는 것)의 정규교육과정이 아닌 해당 대학의 편 · 입학을 위해 설치된 예비 교육과정에 지출한 금액은 「소

득세법」 제52조 제1항 제4호에 따른 공제대상 교육비에 해당하지 아니하는 것임(원천세과-934, 2009.11.12.).

실무포인트

1. 자비유학자(국외유학에 관한 규정 제5조)

다음 중 어느 하나에 해당하는 사람으로서 외국의 교육기관, 외국의 연구기관 또는 외국의 연수기관으로부터 입학허가 또는 초청을 받은 사람은 자비유학을 할 수 있다. 이 경우 ② ㉠에 해당하는 사람은 예 · 체능계 학교에, ② ㉡ 및 ㉢에 해당하는 사람은 해당 입상분야 또는 기술자격 분야와 같은 분야의 학교에, ② ㉣에 해당하는 사람은 해당 특수교육분야의 학교로 한정하여 자비유학을 할 수 있다.

① 중학교 졸업 이상의 학력이 있거나 이와 같은 수준 이상의 학력이 있다고 인정되는 사람

② 다음 중 어느 하나에 해당하는 사람으로서 해당 학교를 관할하거나 학력인정에 관한 사무를 관장하는 교육장의 유학 인정을 받은 사람

㉠ 예 · 체능계 중학교(이에 준하는 각종 학교를 포함한다. 이하 같다)의 재학생으로서 전공분야의 실기가 뛰어난 것으로 인정되어 해당 학교장이 추천한 사람

㉡ 중학교의 재학생, 중학교 학적을 가졌던 사람 또는 이와 같은 수준 이상의 학력이 있다고 인정되는 사람으로서 자연과학 · 기술 및 예 · 체능분야의 특별시 · 광역시 · 특별자치시 · 도 · 특별자치도 규모 이상의 대회에서 입상한 사람

㉢ 중학교의 재학생, 중학교 학적을 가졌던 사람 또는 이와 같은 수준 이상의 학력이 있다고 인정되는 사람으로서 「국가기술자격법」 제9조 제1항 제1호에 따른 기술사 · 기능장 · 기사 또는 산업기사의 기술자격을 취득한 사람

㉣ 「장애인 등에 대한 특수교육법」 제2조 제3호에 따른 특수교육대상자

③ 다음 중 어느 하나에 해당하는 사람으로서 국립국제교육원장의 유학 인정을 받은 사람

㉠ 외국의 정부 · 공공단체 또는 장학단체의 장학생으로 선발된 조기교육 대상자

㉡ 이 영에 따른 유학으로 외국의 학교에서 3년 이상 재학하고 귀국한 사람으로서 해당 외국의 상용어를 사용하는 국가에 유학을 하려는 사람

㉢ 대한민국의 국적을 회복한 교포였던 사람 또는 그 자녀로서 귀국 후 그가 거주하던 외국의 상용어를 사용하는 국가에 유학을 하려는 사람

㉣ 고아, 다문화가족 자녀, 「국가유공자 등 예우 및 지원에 관한 법률」 제4조 제1항에 따른 국가유공자나 그 유족 또는 가족으로서 외국의 정부 · 단체 또는 친척 등으로부터 초청을 받은 사람

㉤ 이 영에 따른 유학 또는 연수로 외국의 교육기관 등에서 유학 또는 연수 중 병역의 무의 이행, 질병이나 그 밖의 부득이한 사유로 귀국한 후 해당 기관에 복귀하기 위하여 다시 출국하기를 희망하는 사람

㉥ 올림픽대회 또는 아시아경기대회에서 금메달 · 은메달 또는 동메달을 받은 사람

2. 특례유학자(국외유학에 관한 규정 제15조)

외국에 1년 이상 거주하고 있는 자의 자녀 또는 손자녀 등(그 부모 · 조부모 또는 기타의 부양의무자와 동거할 목적으로 출국한 경우에 한한다) 이 그 부모 · 조부모 또는 기타의 부양의무자와 함께 체류하여 외국의 교육기관 등에 재학 중인 경우 그 부모 · 조부모 또는 기타의 부양의무자가 귀국을 한 때에는 그 자녀 또는 손자녀 등을 이 영에 의하여 유학을 하는 자로 본다.

4) 초등학교 취학 전 아동을 위한 학원비 등

초등학교 취학 전 아동을 위하여 「영유아보육법」에 따른 어린이집, 「학원의 설립 · 운영 및 과외교습에 관한 법률」에 따른 학원 또는 체육시설에 지급한 교육비는 세액공제 대상이 된다.

① 체육시설의 범위(소령 118의 6 ⑥)

㉠ 「체육시설의 설치 · 이용에 관한 법률」에 따른 체육시설업자가 운영하는 체육시설. 여기서 체육시설사업자란 합기도장 · 국선도장 · 공수도장 및 단학장 등 「체육시설의 설치 · 이용에 관한 법률」에 따른 체육시설업자가 운영하는 체육시설과 유사한 체육시설(비영리법인이 운영하는 체육시설 포함)을 운영하는 자로서 사업자등록증 또는 고유번호증을 발급받거나 부여받은 자를 말한다(소칙 61의 5).

㉡ 국가, 지방자치단체 또는 「청소년활동 진흥법」에 따른 청소년수련시설로 허가 · 등록된 시설을 운영하는 자가 운영(위탁운영 포함)하는 체육시설

② 공제대상 지출액

공제대상 지출액은 초등학교 취학 전 아동이 학원 또는 체육시설에서 월단위로 실시하는 교습과정(1주 1회 이상 실시하는 과정만 해당)의 교습을 받고 지출한 수강료를 말한다(소령 118의 6 ⑦).

(2) 거주자 본인 교육비

1) 부양가족 교육비 중 일부

부양가족 교육비의 1)~3)의 규정에 해당하는 교육비는 본인 교육비로서 세액공제 대상이 된다.

① 학교에 지급한 교육비

② 평생교육시설 또는 과정을 위하여 지급한 교육비

③ 국외교육기관에 지급한 교육비

2) 대학 또는 대학원

대학(전공대학, 원격대학 및 학위취득과정 포함) 또는 대학원의 1학기 이상에 해당하는 교육과정과 「고등교육법」에 따른 시간제 과정에 지급하는 교육비는 본인 교육비로서 세액공제 대상이 된다.

3) 직업능력개발훈련

직업능력개발훈련시설에서 실시하는 직업능력개발훈련을 위하여 지급한 수강료는 본인 교육비로서 세액공제 대상이 된다. 다만, 「고용보험법 시행령」 제43조에 따른 근로자의 직업능력 개발을 위한 지원금 등을 받는 경우에는 이를 뺀 금액으로 한다(소령 118의 6 ⑧).

4) 학자금 대출의 원리금상환액

다음의 학자금 대출의 원리금 상환에 지출한 교육비는 본인 교육비로서 세액공제 대상이 된다. 단, 등록금에 대한 대출에 한정한다(소령 118의 6 ⑨, 소칙 61의 6).

① 「한국장학재단 설립 등에 관한 법률」에 따른 취업 후 상환 학자금 대출 및 일반 상환 학자금 대출

② 「농어업인 삶의 질 향상 및 농어촌지역 개발촉진에 관한 특별법 시행령」에 따른 학자금 융자지원 사업을 통한 학자금 대출

③ 한국주택금융공사가 금융기관으로부터 양수한 학자금 대출

④ 「한국장학재단 설립 등에 관한 법률」에 따른 전환 대출

⑤ 「한국장학재단 설립 등에 관한 법률」에 따른 구상채권 행사의 원인이 된 학자금 대출

⑥ 법률 제9415호 「한국장학재단 설립 등에 관한 법률」 부칙 제5조에 따라 승계된 학자금 대출. 다만, 다음의 금액은 공제대상인 학자금 대출 원리금상환액에서 제외한다(소령 118의 6 ⑩).

㉠ 학자금 대출의 원리금 상환의 연체로 인하여 추가로 지급하는 금액
㉡ 학자금 대출의 원리금 중 감면받거나 면제 받은 금액
㉢ 학자금 대출의 원리금 중 지방자치단체 또는 공공기관 등으로부터 학자금을 지원받아 상환한 금액

실무포인트

1. 공제대상에서 제외되는 학자금 대출(소령 118의 6 ⑩)

① 학자금 대출의 원리금 상환의 연체로 인하여 추가로 지급하는 금액
② 학자금 대출의 원리금 중 감면받거나 면제받은 금액
③ 학자금 대출의 원리금 중 지방자치단체 또는 공공기관 등으로부터 학자금을 지원받아 상환한 금액

2. 공제대상자의 범위(소법 59의 4 ③ 1.)

직계비속 등이 학자금 대출을 받아 지급하는 교육비는 직계비속 본인이 학자금 대출 원리금을 상환하는 때 교육비 세액공제가 가능하다. 거주자는 직계비속 등이 학자금 대출을 받아 교육비를 지급할 때 교육비 세액 공제를 받을 수 없으며, 학자금 대출은 상환할 때 대출받은 본인만 공제받을 수 있다. 다만, 거주자인 본인이 학자금 대출을 받아 교육비를 지급하는 경우 교육비 세액공제 가능하며, 이 경우 학자금 대출 상환 시에는 공제되지 않는다.

3. 학자금 대출 상환액의 연말정산 간소화자료 제공

'한국장학재단' 등으로부터 수집한 학자금 대출 상환액은 대출받은 본인의 소득 · 세액 공제자료로 연말정산 간소화에서 제공된다. 학자금 대출은 상환할 때 공제받으므로 연말정산 간소화에서는 대학교 교육비 납입금액에 학자금 대출로 납부한 교육비를 제외하고 제공된다.

(3) 장애인 특수교육비

장애인 특수교육비란 기본공제대상자인 장애인(소득의 제한을 받지 않음, 직계존속 포함)의 재활교육을 위하여 다음 중 어느 하나에 지급하는 특수교육비를 말한다. 다만, 「장애아동복지지원법」에 따라 국가 또는 지방자치단체로부터 지원받는 금액은 제외한다(소령 118의 6 ⑪~⑬).

① 사회복지시설 및 비영리법인(보건복지부장관이 장애인재활교육을 실시하는 기관으로 인정한 법인)
② 장애인의 기능향상과 행동발달을 위한 발달재활서비스를 제공하는 기관으로서 「장애아동복지지원법」에 따라 지방자치단체가 지정한 발달재활서비스 제공기관(과세기간 종료일 현재 18세 미만인 사람만 해당)

③ ①의 시설 또는 법인과 유사한 것으로서 외국에 있는 시설 또는 법인

(4) 교육비의 범위

1) 공제대상 교육비

공제대상 교육비란 다음 중 어느 하나에 해당하는 교육비를 말한다(소령 118의 6 ①).

① 수업료 · 입학금 · 보육비용 · 수강료 및 그 밖의 공납금

② 급식을 실시하는 학교, 유치원, 어린이집, 학원 및 체육시설(초등학교 취학 전 아동의 경우만 해당한다)에 지급한 급식비

③ 학교에서 구입한 교과서대금

④ 교복구입비용(중 · 고등학교의 학생만 해당하며, 학생 1명당 연 50만원 한도)

⑤ 학교, 유치원, 어린이집, 학원 및 체육시설(취학 전 아동만 해당)에서 실시하는 방과후 학교나 방과후 과정 등의 수업료 및 특별활동비(학교 등에서 구입한 도서의 구입비와 학교 외에서 구입한 초 · 중 · 고등학교의 방과후 학교 수업용 도서의 구입비를 포함)

⑥ 학교에서 교육과정으로 실시하는 현장체험학습에 지출한 비용(학생 1명당 연 30만원 한도)

⑦ 대학입학전형료, 수능응시료

2) 공제대상에서 제외되는 교육비

소득세 또는 증여세가 비과세되는 장학금 또는 학자금으로서 다음 중 어느 하나에 해당하는 것은 공제하지 아니한다(소령 118의 6 ②).

① 사내근로복지기금으로부터 받은 장학금 등

② 재학 중인 학교로부터 받은 장학금 등

③ 근로자인 학생이 직장으로부터 받은 장학금 등

④ 그 밖에 각종 단체로부터 받은 장학금 등

구 분	공제제외 대상 항목의 예시
어린이집	입소료, 현장학습비, 차량운행비, 앨범비, 특별활동비 중 재료비
유치원	현장학습비, 차량운행비, 앨범비, 방과후 과정 중 재료비
초등학교	차량운행비, 앨범비, 방과후학교의 재료비
중 · 고교	차량운행비, 앨범비, 실기실습비, 방과후학교의 재료비
대학교 대학원	기숙사비, 대학원의 논문심사료, 국외대학교의 예비교육과정 · 어학연수비용 등
	부양가족의 대학원관련 모든 비용

(5) 한도액

1) 부양가족 교육비

① 대학생인 경우에는 1명당 연 900만원, ② 초등학교 취학전 아동과 초 · 중 · 고등학생인 경우에는 1명당 연 300만원을 한도로 한다.

2) 본인 교육비와 장애인 특수교육비

거주자 본인 교육비와 장애인 특수교육비는 한도 없이 전액을 공제한다.

(6) 신청서류

교육비 세액공제를 적용받으려는 사람은 다음의 서류 또는 연말정산간소화서류를 해당 과세기간의 다음 연도 2월분의 급여를 받는 날(퇴직한 경우에는 퇴직한 날이 속하는 달의 급여를 받는 날)까지 원천징수의무자 · 납세조합 또는 납세지 관할 세무서장에게 제출하여야 한다(소령 113 ①, 소칙 58 ①).

① 교육비납입증명서. 다만, 법령에 따라 자녀학비보조수당을 받은 자의 경우에는 자녀학비보조수당금액의 범위에서 해당 법령이 정하는 바에 따라 소속기관장에게 이미 제출한 취학자녀의 재학증명서로 갈음할 수 있으며, 장애인 특수교육비의 경우에는 공제대상에 해당하는 시설 또는 법인임을 해당 납입증명서를 발급한 자가 입증하는 서류를 첨부하여야 한다.

② 「학점인정 등에 관한 법률」에 따른 학위취득과정의 교육비 세액공제의 경우에는 다음의 서류

㉠ 「고등교육법」에 의한 대학 · 전문대학 및 이에 준하는 학교에서 이수하는 교육과정의 경우에는 당해 학교가 발행하는 교육비납입증명서

㉡ ㉠에 규정된 학교 외의 교육기관에서 이수하는 교육과정의 경우에는 해당 교육기관이 발행(인터넷으로 발행하는 것 포함)하는 교육비납입증명서. 다만, 해당 교육기관이 해산 등으로 발행할 수 없는 경우에는 「평생교육법」에 따른 국가평생교육연구원에서 발행하는 교육비납입증명서를 말한다.

㉢ 「독학에 의한 학위취득에 관한 법률」에 따른 학위취득과정의 교육비 세액공제의 경우에는 해당 교육기관이 발행하는 교육비납입증명서

③ 국외교육비의 공제에 있어서는 공제대상 요건을 갖춘 자임을 입증할 수 있는 서류

④ 학교 외에서 구입한 초 · 중 · 고등학교의 방과후 학교 수업용 도서는 방과후 학교 수업용 도서 구입 증명서

사례 교육비 세액공제

㈜택스에듀는 근로자 이진혁의 2025년 근로소득에 대한 연말정산을 다음과 같이 실시하였다. 이진혁의 부양가족으로 두 자녀 이민영(980510-2******), 이민후(071127-3******)이 있다. 이진혁의 교육비 세액공제를 구하시오.

참고자료

▌국세청 간소화자료▐

2025년 귀속 소득 · 세액공제증명서류 : 기본(지출처별)내역 [교육비 : 학자금 대출 원리금상환액]

(조회기간 : 2025년 01~12월)

■ 가입자 인적사항

성 명	주 민 등 록 번 호
이진혁	710810-1******

■ 학자금 대출 원리금상환내역

자료제출기관		원리금상환액 (공제대상금액)
상 호	사업자번호	
xx공사	100-10-*****	8,694,560
합 계		8,694,560

1. 공제 대상 : 학자금 대출(등록금 대출에 한정)의 원리금 상환에 지출한 교육비(대출금의 상환 연체로 인하여 추가로 지급하는 금액은 제외)
   ※ 공제대상 학자금 대출의 종류
   ① 「한국장학재단 설립 등에 관한 법률」 제2조 제2호에 따른 취업 후 상환 학자금 대출 및 같은 조 제3호에 따른 일반 상환 학자금 대출
   ② 「농어업인 삶의 질 향상 및 농어촌 지역 개발 촉진에 관한 특례법 시행령」 제17조 제1항 제4호에 따른 학자금 융자 지원 사업을 통한 학자금 대출
   ③ 「한국주택금융공사법」에 따라 한국주택금융공사가 금융기관으로부터 양수한 학자금 대출
2. 공제 한도 : 한도 없음

· 본 증명서류는 「소득세법」 제165조 제1항에 따라 영수증 발급기관으로부터 수집한 서류로 소득세액공제 충족 여부는 근로자가 직접 확인하여야 합니다.
· 본 증명서류에서 조회되지 않는 내역은 영수증 발급기관에서 직접 발급받으시기 바랍니다.

2024년 귀속 소득 · 세액공제증명서류 : 기본(지출처별)내역 [교육비]

(조회기간 : 2024년 01~12월)

■ 학생 인적사항

성 명	주 민 등 록 번 호
이민후	071127-3******

■ 교육비 지출내역

교육비 구분	학교명	사업자번호	구 분	지출금액계
고등학교	***고등학교	100-13-*****	일반교육비	250,000
고등학교	***고등학교	100-13-*****	체험현장학습비	100,000
일반교육비 합계				250,000
현장학습비 합계				100,000

1. 아이행복(사랑)카드 : 아이행복(사랑)카드를 이용하여 지급한 보육료 중 부모부담금액(정부지원금 제외)이며, 추가로 지급한 보육료가 있는 경우 해당 보육시설에서 '교육비납입증명서'를 발급받아 공제 가능합니다.
2. 대학(원)교육비 : 등록금 등 교육비에서 학자금 대출과 장학금을 차감한 금액을 제공합니다.
   ※ 2017년 귀속부터 직계비속 등이 학자금 대출(한국장학재단에서 시행하는 학자금 대출 중 등록금 대출에 한함)을 받아 지급하는 교육비는 공제대상에서 제외되며, 대출받은 자가 대출금을 상환하는 연도에 원금과 이자상환액에 대하여 공제받을 수 있습니다.
3. 공제 한도 : 근로자 본인 · 장애인특수교육비(전액), 취학 전 아동 · 초 · 중 · 고등학생(연 300만원), 대학생(연 900만원), 교복구입비용(중 · 고등학생 1명당 연 50만원), 현장학습비(초 · 중 · 고등학생 1명당 연 30만원)

· 본 증명서류는 「소득세법」 제165조 제1항에 따라 영수증 발급기관으로부터 수집한 서류로 소득세액공제 충족 여부는 근로자가 직접 확인하여야 합니다.
· 본 증명서류에서 조회되지 않는 내역은 영수증 발급기관에서 직접 발급받으시기 바랍니다.

2024년 귀속 소득 · 세액공제증명서류 : 기본(지출처별)내역 [교육비]

(조회기간 : 2024년 1~12월)

■ 학생 인적사항

성 명	주 민 등 록 번 호
이민영	980510-2******

■ 교육비 지출내역

교육비구분	학교명	사업자번호	구 분	지출금액계
대학원	***대학원	122-13-*****	일반교육비	4,500,000
일반교육비 합계				4,500,000
현장학습비 합계				0

1. 아이행복(사랑)카드 : 아이행복(사랑)카드를 이용하여 지급한 보육료 중 부모부담금액(정부지원금 제외)이며, 추가로 지급한 보육료가 있는 경우 해당 보육시설에서 '교육비납입증명서'를 발급받아 공제 가능합니다.
2. 대학(원)교육비 : 등록금 등 교육비에서 학자금 대출과 장학금을 차감한 금액을 제공합니다.
   ※ 2017년 귀속부터 직계비속 등이 학자금 대출(한국장학재단에서 시행하는 학자금 대출 중 등록금 대출에 한함)을 받아 지급하는 교육비는 공제대상에서 제외되며, 대출받은 자가 대출금을 상환하는 연도에 원금과 이자상환액에 대하여 공제받을 수 있습니다.
3. 공제 한도 : 근로자 본인 · 장애인특수교육비(전액), 취학 전 아동 · 초 · 중 · 고등학생(연 300만원), 대학생(연 900만원), 교복구입비용(중 · 고등학생 1명당 연 50만원), 현장학습비(초 · 중 · 고등학생 1명당 연 30만원)

· 본 증명서류는 「소득세법」 제165조 제1항에 따라 영수증 발급기관으로부터 수집한 서류로 소득세액공제 충족 여부는 근로자가 직접 확인하여야 합니다.
· 본 증명서류에서 조회되지 않는 내역은 영수증 발급기관에서 직접 발급받으시기 바랍니다.

2024년 귀속 소득 · 세액공제증명서류 : 기본(지출처별)내역 [교복구입비]

(조회기간 : 2024년 1~12월)

■ 학생 인적사항

성 명	주 민 등 록 번 호
이민후	071127-3******

■ 교복구입비 지출내역

상 호	사업자번호	지출금액계
***학교	100-13-*****	297,000
인별 합계금액		297,000

1. 공제 대상 : 중 · 고등학교 학생의 교복구입비용
2. 공제 한도 : 학생 1명당 연 50만원
   (교복구입비와 수업료 등 교육비를 합하여 연 300만원 공제 한도 적용)

· 본 증명서류는 「소득세법」 제165조 제1항에 따라 영수증 발급기관으로부터 수집한 서류로 소득세액공제 충족 여부는 근로자가 직접 확인하여야 합니다.
· 본 증명서류에서 조회되지 않는 내역은 영수증 발급기관에서 직접 발급받으시기 바랍니다.

해설

1. 공제대상금액

본인 : 8,694,560원

이민후 : 일반-250,000원, 현장학습비-100,000원, 교복구입비-297,000원

* 대학원 교육비는 본인의 경우만 공제하며, 부양가족의 경우는 공제하지 않으므로 이민영의 대학원 교육비는 공제대상에 해당하지 않는다.

2. 교육비 세액공제액

=(8,694,560원+250,000원+100,000원+297,000원)×15%

=1,401,234원

❙ 근로소득지급명세서(2쪽) ❙

⑩ 보험료	보장성	공제대상금액	
		세액공제액	
	장애인전용 보장성	공제대상금액	
		세액공제액	
⑪ 의료비		공제대상금액	
		세액공제액	
⑫ 교육비		공제대상금액	9,341,560
		세액공제액	1,401,234

❙ 근로소득지급명세서(3쪽) ❙

인적공제 항목							각종 소득공제 · 세액공제 항목											
관계코드	성 명	기본공제		경로우대	혼인세액공제	출산입양	자료구분	보험료				의료비					교육비	
내·외국인	주민등록번호	부녀자	한부모	장애인		자녀		건강	고용	보장성	장애인전용보장성	일반	미숙아·선천성이상아	난임	6세이하 65세이상 장애인·건강보험 산정특례자	실손의료보험금	일반	장애인특수교육
인적공제 항목에 해당하는 인원수를 적습니다.							국세청 계										9,341,560	
							기타 계											
0	이진혁	○					국세청										8,694,560	
1	(근로자 본인)					−	기타											
1	이민영						국세청											
1	980510−2****						기타											
1	이민후	○					국세청										647,000	
1	071127−3****					○	기타											

실무포인트

1. 공제대상 보육비용의 범위

소득세법시행령 제110조의 3에 따른 소득공제 대상이 되는 보육비용은 영유아보육법 제38조에서 정하고 있는 보육료만 해당하는 것임(원천−245, 2011.4.21.).

2. 유치원 종일반 운영비의 교육비 공제대상 여부

유치원 "종일제"는 유아교육법에서 규정하는 1일 8시간 이상의 교육과정으로 소득세법 제52조에서 규정하는 유아교육법에 따른 학교에 지급한 교육비에 해당함(원천−148, 2009.1.14.).

3. 방과 후 초등돌봄교실 수강료의 교육비 공제대상 여부

근로자가 직계비속의 자녀를 위하여 초 · 중등교육법에 따른 초등학교에서 교육과정 이후에 이루어지는 방과후 학교, 방과후 과정 등의 수업료 및 특별활동비(학교에서 구입한 교재의 구입비와 학교 외에서 구입한 방과후 학교 수업용 도서의 구입비를 포함)에 대하여는 소득세법 제52조 제3항 및 같은 법 시행령 제110조의 3 제1항 제5호에 따라 교육비 공제대상에 해당하는 것임(서면법규-933, 2013.8.29.).

4. 교육비납입증명서 기재대상 교육비

소득세법시행규칙 제101조 제18호의 "교육비납입증명서 별지 제44호 서식(1)(2000.4.3. 개정)"은 해당 교육기관이 소득세법 제52조 제1항 제4호에 의한 특별공제대상 교육비 입학금, 수업료, 학교운영지원비(육성회비) · 기성회비, 보육비용 및 기타공납금을 기재하여 발급하는 것임(서면-1313, 2004.9.22.).

5. 비인가대안학교 재학 중인 자료를 위한 학원비 공제대상 여부

초 · 중등교육법 제13조에 따른 초등학교 취학의무가 있는 자녀가 비인가 대안학교에 입학한 경우 동 자녀를 위하여 지출하는 학원비는 소득세법 제52조 제3항 제1호에 따른 공제대상 교육비에 해당하지 아니하는 것임(서면법규-291, 2013.3.15.).

6. 국제학교에 지급한 교육비 공제대상 여부

근로소득이 있는 거주자가 제주특별자치도설치및국제자유도시조성을위한특별법에 따라 설립된 국제학교(KIS JEJU 및 NLCS JEJU)에 교육비를 지급하는 경우, 해당 교육비는 소득세법 제52조 제3항 및 소득세법시행령 제110조의 3 제1항에 따라 공제가 가능한 것임(원천세과-62, 2012.2.8.).

7. 대학생이 타 대학에 교육비 납부 및 수강 시 공제대상 여부

우리나라의 고등교육법에 따른 학교에 해당하는 국외 소재 대학에 재학 중인 학생(소득세법 시행령 제110조의 3 제4항 각호에 따른 학생에 한함)이 국내 대학의 계절학기과정을 수강하고 취득한 학점이 해당 대학에서 학점으로 인정되는 경우 해당 교육과정을 수강하기 위한 교육비는 소득세법 제52조 제1항 제4호에 따른 공제대상 교육비에 포함하는 것임(원천세과-79, 2010.1.26.).

8. 연도 중 고등학생에서 대학생이 된 경우의 교육비공제

자녀가 외국 유학 중 당해 과세연도에 고등학생에서 대학생이 된 경우 지출한 교육비 중 당해 과세연도 중에 지출한 교육비를 소득공제 대상으로 하되 고등학생과 대학생 중 소득공제 한도액이 많은 대학생을 기준으로 공제 한도액을 계산하는 것이며, 이때 공제 한도액 계산방법은 각 학생 신분에 해당하는 각각의 한도를 따라야 하는 것으로 ① 고등학생으로서 지출한 금액 중 200만원 한도 내의 금액과 ② 대학생으로서 지출한 금액 중 700만원 한도 내의 금액을 계산한 후 각각의 한도 내의 금액 합계액(①+②) 중 전체 공제 한도인 700만원을 한도로 교육비 공제하는 것임(서면1팀-317, 2004.3.2.).

9. 대학 수시입학 합격자가 납부한 대학등록금의 공제시기

근로소득이 있는 거주자가 소득세법 제52조 제1항 제4호에 규정된 교육비 공제를 적용함에 있어, 교육비 공제대상자가 고등학교 재학 중에 특차모집에 합격하여 대학에 납부한 수업료 등은 대학생이 된 연도의 교육비로 공제하는 것임(서이 46013-10624, 2001.11.28.).

10. 대학 휴학 중 타 대학에 납부한 교육비 공제시기

근로소득이 있는 거주자가 기본공제대상자인 대학생을 위하여 지급한 교육비(휴학 중 타 대학에 합격하여 납입한 교육비 포함)는 교육비를 지급한 연도의 근로소득금액에서 공제하는 것임(원천세과-75, 2010.1.26.).

11. 세대를 달리하는 동생의 교육비공제 가능 여부

생계를 같이하는 주민등록표상 동거가족인 형제자매의 교육비를 지급한 경우 교육비공제가 가능한 것이며, 취학 · 근무상의 형편 등으로 본래의 주소 또는 거소를 일시퇴거한 경우에는 일시퇴거자 동거가족상황표 등에 의하여 생계를 같이하는 동거가족 여부를 판단하는 것임(서면1팀-16, 2007.1.4.).

12. 사내근로복지기금으로부터 받을 장학금 등의 교육비 세액공제 대상 여부

소득세법 제59조의 4에 따른 특별세액공제 대상이 되는 교육비를 지급한 과세기간에 소득세법시행령 제118조의 6 제2항 각호의 장학금 등을 지급받지 않더라도 해당 교육비에 대응하여 장학금이 지급될 것이 확정되어 있는 경우 교육비에서 동 장학금을 차감한 금액을 교육비공제 대상 금액으로 하는 것임. 사내근로복지기금으로부터 실제 지급받은 장학금이 교육비에서 차감한 당초 장학금과 차이가 발생하는 경우 그 차액을 정산하여 경정청구 또는 수정신고하여야 하는 것임(서면-2015-법령해석 소득-2074, 2016.5.26.).

13. 비과세 보육수당 수령 시 교육비 공제 대상 여부

사용자가 근로자의 6세 이하 자녀의 교육비를 실비로 지원하는 금액 중 소득세법 제12조 제3호 머목에 따라 월 10만원 이내의 금액을 비과세한 경우에도 같은 법 제52조 제3항의 교육비공제를 받을 수 있는 것임(원천세과-451, 2010.6.1.).

14. 종업원이 받는 학자금이 교육비 공제대상에 해당되는지 여부

대학원에 수학 중인 종업원이 받는 학자금은 소득세법시행령 제11조에서 정한 요건을 갖춘 경우에 비과세 학자금에 해당하는 것이나, 당해 학자금은 근로소득세액 연말정산 시 소득세법 제52조에 규정하는 교육비 공제대상에는 해당되지 아니하는 것임(법인 46013-2380, 1999.6.24.).

15. 비과세 학자금을 반납하는 경우 교육비 공제대상 여부

소득세법 제12조에 따른 학자금을 근무 회사로부터 지원받아 교육비 소득공제를 하지 아니한 거주자가 의무복무기간 불이행으로 회사의 규정에 따라 이를 반납한 경우에도 해당 학교에 지급한 교육비는 소득공제를 적용할 수 없는 것임(원천세과-211, 2010.3.11.).

16. 취업 전 본인 교육비 공제대상 여부

교육비 특별세액공제는 소득세법 제59조의 4 제3항에 따라 근로자가 근로제공기간 동안 해당 과세기간에 지출한 교육비에 대하여 적용받을 수 있는 것이므로 입사 전에 지출한 교육비는 교육비 특별세액공제를 받을 수 없는 것임(사전-2018-법령해석소득-0159, 2018.5.3.).

17. 거주자의 부양가족이 동시에 다른 거주자의 부양가족에 해당하는 경우

거주자의 부양가족이 동시에 다른 거주자의 부양가족에 해당되는 경우에는 근로자소득 · 세액공제신고서에 기재된 바에 따라 그 중 1명의 공제대상부양가족으로 하는 것이며, 공제대상부양가족을 위해 지급한 교육비는 근로자가 지출한 비용이 공제대상 교육비임(원천-361, 2009.4.24.).

18. 한국방송통신대학교 교육비의 공제대상 여부

한국방송통신대학교는 고등교육법상의 학교에 해당하며, 과학기술대학, 경찰대학, 육 · 해 · 공군사관학교, 국군간호사관학교, 한국예술종합학교, 기능대학, 제주국제학교(KIS JEJU 및 NLCS JEJU) 등은 특별법에 의한 학교에 해당함.

19. 공제대상 교육비

교육비공제는 근로제공 기간 동안 지출한 교육비에 한하여 공제받을 수 있는 것임(서면1팀-782, 2004.6.9.).

20. 대학원비의 공제대상 연도

근로자 본인이 대학원에 입학하기 전에 납부한 교육비는 입학하여 대학원생이 된 연도의 근로소득에서 공제 가능(법인 46013-335, 2001.2.10.)

21. 국외교육비 세액공제 관련 환율 적용방법

- 국내에서 송금 : 해외송금일의 대고객 외국환매도율을 적용
- 국외에서 직접 납부 : 납부일의 외국환거래법에 의한 기준환율 또는 재정환율

22. 외부강사의 실기지도비 교육비 공제 여부

수업료와는 별도로 정규수업시간 외 시간에 실시하는 실기지도에 따른 외부강사의 실기지도비는 공제대상에 해당되지 않음. 학교버스이용료, 기숙사비, 어학연수 등 정규교과과정에 해당하지 않는 비용은 공제대상에 해당하지 아니함(법인 22601-2355, 1990.12.13.).

23. 외국 대학부설 어학연수 수업료의 교육비 공제 여부

국외교육기관에 해당되지 아니하는 외국의 대학부설 어학연수과정에 대한 수업료는 교육비 공제대상에 해당하지 아니함(법인 46013-3984, 1998.12.19.).

24. 대학에 납부하는 수업료 등의 교육비 공제 여부

① 대학교에 납부하는 석사 · 박사 학위논문심사료는 교육비공제 대상 교육비에 해당하지 않는 것임(서면법규-1267, 2013.11.19.).

② 대학교에 납부하는 항공운항과 비행실습비는 교육비공제 대상 교육비에 해당하지 않

는 것임(서면법규-282, 2014.3.26.).

25. 교육대학 영재교육원에 지급한 수업료의 교육비 공제 여부

근로소득이 있는 거주자가 초등학생 자녀를 위하여 「영재교육진흥법」 제2조에 따라 「고등교육법」 제2조에 의한 학교에 설치 · 운영되는 영재교육원에 수업료를 지급한 경우 「소득세법」 제52조 제3항에 따른 교육비공제를 받을 수 있는 것임(서면법규과-381, 2013.4.3.).

26. 본인의 학자금 대출 원리금상환액에 대하여 2017.1.1. 이전에 직계존속 또는 배우자 등이 교육비 공제를 받은 경우 교육비 공제대상에서 제외함

상환하여야 하는 학자금 대출 원리금상환액이 직계존속 등이 교육비 공제를 받은 금액보다 큰 경우 먼저 상환하였거나 상환할 학자금 대출의 원리금을 직계존속 등이 교육비 공제를 받은 금액에 상당하는 금액으로 보아 공제 배제함(2016.12.20. 소득세법 부칙 제1조, 제11조, 제1항).

4. 기부금 세액공제

거주자 및 기본공제를 적용받는 부양가족(나이의 제한을 받지 않음)이 해당 과세기간에 지급한 공제 한도 내의 기부금의 15%(1천만원 초과분 30%, 정치자금기부금은 3천만원 초과분 25%)는 해당 과세기간의 합산과세되는 종합소득산출세액에서 공제한다. 단, 정치자금기부금, 고향사랑기부금 및 우리사주조합기부금은 거주자 본인이 지출한 분에 대하여만 공제한다.

▌기부금 세액공제▐

구 분	내 용	
공제대상	① 특례 · 일반기부금 : 기본공제대상자(나이의 제한 없음) ② 정치자금 · 고향사랑 · 우리사주조합기부금 : 본인	
공제금액	① 정치자금	10만원 이하 : 100/110
		10만원 초과 3천만원 이하 : 15%
		3천만원 초과 : 25%
	② 고향사랑기부금	10만원 이하 : 100/110
		10만원 초과 2,000만원 이하 : 15% * 특별재난지역 30%
	③ 특례 · 일반 · 우리사주 조합기부금	1천만원 이하 : 15%
		1천만원 초과 : 30%
		2024.1.1.~2024.12.31. 3천만원 초과 : 40%

구 분	내 용
한 도	① 정치자금기부금 · 고향사랑기부금 · 특례기부금 : 근로소득금액×100% ② 우리사주조합기부금 : 근로소득금액×30% ③ 일반기부금 : 근로소득금액×30%
지출기간	해당과세기간 동안 지출한 비용

(1) 정치자금기부금

정치자금기부금이란 「정치자금법」에 따라 정당 · 후원회 · 선거관리위원회에 기부한 기부금을 말한다(조특법 76 ①).

(2) 고향사랑기부금

고향사랑기부금이란「고향사랑 기부금에 관한 법률」에 따라 고향사랑 기부금을 지방자치단체에 기부한 기부금을 말한다(조특법 58 ①). "고향사랑 기부금"이란 지방자치단체가 주민복리 증진 등의 용도로 사용하기 위한 재원을 마련하기 위하여 해당 지방자치단체의 주민이 아닌 사람으로부터 자발적으로 제공받거나 모금을 통하여 취득하는 금전을 말한다(고향사랑 기부금에 관한 법률 2).

(3) 특례기부금

특례기부금이란 다음의 기부금을 말한다(소법 34 ②).

① 「법인세법」 제24조 제2항 제1호에 따른 기부금

② 특별재난지역을 복구하기 위하여 자원봉사를 한 경우 그 용역의 가액

1) 법인세법에 따른 특례기부금(법법 24 ② 1.)

① 국가나 지방자치단체에 무상으로 기증하는 금품의 가액

② 국방헌금과 국군장병 위문금품의 가액

③ 천재지변으로 생기는 이재민을 위한 구호금품의 가액

④ 다음의 사립학교 등에 시설비 · 교육비 · 장학금 또는 연구비로 지출하는 기부금

㉠ 「사립학교법」에 따른 사립학교

㉡ 비영리 교육재단(국립 · 공립 · 사립학교의 시설비, 교육비, 장학금 또는 연구비 지급을 목적으로 설립된 비영리 재단법인으로 한정한다)

㉢ 「근로자직업능력 개발법」에 따른 기능대학

㉣ 「평생교육법」에 따른 전공대학의 명칭을 사용할 수 있는 평생교육시설 및 원격대학 형태의 평생교육시설

㉤ 「경제자유구역 및 제주국제자유도시의 외국교육기관 설립 · 운영에 관한 특별법」에 따라 설립된 외국교육기관

㉥ 「산업교육진흥 및 산학연협력촉진에 관한 법률」에 따른 산학협력단

㉦ 「한국과학기술원법」에 따른 한국과학기술원, 「광주과학기술원법」에 따른 광주과학기술원 및 「대구경북과학기술원법」에 따른 대구경북과학기술원, 「울산과학기술원법」에 따른 울산과학기술원 및 「한국에너지공과대학교법」에 따른 한국에너지공과대학교

㉧ 「국립대학법인 서울대학교 설립 · 운영에 관한 법률」에 따른 국립대학법인 서울대학교, 「국립대학법인 울산과학기술대학교 설립 · 운영에 관한 법률」에 따른 국립대학법인 울산과학기술대학교, 「국립대학법인 인천대학교 설립 · 운영에 관한 법률」에 따른 국립대학법인 인천대학교 및 이와 유사한 학교로서 대통령령으로 정하는 학교 및 이와 유사한 학교로서 대통령령으로 정하는 학교

㉨ 「재외국민의 교육지원 등에 관한 법률」에 따른 한국 학교

㉩ 「한국장학재단 설립 등에 관한 법률」에 따른 한국장학재단

⑤ 다음의 국립대학병원 등에 시설비 · 교육비 또는 연구비로 지출하는 기부금

㉠ 「국립대학병원 설치법」에 따른 국립대학병원

㉡ 「국립대학치과병원 설치법」에 따른 국립대학치과병원

㉢ 「서울대학교병원 설치법」에 따른 서울대학교병원

㉣ 「서울대학교치과병원 설치법」에 따른 서울대학교치과병원

㉤ 「사립학교법」에 따른 사립학교가 운영하는 병원

㉥ 「암관리법」에 따른 국립암센터

㉦ 「지방의료원의 설립 및 운영에 관한 법률」에 따른 지방의료원

㉧ 「국립중앙의료원의 설립 및 운영에 관한 법률」에 따른 국립중앙의료원

㉨ 「대한적십자사 조직법」에 따른 대한적십자사가 운영하는 병원

㉩ 「한국보훈복지의료공단법」에 따른 한국보훈복지의료공단이 운영하는 병원

㉪ 「방사선 및 방사성동위원소 이용진흥법」에 따른 한국원자력의학원

㉫ 「국민건강보험법」에 따른 국민건강보험공단이 운영하는 병원

㉬ 「산업재해보상보험법」에 따른 의료기관

㉭ 1)부터 13)까지의 병원이 설립한 「보건의료기술 진흥법」에 따른 의료기술협력단

⑥ 사회복지사업, 그 밖의 사회복지활동의 지원에 필요한 재원을 모집 · 배분하는 것을 주된 목적으로 하는 비영리법인으로서 일정 요건을 갖춘 법인(전문모금기관)에 지출하는 기부금

⑦ 다음 중 어느 하나에 해당하는 기관으로서 해당 법인의 설립목적, 수입금액 등이 일정한 요건을 갖춘 기관에 지출하는 기부금

㉠ 「공공기관의 운영에 관한 법률」에 따른 공공기관(공기업은 제외)

㉡ 법률에 따라 직접 설립된 기관

2) 특별재난지역 자원봉사가액

「재난 및 안전관리 기본법」에 따른 특별재난지역을 복구하기 위하여 자원봉사를 한 경우 그 용역의 가액은 특례기부금에 해당하며, 용역가액은 다음과 같이 계산한다(소령 81).

자원봉사용역의 가액(①+②)
① 자원봉사용역의 가액＝봉사일수×8만원 (봉사일수＝총 봉사시간÷8시간, 소수점 이하 부분은 1일로 보아 계산) ② 해당 자원봉사용역에 부수되어 발생하는 유류비 · 재료비 등 직접비용 (제공할 당시의 시가 또는 장부가액)

(4) 우리사주조합 기부금

거주자가 우리사주조합에 지출하는 기부금은 세액공제 대상에 해당한다. 우리사주조합 기부금의 세액공제 제도는 대주주의 우리사주조합에 대한 출연을 촉진하기 위한 세제 지원제도이므로, 우리사주조합원이 지출하는 기부금은 세액공제 대상에서 제외한다(조특법 88의 4 ⑬).

(5) 일반기부금

일반기부금은 다음의 기부금을 말한다(소령 80 ①).

① 「법인세법 시행령」 제39조 제1항에 따른 일반기부금

② 노동조합비

③ 공익신탁기부금

④ 공익단체기부금

1) 법인세법에 따른 일반기부금(법령 39 ①)

① 다음의 사회복지법인, 「영유아보육법」에 따른 어린이집 및 학교 등의 비영리법인에 대하여 당해 공익법인 등의 고유목적사업비로 지출하는 기부금

㉠ 「사회복지사업법」에 의한 사회복지법인

㉡ 「유아교육법」에 따른 유치원, 「초·중등교육법」 및 「고등교육법」에 의한 학교, 「국민 평생 직업능력 개발법」에 의한 기능대학 또는 「평생교육법」에 의한 원격대학

㉢ 정부로부터 허가 또는 인가를 받은 학술연구단체·장학단체·기술진흥단체

㉣ 정부로부터 허가 또는 인가를 받은 문화·예술단체 또는 환경보호운동단체

㉤ 종교의 보급, 그 밖에 교화를 목적으로 「민법」에 따라 문화체육관광부장관 또는 지방자치단체의 장의 허가를 받아 설립한 비영리법인

㉥ 「의료법」에 의한 의료법인

㉦ 「민법」에 따라 주무관청의 허가를 받아 설립된 비영리법인(이하 "「민법」상 비영리법인") 또는 「협동조합 기본법」에 따라 설립 또는 등록된 사회적협동조합("사회적협동조합") 중 법정 요건을 모두 충족한 것으로서 주무관청의 추천을 받아 기획재정부장관이 지정한 법인

㉧ ㉠~㉦과 유사한 것으로서 국민건강보험공단, 대한적십자사, 새마을운동중앙본부 등의 단체(법칙 18 ①, 별표 6의 2)

② 「유아교육법」에 따른 유치원의 장, 「초·중등교육법」 및 「고등교육법」에 의한 학교의 장, 「국민 평생 직업능력 개발법」에 의한 기능대학의 장 또는 「평생교육법」에 의한 원격대학의 장이 추천하는 개인에게 교육비·연구비 또는 장학금으로 지출하는 기부금

③ 「상속세 및 증여세법」의 요건을 갖춘 공익신탁으로 신탁하는 기부금

④ 사회복지·문화·예술·교육·종교·자선·학술 등 공익목적으로 지출하는 기부금으로서 기획재정부장관이 지정하여 고시하는 기부금

⑤ 다음에 해당하는 「사회복지사업법」에 따른 사회복지시설 중 무료 또는 실비로 이용할 수 있는 것으로서 일정한 시설에 기부하는 금품의 가액

㉠ 「아동복지법」에 따른 아동복지시설

㉡ 「노인복지법」에 따른 노인복지시설 중 다음의 시설을 제외한 시설

ⓐ 「노인복지법」에 따른 노인주거복지시설 중 입소자 본인이 입소비용의 전부를 부담하는 양로시설·노인공동생활가정 및 노인복지주택

ⓑ 「노인복지법」에 따른 노인의료복지시설 중 입소자 본인이 입소비용의 전부를 부담하는 노인요양시설·노인요양공동생활가정 및 노인전문병원

ⓒ 「노인복지법」에 따른 재가노인복지시설 중 이용자 본인이 재가복지서비스에 대한 이용 대가를 전부 부담하는 시설

㉢ 「장애인복지법」에 따른 장애인복지시설. 다만, 다음의 시설은 제외한다.

ⓐ 비영리법인(「사회복지사업법」에 따라 설립된 사회복지법인을 포함) 외의 자가 운영하는 장애인 공동생활가정

ⓑ 「장애인복지법 시행령」에 따른 장애인생산품 판매시설

ⓒ 장애인 유료복지시설

㉣ 「한부모가족지원법」에 따른 한부모가족복지시설

㉤ 「정신보건법」에 따른 정신질환자사회복귀시설 및 정신요양시설

㉥ 「성매매방지 및 피해자보호 등에 관한 법률」에 따른 지원시설 및 성매매피해상담소

㉦ 「가정폭력방지 및 피해자보호 등에 관한 법률」에 따른 가정폭력 관련 상담소 및 보호시설

㉧ 「성폭력방지 및 피해자보호 등에 관한 법률」에 따른 성폭력피해상담소 및 성폭력 피해자 보호시설

㉨ 「사회복지사업법」에 따른 사회복지시설 중 사회복지관과 부랑인 · 노숙인 시설

㉩ 「노인장기요양보험법」에 따른 재가장기요양기관

㉪ 「다문화가족지원법」에 따른 다문화가족지원센터

⑥ 다음의 요건을 모두 갖춘 국제기구로서 기획재정부장관이 지정하여 고시하는 국제기구에 지출하는 기부금

㉠ 사회복지, 문화, 예술, 교육, 종교, 자선, 학술 등 공익을 위한 사업을 수행할 것

㉡ 우리나라가 회원국으로 가입하였을 것

2) 노동조합비

노동조합이 2023.11.30.까지 노동조합 회계공시 시스템에 2022년 결산결과를 공시하면 조합원이 노동조합·산하조직에 납부한 2023.10~12월분 조합비의 15%에 해당하는 세액공제혜택을 조합원에게 부여한다. 2022.12.31. 기준 조합원 수 1,000인 이상 노동조합(또는 산하조직)의 경우, 해당 노동조합(또는 산하조직)과 해당 노동조합(또는 산하조직)의 상급단체가 모두 공시해야 세액 공제 혜택이 부여된다. 여기서, 상급단체란 해당 노동조합(또는 산하조직)이 소속된 총연합단체, 연합단체, 단위노동조합, 산하 조직을 말한다. 또한, 2022.12.31. 기준 조합원 수 1,000인 미만 노동조합(또는 산하조직)의 경우,해당 노동조합(또는 산하조직) 자체는 공시하지 않아도 되지만, 해당 노동조합(또는 산하조직)의 상급단체는 모두

공시하여야 세액공제 혜택이 부여된다.

다음 중 어느 하나에 해당하는 회비는 일반기부금에 해당한다(소령 80 ① 2.).

① 「노동조합 및 노동관계조정법」, 「교원의 노동조합 설립 및 운영 등에 관한 법률」 또는 「공무원의 노동조합 설립 및 운영 등에 관한 법률」에 따라 설립된 단위노동조합 또는 해당 단위노동조합의 규약에서 정하고 있는 산하조직(이하 이 조에서 "단위노동조합등")으로서 다음의 요건을 모두 갖춘 단위노동조합등에 가입한 사람(이하 "조합원")이 해당 단위노동조합등에 납부한 조합비

㉠ 해당 과세기간에 단위노동조합등의 회계연도 결산결과(이하 이 목에서 "단위노동조합등결산결과")가 「노동조합 및 노동관계조정법 시행령」 제11조의 9 제2항부터 제5항까지의 규정 또는 대통령령 제33758호 노동조합 및 노동관계조정법 시행령 일부개정령 부칙 제2조에 따라 공표되었을 것(해당 과세기간에 단위노동조합등결산결과가 공표되기 전에 조합원이 퇴직한 경우에는 직전 과세기간에 단위노동조합등결산결과가 공표되었을 것). 이 경우 단위노동조합등의 직전 과세기간 종료일 현재 조합원 수가 1천명 미만인 경우에는 전단의 요건을 갖춘 것으로 본다.

㉡ ㉠에 따른 단위노동조합등으로부터 해당 단위노동조합등의 조합비를 재원으로 하여 노동조합의 규약에 따라 일정 금액을 교부받은 연합단체인 노동조합이나 다른 단위노동조합등이 있는 경우에는 해당 과세기간에 그 연합단체인 노동조합과 다른 단위노동조합등의 회계연도 결산결과(이하 이 목에서 "연합단체등결산결과")도 「노동조합 및 노동관계조정법 시행령」 제11조의 9 제2항부터 제5항까지의 규정 또는 대통령령 제33758호 노동조합 및 노동관계조정법 시행령 일부개정령 부칙 제2조에 따라 공표되었을 것(해당 과세기간에 연합단체등결산결과가 공표되기 전에 조합원이 퇴직한 경우에는 직전 과세기간에 연합단체등결산결과가 공표되었을 것). 이 경우 그 교부받은 다른 단위노동조합등의 직전 과세기간 종료일 현재 조합원 수가 1천명 미만인 경우에는 전단의 요건을 갖춘 것으로 본다.

② 「교육기본법」에 따른 교원단체에 가입한 사람이 납부한 회비

③ 「공무원직장협의회의 설립 · 운영에 관한 법률」에 따라 설립된 공무원 직장협의회에 가입한 사람이 납부한 회비

실무포인트

1. 조합비 세액공제 요건 충족 여부 판단 예시

(1) (예시 1) 아무 상급단체에도 가맹하지 않은 A 노동조합(조합원 수 1,500명)의 경우

- A는 1,000명 이상의 단위노동조합이므로 A가 공시하여야 A의 조합원에 조합비 세액 공제 적용

(2) (예시 2) 아무 상급단체에도 가맹하지 않은 B 노동조합(조합원 수 500명)의 경우

- B는 1,000명 미만의 단위노동조합이므로 B의 공시 여부에 관계 없이 B의 조합원에 조합비 세액공제 적용

(3) (예시 3) C 산업별 단위노동조합(조합원 수 1,500명)이 甲 총연합단체(10,000명)에 가맹하였고, C가 산하조직으로 D 지부(1,000명)와 E 지부(500명)를 둔 경우

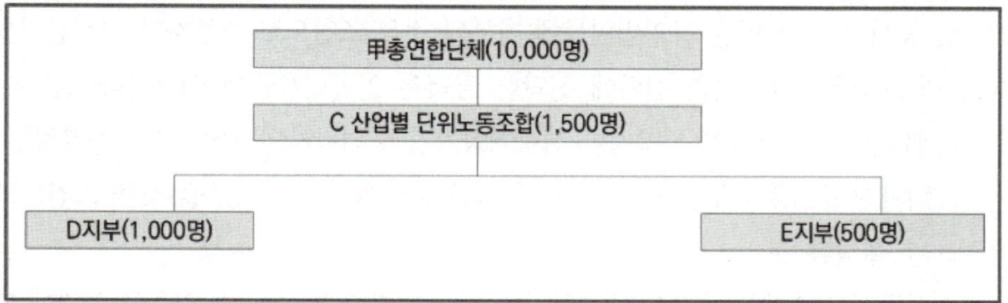

① C, 甲, D가 공시하면 D의 조합원에 세제혜택 부여

② C, 甲이 공시하면 E의 조합원에 세제혜택 부여 : E는 1,000명 미만의 산하조직이므로 공시 불필요

2. 노동조합 또는 산하조직의 회계 공시 여부 조회 방법

① 노동조합 회계공시시스템 접속(http://labor.moel.go.kr/pap)

② 상단의 '회계공시열람' 메뉴 위에 마우스 커서를 두고 아래의 '회계공시여부조회' 메뉴 클릭

③ 조회하고자 하는 노동조합(산하조직) 명칭을 입력하고 '조회' 버튼 클릭

㉠ 조합비 세액공제 적용을 위해서 공시해야 하는 대상은 총연합단체, 연합단체, 2022. 12.31. 기준 조합원 수 1,000명 이상 단위노동조합(산하조직)이며, 노동조합 회계공시시스템을 통해 이들 노동조합(산하조직)의 공시 여부를 열람할 수 있음

㉡ 조합원 수 1,000명 이상 단위노동조합(산하조직)에 조합비를 납부한 근로자 또는 해당 근로자의 원천징수의무자는 해당 단위노동조합(산하조직)을 검색

(예시 1) 2022.12.31. 기준 조합원 수 1,500명인 C노동조합이 A총연맹 산하 B연맹에 가맹한 경우, C노동조합을 검색하여 A총연맹, B연맹, C노동조합의 공시 여부 확인

㉢ 조합원 수 1,000인 미만 단위노동조합(산하조직)에 조합비를 납부한 근로자 또는 해당 근로자의 원천징수의무자는 해당 단위노동조합(산하조직)의 상급단체를 검색

(예시 2) 2022.12.31. 기준 조합원 수 500명인 C노동조합이 A총연맹 산하 B연맹에 가맹한 경우, C노동조합이 아니라 B연맹을 검색하여 A총연맹, B연맹의 공시 여부 확인

④ '조회결과'에서 조회하고자 하는 노동조합(산하조직) 클릭

⑤ '회계공시여부 정보'에서 해당 노동조합(산하조직) 및 상급단체의 공시 여부 확인

3) 공익신탁기부금

위탁자의 신탁재산이 위탁자의 사망 또는 약정한 신탁계약 기간의 종료로 인하여 「상속세 및 증여세법」에 따른 공익법인등에 기부될 것을 조건으로 거주자가 설정한 신탁으로서 다음의 요건을 모두 갖춘 신탁에 신탁한 금액은 일반기부금에 해당한다(소령 80 ① 3.).

① 위탁자가 사망하거나 약정한 신탁계약기간이 위탁자의 사망 전에 종료하는 경우 신탁재산이 「상속세 및 증여세법」에 따른 공익법인등에 기부될 것을 조건으로 거주자가 설정할 것

② 신탁설정 후에는 계약을 해지하거나 원금 일부를 반환할 수 없음을 약관에 명시할 것

③ 위탁자 및 그와 「국세기본법 시행령」 제1조의 2 제1항의 친족관계에 있는 사람(이하 "위탁자등"이라 한다)이 ①의 공익법인등(위탁자등이 해당 공익법인등의 발행주식총수 또는 출자총액의 20% 이상을 소유하거나 출자한 경우로 한정한다)과 다음의 관계에 해당하지 않을 것

㉠ 위탁자등 중 1명이 공익법인등의 설립자인 관계

㉡ 위탁자등이 공익법인등의 이사의 과반수를 차지하는 관계

④ 금전으로 신탁할 것

4) 공익단체기부금

행정안전부장관의 추천을 받아 기획재정부장관이 지정한 공익단체에 지출하는 기부금은 일반기부금에 해당한다. 다만, 지정일이 속하는 과세기간의 1월 1일부터 3년간(지정받은 기간이 끝난 후 2년 이내에 재지정되는 경우에는 재지정일이 속하는 과세기간의 1월 1일부터 6년간) 지출하는 기부금만 해당한다(소령 80 ① 5.).

(6) 기부금 세액공제의 계산

기부금 종류	소득공제 · 세액공제 대상금액 한도	세액공제율
① 정치자금기부금(조특법 76)	근로소득금액×100%	10만원 이하 : 100/110 10만원 초과 : 15% (3천만원 초과분 25%)
② 고향사랑기부금(조특법 58)	(근로소득금액－①)×100%	10만원 이하 : 100/110 10만원 초과 2,000만원 이하 : 15%(특별재난지역에 선포일로부터 3개월 이내에 기부한 경우 30%)
③ 특례기부금(소법 34 ②)	(근로소득금액－①－②)×100%	특례기부금 + 일반기부금 + 우리사주조합기부금 : 15% (1천만원 초과분 30%) * 2024.1.1.~2024.12.31. 3천만원 초과분 40%
④ 우리사주조합기부금 (조특법 88의 4 ⑬)	(근로소득금액－①－②－③)×30%	
⑤ 일반기부금(소법 34 ③) (종교단체에 기부한 금액이 있는 경우)	[근로소득금액－①－②－③－④]×10% +[(근로소득금액－①－②－③－④)의 20%와 종교단체 외에 지급한 금액* 중 적은 금액] * 당해 연도 종교단체 외 일반기부금+이월된 종교단체 외 일반기부금	
⑥ 일반기부금(소법 34 ③) (종교단체에 기부한 금액이 없는 경우)	(근로소득금액－①－②－③－④)×30%	

1) 기부금의 이월공제

① 자녀세액공제 · 연금계좌세액공제 · 보험료 · 의료비 · 교육비 세액공제액과 기부금 세액공제액의 합계액이 그 거주자의 해당 과세기간의 종합소득산출세액을 초과하는 경우 그 초과금액은 없는 것으로 한다. 다만, 그 초과하는 금액에 기부금 세액공제액이 포함되어 있는 경우 해당 기부금과 기부금 공제 한도액을 초과하여 공제받지 못한 특례기부금 · 일반기부금은 해당 과세기간의 다음 과세기간의 개시일부터 10년(2013.1.1. 이후 기부분부터 적용) 이내에 끝나는 각 과세기간에 이월하여 기부금세액공제액을 계산하여 그 금액을 종합소득산출세액에서 공제한다(소법 61 ②).

② 「조세특례제한법」에 따른 정치자금기부금, 고향사랑기부금, 우리사주조합기부금은 이월공제가 허용되지 않는다.

③ 기부금 공제는 2013년 12월 31일까지는 소득공제항목이었으나, 2014년 1월 1일부터 세액공제로 전환되었는데, 2013년 12월 31일 이전에 지급된 기부금을 2014년 1월 1일 이후에 개시하는 과세기간에 이월하여 소득공제하는 경우에는 해당 과세기

간에 지급한 기부금보다 먼저 공제한다(소법 59의 4 ④).

④ 이월된 기부금액에 대해 소득 · 세액공제를 받고자 하는 근로소득자는 전년도의 기부금명세서를 제출하여야 하며, 계속 근로 등으로 원천징수의무자 변동이 없는 경우에는 제출하지 아니할 수 있다.

⑤ 기본공제대상자가 지출한 기부금을 이월공제하는 경우, 지출 당시에는 기본공제대상자였다면 이월공제하는 연도에는 기본공제대상자가 아닌 경우로도 이월공제가 가능하다.

2) 세액공제 순서(소법 59의 4 ④)

다음의 순으로 기부금 "공제대상금액 한도"를 계산한다.

① 정치자금기부금 → ② 고향사랑기부금 → ③ 특례기부금(2015~2025년 지출분) → ④ 우리사주조합기부금 → ⑤ 일반기부금(2015~2025년 지출분)

3) 세액공제액

다음의 순으로 기부금 "세액공제액"를 계산한다. 같은 유형의 기부금 중 이월된 분과 당해 연도분이 동시에 있는 경우 이월된 기부금을 우선 공제하고 당해 연도 기부금 한도 미달액이 발생하는 경우 당해 연도 기부금 순으로 공제한다. 이 경우 이월된 기부금에 대해서는 기부연도가 빠른 기부금부터 공제한다.

① 정치자금기부금 → ② 고향사랑기부금 → ③ 이월 특례기부금(2015~2024) → ④ 당해연도 특례기부금 → ⑤우리사주조합기부금 → ⑥ 이월 종교단체 외 일반기부금(2015~2024) → ⑦ 당해연도 종교단체 외 일반기부금 → ⑧ 이월 종교단체 일반기부금(2015~2024) → ⑨ 당해 연도 종교단체 일반기부금

(7) 제출서류

기부금 세액공제를 적용받으려는 사람은 다음의 서류를 해당 과세기간의 다음 연도 2월분의 급여를 받는 날(퇴직한 경우에는 퇴직한 날이 속하는 달의 급여를 받는 날)까지 원천징수의무자 · 납세조합 또는 납세지 관할 세무서장에게 제출하여야 한다. 다만, 원천징수의무자가 기부금을 일괄징수하는 경우에는 기부금영수증을 첨부하지 아니할 수 있다(소령 113 ①, 소칙 58 ①).

① 기부금명세서

② 기부금 영수증

1) 정치자금영수증

정치자금기부금영수증은 「정치자금법」 등 관련 법령에서 영수증을 별도로 정하고 있으므로 다음의 정치자금영수증을 제출한다(소칙 58 ① 5.).

① 무정액영수증(정치자금사무관리규칙 별지 제16호)

② 정액영수증(정치자금사무관리규칙 별지 제17호)

③ 기탁금수탁증(정치자금사무관리규칙 별지 제25호 서식)

④ 당비영수증(정치자금사무관리규칙 별지 제2호 서식)

2) 자원봉사용역

해당 자원봉사용역은 특별재난지역의 지방자치단체의 장(해당 지방자치단체의 장의 위임을 받은 단체의 장 또는 해당 지방자치단체에 설치된 자원봉사센터의 장 포함)이 기부금 확인서[소칙 별지 제36호의 2 서식]를 발행받아 제출하여야 한다.

3) 종교단체 기부금영수증

일반기부금 공제대상 종교단체는 종교의 보급, 그 밖에 교화를 목적으로 「민법」 제32조에 따라 문화체육관광부장관 또는 지방자치단체장의 허가를 받아 설립한 비영리법인(그 소속단체를 포함)에 한하므로, 개별 종교단체가 세무서로부터 발급받은 고유번호증 여부로 적격 기부금 단체 여부를 판단하는 것이 아님에 유의하여야 한다.

따라서 개별 종교단체에 기부한 경우 기부금영수증과 함께 소속한 교파의 총회 또는 중앙회 등이 주무관청에 등록되어 있음을 증명하는 서류를 원천징수의무자에게 제출하여야 한다. 한편, 해외에 소재하는 종교단체에 지출한 기부금을 공제받기 위해서는 그 해외 종교단체가 위 허가받은 종교단체의 소속단체에 해당하는 경우라야 할 것이며, 증빙서류로 소속증명서(또는 총회, 중앙회 등이 주무관청에 등록되어 있음을 증명하는 서류)와 기부금영수증을 제출하여야 공제가 가능하다.

(8) 원천징수의무자의 기부금명세서 제출

원천징수의무자는 근로소득세액 연말정산을 할 때 기부금세액공제를 적용받은 거주자에 대해서는 지급명세서를 제출할 때에 해당 거주자의 기부금명세서[소칙 별지 제45호 서식]가 전산처리된 테이프 또는 디스켓을 관할 세무서장에게 제출하여야 한다(소령 118의 7 ②).

[별지 제36호의 2 서식] (2025.3.21. 개정)

특별재난지역 자원봉사용역 등에 대한 기부금확인서

① 성 명 (상 호)		②주민등록번호 (사업자등록번호)	
③ 주 소 (사업장소재지)		④전화번호	
⑤자원봉사지역		⑥자원봉사기간	

자원봉사용역 제공내용					
자원봉사용역	⑦자원봉사시간	⑧자원봉사일수 (⑦÷8시간)	⑨환산 일수	⑩일당	⑪공제대상금액(⑨×⑩)
			일	80,000원	

⑫ 인 건 비 소 계				
봉사용역에 부수되는 물건비	⑬항 목 명	⑭수량	⑮단가	⑯공제대상금액 (⑭×⑮)
⑰ 물 건 비 소 계				
⑱ 합 계(⑫+⑰)				

「소득세법」 제34조 제3항 제2호 및 「소득세법 시행령」 제81조 제6항에 따라 특별재해(재난)지역에 대한 봉사용역을 위와 같이 제공하였음을 확인하여 주시기 바랍니다.

년 월 일

신청인 (서명 또는 인)

위와 같이 자원봉사용역을 제공하였음을 확인합니다.

년 월 일

(지방자치단체장 또는 자원봉사센터장 등) (서명 또는 인)

(확인자 고유번호 : □□□-□□-□□□□□)

작 성 방 법
1. 환산일수 = 총봉사시간/8시간(환산결과 소수점 이하부분은 1일로 계산함)
2. 개인사업자의 경우 인건비는 본인분에 한정함 (종업원의 자원봉사분은 종업원 개인의 기부금으로 소득공제)

210㎜×297㎜(일반용지 70g/㎡(재활용품))

[별지 제45호 서식] (2025.6.30. 개정)

기부금명세서

※ 뒤쪽의 작성방법을 읽고 작성하여 주시기 바랍니다. (앞쪽)

❶ 인적사항	① 근무지 또는 사업장 상호	② 사업자등록번호
	③ 성명	④ 주민등록번호
	⑤ 주소	(전화번호 :)
	⑥ 사업장 소재지	(전화번호 :)

❷ 해당 연도 기부 명세

⑦ 코드	⑧ 기부내용	기부처		⑪ 기부자			기부 명세				
		⑨ 상호 (법인명)	⑩ 사업자 등록번호 등	관계 코드	성명	주민 등록 번호	건수	기부금액			
								⑫ 합계 (⑬+⑭)	⑬ 공제대상 기부금액	공제제외 기부금	
										⑭ 기부장려금 신청금액	⑮기타

❸ 구분코드별 기부금의 합계

기부자 구 분	총 계	공제 대상 기부금							공제 제외 기부금	
		특례 기부금	정치자금 기부금	고향사랑 기부금 (일반)	고향사랑 기부금 (특별재난지역)	일반기부금 (종교단체 외)	일반기부금 (종교단체)	우리사주 조합 기부금	기부장려금 신청금액	기타
코드		10	20	43	44	40	41	42	10, 40, 41	50
합계										
본인										
배우자										
직계비속										
직계존속										
형제자매										
그 외										

❹ 기부금 조정 명세

기부금 코드	기부 연도	⑯ 기부금액	⑰ 전년까지 공제된 금액	⑱ 공제대상 금액(⑯-⑰)	해당 연도 공제금액		해당 연도에 공제받지 못한 금액	
					필요경비	세액(소득)공제	소멸금액	이월금액

210mm×297mm[백상지 80g/㎡ 또는 중질지 80g/㎡]

(뒤쪽)

작성방법

※ 기부금을 특별세액공제 또는 필요경비로 산입하는 경우에는 원천징수의무자 · 납세조합 또는 납세지관할세무서장에게 이 기부금명세서를 제출해야 합니다.

1. “⑦ 코드”란: 다음을 참고하여 적습니다. 이 경우「조세특례제한법」제75조에 따라 기부장려금단체에 기부장려금으로 신청한 기부금도 아래의 기부금 유형 구분에 따라 적습니다.
   가. 특례기부금(「소득세법」제34조 제2항 제1호에 따른 기부금): 코드번호 "10"
   나. 정치자금기부금(「조세특례제한법」제76조에 따른 기부금): 코드번호 "20"
   다. 고향사랑 기부금(「조세특례제한법」제58조에 따른 기부금)
      1)「재난 및 안전관리 기본법」제60조에 따라 특별재난지역으로 선포된 지방자치단체에 기부한 기부금 외의 기부금: 코드번호 "43"
      2)「재난 및 안전관리 기본법」제60조에 따라 특별재난지역으로 선포된 지방자치단체에 기부한 기부금: 코드번호 "44"
   라. 일반기부금[「소득세법」제34조 제3항 제1호에 따른 기부금(공익단체에 대한 기부금을 포함하고, 종교단체 기부금은 제외)]: 코드번호 "40"
   마. 일반기부금(「소득세법」제34조 제3항 제1호에 따른 기부금 중 종교단체 기부금): 코드번호 "41"
   바. 우리사주조합기부금(「조세특례제한법」제88조의 4에 따른 기부금): 코드번호 "42"
   사. 그 밖의 기부금으로서 필요경비 및 세액공제금액 대상에 해당하지 않는 기부금(미지급분 기부금 포함): "공제제외 기타", 코드번호 "50"
2. “⑧ 기부내용”란에는 금전기부의 경우 "금전"으로, 금전 외의 현물기부의 경우에는 "현물"로 표시하고 자산명세를 간략히 적습니다. 현물의 경우 기부금액 산정은「소득세법 시행령」제81조 제3항에 따른 금액을 적습니다.
3. “⑨ 상호(법인명)”란: 상호 · 법인명 · 단체명 · 성명을 적습니다(「조세특례제한법」제76조에 따른 정치자금기부금은 제외합니다).
4. “⑩ 사업자등록번호 등”란: 기부처의 사업자등록번호 · 고유번호를 적습니다(「조세특례제한법」제76조에 따른 정치자금 기부금은 제외합니다). 다만, 기부처의 사업자등록번호 · 고유번호가 없는 경우에는 기부처의 대표자 주민등록번호를 적습니다.
5. 「조세특례제한법」제76조에 따른 정치자금 기부금은 기부처 구분 없이 과세연도 합계액을 “❷ 해당 연도 기부 명세”란의 최상단에 적고, “⑨ 상호(법인명)”란과 “⑩ 사업자등록번호 등”란은 적지 않으며, “⑫ 기부 명세 합계”란에는「정치자금법」에 따라 정당(같은 법에 따른 후원회 및 선거관리위원회를 포함)에 기부한 정치자금을 적습니다.
6. “⑪ 기부자”란: 관계코드(1. 거주자, 2. 배우자, 3. 직계비속, 4. 직계존속, 5. 형제자매, 6. 그 외), 성명, 주민등록번호를 정확히 적습니다.
7. “⑬ 공제대상기부금액”란: 필요경비 및 세액공제 대상에 해당(코드번호 "10", "20", “43”, "40" ~ "42")하는 기부금액을 적습니다. 이 경우 가지급금으로 처리한 기부금액은 포함되나,「조세특례제한법」제75조에 따라 기부장려금단체에 기부장려금으로 신청한 기부금액은 공제대상기부금액은 포함되지 않습니다.
8. “⑭ 기부장려금 신청금액”란: 코드번호 "10", "41", "42" 중「조세특례제한법」제75조에 따라 기부장려금단체에 기부장려금으로 신청한 기부금액을 적습니다.
9. “⑮ 기타”란: 그 밖의 기부금으로서 필요경비 및 소득공제 · 세액공제금액 대상에 해당되지 않는 기부금액을 적습니다. 회계공시 의무가 있는 노동조합이 공시의무를 이행하지 않은 경우 해당 노조에 납부한 조합비나 미지급분 기부금액의 경우도 기타란에 적습니다.
10. “❸ 구분코드별 기부금의 합계”란: “❷ 해당 연도 기부 명세”란의 “⑬ 공제대상 기부금액”란의 금액을 코드별로 집계하여 적으며, 사업자의 경우 기부금조정명세서(별지 제56호 서식)의 각 해당란에 옮겨 적습니다.
11. “❹ 기부금 조정 명세”란 작성 방법
    가. 전년 이월 기부금액과 “❸ 구분코드별 기부금의 합계”란의 기부금액에 대해 기부금코드 및 기부연도별로 작성하며 해당 연도 공제금액 및 이월금액(소멸금액)을 계산합니다.
    나. 공제받지 못한 기부금 중 이월가능 기간이 지난 기부금에 대해서는 소멸금액란에 적습니다.
    다. 근로소득자가 원천징수의무자에게 제출하는 기부금명세서는 기부금코드, 기부연도, ⑯ 기부금액, ⑰ 전년까지 공제된 금액, ⑱ 공제대상금액 까지 작성할 수 있습니다.
    라. 전년도에 이월된 기부금액에 대해 공제를 받으려는 근로소득자는 전년도의 기부금명세서를 제출해야 합니다(계속근로 등으로 인해 원천징수의무자가 변동이 없는 경우 제출하지 아니할 수 있습니다).
    마. 정치자금기부금, 고향사랑기부금, 특례기부금, 우리사주조합기부금, 일반기부금 순서로 공제하고, 일반기부금에 종교단체 기부금과 종교단체 외 기부금이 함께 있는 경우 우선 종교단체 외 기부금부터 공제합니다.
    바. 2014년 이후 이월된 기부금은 기부연도가 빠른 기부금부터 세액공제를 적용합니다.
    사. 이월기부금 공제 후 남은 기부금 공제한도 내에서 해당연도에 지출한 기부금을 공제합니다.
    아. 다음 연도로 이월된 기부금은 해당 과세기간 이후 기본공제대상자의 변동에 영향을 받지 않습니다.

210mm×297mm[백상지 80g/㎡ 또는 중질지 80g/㎡]

실무포인트

1. 천도재비용의 지정기부금(현 일반기부금) 해당 여부

거주자가 49재 등을 위하여 종교의 보급, 그 밖에 교화를 목적으로 민법 제32조에 따라 문화관광체육부장관 또는 지방자치단체의 장의 허가를 받아 설립한 비영리법인(그 소속 단체를 포함한다. 이하 같다)에게 지출하고 해당 비영리법인이 고유목적사업비로 지출하는 금액은 소득세법 제34조 따른 지정기부금(현 일반기부금)에 해당하는 것임(기획재정부 소득세제과-71, 2014.2.3.).

2. 종교법인 설립허가 전 기부금 공제시기

종교의 보급, 그 밖에 교화를 목적으로 민법 제32조에 따라 지방자치단체의 장의 허가를 받기 이전에 설립 중인 교회 등에 지급한 지정기부금(현 일반기부금)은 허가를 받은 연도의 기부금영수증 발급대상에 해당하는 것임(원천세과-201, 2010.3.5.).

3. 노사협의회 회비 기부금 공제대상 여부

근로자참여 및 협력증진에 관한 법률 제4조에 따라 설치하는 노사협의회에 근로자가 납부하는 회비는 소득세법 제34조 제1항에 따른 지정기부금(현 일반기부금)의 범위에 포함되지 아니하는 것임(원천세과-322, 2009.4.9.).

4. 노동조합비 기부금 공제대상 여부

근로자가 노동조합및노동관계조정법에 의하여 설립된 노동조합에 납부한 노동조합비는 소득세법시행령 제80조에 따른 지정기부금(현 일반기부금)에 대상에 해당하는 것이나, 해당 노동조합의 규약에서 정하고 있는 조합비 이외의 금액은 지정기부금(현 일반기부금)에 해당하지 아니함(원천세과-175, 2011.3.28.).

5. 사회복지시설에 제공하는 자문용역의 기부금 공제대상 여부

개인이 사회복지시설에 무상 제공하는 자문용역의 대가 상당액은 기부금에 해당하지 않는 것임(소득세과-306, 2012.4.9.).

6. 공무원이 특별재난지역에서 자원봉사한 경우의 기부금 공제대상 여부

공무원이 근무시간 중에 특별재난지역으로 선포된 지역의 복구를 위하여 자원봉사한 경우 당해 복구활동은 법정기부금(현 특례기부금)에 해당되지 아니함(재소득-50, 2008.1.31.).

7. 기부금공제 대상단체 해당 여부

비영리법인으로 설립허가를 받고, 관할 세무서장으로부터 고유번호를 부여받았다 하여 기부금공제 대상단체에 해당하는 것은 아님(서면1팀-223, 2005.2.18.).

8. 무상제공하는 자문용역의 기부금 해당 여부

개인이 사회복지시설에 무상 제공하는 자문용역의 대가 상당액은 기부금에 해당하지 아니

함(소득-306, 2012.4.9.).

9. 개인사찰의 기부금 단체 해당 여부

개인사찰이 종단에 사찰등록을 하고 법인으로 보는 단체로 승인받아 고유번호를 부여받은 후 의로 탈종을 한 경우 지정기부금단체(현 일반기부금단체)에 해당하지 않음(법인-550, 2012.9.12.).

10. 기부금 공제대상의 노동조합비

기부금 공제대상인 노동조합비는 조합원 자격이 있는 근로자가 당해 노동조합의 규약에서 정한 조합비를 노동조합에 납부하는 금액을 말함(법인 46013-2476, 2000.12.28.).

11. 법정기부금(현 특례기부금)의 해당 여부

일본적십자사에 지진피해에 따른 이재민 구호금품을 지급한 경우 법정기부금(현 특례기부금)에 해당하고, 원천징수의무자가 일괄징수하여 지급하는 경우 기부금영수증을 첨부하지 않고 기부금명세서를 제출할 수 있는 것임(법규소득 2011-177, 2011.5.26.).

12. 법정기부금단체(현 특례기부금단체) 부설기관의 기부금 해당 여부

법정기부금단체(현 특례기부금단체)에 해당하는 연구기관의 분사무소로 등재되어 있는 부설기관이 기부금을 수령하는 경우에는 해당 부설기관의 명의로 기부금 영수증을 발급하여 법인세법 제24조 제2항을 적용하는 것임(서면법규과-292, 2014.3.31.).

13. 지정기부금(현 일반기부금)의 해당 여부

국제체육대회 또는 세계선수권대회의 경기종목에 속하는 경기의 기능향상을 위하여 대한체육회 준가맹단체인 (사)대한체스연맹에 운동선수 양성, 단체경기비용 등으로 지출하는 기부금은 법인세법시행규칙 별표 6의 3 18호에 따른 지정기부금(현 일반기부금)에 해당되는 것임(서면-2015-법령해석법인-1650, 2016.1.18.).

14. 도서 기부의 기부금액 산정

작가가 업무와 관련 없이 법정기부금단체(현 특례기부금단체)에 자신이 집필한 도서를 무상으로 기부하는 경우 기부금액은 도서의 기부 당시의 장부가액에 의하는 것이나, 장부가액이 없거나 사업자가 아닌 개인이 소장한 도서를 기부하는 경우에는 도서의 기부 당시의 시가에 의하는 것임(서면-2016-소득-6179, 2017.1.11.).

15. 코로나19 관련 기부금

① 특별재난지역 선포일 전 및 특별재난지역 외의 지역에 코로나 19 관련 기부금을 지출한 경우에도 법정기부금(현 특례기부금)에 해당함(사전-2020-법령해석법인-0275, 2020.3.26.).

② 코로나19와 관련하여 「긴급재난기부금 모집 및 사용에 관한 특별법」 제4조에 의해 긴급재난기부금의 모집 담당기관으로 지정된 공공기관은 같은 법 제2조에 따라 접수

된 긴급재난기부금의 기부자에게 기부금영수증을 발급하고 「법인세법」 제112조의 2 및 같은 법 시행령 제155조의 2에 따라 기부금영수증 발급명세를 작성 · 보관하여야 하는 것임(법인-2622, 2020.8.25.).

사례 **기부금 세액공제(1)**

근로자가 정당에 40,000,000원을 기부한 경우, 정치자금 기부금 세액공제액을 구하시오.

- 기부금세액공제=①+②+③=7,075,909원
  - ① 100,000×100/110=90,909원
  - ② (30,000,000원−100,000)×15%=4,485,000원
  - ③ (40,000,000원−30,000,000원)×25%=2,500,000원

[정치자금 기부금 세액공제액 계산방법]

10만원 이하 : 100/110

10만원 초과 : 15%(3천만원 초과분 25%)

(9) 기부금 표본조사

납세지 관할 세무서장 또는 지방국세청장은 「소득세법」 제34조(기부금의 필요경비 산입) · 제59조의 4 제4항(기부금 세액공제)에 따라 기부금을 필요경비에 산입하거나 기부금 세액공제를 받은 거주자 또는 「소득세법」 제121조 제2항 및 제5항에 따른 비거주자 중 기부금 세액공제 대상금액 또는 필요경비 산입금액이 100만원 이상인 자에 대하여 필요경비 산입 또는 세액공제의 적정성을 검증하기 위하여 해당 과세기간 종료일부터 2년 이내에 표본조사를 하여야 한다. 표본조사는 기부금 세액공제 대상금액 또는 필요경비 산입금액이 100만원 이상인 자의 1%에 해당하는 인원에 대하여 실시한다(소법 175, 소령 226).

1) 기부금 표본조사 대상 선정 절차

국세청에서는 기부금 단체에 대한 확인과 기부금 세액공제 이력 등 전산분석을 거쳐 조사할 필요가 있다고 판단되는 자를 표본조사 대상으로 선정하여 원천징수의무자를 통해 서면 확인 후 세액을 고지하거나 수정신고를 안내한다. 표본조사 시 적발되는 주요 불성실 유형을 예시하면 다음과 같다.

① 거짓 기부금영수증 매매 행위

② 폐업 · 기 고발된 기부금단체 명의의 기부금영수증

③ 법인설립 허가되지 않은 종교단체 등 비적격 기부금단체로부터 발급받은 영수증
④ 기부금영수증의 기재사항과 기부단체가 작성 · 보관하고 있는 '기부금 영수증 발급명세'와 불일치하는 영수증
⑤ '기부금명세서' 제출의무를 이행하지 않는 경우
⑥ 위 · 변조 영수증 등을 이용하여 세액공제를 신청한 경우

2) 정상적인 기부금영수증으로 인정되지 않는 경우

정상적인 기부금 지출에 따른 영수증인지 여부는 기부금액 지출 방법, 수취한 기부금영수증 형식과 내용, 기부단체 적격 여부, 기부단체의 확인내용 등을 종합적으로 검토하여 판단한다. 국세청 조사결과 정상적인 기부금으로 인정되기 어려운 경우를 예시하면 다음과 같다.

① 기부금품을 무기명으로 함에 투입하여 실제 기부금액, 기부자명 등을 확인할 수 없는 경우
② 기부금영수증상 '일련번호', '기부일자' 등 기재사항과 기부단체가 작성보관하고 있는 '기부금영수증 발급명세서'상의 내용이 상이한 경우
③ 백지 기부금영수증을 교부받아 근로자가 직접 수기 작성한 경우
④ 실제 지출이 확인되더라도 부적격 기부단체에 기부한 경우 또는 사주, 궁합, 택일, 작명 등 대가성 비용을 지출하고 기부금영수증을 발급받은 경우

3) 소명방법

표본조사에 선정된 근로자가 실제로 기부한 기부금 영수증에 대하여는 다음의 서류로 소명할 수 있다.

① 금융계좌로 송금한 경우에는 계좌이체 증빙
② 원천징수의무자에게 제출한 기부금영수증의 '일련번호' 등 기재사항과 기부금단체가 보관 작성하고 있는 '기부금영수증 발급명세'상의 '일련번호' 등이 일치함을 확인할 수 있는 기부금영수증 발급대장 사본 등

4) 가산세의 부과

허위 기부금영수증을 제출하여 부당하게 소득 · 세액공제 받은 근로자에 대하여 근로소득을 수정신고하는 경우 부정과소신고가산세(40%)가 적용된다.

(10) 기부장려금

기부금 세액공제를 신청할 수 있는 거주자는 본인이 기부금 세액공제를 받는 대신 그 기부금에 대한 세액공제 상당액을 당초 기부금을 받은 자가 지급받을 수 있도록 기부장려금을 신청할 수 있다(조특법 75 ①). 기부자가 기부금에 대한 세액공제 상당액을 당초 기부금을 받은 기부장려금 단체가 지급받을 수 있도록 하기 위해서는 기부장려금 신청서[조특칙 별지 제53의 4 서식]를 해당 기부장려금 단체에 제출하여야 한다.

1) 신청절차

기부금단체가 기부금 영수증을 발급할 때 세액공제 대상인 기부자에게 기부장려금 신청 여부를 확인하여 기부자가 기부장려금 신청서를 기부장려금 단체에 제출하면 기부금단체는 다음 연도 6월 30일까지 관할 세무서장에게 기부금영수증 발급명세서와 함께 기부장려금 신청명세서를 제출한다. 국세청의 확인을 거친 후 기부금 단체에 세액공제 상당액을 환급한다.

2) 기부장려금액의 산정

기부장려금단체로부터 기부장려금 신청명세를 제출받은 납세지 관할 세무서장은 다음의 금액을 기부장려금으로 결정한다(조특법 75 ④).

기부장려금＝①－②
① 기부장려금을 신청한 기부자의 해당 과세기간의 종합소득결정세액 ② 기부자가 기부장려금을 신청한 기부금에 대해 기부금 세액공제를 신청한 것으로 보아 계산한 종합소득 결정세액*

* 이 경우 기부장려금 신청액에 대해서는 일반기부금 한도액을 적용하지 않는다.

3) 기부자의 신청

기부자는 본인이 기부금 세액공제를 받는 대신 그 기부금에 대한 세액공제 상당액을 당초 기부금을 받은 자가 지급받을 수 있도록 기부장려금을 신청할 수 있다(조특법 75 ①). 기부자가 기부금세액공제와 기부장려금을 중복하여 신청한 경우에는 기부금세액공제를 신청한 것으로 보며, 기부장려금을 신청한 기부자가 기부장려금 신청명세 제출기한이 지난 후에 기부금세액공제를 중복하여 신청한 경우에는 기부장려금을 신청한 것으로 본다(조특법 75 ⑩).

[별지 제53호의 4 서식] (2021.3.16. 개정)

기 부 장 려 금 신 청 서

❶ 기부장려금 신청인

성명	주민등록번호
주소(소재지)	

❷ 기부장려금단체

단체(법인)명	비영리민간단체 (사업자)등록번호
소 재 지	

❸ 기부장려금 신청대상 기부내용

코 드	구 분	연월일	내 용			금 액
			품명	수량	단가	

본인은「소득세법」제59조의 4 제4항에 따라 기부금 세액공제를 신청할 수 있는 거주자(사업소득만 있는 자는 제외하되,「소득세법」제73조 제1항 제4호에 따른 사업자는 포함)로서 본인이 기부금 세액공제를 받는 대신 그 기부금에 대한 세액공제 상당액을 상기 기부장려금단체가 지급받을 수 있도록 위와 같이 신청합니다.

년 월 일

신청인 (서명 또는 인)

귀하

작성방법 및 유의사항

1.「소득세법」제34조 제2항 제1호에 따른 기부금,「소득세법」제34조 제3항 제1호에 따른 기부금에 대해 기부장려금을 신청할 수 있으며, ❸ 기부내용의 코드는 다음 구분에 따라 적습니다.

기부금 구분	코드
「소득세법」제34조 제2항 제1호에 따른 기부금	10
「소득세법」제34조 제3항 제1호(종교단체 기부금 제외)에 따른 기부금	40
「소득세법」제34조 제3항 제1호에 따른 기부금 중 종교단체기부금	41

2. ❸ 기부장려금 신청대상 기부내용의 구분란에는 "금전기부"의 경우에는 "금전", "현물기부"의 경우에는 "현물"로 적고, 내용란은 현물기부의 경우에만 적습니다.
3. 기부금 세액공제와 기부장려금을 중복하여 신청한 경우에는 기부금 세액공제를 신청한 것으로 봅니다.

210mm×297mm[백상지 80g/㎡(재활용품)]

사례 **기부금 세액공제(2)**

소득금액 71,000,000원, 기부금액 전체 50,000,000원, 산출세액 10,000,000원인 경우 아래의 자료를 참고하여 기부금 이월액을 구하시오.

풀이

1. 기부금액과 한도액을 비교하여 한도초과이월액 계산 및 세액공제 대상금액 계산

구 분		기부금액	한 도	세액공제 대상금액	한도초과 이월액
특 례	당기	5,000,000	71,000,000	5,000,000	
	2023년 이월	3,000,000		3,000,000	
	2024년 이월	2,000,000		2,000,000	
우리사주		20,000,000	18,300,000	18,300,000	
일반 종교 외	당기	3,000,000	12,270,000	3,000,000	
	2023년 이월	2,000,000		2,000,000	
	2024년 이월	3,000,000		3,000,000	
일반 종교	당기	5,000,000			5,000,000
	2023년 이월	4,000,000		4,000,000	
	2024년 이월	3,000,000		270,000	2,730,000
합 계		50,000,000		40,570,000	7,730,000

2. 결정세액이 "0"이 되는 시점의 기부금 세액공제 가능액(예시) : 세액 8,190,000원

※ 세액공제가능액 = 산출세액 − (적용순서의 세액감면~월세액 세액공제까지의 합계)
= 10,000,000 − (세액감면 + 근로소득세액공제 + 혼인세액공제 + 자녀세액공제 + 보장성보험료세액공제 + 의료비세액공제 + 교육비세액공제 + 정치자금기부금세액공제 + 표준세액공제 + 납세조합공제 + 주택차입금공제 + 월세액세액공제)

3. 공제순서에 따라 세액공제 가능액(8,190,000원)까지의 세액공제액을 계산

구 분		세액공제 대상금액	공제금액	공제율	세액공제액	공제초과 이월액
특 례	당기	5,000,000	5,000,000	15%	750,000	
	2023년 이월	3,000,000	3,000,000	15%	450,000	
	2024년 이월	2,000,000	2,000,000	15%	300,000	
우리사주		18,300,000	18,300,000	30%	5,490,000	
일반 종교 외	당기	3,000,000	0	−	0	3,000,000
	2023년 이월	2,000,000	2,000,000	30%	600,000	
	2024년 이월	3,000,000	2,000,000	30%	600,000	1,000,000

구 분		세액공제 대상금액	공제금액	공제율	세액공제액	공제초과 이월액
일반 종교	2023년 이월	4,000,000	0	–	0	4,000,000
	2024년 이월	270,000	0	–	0	270,000
합 계		40,570,000	32,300,000		8,190,000	8,270,000

4. 이월액=16,000,000원(한도초과이월액 7,730,000원, 공제초과이월액 8,270,000원)

사례 기부금세액공제(3)

㈜택스에듀는 2025년 근로소득에 대한 연말정산을 다음과 같이 실시하였다.

2025년 귀속 근로소득금액은 50,000,000원이었으며, 부양가족으로는 아버지(김창현, 2024년 종교단체 기부금 이월액 4,000,000원)와 어머니(박정현, 총급여 6,000,000원)가 있다.

참고자료

| 국세청 간소화자료 |

2025년 귀속 소득 · 세액공제증명서류 : 기본(지출처별)내역 [기부금]

(조회기간 : 2025년 01~12월)

■ 기부자 인적사항

성 명	주 민 등 록 번 호
김지환	930810-1******

■ 기부금 지출내역

사업자번호	단체명	기부유형	기부금액 합계	공제대상 기부금액	기부장려금 신청금액
102-81-*****	AA공단	특례기부금	3,000,000	3,000,000	0
102-81-*****	BB단체	종교단체외일반기부금	600,000	600,000	0
102-81-*****	CC단체	종교단체외일반기부금	600,000	600,000	0
인별합계금액					4,200,000

※ 기부금은 근무기간과 관계없이 연간 기부금액을 기준으로 세액공제 금액을 계산하므로 조회기간을 선택하여 조회한 경우에도 1년 전체 기부금액이 조회됩니다.
공제 대상 : 거주자 및 기본공제를 적용받는 부양가족(나이의 제한을 받지 않음)이 해당 과세기간에 지급한 공제 한도 내의 기부금

※ 「조세특례제한법」에 따른 '정치자금기부금'과 '우리사주조합기부금'은 근로자 본인이 지급한 기부금에 한해 공제받을 수 있습니다.

• 본 증명서류는 「소득세법」 제165조 제1항에 따라 영수증 발급기관으로부터 수집한 서류로 소득세액공제 충족 여부는 근로자가 직접 확인하여야 합니다.
• 본 증명서류에서 조회되지 않는 내역은 영수증 발급기관에서 직접 발급받으시기 바랍니다.

2025년 귀속 소득 · 세액공제증명서류 : 기본(지출처별)내역 [기부금]

(조회기간 : 2025년 01~12월)

■ 기부자 인적사항

성 명	주 민 등 록 번 호
김창현	620210-1******

■ 기부금 지출내역

사업자번호	단체명	기부유형	기부금액 합계	공제대상 기부금액	기부장려금 신청금액
102-81-*****	DD교회	종교단체기부금	2,400,000	2,400,000	0
인별합계금액					2,400,000

※ 기부금은 근무기간과 관계없이 연간 기부금액을 기준으로 세액공제 금액을 계산하므로 조회기간을 선택하여 조회한 경우에도 1년 전체 기부금액이 조회됩니다.
공제 대상 : 거주자 및 기본공제를 적용받는 부양가족(나이의 제한을 받지 않음)이 해당 과세기간에 지급한 공제 한도 내의 기부금
※ 「조세특례제한법」에 따른 '정치자금기부금'과 '우리사주조합기부금'은 근로자 본인이 지급한 기부금에 한해 공제받을 수 있습니다.

• 본 증명서류는 「소득세법」 제165조 제1항에 따라 영수증 발급기관으로부터 수집한 서류로 소득세액공제 충족 여부는 근로자가 직접 확인하여야 합니다.
• 본 증명서류에서 조회되지 않는 내역은 영수증 발급기관에서 직접 발급받으시기 바랍니다.

2025년 귀속 소득 · 세액공제증명서류 : 기본(지출처별)내역 [기부금]

(조회기간 : 2025년 01~12월)

■ 기부자 인적사항

성 명	주 민 등 록 번 호
박정현	630506-1******

■ 기부금 지출내역

사업자번호	단체명	기부유형	기부금액 합계	공제대상 기부금액	기부장려금 신청금액
102-81-*****	DD교회	종교단체기부금	1,440,000	1,440,000	0
인별합계금액					1,440,000

※ 기부금은 근무기간과 관계없이 연간 기부금액을 기준으로 세액공제 금액을 계산하므로 조회기간을 선택하여 조회한 경우에도 1년 전체 기부금액이 조회됩니다.
공제 대상 : 거주자 및 기본공제를 적용받는 부양가족(나이의 제한을 받지 않음)이 해당 과세기간에 지급한 공제 한도 내의 기부금

※ 「조세특례제한법」에 따른 '정치자금기부금'과 '우리사주조합기부금'은 근로자 본인이 지급한 기부금에 한해 공제받을 수 있습니다.

• 본 증명서류는 「소득세법」 제165조 제1항에 따라 영수증 발급기관으로부터 수집한 서류로 소득세액공제 충족 여부는 근로자가 직접 확인하여야 합니다.
• 본 증명서류에서 조회되지 않는 내역은 영수증 발급기관에서 직접 발급받으시기 바랍니다.

해설

구 분	특례기부금	종교단체 외 일반기부금	종교단체 일반기부금
2024년 이월	–	–	4,000,000
2025년	3,000,000	1,200,000	2,400,000
합 계	3,000,000	1,200,000	6,400,000

1. **공제대상금액 산출**

• 특례기부금

=3,000,000

• 일반기부금

$$=\text{Min}\left[\begin{array}{l}(1,200,000+6,400,000)\\(50,000,000-3,000,000)\times 10\%+\text{Min}[(50,000,000-3,000,000)\times 20\%,\\1,200,000]\end{array}\right.$$

$$=\text{Min}\left[\begin{array}{l}(7,600,000)\\(47,000,000\times 10\%)+\text{Min}(47,000,000\times 20\%,\ 1,200,000)\end{array}\right.$$

$=5,900,000$

구 분	공제가능금액		공제대상금액	세액공제대상	이월금액
특례기부금	2025년	3,000,000	3,000,000	3,000,000	–
종교단체 외 일반기부금	2025년	1,200,000	5,900,000	1,200,000	–
종교단체기부금	2024년	4,000,000		4,000,000	–
	2025년	2,400,000		700,000	1,700,000
합 계		10,600,000	8,900,000	8,900,000	1,700,000

2. 공제가능한 세액공제액 산출

구 분	세액공제대상		공제율	공제가능세액
특례기부금	2025년	3,000,000	15%	450,000
종교단체 외 일반기부금	2025년	1,200,000	15%	180,000
종교단체기부금	2024년	4,000,000	20%	800,000
	2025년	700,000	15%	105,000
합 계		–		1,535,000

| 근로소득지급명세서(2쪽) |

㊹ 기부금			
	㉮ 특례기부금	공제대상금액	3,000,000
		세액공제액	450,000
	㉯ 우리사주조합 기부금	공제대상금액	
		세액공제액	
	㉰ 일반기부금 (종교단체 외)	공제대상금액	1,200,000
		세액공제액	180,000
	㉱ 일반기부금 (종교단체)	공제대상금액	4,700,000
		세액공제액	905,000

▌기부금조정명세서▌

❹ 기부금 조정 명세

기부금 코드	기부 연도	⑯ 기부금액	⑰ 전년까지 공제된 금액	⑱ 공제대상 금액(⑯-⑰)	해당 연도 공제금액		해당 연도에 공제받지 못한 금액	
					필요경비	세액(소득)공제	소멸금액	이월금액
10	2025	3,000,000	-	3,000,000		3,000,000	-	-
40	2025	1,200,000	-	1,200,000		1,200,000	-	-
41	2025	2,400,000	-	2,400,000		700,000	-	1,700,000
41	2024	4,000,000	-	4,000,000		4,000,000	-	-

5. 표준세액공제

근로소득이 있는 거주자로서 특별소득공제, 특별세액공제 및 월세액 세액공제를 신청하지 아니한 사람에 대해서는 연 13만원을 종합소득산출세액에서 공제한다(소법 59의 4 ⑨).

① 특별소득공제 : 건강보험료, 고용보험료, 주택임차차입금, 장기주택저당차입금, 이월기부금

② 특별세액공제 : 보험료, 의료비, 교육비, 특례 · 일반기부금

따라서, 정치자금기부금, 고향사랑기부금, 우리사주조합기부금 세액공제 및 연금계좌세액공제는 표준세액공제와 중복적용이 가능하며, 소기업 · 소상공인공제부금, 주택마련저축 및 신용카드 등 소득공제도 표준세액공제와 중복적용이 가능하다. 한편, 비거주자는 인적공제 중 본인 외의 자에 대한 공제와 특별 소득공제 및 특별 세액공제를 적용하지 않으므로, 특별세액공제 항목인 표준세액공제도 적용받을 수 없다.

▌표준세액공제 적용방법▌

구 분	세액공제
① 일반적인 경우	특별소득공제+특별세액공제+월세액 세액공제
② ①의 공제를 신청하지 않은 경우	표준세액공제(연 13만원)

4 그 밖의 세액공제

1. 자녀세액공제

종합소득이 있는 거주자의 기본공제대상자에 해당하는 자녀(입양자 및 위탁아동 포함) 및 손자녀에 대해서는 다음의 구분에 따른 금액을 종합소득산출세액에서 공제한다(소법 59의 2). 2023년 1월 1일부터 거주자의 기본공제대상 자녀 및 손자녀로서 8세 이상의 사람에 대해서만 적용한다.

(1) 기본공제대상 자녀가 있는 경우

기본공제대상 자녀 수	세액공제액
1명인 경우	연 25만원
2명인 경우	연 55만원
3명 이상인 경우	연 55만원+(자녀수－2명)×40만원

(2) 해당 과세기간에 출산하거나 입양신고한 공제대상 자녀가 있는 경우

① 출산하거나 입양 신고한 공제대상자녀가 첫째인 경우 : 연 30만원
② 출산하거나 입양 신고한 공제대상자녀가 둘째인 경우 : 연 50만원
③ 출산하거나 입양 신고한 공제대상자녀가 셋째 이상인 경우 : 연 70만원

실무포인트

「소득세법」 제59조의 2 제3항에 따라 출산·입양 신고한 공제대상 자녀에 대하여 세액공제를 적용하는 경우 나이 순서와 관계없이 사망한 자녀를 포함하여 출산·입양신고한 순서를 기준으로 적용하는 것이며, 세액공제대상 자녀의 범위는 가족관계등록부상의 자녀를 기준으로 판단하는 것임(기획재정부 소득세제과-523, 2019.9.18.).

사례 자녀세액공제

1. 현재 3자녀(23세, 10세, 3세)가 있는 경우의 자녀세액 공제액을 구하시오.

- 자녀세액공제액＝①+②＝250,000원

  ① 기본공제 대상 : 기본공제가 적용되는 자녀 중 8세 이상 자녀 수가 1명이므로 250,000원

② 출산 · 입양 공제 : 0원

2. 현재 3자녀(23세, 10세, 3세)가 있으며 2025년에 자녀 1명을 입양(입양자녀 2세)한 경우의 자녀세액공제액을 구하시오.

• 자녀세액공제액＝①+②＝950,000원

① 기본공제 대상 : 기본공제가 적용되는 자녀 중 8세 이상 자녀 수가 1명이므로 250,000원

② 출산 · 입양공제 : 700,000원

*공제대상 자녀가 첫째인 경우 : 연 300,000원
공제대상 자녀가 둘째인 경우 : 연 500,000원
공제대상 자녀가 셋째 이상인 경우 : 연 700,000원

3. 현재 1자녀(3세)가 있는 사람이 2025년에 둘째 자녀를 출산한 경우의 자녀세액공제액을 구하시오.

• 자녀세액공제액＝①+②＝500,000원

① 기본공제 대상 : 기본공제가 적용되는 자녀 중 8세 이상 자녀 수가 0명이므로 0원

② 출산 · 입양공제 : 500,000원

* 공제대상 자녀가 첫째인 경우 : 연 300,000원
공제대상 자녀가 둘째인 경우 : 연 500,000원
공제대상 자녀가 셋째 이상인 경우 : 연 700,000원

4. 현재 2자녀(14세, 6세)가 있는 사람이 2025년에 쌍둥이로 셋째와 넷째를 출산했을 경우 자녀세액공제액을 구하시오.

• 자녀세액공제액＝①+②＝1,650,000원

① 기본공제 대상 : 기본공제가 적용되는 자녀 중 8세 이상 자녀 수가 1명이므로 250,000원

② 출산 · 입양공제 : 1,400,000원

출산한 자녀가 셋째와 넷째이므로 각각 700,000원씩 1,400,000원을 공제한다.

* 공제대상 자녀가 첫째인 경우 : 연 300,000원
공제대상 자녀가 둘째인 경우 : 연 500,000원
공제대상 자녀가 셋째 이상인 경우 : 연 700,000원

5. 맞벌이 부부이고, 자녀의 나이가 13세, 6세, 3세(20년 입양)일 때 2025년도 자녀세액공제액을 구하시오. 다만, 남편이 첫째와 둘째를 공제받고, 부인이 입양자녀를 공제받는다.

• 남편의 자녀세액공제액＝①+②＝250,000원

① 기본공제 대상 : 기본공제가 적용되는 자녀 중 8세 이상 자녀 수가 1명이므로 250,000원

② 출산 · 입양공제 : 0원

• 부인의 자녀세액공제액＝①+②＝700,000원

① 기본공제 대상 : 기본공제가 적용되는 자녀 중 8세 이상 자녀 수가 0명이므로 0원

② 출산 · 입양공제 : 공제대상 자녀가 셋째이므로 700,000원

2. 연금계좌세액공제

(1) 세액공제 금액

종합소득이 있는 거주자가 연금계좌에 납입한 금액 중 다음에 해당하는 금액을 제외한 금액(이하 연금계좌 납입액)의 12%에 해당하는 금액을 해당 과세기간의 종합소득산출세액에서 공제한다. 다만, 연금계좌 납입액이 연 600만원을 초과하는 경우에는 그 초과하는 금액은 없는 것으로 하고, 연금저축계좌에 납입한 금액 중 600만원 이내의 금액과 퇴직연금계좌에 납입한 금액을 합한 금액이 연 900만원을 초과하는 경우에는 그 초과하는 금액은 없는 것으로 하고, 연금저축계좌에 납입한 금액 중 600만원 이내의 금액과 퇴직연금계좌에 납입한 금액을 합한 금액이 연 900만원을 초과하는 경우에는 그 초과하는 금액은 없는 것으로 한다(소법 59의 3).

① 소득세가 원천징수되지 아니한 퇴직소득 등 과세가 이연된 소득

② 연금계좌에서 다른 연금계좌로 계약을 이전함으로써 납입되는 금액

총급여액	공제율	세액공제 대상 납입한도(퇴직연금 포함)
5,500만원 이하 (종합소득금액 4,500만원 이하)	15%	900만원 (600만원)
5,500만원 초과 (종합소득금액 4,500만원 이하)	12%	

(2) 연금계좌 및 퇴직연금계좌

1) 연금계좌

연금저축계좌란 다음 중 어느 하나에 해당하는 금융회사 등과 체결한 계약에 따라 "연금저축"이라는 명칭으로 설정하는 계좌를 말한다(소령 40의 2 ① 1.).

① 「자본시장과 금융투자업에 관한 법률」 제12조에 따라 인가를 받은 신탁업자와 체결하는 신탁계약

② 「자본시장과 금융투자업에 관한 법률」 제12조에 따라 인가를 받은 투자중개업자와 체결하는 집합투자증권 중개계약

③ 보험계약을 취급하는 기관과 체결하는 보험계약

2) 퇴직연금계좌

퇴직연금계좌란 퇴직연금을 지급받기 위하여 가입하여 설정하는, 다음 중 어느 하나에 해당하는 계좌를 말한다(소령 40의 2 ① 2.).

① 「근로자퇴직급여 보장법」 제2조 제9호의 확정기여형퇴직연금제도에 따라 설정하는 계좌

② 「근로자퇴직급여 보장법」 제2조 제10호의 개인형퇴직연금제도에 따라 설정하는 계좌

③ 「근로자퇴직급여 보장법」에 따른 중소기업퇴직연금기금제도에 따라 설정하는 계좌

④ 「과학기술인공제회법」 제16조 제1항에 따른 퇴직연금급여를 지급받기 위하여 설정하는 계좌

(3) ISA계좌 만기 시 개인·퇴직연금계좌에 추가납입 허용

또한, 개인종합자산관리계좌의 계약기간이 만료된 날부터 60일 이내에 해당 계좌 잔액의 전부 또는 일부를 연금계좌로 납입한 경우 그 납입한 금액(전환금액)을 납입한 날이 속하는 과세기간의 연금계좌 납입액에 포함한다(소법 59의 3 ③, 소령 118의 2 ③). 전환금액이 있는 경우에는 전환금액의 10% 또는 300만원(직전 과세기간과 해당 과세기간에 걸쳐 납입한 경우에는 300만원에서 직전 과세기간에 적용된 금액을 차감한 금액) 중 적은 금액과 연금계좌에 납입한 금액으로 하는 금액을 합한 금액을 초과하는 금액은 없는 것으로 한다(소법 59의 3 ④).

사례 **ISA계좌 만기 시 전환금액**

근로자 A는 2024년에 연금저축계좌 납입액 600만원, 퇴직연금계좌 납입액 300만원, 개인자산종합관리계좌(ISA) 전환금액 4,000만원이 있다. 2025년에는 개인연금·퇴직연금 납입액과 ISA 전환금은 없다. 2024년과 2025년 연금계좌세액공제 대상 한도는?

해설

(1) 2024년

연금저축 600만원+퇴직연금 300만원+추가한도 300만원* = 1,200만원

* 추가한도 : Min(4,000만원×10%, 300만원)

(2) 2025년

전년도 ISA 전환금 잔액 3,700만원 중 600만원(연금저축으로 전환한 경우)

(4) 연금계좌세액공제 한도액 초과납입금 등의 해당 연도 납입금으로의 전환 특례

연금계좌 가입자가 이전 과세기간에 연금계좌에 납입한 연금보험료 중 연금계좌세액공제(연금보험료 공제 등 포함)를 받지 아니한 금액이 있는 경우로서 그 금액의 전부 또는 일부를 해당 과세기간에 연금계좌에 납입한 연금보험료로 전환하여 줄 것을 연금계좌취급자에게 신청한 경우에는 그 전환 신청한 금액을 연금계좌에서 가장 먼저 인출하여 그 신청한 날에 다시 해당 연금계좌에 납입한 연금보험료로 본다(2014.5.1. 이후 신청하는 분부터 적용). 다만, 개인자산종합관리계좌(ISA) 전환금액 추가한도는 연금계좌로 전환한 연도에만 적용한다(소령 118의 3 ①).

사례 한도초과액 납입금 전환

근로자 B는 2024년도 초에 연금저축에 가입하고 연도 중 800만원을 납입하고 연말정산 시 600만원에 대해 연금보험료 공제를 받았다. 2025년도에는 여유자금이 없어 연금저축에 납입한 금액이 없어 2025.10.20. 저축취급기관에 연금계좌세액공제 한도액 초과납입금에 대해 최대로 해당 연도 납입금으로 전환을 신청한 경우, 2025년 연말정산 시 연금계좌 세액공제금액은?(근로자 A의 총급여액은 54백만원임)

해설

공제한도 초과납입금 200만원(800만원−600만원)에 대해 2025년 연말정산 시 연금계좌세액공제를 적용받을 수 있다.

세액공제금액 : 200만원×15%=300,000원

(5) 신 청

근로자가 「소득세법」 제59조의 3에 따른 연금계좌 세액공제를 적용받고자 하는 경우 '연금 납입확인서'(「소득세법 시행규칙」 별지 38호의 2 서식)를 해당 연도의 다음 연도 2월분의 급여를 받는 날, 퇴직한 경우에는 퇴직한 날이 속하는 달의 급여를 받는 날까지 원천징수의무자 · 납세조합에게 제출하여야 한다. '연금 납입확인서'는 국세청 홈택스의 연말정산간소화에서 발급하는 서류로 제출 가능하다(소령 118의 2 ①).

실무포인트

1. 사례별 연금계좌 세액공제 대상금액

총급여액이 1억 2천만원 또는 종합소득금액이 1억원 이하인 사람의 경우 연금저축은 600만원 한도이고, 퇴직연금과 합한 금액 한도는 900만원임.

(단위 : 만원)

상 황	연금저축납입액 (600만원 한도)	퇴직연금 납입액	공제금액 (900만원 한도)	공제비율	세액공제액
1	0	900	900	15%	135
2	200	700	900	15%	135
3	700	200	800	15%	120
4	900	0	600	15%	90

2. 퇴직연도에 불입한 확정기여형 퇴직연금의 추가부담분의 연금보험료 공제 가능 여부

근로자가 퇴직하는 연도에 근로자퇴직급여보장법 제20조 제2항에 따라 확정기여형 퇴직연금계좌에 납입한 추가부담금으로서 퇴직 후 개인형퇴직연금계좌로 이체하여 운용 중인 경우 해당 추가부담금은 소득세법 제51조의 3에 따라 연금보험료 소득공제를 받을 수 있는 것임(서면법규-464, 2013.4.22.).

3. 중소기업퇴직연금기금제도의 가입자부담금 지원금의 공제 가능 여부

「근로자퇴직급여 보장법」 제23조의 14에 따라 국가가 중소기업퇴직연금기금제도를 운용하는 기업의 근로자의 연금계좌로 지급하는 가입자부담금 지원금은 해당 근로자의 「소득세법」 제59조의 3에 따른 연금계좌세액공제 대상에 해당하지 않는 것임(서면-2023-법규소득-3940 [법규과-893], 2024.4.12.).

3. 외국납부세액공제

거주자의 종합소득금액에 국외원천소득이 합산되어 있는 경우로서 그 국외원천소득에 대하여 외국에서 외국소득세액을 납부하였거나 납부할 것이 있을 때에는 다음의 방법 중 하나를 선택하여 적용할 수 있다. 공제 한도금액 내에서 외국소득세액을 해당 과세기간의 종합소득산출세액 또는 퇴직소득 산출세액에서 공제할 수 있다(소법 57 ①).

(1) 세액공제 대상세액

구 분	내 용
① 직접외국납부세액	외국소득세액이란 외국정부에 납부했거나 납부할 다음의 세액을 말하며, 가산세는 제외한다. 다만, 조세조약에 따른 비과세 · 면제 · 제한세율에 관한 규정에 따라 계산한 세액을 초과하는 세액은 제외하되, 러시아연방 정부가 비우호국과의 조세조약 이행중단을 내용으로 하는 자국 법령에 근거하여 조세조약에 따른 비과세 · 면제 · 제한세율에 관한 규정에 따라 계산한 세액을 초과하여 과세한 세액은 포함한다(소령 117 ①). ㉠ 개인의 소득금액을 과세표준으로 하여 과세된 세액과 그 부가세액 ㉡ ㉠과 유사한 세목에 해당하는 것으로서 소득 외의 수입금액 기타 이에 준하는 것을 과세표준으로 하여 과세된 세액
② 의제외국납부세액	국외 원천소득이 있는 거주자가 조세조약의 상대국에서 그 국외 원천소득에 대하여 소득세를 감면받은 세액의 상당액은 그 조세조약에서 정하는 범위에서 세액공제의 대상이 되는 외국소득세액으로 본다(소법 57 ③).

(2) 한도액

외국납부세액공제를 적용하는 경우에는 다음의 금액을 한도로 하여 산출세액에서 공제한다.

$$\text{공제 한도} = \text{종합소득 산출세액} \times \frac{\text{국외 원천소득금액}}{\text{종합소득금액}}$$

공제 한도금액을 계산함에 있어서 국외 사업장이 2 이상의 국가에 있는 경우에는 사업자가 국가별로 구분하여 계산한다(소령 117 ⑦).

(3) 이월공제

외국소득세액을 종합소득 산출세액에서 공제하는 외국납부세액공제를 적용할 때 외국 정부에 납부하였거나 납부할 외국소득세액이 해당 과세기간의 공제 한도금액을 초과하는 경우 그 초과하는 금액은 해당 과세기간의 다음 과세기간 개시일부터 10년 이내에 끝나는 과세기간으로 이월하여 그 이월된 과세기간의 공제 한도금액 내에서 공제받을 수 있다(소법 57 ②).

실무포인트

1. 외국에서 과세된 국내원천소득의 외국납부세액공제 적용 여부

거주자의 국외원천소득에 대하여 외국에서 외국소득세액을 납부하였거나 납부할 것이 있는 때에는 소득세법 제57조의 규정에 의하여 외국납부세액공제를 하는 것이며 국외원천소득에는 국내에서 지급받는 국외근로소득을 포함하는 것임(원천세과-4, 2010.1.4.).

2. 국내지점에 근무하는 거주자 급여를 외국본사에서 지급 시 외국납부세액 공제 여부

거주자의 종합소득금액에 국외원천소득이 합산되어 있는 경우에는 소득세법 제57조의 외국납부세액공제를 적용하는 것이나, 귀 질의의 경우 외국법인의 국내지점에서 근로를 제공하고 미국 본사로부터 지급받은 급여는 국외원천소득이 아니므로 외국납부세액공제를 적용받을 수 없는 것임(소득 46011-2293, 1998.8.13.).

3. 외국납부세액공제 및 국외근로 비과세 적용 여부

거주자의 종합소득금액에 국외원천소득이 합산되어 있는 경우에는 그 국외원천소득에 대하여 외국에서 납부한 소득세액을 외국납부세액으로 적용받을 수 있는 것이며 국외에 주재하며 근로를 제공하고 받는 보수 중 월 100만원 이내의 금액은 비과세 해당함(원천세과-534, 2009.6.22.).

4. 과세기간이 상이한 경우의 외국납부세액 공제

외국정부와의 과세기간의 상이하여 당해 과세연도에 귀속될 외국납부세액이 불분명한 때에는 외국정부의 과세연도 총소득에서 당해 과세연도 소득금액이 차지하는 비율을 곱하여 계산하는 것임(서면인터넷방문상담2팀-366, 2004.3.4.).

예시 2020.7.1.~2021.6.30. 급여 9천만원, 외국납부세액 630만원
2020년 급여(7~12월) 3천만원, 2021년 급여(1~6월) 6천만원일 때,
2021년 귀속 외국납부세액공제액은?
=630만원×6천만원/9천만원=420만원

사례

다음 상황에 해당하는 근로자 A의 외국납부세액공제 금액은?

① 기본공제대상자 3명(본인, 배우자, 자)
② 국내근로소득 1,300만원
③ 국외근로소득 1,800만원(비과세 600만원 포함)
④ 국외원천소득 관련 외국에서 납부한 세액 80만원

해설

외국납부세액공제액 : 31,200원

① **과세대상근로소득**

13,000,000원+18,000,000원−6,000,000원(비과세)=25,000,000원

② **근로소득금액 계산**

25,000,000원−9,000,000원(근로소득공제금액)=16,000,000원

③ **국외근로소득금액(근로소득금액에 포함된 국외근로소득) 계산**

$$(18{,}000{,}000\text{원}-6{,}000{,}000\text{원})-\left(9{,}000{,}000\text{원}\times\frac{12{,}000{,}000\text{원}}{25{,}000{,}000\text{원}}\right)=7{,}680{,}000\text{원}$$

④ **외국납부세액 공제한도액 계산**

$$690{,}000\text{원}\times\frac{7{,}680{,}000\text{원}}{16{,}000{,}000\text{원}}=331{,}200\text{원}$$

※ 근로소득 산출세액 계산 : {16,000,000원−4,500,000원(기본공제)}×6%(기본세율)=690,000원

4. 근로소득세액공제

(1) 세액공제액

근로소득이 있는 거주자에 대해서는 그 근로소득에 대한 종합소득 산출세액에서 다음의 금액을 공제한다(소법 59 ①).

근로소득에 대한 산출세액	세액공제액
① 130만원 이하	근로소득 산출세액×55%
② 130만원 초과	71만5천원+(근로소득 산출세액−130만원)×30%

$$\text{근로소득 산출세액}=\text{종합소득 산출세액}\times\frac{\text{근로소득금액}}{\text{종합소득금액}}$$

(2) 한도액

근로소득세액공제액이 다음의 구분에 따른 금액을 초과하는 경우에 그 초과하는 금액은 없는 것으로 한다(소법 59 ②).

총급여액	세액공제액
3,300만원 이하	74만원
3,300만원 초과 7,000만원 이하	Max[①, ②] ① 74만원－[(총급여액－3,300만원)×8/1,000] ② 66만원
7,000만원 초과	Max[①, ②] ① 66만원－[(총급여액－7,000만원)×1/2] ② 50만원
1억2000만원 초과	Max[①, ②] ① 50만원－[(총급여액－12,000만원)×1/2] ② 20만원

5. 월세액 세액공제

과세기간 종료일 현재 주택을 소유하지 아니한 세대의 세대주(세대의 구성원 및 외국인 포함)로서 해당 과세기간의 총급여액이 8천만원 이하인 근로소득이 있는 근로자가 월세액을 지급하는 경우 그 금액의 15%(17%)에 해당하는 금액을 해당 과세기간의 종합소득산출세액에서 공제한다. 다만, 해당 월세액이 1,000만원을 초과하는 경우 그 초과하는 금액은 없는 것으로 한다(조특법 95의 2 ①).

| 월세세액공제 |

<table>
<tr><th>구 분</th><th colspan="2">내 용</th></tr>
<tr><td>공제대상</td><td colspan="2">거주자 본인</td></tr>
<tr><td>공제금액</td><td colspan="2">월세액×15%(17%)</td></tr>
<tr><td>한도</td><td colspan="2">1,000만원</td></tr>
<tr><td>지출기간</td><td colspan="2">근로제공기간 동안 지출한 비용</td></tr>
<tr><td rowspan="4">주요공제요건</td><td>공제대상자</td><td>과세기간 종료일 현재 주택을 소유하지 아니한 세대의 세대주, 세대의 구성원 및 외국인</td></tr>
<tr><td>주택</td><td>국민주택규모의 주택이거나 기준시가 4억원 이하인 주택(오피스텔·고시원 포함)</td></tr>
<tr><td>주소지</td><td>임대차계약증서의 주소지와 주민등록표 등본의 주소지(외국인의 경우에는 국내 체류지 또는 국내거소)가 같을 것</td></tr>
<tr><td>계약자</td><td>해당 거주자 또는 해당 거주자의 기본공제대상자가 임대차계약을 체결하였을 것</td></tr>
</table>

(1) 공제대상자

근로소득이 있는 거주자로서 과세기간 종료일 현재 주택을 소유하지 아니한 세대의 세대주, 세대의 구성원 및 외국인이 공제를 받을 수 있다(조특법 95의 2 ①).

1) 세대원

근로자 본인이 세대주인 경우뿐 아니라 본인이 세대원인 경우에도 월세세액공제를 적용받을 수 있다. 근로자 본인이 세대원으로서 본 공제를 적용받을 수 있는 요건은 세대주가 다음의 공제를 적용받지 않은 경우로 한정한다(조특법 95의 2 ①).

① 주택임차차입금원리금상환액 공제(소법 52 ④)

② 청약저축 또는 주택청약종합저축공제(조특법 87 ②)

③ 주택담보대출이자상환액 공제(소법 52 ⑤)

2) 외국인

월세세액공제의 적용대상이 되는 외국인이란 다음의 요건을 모두 갖춘 거주자를 말한다(조특령 95 ④).

① 다음의 어느 하나에 해당하는 사람일 것

㉠ 「출입국관리법」에 따라 등록한 외국인

㉡ 「재외동포의 출입국과 법적 지위에 관한 법률」에 따라 국내거소신고를 한 외국국적동포

② 다음의 어느 하나에 해당하는 사람이 「소득세법」 주택임차자금 차입금 · 장기주택저당차입금 및 「조세특례제한법」 청약저축 및 주택청약종합저축에 따른 공제를 받지 않았을 것

㉠ 거주자의 배우자

㉡ 거주자와 같은 주소 또는 거소에서 생계를 같이하는 사람으로서 다음의 어느 하나에 해당하는 사람

ⓐ 거주자의 직계존비속(그 배우자를 포함) 및 형제자매

ⓑ 거주자의 배우자의 직계존비속(그 배우자를 포함) 및 형제자매

(2) 월세액의 범위

세액공제의 대상이 되는 월세액이란 다음의 요건을 충족하는 주택(오피스텔 및 고시원업의 시설 포함)을 임차하기 위하여 지급하는 월세액(사글세액 포함)을 말한다(소령 95 ②).

① 국민주택규모의 주택이거나 기준시가 4억원 이하인 주택일 것. 이 경우 해당 주택이 다가구주택이면 가구당 전용면적을 기준으로 한다.

② 주택에 딸린 토지가 다음 각 목의 구분에 따른 배율을 초과하지 아니할 것

㉠ 도시 지역의 토지 : 5배

㉡ 그 밖의 토지 : 10배

③ 「주택임대차보호법」에 따른 임대차계약증서의 주소지와 주민등록표 등본의 주소지(외국인의 경우에는 국내 체류지 또는 국내거소)가 같을 것

④ 해당 거주자 또는 해당 거주자의 기본공제대상자가 임대차계약을 체결하였을 것

(3) 세액공제액

세액공제 대상자가 월세액을 지급하는 경우 월세액에 15%(17%)를 곱한 금액을 해당 과세기간의 종합소득산출세액에서 공제한다(조특법 95의 2 ①).

총급여액	세액공제율	공제대상 월세액 한도
5,500만원 이하(종합소득금액 4,500만원 이하)	17%	1,000만원
5,500만원 초과 8,000만원 이하(종합소득금액 7,000만원 초과자 제외)	15%	

여기서 월세액은 임대차계약증서상 주택임차 기간 중 지급하여야 하는 월세액의 합계액을 주택임대차 계약기간에 해당하는 일수로 나눈 금액에 해당 과세기간의 임차일수를 곱하여 산정한다(조특령 95 ③).

$$\text{임대차계약증서상의 주택임차기간 중 지급할 월세액의 합계} \times \frac{\text{해당 과세기간 임차일수}}{\text{임대차 계약기간의 임차일수}}$$

(4) 제출서류

월세세액공제를 적용받으려는 사람은 다음에 해당하는 서류를 해당 과세기간의 다음 연도 2월분의 급여를 받는 날(퇴직한 경우에는 퇴직한 날이 속하는 달의 급여를 받는 날)까지 원천징수의무자·납세조합 또는 납세지 관할 세무서장에게 제출하여야 한다(소령 113 ①, 소칙 54 ① 4.).

① 근로자의 주민등록표 등본

② 임대차계약증서 사본

③ 현금영수증, 계좌이체 영수증, 무통장입금증 등 주택 임대인에게 월세액을 지급하였음

을 증명할 수 있는 서류

실무포인트

1. 경락 배당금에서 미지급 월세액을 공제하는 경우 월세액 세액공제 적용여부

질의

ㅇ질의인은 조특법 제95조의 2의 조건을 모두 충족하여 지급한 월세액에 대해 세액공제를 적용받던 중, 임대차 목적물인 주택에 대한 강제집행절차가 개시되자 월세액의 지급을 중단하였고, 이후 해당 주택에 대한 매각절차가 종결됨에 따라 질의인은 임대차보증금 중 미지급 월세액을 공제한 나머지 금액을 배당받음

ㅇ주택임대에 따른 월세를 임대인에게 직접 지급하지 아니하고, 동 주택의 경매진행에 따라 임대보증금을 배당금으로 지급받는 때에, 지급받는 배당금에서 미지급 월세액을 공제하는 방식으로 부담한 경우 주택임대료에 대한 세액공제 적용 여부

회신

보증금이 수수된 주택에 대한 강제집행절차에 따른 배당에서 임차인이 연체한 월세액 상당액을 공제한 보증금을 수령한 경우에도 「조세특례제한법」 제95조의 2에 규정된 요건을 충족하는 경우에는 월세액에 대한 세액공제를 적용받을 수 있는 것임(사전-2021-법령해석소득-1120 [법령해석과-4109], 2021.11.25.).

2. 임대차계약증서와 주민등록표등본의 주소지가 서로 다른 경우

질의

ㅇ질의인은 2022.ㅇㅇ.ㅇㅇ. 경상남도 ㅇㅇ시 소재 주택 임대차 계약을 맺고 해당 주택의 소재지에서 실거주하고 있으나, 이전 거주지(경기도 ㅇㅇ시)에서 전세보증금 반환소송을 진행하게 되어 현 거주지에 전입신고를 하지 못하다 2023.ㅇㅇ.ㅇㅇ. 소송결과에 따른 전세보증금 반환이 완료되어 2023.ㅇㅇ.ㅇㅇ. 현 거주지로 전입신고함

ㅇ이전 거주지의 전세금 반환소송으로 현 거주지의 전입신고를 하지 못한 경우라도 현 거주지에 실거주하며 지출한 월세액이라면 월세액 세액공제를 적용받을 수 있는지 여부

회신

「조세특례제한법」 제95조의 2에 따른 월세액 세액공제는 임대차계약증서의 주소지와 주민등록표 등본의 주소지가 같을 것 등 법정된 요건을 충족하는 주택을 임차하기 위하여 지급하는 월세액에 대하여 적용되는 것임(서면-2023-법규소득-1355 [법규과-2781], 2023.11.7.).

3. 월세액 세액공제 시 임차주택 기준시가 판단기준

「조세특례제한법 시행령」 제95조 제2항 제1호의 적용상 주택의 기준시가가 4억원을 초과하는지 여부는 임대차계약 체결일을 기준으로 판단하는 것임(서면-2023-법규소득-2540, 2024.

4.30.).

4. 세대구분형 공동주택 임차인이 월세액 세액공제를 받기 위한 임차주택 판단기준

임차인이 세대구분형 공동주택의 세대별로 구분된 공간을 임차한 경우 「조세특례제한법 시행령」 제95조 제2항 제1호에 따른 국민주택 규모의 주택 여부는 임차한 부분에 해당하는 전용면적을 기준으로 판단하는 것임(서면-2022-법규소득-1858 [법규과-1334], 2023.5.22.).

5. 국가등으로부터 지원받은 월세상당액은 세액공제 대상에서 제외함

질의인은 OO시 청년월세지원으로 월 20만원의 월세 지원금을 지급받음, 국가 및 지방자치단에서 지원받는 월세액 상당액은 「조세특례제한법」 제95조의 2에 따른 월세액에 대한 세액공제 대상 금액에서 제외되는 것임(서면법규소득-214, 2025.1.31.).

사례 월세세액공제

㈜택스에듀의 근로자 김지환은 2025년 근로소득에 대한 연말정산에서 월세세액공제를 적용받기 위해 아래의 자료를 제출하였다. 2025년 귀속 총급여는 50,000,000원이며 과세기간 종료일 현재 무주택자에 해당한다.

참고자료 **▌계좌이체 확인증▐**

확인증

거래명	월세이체
처리완료일시	2025.01.31. 09:30:15

출금/입금내역

출금계좌번호	123456-12-******
출금계좌고객명	김지환
입금은행	AA은행
입금계좌번호	987654-98-******
이체금액	600,000
수수료	0
예금주	이석훈
입금계좌메모	
출금계좌메모	

*위의 내용이 정상적으로 처리되었음을 확인합니다.

2026년 2월 2일 AA은행

확인증

거래명	월세이체
처리완료일시	2025.12.31. 10:28:14

출금/입금내역

출금계좌번호	123456-12-******
출금계좌고객명	김지환
입금은행	AA은행
입금계좌번호	987654-98-******
이체금액	600,000
수수료	0
예금주	이석훈
입금계좌메모	
출금계좌메모	

*위의 내용이 정상적으로 처리되었음을 확인합니다.

2026년 2월 2일 AA은행

▌부동산 임대차계약서▌

부 동 산 임 대 차 계 약 서

□ 전세 ☑ 월세

임대인과 임차인 쌍방은 아래 표시 부동산에 관하여 다음 계약 내용과 같이 임대차계약을 체결한다.

1. 부동산의 표시

소 재 지	경기도 수원시 xx동 xx-xx(오피스텔)					
토 지	지 목	대			면 적	
건 물	구 조	철근콘크리트구조	용 도	오피스텔	면 적	
임대할부분	1106호				면 적	59㎡

2. **계약내용**

제1조(목적) 위 부동산의 임대차에 한하여 임대인과 임차인은 합의에 의하여 임차보증금 및 차임을 아래와 같이 지불하기로 한다.

보 증 금	50,000,000원
계 약 금	5,000,000원
잔 금	45,000,000원
차 임	600,000원

제2조(임대차기간) 임대인은 임차주택을 임대차 목적대로 사용·수익할 수 있는 상태로 2024년 1월 1일까지 임차인에게 인도하고, 임대차기간은 인도일로부터 2025년 12월 31일까지로 한다.

⋮

임대인	**주 소**	서울시 송파구 xx로 11-3					서 명 또는 날인㉐
	주민등록번호	770412-1******	**전 화**	010-xxxx-xxxx	**성 명**	이석훈	
임차인	**주 소**	경기도 수원시 xx동 xx-xx					서 명 또는 날인㉐
	주민등록번호	920810-1******	**전 화**	010-xxxx-xxxx	**성 명**	김지환	

❙ 주민등록표 ❙

문서확인번호 1/1

주 민 등 록 표
(등 본)

이 등본은 세대별 주민등록표의 원본내용과 틀림없음을 증명합니다.
담당자 : 전화 :
신청인 : ( )
용도 및 목적 : 년 월 일

세대주 성명	김지환		세 대 구 성 사유 및 일자	전입 2024-02-21
주 소				발 생 일 / 신 고 일 변 동 사 유
현주소: 경기도 수원시 xx동 xx-xx(오피스텔)				
번호	세대주 관 계	성 명 주민등록번호	전입일 / 변동일	변 동 사 유
1	본인	김지환 920810-1******		
2				
3				

해설

① 임대차계약서상 주소지와 주민등록표상의 주소지가 동일하여 전입신고한 것이 확인되며,
② 국민주택규모 이하의 주택에 해당하므로 공제대상에 해당한다.
③ 총급여가 5,500만원 이하이므로 17%는 세액공제한다.

풀이

=MIN(연간 월세액, 10,000,000원)×17%
=7,200,000원×17%
=1,224,000원

❙ 근로소득지급명세서(2쪽) ❙

㉗ 납세조합공제		
㉘ 주택차입금		
㉙ 외국납부		
㉚ 월세액	공제대상금액	7,200,000
	세액공제액	1,224,000

❙ 근로소득지급명세서(7쪽) ❙

(8쪽 중 제7쪽)

[✔] 월세액 · [ ] 거주자 간 주택임차차입금 원리금 상환액 소득 · 세액공제 명세서
[무주택자 해당여부 [✔]여, [ ]부]

1. 인적사항	① 상 호	② 사업자등록번호
	③ 성 명 김지환	④ 주민등록번호 920810－1******
	⑤ 주 소 경기도 수원시 ××동 ××－××(오피스텔)	(전화번호:)
	⑥ 사업장 소재지	(전화번호:)

2. 월세액 세액공제 명세

⑦ 임대인 성 명 (상 호)	⑧ 주민등록번호 (사업자번호)	⑨ 유형	⑩ 계약 면적 (m^2)	⑪ 임대차계약서 상 주소지	⑫ 계약서 상 임대차 계약기간		⑬ 연간 월세액(원)	⑭ 세액공제금액 (원)
					개시일	종료일		
이석훈	770412－1******	6	59	경기도 수원시 ××동 ××－××	2024.01.01.	2025.12.31.	7,200,000	1,224,000

※ ⑨ 유형 **구분코드** － 단독주택: 1, 다가구: 2, 다세대주택: 3, 연립주택: 4, 아파트: 5, 오피스텔: 6, 고시원: 7, 기타: 8
※ ⑫ 계약서상 임대차계약기간 － 개시일과 종료일은 예시와 같이 기재 **(예시)** 2024.01.01.

6. 납세조합 세액공제

「소득세법」 제127조 제1항 제4호 다음 중 어느 하나에 해당하는 근로소득이 있는 자가 조직한 납세조합이 그 조합원의 매월분의 소득세를 징수할 때 그 조합원의 매월분의 소득에 대해서는 근로소득에 대한 원천징수의 예에 따르되, 근로소득 간이세액표에 의하여 계산한

소득세에서 그 세액의 5%에 상당하는 금액을 공제하여 세액을 징수한다(소법 150 ① · ②). 연말정산을 하는 경우에는 해당 납세조합에 의하여 원천징수된 근로소득에 대한 종합소득 산출세액의 3%[2]에 해당하는 금액을 공제한 것을 세액으로 징수한다(소법 150 ③).

① 외국기관 또는 우리나라에 주둔하는 국제연합군(미군은 제외한다)으로부터 받는 근로소득

② 국외에 있는 비거주자 또는 외국법인(국내지점 또는 국내영업소는 제외한다)으로부터 받는 근로소득. 다만, 다음의 어느 하나에 해당하는 소득은 제외한다.

㉠ 제120조 제1항 및 제2항에 따른 비거주자의 국내사업장과 「법인세법」 제94조 제1항 및 제2항에 따른 외국법인의 국내사업장의 국내원천소득금액을 계산할 때 필요경비 또는 손금으로 계상되는 소득

㉡ 국외에 있는 외국법인(국내지점 또는 국내영업소는 제외한다)으로부터 받는 근로소득 중 제156조의 7에 따라 소득세가 원천징수되는 파견근로자의 소득

7. 주택자금차입금 이자세액공제

무주택 세대주 또는 1주택만을 소유한 세대주인 근로자가 1995년 11월 1일~1997년 12월 31일 기간 중 (구)「조세감면규제법」 제67조의 2의 규정에 의한 미분양주택의 취득과 직접 관련하여 1995년 11월 1일 이후 국민주택기금 등으로부터 차입한 대출금의 이자상환액에 대하여 상환 완료 시까지 산출세액에서 공제한다(구 조감법 92의 4).

세액공제 = 주택자금차입금에 대한 당해 연도 이자상환액 × 30%

(1) 공제대상 주택

서울특별시 이외의 지역에 소재하는 다음의 요건을 모두 갖춘 국민주택규모의 주택을 말한다(구 조감법 67의 2, 구 조감령 64의 2).

① (구)「주택건설촉진법」에 의하여 건설교통부장관의 사업계획승인을 얻어 건설하는 주택(임대주택 제외)으로서 당해 주택의 소재지 관할시장 · 군수 · 구청장이 1995년 10월 31일 현재 미분양주택임을 확인한 주택

② 주택건설업자로부터 최초로 분양받은 주택으로서 당해주택이 완공된 후 다른 자가 입주한 사실이 없는 주택

---

2) 이 법 시행(2025.1.1.) 전에 발생한 소득에 대한 세액공제에 관하여는 종전의 규정에 따른다.

(2) 차입금의 범위

국민주택기금으로부터 차입하는 금액 또는 한국주택은행이 미분양 주택의 취득자에게 특별 지원하는 대출금을 공제대상으로 한다.

(3) 농어촌특별세

주택자금이자 세액공제액의 20%는 농어촌특별세로 납부한다.

(4) 제출서류

① 주택자금이자세액공제신청서(근로자가 작성)

② 지방자치단체의 장이 발행한 미분양주택확인서
당해 주택의 소재지를 관할하는 시장 · 군수 또는 구청장이 발행한 확인서 또는 분양건설 업체에서 발급한 원본 대조필한 사본

③ 당해 금융기관장(지점, 대리점, 영업소 포함)이 발행한 차입금이자상환 증명서 – 매매계약서 및 등기부등본

실무포인트 **세액공제 적용 시 유의사항**(국세청 연말정산 신고안내책자)

① 무주택 세대주 등의 해당 여부는 미분양주택 취득시기(소령 162 ①)를 기준으로 판단하며, 1주택만을 소유하는 세대주는 대체취득(미분양주택의 취득일로부터 1년 이내에 종전의 주택을 양도하는 경우)하는 경우에 한하여 공제 가능하다. 1997.12.31.까지 매매계약을 체결하고 계약금을 납부한 경우에는 미분양주택을 1995.11.1.~1997.12.31. 기간 중에 취득한 것으로 본다.

② 주택자금 차입금 이자에 대한 세액공제를 받는 사람의 차입금은 장기주택저당차입금으로 보지 아니한다(중복공제 불가).

③ 미분양주택의 취득(1997.12.31.까지 계약 후 계약금을 납부한 경우 포함) 후 당해 주택을 양도(매매계약 해지 포함)하거나, 다른 주택을 취득한 경우 당해 미분양주택의 양도일, 매매계약의 해지일 또는 다른 주택의 취득일 현재 상환되지 아니한 차입금은 공제대상에서 제외한다.

④ 2 이상의 미분양주택에 대한 차입금이 동시에 있는 경우에는 최초로 취득한 주택 1개를 제외한 나머지 주택에 대한 차입금은 공제 대상에서 제외한다. 2주택 이상의 미분양주택을 취득하는 경우에는 최초로 취득한 1주택에 한하여 주택자금차입금이자세액공제를 적용받을 수 있다.

8. 농어촌특별세

(1) 과세대상

「조세특례제한법」·「관세법」·「지방세법」 또는 「지방세특례제한법」에 따라 소득세 등이 부과되지 아니하거나 경감되는 경우로서 비과세·세액면제·세액감면·세액공제 또는 소득공제 중 어느 하나에 해당하는 것을 적용받은 경우에는 감면세액의 20%를 농특세로 계산한 세액을 소득세법상 원천징수의 예에 따라 징수하여 신고·납부한다(농특법 2).

(2) 세액계산

1) 세액공제·면제·감면을 받는 경우

세액공제·면제 또는 감면을 받은 세액×세율(20%)

2) 비과세·소득공제를 받는 경우

[(과세표준금액+ 비과세·소득공제 금액 ×소득세율) − (과세표준 금액 ×소득세율)] ×세율(20%)

사례

무주택세대주인 근로자가 1995년 12월에 구 조세감면규제법 제67조의 2 규정의 "미분양주택"을 취득하고 당해 주택과 관련하여 "국민주택기금"으로부터 1,500만원을 융자받아 2025년도 중 매월 125천원씩 이자를 납입하고 2025년도 연말정산 시 주택자금차입금 이자세액공제를 받는 경우 납부할 농어촌특별세는 얼마인가?

해설

① 과세표준(세액공제액) : (125,000원×12월)×30%=450,000원
② 농어촌특별세 계산 : 450,000원×20%(세율)=90,000원

CHAPTER

05 연말정산 사례

1 [서식사례] 연말정산 종합사례

1. 연말정산 세액계산

이현욱(800101-1******)는 택스에듀㈜(123-81-*****)에 근무하며 배우자(김선아, 사업소득금액 1,000만원), 자녀 3명[이현서 만 18세, 이현아 만 6세, 이현태 만 0세(2025년 출생)]과 함께 살고 있다.

(1) 기본사항

1) 근무 기간

2025.1.1. ~ 2025.12.31. 근무

2) 가족관계

부양가족	나 이	주민등록번호	성 명	비 고
배우자	만 40세	850701-2******	김 선 아	사업소득(1,000만원)
자녀 1	만 18세	070501-1******	이 현 서	고등학생
자녀 2	만 6세	191230-4******	이 현 아	취학 전 아동
자녀 3	만 0세	251030-3******	이 현 태	2025년 출생

3) 급여 명세

월 급여 내역		상여금 등 내역	
구 분	금 액	구 분	금 액
기 본 급	2,500,000원	연간 상여금	22,000,000원
식 대	200,000원	자녀 수업료	2,500,000원
시간외 근무	400,000원	비과세학자금	3,000,000원
6세 이하 자녀수당	300,000원	성과급여*	1,900,000원
배우자 수당	250,000원		
합 계	3,650,000원	합 계	29,400,000원

* 성과급여는 계량적 · 비계량적 요소를 평가하여 2025년도 3월에 확정

4) 원천징수내역

2025년 급여에 대한 원천징수세액 : 1,099,280원

5) 소득공제 및 세액공제 기초자료

지출내역 구분		지출액	대상자	비고
보험료	건강보험료	1,300,000원	본인	급여에서 징수
	노인장기요양보험료	400,000원	본인	급여에서 징수
	종신보험료	1,500,000원	현아(자녀)	2025.10월 납부
	종신보험료	1,500,000원	현태(자녀)	2025.10월 납부
	자동차보험	1,200,000원	배우자	
의료비	수술비	2,500,000원	배우자	근로자 지출
	보약(건강증진)	1,500,000원	본인	
	입원치료비	2,300,000원	본인	
	난임시술비	2,000,000원	배우자	근로자 지출
	산후조리원비용	2,500,000원	배우자	근로자 지출
	시력교정용안경	550,000원	본인	
교육비	수업료	2,500,000원	현서(자녀)	회사 전액지원
	교복구입비	350,000원	현서(자녀)	
	학원수강료	1,200,000원	현서(자녀)	
	체험학습비	500,000원	현서(자녀)	

지출내역 구분		지출액	대상자	비고
	체육시설	1,200,000원	현아(자녀)	주 1회 월 단위
	대학원(박사과정)	3,000,000원	본인	회사 전액지원(비과세)
기부금	정치자금기부금	200,000원	본인	
	특례기부금	500,000원	본인	
	우리사주조합	500,000원	본인	우리사주조합원에 해당
	노인복지시설	500,000원	배우자	
연금보험료	국민연금	2,500,000원	본인	급여에서 징수
	퇴직연금	1,000,000원	본인	급여에서 징수 (근로자부담금)
	연금저축	2,500,000원	본인	
저축	장기주택마련저축	2,000,000원	본인	2009.12월 가입
이자상환액	장기주택저당차입금이자상환액	1,000,000원	본인	요건 충족(2011.3.2. 차입)

6) 2025년 신용카드 등 본인 사용금액 내역(총 26,000,000원 사용)

구 분	사용금액	공제율
신용카드 사용금액 (전통시장 · 대중교통비 제외)	10,000,000원	15%
현금영수증 사용금액 (전통시장 · 대중교통비 제외)	10,000,000원	30%
문화체육사용분 (신용카드 사용)	1,000,000원	30%
전통시장사용분 (현금영수증 사용)	3,000,000원	40%
대중교통이용분 (신용카드 사용)	2,000,000원	40%

* 배우자 : 신용카드 5,000,000원, 현금영수증 3,000,000원

(2) 근로자 소득명세 입력

1) 급여 검토

구 분	금 액		비과세 금액	금 액
월급여 합계	43,800,000원=3,650,000원×12월		식대	2,400,000원
연간상여금	22,000,000원	⇒	6세 이하 자녀수당	2,400,000원
자녀 수업료지원	2,500,000원		비과세학자금	3,000,000원
학자금 지원	3,000,000원		소계	7,800,000원
성과급여	1,900,000원			
합계	73,200,000원	⇒	총급여액	65,400,000원

2) 비과세금액 기재방법

비과세 구분	지급명세서 기재대상	기재란 번호	코드
식대	×		P01
6세이하 자녀	○	⑱-2	Q01
비과세학자금	○	⑱-5	G01

3) 총급여액 및 근로소득금액 계산

① 총급여액 : 65,400,000원

② 근로소득공제(소법 47)

총 급여액	공제액(공제한도 20,000,000원)
500만원 이하	총급여액의 70%
500만원 초과 1,500만원 이하	350만원+(500만원을 초과하는 금액의 40%)
1,500만원 초과 4,500만원 이하	750만원+(1천500만원을 초과하는 금액의 15%)
4,500만원 초과 1억원 이하	1,200만원+(4천500만원을 초과하는 금액의 5%)
1억원 초과	1,475만원+(1억원을 초과하는 금액의 2%)

③ 근로소득 공제금액 계산

13,020,000원=12,000,000원+(65,400,000원-45,000,000원)×5%

④ 근로소득금액 : 52,380,000원

52,380,000원=65,400,000원-13,020,000원

(3) 인적공제

인적공제 : 6,000,000원

구 분	금 액	비 고
합계	6,000,000원	
기본공제	6,000,000원	기본공제 1명당 150만원 : 본인, 부양가족(자녀 3명)

※ 배우자는 소득금액이 100만원을 초과하여 인적공제 제외

(4) 소득공제

1) 연금보험료

연금보험료공제 : 2,500,000원

구 분	공제한도	납입금액	공제금액
국민연금	근로자 부담분 전액	2,500,000원	2,500,000원

2) 보험료

보험료공제 : 1,700,000원

구 분	납입금액	자료구분	공제한도	공제금액
건강보험료	1,300,000원	기타 자료	없음	1,300,000원
노인장기요양보험료	400,000원	기타 자료	없음	400,000원

* 자료 구분란에는 소득공제영수증을 연말정산간소화 서비스에서 발급받은 경우 "국세청 자료"로, 그 외의 경우에는 "기타 자료"로 구분

3) 주택자금공제

주택자금공제 : 1,000,000원

• 장기주택저당차입금 이자상환액 : 1,000,000원

장기주택저당차입금 이자상환액공제는 상환기간과 상환방식에 따라 연 600~2,000만원의 공제 한도가 적용됨(주택마련저축 등과 합하여 종합한도로 적용).

4) 장기주택마련저축

장기주택마련저축 : 0원
• 2012년 납입분까지만 소득공제 대상이었으며 2013년 이후 납입분은 소득공제 대상 아님.

5) 신용카드 등 사용액

신용카드 등 사용액 소득공제 : 3,395,000원

1. 2025년 신용카드 등 사용금액 26,000,000원이 총급여의 25%(16,350,000원)를 초과하므로 신용카드 공제 가능

<table>
<tr><th colspan="2">항 목</th><th>입력금액</th><th>최저사용금액</th><th>공제율</th></tr>
<tr><td colspan="2">① 신용카드사용금액(전통시장 · 대중교통비 제외)</td><td>10,000,000원</td><td rowspan="9">총급여×25%
=16,350,000원</td><td>15%</td></tr>
<tr><td colspan="2">② 직불카드등(전통시장 · 대중교통비 제외)</td><td>0원</td><td rowspan="5">30%</td></tr>
<tr><td colspan="2">③ 현금영수증(전통시장 · 대중교통비 제외)</td><td>10,000,000원</td></tr>
<tr><td rowspan="3">문화체육사용분</td><td>④ 신용카드</td><td>1,000,000원</td></tr>
<tr><td>⑤ 직불카드</td><td>0원</td></tr>
<tr><td>⑥ 현금영수증</td><td>0원</td></tr>
<tr><td colspan="2">⑦ 전통시장사용분(신용카드, 직불 · 선불카드, 현금영수증)</td><td>3,000,000원</td><td>40%</td></tr>
<tr><td colspan="2">⑧ 대중교통이용분(신용카드, 직불 · 선불카드, 현금영수증)</td><td>2,000,000원</td><td>40%</td></tr>
</table>

(1) 공제제외금액(최저사용금액 해당분에 공제비율을 곱한 금액)
=①×15%+(최저사용금액−①)×30%=3,405,000원

(2) 공제가능금액
=[(①)×15%+(②+③+④+⑤+⑥)×30%+⑦×40%+⑧×40%−공제제외금액]
=3,395,000원

(3) 일반공제금액
=MIN[3,395,000원, 3,000,000원]=3,000,000원

(4) 추가공제금액 = MIN[1), 2), 3)]=395,000원
  1) 3,000,000원(총급여 7000만원 이하자의 추가공제한도)
  2) 3,395,000원−3,000,000원=395,000원
  3) (1,000,000원×30%)+(3,000,000원×40%)+(2,000,000원×40%)=2,300,000원

(5) 소득공제액=(3)+(4)=3,395,000원

※ 소득금액 1,000,000원(근로소득만 있는 자는 총급여액 5,000,000원)을 초과한 배우자의 신용카드 및 현금영수증 사용액은 공제 제외 대상

6) 소득공제 종합한도 초과액

> 소득공제 종합한도 초과액 : 0원(=4,395,000원-25,000,000원)   * 음수인 경우 '0'
> • 종합한도 대상 소득공제액 : 4,395,000원
> =장기주택저당차입금 이자상환액(1,000,000원)+신용카드 등 소득공제(3,395,000원)

(5) 과세표준

근로소득금액(52,380,000원)-종합소득공제(11,200,000원)-그밖의 소득공제(3,395,000원)+소득공제종합한도초과액(0원)=37,785,000원

(6) 산출세액

과세표준(37,785,000원)×기본세율=4,407,750원(과세표준 1,400만원 초과 5,000만원 이하 : 84만원+1,400만원 초과금액×15%)

(7) 세액공제 및 세액감면

1) 근로소득세액공제

> 근로소득세액공제 : 660,000원=MIN(①, ②)
> ① 근로소득세액공제 : 1,647,325원=715,000원+[산출세액(4,407,750원)-1,300,000원]×30%
> ② 세액공제한도 : 총급여액이 65,400,000원인 경우
> 660,000원*=Max[660,000원, 740,000원-(65,400,000원 - 33,000,000원)×0.008]
> * 세액공제한도가 66만원보다 더 적은 경우 66만원을 한도 적용

2) 자녀세액공제

> 자녀세액공제 : 950,000원(①+②)
> ① 20세 이하*(1명) : 250,000원(1명 : 25만원, 2명 : 55만원, 3명 이상 : 55만원 + 2명 초과 1명당 40만원)
> ② 출산 · 입양(1명) : 700,000원(셋째 이상인 경우 1명당 70만원)

* 2023년 귀속분부터 8세 이상의 자녀만 해당

3) 연금계좌세액공제

연금계좌 세액공제 : 420,000원

구 분	공제한도	납입금액	세액공제 대상금액	세액공제액*
연금저축	연 400만원 (총급여 120,000,000 초과 300만원)	250만원	250만원	30만원
퇴직연금	연금저축과 합하여 연 700만원	100만원	100만원	12만원
합 계		350만원	350만원	42만원

※ 세액공제율 12%(총급여액이 55,000,000원 이하는 15%)

4) 보험료 세액공제

보험료 세액공제 : 120,000원

구 분	납입금액	자료구분	세액공제 대상금액*	세액공제액
종신보험료	300만원	국세청 자료	100만원	12만원
자동차보험	120만원	국세청 자료	소득요건 초과 배우자의 보험료로 공제 제외	

※ 세액공제 대상금액이 100만원 초과할 경우 100만원을 한도로 세액공제 적용(공제율 12%)

5) 의료비 세액공제

의료비 세액공제 : 1,400,700원

구 분	수 술	입원치료비	시력교정용안경	산후조리원 비용	세액공제 대상금액	세액공제액
본인, 난임시술비		4,300,000원*	500,000원 한도		4,800,000원	1,189,900원
그 외 부양가족	2,500,000원			2,500,000원 (한도 2,000,000원)	2,466,000원	1,189,900원
합계	2,500,000원	4,300,000원	500,000원	2,000,000원	7,266,000원	

* 입원치료비 2,300,000원, 난임시술비 2,000,000원

국세청 자료	2,500,000원	4,300,000원		2,000,000원	
기타 자료			500,000원		

시력교정용 안경을 제외하고 나머지는 국세청자료에 해당한다.

1. 세액공제 대상금액 계산 : 7,338,000원(②+③+④)
   ① 총급여액의 3% : 1,962,000원(65,400,000원×3%)

② 그 외 부양가족 세액공제 대상금액 : 2,538,000원
2,538,000원=2,500,000원+2,000,000원−1,962,000원
③ 본인 · 장애인 · 65세 이상 세액공제 대상금액 : 2,800,000원
④ 난임시술비 세액공제 대상금액 : 2,000,000원

2. 세액공제액 계산 : (②+③)×15%+④×30%=1,400,700원

* 건강증진을 위한 보약구입비는 공제대상 아님

6) 교육비 세액공제

공제 여부 검토

부양가족	교육비 내역	자료구분	금 액	공제대상 여부
이현아 (취학전아동)	체육시설수강료	기타 자료	1,200,000원	공제대상
이현서 (고등학생)	수업료	국세청 자료	2,500,000원	공제대상
	교복구입비	기타 자료	350,000원	공제대상
	체험학습비	기타 자료	500,000원	공제대상(30만원)
	학원비	−	1,200,000원	공제대상 아님
이현욱	대학원 수강료(비과세학자금에 해당)	−	3,000,000원	공제대상 아님

교육비 세액공제 : 630,000원

구 분	공제대상	공제대상 제외	공제 한도	세액공제 대상금액	세액공제액
취학전아동	1,200,000원		3,000,000원	1,200,000원	630,000원
고등학생	3,150,000원	1,200,000원	3,000,000원	3,000,000원	
근로자 본인		3,000,000원	없음	−	
합계	4,350,000원	4,200,000원		4,200,000원	

* 세액공제액 계산 : 세액공제 대상금액(4,200,000원)×15%=630,000원

7) 기부금 세액공제

기부금 세액공제 : 180,909원

기부내역	기부자	공제대상 여부	기부금액	세액공제 대상금액		세액공제액
정치자금기부금	이현욱	여	20만원	10만원 이하	10만원	90,909원
				10만원 초과	10만원	15,000원
특례기부금	이현욱	여	50만원	50만원		75,000원
우리사주조합	이현욱	부	50만원	−		−
노인복지시설	김선아	부	50만원	−		−

우리사주조합원이 우리사주조합에 기부하는 금액은 기부금 공제대상에 해당하지 않는다.

① 근로소득금액 : 52,380,000원

② 정치자금기부금

20만원 중 10만원은 100/110의 공제율이 적용(90,909원)되며,

10만원 초과분(근로소득금액 100% 한도)은 15% 공제율 적용(15,000원)한다.

③ 특례기부금

- 세액공제 대상금액 : 50만원 [Min(50만원, (근로소득금액 − 정치자금기부금) × 100%)]
- 세액공제액 : 75,000원(세액공제 대상금액 × 15%)

④ 노인복지시설 500,000원은 소득금액 1,000,000원(근로소득만 있는 자는 총급여 500만원)을 초과하는 배우자가 지출한 기부금으로 공제 대상에 해당하지 않는다.

(8) 결정세액 및 환급(납부)세액

① 결정세액 : 46,141원

=산출세액−세액공제[근로소득+자녀+연금계좌+특별세액공제(보험료, 의료비, 교육비, 기부금)]

=[4,407,750원−(660,000원 +950,000원+420,000원+2,331,609원)]=46,141원

② 환급(납부)세액 : △1,053,139원

=46,141원−1,099,280원(기납부세액)=△1,053,139원

2. 근로소득 지급명세서 작성

「소득세법 시행규칙」 [별지 제24호 서식(1)] (2023.12.29. 개정) (8쪽 중 제1쪽)

관리번호	

[ ]근로소득 원천징수영수증
[ ]근로소득 지급명세서
([ ]소득자 보관용 [ ]발행자 보관용 [ ]발행자 보고용)

거주구분		거주자1/비거주자2	
거주지국		거주지국코드	
내ㆍ외국인		내국인1 /외국인9	
외국인단일세율적용		여 1 / 부 2	
외국법인소속 파견근로자 여부		여 1 / 부 2	
종교관련종사자 여부		여 1 / 부 2	
국적		국적코드	
세대주 여부		세대주1, 세대원2	
연말정산 구분		계속근로1, 중도퇴사2	

구분				
징 수 의무자	① 법인명(상 호) 택스에듀(주)		② 대 표 자(성 명) 김 o o	
	③ 사업자등록번호 123-81-*****		④ 주 민 등 록 번 호 400101-1******	
	③-1 사업자단위과세자 여부	여1 / 부2	③-2 종사업장 일련번호	
	⑤ 소 재 지(주소)			
소득자	⑥ 성 명 이 현 욱		⑦ 주 민 등 록 번 호(외국인등록번호)	
	⑧ 주 소 서울특별시 종로구 종로1길 1번지			

	구 분		주(현)	종(전)	종(전)	⑯-1 납세조합	합 계
I 근무처별 소득명세	⑨ 근 무 처 명		택스에듀(주)				
	⑩ 사업자등록번호		123-81-*****				
	⑪ 근무기간		25.1.1.~25.12.31.	~	~	~	25.1.1.~25.12.31.
	⑫ 감면기간		~	~	~	~	~
	⑬ 급 여		41,400,000				41,400,000
	⑭ 상 여		24,000,000				24,000,000
	⑮ 인 정 상 여						
	⑮-1 주식매수선택권 행사이익						
	⑮-2 우리사주조합인출금						
	⑮-3 임원 퇴직소득금액 한도초과액						
	⑮-4 직무발명보상금						
	⑯ 계		65,400,000				65,400,000
II 비과세 및 감면 소득 명세	⑱ 국외근로	M0X					
	⑱-1 야간근로수당	O0X					
	⑱-2 보육수당	Q0X	2,400,000				2,400,000
	⑱-3 출산지원금	Q0X					
	⑱-4 연구보조비	H0X					
	⑱-5 비과세학자금		3,000,000				3,000,000
	~						
	⑱-41 임원등 할인금액	W01					
	⑲ 수련보조수당	Y22					
	⑳ 비과세소득 계		5,400,000				5,400,000
	⑳-1 감면소득 계						

	구 분			⑲ 소 득 세	⑳ 지방소득세	㉑ 농어촌특별세
III 세액 명세	㊸ 결 정 세 액			46,141	4,614	
	기납부 세 액	㊹ 종(전)근무지 (결정세액란의 세액을 적습니다)	사업자 등록 번호			
		㊺ 주(현)근무지		1,099,280	109,920	
	㊻ 납부특례세액					
	㊼ 차 감 징 수 세 액(㊸-㊹-㊺-㊻)			-1,053,139	-105,306	

위의 원천징수액(근로소득)을 정히 영수(지급)합니다.

년 월 일

징수(보고)의무자 (서명 또는 인)

세 무 서 장 귀하

(9쪽 중 제2쪽)

구분					금액
㉑ 총급여(⑯, 외국인 단일 세율 적용 시 연간 근로소득)					65,400,000
㉒ 근로소득공제					13,020,000
㉓ 근로소득금액					52,380,000
Ⅳ. 정산명세 / 종합소득공제	기본공제	㉔ 본인			1,500,000
		㉕ 배우자			
		㉖ 부양가족(3명)			4,500,000
	추가공제	㉗ 경로우대(　명)			
		㉘ 장애인(　명)			
		㉙ 부녀자			
		㉚ 한 부 모 가 족			
	연금보험료공제	㉛ 국민연금보험료		대상금액	2,500,000
				공제금액	2,500,000
		㉜ 공적연금보험료공제	㉮ 공무원연금	대상금액	
				공제금액	
			㉯ 군인연금	대상금액	
				공제금액	
			㉰ 사립학교교직원연금	대상금액	
				공제금액	
			㉱ 별정우체국연금	대상금액	
				공제금액	
	특별소득공제	㉝ 보험료	㉮ 건강보험료(노인장기요양보험료포함)	대상금액	1,700,000
				공제금액	1,700,000
			㉯ 고용보험료	대상금액	
				공제금액	
		㉞ 주택자금	㉮ 주택임차차입금 원리금상환액	대출기관	
				거주자	
			㉯ 장기주택저당차입금 이자상환액 / 2011년 이전 차입분	15년 미만	
				15년~29년	1,000,000
				30년 이상	
			2011년 이전 차입분 / 15년 이상	고정금리이면서 비거치상환 대출	
				고정금리이거나 비거치상환대출	
			2012년 이후 차입분 / 15년 이상	고정금리이면서 비거치상환 대출	
				고정금리거나, 비거치상환 대출	
				그 밖의 대출	
			2012년 이후 차입분 / 10년~15년	고정금리이거나, 비거치상환 대출	
		㉟ 계			2,700,000
	㊱ 차감소득금액				41,180,000
	그 밖의 소득공제	㊲ 개인연금저축			
		㊳ 소기업·소상공인 공제부금			
		㊴ 주택마련저축	㉮ 청약저축		
			㉯ 주택청약종합저축		
			㉰ 근로자주택마련저축		
		㊵ 투자조합출자 등			
		㊶ 신용카드등 사용액			3,395,000
		㊷ 우리사주조합 출연금			
		㊸ 고용유지 중소기업 근로자			
		㊹ 장기집합투자증권저축			
		㊺ 청년형 장기집합투자증권저축			
		㊻ 그 밖의 소득공제 계			3,395,000
㊼ 소득공제 종합한도 초과액					

구분					금액
㊽ 종합소득 과세표준					37,785,000
㊾ 산출세액					4,407,750
세액감면	㊿ 「소득세법」				
	(51) 「조세특례제한법」((52) 제외)				
	(52) 「조세특례제한법」 제30조				
	(53) 조세조약				
	(54) 세액감면 계				
세액공제	(55) 근로소득				660,000
	(56) 혼인세액공제				
	(57) 자녀	공제대상자녀 (1명)			250,000
		출산·입양자 (1명)			700,000
	연금계좌	(58) 「과학기술인공제회법」에 따른 퇴직연금		공제대상금액	
				세액공제액	
		(59) 「근로자퇴직급여 보장법」에 따른 퇴직연금		공제대상금액	1,000,000
				세액공제액	120,000
		(60) 연금저축		공제대상금액	2,500,000
				세액공제액	300,000
		(60)-1 개인종합자산관리계좌 만기 시 연금계좌 납입액		공제대상금액	
				세액공제액	
	특별세액공제	(61) 보험료	보장성	공제대상금액	1,000,000
				세액공제액	120,000
			장애인전용보장성	공제대상금액	
				세액공제액	
		(62) 의료비		공제대상금액	7,266,000
				세액공제액	1,400,700
		(63) 교육비		공제대상금액	4,200,000
				세액공제액	630,000
		(64) 기부금 ㉮ 정치자금기부금	10만원 이하	공제대상금액	100,000
				세액공제액	90,909
			10만원 초과	공제대상금액	100,000
				세액공제액	15,000
		(64) 기부금 ㉯ 고향사랑기부금	10만원 이하	공제대상금액	
				세액공제액	
			10만원 초과 (일반)	공제대상금액	
				세액공제액	
			10만원 초과 (특별재난지역)	공제대상금액	
				세액공제액	
		(64) 기부금 ㉰ 특례기부금		공제대상금액	500,000
				세액공제액	75,000
		(64) 기부금 ㉱ 우리사주조합 기부금		공제대상금액	
				세액공제액	
		(64) 기부금 ㉲ 일반 기부금 (종교단체 외)		공제대상금액	
				세액공제액	
		(64) 기부금 ㉳ 일반기부금 (종교단체)		공제대상금액	
				세액공제액	
		(65) 계			2,331,609
		(66) 표준세액공제			
	(67) 납세조합공제				
	(68) 주택차입금				
	(69) 외국납부				
	(70) 월세액			공제대상금액	
				세액공제액	
	(71) 세액공제 계				4,361,609
(72) 결정세액((49)-(54)-(71))					46,141
(82) 실효세율(%) ((72)/㉑)×100					7

⑱ 소득 · 세액공제 명세[인적공제항목은 해당란에 "○"표시(장애인 해당 시 해당 코드 기재)를 하며, 각종 소득공제 · 세액공제 항목은 공제를 위하여 실제 지출한 금액을 적습니다.]																	
인적공제 항목						각종 소득공제 · 세액공제 항목											
관계코드	성 명	기본공제		경로우대	출산입양	자료구분	보험료				의료비					교육비	
내 · 외국인	주민등록번호	부녀자	한부모	장애인	자녀		건강	고용	보장성	장애인 전용 보장성	일반	미숙아 · 선천성 이상아	난임	65세이상 · 장애인 건강보험 산정특례자	실손 의료 보험금	일반	장애인 특수 교육
인적공제 항목에 해당하는 인원수를 적습니다.						국세청계			3,000,000		7,300,000					2,500,000	
						기타 계	1,700,000				550,000		2,000,000			1,850,000	
0		○				국세청					2,300,000						
	(근로자 본인)					기타	1,700,000				550,000						
3	김선아					국세청					5,000,000						
1	850701-2******					기타							2,000,000				
4	이현서	○				국세청										2,500,000	
1	070501-1******				○	기타										650,000	
4	이현아	○				국세청			1,500,000								
1	191230-4******					기타										1,200,000	
4	이현태	○			○	국세청			1,500,000								
1	251030-3******					기타											

각종 소득공제 · 세액공제 항목								
자료 구분		신용카드등 사용액공제						기부금
		신용카드	직불카드등	현금영수증	문화체육사용분 (총급여 7천만원 이하자만 기재)	전통시장 사용분	대중교통 이용분	
국세청 계		10,000,000		10,000,000	1,000,000	3,000,000	2,000,000	
기타 계								700,000
국세청		10,000,000		10,000,000	1,000,000	3,000,000	2,000,000	
기타								700,000
국세청								
기타								

작 성 방 법

「소득세법」 제149조 제1호에 해당하는 납세조합이「소득세법」 제127조 제1항 제4호 각 목에 해당하는 근로소득을 연말정산하는 경우에도 사용하며, 이 경우 "⑨ 근무처명"란 및 "⑩ 사업자등록번호"란에는 실제 근무처의 상호 및 사업자번호를 적습니다. 다만, 근무처의 사업자등록이 없는 경우 납세조합의 사업자등록번호를 적습니다.

1. 거주지국과 거주지국코드는 근로소득자가 비거주자에 해당하는 경우에만 적으며, 국제표준화기구(ISO)가 정한 ISO코드 중 국명약어 및 국가코드를 적습니다(※ ISO국가코드: 국세청홈페이지→국세정책/제도→국제조세정보→참고자료실→국제표준화기구(ISO)가 정한 국가코드에서 조회할 수 있습니다) 예) 대한민국 : KR, 미국 : US
2. 근로소득자가 외국인에 해당하는 경우에는 "내 · 외국인"란에 "외국인 9"를 선택하고 "국적 및 국적코드"란에 국제표준화기구(ISO)가 정한 ISO코드 중 국명약어 및 국가코드를 적습니다. 해당 근로소득자가 외국인근로자 단일세율적용신청서를 제출한 경우"외국인단일세율 적용"란에 여1을 선택합니다. 또한, 근로소득자가 종교관련종사자에 해당하는 경우에는 "종교관련종사자 여부"란에 여1을 선택합니다.
3. 원천징수의무자가「부가가치세법」에 따른 사업자단위 과세자에 해당할 경우 ③-1에서 여1을 선택하고, ③-2에 소득자가 근무하는 사업장의 종사업장 일련번호를 적습니다.
4. 원천징수의무자는 지급일이 속하는 연도의 다음 연도 3월 10일(휴업 또는 폐업한 경우에는 휴업일 또는 폐업일이 속하는 달의 다음 다음 달 말일을 말합니다)까지 지급명세서를 제출해야 합니다.
5. "Ⅰ. 근무처별 소득명세"란은 비과세소득을 제외한 금액을 해당 항목별로 적고, "Ⅱ. 비과세 및 감면소득 명세"란에는 지급명세서 작성대상 비과세소득 및 감면대상을 해당 코드별로 구분하여 적습니다(적을 항목이 많은 경우 "Ⅱ. 비과세 및 감면소득 명세"란의 "⑳ 비과세소득 계"란 및 "⑳-1 감면세액 계"란에 총액만 적고, "Ⅱ.비과세 소득"란을 별지로 작성할 수 있습니다).
6.「소득세법」 제127조 제1항 제4호의 각 목에 해당하는 근로소득과 그 외 근로소득[주(현)란] 더하여 연말정산하는 때에는 "⑯-1 납세조합"란에 각각 근로소득납세조합과「소득세법」제127조 제1항 제4호 각 목에 해당하는 근로소득을 적고,「소득세법」제150조에 따른 납세조합공제금액을 "㊲ 납세조합공제"란에 적습니다. 합병, 기업형태 변경 등으로 존속 법인 등이 연말정산을 하는 경우에는 피합병법인에서 발생한 소득과 기업형태 변경 전의 법인에서 발생한 소득은 근무처별 소득명세 종(전)란에 별도로 적습니다.
   또한, 동일회사 내 사업자등록번호가 다른 곳에서 전입 등을 하여 해당 법인이 연말정산을 하는 경우에는 전입하기 전 지점 등에서 발생한 소득은 "근무처별 소득명세 종(전)"란에 별도로 적습니다.
7. "㉑ 총급여"란에는 "⑯계"란의 금액을 적되, 외국인근로자가「조세특례제한법」(이하 이 서식에서 "조특법"이라 합니다) 제18조의2제2항에 따라 단일세율을 적용하는 경우에는 "⑯계"의 금액과 비과세소득금액을 더한 금액을 적습니다. 이 경우 소득세와 관련한 비과세 · 공제 · 감면 및 세액공제에 관한 규정은 적용하지 않습니다.
8. "종합소득 특별소득공제(㉝~㉟)"란과 "그 밖의 소득공제(㊳~㊼)"란은 근로소득자 소득 · 세액 공제신고서(별지 제37호 서식)의 공제액을 적습니다(소득공제는 서식에서 정하는 바에 따라 순서대로 소득공제를 적용하여 종합소득과세표준과 세액을 계산합니다).
9. "연금계좌(㊽~㊿-1)"란과 "특별세액공제(61~66)"란은 근로소득자 소득 · 세액 공제신고서(별지 제37호 서식)의 공제대상금액 및 세액공제액을 적습니다.

연금 · 저축 등 소득 · 세액 공제명세서

1. 인적사항	① 상 호	택스에듀(주)	② 사업자등록번호	123-81-*****
	③ 성 명	이 현 욱	④ 주민등록번호	
	⑤ 주 소	서울특별시 종로구 종로3길 1번길 (전화번호: 02-0000-0000)		
	⑥ 사업장 소재지	서울특별시 종로구 종로3길 1번길 (전화번호: 02-0000-0000)		

2. 연금계좌 세액공제

1) 퇴직연금계좌
  * 퇴직연금계좌에 대한 명세를 작성합니다.

퇴직연금 구분	금융회사 등	계좌번호 (또는 증권번호)	납입금액	세액공제금액
퇴직연금	00보험	987-65-43210	1,000,000	120,000

2) 연금저축계좌
  * 연금저축계좌에 대한 명세를 작성합니다.

연금저축 구분	금융회사 등	계좌번호 (또는 증권번호)	납입금액	소득 · 세액 공제금액
연금저축	ㅁㅁ은행	*****-67890	2,500,000	300,000

3) 개인종합자산관리계좌 만기 시 연금계좌 납입액
  * 납입 연금저축계좌 · 퇴직연금계좌에 대한 명세를 작성합니다.

연금 구분	금융회사 등	계좌번호 (또는 증권번호)	납입금액	세액공제금액

3. 주택마련저축 소득공제
  * 주택마련저축 소득공제에 대한 명세를 작성합니다.

저축 구분	금융회사 등	계좌번호 (또는 증권번호)	납입금액	소득공제금액

4. 장기집합투자증권저축 소득공제
  * 장기집합투자증권저축 소득공제에 대한 명세를 작성합니다.

금융회사 등	계좌번호 (또는 증권번호)	납입금액	소득공제금액

5. 중소기업 창업투자조합 출자 등에 대한 소득공제
  * 중소기업창업투자조합 출자 등 소득공제에 대한 명세서를 작성합니다.

투자연도	투자구분	금융기관 등	계좌번호 (또는 증권번호)	납입금액

6. 청년형 장기집합투자증권저축 소득공제
  * 청년형 장기집합투자증권저축 소득공제에 대한 명세서를 작성합니다.

가입일	계약기간	금융기관 등	계좌번호 (또는 증권번호)	납입금액	소득공제금액

작 성 방 법

1. 연금계좌 세액공제, 주택마련저축, 장기집합투자증권저축, 중소기업 창업투자조합 출자, 청년형 장기집합투자증권저축 등 소득공제를 받는 소득자에 대해서는 해당 소득 · 세액 공제에 대한 명세를 작성해야 합니다. 해당 계좌별로 납입금액과 소득 · 세액 공제금액을 적고, 공제금액이 영(0)인 경우에는 적지 않습니다.
2. 퇴직연금계좌에서 "퇴직연금 구분"란은 퇴직연금[확정기여형(DC), 개인형(IRP), 중소기업퇴직연금] · 과학기술인공제회로 구분하여 적습니다.
3. 연금저축계좌에서 "연금저축 구분"란은 개인연금저축과 연금저축으로 구분하여 적습니다.
4. 개인종합자산관리계좌 만기 시 연금계좌 납입액에서 "연금 구분"란은 연금저축계좌와 퇴직연금계좌로 구분하여 적습니다.
   - 개인종합자산관리계좌 만기 시 연금계좌 납입액 공제세액은 개인종합자산관리계좌의 계약기간이 만료되고 해당 계좌잔액의 전부 또는 일부를 연금저축계좌 · 퇴직연금계좌로 납입한 경우 그 납입한 금액을 납입한 날이 속하는 과세기간의 연금계좌 납입액에 포함합니다(전환금액의 10%, 300만원 한도).
5. 주택마련저축 소득공제의 "저축 구분"란은 청약저축, 주택청약종합저축 및 근로자주택마련저축으로 구분하여 적습니다.
6. 중소기업창업투자조합 출자 등 소득공제의 "투자 구분"란은 벤처 등(「조세특례제한법」제16조 제1항 제3호 · 제4호 · 제6호), 조합1(「조세특례제한법」제16조 제1항 제1호 · 제5호), 조합2(「조세특례제한법」제16조 제1항 제2호) 로 구분하여 적습니다.
7. 청년형 장기집합투자증권저축에서 "계약기간" 란은 계약기간을 개월 수로 적습니다(월수 계산 시 1월 미만은 1월로 합니다).
8. 공제금액란은 근로소득자가 적지 않을 수 있습니다.

(1) 개 요

① 근무처별 소득명세와 비과세소득, 기납부세액은 주(현), 종(전)근무지별로 각각 작성한다.

② 외국인근로자가 "외국인단일세율적용신청서"를 제출한 경우 외국인단일세율적용란에 "여 ①" 표시한다. 다만, 대한민국 국적을 가진 재외국민은 외국인단일세율 적용대상이 아니다.

▌외국인 단일세율 적용 신청 시 처리 방법▐

결정세액 = 연간 근로소득(비과세소득 포함) × 19% (이 경우 해당 소득은 분리과세 소득에 해당되어 종합소득세 신고 시 합산하지 않음)

(2) 근무처별 소득명세

1) 근무기간, 감면기간을 정확히 기재한다.

주(현), 종(전)근무처별 근로소득 발생(재직)기간을 기재(특히 중도 입사자는 입사일자, 중도 퇴사자는 퇴직일자를 정확히 기재)한다.

실무포인트

1. 2024.4.1. 중도 입사(2024.12.31.까지 계속 근무)한 경우

⑪ 근무기간 : 2024.4.1.부터 2024.12.31.까지

2. 2024.10.30. 중도 퇴사(2024.1.1.부터 근무)한 경우

⑪ 근무기간 : 2024.1.1.부터 2024.10.30.까지

3. 전근무지 2024.1.1.~2024.4.1., 현근무지 2024.6.1.~2024.12.31.인 경우

전근무지 근로소득을 현근무지에서 합산 신고한 경우

- 주(현)근무지와 종(전)근무지의 근무기간을 명확하게 구분하여 기재해야 하며, 같은 회사내에서 중도 퇴사 및 전입 · 전출의 경우도 별도로 구분하여 기재 "합계의 ⑪ 근무기간" : 2024.1.1.부터 2024.12.31.까지

※ 4대보험의 기준소득월액은 "주(현)근무지의 ⑪ 근무기간"과 "⑯ 계의 소득금액"을 활용하여 결정되므로 근무기간을 아래와 같이 기재하는 경우 불이익을 당할 수 있음(잘못 기재한 사례).

- 중도 입사자의 근무시작일을 2024.1.1.로 기재
- 종(전)근무지, 주(현)근무지를 합산하여 현 근무지에 신고
- 2024년 12월 급여를 2025년 1월 이후에 지급하고 2024년 급여에 포함하지 않고 신고

2) 근무처별 소득명세란에는 비과세소득을 제외한 금액을 기재한다.

다만, 외국인근로자가 외국인단일세율적용신청서를 제출한 경우 총급여란에는 [I. 근무처별소득명세 ⑯계의 합계]의 금액에 당해 근로자의 비과세소득*을 합한 금액을 기재한다.

* 비과세소득에는 지급명세서 기재 제외 대상 비과세 소득을 포함한다.

실무포인트

급여 22,000,000원, 상여 25,000,000원, 비과세소득 6,000,000원(지급명세서 기재대상에 해당하지 아니하는 비과세소득 포함)인 외국인근로자인 경우에는 [근무처별소득명세 ⑯계의 합계] 금액 47,000,000원을 입력하고 ㉑총급여 란에는 [근무처별소득명세 ⑯계의 합계] 47,000,000원에 비과세소득 6,000,000원을 더한 53,000,000원을 기재한다.

(3) 비과세소득

주(현)근무지, 종(전)근무지별로 구분하여 기재하며, 지급명세서 작성대상 비과세소득을 해당 기재란에 해당 코드와 비과세금액을 기재한다.

▌지급명세서 제출대상 비과세소득 한도▐

구분	법조문	코드	기재란	비과세항목	지급명세서 작성 여부
비과세	「소득세법」 제12조 제3호 가목	A01		복무 중인 병(兵)이 받는 급여	×
	「소득세법」 제12조 제3호 나목	B01		법률에 따라 동원 직장에서 받는 급여	×
	「소득세법」 제12조 제3호 다목	C01		「산업재해보상보험법」에 따라 지급받는 요양급여 등	×
	「소득세법」 제12조 제3호 라목	D01		「근로기준법」 등에 따라 지급받는 요양보상금 등	×
	「소득세법」 제12조 제3호 마목	E01		「고용보험법」 등에 따라 받는 육아휴직급여 등	×
		E02		「국가공무원법」 등에 따라 받는 육아휴직수당 등[사립학교 직원이 학교의 정관 · 규칙에 따라 받는 육아휴직수당(월 150만원 한도) 포함]	×
	「소득세법」 제12조 제3호 바목	E10		「국민연금법」에 따라 받는 반환일시금(사망으로 받는 것으로 한정함) 및 사망일시금	×
	「소득세법」 제12조 제3호 사목	F01		「공무원연금법」 등에 따라 받는 요양비 등	×
	「소득세법」 제12조 제3호 아목	G01	⑱-5	비과세 학자금(「소득세법 시행령」 제11조)	○

구분	법조문	코드	기재란	비과세항목	지급명세서 작성 여부
	「소득세법」 제12조 제3호 자목	H02		「소득세법 시행령」 제12조 제2호 및 제3호(식료 · 일직료 · 숙직료 등)	×
		H03		「소득세법 시행령」 제12조 제3호(자가운전보조금)	×
		H04		「소득세법 시행령」 제12조 제4호 및 제8호(법령에 따라 착용하는 제복 등)	×
		H05	⑱-18	「소득세법 시행령」 제12조 제9호부터 제11호까지(경호수당, 승선수당 등)	○
		H06	⑱-4	「소득세법 시행령」 제12조 제12호 가목(연구보조비 등) - 「유아교육법」, 「초 · 중등교육법」	○
		H07	⑱-4	「소득세법 시행령」 제12조 제12호 가목(연구보조비 등) - 「고등교육법」	○
		H08	⑱-4	「소득세법 시행령」 제12조 제12호 가목(연구보조비 등) - 특별법에 따른 교육기관	○
		H09	⑱-4	「소득세법 시행령」 제12조 제12호 나목(연구보조비 등)	○
		H10	⑱-4	「소득세법 시행령」 제12조 제12호 다목(연구보조비 등)	○
		H14	⑱-22	「소득세법 시행령」 제12조 제13호 가목(보육교사 근무환경개선비) - 「영유아보육법 시행령」	○
		H15	⑱-23	「소득세법 시행령」 제12조 제13호 나목(사립유치원 수석교사 · 교사의 인건비)-「유아교육법 시행령」	○
		H11	⑱-6	「소득세법 시행령」 제12조 제14호(취재수당)	○
		H12	⑱-7	「소득세법 시행령」 제12조 제15호(벽지수당)	○
		H13	⑱-8	「소득세법 시행령」 제12조 제16호(천재 · 지변 등 재해로 받는 급여)	○
		H16	⑱-24	「소득세법 시행령」 제12조 제17호(정부 · 공공기관 중 지방이전기관 종사자 이전지원금)	○
		H17	⑱-30	「소득세법 시행령」 제12조 제18호(종교관련종사자가 소속 종교단체의 규약 또는 소속 종교단체의 의결기구의 의결 · 승인 등을 통하여 결정된 지급 기준에 따라 종교 활동을 위하여 통상적으로 사용할 목적으로 지급받은 금액 및 물품)	○
	「소득세법」 제12조 제3호 차목	I01	⑱-19	외국정부 또는 국제기관에 근무하는 사람에 대한 비과세	○
	「소득세법」 제12조 제3호 카목	J01		「국가유공자 등 예우 및 지원에 관한 법률」에 따라 받는 보훈급여금 및 학습보조비	×
	「소득세법」 제12조 제3호 타목	J10		「전직대통령 예우에 관한 법률」에 따라 받는 연금	×
	「소득세법」 제12조 제3호 파목	K01	⑱-10	작전임무 수행을 위해 외국에 주둔하는 군인 등이 받는 급여	○
	「소득세법」 제12조 제3호 하목	L01		종군한 군인 등이 전사한 경우 해당 과세기간의 급여	×
	「소득세법」 제12조 제3호 거목	M01	⑱	「소득세법 시행령」 제16조 제1항 제1호(국외 등에서 근로에 대한 보수) 100만원	○
		M02	⑱	「소득세법 시행령」 제16조 제1항 제1호(국외 등에서 근로에 대한 보수) 300만원(2023년 귀속분까지만 적용)	○

구분	법조문	코드	기재란	비과세항목	지급명세서 작성 여부
		M03	⑱	「소득세법 시행령」 제16조 제1항 제2호(국외근로)	○
		M04	⑱	「소득세법 시행령」 제16조 제1항 제1호(국외 등에서 근로에 대한 보수) 500만원	○
	「소득세법」 제12조 제3호 너목	N01		「국민건강보험법」 등에 따라 사용자 등이 부담하는 보험료	×
	「소득세법」 제12조 제3호 더목	O01	⑱-1	생산직 등에 종사하는 근로자의 야간수당 등	○
	「소득세법」 제12조 제3호 러목	P01	⑱-40	비과세 식사대(월 20만원 이하)	○
		P02		현물 급식	×
	「소득세법」 제12조 제3호 머목	Q01	⑱-2	출산, 6세 이하의 자녀의 보육 관련 비과세 급여(월 20만원 이내)(2023년 귀속분까지만 적용)	○
		Q02	⑱-2	6세 이하의 자녀의 보육 관련 비과세 급여(월 20만원 이내)	○
		Q03	⑱-3	자녀 출생일 이후 2년 이내에 받는 출산지원금(1회)	○
	「소득세법」 제12조 제3호 버목	Q04	⑱-3	자녀 출생일 이후 2년 이내에 받는 출산지원금(2회)	○
		R01		국군포로가 지급받는 보수 등	×
	「소득세법」 제12조 제3호 서목	R10	⑱-21	「교육기본법」 제28조 제1항에 따라 받는 장학금	○
	「소득세법」 제12조 제3호 어목	R11	⑱-29	「소득세법 시행령」 제17조의 3(비과세 직무발명보상금)	○
	「소득세법」 제12조 제3호 저목	V01		사택 제공 이익	×
		V02		주택 자금 저리 · 무상 대여 이익	×
		V03		종업원 등을 수익자로하는 보험료 · 신탁부금 · 공제부금	×
		V04		공무원이 받는 상금과 부상(연 240만원 이내)	×
		V05		「영유아보육법 시행령」에 따라 사업주가 부담하는 보육비용	×
	「소득세법」 제12조 제3호 처목	W01	⑱-41	임원등 할인금액 비과세	○
	구 「조세특례제한법법」 제15조	S01	⑱-11	주식매수선택권 비과세	○
	「조세특례제한법」 제16조의 2	U01	⑱-31	벤처기업 주식매수 선택권 행사이익 비과세	○
	「조세특례제한법」 제88조의 4 제6항	Y02	⑱-14	우리사주조합 인출금 비과세(50%)	○
		Y03	⑱-15	우리사주조합 인출금 비과세(75%)	○
		Y04	⑱-16	우리사주조합 인출금 비과세(100%)	○
	「소득세법」 제12조 제3호 자목	Y22	⑲	「소득세법 시행령」 제12조 제13호 다목(전공의 수련보조수당)	○

구분	법조문	코드	기재란	비과세항목	지급명세서 작성 여부
감면	「조세특례제한법」 제18조	T01	⑱-12	외국인 기술자 소득세 감면(50%)	○
		T02	⑱-36	외국인 기술자 소득세 감면(70%)	○
	「조세특례제한법」 제19조	T30	⑱-33	성과공유 중소기업의 경영성과급에 대한 세액공제 등	○
	「조세특례제한법」 제29조의 6	T40	⑱-34	중소기업 청년근로자 및 핵심인력 성과보상기금 수령액에 대한 소득세 감면 등(50%)	○
		T41	⑱-37	중견기업 청년근로자 및 핵심인력 성과보상기금 수령액에 대한 소득세 감면 등(30%)	○
		T42	⑱-38	중소기업 청년근로자 및 핵심인력 성과보상기금 수령액에 대한 소득세 감면 등(청년 90%)	○
		T43	⑱-39	중견기업 청년근로자 및 핵심인력 성과보상기금 수령액에 대한 소득세 감면 등(청년 50%)	○
	「조세특례제한법」 제18조의 3	T50	⑱-35	내국인 우수인력의 국내복귀에 대한 소득세 감면	○
	「조세특례제한법」 제30조	T12	⑱-27	중소기업 취업자 소득세 감면(70%)	○
		T13	⑱-32	중소기업 취업자 소득세 감면(90%)	○
	조세조약	T20	⑱-28	조세조약상 소득세 면제(교사 · 교수)	○

비과세소득 종류가 많은 근로자의 경우 "원천징수영수증 Ⅱ. 비과세소득란"에 해당 번호별 총액을 기재하고 비과세 소득 세부 내역은 다음과 같이 별지를 이용하여 기재할 수 있다.

(4) 세액명세

1) 기납부세액(소득세)

주(현)근무지의 기납부세액(소득세)은 매월 급여 지급시 원천징수한 세액의 합계 금액을 기재하며, 종(전)근무지의 기납부세액(소득세)은 종(전)근무지에서 발급받은 근로소득 원천징수영수증의 "㉛결정세액"란의 금액을 기재한다. 이 경우 종(전)근무지의 사업자등록번호란은 반드시 기재한다.

2) 농어촌특별세 납부대상

㊿ 주택차입금 이자세액공제가 있는 경우 기재한다.

(5) 소득 · 세액공제 명세

근로자 본인을 포함한 부양가족의 성명, 주민등록번호, 근로자와의 관계, 내 · 외국인, 장애인(구분코드 기재) 여부, 인적공제항목을 기재한다. 외국인근로자가 외국인단일세율적용신청서를 제출하여 단일세율을 적용하는 경우 소득 · 세액공제명세 기재 대상에 해당되지 않는다. 근로소득공제, 인적공제, 특별소득공제, 그 밖의 소득공제, 세액공제 등을 적용하지 않는다.

(6) 연금저축 등 소득 · 세액공제 명세서와 기부금명세서

주택마련저축, 장기집합투자증권저축 소득공제, 퇴직연금, 연금저축, 기부금 세액공제를 신청하는 근로자에 대해 소득 · 세액 공제명세서와 기부금명세서를 작성, 제출해야 한다.

(7) 월세액 · 거주자 간 주택임차차입금 원리금상환액 소득 · 세액공제 명세서

월세액과 거주자 간 주택임차차입금 원리금상환액 소득 · 세액공제를 신청하는 근로자에 대해 소득 · 세액공제 내역을 작성해야 한다.

3. 의료비지급명세서 작성

「소득세법 시행규칙」 [별지 제43호 서식] (2025.3.21. 개정)

의료비지급명세서

소득자 인적사항	
① 성 명 이현욱	② 주민등록번호 800101-1****** (또는 외국인등록번호)
③ 상 호	④ 사업자등록번호

(2025)년 의료비 지급명세

의료비 공제 대상자		지급처			지급명세			
⑤ 주민등록번호	⑥ 본인 등 해당 여부	⑦ 사업자등록번호	⑧ 상호	⑨ 의료 증빙 코드	⑩ 건수	⑪ 금액	⑫ 미숙아·선천성 이상아 해당 여부	⑬ 난임 시술비 해당 여부
800101-1******	○	- -		1		2,300,000	×	×
800101-1******	○	101-01-01010	A안경	5	1	550,000	×	×
850701-2******	×	- -		1		2,500,000	×	×
850701-2******	×	- -		1		2,000,000	×	○
850701-2******	×	- -		1		2,500,000	×	×
-		- -						
-		- -						
-		- -						
-		- -						
		합 계			1	9,850,000		

「소득세법」 제59조의4와 같은 법 시행령 제113조 제1항 및 제118조의5제3항에 따라 의료비를 공제받기 위하여 의료비지급명세서를 제출합니다.

2026년 1 월 일

제출자 이 현 욱 (서명 또는 인)

세무서장 귀하

첨부서류	작성방법 5번란의 증빙자료 ( )매 (의료비 지급명세 순서와 일치되도록 편철합니다)

작 성 방 법

※ 의료비 공제를 받으려는 근로자는 원천징수의무자에게 이 의료비지급명세서를 제출해야 합니다.

1. ③항과 ④항은「조세특례제한법」제122조의3에 따른 사업자의 경우에만 적으며, 2008년 1월 1일 이후 발생하는 분부터 적용합니다.
2. 의료비 지급내용 중 의료비 공제가 가능한 내용만 적고, 같은 의료비명세를 중복하여 적을 수 없습니다.
   (예) 국세청장이 연말정산간소화서비스를 통해 제공하는 의료비자료에 포함된 금액을 별도의 진료비계산서를 첨부하여 중복으로 적는 경우
3. 본인 등 해당 여부란은 본인, 6세 이하 또는 65세 이상인 사람, 장애인 또는 건강보험 산정특례자인 경우에 "○"표시를 하며, 그밖의 기본공제대상자인 경우에는 "×" 표시를 합니다.
4. 국세청장이 연말정산간소화서비스를 통해 제공하는 의료비자료의 경우에는 의료비 공제대상자별로 의료비 지출 합계액을 적습니다. 따라서 지급처의 사업자등록번호, 건수를 적지 않습니다.
5. 의료증빙코드란에는 공제대상자 및 지급처별로 다음의 하나만을 선택하여 적습니다.
   · 국세청장이 연말정산간소화서비스를 통해 제공하는 의료비 자료 = 1
   · 국민건강보험공단의 의료비부담명세서 = 2
   · 진료비계산서, 약제비계산서 = 3
   ·「노인장기요양보험법 시행규칙」별지 제24호 서식 장기요양급여비용 명세서 = 4
   (장기요양급여비용 명세서의 '급여 본인부담금①' 란의 금액만을 적습니다. 장기요양비급여액은 의료비공제대상이 아니므로 적는 금액에 포함할 수 없습니다)
   · 기타 의료비 영수증 = 5
   * 신용카드 · 현금영수증 소득공제 증명서류는 의료비 세액공제증명서류로 사용하실 수 없습니다.
6. ⑫ 미숙아·선천성이상아 해당 여부 및 ⑬ 난임시술비 해당 여부란은 의료비 지급내용이 미숙아·선천성이상아 및 난임시술비에 해당하는 경우에 각각 "○"표시를 하며, 해당하지 않는 경우에는 "×" 표시를 합니다.
7. 의료비 지급명세란이 부족할 때에는 별지로 작성합니다.

210mm×297mm[백상지 80g/㎡(재활용품)]

(1) 대상자

1) 서식 작성 대상자

의료비 세액공제를 받고자 하는 모든 근로자를 대상으로 한다.

2) 국세청에 전산 파일 제출 대상

2024년 의료비 세액공제금액이 있는 근로자는 국세청 전산 파일을 조회하여 제출하여야 한다. 다만, 연말정산을 전산으로 수행하여 근로자나 원천징수의무자가 의료비지급내역을 전산 입력하는 경우 의료비 지급명세서를 별도로 작성하지 아니할 수 있다.

(2) 작성요령

① 2025.1.1.~2025.12.31. 지출한 내역을 기재한다.

② 의료비 지출액이 총급여액의 3%를 초과한 경우만 공제 가능하다.

③ 본인, 장애인, 6세 이하인 자, 65세 이상인 자, 건강보험 산정특례자를 위하여 지출한 의료비는 '⑥본인 등 해당 여부'란에 ○표를 쓰며, 그 외의 의료비공제 대상자는 ×표를 쓴다.

④ 다음에 해당하는 의료증빙코드 중 해당하는 코드를 '⑨의료증빙코드'란에 기재한다.

의료증빙코드	내 용
1	간소화서비스에서 출력한 의료비 자료
2	국민건강보험공단의 의료비부담명세서
3	진료비계산서, 약제비계산서
4	장기요양급여비용명세서
5	기타 의료비 영수증

⑤ 간소화 서비스에서 발급한 의료비 내역
의료증빙코드 "1"(사업자등록번호, 건수는 기재하지 아니함)이며, 인별로 합계액을 기재한다.

⑥ 의료비 영수증 제출분
인별로 의료기관을 구분하여 의료기관 사업자등록번호, 건수, 금액을 기재한다.

⑦ 난임시술비를 지출한 경우 '⑫난임시술비 해당 여부' 란에 ○표 한다.

4. 기부금명세서 작성

「소득세법 시행규칙」 [별지 제45호 서식] (2025.6.30.개정)

기 부 금 명 세 서

※ 뒤쪽의 작성방법을 읽고 작성하여 주시기 바랍니다. (앞쪽)

❶ 인적사항				
	① 근무지 또는 사업장 상호	택스에듀(주)	② 사업자등록번호	123-81-*****
	③ 성 명	이현욱	④ 주민등록번호	770101-1******
	⑤ 주 소	서울특별시 종로구 종로3길 1번길 (전화번호 : 02-0000-000)		
	⑥ 사업장 소재지	서울특별시 종로구 종로3길 1번길 (전화번호 : 02-0000-000)		

❷ 해당 연도 기부 명세

⑦ 코드	⑧ 기부내용	기 부 처		⑪ 기부자			기부 명세				
							건수	기부금액			
										공제제외 기부금	
		⑨ 상호 (법인명)	⑩ 사업자 등록번호 등	관계 코드	성명	주민 등록번호		⑫ 합계 (⑬+⑭)	⑬ 공제대상 기부금액	⑭ 기부장려금 신청금액	⑮ 기타
20	금전			1	이현욱	770101-1******	1	200,000	200,000		
10	금전	00대학교	101-82-00001	1	이현욱	770101-1******	1	500,000	500,000		

❸ 구분코드별 기부금의 합계

기부자 구 분	총 계	공제대상 기부금							공제제외 기부금	
		특례기부금	정치자금 기부금	고향사랑 기부금 (일반)	고향사랑 기부금 (특별재난지역)	일반기부금 (종교단체 외)	일반기부금 (종교단체)	우리사주 조합 기부금	기부장려금 신청금액	기타
코 드		10	20	43	44	40	41	42	10,40,41	50
합 계	700,000	500,000	200,000							
본 인	700,000	500,000	200,000							
배우자										
직계비속										
직계존속										
형제자매										
그 외										

❹ 기부금 조정 명세

기부금 코드	기부 연도	⑯ 기부금액	⑰ 전년까지 공제된 금액	⑱ 공제대상 금액(⑯-⑰)	해당 연도 공제금액		해당 연도에 공제받지 못한 금액	
					필요경비	세액(소득)공제	소멸금액	이월금액
10	2024	500,000	-	500,000	-	500,000		
10	2024	200,000	-	200,000	-	200,000		

❺ 노동조합 회비 명세

⑦코드	⑪기부자			⑲노동조합		⑳적정공시 노동조합 회비 납부액		㉑ 비적정공시 노동조합 회비 납부액	
	관계 코드	성명	주민 등록번호	명칭	사업자 등록번호 등	1월~9월 납부액(공제대상)	10월~12월 납부액 (공제대상)	1월~9월 납부액 (공제대상)	10월~12월 납부액 (공제제외)

210mm×297mm[백상지 80g/㎡ 또는 중질지 80g/㎡]

* 2017년 귀속부터 원천징수의무자는 기부금 명세서를 근로소득 또는 사업소득(연말정산) 지급명세서의 부속서류로 작성해서 제출한다.

(1) 대상자

1) 서식 작성 대상자

기부금 소득 · 세액공제를 받고자 하는 모든 근로자를 대상으로 한다.

2) 국세청에 전산 파일 제출 대상

기부금 소득 · 세액공제금액이 있는 근로자는 국세청 전산 파일을 조회하여 제출하여야 한다. 본인, 기본공제 배우자, 기본공제 부양가족이 지출한 기부금이 공제 대상이나 정치자금기부금, 우리사주조합기부금은 본인이 기부한 금액만 공제대상이며, 근로자나 원천징수의무자가 기부금내역을 입력하여 연말정산을 전산으로 수행하는 경우 기부금명세서 서식을 별도로 작성하지 아니할 수 있다.

(2) 작성요령

1) 인적사항

근로자의 성명, 주민등록번호, 주소 등을 기재한다.

2) 해당 연도 기부 명세

① "⑦ 유형", "⑧ 코드" : 정치자금, 특례, 우리사주, 일반 등 기부금 유형과 코드를 기재한다.

- 「소득세법」 제34조 제3항에 따른 기부금 : "특례", 코드번호 "10"
- 「조세특례제한법」 제76조에 따른 기부금 : "정치자금", 코드번호 "20"
- 「조세특례제한법」 제58조에 따른 기부금 : "고향사랑"
  - 「재난 및 안전관리 기본법」 제60조에 따라 특별재난지역으로 선포된 지방자치단체에 기부한 기부금 외의 기부금 : 코드번호 "43"
  - 「재난 및 안전관리 기본법」 제60조에 따라 특별재난지역으로 선포된 지방자치단체에 기부한 기부금 : 코드번호 "44"
- 「소득세법」 제34조 제2항에 따른 기부금(기부금대상민간단체에 대한 기부금을 포함하고, 종교단체 기부금은 제외) : "일반", 코드번호 "40"
- 「소득세법」 제34조 제2항에 따른 기부금 중 종교단체 기부금 : "종교단체", 코드번호 "41"
- 「조세특례제한법」 제88조의 4에 따른 우리사주조합기부금 : "우리사주", 코드번호 "42"

• 그 밖의 기부금으로서 필요경비 및 세액공제금액 대상에 해당되지 아니한 기부금 : "공제제외", 코드번호 "50"

② "⑧ 기부내용" : 금전기부는 "금전", 금전 외 기부는 "현물"로 표시하고 자산명세 기재하고, 현물의 기부금액 산정은 「소득세법 시행령」 제81조 제3항에 따른 금액임

③ "⑨ 상호", "⑩사업자등록번호" 등 : 기부금단체의 상호, 사업자등록번호를 기재한다.

• 정치자금기부금은 기부처 구분 없이 대상기간의 합계액을 한 줄로 최상단에 기재한다.

• 기부처의 사업자등록번호나 고유번호가 없는 경우 기부처의 대표자 주민등록번호를 기재한다.

④ "⑪ 기부자" : 관계코드(1.거주자, 2.배우자, 3.직계비속, 4.직계존속, 5.형제자매, 6.그 외), 성명, 주민등록번호를 정확히 기재한다.

⑤ "⑬ 공제대상 기부금액"란 : 가지급금으로 처리한 기부금 등을 포함하고 미지급분은 "공제제외 기부금"에 포함한다.

3) 구분코드별 기부금의 합계

"❷ 해당연도 기부 명세"의 기부금액을 기부자별, 기부금 코드별로 구분하여 기재한다.

4) 기부금 조정 명세

① 전년도 이월 금액과 해당 과세연도 기부금액 중 기부금 공제 금액과 이월금액 소멸금액을 계산하여 기재한다.

② 공제받지 못한 기부금 중 이월공제 기간(2014.1.1. 이후 지출분부터 10년)이 지난 기부금은 소멸금액에 기재한다.

③ 전년도 이월된 기부금액에 대하여 공제를 받고자 하는 경우
원천징수의무자가 변동된 경우에는 전년도의 기부금명세서를 추가 제출해야 하며, 원천징수의무자가 변동되지 아니한 경우에는 기부금명세서를 추가 제출하지 아니할 수 있다.

④ 2014년 12월 31일 이전 지출 기부금 중 이월된 기부금은 소득공제로 우선하여 공제하며, 2015년 이후 이월된 기부금은 기부연도가 빠른 기부금부터 세액공제를 적용한다.

⑤ 이월기부금 공제 후 남은 기부금 공제한도 내에서 해당연도에 지출한 기부금을 공제한다.

⑥ 종교단체 일반기부금과 종교단체 외 일반기부금이 함께 있는 경우 종교단체 외 기부금을 먼저 공제한다.

⑦ 다음연도 이월 기부금은 해당 과세기간 이후 기본공제대상자의 변동에는 영향을 미치지 아니한다.

2 [사례] 원천징수 및 환급신청

〈택스에듀㈜ 2026년 2월 원천징수세액 자료〉

(1) 급여지급현황(2026년 2월 급여를 2월 24일에 지급)

성 명	주민번호	총지급액	원천징수세액	비 고
합 계	8명	22,230,000	1,198,170	
김△△	000000-0000000	2,500,000	51,180	
최△△	000000-0000000	3,000,000	113,390	
박○○	000000-0000000	2,300,000	78,600	
박△△	000000-0000000	500,000	–	
이○○	000000-0000000	5,200,000	465,700	
정△△	000000-0000000	2,100,000	45,000	
송○○	000000-0000000	2,000,000	62,000	
문○○	000000-0000000	4,630,000	382,300	

(2) 2025 귀속 연말정산 현황(중간 정산 포함)

성 명	총지급액(전, 현 근무지 포함)	작성대상 비과세	결정세액	전 근무지 총지급액	기납부세액			전 근무지 상호	전 근무지 사업자번호	차감 징수세액
					계	현 근무지	전 근무지			
고◎◎*	7,500,000	300,000	–		620,820	620,820				–620,820
계속근로자합계	323,231,250	12,290,000	10,994,140	36,690,720	14,895,170	12,356,850	2,538,320			–3,901,030
김△△	30,000,000	1,200,000	586,230		855,980	855,980				–269,750
최△△	45,000,000	2,200,000	1,500,760		2,500,370	2,500,370				–999,610
박○○*	38,700,000	670,000	825,700	11,690,720	1,571,980	676,980	895,000	㈜○○물산	111–81–00010	–746,280
박△△*	32,600,000	1,800,000	1,585,420	10,000,000	1,001,470	326,470	675,000	△△백화점	211–03–00007	583,950
이○○	82,003,950	2,400,000	4,250,950		5,900,350	5,900,350				–1,649,400
정△△	12,600,800	720,000	–		312,000	312,000				–312,000
송○○	24,000,000	1,200,000	307,030		521,900	521,900				–214,870
문○○*	58,326,500	2,100,000	1,938,050	15,000,000	2,231,120	1,262,800	968,320	㈜○○전자	312–81–00080	–293,070

* 고◎◎ : 4월 중도퇴사
박○○, 박△△, 문○○ : 5월 중도 입사

(3) 2026년 2월 전 직원을 대상으로 교육을 실시하면서 교육을 담당한 외부강사에게 강사료 1,000,000원 지급하였다[기타소득 1,000,000원, 원천징수세액(소득세) 80,000원].

(4) 원천징수이행상황 신고내역(2025년 귀속)

귀속연월	지급연월	소득구분	코드	인원	총지급액	징수세액			당월조정 환급	납부세액
						소득세	농특세	가산세		
202501	202501	간이세액	A01	6	25,300,000	1,225,800				1,225,800
202502	202502	간이세액	A01	6	24,600,600	1,136,240				
202502	202502	연말정산	A04	6	237,650,000	-2,582,650				
202502	202502	가 감 계	A10	12	262,250,600	-1,446,410				
202503	202503	간이세액	A01	6	23,800,000	1,060,000				1,060,000
202504	202504	간이세액	A01	6	21,389,000	968,720				
202504	202504	중도퇴사	A02	1	7,500,000	-620,820				
202504	202504	가 감 계	A10	7	28,889,000	347,900			347,900	
202504	202504	퇴직소득	A22	1	3,520,000	120,820			38,510	82,310
202505	202505	간이세액	A01	8	26,470,820	1,382,420				1,382,420
202506	202506	간이세액	A01	8	21,210,890	1,195,750				1,195,750
202507	202507	간이세액	A01	8	21,350,760	1,221,820				1,221,820
202508	202508	간이세액	A01	8	23,850,850	890,790				890,790
202509	202509	간이세액	A01	8	24,682,440	905,620				905,620
202510	202510	간이세액	A01	8	29,720,650	1,110,890				1,110,890
202511	202511	간이세액	A01	8	24,901,140	992,750				992,750
202512	202512	간이세액	A01	8	26,763,380	886,870				886,870

(5) 환급세액조정내역(2025년 귀속)

귀속 연월	지급 연월	전월 미환급세액의 계산			당월 발생 환급세액			조정대상 환급세액	당월조정 환급세액	차월 환급세액	환급 신청액
		전월 미환급세액	기환급 세액	차감 잔액	일반 환급	신탁 재산	그 밖의 환급세액				
202501	202501			–			–	–	–	–	
202502	202502			–	1,446,410			1,446,410	–	1,446,410	
202503	202503	1,446,410		1,446,410				1,446,410	1,060,000	386,410	
202504	202504	386,410		386,410				386,410	386,410	–	

「소득세법 시행규칙」 [별지 제21호 서식] (2025.3.21. 개정) (10쪽 중 제1쪽)

① 신고구분						서식	② 귀속연월	2026년 2월
매월	반기	수정	연말	소득처분	환급신청	☑ 원천징수이행상황신고서 ☑ 원천징수세액환급신청서	③ 지급연월	2026년 2월

원천징수 의무자						
법인명(상호)	택스에듀(주)	대표자(성명)	김민호	일괄납부 여부	여 부
				사업자단위과세 여부	여 부
사업자(주민) 등록번호	123-81-*****	사업장 소재지	서울 종로 종로5길 1000	전화번호	02-123-1234
				전자우편주소	nhk12@nts.go.kr

❶ 원천징수 명세 및 납부세액 (단위: 원)

소득자 소득구분			코드	④ 인원	⑤ 총지급액	⑥ 소득세 등	⑦ 농어촌특별세	⑧ 가산세	⑨ 당월 조정 환급세액	⑩ 소득세 등 (가산세 포함)	⑪ 농어촌특별세
				원천징수명세: 소득지급 (과세 미달, 일부 비과세 포함)		징수세액				납부세액	
개인(거주자·비거주자)	근로소득	간이세액	A01	8	22,230,000	1,198,170					
		중도퇴사	A02								
		일용근로	A03								
		연말정산 합계	A04	8	323,231,250	-3,901,030					
		연말정산 분납신청	A05								
		연말정산 납부금액	A06								
		가감계	A10	16	345,461,250	-2,702,860					
	퇴직소득	연금계좌	A21								
		그 외	A22								
		가감계	A20								
	사업소득	매월징수	A25								
		연말정산	A26								
		가감계	A30								
	기타소득	연금계좌	A41								
		종교인소득 매월징수	A43								
		종교인소득 연말정산	A44								
		가상자산	A49								
		인적용역	A59								
		그 외	A42	1	1,000,000	80,000					
		가감계	A40	1	1,000,000	80,000		80,000			
	연금소득	연금계좌	A48								
		공적연금(매월)	A45								
		연말정산	A46								
		가감계	A47								
	이자소득		A50								
	배당소득		A60								
	금융투자소득		A71								
	저축 등 해지 추징세액 등		A69								
	비거주자 양도소득		A70								
법인	내·외국법인원천		A80								
수정신고(세액)			A90								
총합계			A99	17	346,461,250	80,000		80,000			

❷ 환급세액 조정 (단위: 원)

전월 미환급 세액의 계산			당월 발생 환급세액				⑱ 조정대상 환급세액 (⑭+⑮+⑯+⑰)	⑲ 당월조정 환급세액계	⑳ 차월이월 환급세액 (⑱-⑲)	㉑ 환급 신청액
⑫ 전월 미환급세액	⑬ 기환급 신청세액	⑭ 차감잔액 (⑫-⑬)	⑮ 일반환급	⑯ 신탁재산 (금융회사 등)	⑰ 그 밖의 환급세액: 금융회사 등	⑰ 그 밖의 환급세액: 합병 등				
			2,702,860				2,702,860	80,000	2,622,860	2,622,860

원천징수의무자는 「소득세법 시행령」 제185조 제1항에 따라 위의 내용을 제출하며, 위 내용을 충분히 검토하였고 원천징수의무자가 알고 있는 사실 그대로를 정확하게 적었음을 확인합니다.

2025년 3 월 10 일

신고인 택스에듀(주) (서명 또는 인)

세무대리인은 조세전문자격자로서 위 신고서를 성실하고 공정하게 작성하였음을 확인합니다.

세무대리인 (서명 또는 인)

세 무 서 장 귀하

신고서 부표 등 작성 여부		
※ 해당란에 "○" 표시를 합니다.		
부표(4~5쪽)	환급(7쪽~9쪽)	승계명세(10쪽)
	0	

세무대리인	
성명	
사업자등록번호	
전화번호	

국세환급금 계좌신고	
예입처	
예금종류	
계좌번호	

210mm×297mm[백상지80g/㎡ 또는 중질지80g/㎡]

(10쪽 중 제7쪽)

사업자등록번호 123-81-*****

☑원천징수세액환급신청서 부표

(단위 : 원)

소득의 종류	귀속 연월	지급 연월	코드	인원	소득 지급액	① 결정세액	기납부 원천징수세액			③ 차감 세액	④ 분납 금액	⑤ 조정환급 세액	⑥ 환급 신청액
							② 계	기납부세액 [주(현)]	기납부세액 [종(전)]				
근로	202602	202502	A04	8	323,231,250	10,994,140	14,895,170	12,356,850	2,538,320	-3,901,030		1,278,170	2,622,860
합계				8	323,231,250	10,994,140	14,895,170	12,356,850	2,538,320	-3,901,030		1,278,170	2,622,860

작성방법

1. 「소득세법 시행규칙」 제93조 등에 따라 제출합니다.
2. 이 부표는 원천징수세액환급신청서(제1쪽)의 ㉑ 환급신청란에 환급신청액을 적어 환급신청을 한 경우 작성합니다.
3. 소득의 종류란은 환급대상 원천징수 세목의 소득을 적습니다.
4. 귀속연월은 신청한 환급세액이 발생한 "원천징수이행상황신고서(제1쪽)"의 ② 귀속연월을 적습니다.
   지급연월은 신청한 환급세액이 발생한 "원천징수이행상황신고서(제1쪽)"의 ③ 지급연월을 적습니다.
5. 코드란은 환급 신청대상 원천징수 소득의 해당 코드(제1쪽의 코드 참조)를 적으며, 인원란은 환급대상 소득에 해당하는 원천징수이행상황신고서(제1쪽)의 소득자 소득구분 및 코드에 해당하는 인원을 적습니다. 소득지급액란은 "원천징수이행상황신고서(제1쪽)의 ⑤ 총지급액의 작성방법을 준용하여 작성합니다.
6. ① 결정세액, 기납부 원천징수세액(② 계, 기납부세액[주(현)], 기납부세액[종(전)]란은 환급대상 소득에 해당하는 지급명세서의 결정세액, 기납부원천징수세액의 합계액을 적어야 하며, 기납부세액[주(현), 종(전)]이 있는 경우에는 "기납부세액 명세서(제8쪽)"를 작성해야 합니다.
7. ③ 차감세액란은 환급대상 소득에 해당하는 지급명세서의 차감징수세액의 합계액과 일치해야 합니다.
8. ④ 분납금액란은 "원천징수이행상황신고서(제1쪽)"의 ⑥소득세 등(A05)의 금액과 일치해야 합니다.
9. ⑤ 조정환급세액란은 환급할 세액에서 차감한 같은 세목의 납부할 세액을 포함하여 적으며, ④ 분납금액에서 ③ 차감세액과 ⑥ 환급신청액을 각각 차감한 금액과 일치해야 합니다.
10. 합계의 ⑥ 환급신청액란은 "원천징수이행상황신고서(제1쪽)"의 ㉑ 환급신청액란의 금액과 일치해야 합니다. "환급신청 시 원천징수이행상황신고서(제1쪽)"의 2. 환급세액 조정의 ⑫ 전월미환급세액란에 금액이 있는 경우에는 "전월미환급세액 조정명세서(제9쪽)"를 작성하여 제출해야 합니다.
11. 환급신청서 부표에 포함되는 소득지급명세서는 별도로 제출합니다. 다만, 지급명세서 법정제출기한 내에 해당 지급명세서를 제출한 경우에는 별도로 제출할 필요가 없습니다.
12. 환급신청자가 "기납부세액 명세서(제8쪽)" 및 "전월미환급세액 조정명세서(제9쪽)"를 제출하지 않은 경우에는 원천징수 관할 세무서장은 즉시 해당 명세서를 추가로 제출할 수 있도록 안내하고, 그 제출기간은 환급처리기간에 포함하지 않습니다.

210mm×297mm[백상지 80g/㎡ 또는 중질지 80g/㎡]

사업자등록번호 123-81-*****

기납부세액 명세서

(단위 : 원)

❶ 원천징수 신고 납부 현황

소득의 구분	귀속연월	지급연월	코드	인원	총지급액	징수세액		
						①소득세 등	②농어촌특별세	가산세
			별	지	참	조		
합 계				88	294,040,530	12,977,670		

❷ 지급명세서 기납부세액 현황

소득의 구분	성명	주민등록 번호	주(현)근무지		종(전)근무지 결정세액				계	
			③ 소득세 등	④ 농어촌특별세	종(전) 근무지	사업자 등록번호	소득세 등	농어촌 특별세	소득세 등	농어촌 특별세
				별	지	참	조			
합계			12,356,850				2,538,320		14,895,170	

❸ 기납부세액 차이 조정 현황

소득세 등			농어촌특별세			사 유
① 소득세 등 합계	③ 소득세 등 합계	차이금액 (③-①)	② 농어촌특별세 합계	④ 농어촌특별세 합계	차이금액 (④-②)	
12,977,670	12,356,850	-620,820	-	-	-	중도퇴사

작성방법

1. 「소득세법 시행규칙」 제93조 등에 따라 제출합니다.
2. [1. 원천징수 신고 납부 현황]은 환급신청 대상 세목에 대한 원천징수 신고 납부 현황을 적습니다. 작성대상이 많은 경우 [1. 원천징수 신고 납부 현황]에 대해 합계를 적고 해당 명세에 대한 형식을 참고하여 별지 형식으로 제출할 수 있습니다.
3. [2. 지급명세서 기납부세액 현황]은 환급신청 대상 세목에 대한 지급명세서 기납부세액을 적습니다. 작성대상이 많은 경우 [2. 지급명세서 기납부세액 현황]에 대하여 합계를 적고 해당 명세에 대한 형식을 참고하여 별지 형식으로 제출할 수 있습니다.
4. [1. 원천징수 신고납부 현황]의 ① 소득세 등의 합계와 [2. 지급명세서 기납부세액 현황]의 주(현)근무지 ③ 소득세 등의 합계와 일치해야 합니다. 또한 [1. 원천징수 신고납부 현황]의 ② 농어촌특별세의 합계와 [2. 지급명세서 기납부세액 현황]의 주(현)근무지 ④ 농어촌특별세의 합계와 일치해야 합니다.
5. [1. 원천징수 신고납부 현황]의 ① 소득세 등의 합계, ② 농어촌특별세의 합계와 [2. 지급명세서 기납부세액 현황]의 주(현)근무지 ③ 소득세 등의 합계, ④ 농어촌특별세의 합계가 일치하지 않는 경우에는 [3. 기납부세액 차이 조정 현황]을 작성해야 합니다.
6. [3. 기납부세액 차이 조정 현황]은 [1. 원천징수 신고 납부 현황] 과 [2. 지급명세서 기납부세액 현황]을 비교하여 작성하여 차이 금액이 발생하는 경우 해당 사유를 명확히 적고 적을 내용이 많은 경우 별지로 작성하여 제출할 수 있습니다.

210mm×297mm[백상지 80g/㎡ 또는 중질지 80g/㎡]

[별 지]

① 원천징수 신고 납부 현황								
소득의 구분	귀속 연월	지급 연월	코드	인원	총지급액	징수세액		
						① 소득세 등	② 농어촌특별세	가산세
근로소득	202501	202501	A01	6	25,300,000	1,225,800		
근로소득	202502	202502	A01	6	24,600,600	1,136,240		
근로소득	202503	202503	A01	6	23,800,000	1,060,000		
근로소득	202504	202504	A01	6	21,389,000	968,720		
근로소득	202505	202505	A01	8	26,470,820	1,382,420		
근로소득	202506	202506	A01	8	21,210,890	1,195,750		
근로소득	202507	202507	A01	8	21,350,760	1,221,820		
근로소득	202508	202508	A01	8	23,850,850	890,790		
근로소득	202509	202509	A01	8	24,682,440	905,620		
근로소득	202510	202510	A01	8	29,720,650	1,110,890		
근로소득	202511	20251	A01	8	24,901,140	992,750		
근로소득	202512	202512	A01	8	26,763,380	886,870		
합 계				88	294,040,530	12,977,670		

② 지급명세서 기납부세액 현황										
소득의 구분	성명	주민등록번호	주(현)근무지		종(전)근무지 결정세액				계	
			③ 소득세 등	④ 농어촌 특별세	종(전) 근무지	사업자 등록번호	소득세 등	농어촌 특별세	소득세 등	농어촌 특별세
근로소득	김△△	000000-0000000	855,980						855,980	
근로소득	최△△	000000-0000000	2,500,370						2,500,370	
근로소득	박○○	000000-0000000	676,980		㈜00물산	111-81-00010	895,000		1,571,980	
근로소득	박△△	000000-0000000	326,470		△△백화점	211-03-00007	675,000		1,001,470	
근로소득	이○○	000000-0000000	5,900,350						5,900,350	
근로소득	정△△	000000-0000000	312,000						312,000	
근로소득	송○○	000000-0000000	521,900						521,900	
근로소득	문○○	000000-0000000	1,262,800		㈜00전자	312-81-00080	968,320		2,231,120	
합계			12,356,850				2,538,320		14,895,170	

* '전월미환급세액 조정명세서'는 환급신청 시 전월미환급세액이 있는 경우 작성합니다.
* '❷ 지급명세서 기납부세액 현황'의 경우 회사의 전산시스템 등에서 인별 세부명세를 관리하는 경우 합계자료만 입력 가능

[별지 제23호 서식] (2018.12.31. 개정)

지방소득세 [√] 특별징수분 / [ ] 신고 · 고지분 환급청구서

※ 뒤쪽의 작성방법을 읽고 작성하시기 바라며, [ ]에는 해당되는 곳에 √표를 합니다. (앞쪽)

접수번호	접수일	처리기간 즉시

특별징수 의무자	①상호(법인명) 택스에듀(주)	②법인(주민)등록번호
		③사업자등록번호 123-81-*****
	④사업장 소재지 서울 종로 종로5길 1000	⑤전화번호 02-123-1234(휴대전화 :)
납세 의무자 (소득자)	⑥성명(대표자)	⑦주민(법인)등록번호
	⑧상호(법인명)	⑨사업자등록번호
	⑩주소(영업소)	
	⑪전화번호(휴대전화:)	⑫전자우편주소

환급신청내용

⑬소득의종류	⑭귀속 과세연도	⑮당초 지방소득세	⑯경정 후 지방소득세	⑰조정 환급분	⑱지방소득세 환급금 (⑮-⑯-⑰)	⑲납세지
근로	2025	270,286			270,286	
계						

⑳환급청구이유	

▪ 지급계좌	금융회사		계좌번호	

「지방세기본법」 제60조 제1항 후단 및 같은 법 시행령 제38조 제4항에 따라 위와 같이 지방소득세의 환급을 청구합니다.

2026년 3월 일

청구인(환급대상자) 택스에듀(주) (서명 또는 인)

지방자치단체의 장 귀하

※ 지급계좌의 예금주와 청구인(환급대상자)은 동일해야 합니다.
※ 지급계좌를 적은 경우 지방세환급금이 발생하면 별도의 청구가 없더라도 해당 계좌에 지급될 수 있습니다.

▪ 경유	위 환급청구액에 대하여 특별(원천)징수의무자는 별도로 조정환급을 할 수 없음
특별(원천)징수의무자 택스에듀(주) (서명 또는 인)	

첨부서류	특별징수분 지방소득세 환급청구 시	1. 원천징수세액 환급신청서 2. 소득자별 환급신청명세서 3. 연말정산분 원천징수 이행상황신고서(부표 포함) 4. 지방소득세 특별징수계산서 및 명세서 5. 국세환급금 통지서(또는 통장입금분) 사본 6. 그 밖에 필요한 서류
	신고 · 고지분 지방소득세 환급청구 시	1. 국세환급금 통지서(또는 통장입금분) 사본 2. 종합소득세 과세표준 확정신고서 사본 3. 그 밖에 필요한 서류

작성방법

□ 특별징수의무자

①상호(법인명): 개인사업자는 상호, 법인은 법인등기부상의 법인명을 적습니다.
②법인(주민)등록번호: 특별징수의무자가 법인인 경우 법인등기부등본상의 법인등록번호를, 개인인 경우 대표자의 주민등록번호를 적습니다.
③사업자등록번호:「소득세법」,「법인세법」,「부가가치세법」에 따라 등록된 사업장의 등록번호를 적습니다.
④사업장 소재지: 법인은 법인의 주사무소 소재지, 개인사업자는 주된 사업장 소재지를 적습니다. 다만, 주사무소 또는 주된 사업장의 소재지와 분사무소 또는 해당 사업장 소재지가 다를 경우 분사무소 또는 해당 사업장의 소재지를 적습니다.
⑤전화번호: 연락이 가능한 일반전화 및 휴대전화 번호를 적습니다.

□ 납세의무자(소득자)

⑥성명: 소득자의 성명을 적습니다.
⑦주민(법인)등록번호: 소득자의 주민등록번호(법인인 경우 법인등록번호, 외국인인 경우 외국인등록번호)를 적습니다.
⑧상호(법인명): 개인사업자는 상호, 법인은 법인등기부상의 법인명을 적습니다.
⑨사업자등록번호:「소득세법」,「법인세법」,「부가가치세법」에 따라 등록된 사업장의 등록번호를 적습니다.
⑩주소: 주민등록되어 있는 주소를 적되, 주민등록되어 있는 주소가 사실상의 거주지와 다른 경우 사실상의 거주지를 적습니다.
⑪전화번호: 연락이 가능한 일반전화 및 휴대전화 번호를 적습니다.
⑫전자우편주소: 연락이 가능한 전자우편주소를 적습니다.

□ 환급신청내용

⑬소득의 종류: 특별징수, 종합소득 등을 적습니다.
⑭귀속과세연도: 환급 받으려는 지방소득세의 과세연도를 적습니다.
⑮당초 지방소득세: 당초 납부한 지방소득세액을 적습니다.
⑯경정 후 지방소득세: 변경 후 결정된 지방소득세액을 적습니다.
⑰조정환급분: 당월 납부 할 특별징수세액에서 차감 조정된 세액을 적습니다.
⑱지방소득세 환급금:'⑮ – ⑯ – ⑰'의 금액을 적습니다.
⑲납세지: 당초 지방소득세를 납부한 시 · 군 · 구청명을 적습니다.
⑳환급청구이유: 착오납부(납세지 착오 등), 이중납부 등의 환급이유를 적습니다.
㉑지급계좌: 환급금을 받을 금융회사 및 계좌번호를 적되 환급대상자(특별징수의무자 또는 소득자) 본인의 계좌를 적습니다.
㉒경유: 소속 대표자(특별징수의무자) 확인 후 날인을 받습니다.

210mm×297mm[백상지(80g/㎡) 또는 중질지(80g/㎡)]

[별지 제23호 서식] 부표

지방세환급금 지급청구서

※ 색상이 어두운 난은 신청인이 작성하지 않으며, [ ]에는 해당되는 곳에 √표를 합니다.

접수번호	접수일	처리기간	즉시

권리자	성명(법인명)	주민(법인, 외국인)등록번호
	주소(영업소)	

환급 방법	[ ]현금지급	[ ]계좌이체	금융회사	계좌번호

지방세 환급금 내역	세목	부과연월	과세번호	과세대상	환급금	환급가산금	충당액	청구액
	계							

위의 지방세환급금을「지방세기본법 시행령」 제39조에 따라 지급해 주시기 바랍니다.

년 월 일

청구인 (서명 또는 인)

(휴대)전화번호

지방자치단체금고의 장 귀하

위 지방세환급금에 대한 지급청구의 권한을 청구인에게 위임합니다.

위임자(권리자) (서명 또는 인)

유의사항

1. 지방자치단체의 금고에서 직접 수령할 때에는 주민등록증이나 그 밖에 공공기관에서 발행한 신분증을 제시하여야 합니다.
2. 「지방세기본법」 제63조에 따라 환급금을 제3자에게 양도하는 경우에는 지방세환급금 양도 신청서(별지 제27호 서식)를 작성하여 양도인 외의 자가 방문하거나 우편으로 접수하는 경우에는 양도인의 신분증 사본, 양도인이 법인인 경우에는 법인인감증명서를 첨부하시기 바랍니다.
3. 계좌에 이체입금을 원하시는 분은 지급받을 예금계좌가 개설된 금융회사와 계좌번호를 기재하시기 바랍니다.
4. 자동계좌이체납부자 중 지방세환급금의 직권지급에 동의한 경우, 경정 또는 경정 청구서, 지방세환급금 지급청구서, 지방세환급금 양도 신청서에 계좌를 기재한 경우, 지방세환급금의 지급계좌를 신고한 경우에는 별도의 지급청구가 없더라도 그 계좌로 지급될 수 있습니다.

지방세환급금 지급 영수증

소득의 종류	귀속과세연도	①환급금	②환급가산금	③충당액	영수금액 (①+②-③)
계					

환급금	환급가산금	충당액	영수금액

위의 금액을 영수합니다.

년 월 일

영수인 (서명 또는 인)

210mm×297mm[백상지(80g/㎡) 또는 중질지(80g/㎡)]

3 인정상여의 연말정산방법

(1) 결정 · 경정에 의한 소득처분

1) 소득금액변동통지서 수령

「법인세법」에 의하여 세무서장 또는 지방국세청장이 법인소득금액을 결정 또는 경정할 때 처분되는 배당 · 상여 및 기타소득은 법인소득금액을 결정 또는 경정하는 세무서장 또는 지방국세청장이 그 결정일 또는 경정일부터 15일 내에 기획재정부령으로 정하는 소득금액변동통지서에 따라 해당 법인에게 통지해야 한다(소령 192 ①).

2) 원천징수시기(지급시기 특례)

정부가 법인소득금액을 결정 또는 경정함에 있어서 처분되는 배당 · 상여 및 기타소득은 소득금액변동통지서를 받은 날에 지급한 것으로 본다(소법 131 ②). 원천징수시기는 지급일이 속하는 날의 다음 달 10일이므로 소득금액변동통지서를 받은 날의 다음 달 10일까지 원천징수를 하여야 한다. 예를 들어 2024년 6월 중에 2020년 귀속 법인세에 대한 세무조사를 받고 2024년 7월 20일에 소득금액변동통지서를 받은 경우 원천징수는 2024년 8월 10일까지 하여야 한다.

3) 귀속시기

소득처분으로 인한 배당 · 기타소득의 수입시기는 당해 법인의 당해 사업연도의 결산확정일이며, 소득처분으로 인한 상여의 수입시기는 신고하거나 결정 · 경정하는 사업연도 중의 근로를 제공한 날이다(소령 46 · 49 ① · 50 ①). 예를 들어 2025년 6월 중에 2021 귀속 법인세에 대한 세무조사를 받고 2025년 7월 20일에 소득금액변동통지서를 받은 경우 귀속시기는 다음과 같다.

구 분	귀속시기	귀속시기 사례	원천징수 세율
인정상여	근로제공일	2021년 귀속 근로소득	기본세율
인정배당	결산확정일	2022년 귀속 배당소득	14%
인정기타	결산확정일	2022년 귀속 기타소득	20%

4) 지급명세서의 제출

소득세 납세의무가 있는 개인에게 원천징수대상 소득을 국내에서 지급하는 자는 지급명세서를 그 지급일 속하는 과세기간의 다음 연도 2월 말일(사업소득과 근로소득 또는 퇴직소득 및 봉사료의 경우에는 다음 연도 3월 10일)까지 원천징수 관할 세무서장, 지방국세청장 또는 국세청장에게 제출하여야 한다. 다만, 제131조, 제135조, 제144조의 5 또는 제147조를 적용받는 소득(지급시기 특례)에 대해서는 해당 소득에 대한 과세기간 종료일의 다음 연도 2월 말일 또는 3월 10일까지 제출하여야 한다(소법 164 ①).

따라서 소득금액변동통지서를 받은 인정상여 · 배당 · 기타소득에 대하여는 지급시기 특례일(소득금액변동통지서를 받은 날)의 다음 연도 2월 말일 또는 3월 10일까지 제출할 수 있을 것으로 판단된다. 그러나 과세관청의 전산자료에서 원천징수이행상황신고서와 지급명세서를 상호대사하는 점, 과세관청에서 원천징수이행상황신고 시 지급명세서도 함께 요구하는 실정 등을 감안할 때 원천징수이행상황신고서와 함께 제출하는 것이 바람직할 것으로 보인다.

5) 종합소득 수정신고

종합소득 과세표준확정신고기한이 지난 후에 세무서장이 법인세 과세표준을 결정 또는 경정하여 익금에 산입한 금액이 배당 · 상여 또는 기타소득으로 처분됨으로써 소득금액에 변동이 발생함에 따라 종합소득 과세표준확정신고 의무가 없었던 자, 세법에 따라 과세표준확정신고를 하지 아니하여도 되는 자 및 과세표준확정신고를 한 자가 소득세를 추가 납부하여야 하는 경우 해당 법인이 소득금액변동통지서를 받은 날이 속하는 달의 다음다음 달 말일까지 추가신고한 때에는 법정신고기한까지 신고한 것으로 본다(소령 134 ①). 예를 들어 2025년 6월 중에 2021 귀속 법인세에 대한 세무조사를 받고 2025년 7월 20일에 소득금액변동통지서를 받은 경우 2025년 8월 10일까지 법인이 원천징수를 수행하고, 소득처분의 귀속자는 9월 30일까지 원천징수된 소득을 종합소득에 합산하여 수정신고를 하여야 한다.

이때 소득금액변동통지에 따른 추가신고납부기한 내에 신고만 하면 세액이 납부되지 않은 경우라도 신고불성실가산세의 부과대상이 아니며(조심 2019서1547, 2019.8.8.), 납부불성실가산세는 그 법정 추가 납부기한인 소득금액변동통지서를 받은 날이 속하는 달의 다음 달 말일의 다음 날부터 기산한다(대법원 2004두9944, 2006.7.27.).

(2) 법인세신고 · 수정신고에 의한 소득처분

1) 법인세신고서 · 수정신고서의 제출

법인세신고서 및 수정신고서를 제출하면서 인정상여, 인정배당, 인정기타소득이 발생하는 경우에는 소득금액변동통지서의 수령 없이 법인에서 스스로 원천징수 절차를 수행하여야 한다.

2) 원천징수

법인이 법인세 과세표준을 신고하는 경우에 처분되는 배당 · 상여 및 기타소득은 그 신고일 또는 수정신고일에 지급한 것으로 본다(소법 131 ②). 원천징수시기는 지급일이 속하는 날의 다음 달 10일이므로 법인세를 신고 또는 수정신고한 날의 다음 달 10일까지 원천징수를 하면 된다. 예를 들어 2026년 3월 31일에 2025년 귀속 법인세 과세표준신고서를 제출한 경우 원천징수는 2026년 4월 10일까지 하여야 한다.

3) 귀속시기

소득처분으로 인한 배당 · 기타소득의 수입시기는 당해 법인의 당해 사업연도의 결산확정일이며, 소득처분으로 인한 상여의 수입시기는 신고하거나 결정 · 경정하는 사업연도 중의 근로를 제공한 날이다(소령 46 · 49 ① · 50 ①). 예를 들어 2026년 3월 31일에 2025년 귀속 법인세 과세표준신고를 하고 상여, 배당, 기타소득으로 소득처분한 경우 귀속시기는 다음과 같다.

구 분	귀속시기	귀속시기 사례	원천징수 세율
인정상여	근로제공일	2025년 귀속 근로소득	기본세율
인정배당	결산확정일	2026년 귀속 배당소득	14%
인정기타	결산확정일	2026년 귀속 기타소득	20%

4) 종합소득 수정신고

종합소득 과세표준확정신고기한이 지난 후에 「법인세법」에 따라 법인이 법인세 과세표준을 신고하여 익금에 산입한 금액이 배당 · 상여 또는 기타소득으로 처분됨으로써 소득금액에 변동이 발생함에 따라 종합소득 과세표준확정신고 의무가 없었던 자, 세법에 따라 과세표준확정신고를 하지 아니하여도 되는 자 및 과세표준확정신고를 한 자가 소득세를 추가 납부하여야 하는 경우 해당 법인의 법인세 신고기일이 속하는 달의 다음다음 달 말일까지 추가신고한 때에는 법정신고기한까지 신고납부한 것으로 본다(소령 134 ①).

사례 1 소득금액 변동통지와 수정신고

㈜택스에듀는 2021년 귀속 법인세 세무조사를 받았으며, 2025년 7월 20일 다음과 같이 소득금액 변동통지서를 받았다. 이와 관련된 신고서를 작성하시오.

1. 기존 소득내역

구 분	소득내역
이지석	2021년 총급여액 65,000,000원

2. 소득금액 변동통지

   해당 통지로 인한 추가납부세액은 2,750,000원이다.

[별지 제22호 서식(1)] (2014.3.14. 개정)

소득금액변동통지서(1)
(법 인 통 지 용)

※ 아래의 유의사항을 읽고 작성하여 주시기 바라며, [ ]에는 해당되는 곳에 √표를 합니다. (앞쪽)

수령자	① 법 인 명 ㈜택스에듀	② 사업자등록번호 123－12－×××××
	③ 주 소 서울시 서초구 서초동 ×××－×	
	④ 대표자 성명 이지석	

소득자별 [ ]배 당 / [✔]상 여 / [ ]기타소득 소득금액 변동내용

⑤ 소득종류 (배당·상여·기타)	⑥ 사업연도	⑦ 귀속연도	⑧ 소득금액	소 득 자		
				⑨ 성명	⑩ 주 민 등 록 번 호	⑪ 주 소
상여	2021.1.1.~12.31.	2021	30,000,000	이지석	681023－1******	
					－	
					－	
					－	

「소득세법 시행령」 제192조 제1항에 따라 위와 같이 소득금액 변동사항을 통지합니다.

년 월 일

세 무 서 장 직인

1. 원천징수이행상황신고서의 작성요령

귀속연월은 해당 근로소득 수입시기 다음 연도 2월(당초 연말정산 귀속월), 지급일은 소득금액변동통지서 수령일로, A04란에 인정상여처분받은 인원과, (추가분)지급금액과 추가 납부할 세액을 기재하고, A01란은 작성하지 않는다. 이를 소득금액변동통지서를 받은 날의 다음 달 10일 즉, 2025년 8월 10일까지 제출한다. 이와는 별도로 기존의 급여 등에 대하여 2025년 7월 귀속 및 지급분 원천징수이행상황신고서를 작성 및 제출하면 된다.

[별지 제21호 서식] (2025.3.21 개정) (10쪽 중 제1쪽)

① 신고구분						[ ] 원천징수이행상황신고서 [ ] 원천징수세액환급신청서	② 귀속연월	2022년 2월
(매월)	반기	수정	연말	(소득처분)	환급신청		③ 지급연월	2025년 7월

원천징수 의무자	법인명(상호)	(주)택스에듀	대표자(성명)	이지석	일괄납부 여부	여, 부
					사업자단위 과세 여부	여, 부
	사업자(주민) 등록번호	123-12-×××××	사업장 소재지	서울시 서초구 서초동 ×××-×	전화번호	
					전자우편주소	@

❶ 원천징수 명세 및 납부세액 (단위 : 원)

소득자 소득구분			코드	원천징수명세: 소득지급(과세 미달, 일부 비과세 포함) ④ 인원	⑤ 총지급액	징수세액 ⑥ 소득세 등	⑦ 농어촌특별세	⑧ 가산세	⑨ 당월 조정 환급세액	납부세액 ⑩ 소득세 등 (가산세 포함)	⑪ 농어촌 특별세
개인(거주자·비거주자)	근로소득	간이세액	A01								
		중도퇴사	A02								
		일용근로	A03								
		연말정산 합계	A04	1	30,000,000	2,750,000					
		연말정산 분납신청	A05								
		연말정산 납부금액	A06								
		가감계	A10								
	퇴직소득	연금계좌	A21								
		그 외	A22								
		가감계	A20								
	사업소득	매월징수	A25								
		연말정산	A26								
		가감계	A30								
	기타소득	연금계좌	A41								
		종교인소득 매월징수	A43								
		종교인소득 연말정산	A44								
		가상자산	A49								
		인적용역	A59								
		그 외	A42								
		가감계	A40								
	연금소득	연금계좌	A48								
		공적연금(매월)	A45								
		연말정산	A46								
		가감계	A47								
	이자소득		A50								
	배당소득		A60								
	금융투자소득		A71								
	저축해지 추징세액 등		A69								
	비거주자 양도소득		A70								
법인	내·외국법인원천		A80								
수정신고(세액)			A90								
총 합 계			A99								

2. 지급명세서의 제출

2021년 귀속 근로소득에 대한 지급명세서를 작성하여 위의 원천징수이행상황신고서와 함께 2025년 8월 10일까지 제출한다. 수정분 지급명세서상 각 항목 란의 상단에 붉은색으로 당초 신고내용을 기재한다.

[별지 제24호 서식(1)] (2025.6.30. 개정) (8쪽 중 제1쪽)

관리번호

[ ]근로소득 원천징수영수증
[✓]근로소득 지 급 명 세 서
([ ]소득자 보관용 [ ]발행자 보관용 [ ]발행자 보고용)

거주구분	거주자1/비거주자2
거주지국	거주지국코드
내·외국인	내국인1 /외국인9
외국인단일세율적용	여 1 / 부 2
외국법인소속 파견근로자 여부	여 1 / 부 2
종교관련종사자 여부	여 1 / 부 2
국적	국적코드
세대주 여부	세대주1, 세대원2
연말정산 구분	계속근로1, 중도퇴사2

징수의무자	① 법인명(상호) ㈜ 택스에듀		② 대표자(성명) 이 지 석	
	③ 사업자등록번호 123-12-XXXXX		④ 주민등록번호 681023-1******	
	③-1 사업자단위과세자 여부	여1 / 부2	③-2 종사업장 일련번호	
	⑤ 소재지(주소) 서울 서초구 서초동 XXX-X			
소득자	⑥ 성명 이 지 석		⑦ 주민등록번호(외국인등록번호) 681023-1******	
	⑧ 주소 서울 동작구 노량진동 XXX번지			

	구분	주(현)	종(전)	종(전)	⑯-1 납세조합	합계
Ⅰ 근무처별소득명세	⑨ 근무처명	㈜ 택스에듀				
	⑩ 사업자등록번호	123-12-XXXXX				
	⑪ 근무기간	2021.1.1.~2021.12.31	~	~	~	~
	⑫ 감면기간	~	~	~	~	~
	⑬ 급여	65,000,000 65,000,000				
	⑭ 상여					
	⑮ 인정상여	0 30,000,000				
	⑮-1 주식매수선택권 행사이익					
	⑮-2 우리사주조합인출금					
	⑮-3 임원 퇴직소득금액 한도초과액					
	⑮-4 직무발명보상금					
	⑯ 계	65,000,000 95,000,000				

	구분	코드	주(현)	종(전)	종(전)	⑯-1 납세조합	합계
Ⅱ 비과세 및 감면소득명세	⑱ 국외근로	M0X					
	⑱-1 야간근로수당	O0X					
	⑱-2 보육수당	Q0X					
	⑱-3 출산지원금	Q0X					
	⑱-4 연구보조비	H0X					
	⑱-5						
	~						
	⑱-41 임원등 할인금액	W01					
	⑲ 수련보조수당	Y22					
	⑳ 비과세소득 계						
	⑳-1 감면소득 계						

	구분			㊳ 소득세	⑧⓪ 지방소득세	⑧① 농어촌특별세
Ⅲ 세액명세	㉝ 결정세액			2,784,520 5,534,520		
	기납부 세액	㉞ 종(전)근무지 (결정세액란의 세액을 적습니다)	사업자 등록 번호			
		㉟ 주(현)근무지		1,912,300 1,912,300		
	㊱ 납부특례세액					
	㊲ 차감징수세액(㉝-㉞-㉟-㊱)			872,220 3,622,220		

210mm×297mm[백상지80g/㎡ 또는 중질지80g/㎡]

사례 2 법인세 신고와 소득처분

갑주식회사는 2025년 귀속 법인세 신고 시 업무용승용차와 관련하여 다음과 같은 세무조정사항이 발생하였다.

1. 업무용승용차의 세무조정내역
   - 차량번호 : 1234
   - 업무용승용차 관련비용 : 25,000,000원
   - 업무사용비율 : 80%
   - 차량운행자 : 박준서(대표이사)
   - 〈손금불산입〉 업무용승용차 사적사용액 5,000,000(상여)

2. 기존 소득내역

구 분	소득내역
박준서(대표이사)	2025년 총급여액 60,000,000원

추가 원천징수세액 400,000원

해설

1. 소득금액조정합계표 및 소득자료명세서

사 업 연 도	2025.1.1. ~ 2025.12.31.	소득금액조정합계표	법 인 명	갑주식회사
			사업자등록번호	

익금산입 및 손금불산입				손금산입 및 익금불산입			
① 과목	② 금액	③ 소득처분		④ 과목	⑤ 금액	⑥ 소득처분	
		처분	코드			처분	코드
업무용 승용차	5 000 000	상여	100				

사업 연도	2025.1.1. ~ 2025.12.31.	소득자료 [인정상여] [인정배당] [기타소득] 명세서	법인명	갑주식회사
			사업자등록번호	

① 소득 구분	② 소득 귀속연도	③ 배당·상여 및 기타소득금액	④ 원천징수할 소득세액	⑤ 원천 징수일	⑥ 신고 여부	소득자 ⑦ 성명	소득자 ⑧ 주민등록번호	⑨ 비고
1.인정 상여	2025년	5,000,000	400,000	2026.4.10	여	박준서	××××××-×××××××	

2. 원천징수이행상황신고서의 작성요령

귀속연월은 해당 근로소득 수입시기 다음 연도 2월(당초 연말정산 귀속월), 지급월은 법인세 신고월로, A04란에 인정상여처분 받은 인원과, (추가분)지급금액과 추가납부할 세액을 기재하고, A01란은 작성하지 않는다. 이를 법인세 신고일의 다음 달 10일, 즉 2025.4.10.까지 제출한다. 이와는 별도로 기존의 급여 등에 대하여 2025년 3월 귀속 및 지급분 원천징수이행상황신고서를 작성 및 제출하면 된다.

[별지 제21호 서식] (2025.3.21. 개정) (10쪽 중 제1쪽)

① 신고구분						[ ] 원천징수이행상황신고서 [ ] 원천징수세액환급신청서	② 귀속연월	2026년 2월
(매월)	반기	수정	연말	(소득처분)	환급신청		③ 지급연월	2026년 3월

원천징수 의무자					
법인명(상호)	갑주식회사	대표자(성명)	박준서	일괄납부 여부	여, 부
				사업자단위 과세 여부	여, 부
사업자(주민)등록번호	123-12-×××××	사업장 소재지	서울시 서초구 서초동 ×××-×	전화번호	
				전자우편주소	@

❶ 원천징수 명세 및 납부세액 (단위 : 원)

소득자 소득구분				코드	원천징수명세: 소득지급(과세 미달, 일부 비과세 포함) ④ 인원	⑤ 총지급액	징수세액 ⑥ 소득세 등	⑦ 농어촌특별세	⑧ 가산세	⑨ 당월 조정 환급세액	납부세액 ⑩ 소득세 등 (가산세 포함)	⑪ 농어촌 특별세
개인(거주자·비거주자)	근로소득	간이세액		A01								
		중도퇴사		A02								
		일용근로		A03								
		연말정산	합계	A04	1	5,000,000	400,000					
			분납신청	A05								
			납부금액	A06								
		가감계		A10								
	퇴직소득	연금계좌		A21								
		그 외		A22								
		가감계		A20								
	사업소득	매월징수		A25								
		연말정산		A26								
		가감계		A30								
	기타소득	연금계좌		A41								
		종교인소득	매월징수	A43								
			연말정산	A44								
		가상자산		A49								
		인적용역		A59								
		그 외		A42								
		가감계		A40								
	연금소득	연금계좌		A48								
		공적연금(매월)		A45								
		연말정산		A46								
		가감계		A47								
	이자소득			A50								
	배당소득			A60								
	금융투자소득			A71								
	저축해지 추징세액 등			A69								
	비거주자 양도소득			A70								
법인	내·외국법인원천			A80								
수정신고(세액)				A90								
총 합 계				A99								

3. 지급명세서의 제출

2025년 귀속 근로소득에 대한 지급명세서를 작성하여 위의 원천징수이행상황신고서와 함께 2026.4.10.까지 제출한다. 수정분 지급명세서상 각 항목 란의 상단에 붉은색으로 당초 신고내용을 기재한다.

[별지 제24호 서식(1)] (2025.6.30. 개정) (8쪽 중 제1쪽)

관리번호	

[ ]근로소득 원천징수영수증
[✓]근로소득 지 급 명 세 서
([ ]소득자 보관용 [ ]발행자 보관용 [ ]발행자 보고용)

거주구분	거주자1/비거주자2
거주지국	거주지국코드
내 · 외국인	내국인1 /외국인9
외국인단일세율적용	여 1 / 부 2
외국법인소속 파견근로자 여부	여 1 / 부 2
종교관련종사자 여부	여 1 / 부 2
국적	국적코드
세대주 여부	세대주1, 세대원2
연말정산 구분	계속근로1, 중도퇴사2

구분				
징 수 의무자	① 법인명(상 호) 갑주식회사		② 대 표 자(성 명) 박준서	
	③ 사업자등록번호 123-12-XXXXX		④ 주 민 등 록 번 호 ******-*******	
	③-1 사업자단위과세자 여부	여1 / 부2	③-2 종사업장 일련번호	
	⑤ 소 재 지(주소) 서울 서초구 서초동 XXX-X			
소득자	⑥ 성 명 이 지 석		⑦ 주 민 등 록 번 호(외국인등록번호) ******-*******	
	⑧ 주 소 서울 동작구 노량진동 XXX번지			

	구 분	주(현)	종(전)	종(전)	⑯-1 납세조합	합 계
Ⅰ 근무처별소득명세	⑨ 근 무 처 명	갑주식회사				
	⑩ 사업자등록번호	123-12-XXXXX				
	⑪ 근무기간	2025.1.1.~2025.12.31.	~	~	~	~
	⑫ 감면기간	~	~	~	~	~
	⑬ 급 여	65,000,000 65,000,000				
	⑭ 상 여					
	⑮ 인 정 상 여	0 5,000,000				
	⑮-1 주식매수선택권 행사이익					
	⑮-2 우리사주조합인출금					
	⑮-3 임원 퇴직소득금액 한도초과액					
	⑮-4 직무발명보상금					
	⑯ 계	60,000,000 65,000,000				

	구 분	코드	주(현)	종(전)	종(전)	⑯-1 납세조합	합 계
Ⅱ 비과세 및 감면소득명세	⑱ 국외근로	M0X					
	⑱-1 야간근로수당	O0X					
	⑱-2 보육수당	Q0X					
	⑱-3 출산지원금	Q0X					
	⑱-4 연구보조비	H0X					
	⑱-5						
	~						
	⑱-41 임원등 할인금액	W01					
	⑲ 수련보조수당	Y22					
	⑳ 비과세소득 계						
	⑳-1 감면소득 계						

	구 분			⑲ 소 득 세	⑳ 지방소득세	㉑ 농어촌특별세
Ⅲ 세액명세	⑬ 결 정 세 액			3,384,000 3,784,000		
	기납부 세 액	⑭ 종(전)근무지 (결정세액란의 세액을 적습니다)	사업자 등록 번호			
		⑮ 주(현)근무지		2,578,660 2,578,660		
	⑯ 납부특례세액					
	⑰ 차 감 징 수 세 액(⑬-⑭-⑮-⑯)			805,340 1,205,340		

210mm×297mm[백상지80g/㎡ 또는 중질지80g/㎡]

Corporate tax

Account Code

Tax base

PART 02

기타의 연말정산

CHAPTER

01 사업소득 연말정산

1 사업소득의 연말정산 방법

1. 연말정산 사업소득의 범위

간편장부대상자로서 다음에 해당하는 사업자에게 사업소득을 지급하는 원천징수의무자는 해당 과세기간의 사업소득금액에 대하여 연말정산하여 소득세를 징수한다. 다만 ② 및 ③의 경우에는 원천징수의무자가 해당 과세기간의 종료일까지 사업소득세액연말정산신청서를 사업장 관할 세무서장에게 제출하는 경우에 한한다(소령 137 ①).

① 독립된 자격으로 보험가입자의 모집 및 이에 부수되는 용역을 제공하고 그 실적에 따라 모집수당 등을 받는 사업자

② 「방문판매 등에 관한 법률」에 의하여 방문판매업자를 대신하여 방문판매업을 수행하고 그 실적에 따라 판매수당 등을 받거나 후원방문판매조직에 판매원으로 가입하여 후원방문판매업을 수행하고 후원수당 등을 받는 자

③ 독립된 자격으로 일반 소비자를 대상으로 사업장을 개설하지 않고 음료품을 배달하는 계약배달 판매 용역을 제공하고 판매실적에 따라 판매수당 등을 받는 자

2. 연말정산 시기

연말정산 사업소득을 지급하는 원천징수의무자는 해당 과세기간의 다음 연도 2월분의 사업소득을 지급할 때(2월분의 사업소득을 2월 말일까지 지급하지 아니하거나 2월분의 사업소득이 없는 경우에는 2월 말일로 한다) 또는 해당 사업자와의 거래계약을 해지하는 달의 사업소득을 지급할 때에 연말정산한다. 연말정산 사업소득을 지급하지 아니한 때에는 다음에 해당하는 때에 지급한 것으로 본다(소법 144의 2 ①).

① 1~11월분 사업소득을 해당 과세기간의 12월 31일까지 지급하지 아니한 경우 : 12월 31일

② 12월분의 사업소득을 다음 연도 2월 말일까지 지급하지 아니한 경우 : 다음 연도 2월 말일

3. 사업소득 연말정산 절차

(1) 신청 및 포기

방문판매수당 및 음료품판매수당을 지급받는 자에 대한 사업소득의 연말정산은 해당 사업소득의 원천징수의무자가 최초로 연말정산을 하려는 해당 과세기간의 종료일까지 사업소득세액연말정산신청서를 사업장 관할 세무서장에게 제출하여야 한다(소령 201의 11 ①). 또한, 사업소득세액연말정산신청서를 제출한 원천징수의무자가 연말정산을 하지 아니하려는 경우에는 해당 과세기간의 종료일까지 사업소득세액연말정산포기서를 사업장 관할 세무서장에게 제출하여야 한다(소령 201의 11 ③).

(2) 종합소득세 과세표준 확정신고 예외

1) 확정신고의무 면제

연말정산 대상 사업소득 외에 다른 종합소득이 없는 보험모집인, 방문판매원, 음료품배달원이 해당 사업소득에 대해 연말정산을 하는 경우 해당 소득은 종합소득 과세표준확정신고를 아니할 수 있다(소법 73 ①). 연말정산 대상 사업소득 외에 다른 종합소득이 있는 경우에는 종합소득 과세표준확정신고에 따라 다음 연도 5월 1일부터 5월 31일까지 종합소득 과세표준확정신고를 하여야 한다.

2) 2인 이상으로부터 지급받은 소득

2인 이상으로부터 받는 연말정산대상 사업소득이 있는 자에 대해서는 과세표준 확정신고를 하여야 한다. 다만, 연말정산 시 주된 근무지 등에서 합산하여 연말정산을 하고 이에 대한 소득세를 납부함으로써 확정신고납부를 할 세액이 없는 자에 대하여는 그러하지 아니한다(소법 73 ②).

(3) 원천징수영수증 발급 및 지급명세서 제출

연말정산 대상 사업소득을 지급하는 원천징수의무자는 연말정산일이 속하는 달의 다음 달 말일까지 사업소득세 연말정산분에 대한 사업소득 원천징수영수증(연말정산용)을 해당 사업자에게 발급하여야 한다(소법 144의 4). 사업소득 연말정산의 경우 사업소득 지급명세서(연말정산용)[소칙 별지 제23호 서식(3)]로 작성한 지급명세서만 제출한다.

2 사업소득 연말정산 세액계산

1. 연말정산 사업소득금액 계산

연말정산 사업소득금액은 해당 과세기간에 지급한 사업소득 수입금액에 해당 업종의 기준경비율 및 단순경비율에 따라 계산한 소득률을 고려하여 정하는 연말정산사업소득의 소득률을 곱하여 계산한 금액을 말한다(소령 201의 11 ④).

(1) 사업소득금액

사업소득금액 = 해당 과세기간에 지급한 수입금액 × 연말정산 사업소득의 소득률

(2) 연말정산사업소득의 소득률

소득률 = (1 − 단순경비율*)

* 해당 과세기간의 단순경비율이 결정되어 있지 아니한 경우에는 직전 과세기간의 단순경비율을 적용한다.

구 분	단순경비율		소득률(1−단순경비율)	
	4천만원 이하분	4천만원 초과분	4천만원 이하분	4천만원 초과분
보험모집인	77.6%	68.6%	22.4%	31.4%
방문판매원	75.0%	65.0%	25.0%	35.0%
음료품배달원	80.0%	72.0%	20.0%	28.0%

2. 소득공제 및 과세표준

사업소득 연말정산을 할 때 해당 사업자가 종합소득공제, 자녀세액공제, 연금계좌세액공제 및 특별세액공제를 적용받으려는 경우에는 해당 과세기간의 다음 연도 2월분의 사업소득을 받기 전(해당 원천징수의무자와의 거래계약을 해지한 경우에는 해지한 달의 사업소득을 받기 전을 말한다)에 원천징수의무자에게 소득 · 세액공제신고서에 주민등록표 등본 및 증명서류를 첨부하여 연말정산 사업소득자 소득 · 세액 공제신고서를 제출하여야 한다(소법 144의 3, 소령 201의 12). 기부금 소득 · 세액공제를 제외한 특별소득공제 · 특별세액공제 및 신용카드 등 사용금액 공제는 적용되지 아니한다. 또한, 원천징수의무자가 소득 · 세액공제신고를 하지 아니한 사업자에 대해서 원천징수할 때에는 기본공제 중 그 사업자 본인에 대한 분과 표준세액공제(7만원)만을 적용한다(소법 144의 2 ④).

① 종합소득공제 : 기본공제, 추가공제, 연금보험료공제, 기부금공제(이월분)

② 그 밖의 소득공제 : 개인연금저축 소득공제, 소기업 · 소상공인 공제부금 소득공제, 투자조합 출자 등 소득공제

3. 납부할 세액 계산

납부할 세액 = (과세표준 × 기본세율) − 세액공제 − 기납부세액

사업소득세액 연말정산의 경우 징수하여야 할 소득세가 지급할 사업소득의 금액을 초과할 때에는 그 초과하는 세액은 그 다음 달의 사업소득을 지급할 때에 징수한다. 다만, 그 다음 달에 지급할 사업소득금액이 없는 경우에는 전액 원천징수하여야 한다(소법 144의 2 ① · ②).

4. [서식사례] 사업소득 연말정산

〈기본사항〉

김택스(870701-1******)는 방문판매원으로 배우자(이세무, 연간 소득금액 없음), 자녀 2명(김서영 만 11세, 김현영 만 10세)과 함께 살고 있음.

① 사업소득 수입금액 : 70,000,000원

- ㈜택스에듀로부터 2025년 방문판매수당 70,000,000원 발생

  [㈜택스에듀가 70,000,000원에 대해 2,100,000원을 원천징수 후 수당 지급]

  * 방문판매에서 발생하는 사업소득 외에 타 소득이 없고, 간편장부대상자에 해당함

② 사업소득금액 : 20,500,000원

40,000,000×(1－0.75)+30,000,000×(1－0.65)＝20,500,000

③ 종합소득공제 : 6,000,000원

- 기본공제 4명(본인, 배우자, 자녀 2명) 6,000,000

④ 그 밖의 소득공제 : 720,000원

- 개인연금저축 소득공제 720,000(2019년 개인연금저축 납입액 1,800,000×40%)

⑤ 과세표준 : 13,780,000원

⑥ 산출세액 : 987,000원(과세표준 46,000,000 이하, 과세표준×15%－1,080,000)

⑦ 세액공제 : 420,000원

- 자녀세액공제(자녀 2명) 350,000원, 550,000원
- 표준세액공제 70,000원

⑧ 결정세액 : 567,000원

⑨ 기납부세액 : 2,100,000원

⑩ 차감납부할 세액 : △1,533,000원

[별지 제23호 서식(3)] (2025.3.21. 개정)

관리번호	
① 귀속연도	2025년

[○]사업소득 원천징수영수증(연말정산용)
[ ]사업소득 지 급 명 세 서(연말정산용)
([○]소득자 보관용 [ ]발행자 보관용 [ ]발행자 보고용)

소득자 구분		
거주구분	거주자1 / 비거주자2	
내 · 외국인	내국인1 / 외국인9	
거주지국		거주지국코드

징수의무자	② 법인명(상호) (주)택스에듀	③ 대표자(성명) 이XX	④ 사업자등록번호 ***-**-*****
	⑤ 주민(법인)등록번호	⑥ 소재지(주소) 서울 종로구 **길 123	
소득자	⑦ 상호	⑧ 사업자등록번호	
	⑨ 사업장 소재지 서울 종로구 000길 123		
	⑩ 성명 김택스	⑪ 주민등록번호 870701-1******	
	⑫ 주소 서울 종로구 **길 456		

수입금액	⑬ 발생처 구분	⑭ 법인명(상호)	⑮ 사업자등록번호	⑯ 발생기간(연 · 월 · 일)	⑰ 지급액(수입금액)
	주(현)		- -	2025. 1. 1. ~ 2025. 12. 31.	70,000,000
	종(전)		- -	. . ~ . .	
	사업별 수입금액 계	보험모집 수입금액 계			
		방문판매 수입금액 계			70,000,000
		음료배달 수입금액 계			
		합 계 (124)			70,000,000

소득금액	사업별	⑱ 수입금액(⑰)	⑲ 적용소득률 4천만원 이하분	⑲ 적용소득률 4천만원 초과분	⑳ 소득금액 4천만원 이하분	⑳ 소득금액 4천만원 초과분	⑳ 소득금액 합계	㉑ 비고
	보험모집							
	방문판매	70,000,000			10,000,000	10,500,000	20,500,000	
	음료배달							
	(124)합계	70,000,000						

구분		금액
㉒ 사업소득금액 (⑳)		20,500,000
인적공제 - 기본공제	㉓ 본 인	1,500,000
	㉔ 배우자	1,500,000
	㉕ 부양가족 (2명)	3,000,000
인적공제 - 추가공제	㉖ 경로우대 (명)	
	㉗ 장애인 (명)	
	㉘ 부녀자	
	㉙ 한부모가족	
㉚ 연금보험료공제		
㉛ 종합소득공제 계		6,000,000
㉜ 개인연금 저축소득공제		720,000
㉝ 소기업 · 소상공인 공제부금		
㉞ 투자조합 출자등 소득공제		

구분		금액
㉟ 청년형 장기집합투자증권저축		
㊱ 소득공제 등 종합한도 초과액		
㊲ 종합소득과세표준		13,780,000
㊳ 산출세액		987,000
㊴ 혼인세액공제		
㊵ 자녀세액공제	공제대상자녀(2명)	550,000
	출산 · 입양자(명)	
㊶ 연금계좌 세액공제		
㊷ 기부금 세액공제	정치자금기부금	
	고향사랑기부금	
	특례기부금	
	우리사주조합	
	일반기부금	
㊸ 표준세액공제		70,000

구분		소득세	지방소득세	농어촌특별세	계
㊹ 결정세액		367,000	36,700		403,700
기납부세액	㊺ 종(전) 근무지				
	㊻ 주(현) 근무지	2,100,000	210,000		2,310,000
㊼ 차감 납부할 세액		△1,533,000	△153,300		△1,686,300

위 원천징수세액(수입금액)을 영수(지급)합니다.

2026년 3월 일

징수(보고)의무자 (주)택스에듀 (서명 또는 인)

세무서장 귀하

㊽ 인적공제자 명세(해당 소득자의 기본공제와 추가공제 및 부양 등으로 공제금액 계산명세가 있는 자만 적습니다. 다만, 본인은 표기하지 않습니다)

관계	성 명	주민등록번호	관계	성 명	주민등록번호	관계	성 명	주민등록번호
3	이세무	790101-*******			-			-
4	김서영	140101-*******			-			-
4	김현영	150101-*******			-			-

※ 관계코드: 소득자의 직계존속=1, 배우자의 직계존속=2, 배우자=3, 직계비속(자녀·손자녀, 입양자)=4, 직계비속(직계비속과 그 배우자가 장애인인 경우 그 배우자)=5, 형제자매=6, 수급자=7(코드1~6제외), 위탁아동=8 * 4~6은 소득자와 배우자의 각각의 관계를 포함합니다.

작성방법

1. 원천징수의무자는 지급일이 속하는 과세기간의 다음 연도 3월 10일(휴업 · 폐업한 경우에는 휴업일 · 폐업일이 속하는 달의 다음다음 달 말일)까지 지급명세서를 제출해야 합니다.
2. 이 서식에 적는 금액 중 소수점 이하 값은 버립니다.
3. 거주지국란 및 거주지국코드란: 비거주자에 해당하는 경우에만 적으며, 국제표준화기구(ISO)가 정한 ISO코드 중 국명약어 및 국가코드를 적습니다(※ ISO국가코드: 국세청홈페이지→국세정보→국제조세정보→국세조세자료실에서 조회할 수 있습니다).
4. 징수의무자란의 ⑤주민(법인)등록번호란: 소득자 보관용에는 적지 않습니다.
5. ㊼ 차감 납부할 세액란: 납부할 세액이 1천원 미만인 경우(소액 부징수)에는 "0"으로 적습니다.
6. 해당 소득자가 기부금 세액공제를 한 경우에는 사업소득 지급명세서를 원천징수 관할 세무서장에게 제출할 때 해당 명세서(기부금세액공제가 있는 경우에는 별지 제45호 서식의 기부금명세서를 말합니다)를 함께 제출해야 합니다.

210mm×297mm(백상지 80g/㎡)

CHAPTER

02 종교인소득 연말정산

1 종교인소득의 연말정산 방법

1. 종교인소득의 범위

(1) 종교인소득이란

종교인소득이란 종교관련종사자가 종교의식을 집행하는 등 종교관련종사자로서의 활동과 관련하여 종교단체로부터 받은 소득을 말한다(소법 21 ①). 공평과세 및 국민개세주의에 따라 종교인소득에 대한 기타소득 과세가 2018년부터 시행되었다. 다만, 법 시행 전 이미 근로소득으로 납세의무를 이행하고 있었던 종교단체들과 종교관련종사자의 실정을 감안하여 선택에 따라 근로소득으로도 납세의무를 이행할 수 있도록 하고, 종교관련종사자의 현실적인 퇴직으로 받는 소득은 퇴직소득으로 과세한다.

(2) 종교단체

종교단체란 다음 중 어느 하나에 해당하는 자 중 종교의 보급이나 교화를 목적으로 설립된 단체(그 소속 단체를 포함)로서 해당 종교관련종사자가 소속된 단체를 말한다(소령 41 ⑮). 종교단체는 소속 종교관련종사자에게 지급한 금액 및 물품(비과세 대상 포함)과 그 밖에 종교 활동과 관련하여 지출한 비용을 구분하여 기록 · 관리한다(소령 41 ⑯).

구 분	구체적 범위
①「민법」 제32조에 따라 설립된 비영리법인	종교의 보급, 그 밖에 교화를 목적으로 문화체육관광부장관 또는 지방자치단체의 장의 허가를 받아 설립한 비영리법인(그 소속 단체를 포함)

구 분	구체적 범위
② 「국세기본법」 제13조에 따른 법인으로 보는 단체	종교단체의 대표자 또는 관리인은 종교단체 소재지의 세무서장에게 아래 서류를 첨부하여 「법인으로 보는 단체 승인 신청서」를 제출하여 단체 승인을 신청(그 소속 단체를 포함) ① 종교단체 정관 또는 규정 ② 소속증명서 ③ 대표자 증명 ④ 법인설립신고 및 사업자등록 신청서
③ 「부동산등기법」에 따라 부동산등기용등록번호를 부여받은 법인 아닌 사단 · 재단	부동산을 취득하여 등기할 때 시 · 군 · 구청 지적과에서 등록 번호를 부여받은 종교단체를 의미(그 소속 단체를 포함)

(3) 종교관련종사자

종교관련종사자란 「통계법」에 따라 통계청장이 고시하는 한국표준직업분류에 따른 종교관련종사자를 말한다(소법 12). 한편, 한국표준직업분류상 종교관련 종사자란 종교적인 업무에 종사하거나 특정 종교의 가르침을 설교하고 전파하는 자를 말하며, 성직자와 기타 종교 관련 종사원으로 구분된다.

구 분	범 위
성직자	목사, 신부, 승려, 교무, 그 외 성직자
기타 종교 관련 종사원	수녀 및 수사, 전도사, 그 외 종교 관련 종사원

(4) 종교인소득 구분

활동 기간	종교인 소득 구분
종교활동 중	① 원 칙 : 기타소득(소법 21 ①)
	② 근로소득으로 원천징수 또는 확정신고하는 경우 : 근로소득(소법 21 ④)
현실적 퇴직 이후	① 퇴직을 원인으로 지급받는 경우 : 퇴직소득(소령 42의 2 ④)
	② 퇴직 이후 정기적 또는 부정기적 지급받는 경우 : 기타소득(소령 41 ⑰)

2. 종교인소득의 비과세

종교인소득 중 다음의 어느 하나에 해당하는 소득은 비과세한다(소법 12, 소령 19).

(1) 종교관련종사자가 받는 학자금

종교관련 종사자가 받는 학자금으로서 소속된 종교단체의 종교관련종사자로서의 활동과 관련 있는 교육 · 훈련을 위하여 받는 다음 중 어느 하나에 해당하는 학교 또는 시설의 입학금 · 수업료 · 수강료, 그 밖의 공납금(소령 19 ①)

① 「초 · 중등교육법」에 따른 학교(외국에 있는 이와 유사한 교육기관 포함)

② 「고등교육법」에 따른 학교(외국에 있는 이와 유사한 교육기관 포함)

③ 「평생교육법」에 따른 평생교육시설

(2) 식사 또는 식사대(소령 19 ②)

① 소속 종교단체가 종교관련종사자에게 제공하는 식사나 그 밖의 음식물

② ①에서 규정하는 식사나 그 밖의 음식물을 제공받지 아니하는 종교관련종사자가 소속 종교단체로부터 받는 월 20만원 이하의 식사대

(3) 실비변상적 성질의 지급액(소령 19 ③)

① 일직료 · 숙직료 및 그 밖에 이와 유사한 성격의 급여

② 여비로서 실비변상 정도의 금액(종교관련종사자가 소유하거나 본인 명의로 임차한 차량을 종교관련종사자가 직접 운전하여 소속 종교단체의 종교관련종사자로서의 활동에 이용하고 소요된 실제 여비 대신에 해당 종교단체의 규칙 등에 정하여진 지급기준에 따라 받는 금액 중 월 20만원 이내의 금액을 포함)

③ 종교관련종사자가 소속 종교단체의 규약 또는 소속 종교단체의 의결기구의 의결 · 승인 등을 통하여 결정된 지급 기준에 따라 종교 활동을 위하여 통상적으로 사용할 목적으로 지급받은 금액 및 물품

④ 종교관련종사자가 천재지변이나 그 밖의 재해로 인하여 받는 지급액

(4) 출산 및 보육관련 비용

종교관련종사자 또는 그 배우자의 출산이나 6세 이하(해당 과세기간 개시일을 기준으로 판단)

자녀의 보육과 관련하여 종교단체로부터 받는 금액으로서 월 20만원 이내의 금액

(5) 사택을 제공받아 얻는 이익

여기서 사택이란 종교단체가 소유한 것으로서 종교관련종사자에게 무상 또는 저가로 제공하는 주택이나, 종교단체가 직접 임차한 것으로서 종교관련종사자에게 무상으로 제공하는 주택을 말한다.

실무포인트

종교단체의 종교활동 비용 관리 사례(국세청 2020 원천세 신고안내)

① 종교활동 비용은 종교단체의 고유활동에서 발생하는 제반 비용으로, 종교인 개인에게 귀속되는 소득과는 구분된다.

② 종교활동 비용은 종교인의 종교활동을 지원하는 데 사용되며, 내부 결정기관에서 승인받은 예산을 한도로 한다.

③ 지출은 종교단체 명의의 카드(또는 체크카드)를 사용함을 원칙으로 한다.

④ 종교활동 비용을 지출한 종교인은 매월 카드사에서 발행하는 사용 내역서에 사용 용도를 기재하여 종교단체에 제출한다.

⑤ 종교단체 명의의 카드를 개인 용도로 사용해서는 안 되며, 불가피하게 개인 용도로 지출한 경우 해당 금액을 종교단체에 반환하여야 한다.

⑥ 종교인이 개인카드를 이용하여 종교활동 비용을 사용한 경우 카드 전표에 사용목적과 내역을 기재한 청구서를 작성하여 종교단체에 제출한다.

⑦ 영수증을 수령할 수 없는 지출의 경우 영수증을 받을 수 없는 사유와 지출 일시 및 내역을 기재한 내부영수증을 작성한 후 종교단체에 제출하고 종교단체는 내부통제시스템에 의해 적정 여부를 확인한 후 지급 여부를 결정한다.

3. 종교인소득의 원천징수

(1) 원천징수 시기

종교단체는 종교인에게 종교인소득을 지급하는 때에 종교인의 소득세액을 원천징수하고 지급한다. 종교단체가 소속 종교인의 종교인소득에 대한 소득세를 원천징수하는 경우 「종교인소득 간이세액표」에 따른 세액을 기준으로 원천징수한다(소령 202 ④).

(2) 종교인소득의 원천징수 소득 선택

종교인소득은 「소득세법」상 기타소득으로 구분되나, 근로소득으로 원천징수하거나 과세표준확정신고를 한 경우에는 해당 소득을 근로소득으로 본다(소법 21 ①·③).

(3) 원천징수이행상황신고서 제출

종교단체는 그 징수일이 속하는 달의 다음 달 10일(반기별 납부의 경우 1월 10일, 7월 10일)까지 원천징수이행상황신고서를 작성하여 홈택스 또는 우편으로 관할 세무서에 제출하고 납부해야 한다. 원천징수이행상황신고서는 원천징수 납부 또는 환급세액 없는 경우에도 제출해야 한다(소법 128 ①). 종교단체는 소득금액, 원천징수세액을 확인할 수 있도록 종교인에게 원천징수영수증(지급명세서)을 교부하고 소득을 지급한 다음 해 3월 10일까지 관할 세무서에 제출해야 한다(소법 164 ①).

(4) 원천징수 반기별 납부 제도

종교단체가 원천징수의무자로서 원천징수 관할 세무서장에게 승인을 받거나 국세청장이 정하는 바에 따라 지정을 받는 경우 원천징수세액을 매 반기별로 납부할 수 있다(소령 186 ①).

1) 신 청

승인을 얻고자 하는 자는 원천징수세액을 반기별로 납부하고자 하는 반기의 직전월의 1일부터 말일까지 원천징수 관할 세무서장에게 신청하여야 한다(소령 186 ③). 신청을 받은 원천징수 관할 세무서장은 해당 원천징수의무자의 원천징수세액 신고·납부의 성실도 등을 고려하여 승인 여부를 결정한 후 신청일이 속하는 반기의 다음 달 말일까지 통지하여야 한다. 이 경우 원천징수의무자가 기한 내에 승인 여부를 통지받지 못한 경우에는 승인받은 것으로 본다(소령 186 ④).

신청기간	지급시기	신고 납부시기
2025년 6월	2025년 7월부터 12월까지	2026년 1월 10일까지
2025년 12월	2026년 1월부터 6월까지	2026년 7월 10일까지

2) 신청 방법

① 전자 신청

'홈택스 → 신청·제출 → 일반 세무서류 → 원천징수세액 반기별 납부 승인신청'에서 신청할 수 있다.

② 서면 신청

「원천징수세액 반기별 납부 승인신청서」를 작성하여 관할 세무서에 제출한다(국세청 홈페이지 [세무서식]에서 서식에서 내려받기할 수 있다).

4. 종교인소득의 연말정산

(1) 연말정산 시기

1) 일반적인 경우

종교인소득을 지급하고 그 소득세를 원천징수하는 자는 해당 과세기간의 다음 연도 2월분의 종교인소득을 지급할 때(2월분의 종교인소득을 2월 말일까지 지급하지 아니하거나 2월분의 종교인소득이 없는 경우에는 2월 말일로 한다) 연말정산한다(소법 145의 3 ①).

2) 예외(종교인이 퇴직한 경우)

해당 종교관련종사자와의 소속관계가 종료되는 달의 종교인소득을 지급할 때 연말정산하고 원천징수영수증을 교부한다(소법 145의 3 ①).

(2) 연말정산을 위한 제출서류

1) 종교단체가 제출할 서류

종교단체가 종교인소득을 연말정산하려는 경우에는 최초로 연말정산을 하려는 해당 과세기간의 종료일까지 종교인소득세액 연말정산신청서[소칙 별지 제25호의 3 서식]를 사업장 관할 세무서장에게 제출해야 한다. 종교단체가 종교인소득에 대해 연말정산을 하지 아니하려는 경우에는 해당 과세기간의 종료일까지 종교인소득세액 연말정산포기서[소칙 별지 제25호의 3 서식]를 사업장 관할 세무서장에게 제출해야 한다(소령 201의 11 ①·②).

2) 종교인이 제출할 서류

종합소득공제, 자녀세액공제, 연금계좌세액공제 및 특별세액공제를 적용받으려는 종교관련종사는 소득·세액 공제신고서에 주민등록표 등본 등을 첨부하여 원천징수의무자에게 제출하여야 한다(소령 202의 4 ②).

┃종교인소득 연말정산 소득 · 세액 공제항목┃

구 분	공 제 항 목
연금보험료공제	연금보험료(공적연금 관련법에 따른 기여금 또는 개인부담금)
소득공제	기부금(이월분), 개인연금저축(2000년 이전 가입), 중소기업창업투자조합출자 등
세액공제	연금계좌, 기부금, 외국납부세액

(3) 지급명세서 제출

종교인소득에 대한 소득의 종류(기타 · 사업소득)와 연말정산 이행 여부에 따라 제출해야 하는 지급명세서 서식이 다름에 유의하여야 한다. 종교인소득 중 비과세항목인 종교단체의 지급기준에 따라 종교활동을 위해 사용할 목적으로 종교인 개인에게 지급하는 종교활동비는 반드시 신고하여야 한다(소령 214 ① 1.). 다만, 종교인에게 지급하지 않고 종교단체가 공적으로 지출 · 관리하는 경우에는 제출대상이 아니다.

구 분	기타소득		근로소득 (연말정산)
	연말정산을 한 경우	연말정산을 하지 아니하는 경우	
지급명세서 서식	종교인소득지급명세서 (연말정산용)	기타소득지급명세서 (연간집계표)	근로소득지급명세서

(4) 지급명세서 관련 가산세

미제출 등에 대한 가산세는 다음과 같다(소법 81의 11). 다만, 2020년 1월 1일 이후 발생하여 지급하는 소득분부터 적용한다(2018년 1월 1일부터 2019년 12월 31일까지 발생하여 지급하는 소득분은 가산세 적용을 제외한다).

구 분	내 용	가산세	개정 후 (24.1.1 이후 지급분부터)
미제출	제출기한까지 미제출한 경우	미제출 금액의 1%	미제출 금액*1의 0.25%
지급사실 불분명 등	• 지급자 또는 소득자의 주소 · 성명 · 납세번호(주민등록번호로 갈음하는 경우에는 주민등록번호), 사업자등록번호, 소득의 종류, 소득의 귀속연도 또는 지급액을 적지 않았거나 잘못 적어 지급사실을 확인할 수 없는 경우 • 지급금액이 사실과 다른 경우	불분명(허위) 제출 금액의 1%	불분명(허위) 제출 금액*2의 0.25%

구 분	내 용	가산세	개정 후 (24.1.1 이후 지급분부터)
지연제출	제출기한 경과 후 제출한 경우	제출기한 경과 후 3개월 이내 제출 시 0.5%	제출기한 경과 후 1개월 이내 제출 시 0.125%

*1. 소규모사업자(상시 고용인원 20인 이하인 사업자로서 반기별 원천징수세액 납부자)가 종전 제출기한(분기 마지막 달의 다음 달 말일)까지 제출 시 가산세 미부과(2021.7.1.~2022.6.30.까지 지급분)

*2. 불분명(허위)금액이 총지급액 대비 5% 이하인 경우 미부과

[별지 제25호의 3 서식] (2017.3.10. 신설)

종교인소득세액연말정산신청(포기)서

(앞쪽)

접수번호	접수일자	처리기간 즉시

원천 징수 의무자	① 종교단체명	② 사업자등록번호(고유번호)
	③ 대표자(성명)	④ 주민(법인)등록번호
	⑤ 주소 (전화번호 :)	
	⑥ 종교단체 소재지 (전화번호 :)	

신청(포기)내용									
⑨ 연말정산을 하고자 하는 종교인소득분	년도 소득분부터								
⑩ 연말정산을 하지 않고자 하는 종교인소득분	년도 소득분부터		최초로 연말정산한 과세기간			년도			
세무대리인	성명			전화번호					
	관리번호		–						

「소득세법 시행령」 제202조의 4 제2항에 따라 종교인소득세액 연말정산 신청(포기)서를 제출합니다.

년 월 일

신청인 (서명 또는 인)

세무대리인 (서명 또는 인)

세 무 서 장 귀하

유의사항
※ 이 신청(포기)서는 최초로 종교인소득세액 연말정산을 하려는(연말정산을 하지 아니하려는) 해당 과세기간의 종료일까지 제출하여야 합니다.

210mm×297mm[일반용지 60g/㎡(재활용품)]

(뒤 쪽)

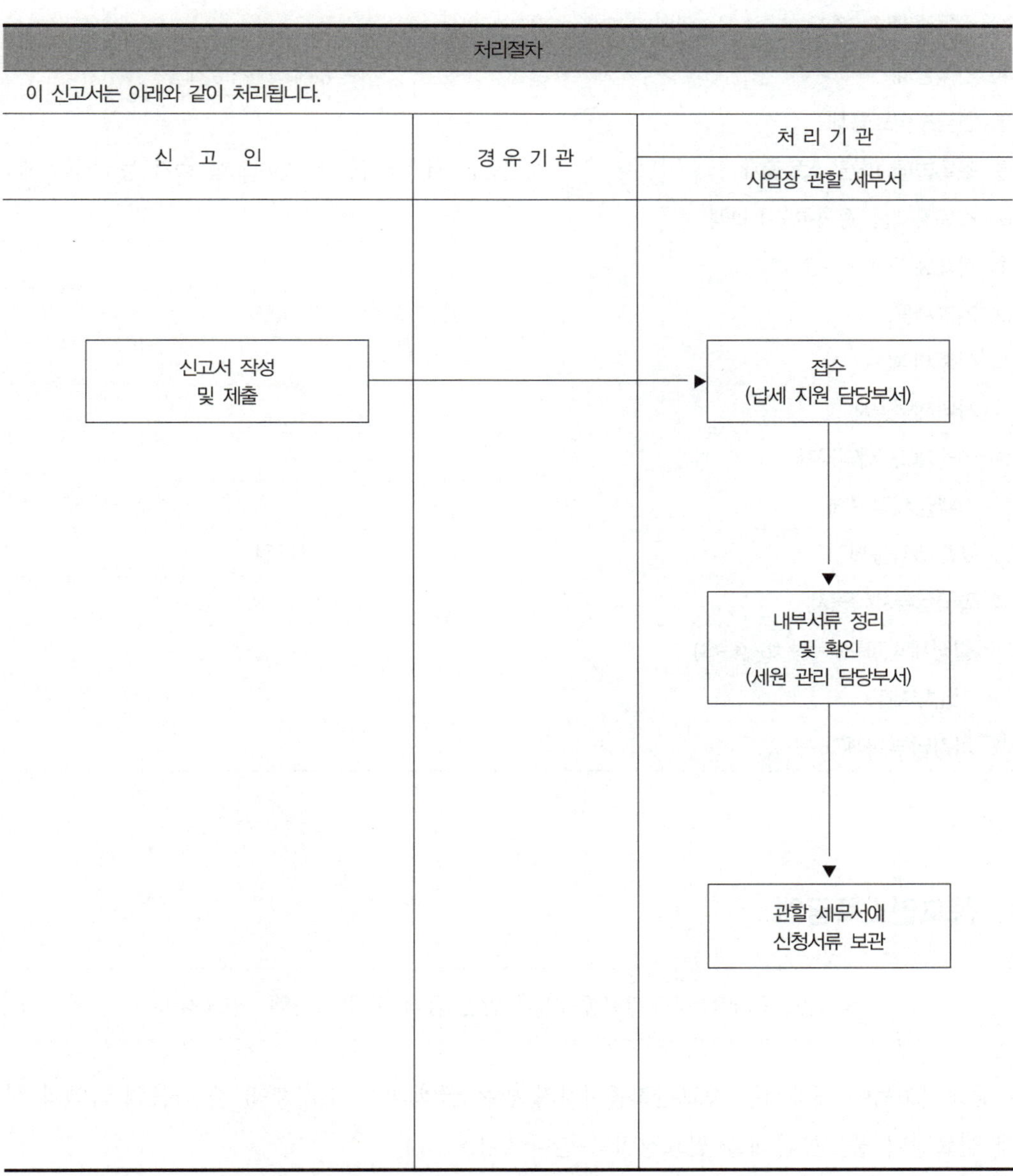

처리절차		
이 신고서는 아래와 같이 처리됩니다.		
신 고 인	경 유 기 관	처 리 기 관 사업장 관할 세무서
신고서 작성 및 제출 →		접수 (납세 지원 담당부서) ↓ 내부서류 정리 및 확인 (세원 관리 담당부서) ↓ 관할 세무서에 신청서류 보관

2 종교인소득의 세액계산

| 종교인소득 연말정산 계산방법 |

① 총수입금액(비과세소득 제외)	
② 필요경비	「소득세법 시행령」 제87조 제3호
③ 소득금액(①-②)	
④ 인적공제	기본공제, 추가공제
⑤ 연금보험료공제	
⑥ 조특법에 따른 소득공제	개인연금 저축소득공제, 투자조합 출자 등 소득공제
⑦ 소득공제등 종합한도초과액	
⑧ 과세표준(③-④-⑤-⑥+⑦)	
⑨ 기본세율	6~45%
⑩ 산출세액(⑧×⑨)	
⑪ 자녀세액공제	
⑫ 연금계좌 세액공제	
⑬ 기부금세액공제	
⑭ 표준세액공제	7만원
⑮ 외국납부세액공제	
⑯ 결정세액(⑩-⑪-⑫-⑬-⑭-⑮)	
⑰ 기납부세액	
⑱ 차감납부세액(⑯-⑰)	

1. 종교인소득금액

종교인소득금액＝종교관련종사자가 받은 금액 및 물품가액－필요경비

종교인소득에 대해서는 종교관련종사자가 받은 금액(비과세소득 제외) 중 다음의 금액과 실제 필요경비 중 큰 금액을 필요경비로 한다(소령 87 3.).

종교관련종사자가 받은 금액	필요경비
2,000만원 이하	받은 금액의 80%
2,000만원 초과 4,000만원 이하	1,600만원+2,000만원을 초과하는 금액의 50%
4,000만원 초과 6,000만원 이하	2,600만원+4,000만원을 초과하는 금액의 30%
6,000만원 초과	3,200만원+6,000만원을 초과하는 금액의 20%

2. 종교인소득과 근로소득의 연말정산 시 공제내역 비교

종교인소득과 근로소득의 연말정산 시 공제내역을 비교하면 다음과 같다.

과세 체계			종교인소득 (기타소득)	근로소득
총수입금액(비과세소득 제외)			총수입금액	총급여액
필요경비			필요경비 (20~80%)	근로소득공제 (2~70%)
소득금액				
소득공제	인적	기본(본인 · 배우자 · 부양가족 인당 150만원)	○	○
		추가(경로 100만원, 장애인 200만원 등)	○	○
	국민연금 등 공적연금보험료(전액)		○	○
	특별	건강 · 고용보험료(전액)	×	○
		주택자금(300~1,800만원 한도)	×	○
	조특법	신용카드 등 사용금액 공제	×	○
		장기펀드 저축액	×	○
		창업투자조합 출자금 등	○	○
		개인연금저축	○	○
과세표준				
(×) 세율(6~45%)				
산출세액				
세액공제	근로소득(50~74만원 한도)		×	○
	외국납부(국외원천소득비율 한도)		○	○
	자녀(1명 25만원, 2명 55만원, 3명 95만원)		○	○
	연금계좌[12%, 600만원(퇴직연금 900만원 한도)]		○	○

과세 체계			종교인소득 (기타소득)	근로소득
	특별	보험료(12%, 100만원 한도)	×	○
		의료비(15%, 700만원 한도)	×	○
		교육비[15%, 300만원(대학 900만원) 한도]	×	○
		기부금(금액별 100/110, 15%, 25%, 30%)	○	○
	표준세액공제(근로소득은 특별 소득 · 세액공제 미신청자)		○ (7만원)	○ (13만원)
	조특법	정치자금기부금 등	○	○
결정세액				
기납부세액 차감				
차가감 납부(환급)할 세액				

3. 종교인소득과 근로소득의 과세체계 비교

종교인소득과 근로소득의 과세체계를 비교하면 다음과 같다.

<table>
<tr><th>신고유형</th><th>기타소득</th><th>근로소득</th></tr>
<tr><td>과세대상</td><td colspan="2">종교인이 종교활동과 관련하여 종교단체로부터 받는 소득</td></tr>
<tr><td>비과세소득</td><td>• 종교 관련 본인의 학자금
• 월 20만원 이내의 식사비 또는 현물식사
• 종교활동비 등 실비변상적 급여
• 6세 이하 보육수당
• 사택제공이익 등</td><td>• 업무 관련 정규교육기관 본인학자금
• 월 20만원 이내의 식사비 또는 현물 식사
• 실비변상적 급여
• 종교활동비
• 6세 이하 보육수당
• 사택제공이익 등</td></tr>
<tr><td>필요경비</td><td><table><tr><th>과세소득</th><th>필요경비율</th></tr><tr><td>2천만원 이하</td><td>80%</td></tr><tr><td>4천만원 이하</td><td>50%</td></tr><tr><td>6천만원 이하</td><td>30%</td></tr><tr><td>6천만원 초과</td><td>20%</td></tr></table>예) 과세소득 4천만원인 경우 2천6백만원이 필요경비가 인정되어 기타소득금액은 1천4백만원임</td><td><table><tr><th>총급여</th><th>근로소득공제</th></tr><tr><td>5백만원 이하</td><td>70%</td></tr><tr><td>1천5백만원 이하</td><td>40%</td></tr><tr><td>4천5백만원 이하</td><td>15%</td></tr><tr><td>1억원 이하</td><td>5%</td></tr><tr><td>1억원 초과</td><td>2%</td></tr></table>예) 총급여 4천만원인 경우 1,125만원이 공제되어 근로소득금액은 2,875만원임</td></tr>
</table>

신고유형	기타소득	근로소득
소득공제	• 인적공제(기본공제, 추가공제) • 국민연금보험료 등	• 인적공제(기본공제, 추가공제) • 특별소득공제(건강보험보험료, 주택자금 공제 등) • 주택마련저축납입액 공제 • 신용카드 등 사용금액 공제 등
세액공제	• 자녀세액공제 • 기부금세액공제 • 연금계좌세액공제 • 표준세액공제(7만원)	• 자녀세액공제 • 월세세액공제 • 특별세액공제(의료비, 교육비, 보험료) * 특별세액공제 및 세액공제의 합계액이 표준세액 13만원보다 적은 경우 13만원 적용
신고방법	다음 중 선택 (종교단체) 원천징수 → 연말정산 * 원천징수는 매월, 반기별 (종교인) 종합소득 과세표준 확정신고	다음 중 선택 (종교단체) 원천징수 → 연말정산 * 원천징수는 매월, 반기별 (종교인) 종합소득 과세표준 확정신고
원천징수 시 적용 세율	기타소득 간이세액표에 따른 소득세를 원천징수	근로소득 간이세액표에 따른 소득세를 원천징수
지급명세서 제출시기	종교단체의 원천징수 및 연말정산과 관계없이 다음 해 3월 10일까지 제출	종교단체의 원천징수 및 연말정산과 관계없이 다음 해 3월 10일까지 제출
지급명세서 작성대상	과세대상 종교인소득, 비과세대상 종교활동비	과세대상소득, 작성대상으로 열거하는 비과세소득
근로장려금 신청 여부	요건을 충족 시 기타소득으로 신고한 경우에도 신청 가능	요건을 충족 시 근로소득으로 신고한 경우에도 신청 가능
자녀장려금 신청 여부	요건을 충족 시 기타소득으로 신고한 경우에도 신청 가능	요건을 충족 시 근로소득으로 신고한 경우에도 신청 가능

4. [서식사례] 종교인소득 연말정산

〈기본사항〉

김택스(870701-1******)는 종교관련종사자로 배우자(이세무, 연간 소득금액 없음)와 함께 살고 있다.

① 종교인소득 수입금액 : 22,000,000원

- 현 택스교회로부터 16,000,000원 발생(2025.5.6.~2025.12.31.)
- 종전 세무교회에서 6,000,000원 발생(2025.1.1.~2025.5.3.)

(택스교회가 22,000,000원에 대해 31,200원을 원천징수 후 수당 지급)

② 종교인소득금액 : 5,000,000원

22,000,000－17,000,000＝5,000,000원

③ 종합소득공제 : 3,000,000원

- 기본공제 2명(본인, 배우자) 3,000,000원

④ 과세표준 : 2,000,000원

⑤ 산출세액 : 120,000원(과세표준 12,000,000원 이하, 과세표준×6%)

⑥ 세액공제 : 70,000원

- 표준세액공제 70,000원

⑦ 결정세액 : 50,000원

⑧ 기납부세액 : 31,200원

⑨ 차감납부할 세액 : 18,800원

[별지 제23호 서식(6)] (2025.3.21. 개정) (3쪽 중 제1쪽)

관리번호	
① 귀속연도	2025년

[ ]종교인소득 원천징수영수증(연말정산용)
[✓]종교인소득 지 급 명 세 서(연말정산용)
([ ]소득자 보관용 [ ]발행자 보관용 [ ]발행자 보고용)

소득자 구분	
거주구분	거주자1 / 비거주자2
내·외국인	내국인1 / 외국인9
거주지국	거주지국코드

구분				
징수의무자	② 종교단체명	택스교회	③ 대표자(성명) 김**	④ 사업자등록(고유)번호 123-**-*****
	⑤ 주민(법인)등록번호	7*****-*******	⑥ 소재지(주소) 서울 강동구 암사동 ***-**	
소득자	⑦ 성명	김택스	⑧ 주민등록번호	870701-*******
	⑨ 주소	경기 고양시 일산구 ***-**		

	⑩ 발생처 구분	⑪ 종교단체명	⑫ 사업자등록(고유)번호	⑬ 발생기간 (연·월·일)	⑭ 지급액 (비과세소득 제외)	⑮ 비과세 소득
종교인 소득	주(현)		- -	2025.5.6.~2025.12.31.	16,000,000	600,000
	종(전)	세무교회	312-**-*****	2025.1.1.~2025.5.5.	6,000,000	360,000
			- -	. . ~ . .		

	⑯ 종교인소득(⑭)	⑰ 필요경비	⑱ 소득금액(⑯-⑰)
소득금액	22,000,000	17,000,000	5,000,000

⑲ 종교인소득 소득금액 (⑱)			5,000,000		
인적공제	기본공제	⑳ 본인	1,500,000	㉜ 소득공제 등 종합한도 초과액	
		㉑ 배우자	1,500,000	㉝ 종합소득과세표준	2,000,000
		㉒ 부양가족 (명)		㉞ 산출세액	120,000
	추가공제	㉓ 경로우대 (명)		㉟ 혼인세액공제	
		㉔ 장애인 (명)		㊱ 자녀세액공제 공제대상자녀(명)	
				㊱ 자녀세액공제 출산·입양자(명)	
		㉕ 부녀자		㊲ 연금계좌 세액공제	
		㉖ 한부모가족		㊳ 기부금세액공제 정치자금기부금	
㉗ 연금보험료공제				㊳ 기부금세액공제 고향사랑기부금	
㉘ 종합소득공제 계			3,000,000	㊳ 기부금세액공제 특례기부금	
㉙ 개인연금 저축소득공제				㊳ 기부금세액공제 우리사주조합	
㉚ 투자조합 출자등 소득공제				㊳ 기부금세액공제 일반기부금	
㉛ 청년형 장기집합 투자증권저축				㊴ 표준세액공제	70,000
				㊵ 외국납부세액공제	

구분		소득세	지방소득세	농어촌특별세	계
㊶ 결정세액		50,000	5,000		55,000
기납부세액	㊷ 종(전) 근무지				
	㊸ 주(현) 근무지	31,200	3,120		34,320
㊹ 차감 납부할 세액		18,800	1,880		20,680

위 원천징수세액(수입금액)을 영수(지급)합니다.
2026년 3월 일
징수(보고)의무자 (서명 또는 인)
세무서장 귀하

㊺ 인적공제자 명세(해당 소득자의 기본공제와 추가공제 및 부양 등으로 공제금액 계산명세가 있는 자만 적습니다. 다만, 본인은 표기하지 않습니다)

관계	성명	주민등록번호	관계	성명	주민등록번호	관계	성명	주민등록번호
3	이세무	8*****-*******			-			-
		-			-			-
		-			-			-

※ 관계코드: 소득자의 직계존속=1, 배우자의 직계존속=2, 배우자=3, 직계비속(자녀·손자녀, 입양자)=4, 직계비속(직계비속과 그 배우자가 장애인인 경우 그 배우자)=5, 형제자매=6, 수급자=7(코드1~6제외), 위탁아동=8 * 4~6은 소득자와 배우자의 각각의 관계를 포함합니다.

작 성 방 법

1. 원천징수의무자는 지급일이 속하는 과세기간의 다음 연도 3월 10일(휴업·폐업한 경우에는 휴업일·폐업일이 속하는 달의 다음다음 달 말일)까지 지급명세서를 제출해야 합니다.
2. 이 서식에 적는 금액 중 소수점 이하 값은 버립니다.
3. 거주지국란 및 거주지국코드란: 비거주자에 해당하는 경우에만 적으며, 국제표준화기구(ISO)가 정한 ISO코드 중 국명약어 및 국가코드를 적습니다(※ ISO국가코드: 국세청홈페이지→국세정보→국제조세정보→국세조세자료실에서 조회할 수 있습니다).
4. 징수의무자란의 ⑤주민(법인)등록번호란: 소득자 보관용에는 적지 않습니다.
5. ⑭ 지급액란: 「소득세법」 제12조 제5호아목에 따른 비과세 종교인소득을 제외하고 적습니다.
6. ⑮ 비과세소득란: 「소득세법 시행령」 제19조 제3항 제3호의 금액(종교관련종사자가 소속 종교단체의 규약 또는 소속 종교단체의 의결기구의 의결·승인 등을 통하여 결정된 지급 기준에 따라 종교 활동을 위하여 통상적으로 사용할 목적으로 지급받은 금액 및 물품)을 적습니다.
7. ㉜ 소득공제 등 종합한도 초과액란: 종교인소득 소득·세액공제신고서(별지 제37호 서식(2)) 제2쪽의 투자조합 출자 등 소득공제 항목의 "조합 등"란의 공제액이 2천5백만원을 초과하는 경우에 그 초과하는 금액을 적습니다.
8. ㊳ 기부금세액공제를 받는 소득자(종교 관련 종사자)에 대해서는 이 서식 제2쪽의 기부금명세서를 작성해야 하며, 종교인소득 지급명세서를 원천징수 관할 세무서장에게 제출 시 기부금명세서를 함께 제출해야 합니다.
9. ㊹ 차감 납부할 세액란: 납부할 세액이 1천원 미만인 경우(소액 부징수)에는 "0"으로 적습니다.

210mm×297mm(백상지 80g/㎡)

Corporate tax

Account Code

Tax base

부 록

1 연말정산 소득공제 · 세액공제 요건표

<table>
<tr><th>항목</th><th colspan="2">구 분</th><th>공제금액 · 한도</th><th colspan="3">공제요건</th></tr>
<tr><td rowspan="13">인적공제</td><td colspan="2" rowspan="9">기본공제</td><td rowspan="9">1명당
150만원</td><td>구분</td><td>소득요건*</td><td>나이요건**</td></tr>
<tr><td>본인</td><td>×</td><td>×</td></tr>
<tr><td>배우자</td><td>○</td><td>×</td></tr>
<tr><td>직계존속</td><td>○</td><td>만 60세이상</td></tr>
<tr><td>형제자매</td><td>○</td><td>만 20세이하
만 60세이상</td></tr>
<tr><td>직계비속
(입양자 포함)</td><td>○</td><td>만 20세이하</td></tr>
<tr><td>위탁아동***</td><td>○</td><td>해당 과세기간에 6개월 이상 직접 양육한 위탁아동</td></tr>
<tr><td>수급자 등</td><td>○</td><td>×</td></tr>
<tr><td colspan="3">* 연간소득금액 합계액 100만원 이하
(근로소득만 있는 경우 총급여 500만원 이하)
** 장애인의 경우 나이요건 적용하지 않음
*** 「아동복지법」에 따른 가정위탁을 받아 양육하는 아동(보호기간이 연장된 경우로서 20세 이하인 위탁아동을 포함)</td></tr>
<tr><td rowspan="4">추가공제</td><td>경로우대</td><td>1명당 100만원</td><td colspan="3">기본공제대상자 중 만 70세 이상</td></tr>
<tr><td>장애인</td><td>1명당 200만원</td><td colspan="3">기본공제대상자 중 장애인</td></tr>
<tr><td>부녀자</td><td>50만원</td><td colspan="3">종합소득금액이 3천만원 이하인 근로자가 다음 어느 하나에 해당하는 경우
· 배우자가 있는 여성
· 배우자가 없는 여성으로서 기본공제대상 부양가족이 있는 세대주</td></tr>
<tr><td>한부모</td><td>100만원</td><td colspan="3">배우자가 없는 사람으로서 기본공제대상인 직계비속 또는 입양자가 있는 경우
(부녀자 공제와 중복적용 배제)</td></tr>
<tr><td colspan="3">연금보험료 공제</td><td>전액</td><td colspan="3">근로자 본인의 국민연금보험료 · 공무원연금법 등(공적연금관련법)에 따라 부담한 부담금 · 기여금</td></tr>
<tr><td rowspan="2">특별
소득공제</td><td rowspan="2">보험료</td><td>건강보험료</td><td>전액</td><td colspan="3">근로자 본인 명의의 건강보험료 · 장기요양보험료(본인부담분)</td></tr>
<tr><td>고용보험료</td><td>전액</td><td colspan="3">근로자 본인 명의의 고용보험료(본인부담분)</td></tr>
</table>

<table>
<tr><th>항목</th><th colspan="2">구 분</th><th>공제금액 · 한도</th><th>공제요건</th></tr>
<tr><td rowspan="4">특별
소득공제</td><td rowspan="4">주
택
자
금</td><td rowspan="2">①
주택임차
차 입 금
원 리 금
상환액 등</td><td rowspan="2">원리금
상환액의 40%

(연 400만원 한도)
①+주택마련
저축공제</td><td>무주택 세대의 세대주(세대주가 주택 관련 공제를 받지 않은 경우 세대원도 가능)인 근로자가 국민주택규모의 주택(주거용 오피스텔 포함)을 임차하기 위하여 금융회사 등으로부터 차입한 차입금의 원리금상환액</td></tr>
<tr><td>무주택 세대의 세대주(세대주가 주택 관련 공제를 받지 않은 경우 세대원도 가능)로서 총급여 5천만원 이하인 근로소득자가 국민주택규모의 주택(주거용 오피스텔 포함)을 임차하기 위하여 대부업을 경영하지 아니하는 개인으로부터 연 1,000분의 31('25.3.21~)보다 낮은 이자율로 차입한 자금이 아닌 차입금의 원리금상환액</td></tr>
<tr><td rowspan="2">②
장기주택
저당차입금
이자상환액
공제</td><td>이자상환액
(연 600만원~
2,000만원 한도)</td><td>무주택 또는 1주택을 보유한 세대의 세대주가(세대주가 주택 관련 공제를 받지 않은 경우 세대원도 가능) 주택*(취득당시 기준시가 6억원 이하, 오피스텔 제외)을 취득하기 위하여 당해 주택에 저당권을 설정하고 금융기관 등으로부터 차입한 장기주택저당차입금의 이자상환액
* '14년 이후 차입금부터 '국민주택규모 기준' 삭제
<장기주택저당차입금 요건>
- 주택소유권 이전등기 또는 보존등기일로부터 3월 이내에 차입
- 채무자와 저당권 설정된 주택의 소유자가 동일인일 것</td></tr>
<tr><td>공제 한도액</td><td>- '12.1.1. 이후 차입·상환기간 연장인 경우
· 상환기간 15년 이상 & 비거치식 & 고정금리 : 2,000만원
· 상환기간 15년 이상 & (비거치식 or 고정금리) : 1,800만원
· 상환기간 15년 이상 & 기타 : 800만원
· 상환기간 10년 이상 & (비거치식 or 고정금리) : 600만원
- '12.1.1. 이전 차입·상환기간 연장인 경우
· 상환기간 15년 이상 & 비거치식 & 고정금리 : 2,000만원
· 상환기간 15년 이상 & (비거치식 or 고정금리) : 1,800만원
· 상환기간 30년 이상 & 기타 : 1,500만원
· 상환기간 15년~29년 & 기타 : 1,000만원
· 상환기간 15년 미만 & 기타 : 600만원
<①+②+주택마련저축공제 종합한도 적용>
※ '23.12.31. 이전에 지급한 이자상환액의 경우: 개정규정에도 불구하고 종전의 규정에 따름
※ '24.1.1. 이후 지급하는 이자상환액의 경우: 개정규정을 적용한다. 다만, '12.1.1. 이전에 차입한 장기주택저당차입금의 이자상환액에 대하여 개정규정을 적용하는 것이 납세자에게 불리하게 적용되는 경우에는 종전의 규정에 따름</td></tr>
</table>

<table>
<tr><th>항목</th><th>구 분</th><th>공제금액 · 한도</th><th>공제요건</th></tr>
<tr><td rowspan="6">그 밖의 소득공제</td><td>개인연금저축 소득공제</td><td>연 72만원 한도</td><td>개인연금저축 납입액의 40% 공제
※ 180만원 납입시 연 72만원 공제</td></tr>
<tr><td>소기업 · 소상공인 공제부금 소득공제</td><td>연 600, 500, 400, 200만원 한도</td><td>소기업 · 소상공인에 해당하는 법인 대표자(총급여 8천만원 이하)의 노란우산공제 납입액 공제</td></tr>
<tr><td>주택마련 저축공제</td><td>연 400만원 한도

(주택임차차입금 원리금상환액 공제와 합산)</td><td>주택마련저축* 납입액의 40% 공제
- 총급여 7천만원 이하인 무주택 세대의 세대주 및 배우자
- 국민주택규모의 주택(가입당시 기준시가 3억원 이하)을 한 채만 소유한 세대의 세대주 (2009.12.31. 이전 가입자만 해당)
* 주택마련저축
· 주택법에 의한 청약저축(연 납입액 300만원 이하)
· 주택청약종합저축(연 납입액 300만원 이하)
· 근로자주택마련저축(월 납입액 15만원 이하)</td></tr>
<tr><td>투자조합출자 등 소득공제</td><td>출자 또는 투자금액의 10%
(벤처 조합·벤처기업 출자:100%·70%·30%)</td><td>출자일 또는 투자일이 속하는 과세연도에 소득공제를 받는 것을 원칙으로 하되, 투자자가 공제시기 변경 신청시 출자·투자 후 2년이 되는 날이 속하는 과세연도까지 1과세연도를 선택하여 공제
※ 공제한도 : 종합소득금액의 50%</td></tr>
<tr><td>신용카드 등 소득공제</td><td>(신용카드 등 사용금액 - 총급여액 25%) × 15%~40%</td><td>· 공제율
<table><tr><th>구 분</th><th>비고</th></tr><tr><td>① 신용카드</td><td>15%</td></tr><tr><td>② 현금영수증 · 체크카드</td><td>30%</td></tr><tr><td>③ 도서 · 신문 · 영화관람료 · 수영장* · 체련단련장* 등</td><td>30%</td></tr><tr><td>④ 전통시장</td><td>40%</td></tr><tr><td>⑤ 대중교통</td><td>40%</td></tr></table>* '25.7.1.이후 지출하는 분부터 적용
- 본인, 배우자 및 생계를 같이 하는 직계존비속 (나이 제한 없음) 신용카드 등 사용액
· 공제한도
<table><tr><th rowspan="2">구분</th><th colspan="2">총급여 7천만원</th></tr><tr><th>이하자</th><th>초과자</th></tr><tr><td>신용카드 공제 한도(㉠+㉡)</td><td>600만원</td><td>450만원</td></tr><tr><td>기본공제 한도(㉠)</td><td>300만원</td><td>250만원</td></tr><tr><td>전통시장+대중교통+도서·공연비(㉡)</td><td>300만원</td><td>200만원</td></tr></table></td></tr>
<tr><td>우리사주조합 출연금 소득공제</td><td>연 400만원 (벤처기업 1,500만원) 한도</td><td>우리사주조합원이 우리사주를 취득하기 위하여 우리사주조합에 출연한 금액</td></tr>
</table>

<table>
<tr><th>항목</th><th>구 분</th><th>공제금액 · 한도</th><th>공제요건</th></tr>
<tr><td rowspan="3">그 밖의 소득공제</td><td>고용유지중소기업 근로자 소득공제</td><td>임금삭감액의 50%
(공제한도 : 1천만원)</td><td>고용유지 중소·중견기업에 근로를 제공하는 상시 근로자에 대해 근로소득에서 공제
(직전 과세연도의 해당 근로자 연간 임금총액 - 해당 과세연도의 해당 근로자 연간 임금총액) × 50%</td></tr>
<tr><td>장기집합투자증권 저축 소득공제</td><td>저축납입액의 40%
(연 240만원 한도)</td><td>'15.12.31.까지 가입한 경우 가입일로부터 10년간 장기집합투자증권저축에 납입한 금액 (해당 과세기간 8천만원 이하 근로자)</td></tr>
<tr><td>청년형 장기집합투자 증권저축에 대한 소득공제</td><td>저축납입액의 40%
(연 240만원 한도)</td><td>자산총액의 40% 이상을 주권상장법인의 주식에 투자하는 집합투자기구의 집합투자증권을 취득하기 위한 저축으로 계약기간이 3년 이상 4년 이하이면서, 1인당 납입금액이 연 600만원 이내인 적립식 저축을 '25.12.31.까지 가입한 경우에 공제</td></tr>
<tr><td colspan="2">소득공제 종합한도</td><td>연 2,500만원</td><td>특별소득공제 및 그 밖의 소득공제에 대해 종합한도 적용
- 적용대상 : 주택자금공제, 주택마련저축, 소기업 · 소상공인 공제부금, 투자조합출자 등(개인투자조합을 통한 투자 등 조특법 §16① 3,4,6에 따른 투자 · 출자 제외), 신용카드 등 사용금액, 우리사주조합 출연금, 장기집합투자증권저축</td></tr>
<tr><td>세액감면
·
세액공제</td><td>중소기업 취업자 소득세 감면</td><td>취업일부터 3년간 근로소득세 70%
(청년은 5년간 90% 감면)

연 200만원 한도</td><td>근로계약 체결일 현재 연령이 15세 이상 34세 이하(병역근무기간 제외 : 한도 6년)인 사람, 60세 이상인 사람, 장애인, 경력단절 근로자가 중소기업에 '12.1.1. ~ '26.12.31.까지 취업(경력단절 근로자는 중소기업에 재취업)하는 경우 중소기업에서 받는 근로소득을 취업일부터 3년(청년 5년)간 70%(청년 90%) 감면
* 청년 감면율의 적용
- '12~'13년 취업청년 : 100%
- '14~'15년 취업자 : 50%
- '16~'17년 취업자 : 70%
- '18년 이후 소득 : 90%
<table>
<tr><th>구분</th><th>요건</th></tr>
<tr><td>청년</td><td>근로계약 체결일 현재 15~34세 이하인 자
* 연령계산시 군복무기간(최대6년)은 차감하고 계산</td></tr>
<tr><td>고령자</td><td>근로계약 체결일 현재 60세 이상인 자</td></tr>
<tr><td>장애인 등</td><td>「장애인복지법」의 적용을 받는 장애인 등</td></tr>
<tr><td>경력단절 근로자</td><td>①같은 기업에서 1년 이상 계속 근로 제공
②결혼·임신·출산·육아·자녀교육·가족돌봄 사유로 퇴직
③퇴직한 날부터 2~15년 미만의 기간이 지났을 것
④해당 중소기업의 최대주주(최대출자자, 대표자)나 그와 특수관계인이 아닐 것</td></tr>
</table></td></tr>
</table>

<table>
<tr><th>항목</th><th colspan="2">구 분</th><th>공제금액 · 한도</th><th>공제요건</th></tr>
<tr><td rowspan="8">세액
감면
·
세액
공제</td><td colspan="2">근로소득
세액공제</td><td>20만원(50만원, 66만원, 74만원) 한도</td><td><table><tr><th>산출세액</th><th>공제금액</th></tr><tr><td>130만원 이하</td><td>55%</td></tr><tr><td>130만원 초과</td><td>71만5천원 + 130만원 초과금액의 30%</td></tr></table><공제한도>
· 총급여액이 3천3백만원 이하 : 74만원
· 총급여액이 3천3백만원 초과 7천만원 이하
: 74만원 – [(총급여액 – 3천3백만원)×0.008]
→ 66만원보다 적은 경우 66만원
· 총급여액이 7천만원 초과 1억2천만원 이하
: 66만원 – [(총급여액 – 7천만원)×1/2]
→ 50만원보다 적은 경우 50만원
· 총급여액이 1억2천만원 초과
: 50만원 – [(총급여액 – 1억2천만원)×1/2]
→ 20만원보다 적은 경우 20만원</td></tr>
<tr><td rowspan="2">자녀
세액
공제</td><td>기본공제대상
자녀(8세이상)</td><td>–</td><td><table><tr><th>공제대상자녀</th><th>공제금액</th></tr><tr><td>1명</td><td>연 25만원</td></tr><tr><td>2명</td><td>연 55만원</td></tr><tr><td>3명 이상</td><td>연 55만원과 2명을 초과하는 1명당 연 40만원을 합한 금액</td></tr></table>※ 손자녀도 자녀세액공제대상에 포함</td></tr>
<tr><td>출산·입양</td><td>–</td><td>첫째 30만원, 둘째 50만원, 셋째 이상 70만원</td></tr>
<tr><td>혼인
세액
공제</td><td>혼인신고를
한 거주자</td><td>50만원</td><td>혼인신고를 한 거주자가 혼인신고를 한 해(생애 1회)에 50만원을 산출세액에서 공제
※ 적용기간 : 2024~2026년 혼인신고 분</td></tr>
<tr><td rowspan="4">연
금
계
좌</td><td>연금저축</td><td rowspan="3"><table><tr><th>총급여액</th><th>세액공제 대상 납입한도
(퇴직연금 포함)</th><th>공제율</th></tr><tr><td>5.5천만원
이하</td><td rowspan="2">600만원
(900만원)</td><td>15%</td></tr><tr><td>5.5천만원
초과</td><td>12%</td></tr></table></td><td>연금저축계좌 근로자 납입액
(납입한도 600만원, 퇴직연금과 합한 금액은 900만원 한도)</td></tr>
<tr><td>퇴직연금</td><td>근로자퇴직급여보장법에 따른 DC형 퇴직연금 · 개인형퇴직연금(IRP) · 중소기업퇴직연금 근로자 납입액</td></tr>
<tr><td>과학기술인
공제</td><td>과학기술인공제회법에 따른 퇴직연금 근로자 납입액</td></tr>
<tr><td>ISA
만기시
연금계좌
추가납입</td><td><table><tr><th>총급여액</th><th>세액공제 대상금액 한도</th><th>공제율</th></tr><tr><td>5.5천만원
이하</td><td rowspan="2">추가납입액×10%
(300만원 한도)</td><td>15%</td></tr><tr><td>5.5천만원
초과</td><td>12%</td></tr></table></td><td>ISA 만기시 연금계좌 전환금액의 10%(세액공제 대상금액, 300만원 한도)의 12%(총급여 5.5천만원 이하 15%) 추가 세액공제
* ISA금액 추가한도는 ISA 만기잔액을 연금계좌에 납입한 연도에만 적용</td></tr>
</table>

<table>
<tr><th colspan="2">항목</th><th colspan="2">구 분</th><th>공제금액 · 한도</th><th colspan="2">공제요건</th></tr>
<tr><td rowspan="11">세액
감면
·
세액
공제</td><td rowspan="11">특
별
세
액
공
제</td><td colspan="2">보장성보험료</td><td>보험료 납입액× 12%
(연 100만원 한도)</td><td colspan="2">근로자가 기본공제대상자를 피보험자로 지출한 보장성보험의 보험료</td></tr>
<tr><td colspan="2">장애인
보장성보험료</td><td>보험료 납입액× 15%
(연 100만원 한도)</td><td colspan="2">근로자가 기본공제대상자 중 장애인을 피보험자 또는 수익자로 지출하는 장애인 전용보험에 지출한 보험료</td></tr>
<tr><td rowspan="4">의
료
비</td><td>㉠
난임시술비</td><td rowspan="4">의료비
공제대상금액*
× 15%
(20% · 30%)**

* 의료비 공제대상금액
· 본인, 장애인, 만 65세 이상자, 6세 이하자, 난임시술비, 미숙아·선천성 이상아, 건강보험산정특례자 : 한도 없음
· 그 외 부양가족 : 연 700만원
** 난임시술비는 30%, 미숙아·선천성이상아 의료비는 20% 공제율 적용</td><td colspan="2" rowspan="4">총급여 3%를 초과하는 경우 공제 가능
- 시력교정용안경(콘택트렌즈) 구입비용 : 1인당 연 50만원 한도
- 산후조리원비용(출산 1회당 200만원 한도)
* 총급여 요건 폐지('24.1.1.~)
- 미용·성형수술비용은 공제 제외
- 건강증진을 위한 의약품 등 공제 제외
- 6세 이하자 공제한도 폐지('24.1.1.~)
- 장애인활동지원급여 비용 중 실제 지출한 본인부담금('24.1.1.~)
- 의료비 공제대상금액 계산
<table><tr><th>구 분</th><th>의료비 공제금액</th></tr><tr><td>가. ㉣ ≥ 총급여액 × 3%인 경우</td><td>㉠ + ㉡ + ㉢ + min(㉣ - 총급여액 × 3%, 700만원)</td></tr><tr><td>나. ㉢ + ㉣ ≥ 총급여액 × 3% 〉 ㉣인 경우</td><td>㉠ + ㉡ + ㉢- (총급여액 × 3% - ㉣)</td></tr><tr><td>다. ㉡ + ㉢ + ㉣ ≥ 총급여액 × 3% 〉 ㉢ + ㉣인 경우</td><td>㉠ + ㉡ - (총급여액 × 3%- ㉢ - ㉣)</td></tr><tr><td>라. ㉠ + ㉡ + ㉢ + ㉣ ≥ 총급여액× 3% 〉 ㉡ + ㉢ + ㉣인 경우</td><td>㉠ - (총급여액 × 3% - ㉡ - ㉢ - ㉣)</td></tr></table>※ ㉠, ㉡, ㉢, ㉣ : 나이·소득금액 제한 없으나, 생계를 같이하는 부양가족에 해당되어야 함</td></tr>
<tr><td>㉡
미숙아 ·
선천성
이상아</td></tr>
<tr><td>㉢본인 ·
65세이상자·
6세 이하자·
장애인·
건강보험
산정특례자</td></tr>
<tr><td>㉣그 외
부양가족</td></tr>
<tr><td rowspan="5">교
육
비</td><td>취학전 아동</td><td rowspan="5">교육비
공제대상금액*
× 15%

* 공제한도
· 취학전아동, 초·중·고생 : 1명당 300만원 한도
· 대학생 : 1명당 900만원 한도
· 본인, 장애인 : 한도 없음
※ '23년 귀속분부터 대학입학전형료, 수능응시료가 세액공제대상으로 추가</td><td rowspan="3">나이제한을
받지 않음
(직계존속은
공제대상 아님)</td><td>보육료, 학원비 · 체육시설 수강료, 유치원비, 방과후 수업료(특별활동비 · 도서구입비 포함, 재료비 제외), 급식비 등</td></tr>
<tr><td>초등학생
중 · 고등
학생</td><td>교육비, 학교급식비, 교과서대, 방과후학교 수강료(도서구입비 포함, 재료비 제외), 국외교육비, 교복구입비(중 · 고생 50만원 이내), 현장체험학습비(30만원 이내)</td></tr>
<tr><td>대학생</td><td>교육비, 국외교육비
(국외유학요건 폐지)</td></tr>
<tr><td>근로자 본인</td><td colspan="2">교육기관 교육비, 대학 · 대학원 1학기 이상의 교육과정과 시간제 과정 교육비, 직업능력개발훈련 수강료, 학자금대출 원리금 상환액</td></tr>
<tr><td>장애인
특수교육비</td><td colspan="2">사회복지시설 등에 기본공제대상자인 장애인*의 재활교육을 위해 지급한 비용
* 소득금액 제한 없으며, 직계존속도 공제 가능</td></tr>
</table>

항목	구 분				공제금액 · 한도	공제요건
세액감면 · 세액공제	특별세액공제	기부금	정치자금 기부금	10만원 이하	기부금의 100/110	정당, 후원회, 선거관리위원회에 기부한 금액 → 근로자 본인 기부금만 공제 가능(이월공제×) * 공제한도 : 소득금액의 100%
				10만원 초과	· 3천만원 이하: 15% · 3천만원 초과: 25%	
			고향사랑 기부금	10만원 이하	기부금의 100/110	거주자가 「고향사랑기부금에 관한 법률」에 따라 지방자치단체에 기부한 금액(한도: 2,000만원) → 근로자 본인 기부금만 공제 가능(이월공제×)
				10만원 초과	(기부금 - 10만원) ×15% * 특별재난지역: 30%	
			특례기부금		· 1천만원 이하: 15% · 1천만원 초과: 30% * 공제대상 한도 · 특례기부금 : 근로소득금액의 100% · 일반(종교단체 외) : 근로소득금액의 30% · 일반(종교단체) : 근로소득금액의 10%	국가 등에 지출한 기부금
			우리사주조합 기부금			우리사주조합원이 아닌 근로자가 우리사주조합에 지출하는 기부금(이월공제×)
			일반기부금 (종교단체 외)			사회복지 · 문화 등 공익성을 고려한 일반기부금 단체 중 비종교단체에 지출한 기부금
			일반기부금 (종교단체)			종교의 보급, 그 밖의 교화를 목적으로 민법 제32조에 따라 문화체육부장관 또는 지방자치단체의 장의 허가를 받아 설립한 비영리법인(그 소속 단체를 포함)에 기부한 기부금
		표준세액공제			연 13만원	근로자가 특별소득공제, 특별세액공제, 월세액 세액공제를 신청하지 아니한 경우 적용 * 정치자금기부금, 고향사랑기부금, 우리사주조합기부금은 중복적용 가능
	납세조합 세액공제				납세조합 원천징수 세액의 3%	원천징수 제외대상 근로소득자가 납세조합에 가입하여 매월분의 급여를 원천징수하는 경우 원천징수세액의 3% 공제 * 조합원 1인당 연간 100만원 한도(월할계산)
	주택차입금 이자상환액 세액공제				이자상환액의 30%	'95.11.1.~'97.12.31. 기간 중 미분양주택의 취득과 관련하여 '95.11.1. 이후 국민주택기금 등으로부터 차입한 대출금 이자상환액을 세액공제
	외국납부 세액공제				외국납부세액 (한도초과 → 이월공제 가능)	거주자의 근로소득금액에 국외원천소득이 합산되어 있는 경우, 국외원천소득에 대해 외국에서 납부한 세액 공제 ※ 세액공제한도 근로소득 산출세액 × $\frac{\text{국외근로소득금액}}{\text{근로소득금액}}$
	월세액 세액공제				월세액*의 15% (총급여 5,500만원 이하자 17%) ⇒ * 한도: 연간 1천만원	무주택 세대의 세대주(세대주가 주택 관련 공제를 받지 않은 경우 세대원도 가능)로서 총급여 8천만원(종합소득금액 7천만원) 이하인 근로소득자가 국민주택규모 주택 또는 기준시가 4억원 이하 주택(오피스텔, 고시원 포함)을 임차하기 위해 지급하는 월세액 * 임대차계약서상 주소지와 주민등록등본의 주소지가 같을 것 → 공제를 받고자 하는 근로자 본인이 해당 주소지에 전입한 경우에 공제 가능

2 소득 · 세액공제신고서 첨부서류

연말정산 시 원천징수의무자에게 소득 · 세액공제신고서와 함께 제출할 첨부서류는 다음과 같다.

「비고」란에 '국세청'으로 표시된 항목은 국세청 홈택스(www.hometax.go.kr) 연말정산간소화에서 제공되며 영수증 발급기관에서 국세청에 자료를 제출하지 않은 경우에는 조회가 불가능하다. 이 경우 영수증 발급기관에서 직접 수집해야 한다.

공제항목			첨부서류	발급처	비고
인적공제	부양가족 증명		주민등록표 등본	시 · 군 · 구청 또는 읍 · 면 · 동주민센터	
			가족관계증명서 (주민등록표로 가족관계 확인이 어려운 경우)		
	일시퇴거자		일시퇴거자 동거가족 상황표	본인 작성	
			재학증명서(취학의 경우)	학교	
			요양증명서(요양의 경우)	요양기관	
			재직증명서(재직의 경우)	직장	
			사업자등록증사본(사업상 형편)	본인 보관	
	입양자		입양사실확인서 또는 입양증명서	시 · 군 · 구청 또는 입양기관	
	수급자		수급자증명서	읍 · 면 · 동주민센터	
	위탁아동		가정위탁보호확인서	시 · 군 · 구청	
	장애인	「장애인복지법」	장애인증명서 · 장애인등록증(복지카드) 사본	읍 · 면 · 동주민센터	
		상이자	상이자증명서 사본	국가보훈처	
		그 외	장애인증명서(「소득세법 시행규칙」 서식)	의료기관	
주택자금	금융회사 등 차입 주택임차차입금		주택자금상환등증명서	금융회사 등	국세청
			주민등록표 등본	읍 · 면 · 동주민센터	
	개인 간 차입 주택임차차입금		월세액 · 거주자 간 주택임차차입금 원리금상환액 소득 · 세액공제 명세서	본인 작성	
			주택자금상환등증명서	대주(貸主)	
			주민등록표 등본	읍 · 면 · 동주민센터	
			임대차계약증서 사본	본인 보관	

<table>
<tr><th colspan="2">공제항목</th><th>첨부서류</th><th>발급처</th><th>비고</th></tr>
<tr><td rowspan="7">주택자금</td><td rowspan="2">개인 간 차입 주택임차차입금</td><td>금전소비대차계약서 사본</td><td>본인 보관</td><td></td></tr>
<tr><td>원리금 상환 증명서류(계좌이체영수증 및 무통장입금증 등)</td><td>본인 보관</td><td></td></tr>
<tr><td rowspan="5">장기주택 저당차입금</td><td>장기주택저당차입금 이자상환증명서</td><td>금융회사 등</td><td>국세청</td></tr>
<tr><td>주민등록표 등본</td><td>읍 · 면 · 동주민센터</td><td></td></tr>
<tr><td>개별(공동)주택가격확인서</td><td>시 · 군 · 구청</td><td></td></tr>
<tr><td>건물등기부등본 또는 분양계약서 사본</td><td>등기소, 본인 보관</td><td></td></tr>
<tr><td>기존 및 신규차입금의 대출계약서 사본 (대환, 차환, 연장 시)</td><td>금융회사 등</td><td></td></tr>
<tr><td colspan="2">개인연금저축</td><td>개인연금저축납입증명서 또는 통장사본</td><td>금융회사 등 또는 본인 보관</td><td>국세청</td></tr>
<tr><td colspan="2">소기업 · 소상공인공제</td><td>공제부금납입증명서</td><td>중소기업중앙회</td><td>국세청</td></tr>
<tr><td colspan="2">주택마련저축</td><td>주택마련저축납입증명서 또는 통장사본</td><td>금융회사 등 또는 본인 보관</td><td>국세청</td></tr>
<tr><td colspan="2" rowspan="2">투자조합 출자공제</td><td>출자 등 소득공제신청서</td><td>본인 작성</td><td></td></tr>
<tr><td>출자(투자)확인서</td><td>투자조합관리자 등</td><td></td></tr>
<tr><td colspan="2" rowspan="2">신용카드 등 사용액</td><td>신용카드 등 소득공제 신청서</td><td>본인 작성</td><td></td></tr>
<tr><td>신용카드 등 사용금액 확인서</td><td>카드회사</td><td>국세청</td></tr>
<tr><td colspan="2">우리사주조합출연금</td><td>우리사주조합출연금액확인서</td><td>우리사주조합</td><td></td></tr>
<tr><td colspan="2">장기집합투자증권저축</td><td>장기집합투자증권저축 납입증명서</td><td>금융회사 등</td><td>국세청</td></tr>
<tr><td rowspan="2">연금 보험료</td><td>퇴직연금계좌</td><td>연금납입확인서</td><td>연금계좌취급자</td><td>국세청</td></tr>
<tr><td>연금저축계좌</td><td>연금납입확인서</td><td>연금계좌취급자</td><td>국세청</td></tr>
<tr><td>보험료</td><td>보장성보험</td><td>보험료납입증명서 또는 보험료납입영수증</td><td>보험사업자</td><td>국세청</td></tr>
<tr><td rowspan="7">의료비</td><td>의료비명세서</td><td>의료비지급명세서</td><td>본인 작성</td><td></td></tr>
<tr><td>의료기관 · 병원</td><td>계산서 · 영수증, 진료비(약제비)납입확인서</td><td>병의원, 약국</td><td>국세청</td></tr>
<tr><td>난임시술비</td><td>진료비(약제비)납입확인서</td><td>병의원, 약국</td><td></td></tr>
<tr><td>안경(콘택트렌즈)</td><td>사용자의 성명과 시력교정용임을 안경사가 확인한 영수증</td><td>구입처</td><td>국세청</td></tr>
<tr><td>보청기, 장애인보장구</td><td>사용자의 성명을 판매자가 확인한 영수증</td><td>구입처</td><td></td></tr>
<tr><td rowspan="2">의료기기</td><td>의사 · 치과의사 · 한의사의 처방전</td><td>병의원</td><td></td></tr>
<tr><td>판매자 또는 임대인이 발행한 의료기기명이 기재된 의료비영수증</td><td>구입처</td><td></td></tr>
</table>

공제항목		첨부서류	발급처	비고
의료비	노인장기요양	장기요양급여비 납부확인서	요양기관	국세청
	건강보험산정 특례 대상자	장애인증명서 등 건강보험 산정특례 대상자로 등록된 자임을 증명할 수 있는 서류	의료기관 등	
	산후조리원비용	이용자의 성명과 이용대가를 확인한 영수증	산후조리원	국세청
	실손의료보험금 수령액 자료	실손의료보험금 수령액 자료	보험회사 등	국세청
교육비	수업료, 등록금 등	교육비납입증명서	교육기관	국세청
	취학전아동 학원비	교육비납입증명서	학원	
	교복구입비	교육비납입증명서	구입처	
	학교 외 도서구입비	방과후 학교 수업용 도서 구입 증명서	교육기관	
	장애인특수 교육비	교육비납입증명서	사회복지시설 등	국세청
		장애인 특수 교육시설 해당 입증 서류	사회복지시설 등	
	학자금대출 상환액	교육비납입증명서	한국장학재단 등	국세청
	국외교육비	교육비 납입을 증명 할 수 있는 서류	국외 교육기관	
		재학증명서		
		부양가족의 유학자격 입증 서류 (근로자가 국내 근무하는 경우)	교육기관 등	
기부금		기부금명세서	본인 작성	
		정치자금기부금 영수증	중앙선관위 또는 기부처	국세청
		기부금 영수증	기부처	국세청
주택자금 차입금 이자세액공제		미분양주택확인서 (근로자는 주택자금이자세액공제 신청서 작성) 금융기관이 발행한 차입금이자 상환증명서 매매계약서 및 등기부등본	지방자치단체	
외국인기술자 세액감면		외국인 기술자의 근로소득세 감면신청서	본인 작성	
외국인근로자 세액감면		외국인 근로소득세액감면신청서	본인 작성	
중소기업 취업자 소득세 감면		중소기업 취업자 소득세 감면신청서	본인 작성	
외국납부세액공제		외국납부세액공제(필요경비산입)신청서	본인 작성	

공제항목	첨부서류	발급처	비고
월세액	월세액 · 거주자 간 주택임차차입금 원리금상환액 소득 · 세액공제 명세서	본인 작성	
	주민등록표 등본	읍 · 면 · 동주민센터	
	임대차계약증서 사본	본인 보관	
	월세액 지급 증명서류(현금영수증, 계좌이체 영수증, 무통장입금증 등)	본인 보관	국세청
중소기업핵심인력 성과보상기금 수령액에 대한 소득세 감면	중소기업핵심인력 성과보상기금 수령액에 대한 소득세 감면신청서	본인 작성	
내국인 우수 인력 국내복귀 소득세 감면	내국인 우수 인력의 국내복귀에 대한 소득세 감면신청서	본인 작성	
성과공유 중소기업의 경영성과급에 대한 소득세 감면	성과공유 중소기업 경영성과급 소득세 감면신청서	본인 작성	
외국인근로자 단일세율적용	외국인근로자 단일세율적용신청서	본인 작성	
외국인근로자 등	외국인등록사실증명(주민등록표 등본에 갈음)	출입국관리사무소	
	재외국민등록부등본 (국내 주민등록 없는 재외국민)	재외공관	

- 소득 · 세액공제 항목에 따라 필요한 "주민등록표 등본"은 1장만 제출할 수 있다. 또한, 동일한 원천징수의무자에게 제출한 증명서류에 변동이 없는 경우 다음 연도부터는 제출하지 아니할 수 있다.
- 인터넷을 이용한 첨부서류 발급
  - 주민등록등본 등 → 정부민원포탈 정부24(www.gov.kr)
  - 건물등기부등본 → 대한민국 법원 인터넷등기소(www.iros.go.kr)
  - 개별(공동)주택가격확인 → 국토교통부 부동산공시가격알리미(www.realtyprice.kr : 447/)
  - 가족관계등록부 → 대한민국 법원 전자가족관계등록시스템(efamily.scourt.go.kr)

3 연말정산간소화 이용방법

1. 연말정산간소화 서비스

은행, 학교, 병원 등 영수증 발급기관이 전산파일로 제출한 '소득 · 세액공제 증명자료'를 국세청에서 전산구축하여 홈택스(www.hometax.go.kr)를 통해 근로자에게 보여주는 서비스이며, 근로자는 소득 · 세액공제 요건에 맞는 자료만을 선택하여 원천징수의무자에게 제출함으로써 별도의 영수증 제출 없이 증명서류로 인정받을 수 있다.

| 연말정산간소화 서비스에서 제공하는 소득 · 세액 공제 항목 |

구 분	공 제 항 목
보 험 료	국민연금보험료, 건강보험료(노인장기요양보험료 포함)
	일반보장성보험료(주택 임차보증금 반환 보증 보험 포함), 장애인전용보장성보험료
의 료 비	의료기관에 지출한 의료비
	약국에 지출한 의약품(한약 포함) 구입 비용
	노인장기요양보험법에 따라 지출한 본인 일부부담금
	시력보정용 안경구입비용
	보청기 · 장애인보장구 · 의료용구 구입(임차)비용
	산후조리원 비용
교 육 비	초 · 중 · 고, 대학(원)교육비, 직업능력개발훈련비용
	유치원 교육비
	취학전 아동의 보육시설 · 학원 · 체육시설 교육비
	장애인특수교육비 납입금액
	중 · 고등학생 교복구입비용
	학자금 대출 원리금 상환액
신용카드, 직불카드, 현금영수증	신용카드, 직불카드, 기명식선불카드 및 현금영수증 사용금액(전통시장 사용분 · 대중교통 · 도서공연비 등 사용분)
주택자금	주택임차차입금 원리금상환액, 장기주택저당차입금 이자상환액
주택마련저축	청약저축, 근로자주택마련저축, 주택청약종합저축

구 분	공 제 항 목
개인연금저축/연금계좌	개인연금저축, 연금저축, 퇴직연금
소기업/소상공인 공제부금	소기업소상공인 공제부금납입금액
장기집합투자증권저축	장기집합투자증권저축 납입금액
벤처기업투자신탁	벤처기업투자신탁 납입금액
기 부 금	기부금

① 영수증 발급기관에서 국세청에 증명서류를 제출하지 않은 경우(기부금, 교복구입비, 안경구입비 등)에는 근로자 본인이 직접 영수증 발급기관에서 영수증 등 증명자료를 발급받아 원천징수의무자에게 제출하여야 한다.

② 주택마련저축 및 주택자금 소득공제를 받으려면 무주택 세대주 등 공제요건이 충족되어야 하는데, 연말정산간소화 서비스에서는 저축납입금액 및 원리금 상환금액만 제공하므로, 근로자는 간소화서비스 제공 자료와 다른 공제 입증 서류를 원천징수 의무자에게 제출하여야 한다.

③ 간소화서비스에서 제공하는 의료비자료는 난임시술비가 구분 표시되지 않으므로, 의료비 금액에 난임시술비가 포함되어 있는 경우에는 병원에서 직접 증빙서류를 발급받아 제출하여야 한다.

2. 소득 · 세액공제자료 조회하기

(1) 홈택스 주소 : 『http://www.hometax.go.kr』

(2) 공인인증서로 로그인하기

① 홈택스 첫 화면 상단의 [로그인] 클릭 → [공인인증서 로그인] 클릭

② 공인인증서 선택 → 공인인증서 비밀번호 입력 → [확인] 클릭

③ 이동전화(휴대폰)에 저장된 공인인증서로도 로그인 가능하며 비회원로그인(공인인증서)도 가능하다.

(3) 소득 · 세액공제자료 조회 · 출력하기

① 홈택스 [세금종류별 서비스]에서 「연말정산간소화」를 클릭한다.

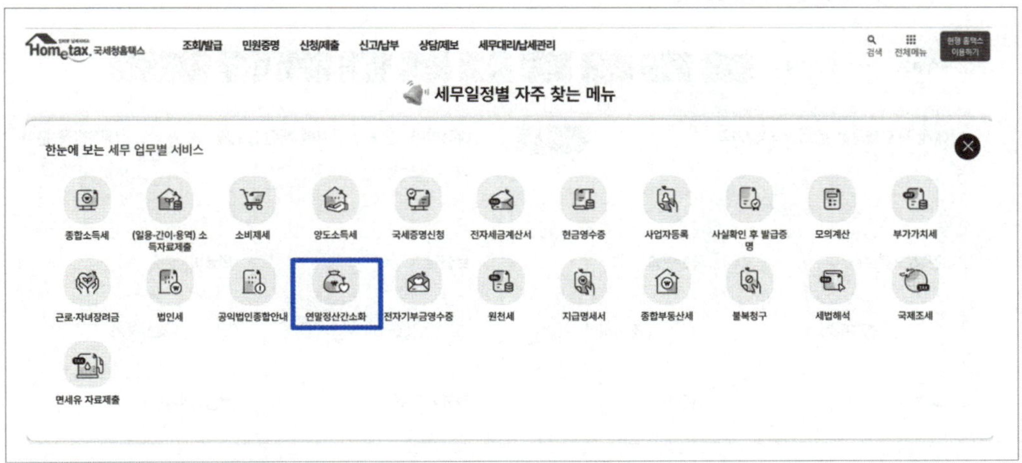

② 연말정산간소화에서 [근로자] 소득 · 세액공제 조회/발급을 클릭한다.

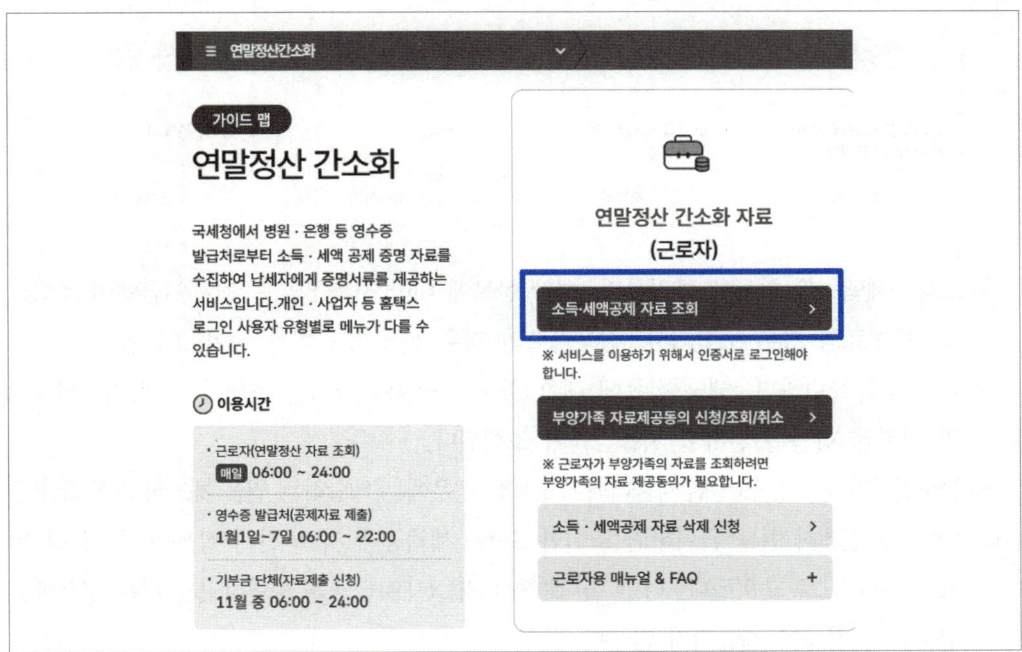

③ 연말정산간소화에서 제공하는 전체 소득 · 세액공제 항목이 나타난다.

소득 · 세액공제 자료 조회

귀속년도 2024년 1월 2월 3월 4월 5월 6월 7월 8월 9월 전체 월 해제

나에게 자료제공을 동의한 부양가족 상세보기

내려받을, 인쇄할 문서에 개인정보를 공개안함 공개함

내려받을 문서

설정안함

건강/고용보험 조회하기

국민연금 조회하기

보험료 조회하기

의료비 조회하기

교육비 조회하기

신용카드 조회하기

직불카드 등 조회하기

현금영수증 조회하기

개인연금저축/연금계좌 조회하기

주택자금 조회하기

월세액 조회하기

주택마련저축 조회하기

장기집합투자증권저축/벤처기업투자신탁 조회하기

소기업 · 소상공인 공제부금 조회하기

기부금 조회하기

장애인증명서 조회하기

④ 소득 · 세액공제 항목을 클릭하면, 해당 항목에 대한 지출처별 지출(사용)금액이 조회된다. 보험료의 경우 보험회사, 신용카드의 경우 신용카드 회사 등이 조회된다.

⑤ 지출처를 클릭하면, 해당 항목에 대한 월별 지출(사용)금액을 조회할 수 있다. 의료비 및 기부금 항목은 일자별 지출금액이 조회된다.

⑥ 중도입사자(퇴사자) 등 월별 지출내역이 필요한 경우에는 해당하는 월을 체크하고 조회한다.

⑦ [한번에 인쇄하기]를 클릭하면 조회한 소득 · 세액공제 자료 전체 항목이 '클릭 한 번(One Click)'으로 출력된다. 다만, 상세(월별) 지출(사용)금액을 출력하고자 하는 경우에는 일괄출력 기능이 제공되지 않는다.

(4) 연말정산간소화에서 제공하는 주택자금공제 및 주택마련저축공제 자료 활용 시 주의할 점

연말정산간소화에서는 주택마련저축납입금액, 주택임차차입금원리금상환금액 및 장기주택저당차입금에 대한 이자상환금액을 제공한다. 근로자가 주택자금소득공제 또는 주택마련저축소득공제를 받기 위해서는 무주택 세대주 등 다른 공제요건을 충족해야 하는데 홈페이지에서 제공하는 자료는 저축납입금액, 원리금 상환액 등에 불과하므로, 근로자는 소득공제 요건에 해당하는지 확인해 보고 소득공제 요건을 충족하는 경우 소득공제를 신청하여야 한다.

3. 소득 · 세액공제 증명서류의 전자파일 제출

국세청에서는 소득 · 세액공제 증명서류의 종이문서 출력 · 제출 · 보관에 따른 근로자와 원천징수의무자의 불편사항을 개선하기 위하여 '종이없는(paperless) 연말정산'을 실시하고 있다. 회사는 사전에 홈택스(www.hometax.go.kr)에 방문해서 '자료추출 프로그램'을 회사의 연말정산 프로그램에 설치해야 한다.

(1) 소득 · 세액공제자료 조회 · 다운로드하기

① 홈택스 처음 메뉴 중 [세금종류별 서비스]－[연말정산간소화]를 클릭한다.

② 조회방법은 [2. 소득 · 세액공제자료 조회하기]와 동일하며, 조회 후 [한번에 내려받기] 또는 [PDF 다운로드] 메뉴를 클릭하여 전자문서를 다운로드한다. 전자문서 다운로드 시 문서의 비밀번호(임의의 7자리로 설정 가능) 설정 여부 선택이 가능하며, 파일명은 기본적으로 "성명(주민등록번호 앞 6자리) – 항목명.PDF"의 형태로 제공되며 원하는 이름으로 변경가능하다.

③ 전자문서의 비밀번호 설정 여부, 파일명, 형태 등 전자문서 제출과 관련된 사항은 소속회사(원천징수의무자)의 안내에 따라야 한다.

(2) 다운로드한 전자문서 활용하기(Paperless 연말정산)

근로자는 다운로드한 전자문서를 소속 회사(원천징수의무자)에 제출한다. "종이없는 연말정산" 환경을 제공하는 회사의 근로자는 다운로드한 전자문서를 소속 회사의 연말정산 프로그램에 업로드하여 소득 · 세액공제 증명자료로 제출할 수 있으며, 해당프로그램으로 소득 · 세액공제신고서 등을 자동 작성하여 제출할 수 있다.

4. 부양가족의 소득 · 세액공제자료 제공동의 신청하기

(1) 본인 인증 수단이 있고 가족관계가 확인되는 경우

1) 본인 인증 신청

PC	홈택스 → [조회/발급] → 연말정산간소화 → 부양가족 자료제공 동의 신청 * 공동 · 금융인증서, 휴대전화, 생체인증, 간편인증, 신용카드, I-PIN
모바일 손택스	손택스→ [조회/발급] → 연말정산서비스 → 제공 동의 신청 * 공동 · 금융인증서, 휴대전화, 생체인증

❶ [조회/발급] 클릭 → 연말정산간소화 화면 이동

조회/발급 | 민원증명 | 신청/제출 | 신고/납부 | 상담제보 | 서

전자세금계산서

- 발급
- 목록조회
- 합계표 및 통계조회
- 사용자유형별 조회권한 관리
- 주민번호수취분전환및조회
- 발급보류/예정목록조회
- 메일발송목록 조회 및 재발송
- 수신전용메일 신청
- 제3자 발급사실 조회
- 거래처 및 품목관리
- 전자세금계산서 표준검증
- 기타조회

연말정산

- 연말정산간소화

현금영수증

- 현금영수증조회
- 현금영수증 수정
- 현금영수증 발급수단
- 사업용신용카드
- 화물운전자복지카드
- 납세관리인 조회 서비스
- 현금영수증 가맹점 가입방법
- 현금영수증 발급

신용카드

- 신용카드/판매(결제)대행매출자료조회
- 사업용신용카드
- 화물운전자복지카드
- 납세관리인 조회 서비스

국세환급

❷ [자료제공동의 신청]에서 "본인인증 신청"
부양가족 자료제공동의 신청/조회/취소
소득 · 세액공제 자료 조회
자료제공동의 신청
제공동의 현황 조회
제공동의 진행상황 (팩스신청, 온라인신청)
제공동의 취소 신청
· 근로자가 부양가족의 자료를 조회하려면 그 부양가족(자료제공자)의 자료제공동의가 필요합니다. 아래 방법 중 하나를 선택하여 제공동의 신청을 진행해 주세요.
※ 만 19세 미만의 자녀인 경우 [미성년자녀 신청]을 선택하여 조회자 부모 자신의 인증서로 자료 제공동의를 신청해 주세요.
본인인증 신청
미성년자녀 신청
온라인 신청
팩스 신청
세무서방문 신청
자세히보기
자료 조회자 (자료를 조회하는 사람 - 근로소득자)
성명
조회자 성명을 입력하세요
주민등록번호
앞자리 6자리 -
뒷자리 7자리
자료 제공자 (자료를 제공하는 사람 - 근로소득자의 부양가족)
제공자 성명을 입력하세요
자료제공자와 조회자와의 관계
동의범위
❸ 신청정보와 동의 여부 체크 후 신청하기
은(는)
의 선택
2024년
부터 이후연도 자료
의 연말정산간소화 자료를 이(가) 조회함에 동의합니다.
신청하기

03
부록

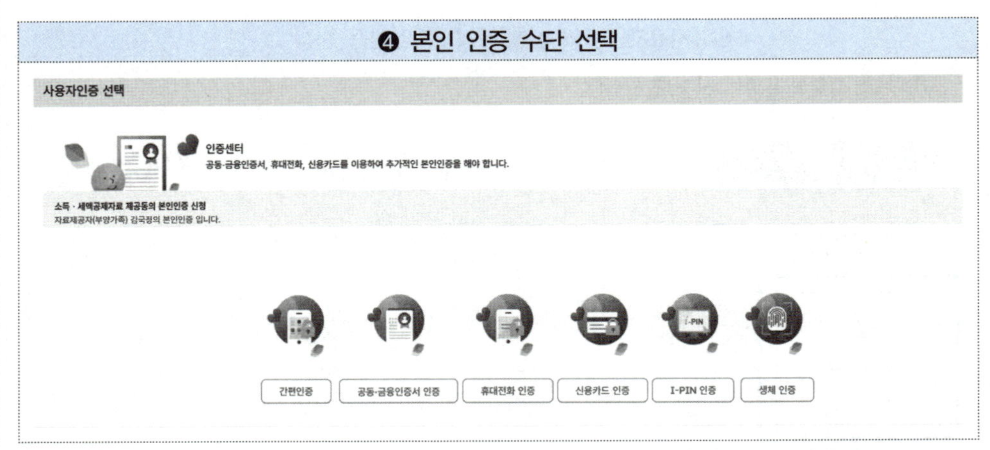
❹ 본인 인증 수단 선택
사용자인증 선택
인증센터
간편인증
공동·금융인증서 인증
휴대전화 인증
신용카드 인증
I-PIN 인증
생체 인증

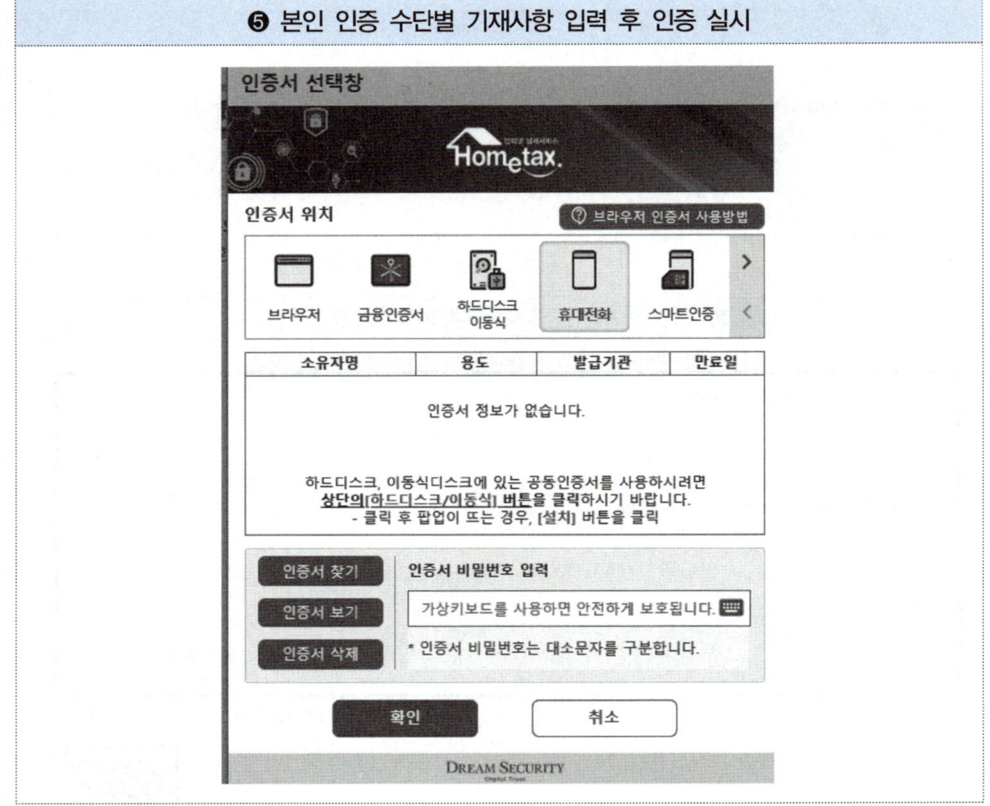
❺ 본인 인증 수단별 기재사항 입력 후 인증 실시
인증서 선택창
Hometax.
인증서 위치
브라우저 인증서 사용방법
브라우저
금융인증서
하드디스크 이동식
휴대전화
스마트인증
소유자명
용도
발급기관
만료일
인증서 정보가 없습니다.
하드디스크, 이동식디스크에 있는 공동인증서를 사용하시려면
상단의[하드디스크/이동식] 버튼을 클릭하시기 바랍니다.
- 클릭 후 팝업이 뜨는 경우, [설치] 버튼을 클릭
인증서 찾기
인증서 보기
인증서 삭제
인증서 비밀번호 입력
가상키보드를 사용하면 안전하게 보호됩니다.
* 인증서 비밀번호는 대소문자를 구분합니다.
확인
취소
DREAM SECURITY

2) 미성년자녀 신청

미성년자녀는 자료제공동의 절차 없이 부모가 「미성년자녀 자료 조회신청」을 하면 조회 가능하다. 조회하고자 하는 [귀속연도]를 선택한 후 자녀의 주민등록번호를 입력하고 「신청하기」 클릭한다.

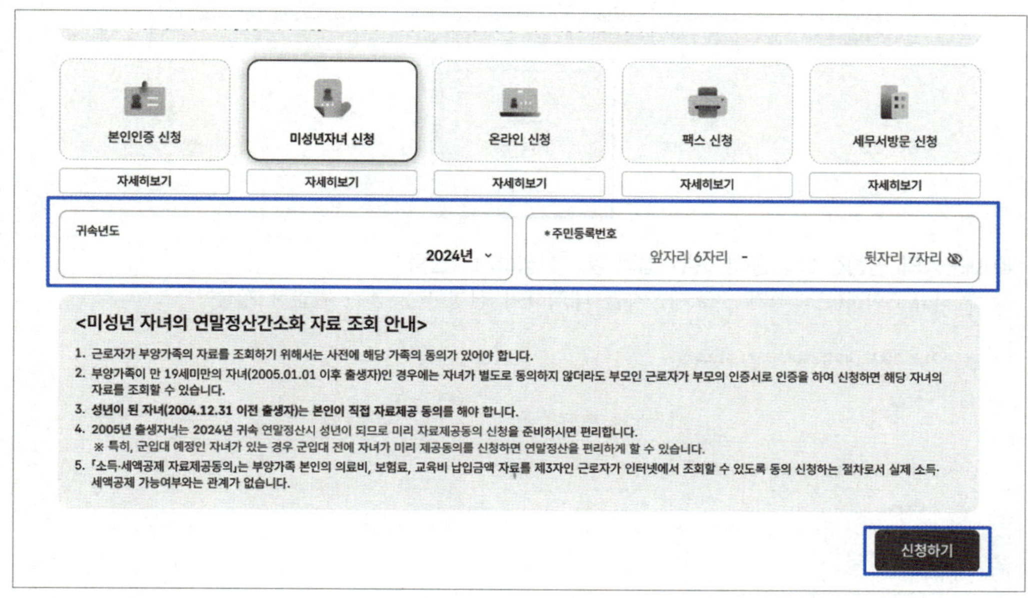

(2) 본인 인증 수단이 없거나 가족관계가 확인되지 않는 경우

1) 홈택스 '온라인 신청'을 이용하는 방법(근로자 본인도 신청 가능)

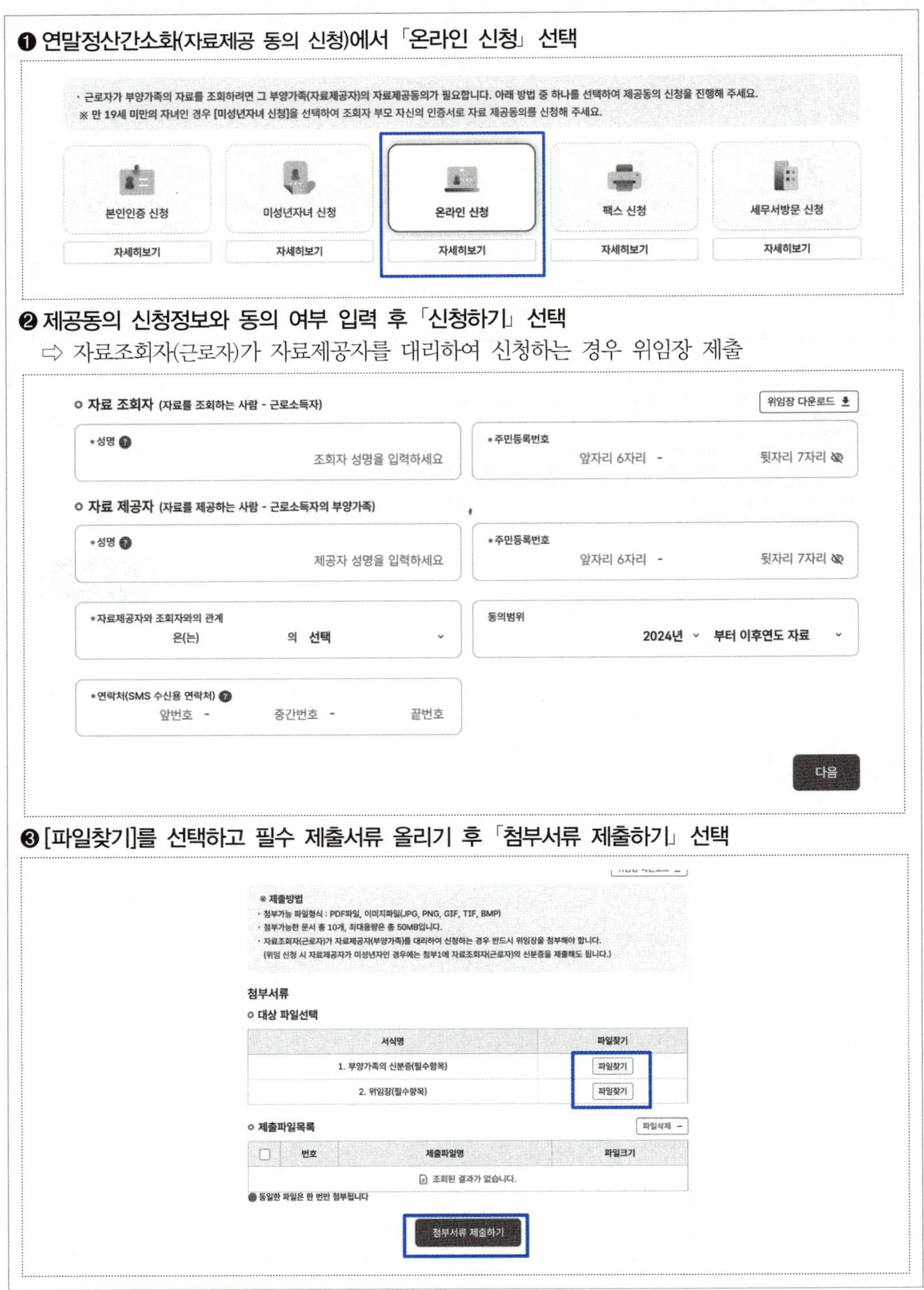

2) ‘팩스 신청’을 이용하는 방법(근로자 본인도 신청 가능)

아래의 팩스 신청 화면에서 자료제공 동의에 필요한 기본사항을 입력한 후 출력한 팩스신청서와 부양가족의 신분증 사본*을 팩스(☏ 1544-7020)로 전송한다.

* 가족관계가 확인되지 않는 경우 가족관계를 확인할 수 있는 서류 첨부

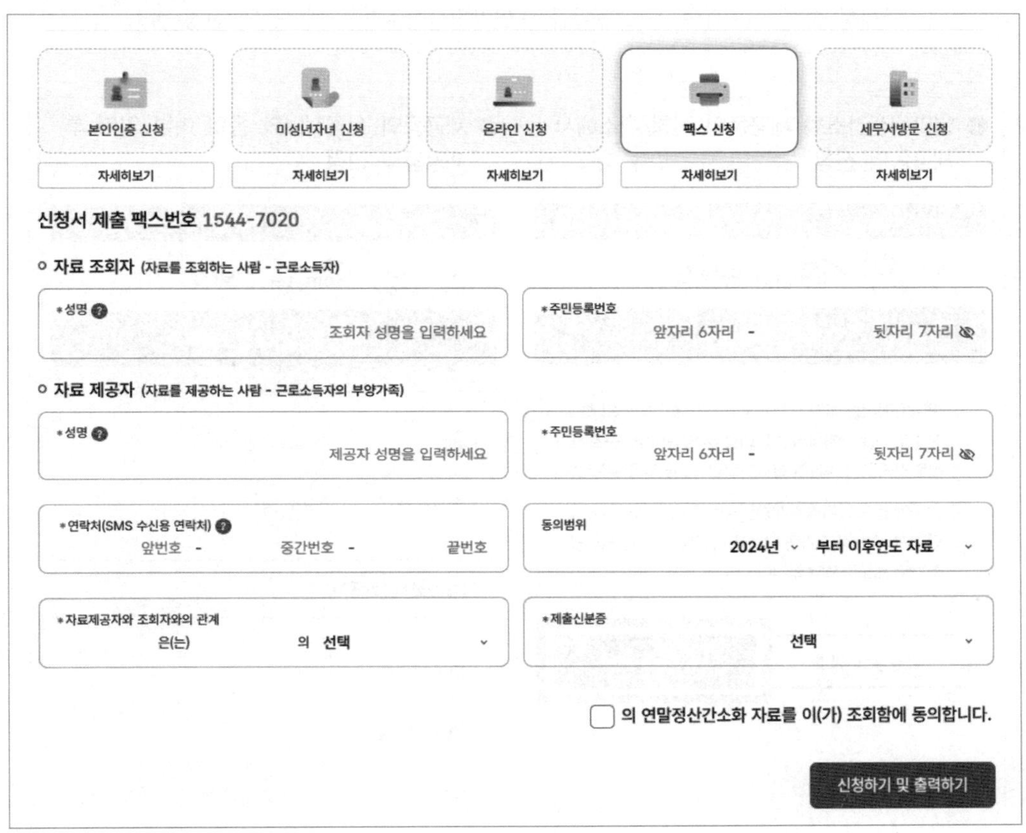

(3) 부양가족의 스마트폰을 이용하는 방법

부양가족의 스마트폰에 손택스 앱을 설치하여 이용하고, 손택스 앱이 없는 경우 Play스토어 또는 앱 스토어에서 손택스를 내려받기 후 이용한다.

국세청 손택스 → 접속 → 조회/발급 → 연말정산간소화 → 제공동의 신청/취소

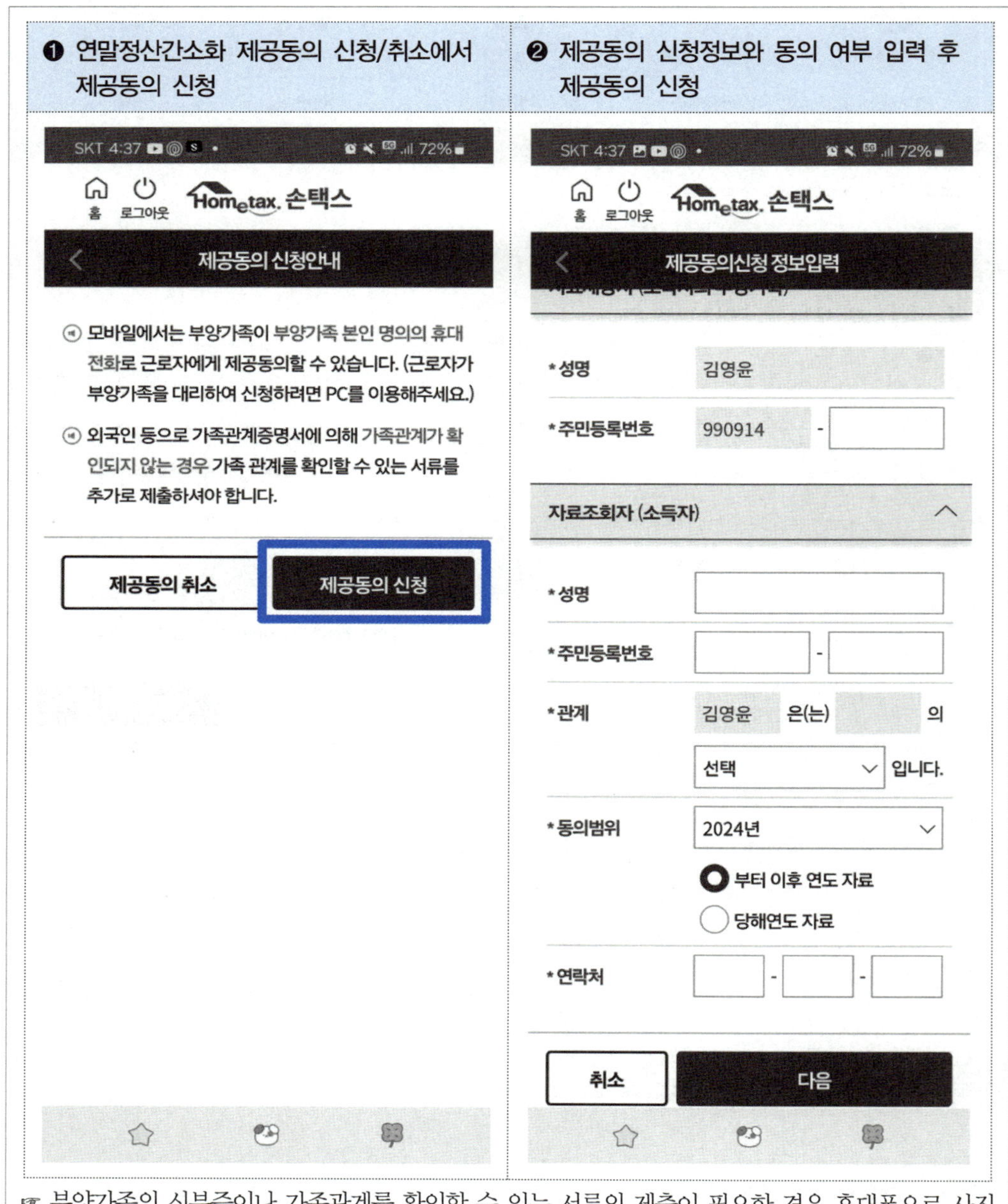

☞ 부양가족의 신분증이나 가족관계를 확인할 수 있는 서류의 제출이 필요한 경우 휴대폰으로 사진을 촬영한 후 생성한 사진파일을 첨부하여 전송하면 편리합니다.

5. 간소화서비스 전면개편

① 간소화서비스를 개선하여 소득금액 100만원(총급여 500만원)을 초과[*1]하는 부양가족의 공제자료는 원천 배제[*2]하고 제공

*1 연말정산 서비스 개통 확인 가능한 소득자료 기준

*2 의료비 · 장애인 특수교육비는 부양가족의 소득금액과 무관하게 모두 제공

| 간소화 서비스 자료 조회 화면 |

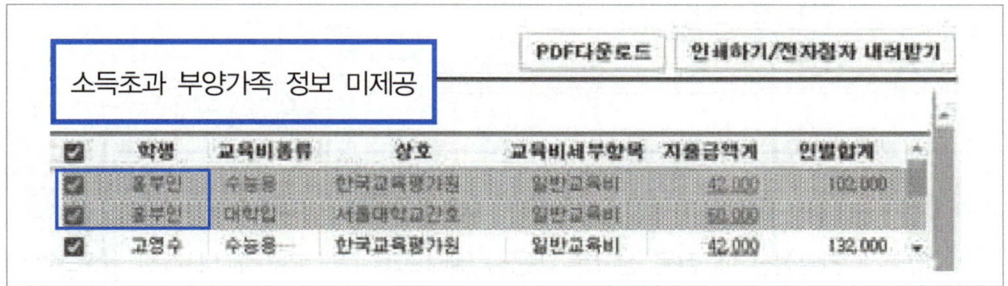

② 부양가족 중 소득기준 초과자(Y)를 간소화자료로 제공

| 간소화 서비스 자료 조회 화면 |

관 계	성 명	주민등록번호	소득초과 여부
배우자	김국세	810605-2******	Y
부	박세무	560516-1******	
자녀	박원천	181215-3******	

③ 홈택스에서 기본공제자 체크 시 소득기준 초과 여부를 한 번 더 확인하도록 안내하는 팝업 추가

| 편리한 연말정산 안내 팝업(안) |

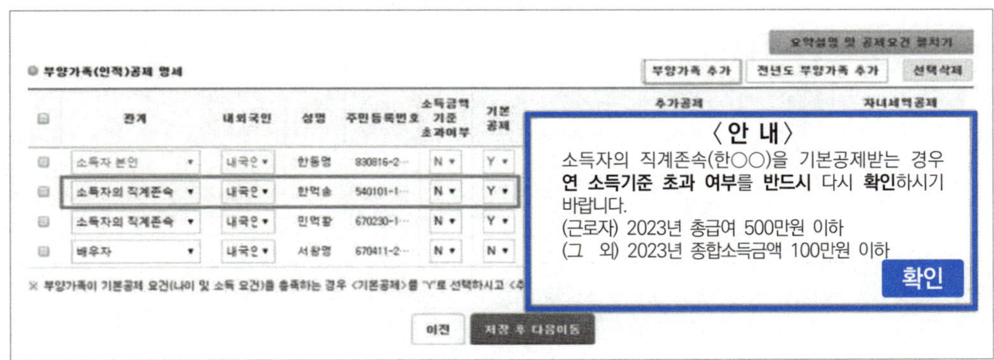

④ 납세자들의 혼란을 막기 위해 간소화자료 조회 전 서비스 변경에 대한 상세한 안내 자료 제공

| 납세자 안내화면 신설(안) |

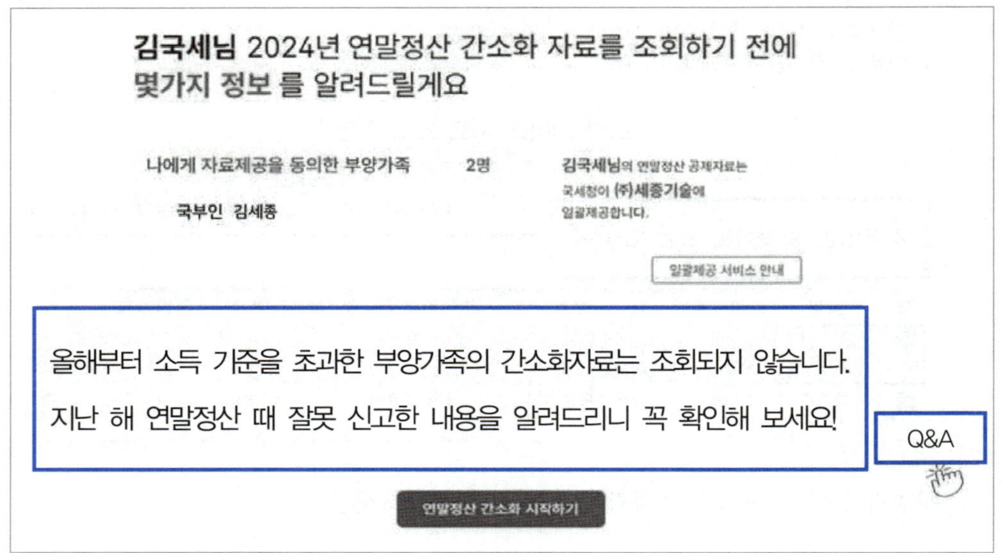

4 간소화 일괄제공 서비스

기존에는 근로자가 일일이 홈택스에 접속하거나 세무서를 방문하여 개인별 간소화자료를 발급받아 회사에 제출해야 했으나, 근로자(부양가족 포함)의 간소화자료 제공 동의만으로 국세청이 간소화자료를 회사에 직접 일괄제공하는 서비스이다. 이에 따라, 회사는 국세청으로부터 제공받은 간소화자료 등을 활용하여 공제신고서 및 지급명세서를 한꺼번에 작성 · 제출할 수 있고, 근로자는 간소화자료에 추가 · 수정할 사항이 있는 경우에만 증명자료를 회사에 제출하고, 소득 · 세액 공제내역을 확인하는 방식으로 연말정산을 완료할 수 있다.

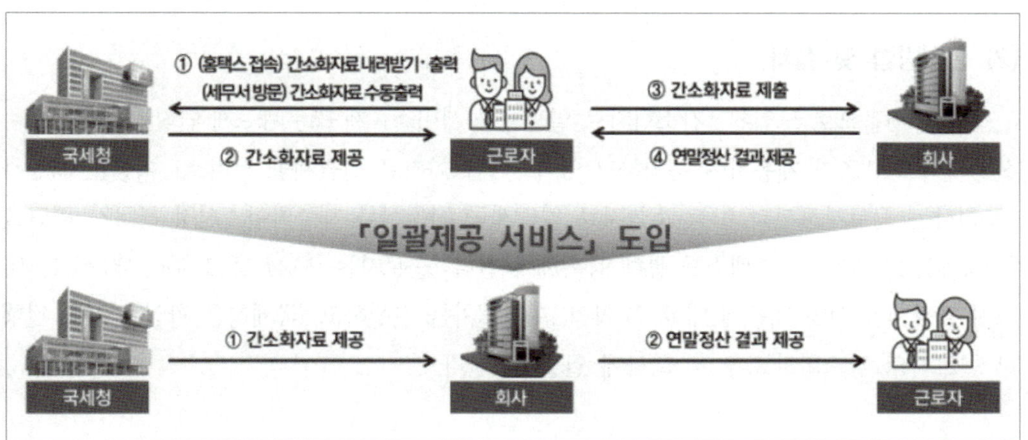

(1) 진행 절차

근로자가 회사를 통해 간소화자료 일괄제공을 신청하면, 국세청이 소속 근로자와 자료제공에 사전동의한 부양가족의 간소화자료를 회사에 직접 제공하여 연말정산을 진행한다.

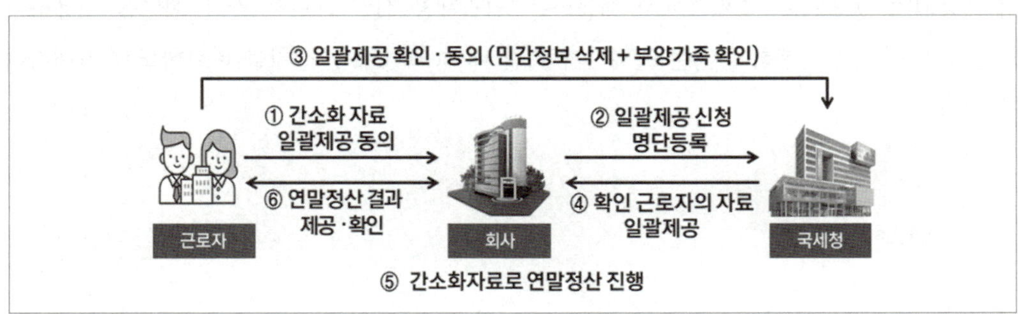

① (근로자) 일괄제공 서비스를 이용하고자 하는 근로자는 회사에 간소화자료 일괄제공 신청서를 제출한다.
② (회 사) 일괄제공 신청 근로자 명단을 홈택스에 등록한다.
③ (근로자) 홈택스(손택스)에 접속하여 신청하였음을 확인(동의)하고, 회사에 제공하고 싶지 않은 민감정보 등을 사전 삭제한다.
④ (국세청) 일괄제공 신청이 확인(동의)된 근로자의 간소화자료를 회사에서 내려받을 수 있도록 홈택스에 구축한다.
⑤ (회 사) 간소화자료 PDF파일을 내려받아 연말정산을 진행한다.
⑥ (회 사) 근로자는 회사에서 제공하는 연말정산 최종 결과를 알 수 있다.

(2) 신청방법 및 절차

작년에 처음으로 도입된 「간소화자료 일괄제공 서비스」 제도는 빠르게 안착될 수 있도록, 신청서비스를 조기 개통하여 운영하고 있다. 「간소화자료 일괄제공 서비스」 이용을 희망하는 회사는 근로자로부터 ① 간소화자료 일괄제공 신청서를 제출받아, 신청 근로자 명단을 2024.11.30.까지 ② 홈택스를 통해 등록해야 한다. 근로자는 2024.12.1.부터 2025.1.19.까지 일괄제공 신청 내용에 대한 ③ 확인(동의) 절차를 진행하고, 국세청은 확인 절차를 진행한 근로자의 간소화자료를 ④ 회사에 일괄제공한다.

(3) 일괄제공 신청한 회사의 연말정산 처리 요령

일괄제공 서비스 이용 절차에 따라 2024.11.30.까지 일괄제공 신청서를 제출하고 근로자 명단을 등록한 회사에, 2025.1.19.까지 일괄제공 신청 내역을 확인한 근로자의 간소화자료를 회사에 일괄제공한다. 일괄제공 신청 내역을 확인하지 않은 근로자의 간소화자료는 회사에 제공되지 않으므로, 홈택스에서 제공하는 '일괄제공 신청 근로자 관리' 화면을 이용하여 확인(동의) 절차를 이행하지 않은 근로자가 기간 내에 확인(동의) 절차를 완료하도록 안내하여야 한다.

(4) 절차 흐름도

구 분	일괄제공 절차 및 유의사항	일 정
1단계 (근로자)	「간소화자료 일괄제공 서비스」 이용을 희망하는 근로자는 회사에 신청서를 제출한다. • 신청을 원하지 않는 경우에는 기존 방식대로 연말정산간소화 서비스 이용이 가능하다.	2025.10.27. ~ 2025.11.30.* *부득이한 경우 2026.1.14. 까지 수정신규 등록가능
2단계 (회 사)	회사는 일괄제공 신청서를 제출한 근로자 명단을 취합하여 홈택스에 등록한다. • 국세청이 제공하는 엑셀서식을 이용하거나, 직접 입력한다. • 홈택스를 통해서만 신청서 접수가 가능(서면 신청 불가)하다. • 회사 업무 수행자는 신청 근로자 명단 등록 화면에서 일괄제공 파일에 적용할 비밀번호 설정 가능하다.	
3단계 (근로자)	근로자는 신청서 제출과 별도로 본인의 간소화자료가 일괄제공되는 회사와 제공자료 범위 등을 확인한다. • 홈택스 또는 손택스에 접속(공동·금융·간편인증, 생체인증)하여 확인 절차를 진행, 확인 절차를 수행하지 않은 근로자의 자료는 제공되지 않는다. • 회사에 제공하고 싶지 않은 민감정보 사전에 삭제한다. • 부양가족이 자료 제공일 이전(1.19.)까지 자료 제공에 사전 동의한 경우, 부양가족의 간소화자료도 함께 제공한다. • 대상자로 등록한 근로자가 해당 기간 동안 홈택스 또는 손택스에 접속하면, 확인 화면으로 자동 안내된다.	2025.12.1. ~ 2026.1.19.
4단계 (국세청)	국세청은 일괄제공 확인 절차를 진행한 근로자의 간소화자료를 홈택스에 구축한다.	2026.1.21. ~ 2026.3.10.
5단계 (회 사)	회사는 간소화자료 PDF파일을 내려받아 연말정산 진행한다. • 인별 PDF파일로 제공하고, 분할 압축하여 제공함으로써 인원이나 용량 제한은 없다. • 홈택스 초기화면에서 바로가기 또는 조회/발급 → 연말정산간소화 → 간소화자료 일괄제공 서비스	
6단계 (회 사)	회사는 국세청으로부터 제공받은 간소화자료를 활용하여 산정한 연말정산 최종결과를 근로자에게 제공한다.	

연말정산간소화 서비스 소득공제 및 세액공제 증명자료 일괄제공[동의, 동의 해지] 신청서

<table>
<tr><td rowspan="2">① 신 청 인</td><td>성 명</td><td></td><td>주민등록번호</td><td></td></tr>
<tr><td>주 소</td><td colspan="3"></td></tr>
<tr><td rowspan="3">② 일괄제공 신청내용</td><td>□</td><td colspan="3">(2025년) 해당연도의 정보만 일괄제공 서비스 신청</td></tr>
<tr><td>□</td><td colspan="3">(2025년) 이후 별도 해지 전까지 일괄제공 서비스 계속 이용</td></tr>
<tr><td>□</td><td colspan="3">기존의 일괄제공 동의를 해지함</td></tr>
</table>

신청인은 국세청 홈택스(www.hometax.go.kr)에서 제공하는 본인과 부양가족의 소득공제 및 세액공제 증명자료를 국세청이 원천징수의무자에게 제공하는 일괄제공 서비스를 위와 같이 신청[동의, 동의 해지]합니다.

년 월 일

신 청 인 (인 또는 서명)

원천징수의무자 귀하

안내사항(일괄제공 신청 확인 및 민감정보 삭제방법)

○ 근로자는 [국세청 홈택스(www.hometax.go.kr) 〉 연말정산간소화]에서 간소화자료 일괄제공 신청에 대한 확인(동의) 절차를 진행하여 주시기 바라며, 확인(동의)절차를 진행하지 않은 근로자의 간소화자료는 제공되지 않습니다.

○ 간소화 서비스 개통일(1.15.) 이전부터 항목별(예: 의료비 등) · 기관별(예: 업체 사업자등록번호)로 삭제할 수 있으며, 개통일 이후에는 개별 건별(예: 조회된 상세자료) 삭제도 가능합니다.

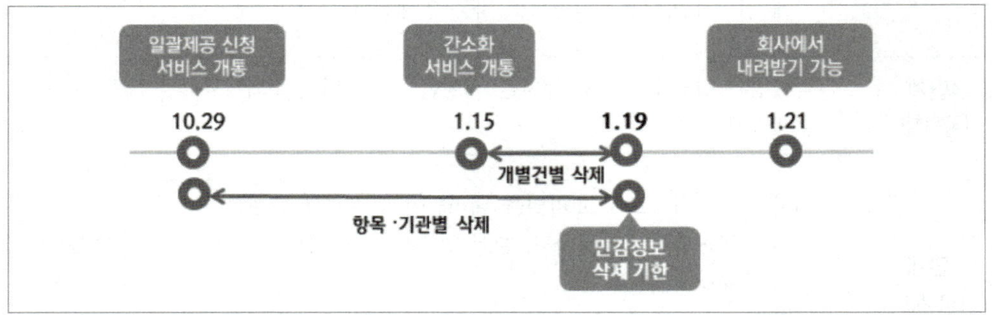

* 일괄제공 대상에서 배제된 자료를 공제받고 싶다면 근로자가 종합소득세 신고를 하거나, 경정청구를 하시기 바랍니다.

** 민감정보 삭제 과정에서 실수로 삭제한 자료에 대한 공제는 해당 기관에서 발급받은 증명서류를 회사에 제출하시면 됩니다.

5 연말정산 순서

아래 내용은 회계프로그램을 이용하여 연말정산을 수행함에 있어서 권장되는 서식작성 순서를 제시한 것이다. 책 출간일 현재 2025년 귀속 연말정산 업데이트가 되지 않아 2024년 기준으로 작성되었으며, 2025년 개정세법부분은 반영되어 있지 않았으므로 자료 활용 시 유의하여야 한다.

▮ 연말정산신고 실무 따라하기 ▮

구 분	메뉴명	검토사항
기초정보검토	사원등록(인사)	① 입사일자 ② 인적사항 : 성명 및 주민번호 ③ 거주지국 ④ 부양가족 정보 ⑤ 중소기업취업감면여부
급여자료검토	연말정산 근로소득원천징수영수증	① 총급여확인 ② 종전근무지 또는 이중근무지 급여입력
	소득자별근로소득원천징수부	① 소득자별 총지급액 ② 기납부소득세 확인 ③ 종전근무지 급여입력분 확인
연말정산 자료입력	국세청 연말정산 간소화입력	① 간소화PDF 업로드 ② 간소화PDF 전송
연말정산 항목별 자료검토	연말정산근로소득원천징수영수증	① 급여명세 ② 부양가족 ③ 보험료 ④ 교육비 ⑤ 의료비 ⑥ 기부금 ⑦ 신용카드 ⑧ 주택자금 ⑨ 연금저축 ⑩ 월세액공제
마감	연말정산근로소득원천징수영수증	① 최종검토 ② 총괄마감여부 확인
전자신고	연말정산전자신고	제작 – 신고 의료비명세서/ 기부금명세서 제출여부 체크

1. 기초정보 검토

(1) 사원등록 – 기초자료

① 입사일자

② 인적사항 : 성명 및 주민번호

③ 거주지국

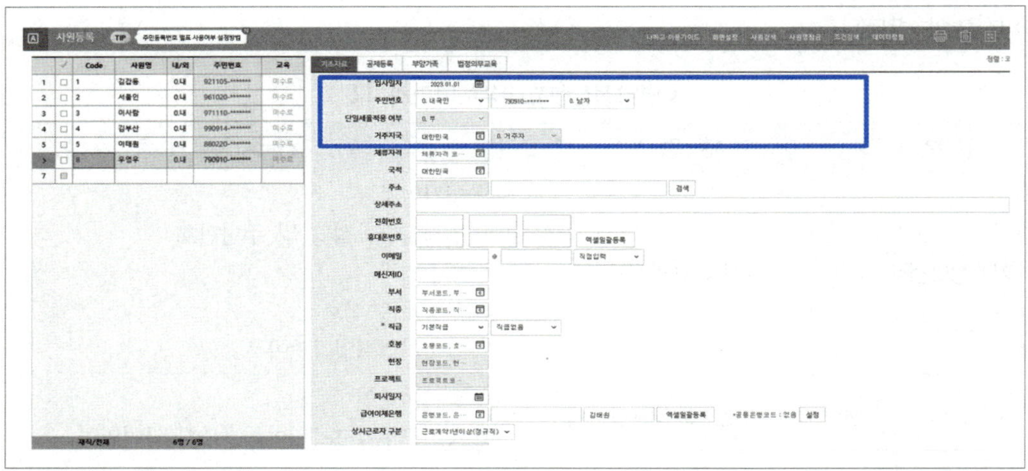

(2) 사원등록 – [공제등록] 탭

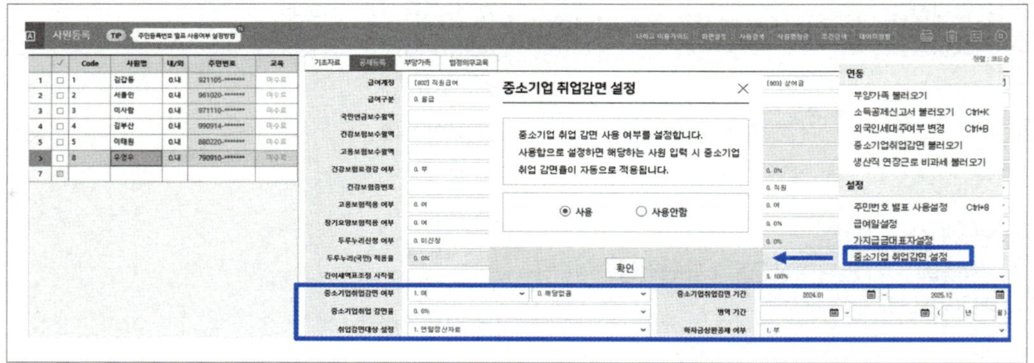

– 중소기업취업감면대상 여일 경우,

중소기업취업감면 여부를 [1.여],

감면율 : 감면대상에 따라 요율 선택(연말정산포인트실무)

취업감면대상 설정 : [0.급여자료] 매월 급여 입력 시 감면 적용

[1.연말정산자료] 매월 급여 지급 시에는 소득세를 징수하고, 연말정산 시 감면 적용

(3) 사원등록 – [부양가족] 탭

연말정산 대상 소득자의 부양가족 공제대상을 확인하여 해당 부양가족을 입력

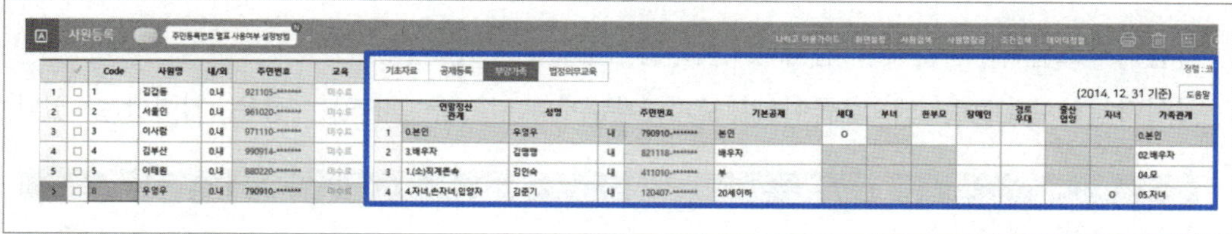

- 각 공제대상요건에 맞게 체크한다.
- 숫자 [0]을 입력 시 체크가 해제되고, 숫자 [1]을 입력 시 "O" 표기가 된다.
- 세대주 여부도 확인하여 체크한다(부녀자공제, 주택임차차입금원리금상환액 등의 공제대상에 영향을 받을 수 있으므로 주의해서 체크한다).
- 외국인은 세대주가 될 수 없다.

※ 연말정산근로소득원천징수영수증에서 입력된 부양가족을 확인할 수 있다.

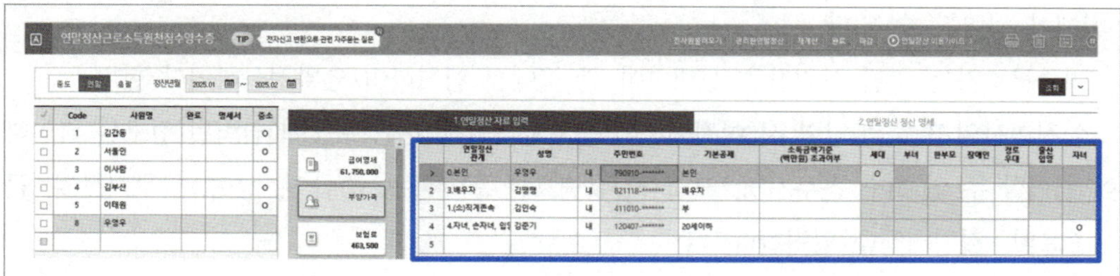

(4) 연말정산근로소득원천징수영수증 – 사원 불러오기

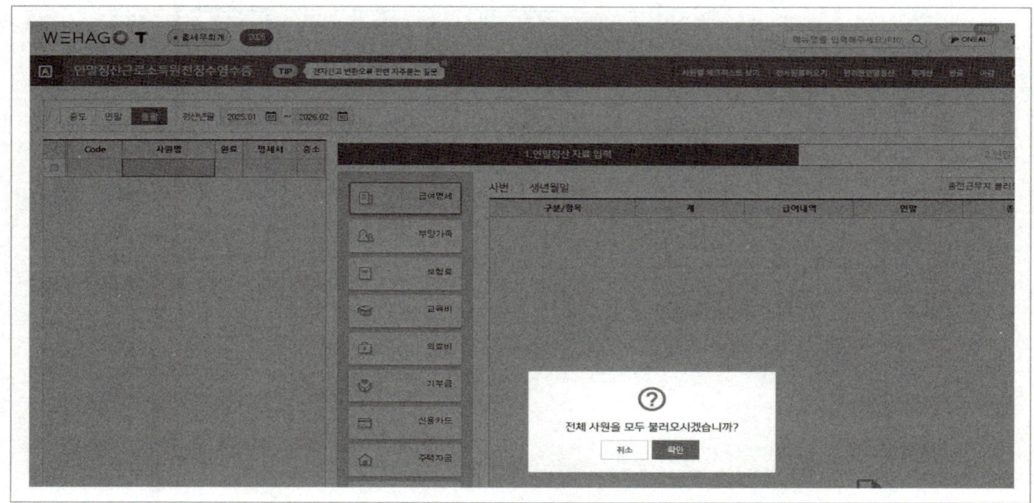

2. 급여자료 검토

(1) [연말정산근로소득원천징수영수증] – 총급여확인

[급여자료입력] 메뉴에서 입력한 월별 급여자료를 반영한다.

[연말정산자료입력] 탭의 [급여상세보기] 메뉴에서 추가급여가 있는 경우, 입력할 수 있다.

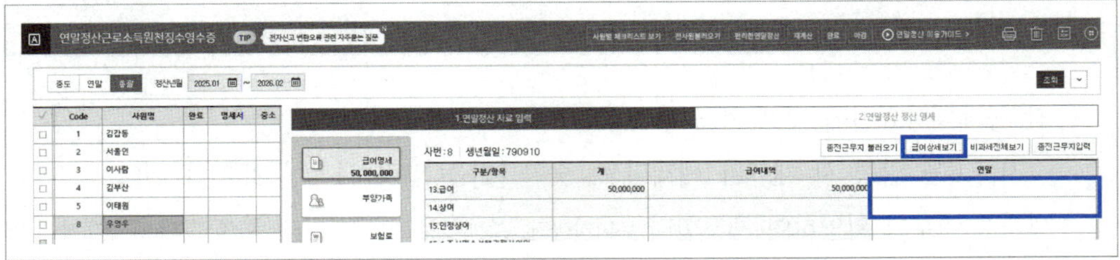

(2) [연말정산근로소득원천징수영수증] – 종전근무지입력

종전근무지가 있거나 2곳 이상의 사업장에서 근무하는 이중근로자인 경우 [종전근무지입력]에서 입력할 수 있다.

이중근로자는 주된 사업장을 선택하여 한 곳에서 합산하여 연말정산하여야 한다.

이전회사의 자료를 입력 시 이전회사의 근로소득원천징수영수증에 입력된 정보를 확인하여 입력할 수 있으며, 근무지명, 사업자등록번호를 포함하여, 총급여, 상여, 근무시작일, 근무종료일, 결정세액을 입력한다.

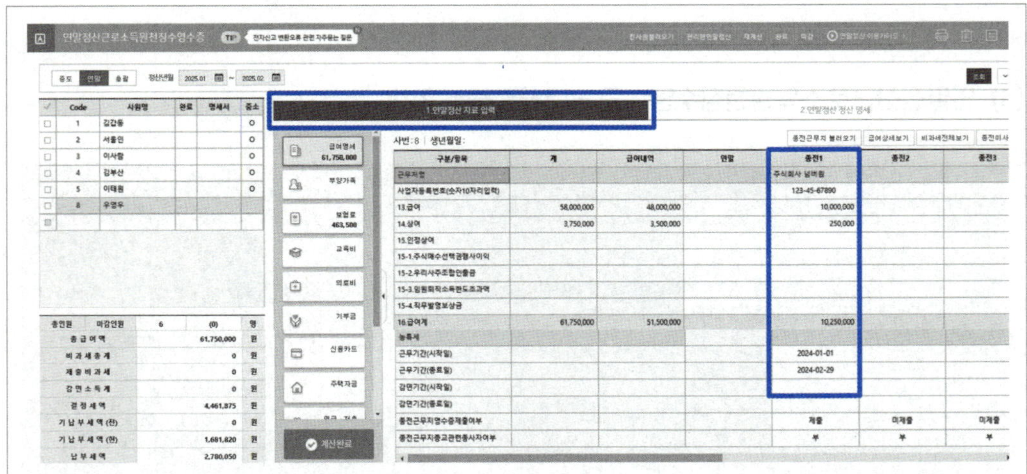

(3) 소득자별 근로소득원천징수부

총급여 및 소득세 등을 최종 확인하여 급여항목을 검토한다.

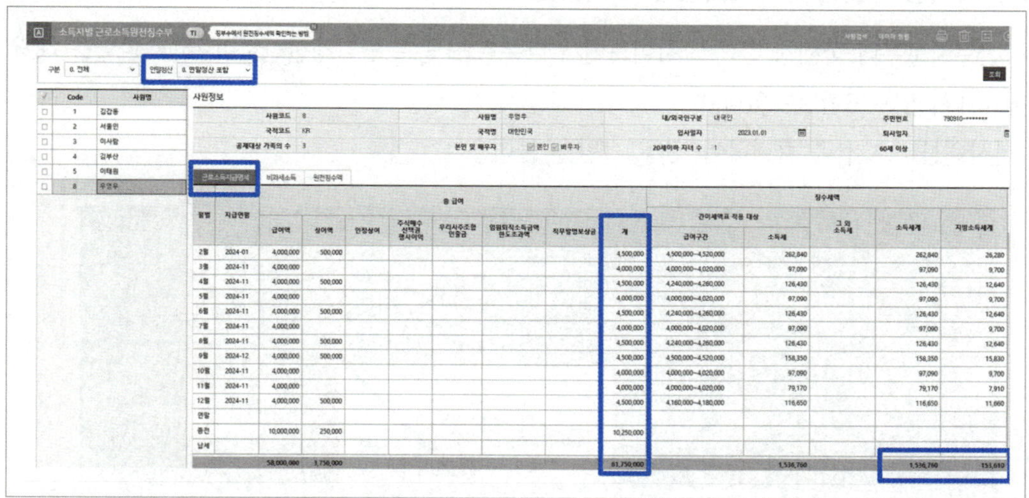

사원정보

사원코드	8	사원명	우영우	내/외국인구분	내국인	주민번호	790910-*******
국적코드	KR	국적명	대한민국	입사일자	2023.01.01	퇴사일자	
공제대상 가족의 수	3	본인 및 배우자	본인 배우자	20세이하 자녀 수	1	60세 이상	

근로소득지급명세 | 비과세소득 | 원천징수액

월별	지급연월	총 급여								징수세액				
		급여액	상여액	인정상여	주식매수 선택권 행사이익	우리사주조합 인출금	임원퇴직소득금액 한도초과액	직무발명보상금	계	간이세액표 적용 대상 급여구간	간이세액표 적용 대상 소득세	그 외 소득세	소득세계	지방소득세계
2월	2024-01	4,000,000	500,000						4,500,000	4,500,000~4,520,000	262,840		262,840	26,280
3월	2024-11	4,000,000							4,000,000	4,000,000~4,020,000	97,090		97,090	9,700
4월	2024-11	4,000,000	500,000						4,500,000	4,240,000~4,260,000	126,430		126,430	12,640
5월	2024-11	4,000,000							4,000,000	4,000,000~4,020,000	97,090		97,090	9,700
6월	2024-11	4,000,000	500,000						4,500,000	4,240,000~4,260,000	126,430		126,430	12,640
7월	2024-11	4,000,000							4,000,000	4,000,000~4,020,000	97,090		97,090	9,700
8월	2024-11	4,000,000	500,000						4,500,000	4,240,000~4,260,000	126,430		126,430	12,640
9월	2024-12	4,000,000	500,000						4,500,000	4,500,000~4,520,000	158,350		158,350	15,830
10월	2024-11	4,000,000							4,000,000	4,000,000~4,020,000	97,090		97,090	9,700
11월	2024-11	4,000,000							4,000,000	4,000,000~4,020,000	79,170		79,170	7,910
12월	2024-11	4,000,000	500,000						4,500,000	4,160,000~4,180,000	116,650		116,650	11,660
연말														
종전		10,000,000	250,000						10,250,000					
납세														
		58,000,000	3,750,000						61,750,000		1,536,760		1,536,760	151,610

(4) 연말정산근로소득원천징수영수증 – 급여항목확인

총 급여 및 소득세 등을 (3)의 소득자별 근로소득원천징수부의 총급여와 소득세 등이 연말정산근로소득원천징수영수증에서도 일치함을 확인할 수 있다.

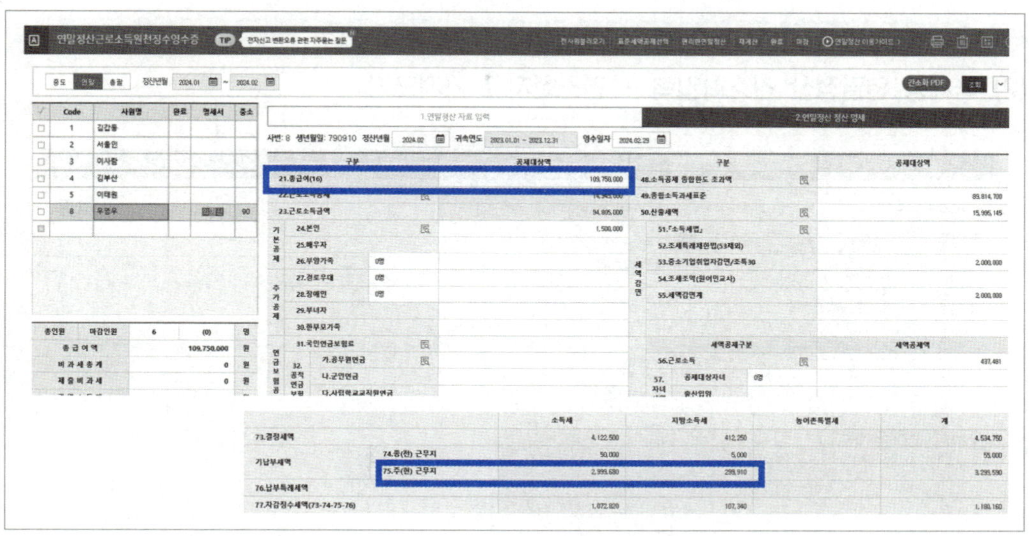

사번: 8 생년월일: 790910 정산년월 2024.02 귀속연도 2023.01.01 ~ 2023.12.31 영수일자 2024.02.29

구분	공제대상액	구분	공제대상액
21.총급여(16)	109,750,000	48.소득공제 종합한도 초과액	
22.근로소득공제	[illegible]	49.종합소득과세표준	89,814,700
23.근로소득금액	94,805,000	50.산출세액	15,995,145
24.본인	1,500,000	51.「소득세법」	
25.배우자		52.조세특례제한법(53제외)	
26.부양가족 0명		53.중소기업취업자감면/조특30	2,000,000
27.경로우대 0명		54.조세조약(원어민교사)	
28.장애인 0명		55.세액감면계	2,000,000
29.부녀자			
30.한부모가족		세액공제구분	세액공제액
31.국민연금보험료		56.근로소득	437,481
32.공적연금 가.공무원연금		57.자녀 공제대상자녀 0명	
나.군인연금		출산입양	
다.사립학교교직원연금			

		소득세	지방소득세	농어촌특별세	계
73.결정세액		4,122,500	412,250		4,534,750
기납부세액	74.종(전) 근무지	50,000	5,000		55,000
	75.주(현) 근무지	2,999,680	299,910		3,299,590
76.납부특례세액					
77.차감징수세액(73-74-75-76)		1,072,820	107,340		1,180,160

3. 연말정산 자료 입력

(1) 국세청 연말정산 간소화입력 – 사원불러오기

근로자로부터 국세청 홈택스 사이트에서 다운로드 받은 연말정산간소화 PDF 파일을 해당 메뉴에서 업로드할 수 있다.

[사원불러오기]를 클릭하여 전체 사원을 불러온다.

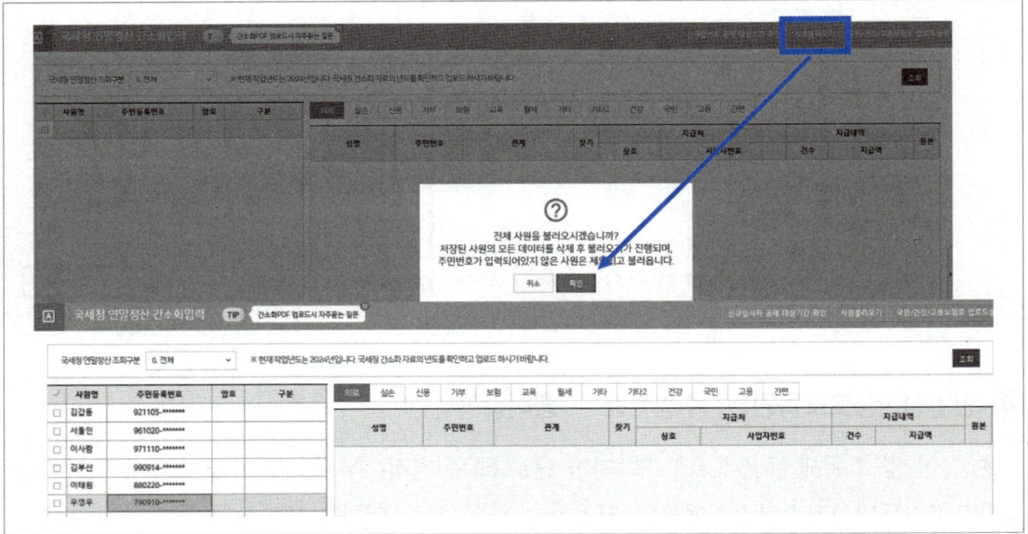

(2) 국세청 연말정산 간소화입력 – 간소화자료 가져오기

① 간소화 자료를 업로드할 사원을 체크하여, 해당 연말정산 간소화의 파일의 위치를 확인 후 [가져오기]를 선택한다.

② 건강보험 및 국민연금은 국세청 자료를 가져오기를 할지 여부를 선택할 수 있으므로 필요한 경우 별도로 선택한다(기본세팅값은 선택하지 않도록 되어 있다).

③ [연말정산근로소득원천징수영수증]에 사원 및 부양가족이 등록되어 있지 않는 경우, 부양가족은 업로드되지 않는다. 부양가족의 추가가 있을 경우, 국세청 간소화 PDF 자료를 재업로드해야 한다.

(3) 국세청 연말정산 간소화입력 – 연말정산 전송

본 메뉴는 국세청 간소화자료 입력을 보조하는 메뉴이며, 본 메뉴에서 [연말정산근로소득원천징수영수증]로 전송하기 전까지 [연말정산근로소득원천징수영수증]에 자료가 반영되지 않는다.

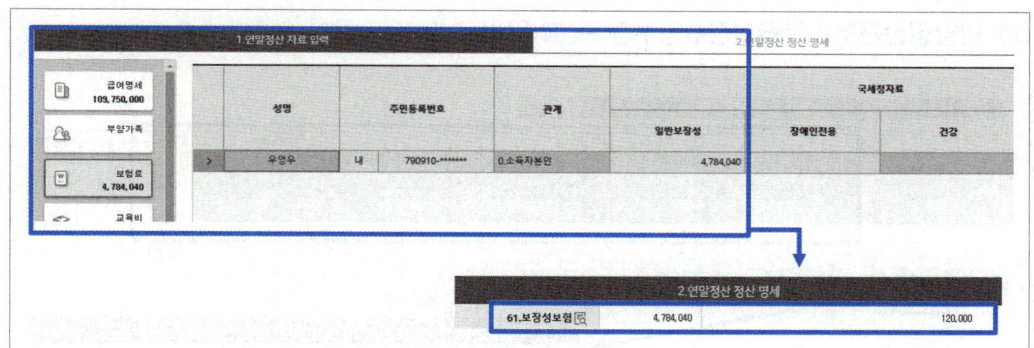

4. 연말정산 항목별 검토사항

(1) 연말정산근로소득원천징수영수증 – 보험료

1) 급여공제항목의 건강보험료(장기요양보험료) 반영방법

건강보험료는 다음 2가지 중 택일할 수 있다.

① 위하고의 급여대장에 입력된 금액을 반영

② 국세청 연말정산 간소화 자료에서 PDF 자료를 반영

✔ 앞서 이미 진행한 [3-(2) 국세청 연말정산 간소화입력 – 간소화자료 가져오기] 단계에서 건강보험의 [가져오기] 및 [연말정산전송]에서 체크박스의 선택 여부에 따라 달라진다.

2) 일반보장성 및 장애인전용

① 연말정산 간소화 PDF를 전송하면, 위하고에 자동으로 반영되며, 국세청 자료 외에 추가 반영할 사항이 있을 경우 [그 밖의 자료]에서 입력할 수 있다.

② 저축성 보험료는 공제대상이 아니다.

▌비교자료▐

1. 연말정산 자료 입력	2. 연말정산 정산 명세
보험료	특별소득공제 33.보험
	특별세액공제_61.보장성보험

보험료 세액공제 : 2025 포인트 연말정산 실무 교재 p.312
보험료 소득공제 : 2025 포인트 연말정산 실무 교재 p.167

(2) 연말정산근로소득원천징수영수증 – 교육비

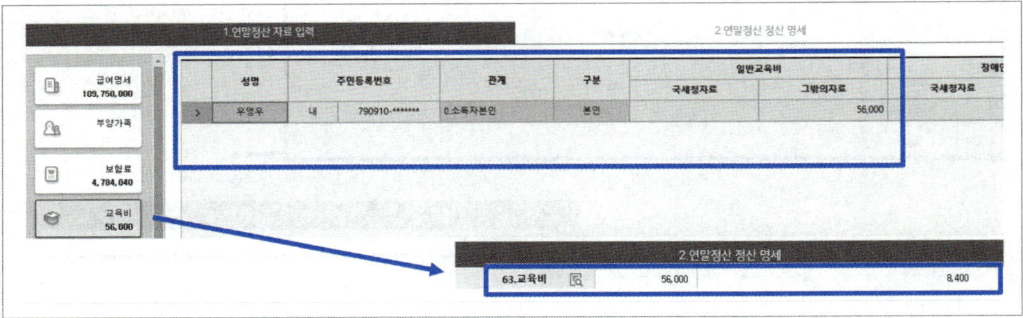

교육비 공제한도보다 적게 지출한 경우, 지출한 금액을 모두 입력하면 되며, 공제 한도를 초과한 경우, 공제한도 금액으로 입력한다.

▌비교자료▐

1. 연말정산 자료 입력	2. 연말정산 정산 명세
교육비	특별세액공제_63.교육비

교육비 세액공제 : 2025 포인트 연말정산 실무 교재 p.335

(3) 연말정산근로소득원천징수영수증 – 의료비

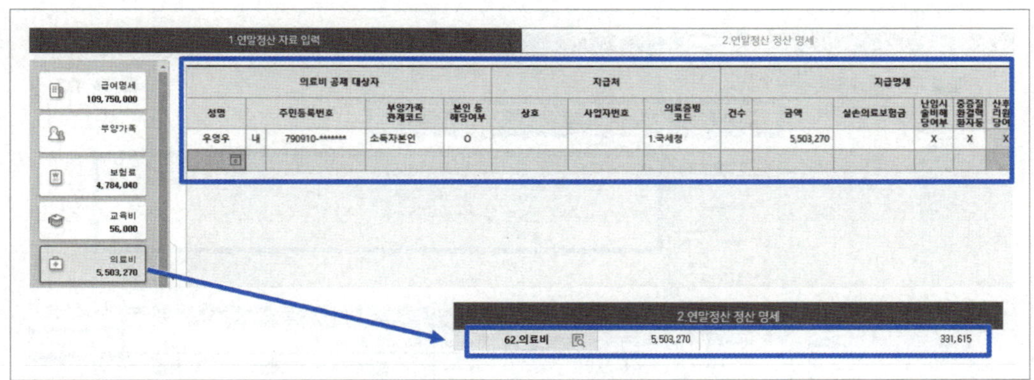

- 본인 등 해당여부 [O] 대상자 : 본인, 65세 이상, 장애인
- 의료증빙에 따라 국세청자료, 그 밖의 자료를 선택하여 입력할 수 있다.
- 난임시술비 등에 해당될 경우 해당항목에서 [O]를 선택한다.
- 부양가족을 추가하거나 삭제하여 유리한 곳에 선택하여 입력할 수 있다(기본공제대상자가 아니어도 의료비공제가 가능하다).
- 안경구입비, 산후조리원비용, 장애인보장구 등도 의료비에 입력한다.
  실손의료보험금액을 제외한 금액이 의료비공제대상 금액으로 기재된다.

▌비교자료▐

1. 연말정산 자료 입력	2. 연말정산 정산 명세
의료비	특별세액공제_62.의료비

의료비세액공제 : 2025 포인트 연말정산 실무 교재 p.320

(4) 연말정산근로소득원천징수영수증 – 기부금

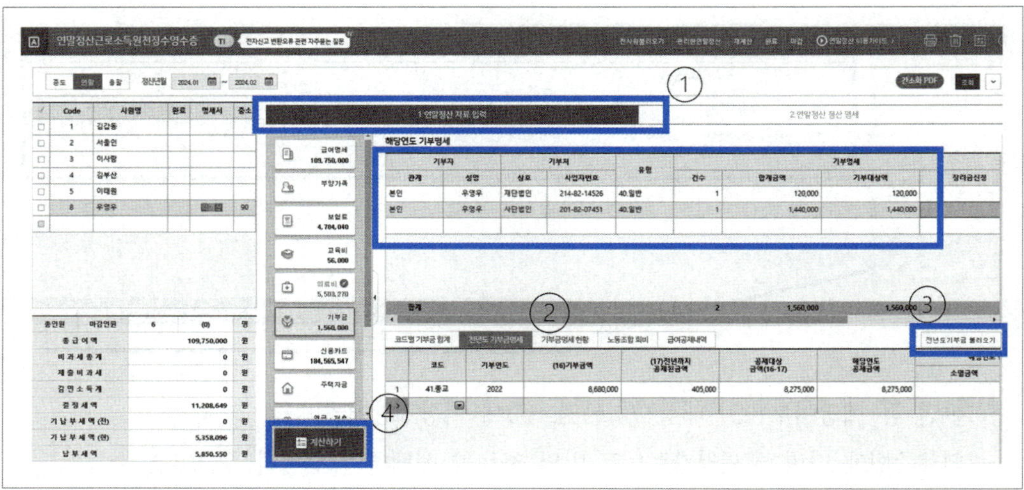

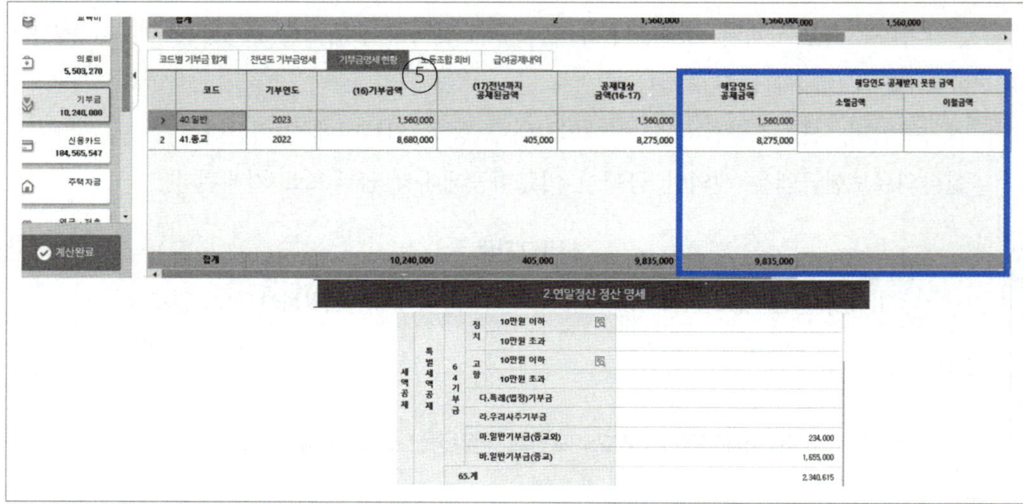

기부금명세서는 아래의 순서대로 입력하면, 위하고에서 금액이 자동으로 계산 및 반영된다.

① 해당연도 기부명세

- 기부처 사업자등록번호 항목에는 특수문자(*) 입력 시 전자 신고 변환 오류가 발생한다.
- 정치자금 기부금은 기부처와 사업자등록번호를 공란으로 두고 신고한다.

② 전년도 기부명세 [탭] 이동

③ 전년도기부금 불러오기

전년도 기부금은 전년도 종합소득세 신고대상이었을 경우, 전년도 기부금명세의 변동이 있을 수 있어, 전년도 종합소득세 신고유무를 확인한다.

④ 계산하기

계산하기를 클릭하면, 계산완료로 변경된다.

⑤ 기부금명세 현황

해당연도 공제금액 및 해당연도 공제받지 못한 금액이 계산된 것을 각각 확인한다. [기부금명세 현황] 탭에서 금액이 계산되지 않았을 경우, [전년도기부명세] 탭을 실행한 후, 금액을 확인한 후, [기부금명세 현황]에서 다시 확인하면 금액이 반영된다.

▌비교자료▐

1. 연말정산 자료 입력	2. 연말정산 정산 명세
기부금	특별세액공제_64. 기부금

기부금 세액공제 : 2025 포인트 연말정산 실무 교재 p.352

(5) 연말정산근로소득원천징수영수증 – 신용카드

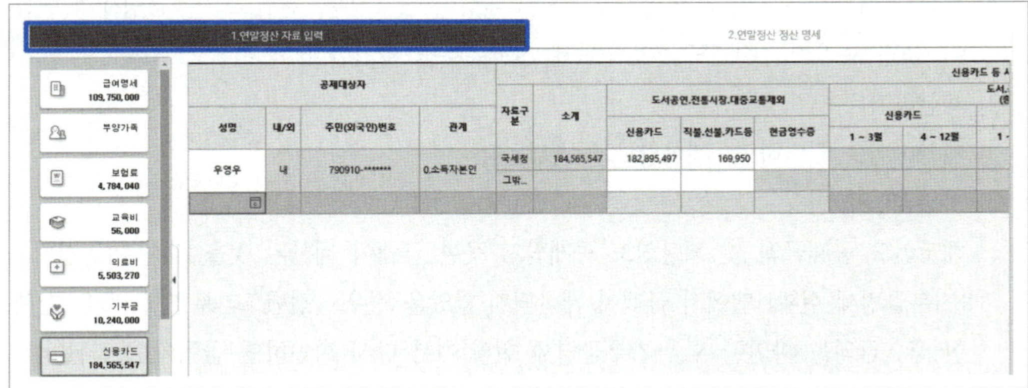

24년 신용카드 등 사용액 불러오기를 할 경우, 전년도 정보가 위하고에 없는 경우 금액이 삭제된다.

24년 신용카드 사용금액은 국세청 간소화 PDF 자료에 반영된 금액이 자동으로 입력되어 있으므로 [24년 신용카드 등 사용액 불러오기]는 꼭 필요한 경우에만 사용하도록 한다.

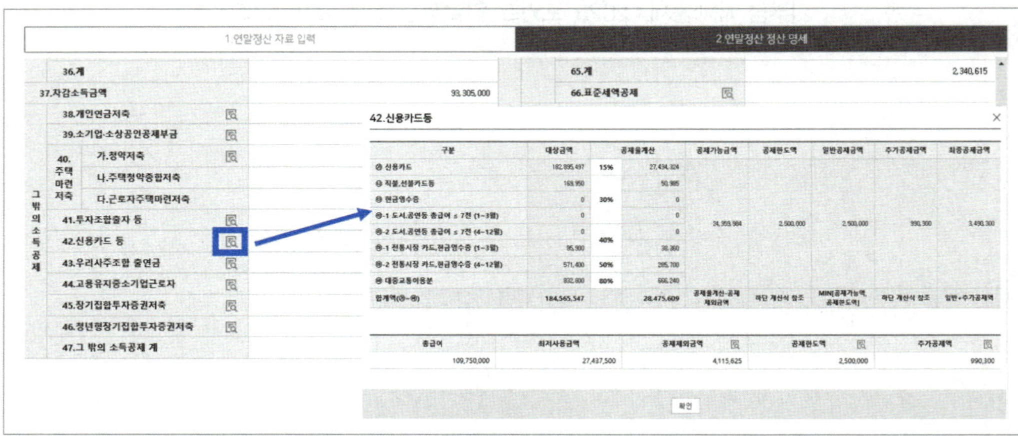

신용카드 등 사용금액은 총급여액의 25% 이상일 때 공제받을 수 있으므로, 총급여액의 25% 미만인 경우, [2.연말정산 정산 명세] 탭에서 소득공제대상금액이 기재되지 않는다.

▌비교자료▐

1. 연말정산 자료 입력	2. 연말정산 정산 명세
신용카드	그 밖의 소득공제_62.신용카드 등

신용카드 등 소득공제 : 2025 포인트 연말정산 실무 교재 p.236

(6) 연말정산근로소득원천징수영수증 - 주택자금

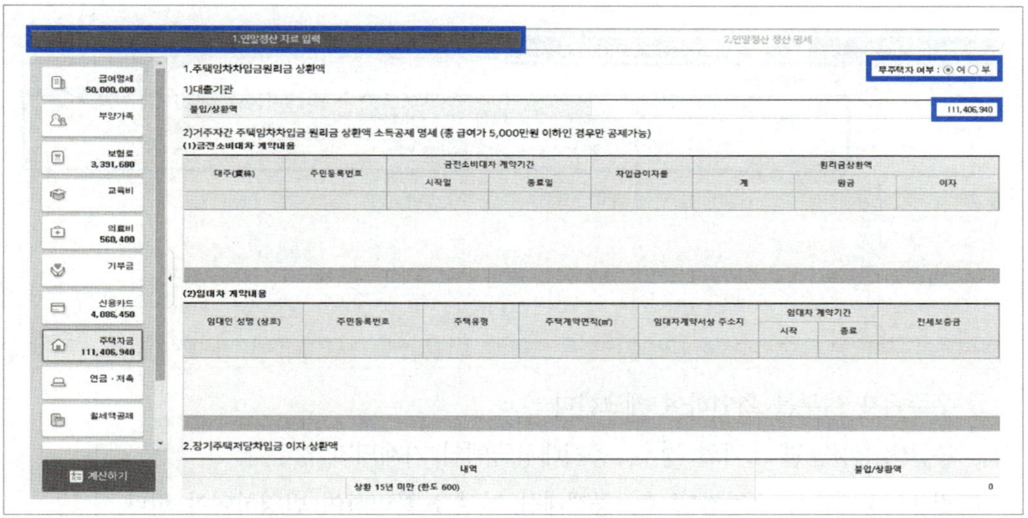

① 무주택자 여부를 확인하여 체크한다.

② 1. 주택임차 차입금 원리금상환액 - 1) 대출기관

대출기관에서 수령한 자료를 토대로 입력하거나, 국세청 연말정산 간소화 PDF 자료에서 자동으로 입력되어 반영된다.

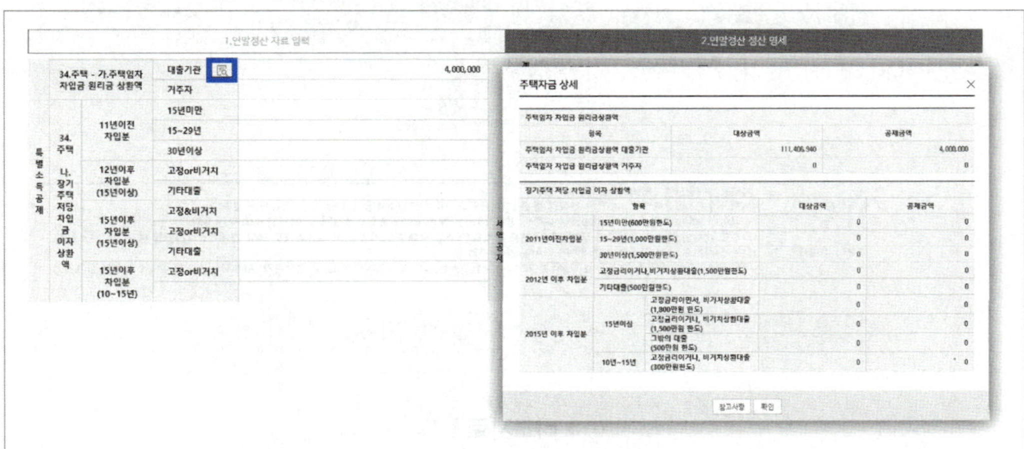

❙ 비교자료 ❙

1. 연말정산 자료 입력	2. 연말정산 정산 명세
주택자금	그 밖의 소득공제_34.주택

주택자금 소득공제 : 2025 포인트 연말정산 실무 교재 p.171

(7) 연말정산근로소득원천징수영수증 – 월세액공제

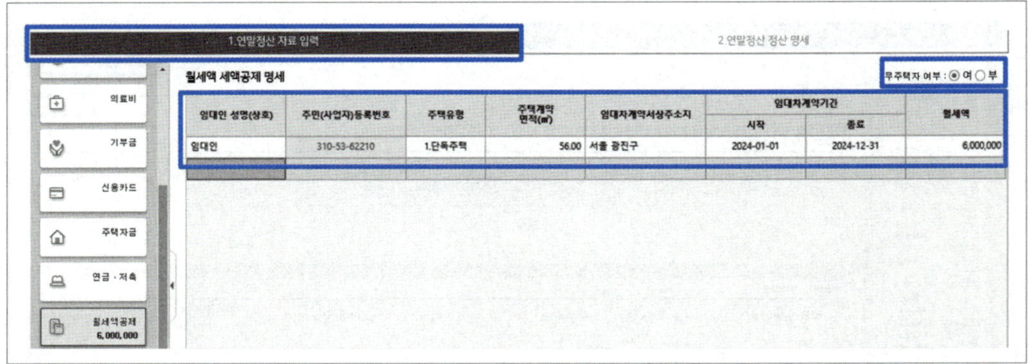

① 무주택자 여부를 확인하여 체크한다.

② 총급여 8천만원 초과일 경우, 공제대상금액이 기재되지 않는다.

③ 월세액공제대상 요건검토 후, 공제대상 여부를 확인하여 반영하여야 한다.

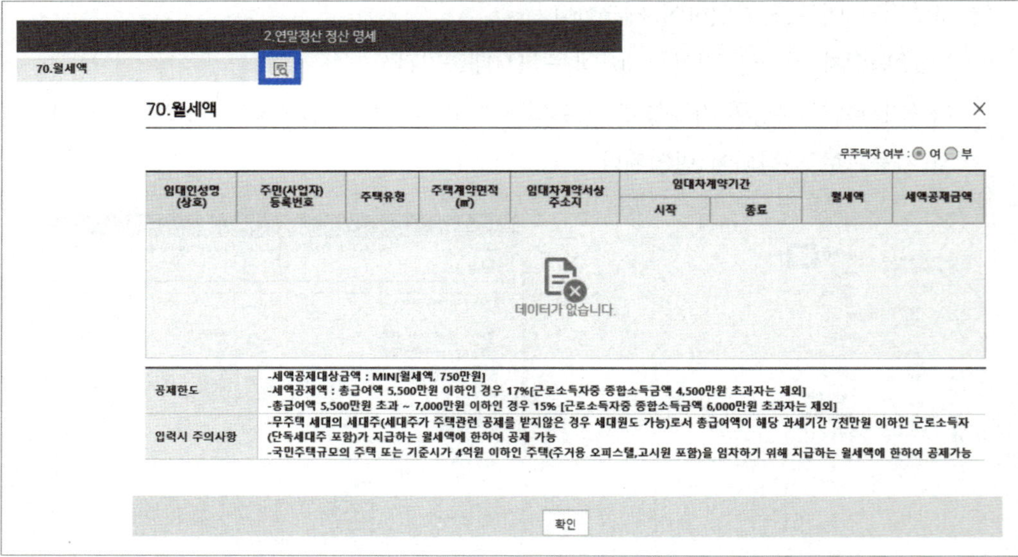

▌비교자료▐

1. 연말정산 자료 입력	2. 연말정산 정산 명세
주택자금	그 밖의 소득공제_34.주택

월세액 세액공제 : 2025 포인트 연말정산 실무 교재 p.388

(8) 연말정산근로소득원천징수영수증 – 중소기업감면세액

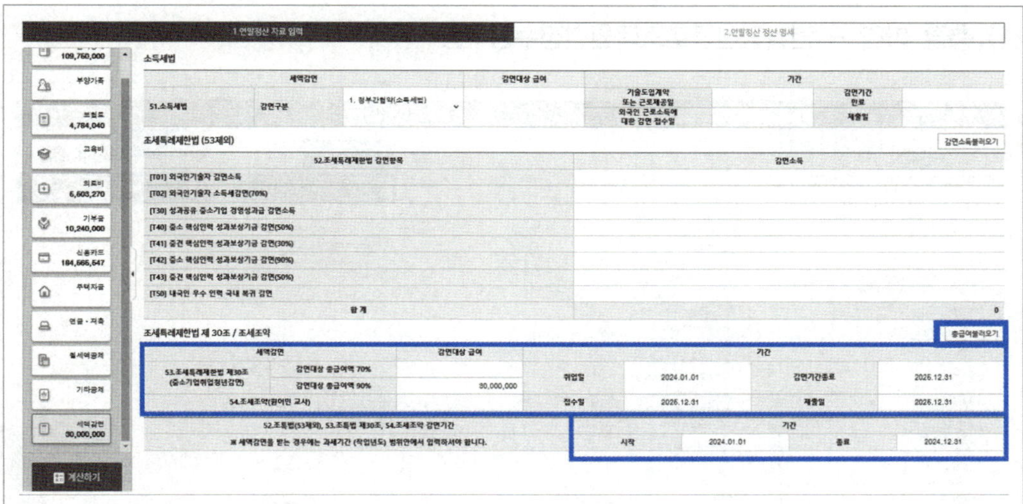

2.연말정산 정산 명세		
세액감면	51.「소득세법」	
	52.조세특례제한법(53제외)	
	53.중소기업취업자감면/조특30	2,000,000
	54.조세조약(원어민교사)	
	55.세액감면계	2,000,000

| 비교자료 |

1. 연말정산 자료 입력	2. 연말정산 정산 명세
세액감면	세액감면_53.중소기업취업자감면

중소기업 취업자에 대한 소득세 감면 : 2025 포인트 연말정산 실무 교재 p.267

5. 마감 및 전자신고

(1) 총괄 마감 – 연말정산근로소득원천징수영수증

〈 체크포인트 〉

① [2. 연말정산 정산 명세] 탭으로 이동한다.

② 총괄을 선택한다.

> Tip. 자동으로 [연말] 탭은 연도 중 중도퇴사자의 지급명세서를 제출하였을 경우 선택한다. 중도퇴사자의 지급명세서를 제출한 경우가 아닌 경우, [총괄]에서 마감하여 미제출자가 없도록 유의한다.

③ 마감

(2) 전자신고 파일제작 – 연말정산전자(전산매체)신고

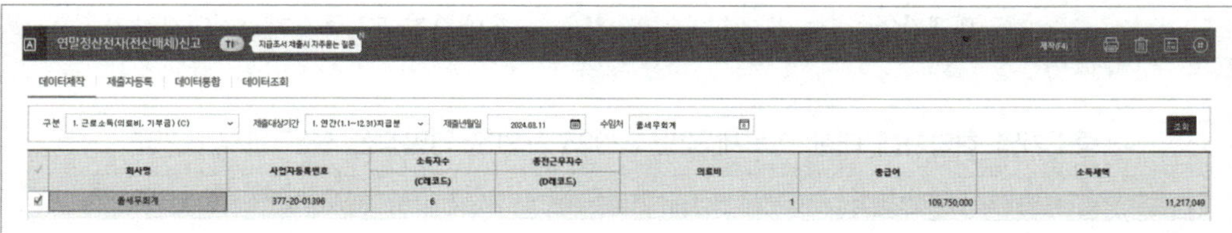

① 의료비가 있을 경우, 전자신고파일이 2개가 생성된다.

② 기부금명세서는 근로소득지급명세서에 포함되어 제출된다.

(3) 홈택스 – 근로소득지급명세서/의료비 지급명세서 제출

(근로·사업등)지급명세서

· 근로소득

+ 근로소득 지급명세서 (연말정산용)
+ 의료비 지급명세서
+ 기부금 명세서

Step1. 과세자료제출 | Step2. 제출내역

· STEP 1. 과세자료 작성 및 제출 단계입니다.
· 제출기한이 있는 과세자료를 여러 번 제출하는 경우 최종 제출된 내용만 정당하게 인정되니 유의하시기 바랍니다.
· 과세자료 제출 후 접수증의 접수결과(정상)를 반드시 확인하시기 바랍니다.
· 접수증 및 과세자료제출 요약정보는 [STEP2.제출내역]에서 확인할 수 있습니다.

제출방식 선택

근로소득 지급명세서의 제출방식 선택을 확인할 수 있습니다.

직접작성제출방식 (정기 또는 수시제출) | 1. 기본사항 입력 ▸ 2. 상세내역 입력 ▸ 3. 오류검증 ▸ 4. 과세자료 전송 접수증 확인

직접작성제출방식 (수정 또는 기한후 제출) | 1. 기본사항 입력 ▸ 2. 상세내역 입력 ▸ 3. 오류검증 ▸ 4. 과세자료 전송 접수증 확인

① 제작한 파일을 [변환제출방식]으로 제출한다.

② 의료비 공제를 받았을 경우, 의료비 지급명세서는 별도로 제출하여야 한다.

❙ 최종검토사항 ❙

1. 총급여일치
2. 부양가족공제
3. 중도입사자 근무기간에 맞게 연말정산 간소화 PDF에 반영되었는지 여부
   전 직장 원천징수영수증
4. 세액공제, 소득공제 요건검토
5. 중소기업취업감면 시작일
   종료일 총급여
6. 총괄마감여부
7. 급여대장 반영

6 연말정산 신고내용 오류 유형별 업무 처리요령

1. 소득기준초과 부양가족 공제

1. **근로 · 사업 · 기타 · 연금, 양도, 퇴직소득금액 연간 합계액이 100만원*을 초과하는 배우자 · 부양가족을 공제**

   * 근로소득만 있는 자는 총급여 500만원

   → 부양가족에 대한 인적공제(기본공제, 추가공제)뿐만 아니라, 해당 부양가족에 대한 특별공제(보험료, 교육비, 신용카드, 기부금 등) 또한 제외하여야 함

관련 법령

○ 기본공제(소법 50)

– 종합소득 있는 거주자에 대해서는 다음의 어느 하나에 해당하는 사람의 수에 1명당 연 150만원을 곱하여 계산한 금액을 해당 과세기간의 종합소득금액에서 공제

◆ 해당 거주자

◆ 배우자

▸ 거주자의 배우자로서 해당 과세기간의 소득금액이 없거나 해당 과세기간의 소득금액 합계액이 100만원 이하인 사람(총급여액 500만원 이하의 근로소득만 있는 배우자 포함)

◆ 생계를 같이하는 부양가족

▸ 근로자(그 배우자 포함)와 생계를 같이 하는 직계존속(만 60세 이상), 직계비속(만 20세 이하), 형제자매(만 20세 이하 또는 만 60세 이상) 등 부양가족으로서 해당 과세기간의 소득금액의 합계액이 100만원(총급여액 500만원 이하의 근로소득만 있는 부양가족 포함) 이하인 사람

처리 요령

1 부양가족의 소득 확인(근로자)

○ 근로자는 해당 부양가족의 소득금액증명원을 발급받거나 원천징수영수증을 발급받아 소득금액 초과 여부 확인

* 개인정보이므로 세무서에서 유선으로 부양가족 소득금액 확인 불가

[1] **소속 근로자가 확인할 사항**

- 근로자가 연말정산 간소화(홈택스[www.hometax.go.kr] → 장려금 · 연말정산 · 전자기부금 → 연말정산간소화)에 로그인하여 「연말정산 오류협의내용」을 확인(근로자 본인 인증 필요)
  - (오류가 맞는 경우) '수정신고 안내문'을 출력하여 회사 제출
  - (해명할 사항이 있는 경우) 해명자료를 회사 제출

[2] **부양가족 소득금액 확인 방법**

- 홈택스에서 발급(부양가족의 본인 인증 필요)
  (경로) www.hometax.go.kr → 로그인 → 국세증명 · 사업자등록 · 세금관련 신청/신고 → 즉시발급증명 → 소득금액증명]
- 가까운 세무서를 방문하여 민원실에서 발급

[2] 해명자료 검토 및 수정신고(원천징수의무자)

○ '소득 종류별 초과 소득금액 100만원 초과 사례'를 참고하여 근로자가 제출한 해명자료를 검토

○ 해명내용이 정당한 경우 관할 세무서에 해명자료 제출

○ 과다공제에 해당하는 경우 근로자별로 추가납부세액과 가산세를 계산하여 징수

– 인적공제를 배제한 부양가족 관련 교육비 · 기부금 · 신용카드 등 사용액은 공제대상이 아니므로, 부양가족 본인의 특별소득 · 세액공제를 제외하고 세액 재계산

– 단, 의료비는 부양가족 소득금액의 제한을 받지 않아 근로자 본인이 부양가족을 위해 지급한 경우에는 공제 가능

> ① 근로자의 해명내용이 정당한 경우 → 해명자료를 관할 세무서에 제출
> ② 과다공제에 해당하는 경우 → 수정신고 및 납부

참 고 **소득 종류별 소득금액 100만원 초과 사례**

□ **(근로소득)** 근로소득만 있는 자는 총급여(비과세소득 제외) 5백만원, 다른 소득이 있는 근로자로서 총급여(비과세소득 제외) 3,333,334원 초과한 부양가족은 기본공제 불가능

○ 총급여 333만원 – 근로소득공제 233만원 = 근로소득금액 100만원

※ 일용근로소득만 있는(금액 크기 관계없음) 부양가족은 소득지급 시 원천징수로 모든 과세절차가 종료되고, 종합소득 신고대상이 아니므로 기본공제 적용 가능(나이 등 다른 요건 충족 필요)

□ **(사업소득)** 사업소득금액 100만원 초과한 부양가족은 기본공제 불가능

○ 총수입금액 1,000만원 – 필요경비 900만원 = 사업소득금액 100만원

□ **(기타소득)** 기타소득금액 300만원 초과한 부양가족은 종합소득세 신고대상이며 기본공제 불가능

○ 총수입금액 1,500만원 - 필요경비 1,200만원 = 기타소득금액 300만원

※ 기타소득금액 300만원 이하인 사람은 종합소득 신고 여부를 선택할 수 있으며, 이 경우 종합소득 신고하지 않은 부양가족은 기본공제 받을 수 있음(나이 등 다른 요건 충족 필요)

□ **(연금소득)** 공적연금소득의 총 연금액(비과세소득 제외)이 연 5,166,666원(연금소득금액 100만원) 초과하거나, 사적연금소득(연금저축·퇴직연금 등)의 총 연금액이 연 1,200만원 초과(종합소득 합산신고대상)한 부양가족은 기본공제 불가능

※ 공적연금소득의 경우 2001년 12월 31일 이전 불입분은 비과세

□ **(금융소득)** 이자 · 배당소득이 2,000만원을 초과하여 종합소득 과세표준 확정신고 대상자인 부양가족은 기본공제 불가능

※ 금융기관의 이자소득세 원천징수 등으로 과세절차가 종료되는 2,000만원 이하 금융소득자로서 종합소득 신고대상이 아닌 부양가족은 기본공제를 받을 수 있음(나이 등 다른 요건 충족 필요)

□ **(양도소득)** 양도소득금액 100만원 초과한 부양가족은 기본공제 불가능

○ 양도차익(= 양도가액 – 취득가액 – 필요경비) 200만원 - 장기보유특별공제 100만원
= 양도소득금액 100만원(양도소득기본공제 연 250만원 차감 전 금액)

□ **(퇴직소득)** 퇴직소득금액 100만원 초과한 부양가족은 기본공제 불가능

○ 퇴직급여액(비과세소득 제외) 100만원 = 퇴직소득금액 100만원

※ 공적연금 관련법(국민연금, 공무원연금 등)에 따라 일시금으로 수령 시 퇴직소득에 해당함

※ 2006~2012년 퇴직급여액을 개인퇴직계좌로 과세이연한 후 중도 인출되는 금액은 인출 시 퇴직소득에 해당함

□ **(연간 소득금액)** 근로 · 사업 등 종합소득, 퇴직소득, 양도소득의 신고금액 합계액이 100만원(근로소득만 있는 자는 총급여 500만원) 초과한 부양가족은 기본공제 불가능

2. 부양가족 중복공제

2. 동일 부양가족을 다수의 근로자가 중복하여 소득공제

→ 직접 부양하는 근로자 1명을 제외한 나머지 근로자 모두 해당 부양가족에 대한 인적공제(기본공제, 추가공제)뿐만 아니라, 특별공제(보험료, 의료비, 교육비, 신용카드, 기부금) 또한 제외하여야 함

관련 법령

○ 동일한 부양가족을 다른 소득자와 중복하여 공제*받은 경우 직접 부양하는 근로자 1명만 공제 가능(소령 106)

* 맞벌이 부부의 자녀 중복 공제 및 형제자매의 부모님 중복 공제 등

> **◈ 둘 이상 거주자의 인적공제대상자에 해당하는 경우**
>
> **1 부양가족 공제는 실제 부양하는 소득자가 공제받는 것이 원칙**
>
> – 특별한 사유가 없는 한 부모님과 같이 거주하고 있는 자녀가 실제 부양하는 것으로 보며, 주거 형편상 따로 거주하는 자녀의 경우 다른 형제 자매가 부모님에 대해 기본공제를 받지 않고 소득요건 및 나이요건을 충족하는 경우 공제 가능
>
> **2 중복 공제 등으로 부양하는 소득자가 불분명한 경우**
>
> ① 해당 과세기간의 근로소득자 소득 · 세액공제신고서 등에 기재된 바에 따라 공제
>
> ② 거주자의 공제대상 배우자가 다른 거주자의 공제대상 부양가족에 해당되는 때
> → 거주자의 공제대상 배우자로 공제
>
> ③ 거주자의 공제대상 부양가족이 다른 거주자의 공제대상 부양가족에 해당하는 때
> → 직전 과세기간에 부양가족으로 인적공제를 받은 거주자의 공제대상 부양가족
>
> ④ 직전 과세기간에 부양가족으로 인적공제를 받은 사실이 없는 때
> → 해당 과세기간의 종합소득금액이 가장 많은 거주자의 공제대상 부양가족

처리 요령

1 부양가족 중복공제 여부 확인(근로자)

○ 근로자는 지급명세서 등을 통해 본인이 신청한 부양가족을 상대방 소득자와 중복해서 공제받았는지 여부 확인

○ 해당 부양가족에 대하여 실제 부양하는 소득자 결정

> ① 근로자가 부양하는 경우 : 상대방 소득자의 수정신고서 사본 첨부하여 해명
>
> ② 상대방 소득자가 부양하는 경우 : 홈택스에서 '연말정산 오류 협의내용'을 출력하여 회사에 제출

2 해명자료 검토 및 수정신고(원천징수의무자)

○ 해당 근로자가 실제 부양을 하여 부양가족 공제가 정당한 경우 중복 공제받은 상대방 소득자의 수정신고서 사본 등을 관할 세무서에 제출

○ 과다공제에 해당하는 경우 근로자별로 추가납부세액과 가산세를 계산하여 징수

– 인적공제 배제한 부양가족 관련 교육비 · 기부금 · 신용카드 등 사용액은 공제대상이 아니므로, 부양가족 본인의 특별소득 · 세액공제를 제외하고 세액 재계산

① 근로자가 부양하는 경우(근로자의 해명내용이 정당한 경우) → 상대방 소득자의 수정신고서 사본(해명자료) 등을 관할 세무서에 제출 ② 과다공제에 해당하는 경우 → 수정신고 및 납부

3. 의료비 · 교육비 중복공제

3. 동일 부양가족의 교육비 · 의료비 · 신용카드 공제를 다수의 근로자가 중복 또는 분할하여 공제
→ 해당 부양가족을 기본공제대상자로 신고한 근로자만 공제 가능하므로, 그 외 근로자는 중복(분할) 공제 금액을 제외하여야 함

관련 법령

○ **(의료비 세액공제)** 기본공제대상자(나이 및 소득의 제한을 받지 않음)를 위하여 해당 과세기간에 의료비를 지급하는 경우 해당하는 금액을 종합소득 산출세액에서 공제(소법 59의 4 ②)

– 총급여액의 3%를 초과하는 금액이 의료비 세액공제 대상

▌의료비 세액공제 대상금액 한도 및 세액공제율(2025년 귀속)▐

구 분	세액공제 대상금액 한도	세액공제율
일반 기본공제대상자 의료비	연 700만원 한도	15%
본인 · 6세 이하 · 65세 이상 · 장애인 · 중증질환자등 의료비	한도 없음	15%
미숙아 · 선천성 이상아		20%
난임시술비		30%

* 총급여액 7천만원 이하자의 산후조리원 비용 : 출산 1회당 200만원 한도

○ **(교육비 세액공제)** 기본공제대상자(나이 제한을 받지 않음)를 위하여 해당 과세기간에 교육비를 지급한 경우 그 금액의 15%에 해당하는 금액을 종합소득 산출세액에서 공제(소법 59의 4 ③)

▌교육비 세액공제 대상금액 한도▐

구 분	세액공제 대상금액
근로자 본인	전 액
기본공제대상자(나이 제한 받지 않음)인 배우자 · 직계비속 · 형제자매 및 입양자(직계존속 제외)	① 초등학교 취학 전 아동, 초 · 중 · 고등학생 ⇒ 1명당 연 300만원 한도 ② 대학생 ⇒ 1명당 연 900만원 한도 ③ 대학원생 ⇒ 공제대상 아님
장애인 특수교육비(직계존속 포함)	전 액

처리 요령

1 의료비 · 교육비 중복공제 여부 확인(근로자)

○ 근로자는 지급명세서 등을 통해 본인이 신청한 부양가족의 교육비 · 의료비 공제를 상대방 소득자와 중복해서 공제받았는지 여부 확인

○ 해당 부양가족에 대하여 기본공제 받은 근로자가 공제

> ① 근로자가 기본공제를 받은 경우 → 상대방 소득자의 수정신고서 사본 첨부하여 해명
> ② 상대방 소득자가 기본공제를 받은 경우 → 홈택스에서 '연말정산 오류협의내용'을 출력하여 회사에 제출

2 해명자료 검토 및 수정신고(원천징수의무자)

○ 해당 근로자가 기본공제를 받아 교육비 · 의료비 공제가 정당한 경우, 중복 공제받은 상대방 소득자의 수정신고서 사본 등을 관할 세무서에 제출

○ 과다공제에 해당하는 경우 근로자별로 추가납부세액과 가산세를 계산하여 징수

> ① 근로자가 부양하는 경우(근로자의 해명내용이 정당한 경우)
> → 상대방 소득자의 수정신고서 사본(해명자료) 등을 관할 세무서에 제출
> ② 과다공제에 해당하는 경우 → 수정신고 및 납부

4. 주택자금(월세액 포함) 과다공제

4. 유주택자 또는 세대주 요건을 미충족하나 주택자금공제를 받은 경우

- 장기주택저당차입금 이자상환액 : 무주택 또는 1주택을 소유한 세대의 세대주(일정요건 세대원 포함)가 공제 가능
- 주택임차차입금 원리금 상환액, 월세액 세액공제 : 무주택 세대의 세대주(일정요건 세대원 포함)가 공제 가능
- 주택마련저축 : 무주택 세대의 세대주가 공제 가능

→ 과다공제 받은 소득금액 또는 세액을 감액하여야 함

관련 법령

○ (공제 대상자) 무주택 또는 1주택 보유 세대의 세대주가 공제받을 수 있으나, 해당 세대주가 공제받지 않은 경우에는 근로자인 세대원이 공제 가능(해당 세대원이 지출)

> ① 주택임차차입금 원리금 상환액 : 무주택 세대의 세대주(세대원 포함)가 국민주택규모의 주택을 임차하기 위한 차입금 원리금 상환액의 40% 공제(소법 52 ④)
>
> ② 장기주택저당차입금 이자상환액 : 무주택 또는 1주택 보유세대의 세대주(세대원 포함)인 근로자가 취득 당시 기준시가 5억원 이하인 주택을 구입하기 위한 차입금의 이자상환액 공제(소법 52 ⑤)
>
> ③ 주택마련저축 소득공제 : 과세연도 중 주택을 소유하지 아니한 세대의 세대주가 본인명의로 납입한 청약저축 · 주택청약종합저축 납입액, 근로자주택마련저축납입액의 40% 공제(조특법 87 ②)
>
> ※ 세대란 거주자와 그 배우자, 거주자와 같은 주소 또는 거소에서 생계를 같이 하는 거주자와 그 배우자의 직계존비속(그 배우자를 포함한다) 및 형제자매를 모두 포함한 세대를 말함
>
> – 거주자와 그 배우자는 생계를 달리하더라도 동일한 세대로 보며 세대주 여부는 과세기간 종료일(2025.12.31.) 현재의 상황에 의함

처리 요령

1 주택소유 여부 확인(근로자)

○ 근로자는 홈택스를 통해 안내된 보유부동산의 건물등기부등본 등을 확인하여 주택소유 여부 확인

주택자금 공제내역				보유부동산
①장기주택 저당차입금 이자상환액	②월세액	③주택임차 차입금 원리금상환액	④주택 마련저축	
1,200,000	3,000,000	600,000	600,000	서울 강동 둔촌 45 00아파트 101-403호
				경기 성남 분당 231 00빌라 B 301호

- 보유주택 판정 시 주민등록표 세대원의 보유 주택을 합산하여 판단하며, 사업용 주택(임대주택, 어린이집 등)을 보유하는 경우에도 주택 수에서 제외하지 않음(거주가 불가능한 폐가 제외)

> ① 오류를 인정하는 경우
> → 홈택스에서 '수정신고 안내문'을 출력하여 회사에 제출
> ② 해명할 사항이 있는 경우 → 협의내용과 해명자료를 회사에 제출

2 **해명자료 검토 및 수정신고(원천징수의무자)**

○ 해명내용이 정당한 경우 관할 세무서에 해명자료 제출

○ 과다공제에 해당하는 경우 근로자별로 추가납부세액과 가산세를 계산하여 징수

> ① 근로자의 해명내용이 정당한 경우 → 해명자료를 관할 세무서에 제출
> ② 과다공제에 해당하는 경우 → 수정신고 및 납부

5. 부양가족(사망자, 요건 미충족 형제자매) 과다공제

5. 과세기간 개시일(2025.1.1.) 이전 사망한 부양가족에 대하여 인적공제(기본공제+추가공제)를 적용

- 3촌 이상 방계가족, 무관계자 등 부양가족 범위에 포함되지 않는 자를 인적 공제하거나, 형제자매의 경우 연령요건*을 충족하지 않거나, 생계를 같이하는 부양가족이 아님에도 공제(단, 장애인에 해당하는 경우 나이 제한 없음)

  * 20세 이하자(2005.1.1. 이후 출생) 또는 60세 이상자(1965.12.31. 이전 출생)만 공제 가능

관련 법령

○ (기본공제) 근로자(그 배우자 포함)와 생계를 같이 하는 다음의 어느 하나에 해당하는 부양

가족으로서 해당 과세기간의 소득금액의 합계액이 100만원(총급여액 500만원 이하의 근로소득만 있는 경우 포함) 이하인 사람 1명당 150만원 공제(소득세법 50)

① 근로자의 직계존속으로서 60세 이상인 사람

② 근로자의 형제자매로서 20세 이하 또는 60세 이상인 사람

처리 요령(근로자)

1 과세기간 개시일 이전 사망한 부양가족에 대해 공제

○ 가족관계등록부, 주민등록등 · 초본 등을 통해 안내된 부양가족의 사망일자 확인

① 사망일자가 2025.1.1. 이후인 경우 → 관련 서류를 회사에 제출 ② 오류를 인정하는 경우 → 홈택스에서 '수정신고 안내문'을 출력하여 회사에 제출

2 연령요건을 충족하지 않거나, 주민등록표의 동거가족으로서 해당 근로자의 주소 또는 거소에서 현실적으로 생계를 같이 하지 않는 형제자매 등에 대해 공제

○ (연령요건) 장애인증명서 등으로 장애인 해당여부 및 주민등록번호에 의해 부양가족의 나이 확인

○ 근무상 또는 사업상의 형편으로 본래의 주소 또는 거소를 일시 퇴거한 경우 이를 증명할 수 있는 서류와 근로자가 실제 형제자매 등을 부양하고 있음을 증명하는 서류

① 나이제한이 없는 장애인이거나, 나이가 만 20세 이하, 만 60세 이상인 경우 → 장애인 증명서 등 관련 서류를 회사에 제출 ② 근무상 또는 사업상 형편으로 주소가 다른 경우 → 이를 증명할 수 있는 서류 및 실제 부양하고 있음을 증명하는 서류를 회사에 제출 ③ 오류를 인정하는 경우 → 홈택스에서 '수정신고 안내문'을 출력하여 회사에 제출

해명자료 검토 및 수정신고(원천징수의무자)

○ 해명내용이 정당한 경우 관할 세무서에 해명자료 제출

○ 과다공제에 해당하는 경우 근로자별로 추가납부세액과 가산세를 계산하여 징수

① 근로자의 해명내용이 정당한 경우 → 해명자료를 관할 세무서에 제출 ② 과다공제에 해당하는 경우 → 수정신고 및 납부

6. 중소기업취업자 소득세 감면 부적정

6. 「조세특례제한법 시행령」 제27조 제2항에서 규정한 감면 제외대상 근로자에 해당하는 경우 감면을 적용받을 수 없음

관련 법령

○ (중소기업 취업자에 대한 소득세 감면) 중소기업 인력지원 및 청년 취업난 해소를 위해 일정한 중소기업체에 취업하는 경우 취업일로부터 3년(청년의 경우 5년)간 소득세의 70%(청년의 경우 90%)를 200만원 한도로 감면(조특법 30)

– 다만, 「조세특례제한법 시행령」 제27조 제2항에 의거하여 아래의 감면 제외대상 근로자에 해당하는 경우 감면을 적용받을 수 없음

> ▫ **감면 제외대상 근로자**
> ① 「법인세법 시행령」 제40조 제1항 각 호의 어느 하나에 해당하는 임원
> ② 해당 기업의 최대주주 또는 최대출자자(개인사업자의 경우에는 대표자)와 그 배우자
> ③ ②에 해당하는 자의 직계존속·비속(그 배우자 포함) 및 「국세기본법 시행령」 제1조의 2 제1항에 따른 친족관계인 사람
> ④ 「소득세법」 제14조 제3항 제2호에 따른 일용근로자
> ⑤ 다음의 어느 하나에 해당하는 보험료 등의 납부사실이 확인되지 아니하는 사람
> – 「국민연금법」 제3조 제1항 제11호 및 제12호에 따른 부담금 및 기여금
> – 「국민건강보험법」 제69조에 따른 직장가입자의 보험료(가입대상이 되지 않는 경우 제외)

처리 요령

1 감면 적용여부 및 최대주주 등의 친족여부 등 확인(근로자)

○ 근로자는 원천징수영수증을 조회하여 중소기업 취업자에 대한 소득세 감면을 적용받았는지를 확인

○ 해당 기업의 최대주주 또는 최대출자자와 가족관계, 친족관계에 해당하는지 여부 확인

> ① 감면 제외대상 근로자에 해당함에도 감면을 적용받은 경우
> → 홈택스에서 '수정신고 안내문'을 출력하여 회사에 제출

② 해명할 사항이 있는 경우
→ 당초 감면 받은 사실이 없거나 감면제외대상 근로자에 해당하지 않는 경우 회사 연말정산 담당자에게 증빙서류 등 제출

2 해명자료 검토 및 수정신고(원천징수의무자)

○ 감면 제외대상 근로자에 해당하지 않는 경우 가족관계등록부 등 관련 증빙자료를 관할 세무서에 제출

○ 감면 제외대상 근로자에 해당하여 과다공제에 해당하는 경우 근로자별로 추가납부세액과 가산세를 계산하여 징수

참 고 **중소기업 취업자 소득세 감면 제도(조특법 §30)**

□ 청년 등이 감면대상 업종 영위 중소기업체에 취업하는 경우 취업일부터 3년(청년은 5년)간 소득세의 70%(청년은 90%)를 감면(연 200만원 한도)

○ (대상) 청년(15세~34세), 고령자(60세 이상), 장애인, 경력단절 근로자

구 분	요 건
청년	근로계약 체결일 현재 15~34세 이하인 자(2017년 이전 15~29세) * 연령 계산 시 군복무기간(최대 6년)은 차감하고 계산함
고령자	근로계약 체결일 현재 60세 이상인 자
장애인	①「장애인복지법」의 적용을 받는 장애인 ②「국가유공자 등 예우 및 지원에 관한 법률」에 따른 상이자 ③ 고엽제후유증 환자로서 장애등급 판정자 등
경력단절 근로자	① 임금을 목적으로 같은 기업에서 1년 이상 계속하여 근로를 제공한 후 결혼 · 임신 · 출산 · 육아 · 자녀교육 · 가족돌봄의 사유로 퇴직하였을 것 ② 퇴직한 날부터 2년 이상 15년 미만의 기간이 지났을 것 ③ 내국인의 최대주주 또는 최대출자자또는 그와 특수관계인이 아닐 것

* 감면 제외대상 : 임원, 최대주주, 직계존비속 등 친족, 일용근로자 등

○ (업종) 중소기업기본법(제2조)에 따른 중소기업(비영리기업 포함)으로서 조특령(27 ③)에 열거된 감면대상 업종을 영위할 것

구 분	업 종
감면 대상	① 농업, 임업 및 어업, 광업 ② 제조업, 전기 · 가스 · 증기 및 수도 사업 ③ 하수 · 폐기물처리 · 원료재생 및 환경복원업 ④ 건설업, 도매 및 소매업, 운수업 ⑤ 숙박 및 음식점업(주점 및 비알콜 음료점업 제외)

구 분	업 종
감면 대상	⑥ 출판 · 영상 · 방송통신 및 정보서비스업(비디오물 감상실 운영업 제외) ⑦ 부동산업 및 임대업 ⑧ 연구개발업, 광고업, 시장조사 및 여론조사업 ⑨ 건축기술 · 엔지니어링 및 기타 과학기술서비스업 ⑩ 기타 전문 · 과학 및 기술 서비스업 ⑪ 사업시설관리 및 사업지원 서비스업 ⑫ 기술 및 직업훈련 학원 ⑬ 사회복지 서비스업, 개인 및 소비용품 수리업 ⑭ 창작 및 예술관련 서비스업, 도서관, 사적지 및 유사 여가관련 서비스업, 스포츠 서비스업
감면 제외 (예시)	① 전문 · 과학 및 기술서비스업종 중 전문서비스업(법무 · 회계 · 세무관련 서비스업 등) ② 보건업(병원, 의원 등) ③ 금융 및 보험업 ④ 유원지 및 기타 오락관련 서비스업 ⑤ 교육서비스업(기술 및 직업훈련 학원 제외) ⑥ 기타 개인 서비스업

7. 의료비 과다공제 – 2022년 귀속분

7. 건강보험공단의 '본인부담금상한제 사후환급금' 수령액을 의료비에서 차감하지 않고 의료비 세액공제를 적용

○ (의료비 세액공제) 기본공제대상자(나이 및 소득의 제한을 받지 않음)를 위하여 해당 과세기간에 의료비를 지급하는 경우 해당하는 금액을 종합소득 산출세액에서 공제(소법 59의 4 ②)

– 총급여액의 3%를 초과하는 금액이 의료비 세액공제 대상

▌의료비 세액공제 대상금액 한도 및 세액공제율(2022년 귀속)▐

구 분	세액공제 대상금액 한도	세액공제율
일반 기본공제대상자 의료비	연 700만원 한도	15%
본인 · 6세 이하 · 65세 이상 · 장애인 · 중증질환자등 의료비	한도 없음	15%
미숙아 · 선천성 이상아		20%
난임시술비		30%

* 총급여 7천만원 이하자의 산후조리원 비용 포함(출산 1회당 200만원 한도)

○ (사후환급금) 건보공단에서 본인부담금상한제 사후환급금을 수령하여 보전받은 의료비는 세액공제 대상 아님

– 본인부담금 상한액은 매년 소득분위별로 금액이 달라져 진료받은 해의 다음 해 8월 이후부터 대부분의 금액이 확정 · 지급

> * 2022년 귀속 연말정산 시에는 근로자가 정확한 사후환급금 금액 파악이 어려워 과소신고 · 납부지연가산세 면제에 대한 감사원 컨설팅 진행 중
> → 추후 가산세 면제여부에 대해 재안내 예정(10월 말 예정)

처리 요령

1 본인부담금상한제 사후환급금 자료 확인(근로자)

○ 근로자는 국민건강보험공단(주소지 관할 지사) 측에 2022년 '본인부담금상한제 사후환급금' 금액을 확인

– 일선에서 건강보험공단에 확인요청 공문 발송 시, 건강보험 가입자의 성명 · 주민등록번호와 수진자의 성명 · 주민등록번호를 기재하면 지급금액 및 본인(수진자 포함) 수령 여부, 본인(수진자 포함) 수령금액* 회신

* 본인이나 수진자(진료받은 자)가 아닌 다른 부양가족(수진자의 위임을 받아 직계가족, 형제자매, 며느리, 사위, 제3자도 수령 가능)이 사후환급금을 수령한 경우 금액 확인 불가(타인수령 유무만 확인가능)
→수진자를 통해 확인 필요

※ 요청 양식 샘플

본인 (건강보험 가입자)		수진자 (진료받은자)		지급받은 금액 (본인 · 수진자 지급분)	타인수령 여부
성명	주민등록번호	성명	주민등록번호		
이AA	900101 −1000001	김BB	621201 −2000001	000원	여/부

– 세액공제 대상 의료비는 근로자가 직접 부담하는 의료비를 한도로 하므로, 초과금이 지급된 경우 본인 수령 여부와 무관하게 해당 금액은 세액공제 대상에서 제외됨

> ※ 근로자가 지급받지 않은 본인부담상한액 초과금을 세액공제할 경우, 실제 부담한 의료비보다 세액공제 대상 의료비 금액이 더 커지는 문제 발생

○ 근로소득 지급명세서, 연말정산간소화 서비스(www.hometax.go.kr → 조회/발급 → 연말정산간소화 → 연말정산 간소화 자료조회)에서 의료비 등을 확인하여 '본인부담금상한제 사후환급금'을 의료비에서 차감하여 신고하였는지 여부 확인

① '본인부담금상한제 사후환급금을 의료비에서 차감하지 않고 과다하게 공제
→ 홈택스에서 '연말정산 오류협의내용'을 출력하여 회사에 제출
② 해명할 사항이 있는 경우 → 협의내용과 해명자료를 회사에 제출

2 해명자료 검토 및 수정신고(원천징수의무자)

○ 건강보험공단에서 '2022년 귀속 본인부담금상한제 사후환급금' 자료를 국세청에 잘못 통보하였거나, 근로자가 의료비에서 이미 차감하여 신고한 경우, 관할 세무서에 해명자료 제출

○ 근로자가 의료비 세액공제를 과다하게 공제받은 경우, 근로자별로 추가납부세액*을 계산하여 징수

* 가산세 면제 여부는 추후 재안내 예정(감사원 컨설팅 진행 중)

① 근로자의 해명내용이 정당한 경우 → 해명자료를 관할 세무서에 제출
② 과다공제에 해당하는 경우 → 수정신고 및 납부

8. 개인연금저축 소득공제 및 연금계좌 세액공제 과다공제

8. 간소화로 수집된 개인연금저축 · 연금저축 · 퇴직연금 납입액보다 과다하게 소득공제 또는 세액공제 적용

○ (개인연금저축 소득공제) 거주자가 본인 명의로 개인연금저축을 2000.12.31.까지 가입한 경우 연금저축납입액의 40%(연간 72만원 한도)로 소득공제(구 조특법 86)

○ (연금계좌 세액공제) 거주자가 연금계좌에 납입한 금액의 12%(15%)에 해당하는 금액을 세액공제(소법 59의 3)

▮ 연금계좌 세액공제 한도 및 세액공제율 ▮

총급여 (종합소득금액)	세액공제 대상 납입한도 (퇴직연금 포함)	세액공제율
5,500만원 이하(4,500만원 이하)	600만원(900만원)	15%
5,500만원 초과(4,500만원 초과)		12%

처리 요령

1 개인연금저축 및 연금계좌 납입액 확인(근로자)

○ 근로자는 연말정산간소화 자료 및 금융기관을 통해 개인연금저축, 연금계좌 · 퇴직연금 납입액 확인

① 실제 납입액보다 과다하게 공제 → 홈택스에서 '연말정산 오류혐의내용'을 출력하여 회사에 제출 ② 해명할 사항이 있는 경우 → 혐의내용과 해명자료를 회사에 제출

2 해명자료 검토 및 수정신고(원천징수의무자)

○ 근로자가 제출한 해명자료를 검토하여 해명내용이 정당한 경우 관할 세무서에 해명자료 제출

* 주민등록번호를 변경한 경우 연말정산 간소화자료는 금융상품 가입 당시 주민등록번호를 기준으로 제공됨에 주의

○ 과다공제에 해당하는 경우 근로자별로 추가납부세액과 가산세를 계산하여 징수

① 근로자의 해명내용이 정당한 경우 → 해명자료를 관할 세무서에 제출 ② 과다공제에 해당하는 경우 → 수정신고 및 납부

9. 회계공시 미이행 노동조합비 기부금 세액공제 과다적용

9. 회계공시를 이행하지 않은 노동조합에 기부하고 세액공제를 적용하였으나, 공제제외금액(2023.10월~12월 기부분)을 신고하지 않은 경우

○ (노조회비 세액공제) 2022년 회계 결산결과에 대한 공시의무를 이행하지 않은 노동조합*에 2023.10.1.~12.31. 중 납부한 노조회비는 공제 불가

* 조합원 1천명 이상 노동조합의 경우 2022년 회계결산결과를 2023.11.30.까지 고용노동부 회계공시 시스템에 공시하여야 함

처리 요령

1 기부금 영수증 확인(근로자)

○ 근로자는 수동 기부금 영수증 등을 통해 해당 노동조합에 2023.10.1.~12.31. 중 기부하고 발급받은 영수증이 공제 대상 금액으로 산입되어 있는 지 여부를 확인

① 2023.10.1.~12.13. 중 기부한 금액이 공제대상으로 산입되어 있는 경우 → 세액공제 대상 기부금액에서 제외하여야 할 금액을 회사에 제출 ② 해명할 사항이 있는 경우 → 기부금 납입내역 등 해명자료를 회사에 제출

2 해명자료 검토 및 수정신고(원천징수의무자)

○ 근로자가 제출한 해명자료를 검토하여 해명내용이 정당한 경우 관할 지방청에 해명자료 제출

○ 과다공제에 해당하는 경우 근로자별로 추가납부세액과 가산세를 계산하여 징수

① 근로자의 해명내용이 정당한 경우 → 해명자료를 관할 지방청에 제출 ② 과다공제에 해당하는 경우 → 수정신고 및 납부

7 근로소득지급명세서 서식 개정(안)

■ 소득세법 시행규칙 [별지 제24호서식(1)] <개정 2025. 0. 00.> (9쪽 중 제1쪽)

관리번호	

[ ]근로소득 원천징수영수증
[ ]근로소득 지 급 명 세 서
([ ]소득자 보관용 [ ]발행자 보관용 [ ]발행자 보고용)

거주구분		거주자1/비거주자2	
거주지국		거주지국코드	
내 · 외국인		내국인1 /외국인9	
외국인 단일세율 적용		해당1 / 미해당2	
외국법인 소속 파견근로자 여부		해당1 / 미해당2	
종교관련종사자 여부		해당1 / 미해당2	
국적		국적코드	
세대주 여부		세대주1, 세대원2 세대주의 배우자3	
연말정산 구분		계속근로1, 중도퇴사2	

구분				
징 수 의무자	① 법인명(상호)		② 대표자(성명)	
	③ 사업자등록번호		④ 주민등록번호	
	③-1 사업자단위과세자 여부	해당1 / 미해당2	③-2 종사업장 일련번호	
	⑤ 소재지(주소)			
소득자	⑥ 성명		⑦ 주민등록번호(외국인등록번호)	
	⑧ 주소			

	구분		주(현)	종(전)	종(전)	⑯-1 납세조합	합계
Ⅰ. 근무처별 소득명세	⑨ 근무처명						
	⑩ 사업자등록번호						
	⑪ 근무기간		~	~	~	~	~
	⑫ 감면기간		~	~	~	~	~
	⑬ 급여						
	⑭ 상여						
	⑮ 인정상여						
	⑮-1 주식매수선택권 행사이익						
	⑮-2 우리사주조합인출금						
	⑮-3 임원 퇴직소득금액 한도초과액						
	⑮-4 직무발명보상금						
	⑯ 계						
Ⅱ. 비과세 및 감면소득명세	⑱ 국외근로	MOX					
	⑱-1 야간근로수당	O0X					
	⑱-2 보육수당	Q0X					
	⑱-3 출산지원금	Q0X					
	⑱-4 연구보조비	H0X					
	⑱-5						
	~						
	⑱-41 임원등 할인금액	W01					
	⑲ 수련보조수당	Y22					
	⑳ 비과세소득 계						
	⑳-1 감면소득 계						

	구분			⑲소득세	⑳ 지방소득세	㉑ 농어촌특별세
Ⅲ. 세액명세	㉝ 결정세액					
	기납부 세액	㉞ 종(전)근무지 (결정세액란의 세액을 적습니다)	사업자 등록 번호			
		㉟ 주(현)근무지				
	㊱ 납부특례세액					
	㊲ 차감징수세액(㉝-㉞-㉟-㊱)					

위의 원천징수액(근로소득)을 정히 영수(지급)합니다.

년 월 일

징수(보고)의무자 (서명 또는 인)

세무서장 귀하

구분						금액
Ⅳ. 정산명세	㉑ 총급여(⑯, 외국인 단일 세율 적용 시 연간 근로소득)					
	㉒ 근로소득공제					
	㉓ 근로소득금액					
종합소득공제	기본공제	㉔ 본인				
		㉕ 배우자				
		㉖ 부양가족(　명)				
	추가공제	㉗ 경로우대(　명)				
		㉘ 장애인(　명)				
		㉙ 부녀자				
		㉚ 한 부 모 가 족				
	연금보험료공제	㉛ 국민연금보험료			대상금액	
					공제금액	
		㉜ 공적연금보험료공제	㉮ 공무원연금		대상금액	
					공제금액	
			㉯ 군인연금		대상금액	
					공제금액	
			㉰ 사립학교교직원연금		대상금액	
					공제금액	
			㉱ 별정우체국연금		대상금액	
					공제금액	
	특별소득공제	㉝ 보험료	㉮ 건강보험료(노인장기요양보험료포함)		대상금액	
					공제금액	
			㉯ 고용보험료		대상금액	
					공제금액	
		㉞ 주택자금	㉮ 주택임차차입금원리금상환액		대출기관	
					거주자	
			㉯ 장기주택저당차입금이자상환액	2011년 이전 차입분	15년 미만	
					15년~29년	
					30년 이상	
					15년 이상 고정금리이면서 비거치상환 대출	
					15년 이상 고정금리이거나비거치상환대출	
				2012년 이후 차입분	15년 이상 고정금리이면서 비거치상환 대출	
					15년 이상 고정금리거나, 비거치상환 대출	
					15년 이상 그 밖의 대출	
					10년~15년 고정금리이거나, 비거치상환 대출	
		㉟ 계				
	㊱ 차감소득금액					
그 밖의 소득공제	㊲ 개인연금저축					
	㊳ 소기업·소상공인 공제부금					
	㊴ 주택마련저축	㉮ 청약저축				
		㉯ 주택청약종합저축				
		㉰ 근로자주택마련저축				
	㊵ 투자조합출자 등					
	㊶ 신용카드등 사용액					
	㊷ 우리사주조합 출연금					
	㊸ 고용유지 중소기업 근로자					
	㊹ 장기집합투자증권저축					
	㊺ 청년형 장기집합투자증권저축					
	㊻ 그 밖의 소득공제 계					
	㊼ 소득공제 종합한도 초과액					

구분					금액
㊽ 종합소득 과세표준					
㊾ 산출세액					
세액감면	㊿ 「소득세법」				
	(51) 「조세특례제한법」((52) 제외)				
	(52) 「조세특례제한법」 제30조				
	(53) 조세조약				
	(54) 세액감면 계				
세액공제	(55) 근로소득				
	(56) 혼인세액공제				
	(57) 자녀			공제대상자녀 (　명)	
				출산·입양자 (　명)	
	연금계좌	(58) 「과학기술인공제회법」에 따른 퇴직연금		공제대상금액	
				세액공제액	
		(59) 「근로자퇴직급여 보장법」에 따른 퇴직연금		공제대상금액	
				세액공제액	
		(60) 연금저축		공제대상금액	
				세액공제액	
		(60)-1 개인종합자산관리계좌 만기 시 연금계좌 납입액		공제대상금액	
				세액공제액	
	특별세액공제	(61) 보험료	보장성	공제대상금액	
				세액공제액	
			장애인전용 보장성	공제대상금액	
				세액공제액	
		(62) 의료비		공제대상금액	
				세액공제액	
		(63) 교육비		공제대상금액	
				세액공제액	
		(64) 기부금 ㉮ 정치자금 기부금	10만원 이하	공제대상금액	
				세액공제액	
			10만원 초과	공제대상금액	
				세액공제액	
		(64) 기부금 ㉯ 고향사랑 기부금	10만원 이하	공제대상금액	
				세액공제액	
			10만원 초과(일반)	공제대상금액	
				세액공제액	
			10만원 초과(특별재난지역)	공제대상금액	
				세액공제액	
		(64) 기부금 ㉰ 특례기부금		공제대상금액	
				세액공제액	
		(64) 기부금 ㉱ 우리사주조합 기부금		공제대상금액	
				세액공제액	
		(64) 기부금 ㉲ 일반 기부금(종교단체 외)		공제대상금액	
				세액공제액	
		(64) 기부금 ㉳ 일반기부금(종교단체)		공제대상금액	
				세액공제액	
		(65) 계			
	(66) 표준세액공제				
	(67) 납세조합공제				
	(68) 주택차입금				
	(69) 외국납부				
	(70) 월세액			공제대상금액	
				세액공제액	
	(71) 세액공제 계				
(72) 결정세액(㊾-(54)-(71))					
(82) 실효세율(%) ((72)/㉑)×100					

(9쪽 중 제3쪽)

⑱ 소득·세액공제 명세[인적공제항목은 해당란에 "○"표시(장애인 해당 시 해당 코드 기재)를 하며, 각종 소득공제·세액공제 항목은 공제를 위하여 실제 지출한 금액을 적습니다.]

인적공제 항목							각종 소득공제·세액공제 항목											
관계코드	성 명	기본공제		경로우대	혼인세액공제	출산입양	자료구분	보험료				의료비					교육비	
내·외국인	주민등록번호	부녀자	한부모	장애인		자녀		건강	고용	보장성	장애인전용보장성	일반	미숙아·선천성이상아	난임	6세이하 65세이상 장애인·건강보험 산정특례자	실손의료보험금	일반	장애인특수교육
인적공제 항목에 해당하는 인원수를 적습니다.							국세청 계											
							기타 계											
0		○					국세청											
	(근로자 본인)					—	기타											
							국세청											
	-						기타											
							국세청											
	-						기타											

각종 소득공제·세액공제 항목							
자료구분	신용카드등 사용액공제						기부금
	신용카드	직불카드등	현금영수증	문화체육사용분 (총급여 7천만원 이하자만 기재)	전통시장 사용분	대중교통 이용분	
국세청 계							
기타 계							
국세청							
기타							
국세청							
기타							

작 성 방 법

「소득세법」 제149조제1호에 해당하는 납세조합이 「소득세법」 제127조제1항제4호 각 목에 해당하는 근로소득을 연말정산하는 경우에도 사용하며, 이 경우 "⑨ 근무처명"란 및 "⑩ 사업자등록번호"란에는 실제 근무처의 상호 및 사업자번호를 적습니다. 다만, 근무처의 사업자등록이 없는 경우 납세조합의 사업자등록번호를 적습니다.

1. "거주지국"란 및 "거주지국코드"란: 근로소득자가 비거주자에 해당하는 경우에만 적으며, 국제표준화기구(ISO)가 정한 ISO코드 중 국명약어 및 국가코드를 적습니다(※ ISO국가코드: 국세청홈페이지→국세정책/제도→국제조세정보→참고자료실→국제표준화기구(ISO)가 정한 국가코드에서 조회할 수 있습니다) 예) 대한민국 : KR, 미국 : US
2. 근로소득자가 외국인에 해당하는 경우에는 "내·외국인"란에 "외국인 9"를 선택하고 "국적 및 국적코드"란에 국제표준화기구(ISO)가 정한 ISO 코드 중 국명약어 및 국가코드를 적습니다. 해당 근로소득자가 외국인근로자 단일세율적용신청서를 제출한 경우"외국인단일세율 적용"란에 해당1을 선택합니다. 또한, 근로소득자가 종교관련종사자에 해당하는 경우에는 "종교관련종사자 여부"란에 해당1을 선택합니다.
3. 원천징수의무자가 「부가가치세법」에 따른 사업자단위 과세자에 해당하는 경우에는 ③-1에서 해당1을 선택하고, ③-2에 소득자가 근무하는 사업장의 종사업장 일련번호를 적습니다.
4. 원천징수의무자는 지급일이 속하는 연도의 다음 연도 3월 10일(휴업 또는 폐업한 경우에는 휴업일 또는 폐업일이 속하는 달의 다음 다음 달 말일을 말합니다)까지 지급명세서를 제출해야 합니다.
5. "Ⅰ. 근무처별 소득명세"란: 비과세소득을 제외한 금액을 해당 항목별로 적습니다.
6. "Ⅱ. 비과세 및 감면소득 명세"란: 지급명세서 작성대상 비과세소득 및 감면대상을 해당 코드별로 구분하여 적습니다(적을 항목이 많은 경우 "Ⅱ. 비과세 및 감면소득 명세"란의 "⑳ 비과세소득 계"란 및 "⑳-1 감면세액 계"란에 총액만 적고, "Ⅱ.비과세 소득"란을 별지로 작성할 수 있습니다).
7. 「소득세법」 제127조제1항제4호의 각 목에 해당하는 근로소득과 그 외 근로소득[주(현)란]을 더하여 연말정산하는 경우에는 "⑯-1 납세조합"란에 각각 근로소득납세조합과 「소득세법」 제127조제1항제4호 각 목에 해당하는 근로소득을 적고, 「소득세법」 제150조에 따른 납세조합공제금액을 "㊻ 납세조합공제"란에 적습니다. 합병, 기업형태 변경 등으로 존속 법인 등이 연말정산을 하는 경우에는 피합병법인에서 발생한 소득과 기업형태 변경 전의 법인에서 발생한 소득은 근무처별 소득명세 종(전)란에 별도로 적습니다.
   또한, 동일회사 내 사업자등록번호가 다른 곳에서 전입 등을 하여 해당 법인이 연말정산을 하는 경우에는 전입하기 전 지점 등에서 발생한 소득은 "근무처별 소득명세 종(전)"란에 별도로 적습니다.
8. "㉑ 총급여"란: "⑯계"란의 금액을 적되, 외국인근로자가 「조세특례제한법」 제18조의2제2항에 따라 단일세율을 적용하는 경우에는 "⑯계"의 금액과 비과세소득금액을 더한 금액을 적습니다. 이 경우 소득세와 관련한 비과세·공제·감면 및 세액공제에 관한 규정은 적용하지 않습니다.
9. "종합소득 특별소득공제(㉝~㉞)"란 및 "그 밖의 소득공제(㊲~㊻)"란: 근로소득자 소득·세액 공제신고서(별지 제37호서식)의 공제액을 적습니다(소득공제는 서식에서 정하는 바에 따라 순서대로 소득공제를 적용하여 종합소득과세표준과 세액을 계산합니다).
10. "연금계좌(㊿~⑹-1)"란 및 "특별세액공제(⑹~⑹)"란: 근로소득자 소득·세액 공제신고서(별지 제37호서식)의 공제대상금액 및 세액공제액을 적습니다.

작 성 방 법

10. "㊼ 소득공제 종합한도 초과액"란: ㉞ 주택자금공제(㉮+㉯), ㊳ 소기업・소상공인 공제부금, ㊴ 주택마련저축(㉮+㉯+㉰), ㊵ 투자조합출자 등(「조세특례제한법」 제16조제1항제3호・제4호는 제외), ㊶ 신용카드등 사용액, ㊷ 우리사주조합 출연금, ㊹ 장기집합투자증권저축 전체를 합한 금액이 2,500만원을 초과하는 경우 적습니다.

11. "㊽ 종합소득 과세표준"란: ㉟ 차감소득금액에서 ㊻ 그 밖의 소득공제 계를 차감하고 ㊼ 소득공제 종합한도 초과액을 더하여 적습니다.

12. "⑯ 납부특례세액"란: 「조세특례제한법」 제16조의3제1항에 따라 주식매수선택권을 행사함으로써 얻은 이익에 대하여 벤처기업 또는 벤처기업이 발행주식 총수의 100분의 30 이상을 인수한 기업의 임원 또는 종업원이 원천징수의무자에게 납부특례의 적용을 신청한 경우에는 해당 과세기간의 결정세액에서 해당 과세기간의 근로소득금액 중 주식매수선택권을 행사함으로써 얻는 이익에 따른 소득금액을 제외하여 산출한 결정세액을 뺀 금액을 적습니다.

13. 파견외국법인 소속 파견근로자의 경우 기납부세액은 해당 파견근로자 개인별 근로소득에 대한 소득세로 실제 원천징수된 세액을 확인하여 적습니다. 다만, 파견근로자별로 원천징수세액을 구분하기 어려운 경우에는 사용내국법인이 파견외국법인에게 지급한 파견근로 대가에 대한 원천징수세액(2018. 6. 30.이전 17%, 2018. 7. 1.이후 19%)에 총 파견근로자의 결정세액 합계에 대한 각 파견근로자별 결정세액의 비율을 곱하여 적습니다.

14. 이 서식에 적는 금액 중 ㉜ 실효세율은 소숫점 둘째자리에서 반올림하여 소숫점 첫째 자리만 표시하고 그 외는 소수점 이하 값은 버리며, ⑰ 차감징수세액이 소액 부징수(1천원 미만을 말합니다)에 해당하는 경우 세액을 "0"으로 적습니다.

15. "⑱ 소득・세액공제 명세"란: 다음과 같이 작성합니다.

가. 관계코드란

구 분	관계코드	구 분	관계코드	구 분	관계코드
소득자 본인 (소득세법 §50 ① 1)	0	소득자의 직계존속 (소득세법 §50 ① 3 가)	1	배우자의 직계존속 (소득세법 §50 ① 3 가)	2
배우자 (소득세법 §50 ① 2)	3	직계비속(자녀・손자녀, 입양자) (소득세법 §50 ① 3 나)	4	직계비속(코드 4 제외) (소득세법 §50 ① 3 나)	5
형제자매 (소득세법 §50 ① 3 다)	6	수급자(코드1~6제외) (소득세법 §50 ① 3 라)	7	위탁아동 (소득세법 §50 ① 3 마)	8

* 직계비속과 그 배우자가 장애인인 경우 그 배우자는 포함하되 코드 4는 제외합니다.

※ 관계코드 4~6는 소득자와 배우자의 각각의 관계를 포함합니다.

나. 내・외국인란: 내국인의 경우 "1"로, 외국인의 경우 "9"로 적습니다.

다. 인적공제항목란: 인적공제사항이 있는 경우 해당란에 "○" 표시를 합니다(해당 사항이 없을 경우 비워둡니다).

라. 장애인란: 본인 또는 부양가족이 장애인인 경우 다음의 코드를 해당 항목에 적습니다.

구분	코드
「장애인복지법」에 따른 장애인 등	1
「국가유공자 등 예우 및 지원에 관한 법률」에 따른 상이자 및 이와 유사한 자로서 근로능력이 없는 자	2
그 밖에 항시 치료를 필요로 하는 중증환자	3

마. 국세청 자료란: 소득・세액공제 증명서류로 국세청 홈택스 홈페이지(www.hometax.go.kr)에서 제공하는 자료를 이용하는 경우 각 소득・세액공제 항목의 금액 중 소득・세액 공제대상이 되는 금액을 적습니다.

바. 기타 자료란: 국세청에서 제공하는 증명서류 외의 증명서류를 이용하는 경우를 말합니다(예를 들면, 시력교정용 안경구입비는 "의료비 항목"의 "기타"란에 적습니다).

사. 각종 소득・세액 공제 항목란: 소득・세액공제항목에 해당하는 실제 지출금액을 적습니다(소득・세액공제액이 아닌 실제 사용금액을 공제항목별로 구분된 범위 안에 적습니다).

아. 의료비(일반, 미숙아·선천성이상아, 난임, 6세이하 · 65세이상・장애인・건강보험산정특례자)란: 해당 과세기간에 지출한 의료비 총액을 적습니다. (실손의료보험금란에는 해당 과세기간에 보험회사로부터 수령한 실손의료보험금을 적습니다)

16. 해당 근로소득자가 월세액, 거주자 간 주택임차자금 차입금 원리금 상환액을 소득・세액공제를 한 경우에는 근로소득지급명세서를 원천징수 관할 세무서장에게 제출 시 해당 명세서를 함께 제출해야 합니다.

17. 해당 근로소득자가 주택마련저축・장기집합투자증권저축 소득공제, 퇴직연금・연금저축・기부금 세액공제를 한 경우에는 근로소득지급명세서를 원천징수 관할 세무서장에게 제출 시 해당 명세서(기부금세액공제가 있는 경우에는 별지 제45호서식 기부금명세서)를 함께 제출해야 합니다.

18. ㉞ 주택자금공제의 15년 이상 29년 이하, 30년 이상에는 「소득세법 시행령」 제112조제10항제5호가 해당되는 경우를 포함하여 적습니다.

19. 전통시장 사용액과 대중교통 이용액은 전통시장이나 대중교통을 이용 시 신용카드, 현금영수증, 직불카드・선불카드 등으로 사용한 금액의 합계액을 적습니다.

20. 도서・신문・영화관람료・공연・박물관・미술관(이하 이 서식에서 "문화체육사용분"이라 합니다)은 총급여가 7천만원 이하인 근로자에 한하여 적용하되, 문화체육사용분이 전통시장 사용분에도 해당할 경우 전통시장 사용분으로 공제 받습니다(신문 사용분의 경우 2021년 1월 1일 이후 사용하는 분부터 적용합니다).

21. 총급여 7천만원 초과자의 문화체육사용분은 신용카드, 현금영수증, 직불카드등 결제수단별 소득공제 금액에 포함하여 계산한 금액을 소득공제 합니다.

(9쪽 중 제5쪽)

비과세 및 감면 소득 코드

구분	법조문	코드	기재란	비과세항목	지급명세서 작성 여부
비과세	「소득세법」 제12조제3호가목	A01		복무 중인 병(兵)이 받는 급여	×
	「소득세법」 제12조제3호나목	B01		법률에 따라 동원 직장에서 받는 급여	×
	「소득세법」 제12조제3호다목	C01		「산업재해보상보험법」에 따라 지급받는 요양급여 등	×
	「소득세법」 제12조제3호라목	D01		「근로기준법」 등에 따라 지급받는 요양보상금 등	×
	「소득세법」 제12조제3호마목	E01		「고용보험법」 등에 따라 받는 육아휴직급여 등	×
		E02		「국가공무원법」 등에 따라 받는 육아휴직수당 등[사립학교 직원이 학교의 정관·규칙에 따라 받는 육아휴직수당(월 150만원 한도) 포함]	×
	「소득세법」 제12조제3호바목	E10		「국민연금법」에 따라 받는 반환일시금(사망으로 받는 것으로 한정함) 및 사망일시금	×
	「소득세법」 제12조제3호사목	F01		「공무원연금법」 등에 따라 받는 요양비 등	×
	「소득세법」 제12조제3호아목	G01	⑱-5	비과세 학자금(「소득세법 시행령」 제11조)	○
	「소득세법」 제12조제3호자목	H02		「소득세법 시행령」 제12조제2호 및 제3호(식료·일직료·숙직료 등)	×
		H03		「소득세법 시행령」 제12조제3호(자가운전보조금)	×
		H04		「소득세법 시행령」 제12조제4호 및 제8호(법령에 따라 착용하는 제복 등)	×
		H05	⑱-18	「소득세법 시행령」 제12조제9호부터 제11호까지(경호수당, 승선수당 등)	○
		H06	⑱-4	「소득세법 시행령」 제12조제12호가목(연구보조비 등)-「유아교육법」, 「초·중등교육법」	○
		H07	⑱-4	「소득세법 시행령」 제12조제12호가목(연구보조비 등)-「고등교육법」	○
		H08	⑱-4	「소득세법 시행령」 제12조제12호가목(연구보조비 등)-특별법에 따른 교육기관	○
		H09	⑱-4	「소득세법 시행령」 제12조제12호나목(연구보조비 등)	○
		H10	⑱-4	「소득세법 시행령」 제12조제12호다목(연구보조비 등)	○
		H14	⑱-22	「소득세법 시행령」 제12조제13호가목(보육교사 근무환경개선비)-「영유아보육법 시행령」	○
		H15	⑱-23	「소득세법 시행령」 제12조제13호나목(사립유치원 수석교사·교사의 인건비)-「유아교육법 시행령」	○
		H11	⑱-6	「소득세법 시행령」 제12조제14호(취재수당)	○
		H12	⑱-7	「소득세법 시행령」 제12조제15호(벽지수당)	○
		H13	⑱-8	「소득세법 시행령」 제12조제16호(천재·지변 등 재해로 받는 급여)	○
		H16	⑱-24	「소득세법 시행령」 제12조제17호(정부·공공기관 중 지방이전기관 종사자 이전지원금)	○
		H17	⑱-30	「소득세법 시행령」 제12조제18호(종교관련종사자가 소속 종교단체의 규약 또는 소속 종교단체의 의결기구의 의결·승인 등을 통하여 결정된 지급 기준에 따라 종교 활동을 위하여 통상적으로 사용할 목적으로 지급받은 금액 및 물품)	○
	「소득세법」 제12조제3호차목	I01	⑱-19	외국정부 또는 국제기관에 근무하는 사람에 대한 비과세	○
	「소득세법」 제12조제3호카목	J01		「국가유공자 등 예우 및 지원에 관한 법률」에 따라 받는 보훈급여금 및 학습보조비	×
	「소득세법」 제12조제3호타목	J10		「전직대통령 예우에 관한 법률」에 따라 받는 연금	×
	「소득세법」 제12조제3호파목	K01	⑱-10	작전임무 수행을 위해 외국에 주둔하는 군인 등이 받는 급여	○
	「소득세법」 제12조제3호하목	L01		종군한 군인 등이 전사한 경우 해당 과세기간의 급여	×
	「소득세법」 제12조제3호거목	M01	⑱	「소득세법 시행령」 제16조제1항제1호(국외 등에서 근로에 대한 보수) 100만원	○
		M02	⑱	「소득세법 시행령」 제16조제1항제1호(국외 등에서 근로에 대한 보수) 300만원(2023년 귀속분까지만 적용)	○
		M03	⑱	「소득세법 시행령」 제16조제1항제2호(국외근로)	○
		M04	⑱	「소득세법 시행령」 제16조제1항제1호(국외 등에서 근로에 대한 보수) 500만원	○
	「소득세법」 제12조제3호너목	N01		「국민건강보험법」 등에 따라 사용자 등이 부담하는 보험료	×
	「소득세법」 제12조제3호더목	O01	⑱-1	생산직 등에 종사하는 근로자의 야간수당 등	○
	「소득세법」 제12조제3호러목	P01	⑱-40	비과세 식사대(월 20만원 이하)	○
		P02		현물 급식	×
	「소득세법」 제12조제3호머목	Q01	⑱-2	출산, 6세 이하의 자녀의 보육 관련 비과세 급여(월 20만원 이내)(2023년 귀속분까지만 적용)	○
		Q02	⑱-2	6세 이하의 자녀의 보육 관련 비과세 급여(월 20만원 이내)	○
		Q03	⑱-3	자녀 출생일 이후 2년 이내에 받는 출산지원금(1회)	○
		Q04	⑱-3	자녀 출생일 이후 2년 이내에 받는 출산지원금(2회)	○
	「소득세법」 제12조제3호버목	R01		국군포로가 지급받는 보수 등	×
	「소득세법」 제12조제3호서목	R10	⑱-21	「교육기본법」 제28조제1항에 따라 받는 장학금	○
	「소득세법」 제12조제3호어목	R11	⑱-29	「소득세법 시행령」 제17의3(비과세 직무발명보상금)	○
	「소득세법」 제12조제3호저목	V01		사택 제공 이익	×
		V02		주택 자금 저리·무상 대여 이익	×
		V03		종업원 등을 수익자로하는 보험료·신탁부금·공제부금	×
		V04		공무원이 받는 상금과 부상(연 240만원 이내)	×
		V05		「영유아보육법 시행령」에 따라 사업주가 부담하는 보육비용	×
	「소득세법」 제12조제3호처목	W01	⑱-41	임원등 할인금액 비과세	○
	구 「조세특례제한법」 제15조	S01	⑱-11	주식매수선택권 비과세	○
	「조세특례제한법」 제16의2	U01	⑱-31	벤처기업 주식매수 선택권 행사이익 비과세	○
	「조세특례제한법」 제88의4제6항	Y02	⑱-14	우리사주조합 인출금 비과세(50%)	○
		Y03	⑱-15	우리사주조합 인출금 비과세(75%)	○
		Y04	⑱-16	우리사주조합 인출금 비과세(100%)	○
	「소득세법」 제12조제3호자목	Y22	⑲	「소득세법 시행령」 제12조제13호다목(전공의 수련보조수당)	○
감면	「조세특례제한법」 제18조	T01	⑱-12	외국인 기술자 소득세 감면(50%)	○
		T02	⑱-36	외국인 기술자 소득세 감면(70%)	○
	「조세특례제한법」 제19조	T30	⑱-33	성과공유 중소기업의 경영성과급에 대한 세액공제 등	○
	「조세특례제한법」 제29조의6	T40	⑱-34	중소기업 청년근로자 및 핵심인력 성과보상기금 수령액에 대한 소득세 감면 등(50%)	○
		T41	⑱-37	중견기업 청년근로자 및 핵심인력 성과보상기금 수령액에 대한 소득세 감면 등(30%)	○
		T42	⑱-38	중소기업 청년근로자 및 핵심인력 성과보상기금 수령액에 대한 소득세 감면 등(청년 90%)	○
		T43	⑱-39	중견기업 청년근로자 및 핵심인력 성과보상기금 수령액에 대한 소득세 감면 등(청년 50%)	○
	「조세특례제한법」 제18조의3	T50	⑱-35	내국인 우수인력의 국내복귀에 대한 소득세 감면	○
	「조세특례제한법」 제30조	T12	⑱-27	중소기업 취업자 소득세 감면(70%)	○
		T13	⑱-32	중소기업 취업자 소득세 감면(90%)	○
	조세조약	T20	⑱-28	조세조약상 소득세 면제(교사·교수)	○

연금 · 저축 등 소득 · 세액 공제명세서

1. 인적사항	① 상 호		② 사업자등록번호	
	③ 성 명		④ 주민등록번호	
	⑤ 주 소	(전화번호:)		
	⑥ 사업장 소재지	(전화번호:)		

2. 연금계좌 세액공제

1) 퇴직연금계좌

* 퇴직연금계좌에 대한 명세를 작성합니다.

퇴직연금 구분	금융회사 등	계좌번호 (또는 증권번호)	납입금액	세액공제금액

2) 연금저축계좌

* 연금저축계좌에 대한 명세를 작성합니다.

연금저축 구분	금융회사 등	계좌번호 (또는 증권번호)	납입금액	소득·세액 공제금액

3) 개인종합자산관리계좌 만기 시 연금계좌 납입액

* 납입 연금저축계좌·퇴직연금계좌에 대한 명세를 작성합니다.

연금 구분	금융회사 등	계좌번호 (또는 증권번호)	납입금액	세액공제금액

3. 주택마련저축 소득공제

* 주택마련저축 소득공제에 대한 명세를 작성합니다.

저축 구분	금융회사 등	계좌번호 (또는 증권번호)	납입금액	소득공제금액

4. 장기집합투자증권저축 소득공제

* 장기집합투자증권저축 소득공제에 대한 명세를 작성합니다.

금융회사 등	계좌번호 (또는 증권번호)	납입금액	소득공제금액

5. 벤처투자조합 출자 등에 대한 소득공제

* 벤처투자조합 출자 등 소득공제에 대한 명세서를 작성합니다.

투자연도	투자구분	금융기관 등	계좌번호 (또는 증권번호)	납입금액

6. 청년형 장기집합투자증권저축 소득공제

* 청년형 장기집합투자증권저축 소득공제에 대한 명세서를 작성합니다.

가입일	계약기간	금융기관 등	계좌번호 (또는 증권번호)	납입금액	소득공제금액

작 성 방 법

1. 연금계좌 세액공제, 주택마련저축, 장기집합투자증권저축, 중소기업 창업투자조합 출자, 청년형 장기집합투자증권저축 등 소득공제를 받는 소득자에 대해서는 해당 소득·세액 공제에 대한 명세를 작성해야 합니다. 해당 계좌별로 납입금액과 소득·세액 공제금액을 적고, 공제금액이 영(0)인 경우에는 적지 않습니다.
2. 1) 퇴직연금계좌란의 퇴직연금 구분란: 퇴직연금[확정기여형(DC), 개인형(IRP), 중소기업퇴직연금]·과학기술인공제회로 구분하여 적습니다.
3. 2) 연금계좌저축의 연금저축구분란: 개인연금저축과 연금저축으로 구분하여 적습니다.
4. 3) 개인종합자산관리계좌 만기 시 연금계좌 납입액의 연금구분란: 연금저축계좌와 퇴직연금계좌로 구분하여 적습니다.
   - 개인종합자산관리계좌 만기 시 연금계좌 납입액 공제세액은 개인종합자산관리계좌의 계약기간이 만료되고 해당 계좌잔액의 전부 또는 일부를 연금저축계좌·퇴직연금계좌로 납입한 경우 그 납입한 금액을 납입한 날이 속하는 과세기간의 연금계좌 납입액에 포함합니다(전환금액의 10%, 300만원 한도).
5. 3. 주택마련저축 소득공제의 저축 구분란: 청약저축, 주택청약종합저축 및 근로자주택마련저축으로 구분하여 적습니다.
6. 5. 벤처투자조합 출자 등에 대한 소득공제의 투자 구분란: 벤처 등(「조세특례제한법」 제16조제1항제3호·제4호·제6호), 조합1(「조세특례제한법」 제16조제1항제1호·제5호), 조합2(「조세특례제한법」 제16조제1항제2호)로 구분하여 적습니다.
7. 6. 청년형 장기집합투자증권저축의 계약기간란: 계약기간을 개월 수로 적습니다(월수 계산 시 1월 미만은 1월로 합니다).
8. 세액공제금액란, 소득·세액 공제금액란 및 소득공제금액란은 근로소득자가 적지 않을 수 있습니다.

출산지원금 비과세 적용 명세서

1. 인적사항

징수 의무자	① 상 호	② 사업자등록번호
	③ 사업장 소재지 (전화번호:)	
소득자	④ 성 명	⑤ 주민등록번호
	⑥ 주 소 (전화번호:)	

2. 출산지원금 비과세 대상 자녀 명세

⑦ 자녀 성명	⑧ 주민등록번호	출산지원금			⑫ 지급처 (사업자등록번호)
		⑨지급받은 날	⑩ 지급받은 금액	⑪ 지급회차 [1 또는 2]	

작성방법

1. 회사에서 받은 출산지원금에 대해 비과세를 적용받는 근로소득자는 해당 비과세 적용 명세를 작성해야 합니다.
2. 자녀의 출생일 이후 2년 이내에 회사로부터 첫 번째와 두 번째 지급받은 출산지원금만 비과세 대상에 해당됩니다. 다만, 2024년 1월 1일부터 2024.년 12월 31일까지의 기간에 지급받은 출산지원금은 2021년 1월 1일 이후 출생한 자녀에 대한 지급분도 비과세됩니다.
3. 개인인 사업자와 친족관계에 있는 자 또는 법인인 사업자의 지배주주등(해당 지배주주등과 「국세기본법 시행령」 제1조의2제1항에 따른 친족관계 또는 같은 조 제3항제2호가목에 따른 경영지배관계에 있는 사람을 포함합니다)이 지급받은 출산지원금은 비과세 대상이 아니므로 본 서식 작성대상이 아닙니다.
4. 근로자가 지급받는 급여의 횟수는 사용자별로 계산합니다.
5. ⑪ 지급회차란: 출산지원금을 지급받은 횟수에 따라 '1' 또는 '2' 로 적습니다.
6. 2회를 초과하여 지급받은 출산지원금은 비과세 대상에 해당하지 않으므로 작성하지 않습니다.

관리 번호	

근로소득 원천징수영수증(매월분)

([ ]소득자 보관용 [ ]발행자 보관용 [ ]발행자 보고용)

거주구분	거주자1/비거주자2
거주지국	거주지국코드
내・외국인	내국인1 /외국인9
외국인 단일세율 적용	해당1 / 미해당2
국적	국적코드

구분		
징수 의무자	① 법인명(상호)	② 대표자(성명)
	③ 사업자등록번호	④ 주민등록번호
	⑤ 소재지(주소)	
소득자	⑥ 성명	⑦ 주민등록번호
	⑧ 주소	

	구분		국내	국외	합계
I. 근무처별 소득명세	⑨ 근무처명				
	⑩ 사업자등록번호				
	⑪ 근무기간		~	~	~
	⑫ 감면기간		~	~	~
	⑬ 급여				
	⑭ 상여				
	⑮ 인정상여				
	⑮-1 주식매수선택권 행사이익				
	⑮-2 우리사주조합인출금				
	⑮-3 임원 퇴직소득금액 한도초과액				
	⑮-4				
	⑯ 계				
II. 비과세 및 감면소득명세	⑱ 국외근로	MOX			
	⑱-1 야간근로수당	OOX			
	⑱-2 보육수당	QOX			
	⑱-3 출산지원금	QOX			
	⑱-4				
	⑱-5				
	~				
	⑱-41 임원등 할인금액	W01			
	⑲ 수련보조수당	Y22			
	⑳ 비과세소득 계				
	⑳-1 감면소득 계				

				차감납부세액	
III. 세액계산	㉑ 근로소득				
	㉒			㉗ 소득세	
	㉓ 간이세액표에 의한 소득세				
	세액공제	㉔ 외국납부		㉘ 지방소득세	
		㉕ 납세조합 [(㉓-㉔) × 3/100]			
	㉖ 납부특례세액			㉙ 농어촌특별세	

위의 납부 세액을 영수합니다.

년 월 일

납세조합 (서명 또는 인)

세무서장 귀하

작성방법

1. 「소득세법」 제149조제1호에 해당하는 납세조합이 같은 법 제127조제1항제4호 각 목에 해당하는 근로소득에 대해 매월분의 소득세를 원천징수하는 경우에 사용합니다.
2. "⑨ 근무처명"란 및 "⑩ 사업자등록번호"란: 실제 근무처의 상호 및 사업자번호를 적습니다. 다만, 근무처가 사업자등록이 되어 있지 않은 경우 납세조합의 사업자등록번호를 적습니다.

[ ]월세액·[ ]거주자 간 주택임차차입금 원리금 상환액 소득·세액공제 명세서

[무주택자 해당 여부 [ ]해당, [ ]미해당]

1. 인적사항	① 상호	② 사업자등록번호
	③ 성명	④ 주민등록번호
	⑤ 주소	(전화번호:)
	⑥ 사업장 소재지	(전화번호:)

2. 월세액 세액공제 명세

⑦ 임대인 성 명 (상 호)	⑧ 주민등록번호 (사업자번호)	⑨ 유형	⑩ 계약 면적(㎡)	⑪ 임대차계약서상 주소지	⑫ 계약서상 임대차 계약기간		⑬ 연간 월세액(원)	⑭ 세액 공제금액 (원)
					개시일	종료일		

※ ⑨ 유형란 구분코드: 단독주택: 1, 다가구: 2, 다세대주택: 3, 연립주택: 4, 아파트: 5, 오피스텔: 6, 고시원 : 7, 기타: 8
※ ⑫ 계약서상 임대차계약기간란: 개시일과 종료일은 예시와 같이 기재 (예시) 2024.01.01.

3. 거주자 간 주택임차차입금 원리금 상환액 소득공제 명세

1) 금전소비대차 계약내용

⑮ 대주(貸主)	⑯ 주민등록번호	⑰ 금전소비대차 계약기간	⑱ 차입금 이자율	원리금 상환액			㉒ 공제금액
				⑲ 계	⑳ 원금	㉑ 이자	

2) 임대차 계약내용

㉓ 임대인 성 명 (상 호)	㉔ 주민등록번호 (사업자번호)	㉕ 유형	㉖ 계약 면적(㎡)	㉗ 임대차계약서상 주소지	㉘ 계약서상 임대차 계약기간		㉙ 전세보증금 (원)
					개시일	종료일	

※ ㉕ 유형란 구분코드: 단독주택: 1, 다가구: 2, 다세대주택: 3, 연립주택: 4, 아파트: 5, 오피스텔: 6, 고시원 : 7, 기타: 8
※ ㉘ 계약서상 임대차계약기간란: 개시일과 종료일은 예시와 같이 기재 (예시) 2024.01.01.

작 성 방 법

1. 월세액 세액공제나 거주자 간 주택임차자금 차입금 원리금 상환액 공제를 받는 근로소득자에 대해서는 해당 소득·세액공제에 대한 명세를 작성해야 합니다.
2. 해당 임대차 계약별로 연간 합계한 월세액·원리금상환액과 소득·세액공제금액을 적으며, 공제금액이 "영(0)"인 경우에는 적지 않습니다.
3. ⑨ 유형란 및 ㉕ 유형란: 단독주택, 다가구주택, 다세대주택, 연립주택, 아파트, 오피스텔, 고시원, 기타 중에서 해당되는 **유형의 구분코드**를 적습니다.
4. ㉙ 전세보증금(원)란: 과세기간 종료일(12. 31.) 현재의 전세보증금의 액수를 적습니다.

출산지원금 비과세 적용 명세서

1. 인적사항

징수 의무자	① 상 호	② 사업자등록번호
	③ 사업장 소재지	(전화번호:)
소득자	④ 성 명	⑤ 주민등록번호
	⑥ 주 소	(전화번호:)

2. 출산지원금 비과세 대상 자녀 명세

⑦ 자녀 성명	⑧ 주민등록번호	출산지원금			⑫ 지급처 (사업자등록번호)
		⑨지급받은 날	⑩ 지급받은 금액	⑪ 지급회차 [1 또는 2]	

작성방법

1. 회사에서 받은 출산지원금에 대해 비과세를 적용받는 근로소득자는 해당 비과세 적용 명세를 작성해야 합니다.
2. 자녀의 출생일 이후 2년 이내에 회사로부터 첫 번째와 두 번째 지급받은 출산지원금만 비과세 대상에 해당됩니다. 다만, 2024년 1월 1일부터 2024.년 12월 31일까지의 기간에 지급받은 출산지원금은 2021년 1월 1일 이후 출생한 자녀에 대한 지급분도 비과세됩니다.
3. 개인인 사업자와 친족관계에 있는 자 또는 법인인 사업자의 지배주주등(해당 지배주주등과 「국세기본법 시행령」 제1조의2제1항에 따른 친족관계 또는 같은 조 제3항제2호가목에 따른 경영지배관계에 있는 사람을 포함합니다)이 지급받은 출산지원금은 비과세 대상이 아니므로 본 서식 작성대상이 아닙니다.
4. 근로자가 지급받는 급여의 횟수는 사용자별로 계산합니다.
5. ⑪ 지급회차란: 출산지원금을 지급받은 횟수에 따라 '1' 또는 '2' 로 적습니다.
6. 2회를 초과하여 지급받은 출산지원금은 비과세 대상에 해당하지 않으므로 작성하지 않습니다.

관리 번호	

근로소득 원천징수영수증(매월분)

([ ]소득자 보관용 [ ]발행자 보관용 [ ]발행자 보고용)

거주구분	거주자1/비거주자2
거주지국	거주지국코드
내·외국인	내국인1 /외국인9
외국인 단일세율 적용	해당1 / 미해당2
국적	국적코드

징수의무자	① 법인명(상호)	② 대표자(성명)
	③ 사업자등록번호	④ 주민등록번호
	⑤ 소재지(주소)	
소득자	⑥ 성명	⑦ 주민등록번호
	⑧ 주소	

	구분		국내	국외	합계
Ⅰ. 근무처별 소득명세	⑨ 근무처명				
	⑩ 사업자등록번호				
	⑪ 근무기간		~	~	~
	⑫ 감면기간		~	~	~
	⑬ 급여				
	⑭ 상여				
	⑮ 인정상여				
	⑮-1 주식매수선택권 행사이익				
	⑮-2 우리사주조합인출금				
	⑮-3 임원 퇴직소득금액 한도초과액				
	⑮-4				
	⑯ 계				
Ⅱ. 비과세 및 감면소득명세	⑱ 국외근로	MOX			
	⑱-1 야간근로수당	O0X			
	⑱-2 보육수당	Q0X			
	⑱-3 출산지원금	Q0X			
	⑱-4				
	⑱-5				
	~				
	⑱-41 임원등 할인금액	W01			
	⑲ 수련보조수당	Y22			
	⑳ 비과세소득 계				
	⑳-1 감면소득 계				

	구분			차감납부세액	
Ⅲ. 세액계산	㉑ 근로소득				
	㉒			㉗ 소득세	
	㉓ 간이세액표에 의한 소득세				
	세액공제	㉔ 외국납부		㉘ 지방소득세	
		㉕ 납세조합 [(㉓-㉔) × 3/100]		㉙ 농어촌특별세	
	㉖ 납부특례세액				

위의 납부 세액을 영수합니다.

년 월 일

납세조합 (서명 또는 인)

세무서장 귀하

작성방법

1. 「소득세법」 제149조제1호에 해당하는 납세조합이 같은 법 제127조제1항제4호 각 목에 해당하는 근로소득에 대해 매월분의 소득세를 원천징수하는 경우에 사용합니다.
2. "⑨ 근무처명" 란 및 "⑩ 사업자등록번호" 란: 실제 근무처의 상호 및 사업자번호를 적습니다. 다만, 근무처가 사업자등록이 되어 있지 않은 경우 납세조합의 사업자등록번호를 적습니다.

■ 소득세법 시행규칙 [별지 제43호서식] <개정 2024. . .>

의료비지급명세서

소득자 인적사항	
① 성 명	② 주민등록번호 (또는 외국인등록번호)
③ 상 호	④ 사업자등록번호

( )년 의료비 지급명세

의료비 공제 대상자		지급처			지급명세			
⑤ 주민등록번호	⑥ 본인 등 해당 여부	⑦ 사업자등록번호	⑧ 상호	⑨ 의료증빙코드	⑩ 건수	⑪ 금액	⑫ 미숙아·선천성이상아 해당여부	⑬ 난임시술비 해당여부
-		- -						
-		- -						
-		- -						
-		- -						
-		- -						
-		- -						
-		- -						
-		- -						
		합 계						

「소득세법」 제59조의4와 같은 법 시행령 제113조제1항 및 제118조의5제3항에 따라 의료비를 공제받기 위하여 의료비지급명세서를 제출합니다.

년 월 일

제출자 (서명 또는 인)

세무서장 귀하

첨부서류	작성방법 5번란의 증빙자료 ( )매 (의료비 지급명세 순서와 일치되도록 편철합니다.)

작 성 방 법

(의료비 공제를 받으려는 근로자는 원천징수의무자에게 이 의료비지급명세서를 제출해야 합니다.)

1. ③항과 ④항은 「조세특례제한법」 제122조의3에 따른 사업자의 경우에만 적으며, 2008년 1월 1일 이후 발생하는 분부터 적용합니다.
2. 의료비 지급내용 중 의료비 공제가 가능한 내용만 적고, 같은 의료비명세를 중복하여 적을 수 없습니다.
   (예) 국세청장이 연말정산간소화서비스를 통해 제공하는 의료비자료에 포함된 금액을 별도의 진료비계산서를 첨부하여 중복으로 적는 경우
3. 본인 등 해당 여부란은 본인 • 65세 이상자 • 6세 이하자 · 장애인 • 건강보험 산정특례자인 경우에 "○"표시를 하며, 그 밖의 기본공제대상자인 경우에는 "×" 표시를 합니다.
4. 국세청장이 연말정산간소화서비스를 통해 제공하는 의료비자료의 경우에는 의료비 공제대상자 별로 의료비 지출 합계액을 적습니다. 따라서 지급처의 사업자등록번호, 건수를 적지 않습니다.
5. 의료증빙코드란에는 공제대상자 및 지급처별로 다음의 하나만을 선택하여 적습니다.
   - 국세청장이 연말정산간소화서비스를 통해 제공하는 의료비 자료 = 1
   - 국민건강보험공단의 의료비부담명세서 = 2
   - 진료비계산서, 약제비계산서 = 3
   - 「노인장기요양보험법 시행규칙」 별지 제24호서식 장기요양급여비용 명세서 = 4
     (장기요양급여비용 명세서의 '급여 본인부담금①' 란의 금액만을 적습니다.
     장기요양비급여액은 의료비공제대상이 아니므로 적는 금액에 포함할 수 없습니다.)
   - 기타 의료비 영수증 = 5

   ※ 신용카드 • 현금영수증 소득공제 증명서류는 의료비 세액공제증명서류로 사용하실 수 없습니다.
6. ⑫ 미숙아·선천성이상아 해당 여부 및 ⑬ 난임시술비 해당 여부란은 의료비 지급내용이 미숙아·선천성이상아 및 난임시술비에 해당하는 경우에 각각 "○" 표시를 하며, 해당하지 않는 경우에는 "×" 표시를 합니다.
7. 의료비 지급명세란이 부족할 때에는 별지로 작성합니다.

210mm×297mm[백상지 80g/㎡(재활용품)]

■ 소득세법 시행규칙 [별지 제45호서식] <개정 2025. 6. 00.>

기부금명세서

※ 뒤쪽의 작성방법을 읽고 작성하여 주시기 바랍니다.

(앞쪽)

❶ 인적사항	① 근무지 또는 사업장 상호	② 사업자등록번호
	③ 성명	④ 주민등록번호
	⑤ 주소 (전화번호 :)	
	⑥ 사업장 소재지 (전화번호 :)	

❷ 해당 연도 기부 명세

⑦ 코드	⑧ 기부내용	기 부 처		⑪ 기부자			기부 명세				
								기부금액			
										공제제외 기부금	
		⑨ 상호 (법인명)	⑩ 사업자 등록번호 등	관계 코드	성명	주민 등록번호	건수	⑫ 합계 (⑬+⑭)	⑬ 공제대상 기부금액	⑭ 기부장려금 신청금액	⑮ 기타

❸ 구분코드별 기부금의 합계

기부자 구 분	총 계	공제대상 기부금							공제제외 기부금	
		특례 기부금	정치자금 기부금	고향사랑 기부금 (일반)	고향사랑 기부금 (재난선포 지역)	일반기부금 (종교단체 외)	일반기부금 (종교단체)	우리사주 조합 기부금	기부장려금 신청금액	기타
코드		10	20	43	44	40	41	42	10, 40, 41	50
합계										
본인										
배우자										
직계비속										
직계존속										
형제자매										
그 외										

❹ 기부금 조정 명세

기부금 코드	기부 연도	⑯ 기부금액	⑰ 전년까지 공제된 금액	⑱ 공제대상 금액(⑯-⑰)	해당 연도 공제금액		해당 연도에 공제받지 못한 금액	
					필요경비	세액(소득)공제	소멸금액	이월금액

210mm×297mm[백상지 80g/㎡ 또는 중질지 80g/㎡]

작성방법

※ 기부금을 특별세액공제 또는 필요경비로 산입하는 경우에는 원천징수의무자·납세조합 또는 납세지관할세무서장에게 이 기부금명세서를 제출해야 합니다.

1. "⑦ 코드"란: 다음을 참고하여 적습니다. 이 경우 「조세특례제한법」 제75조에 따라 기부장려금단체에 기부장려금으로 신청한 기부금도 아래의 기부금 유형 구분에 따라 적습니다.
   가. 특례기부금(「소득세법」 제34조제2항제1호에 따른 기부금): 코드번호 "10"
   나. 정치자금기부금(「조세특례제한법」 제76조에 따른 기부금): 코드번호 "20"
   다. 고향사랑기부금(「조세특례제한법」 제58조에 따른 기부금): 코드번호 "43 "
   고향사랑기부금(「조세특례제한법」 제58조에 따른 기부금 중 「재난 및 안전관리 기본법」 제60조에 따른 기부금): 코드번호 "44"
   라. 일반기부금[「소득세법」 제34조제3항제1호에 따른 기부금(공익단체에 대한 기부금을 포함하고, 종교단체 기부금은 제외)]: 코드번호 "40"
   마. 일반기부금(「소득세법」 제34조제3항제1호에 따른 기부금 중 종교단체 기부금): 코드번호 "41"
   바. 우리사주조합기부금(「조세특례제한법」 제88조의4에 따른 기부금): 코드번호 "42"
   사. 그 밖의 기부금으로서 필요경비 및 세액공제금액 대상에 해당하지 않는 기부금(미지급분 기부금 포함): "공제제외 기타", 코드번호 "50"
2. "⑧ 기부내용"란에는 금전기부의 경우 "금전"으로, 금전 외의 현물기부의 경우에는 "현물"로 표시하고 자산명세를 간략히 적습니다. 현물의 경우 기부금액 산정은 「소득세법 시행령」 제81조제3항에 따른 금액을 적습니다.
3. "⑨ 상호(법인명)"란: 상호·법인명·단체명·성명을 적습니다(「조세특례제한법」 제76조에 따른 정치자금기부금은 제외합니다).
4. "⑩ 사업자등록번호 등"란: 기부처의 사업자등록번호·고유번호를 적습니다(「조세특례제한법」 제76조에 따른 정치자금 기부금은 제외합니다). 다만, 기부처의 사업자등록번호·고유번호가 없는 경우에는 기부처의 대표자 주민등록번호를 적습니다.
5. 「조세특례제한법」 제76조에 따른 정치자금 기부금은 기부처 구분 없이 과세연도 합계액을 "❷ 해당 연도 기부 명세"란의 최상단에 적고, "⑨ 상호(법인명)"란과 "⑩ 사업자등록번호 등"란은 적지 않으며, "⑫ 기부 명세 합계"란에는 「정치자금법」에 따라 정당(같은 법에 따른 후원회 및 선거관리위원회를 포함)에 기부한 정치자금을 적습니다.
6. "⑪ 기부자"란: 관계코드(1. 거주자, 2. 배우자, 3. 직계비속, 4. 직계존속, 5. 형제자매, 6. 그 외), 성명, 주민등록번호를 정확히 적습니다.
7. "⑬ 공제대상기부금액"란: 필요경비 및 세액공제 대상에 해당(코드번호 "10", "20", "43", "44", "40" ~ "42")하는 기부금액을 적습니다. 이 경우 가지급금으로 처리한 기부금액은 포함되나, 「조세특례제한법」 제75조에 따라 기부장려금단체에 기부장려금으로 신청한 기부금액은 공제대상 기부금액은 포함되지 않습니다.
8. "⑭ 기부장려금 신청금액"란: 코드번호 "10", "41", "42" 중 「조세특례제한법」 제75조에 따라 기부장려금단체에 기부장려금으로 신청한 기부금액을 적습니다.
9. "⑮ 기타"란: 그 밖의 기부금으로서 필요경비 및 소득공제·세액공제금액 대상에 해당되지 않는 기부금액을 적습니다. 회계공시 의무가 있는 노동조합이 공시의무를 이행하지 않은 경우 해당 노조에 납부한 조합비나 미지급분 기부금액의 경우도 기타란에 적습니다.
10. "❸ 구분코드별 기부금의 합계"란: "❷ 해당 연도 기부 명세"란의 "⑬ 공제대상 기부금액"란의 금액을 코드별로 집계하여 적으며, 사업자의 경우 기부금조정명세서(별지 제56호서식)의 각 해당란에 옮겨 적습니다.
11. "❹ 기부금 조정 명세"란 작성 방법
   가. 전년 이월 기부금액과 "❸ 구분코드별 기부금의 합계"란의 기부금액에 대해 기부금코드 및 기부연도별로 작성하며 해당 연도 공제금액 및 이월금액(소멸금액)을 계산합니다.
   나. 공제받지 못한 기부금 중 이월가능 기간이 지난 기부금에 대해서는 소멸금액란에 적습니다.
   다. 근로소득자가 원천징수의무자에게 제출하는 기부금명세서는 기부금코드, 기부연도, ⑯ 기부금액, ⑰ 전년까지 공제된 금액, ⑱ 공제대상금액까지 작성할 수 있습니다.
   라. 전년도에 이월된 기부금액에 대해 공제를 받으려는 근로소득자는 전년도의 기부금명세서를 제출해야 합니다(계속근로 등으로 인해 원천징수의무자가 변동이 없는 경우 제출하지 아니할 수 있습니다).
   마. 정치자금기부금, 고향사랑기부금, 특례기부금, 우리사주조합기부금, 일반기부금 순서로 공제하고, 일반기부금에 종교단체 기부금과 종교단체 외 기부금이 함께 있는 경우 우선 종교단체 외 기부금부터 공제합니다.
   바. 2014년 이후 이월된 기부금은 기부연도가 빠른 기부금부터 세액공제를 적용합니다.
   사. 이월기부금 공제 후 남은 기부금 공제한도 내에서 해당연도에 지출한 기부금을 공제합니다.
   아. 다음 연도로 이월된 기부금은 해당 과세기간 이후 기본공제대상자의 변동에 영향을 받지 않습니다.

210mm×297mm[백상지 80g/㎡ 또는 중질지 80g/㎡]

꼭 필요한 실무내용만 짚어주는

2025 포인트 연말정산 실무

포인트
연말정산
실무

Profile

세무사 **김태원**

- 동국대학교 회계학과 졸업
- 현) 옳세무회계 대표 세무사
- 이나우스아카데미, 한국능률협회, 상공회의소 등 강의
- 현대백화점, 현대홈쇼핑, 현대HCN 등 다수기업 ERP 컨설팅
- (주)휴스틸, 소리바다, 유엔젤(주) 등 다수기업 내부회계관리제도 컨설팅
- 유튜브 채널 “김태원 세무사의 택스에듀TV” 운영 중
- 택스에듀넷 강사(www.taxedunet.co.kr)
- 전) ㈜더존다스 근무

〈주요 저서〉

- 법인결산 신고실무(공저, 조세통람)
- 포인트 종합소득세 실무(공저, 조세통람)
- 포인트 세무조사 실무(조세통람)
- 회계관리 2급(시대고시기획)
- 전산회계 2급(공저, 시대고시기획)
- 포인트 법인조정 실무(공저, 조세통람)
- 포인트 부가가치세 실무(공저, 조세통람)
- 세법학 1, 2(공저, 나무와사람)
- 왕초보 회계원리(시대고시기획)

세무사 **장윤서**

- 국민대학교 경제학과 졸업
- 현) 자임세무회계사무소 공동 대표 세무사
- 현대백화점, 유엔젤㈜, 웰바이오텍, 휴스틸 등 다수 상장기업 컨설팅

〈주요 저서〉

- 포인트 법인조정 실무(공저, 조세통람)
- 포인트 부가가치세 실무(공저, 조세통람)
- 포인트 종합소득세 실무(공저, 조세통람)
- 전산회계 2급(공저, 시대고시기획)

2025 포인트 연말정산 실무

꼭 필요한 실무내용만 짚어주는 연말정산 실무

저　　자　김태원 · 장윤서

발 행 인　서원진

편집 · 교정　류현수, 김영림

편집디자인　이은희, 이미영, 황자애

발 행 처　㈜조세통람

펴 낸 날　2021년 11월 29일 초 판 발행
　　　　　2025년 11월 10일 제5판 발행

저자와의 협의하에 인지생략

주　　소　서울특별시 중구 동호로 14길 5-6(신당동)

등　　록　1976. 11. 5. 제9-81호

대표전화　02) 2231-7027

F A X　02) 2234-1754

구입문의　02) 2231-7027~9

I S B N　979-11-6064-366-4　13320

정　　가　**43,000원**

(주)조세통람은 좋은 책을 만들기 위해 독자 여러분의 의견을 기다립니다.
독자 의견 및 도서 문의 메일 : josetop@inaus.co.kr